BB
HANDBUCH

Praktiker-Handbuch zur EU-Umsatzsteuer

Mit über 300 Fallbeispielen und Lösungen

von

Dipl.-Volkswirt Andreas Sender, Steuerberater
Ministerialrat Dietrich Weilbach
Dipl.-Betriebswirt Helmut Weilbach

Mannheim

3., neu bearbeitete Auflage 2008

Verlag Recht und Wirtschaft GmbH
Frankfurt am Main

Bibliografische Information Der Deutschen Nationalbibliothek
Die Deutsche Nationalbibliothek verzeichnet diese Publikation in der Deutschen Nationalbibliografie; detaillierte bibliografische Daten sind im Internet über http://dnb.ddb.de abrufbar.

ISBN 918-3-8005-2078-7

© 2008 Verlag Recht und Wirtschaft GmbH, Frankfurt am Main

Das Werk einschließlich aller seiner Teile ist urheberrechtlich geschützt. Jede Verwertung außerhalb der engen Grenzen des Urheberrechtsgesetzes ist ohne Zustimmung des Verlages unzulässig und strafbar. Das gilt insbesondere für Vervielfältigungen, Bearbeitungen, Übersetzungen, Mikroverfilmungen und die Einspeicherung und Verarbeitung in elektronischen Systemen.

Satzkonvertierung: ProSatz Unger, 69469 Weinheim

Druck und Verarbeitung: betz-druck GmbH, 64291 Darmstadt

⊚ Gedruckt auf säurefreiem, alterungsbeständigem Papier, hergestellt aus chlorfrei gebleichtem Zellstoff (TCF-Norm)

Printed in Germany

Vorwort

Täglich zeigt sich, dass die Umsatzsteuer sich zu einer immer bedeutsameren Einnahmequelle für den Fiskus entwickelt hat. Darüber hinaus haben zwei Tendenzen die Entwicklung des Umsatzsteuerrechts in den vergangenen Jahren geprägt: zum einen der zunehmende Einfluss des europäischen Rechts und zum anderen ein wachsender Formalismus. Beide Entwicklungen erhöhen die Komplexität der praktischen Arbeit auf dem Gebiet der Umsatzsteuer. Zudem bergen die steigenden formalen Anforderungen teilweise erhebliche steuerliche Risiken in der Anwendung.

Die Verfasser haben sich daher wie in den vorangegangenen Auflagen zum Ziel gesetzt, die vielschichtige Materie für den Praktiker nachvollziehbar und anwendbar zu gestalten. Bei der Neuauflage wurden neben einer stärkeren Bezugnahme auf die europäischen Rechtsquellen insbesondere die immer bedeutsameren Nachweis- und Aufzeichnungspflichten in den Fokus genommen. Daneben wurden die zahlreichen Änderungen, etwa bei den formalen Rechnungsanforderungen, der Vorsteuerberichtigung, beim Übergang der Steuerschuldnerschaft oder bei Leistungskommission und Umsatzsteuerlager in die Darstellung eingearbeitet.

Das Autorenteam – Praktiker der Finanzverwaltung und der steuerberatenden Berufe – zeigt damit in knapper und verständlicher Form Lösungshilfen für die Praxis. Nach einem einführenden allgemeinen Teil werden ausführlich die Regelungen bei innergemeinschaftlichen Umsätzen dargestellt. Die praktische Handhabung der zu erfüllenden Nachweis- und Aufzeichnungspflichten wird in einem gesonderten Teil im Einzelnen erläutert und in einer sich anschließenden Beispielsammlung von über 300 Fällen aus der Praxis verdeutlicht. Diese Methode hat sich bei den vorangegangenen Auflagen bewährt und wurde weiter verfeinert, um eine verständliche Darstellung der schwierigen Materie zu geben.

Mannheim, im April 2008 *Die Verfasser*

Inhaltsverzeichnis

Verzeichnis der Beispiele XVII

A. Die allgemeine Anwendung des Umsatzsteuergesetzes

I. Überblick 1
II. Steuerbarkeit 3
1. Leistungen gegen Entgelt 3
1.1 Unternehmer 4
1.1.1 Das Kriterium der Nachhaltigkeit 5
1.1.2 Das Kriterium der Selbstständigkeit 6
1.1.3 Beginn und Ende der Unternehmereigenschaft 7
1.1.4 Umfang des Unternehmens 8
1.2 Die umsatzsteuerliche Organschaft 9
1.3 Die Gegenleistung 12
1.3.1 Schadensersatz 13
1.3.2 Leistungsbeziehungen zwischen Personenvereinigungen und Mitgliedern 14
1.4 Lieferungen 15
1.4.1 Die Lieferung als Sonderfall der Leistung 15
1.4.2 Ort der Lieferung 18
1.4.3 Kommissionsgeschäft 21
1.4.4 Reihengeschäft 22
1.4.5 Werklieferung 24
1.4.6 Gehaltslieferung 25
1.5 Sonstige Leistungen 25
1.5.1 Abgrenzung Lieferungen – sonstige Leistungen 25
1.5.2 Leistungskommission 28
1.5.3 Überblick zum Ort der sonstigen Leistung 29
1.5.4 Sonstige Leistungen im Zusammenhang mit einem Grundstück 30
1.5.5 Sonstige Leistungen im Rahmen der Bildung, Kultur und Unterhaltung 30
1.5.6 Werkleistungen an beweglichen Gegenständen 31
1.5.7 Katalogleistungen 32
1.5.8 Elektronische Dienstleistungen 35
1.5.9 Ort der Beförderungsleistung 35

Inhaltsverzeichnis

1.5.10	Ort der Vermittlungsleistung	38
2.	Unentgeltliche Wertabgabe	38
2.1	Entnahme und unentgeltliche Zuwendung von Gegenständen	39
2.1.1	Entnahme von Gegenständen zu nicht-unternehmerischen Zwecken	40
2.1.2	Sachzuwendungen an das Personal	40
2.1.3	Sonstige unentgeltliche Zuwendungen von Gegenständen	42
2.2	Unentgeltliche Verwendung von Unternehmensvermögen	43
2.3	Unentgeltliche Erbringung sonstiger Leistungen	43
3.	Einfuhr	44
4.	Geschäftsveräußerung	46
III.	**Steuerbefreiungen**	**47**
1.	Übersicht	47
2.	Ausfuhrlieferung in Drittlandgebiete	48
3.	Lohnveredelung	52
4.	Umsätze für die Seeschiffahrt und für die Luftfahrt	52
5.	Steuerfreie Güterbeförderungen	54
6.	Steuerbefreiungen im Zusammenhang mit einem Umsatzsteuerlager	54
7.	Steuerfreie Vermittlungsleistungen	56
8.	Sonstige Steuerbefreiungen	57
8.1	Steuerbefreiung für den Geld- und Kapitalverkehr	57
8.2	Versicherungsleistungen	58
8.3	Grundstücksumsätze und Vermietung und Verpachtung	58
8.4	Steuerbefreiung der heilberuflichen Tätigkeit	60
8.5	Steuerfreie Umsätze der Krankenhäuser und Altenheime	62
8.6	Sonstige Steuerbefreiungen im Bereich des Gesundheitswesens und der Wohlfahrtspflege	63
8.7	Leistungen der blinden Unternehmer und der Blindenwerkstätten	63
8.8	Steuerfreie kulturelle Leistungen	64
8.9	Steuerfreie Veranstaltungen wissenschaftlicher oder belehrender Art	64

8.10	Privatschulen und andere allgemeinbildende und berufsbildende Einrichtungen	65
8.11	Steuerbefreiungen im Bereich der Jugendbetreuung und Jugendhilfe	65
8.12	Personalgestellungen	66
8.13	Weitere Steuerbefreiungen	66
9.	Der Verzicht auf Steuerbefreiungen	67
9.1	Allgemeine Voraussetzungen für das Optionsrecht des § 9 UStG	67
9.2	Umsätze, auf die das Optionsrecht Anwendung findet	68
9.2.1	Finanzumsätze	68
9.2.2	Grundstücksumsätze	69
9.2.3	Vermietung von Grundstücken	70
IV.	**Bemessungsgrundlage**	**71**
1.	Überblick	71
2.	Das Entgelt	71
2.1	Begriff und Umfang des Entgelts	71
2.2	Zuschüsse	72
2.3	Durchlaufende Posten	73
3.	Ersatzwerte als Bemessungsgrundlage	74
3.1	Bemessungsgrundlage bei unentgeltlicher Wertabgabe von Gegenständen	75
3.2	Bemessungsgrundlage bei unentgeltlichen sonstigen Leistungen	75
3.3	Bemessungsgrundlage bei Leistungen an Arbeitnehmer	78
4.	Änderung der Bemessungsgrundlage	79
V.	**Steuersätze**	**80**
1.	Überblick	80
2.	Ermäßigt besteuerte Umsätze	80
2.1	Lieferung oder Vermietung begünstigter Gegenstände	81
2.2	Pflanzenzucht, Aufzucht und Halten von Vieh	81
2.3	Leistungen der Zahntechniker und Prothetikleistungen der Zahnärzte	82
2.4	Kulturelle Veranstaltungen und Einräumung von Urheberrechten	82
2.5	Gemeinnützige, mildtätige und kirchliche Einrichtungen	84

2.6	Kureinrichtungen, Schwimmbäder	85
2.7	Personenbeförderungen	85
3.	Steuersatzänderungen	86
VI.	**Vorsteuerabzug und Vorsteuerberichtigung**	**88**
1.	Voraussetzungen für den Vorsteuerabzug	88
1.1	Unternehmereigenschaft des Leistungsempfängers	90
1.2	Zuordnung von Gegenständen zum Unternehmensvermögen	90
1.3	Unternehmereigenschaft des Leistenden	91
1.4	Vorliegen einer Rechnung	92
1.4.1	Begriff der Rechnung	92
1.4.2	Gutschriften als Rechnung	94
1.4.3	Fahrausweise als Rechnung	95
1.4.4	Abrechnung bei Istversteuerung von Anzahlungen	95
1.4.5	Unrichtiger Steuerausweis	96
1.4.6	Unberechtigter Steuerausweis	97
1.5	Vorsteuerausschluss-Tatbestände	98
1.5.1	Nicht-abziehbare Betriebsausgaben	98
1.5.2	Reise- und Umzugskosten	99
1.5.3	50%-Vorsteuerkürzung für gemischt-genutzte Fahrzeuge	100
1.6	Ausführung von zum Vorsteuerabzug berechtigten Umsätzen	101
1.7	Aufteilung der Vorsteuer	102
2.	Berichtigung des Vorsteuerabzugs	103
3.	Vorsteuerabzug nach allgemeinen Durchschnittssätzen	107
VII.	**Besteuerungsformen und Besteuerungsverfahren**	107
1.	Regelbesteuerung	107
1.1	Zeitpunkt der Entstehung der Steuer	107
1.2	Umsatzsteuer-Voranmeldung	108
1.3	Umsatzsteuererklärung	110
2.	Beförderungseinzelbesteuerung	110
3.	Steuerschuldnerschaft des Leistungsempfängers	111
4.	Vorsteuer-Vergütungsverfahren	115
5.	Kleinunternehmer	116
5.1	Voraussetzungen und Rechtsfolgen	116
5.2	Gesamtumsatz	116

5.3	Optionsrecht für Kleinunternehmer	117
6.	Durchschnittssätze für land- und forstwirtschaftliche Betriebe	118
7.	Differenzbesteuerung	119
7.1	Überblick	119
7.2	Voraussetzungen für die Anwendung der Differenzbesteuerung	120
7.2.1	„Gebrauchtgegenstände"	120
7.2.2	Gewerbsmäßiger Wiederverkäufer	121
7.2.3	Kein Vorsteuerabzug beim Erwerb	122
7.3	Ermittlung der Bemessungsgrundlage	122
8.	Besteuerung von Reiseleistungen	123
8.1	Begriff	123
8.2	Steuerfreie Reiseleistungen	125
8.3	Bemessungsgrundlage	126
8.4	Vorsteuerabzug	126
8.5	Aufzeichnungspflichten	127
9.	Umsatzsteuer-Nachschau	128

B. Besonderheiten bei innergemeinschaftlichen Umsätzen

I.	**Überblick**	129
1.	Systematik: Ursprungsland – Bestimmungsland	129
2.	Geltungsbereich der Regelungen: Inland – Gemeinschaftsgebiet – Drittland	130
3.	Übersicht zu den Regelungen bei innergemeinschaftlichen Umsätzen	132
II.	**Der innergemeinschaftliche Erwerb**	134
1.	Voraussetzungen des innergemeinschaftlichen Erwerbs	135
2.	Ort des innergemeinschaftlichen Erwerbs	136
3.	Unternehmensinternes Verbringen als innergemeinschaftlicher Erwerb	137
4.	Innergemeinschaftlicher Erwerb neuer Fahrzeuge	138
5.	Erwerb durch Halb-Unternehmer	139
6.	Erwerb durch Nicht-Unternehmer	141

7.	Steuerbefreiungen für den innergemeinschaftlichen Erwerb	142
8.	Bemessungsgrundlage und Steuersatz beim innergemeinschaftlichen Erwerb	143
9.	Vorsteuerabzug beim innergemeinschaftlichen Erwerb	143
10.	Besteuerungsverfahren	144
III.	**Innergemeinschaftliche Lieferumsätze**	144
1.	Voraussetzungen für die steuerbefreite innergemeinschaftliche Lieferung	144
2.	Handhabung in der Praxis – Vertrauensschutz bei Falschangaben des Abnehmers	147
3.	Lieferungen an Abnehmer mit USt.-IdNr.	149
4.	Lieferungen an Abnehmer ohne USt.-IdNr.	149
5.	Abrechnung und Nachweise bei innergemeinschaftlichen Lieferungen	150
IV.	**Sondertatbestände bei Lieferungen im Binnenmarkt**	151
1.	Innergemeinschaftliche Reihengeschäfte	151
2.	Das innergemeinschaftliche Dreiecksgeschäft	154
3.	Innergemeinschaftliche Werklieferungen	156
4.	Versandhandelsgeschäfte	158
4.1	Überblick	158
4.2	Voraussetzungen und Rechtsfolgen	159
4.3	Optionsrecht bei Versandhandelsgeschäften	161
4.4	Besteuerungsverfahren im anderen EU-Mitgliedstaat	162
5.	Lieferung verbrauchsteuerpflichtiger Waren	162
5.1	Verbrauchsteuerpflichtige Waren	162
5.2	Praktische Durchführung der Verbrauchsbesteuerung	163
5.3	Umsatzsteuerliche Behandlung der Lieferung verbrauchsteuerpflichtiger Waren	163
6.	Lieferungen von neuen Fahrzeugen	165
7.	Lieferungen in Zollfreigebieten	166
V.	**Besteuerung sonstiger Leistungen im Binnenmarkt**	168
1.	Übersicht	168

2.	Innergemeinschaftliche Lohnveredelungen und sonstige Werkleistungen	169
3.	Innergemeinschaftliche Beförderungsleistungen	171
4.	Vermittlungsleistungen	175
VI.	**Besteuerungsverfahren bei innergemeinschaftlichen Umsätzen**	**178**
1.	Umsatzsteuer-Identifikationsnummer (USt-IdNr.)	178
2.	Zusammenfassende Meldung	179
3.	Fiskalvertreter	180
3.1	Anwendungsbereich	180
3.2	Persönliche Voraussetzungen und Aufgaben des Fiskalvertreters	181
4.	Besonderheiten im Besteuerungsverfahren bei elektronischen Dienstleistungen	182
5.	Maßnahmen zur Bekämpfung sog. Karussellgeschäfte	182

C. Aufzeichnung und Abrechnung: Vorgehensweise in der Praxis bei einzelnen Sachverhalten

I.	**Inlandsumsätze**	**185**
1.	Inlandslieferung	185
2.	Werklieferung/Werkleistung im Zusammenhang mit einem Grundstück an Privatperson	187
3.	Steuerfreie sonstige Leistung im Inland	189
4.	Anzahlungen und Schlussrechnung	190
5.	Übergang der Steuerschuldnerschaft bei Bauleistungen	191
6.	Kraftfahrzeugnutzung durch Unternehmer und Arbeitnehmer	193
7.	Vermietung von Grundstücken und Vorsteuerberichtigung	195
8.	Differenzbesteuerung	197
II.	**Umsätze mit dem Drittlandsgebiet**	**198**
1.	Steuerfreie Ausfuhrlieferung	198
2.	Ausfuhrlieferung im Rahmen eines Reihengeschäfts	200

Inhaltsverzeichnis

3.	Lohnveredelung an Gegenständen der Ausfuhr	202
4.	Steuerfreie Güterbeförderung von Gegenständen der Einfuhr/Ausfuhr	203
5.	Werkleistung im Drittlandsgebiet	204
6.	Steuerschuldnerschaft ohne (vollständigen) Vorsteuerabzug	205
7.	Steuerschuldnerschaft mit Vorsteuerabzug	207
III.	**Umsätze mit anderen EU-Mitgliedsstaaten**	**208**
1.	Innergemeinschaftlicher Erwerb	208
2.	Innergemeinschaftliche Lieferung	209
3.	Innergemeinschaftliches Verbringen	210
4.	Innergemeinschaftliches Reihengeschäft	212
5.	Innergemeinschaftliches Dreiecksgeschäft	214
5.1	Praktische Durchführung beim ersten Abnehmer	214
5.2	Praktische Durchführung beim letzten Abnehmer	216
6.	Versandhandelslieferung bei Steuerpflicht im Ursprungsland	217
7.	Versandhandelslieferungen bei Steuerpflicht im Bestimmungsland	218
8.	Lieferung eines neuen Fahrzeuges durch einen Unternehmer an eine Privatperson in einem anderen EU-Mitgliedsland	219
9.	Ausführung einer innergemeinschaftlichen Lohnveredelung	220
10.	Ausführung einer innergemeinschaftlichen Güterbeförderung	221
11.	Inanspruchnahme einer innergemeinschaftlichen Vermittlungsleistung	222
12.	Ausführung einer Werklieferung im anderen EU-Mitgliedsland	223

D. Praktische Beispiele

I.	**Praktische Beispiele zum Allgemeinen Teil**	225
1.	Leistungen gegen Entgelt	225
1.1	Unternehmer	225
1.2	Organschaft	228
1.3	Gegenleistung	232
1.4	Lieferungen	236
1.5	Sonstige Leistungen	243
1.6	Unentgeltliche Wertabgaben	252
1.7	Einfuhr	257
1.8	Geschäftsveräußerung	257
2.	Steuerbefreiungen	259
3.	Bemessungsgrundlage	272
4.	Steuersätze	284
5.	Vorsteuerabzug und Vorsteuerberichtigung	290
6.	Besteuerungsformen und Besteuerungsverfahren	311
II.	**Praktische Beispiele zu innergemeinschaftlichen Umsätzen**	331
1.	Allgemeines	331
2.	Innergemeinschaftlicher Erwerb	332
3.	Innergemeinschaftliche Lieferumsätze	344
4.	Sondertatbestände bei Lieferungen im Binnenmarkt . . .	351
4.1	Innergemeinschaftliche Reihengeschäfte	351
4.2	Innergemeinschaftliches Dreiecksgeschäft	361
4.3	Innergemeinschaftliche Werklieferungen	363
4.4	Versandhandelsgeschäfte	368
4.5	Lieferung verbrauchsteuerpflichtiger Waren	376
4.6	Lieferung von Neufahrzeugen	380
4.7	Lieferungen in Zollfreigebieten	384
5.	Besteuerung sonstiger Leistungen im Binnenmarkt	387
5.1	Allgemeines	387
5.2	Werkleistungen an beweglichen Gegenständen	389
5.3	Innergemeinschaftliche Beförderungsleistungen	394
5.4	Vermittlungsleistungen	403
6.	Besteuerungsverfahren bei innergemeinschaftlichen Umsätzen	407

E. Anhang

I.	Umsatzsteuer-Voranmeldung	416
II.	Umsatzsteuererklärung	418
III.	Anlage UR zur Umsatzsteuererklärung	422
IV.	Zusammenfassende Meldung	424
V.	Pauschbeträge für den Eigenverbrauch (Sachentnahmen)	426
VI.	Umsatzsteuersätze in den EU-Mitgliedstaaten	427
VII.	Erwerbs-/Lieferschwellen in den EU-Mitgliedstaaten	428
VIII.	Erteilung einer deutschen USt.-IdNr. – Nachfragen zu ausländischen USt.-IdNrn.	429
IX.	Erstattung deutscher Umsatzsteuer im Wege des Vorsteuer-Vergütungsverfahrens	430
X.	Vorsteuer-Vergütungsverfahren – Zuständige Behörden in anderen EU-Mitgliedstaaten	430
XI.	Auskunftsstellen zur Umsatzbesteuerung in anderen EU-Mitgliedstaaten	433

Sachregister 434

Verzeichnis der Beispiele

Beispiel Nr.	Überschrift	Seite

I. Praktische Beispiele zum Allgemeinen Teil

1. Leistungen gegen Entgelt

1	Inland	225

1.1 Unternehmer

2	Unternehmereigenschaft bei stiller Beteiligung	225
3	Nachhaltigkeit	225
4	Einmalige Tätigkeit	226
5	Scheinselbstständigkeit	226
6	Selbstständigkeit	227
7	Fehlende Unternehmereigenschaft wegen Nicht-Selbstständigkeit	227
8	Ruhendes Unternehmen	227
9	Privatgeschäfte	227
10	Hilfsgeschäfte	228
11	Umfang des Unternehmens bei einem Verein mit Gaststättenbetrieb	228

1.2 Organschaft

12	Personengesellschaft als Organträger	228
13	Wirkungen der Organschaft	230
14	Organschaft bei Betriebsaufspaltung	230
15	Kapitalistische Betriebsaufspaltung und Organschaft	231

1.3 Gegenleistung

16	Uneinbringlichkeit der Gegenleistung	232
17	Abgrenzung Leistungsentgelt – Schadensersatz	232
18	Unechter Schadensersatz	233
19	Vertragsstrafe	233
20	Garantieleistungen	233
21	Mitgliedsbeiträge eines Berufsverbandes	234
22	Mitgliedsbeiträge eines Golfvereins	234

Verzeichnis der Beispiele

Beispiel Nr.	Überschrift	Seite
23	Steuerbarkeit von Leistungen bei Arbeitsgemeinschaften im Baugewerbe	235
24	Steuerbarkeit von Gesellschafterleistungen	235

1.4 Lieferungen

25	Duldungsleistung als steuerbarer Umsatz	236
26	Sachgesamtheit	236
27	Sicherungsübereignung	237
28	Warenlieferung an Bord eines Schiffes	237
29	Ort der Lieferung	237
30	Ort der Lieferung bei vorheriger Einfuhr	238
31	Kommissionsgeschäft	238
32	Reihengeschäft: Erster Lieferer in der Reihe transportiert	238
33	Reihengeschäft: Versendung durch ersten Lieferer in der Reihe	239
34	Reihengeschäft: Empfänger der letzten Lieferung holt ab	240
35	Reihengeschäft: Transport durch mittleren Unternehmer in der Reihe	240
36	Reihengeschäft im Zusammenhang mit einer Einfuhr	241
37	Leistungsort bei Bauleistungen	241
38	Abgrenzung Werklieferung – Werkleistung	242
39	Gehaltslieferung	243

1.5 Sonstige Leistungen

40	Verzehr an Ort und Stelle	243
41	Party-Service	243
42	Leistungskommission	244
43	Immobilienanzeigen	244
44	Ort der sonstigen Leistung eines Radrennfahrers	245
45	Tourneeveranstalter	245
46	Abgrenzung der wissenschaftlichen Tätigkeit zur Beratungstätigkeit	246
47	Ort der Leistung eines Kfz-Sachverständigen	246
48	Künstlerische Leistung und Übertragung von Rechten	247
49	Vermietungsleistungen bei beweglichen Gegenständen	247
50	Telekommunikationsleistungen und elektronische Dienstleistungen	248
51	Elektronische Dienstleistungen an private Abnehmer	249

Verzeichnis der Beispiele

Beispiel Nr.	Überschrift	Seite
52	Ort der Beförderungsleistung im grenzüberschreitenden Fährverkehr	249
53	Abgrenzung der Beförderungsleistung von der Reiseleistung	250
54	Personenbeförderung, Steuerbarkeit im Inland	250
55	Vermittlung eines Grundstückskaufs	251
56	Werbeleistungen und Vermittlung derselben	251

1.6 Unentgeltliche Wertabgaben

57	Unentgeltliche Entnahme von Gegenständen	252
58	Entnahme eines PKW aus dem Betriebsvermögen	253
59	Unfallschaden mit betrieblichem PKW auf Privatfahrt	254
60	Nutzung von betrieblichem PC und Internetzugang für private Zwecke eines Arbeitnehmers	254
61	Nutzung von betrieblichen Telekommunikationsgeräten durch Arbeitnehmer	255
62	Unentgeltliche Zuwendung von Verkaufsständern und Dekorationsmaterial	255
63	Unentgeltliche Wertabgabe: Nutzung von Betriebsräumen	255
64	Nicht-steuerbare Wertabgabe bei gemischt-genutzten Gebäuden	256
65	Entnahme von sonstigen Leistungen	256

1.7 Einfuhr

66	Einfuhr	257

1.8 Geschäftsveräußerung

67	Teilbetriebsveräußerung	257
68	Einbringung eines Betriebes unter Zurückbehaltung des Betriebsgrundstücks	258
69	Geschäftsveräußerung bei Verkauf eines einzelnen Grundstücks	258

2. Steuerbefreiungen

70	Ausfuhrlieferung	259
71	Lohnveredelung an Gegenständen der Ausfuhr	259
72	Umsätze für die Seeschifffahrt	260
73	Steuerfreie Güterbeförderung bei der Einfuhr	260
74	Steuerfreie Güterbeförderung bei der Ausfuhr	261

Verzeichnis der Beispiele

Beispiel Nr.	Überschrift	Seite
75	Umsatzsteuerlager	261
76	Vermittlungsleistungen bei Exportgeschäften	262
77	Leistungen eines Call-Centers keine steuerbefreiten Finanzdienstleistungen	263
78	Skontogewährung	263
79	Grundstücksumsätze, Zusammenhang zwischen Grunderwerbsteuer und Umsatzsteuer	263
80	Scheinbestandteile eines Grundstücks	264
81	Überlassung von Sportanlagen	265
82	Gutachterliche Tätigkeit eines Arztes	266
83	Hilfsgeschäfte eines Arztes	266
84	Hilfsgeschäft eines Zahnarztes	267
85	Steuerfreie Leistungen eines Studentenwerks	267
86	Steuerbefreiung kultureller Leistungen von Einzelkünstlern	268
87	Nebenleistungen eines Theaters	268
88	Sportveranstaltung eines eingetragenen Vereins	269
89	Steuerfreie Unterrichtstätigkeit einer Berufsakademie	269
90	Beköstigung in einer Kindertagesstätte	269
91	Optionsrecht bei beabsichtigter, nicht verwirklichter steuerpflichtiger Vermietung	270
92	Optionsrecht bei Finanzumsätzen	270
93	Zwangsversteigerung eines Grundstücks	271
94	Aufteilung des Optionsrechts nach abgrenzbaren Räumlichkeiten	272

3. Bemessungsgrundlage

95	Trinkgelder als Teil der Bemessungsgrundlage	272
96	Preisnachlassgutscheine	273
97	Bemessungsgrundlage beim Tausch mit Baraufgabe	273
98	Zuschuss als Entgelt für Leistungen an den Zuschussgeber	274
99	Zahlungen von Dritten als Teil der Bemessungsgrundlage	274
100	Zuzahlungen der Krankenkasse an Optiker für Brillengläser	275
101	Durchlaufende Posten eines Hotels	275
102	Durchlaufende Posten eines Rechtsanwalts	276
103	Anwendung der Mindestbemessungsgrundlage	276
104	Pauschbeträge für Sachentnahmen	277
105	Bemessungsgrundlage bei unentgeltlicher Nutzung von Wohnraum	277

Verzeichnis der Beispiele

Beispiel Nr.	Überschrift	Seite
106	Bemessungsgrundlage bei der Entnahme von Leistungen	278
107	Leistungseigenverbrauch bei beratender Tätigkeit	278
108	Kfz-Nutzung nach der Fahrtenbuchregelung	278
109	Sachgerechte Schätzung der Kfz-Nutzung bei fehlendem Fahrtenbuch	279
110	Private Kraftfahrzeugnutzung nach der pauschalen 1%-Regelung	280
111	Freie Kost und Logis an Arbeitnehmer	281
112	Verbilligte Abgabe von Mahlzeiten an Arbeitnehmer	281
113	Kfz-Gestellung an Arbeitnehmer	282
114	Kfz-Gestellung an Arbeitnehmer bei Führung eines Fahrtenbuches	283
115	Skonto als (nachträgliche) Minderung der Bemessungsgrundlage	284

4. Steuersätze

116	Ermäßigter Steuersatz für Druckerzeugnisse	284
117	Prothetikleistungen eines Zahnarztes	285
118	Ermäßigter Steuersatz für Rockkonzerte	285
119	Ermäßigter Steuersatz für die Veräußerung von Urheberrechten	286
120	Ermäßigter Steuersatz bei Leistungen eines Fotografen	286
121	Ermäßigter Steuersatz für Software	287
122	Kein ermäßigter Steuersatz für Software bei fehler Verbreitungsabsicht	287
123	Kein ermäßigter Steuersatz für wirtschaftliche Geschäftsbetriebe	288
124	Schwimmbad in einem Fitness-Club	288
125	Steuersatz für Schiffsreisen	288
126	Maßgebender Steuersatz bei Lieferungen	289
127	Behandlung von Teilleistungen eines Bauunternehmers bei Steuersatzänderung	289

5. Vorsteuerabzug und Vorsteuerberichtigung

128	Vorsteuerabzug ausländischer Unternehmer	290
129	Spätere Änderung der Zuordnungsentscheidung	290
130	Zuordnung zum Unternehmensvermögen bei gemischt-genutzten Grundstücken	291

Verzeichnis der Beispiele

Beispiel Nr.	Überschrift	Seite
131	Vorsteuerabzug für ein Arbeitszimmer im gemeinschaftlichen Eigentum	292
132	Umsatzsteuerausweis eines Kleinunternehmers	293
133	Scheinselbstständigkeit und Umsatzsteuerausweis	293
134	Elektronische Abrechnung	294
135	Anforderungen an eine Rechnung	294
136	Gutschrift an einen Nicht-Unternehmer	295
137	Gutschrift an einen Kleinunternehmer	296
138	Widerspruch gegen eine erteilte Gutschrift	296
139	Steuerausweis in einer Rechnung über eine steuerfreie Leistung	297
140	Steuerausweis bei nicht-steuerbarer Leistung	297
141	Unberechtigter Steuerausweis bei unrichtiger Leistungsbezeichnung	298
142	Rechnungsberichtigung bei unberechtigtem Steuerausweis	299
143	Vorsteuerabzug bei Bewirtungskosten	299
144	Vorsteuerabzug für Verpflegungsmehraufwendungen	300
145	Halber Vorsteuerabzug für gemischt-genutzte Fahrzeuge	300
146	Vorsteuerabzug bei Ausführung steuerpflichtiger Leistungen	301
147	Vorsteuerabzug bei Ausführung nicht-steuerbarer Leistungen	302
148	Vorsteuerabzug für nicht-steuerbare unentgeltliche Leistungen	302
149	Vorsteuerabzug für nicht-steuerbare Ausfuhrlieferung	302
150	Vorsteuerabzug bei Kreditgewährung an Unternehmen im Drittlandsgebiet	303
151	Vorsteueraufteilung bei steuerfreier und steuerpflichtiger Vermietung	303
152	Vorsteueraufteilung eines Maklerbüros	304
153	Vorsteuerabzug und Vorsteuerberichtigung bei beabsichtigter steuerpflichtiger Vermietung	305
154	Berichtigungszeitraum bei Vorsteuerberichtigung	306
155	Verwendung für vorsteuerunschädliche Umsätze bei bisher vorsteuerschädlichen Umsätzen	306
156	Vorsteuerberichtigung bei Veräußerung eines Grundstücks	307
157	Vorsteuerberichtigung bei Grundstück im Umlaufvermögen	308
158	Zusammenfassung von Bestandteilen und sonstigen Leistungen zu einem Berichtigungsobjekt	309

Verzeichnis der Beispiele

Beispiel Nr.	Überschrift	Seite
159	Vorsteuerberichtigung bei Wechsel der Nutzung von Anlagegütern	310
160	Vorsteuer nach allgemeinen Durchschnittssätzen	311

6. Besteuerungsformen und Besteuerungsverfahren

161	Entstehung der Umsatzsteuer bei Ist-Besteuerung	311
162	Vorsteuerabzug bei Ist-Besteuerung	312
163	Maßgebender Umsatzsteuer-Voranmeldezeitraum	312
164	Abgabe der Umsatzsteuer-Voranmeldungen	313
165	Dauerfristverlängerung und Sondervorauszahlung	313
166	Dauerfristverlängerung im Folgejahr der Existenzgründung	314
167	Erklärungspflichten in der Umsatzsteuererklärung	314
168	Beförderungseinzelbesteuerung	315
169	Steuerschuldnerschaft bei Leistungen an einen Arzt	315
170	Entstehung der nach § 13b UStG geschuldeten Umsatzsteuer	315
171	Steuerschuldnerschaft bei Veräußerung sicherungsübereigneter Gegenstände	316
172	Anwendung des Vorsteuer-Vergütungsverfahrens	316
173	Vorsteuer-Vergütung an einen Transport-Unternehmer	317
174	Kleinunternehmer	318
175	Arzt mit schriftstellerischer Nebentätigkeit	318
176	Kleinunternehmereigenschaft bei schwankenden Umsätzen	319
177	Übergang von der Besteuerung als Kleinunternehmer zur Regelbesteuerung	319
178	Option eines Kleinunternehmers zur Regelbesteuerung	320
179	Besteuerung eines Landwirts nach Durchschnittssätzen	321
180	Ausfuhrlieferung eines Landwirts	321
181	Differenzbesteuerung eines Gebrauchtwagenhändlers	321
182	Differenzbesteuerung bei Erwerb von einem Kleinunternehmer	322
183	Anwendung der Differenzbesteuerung bei Verkauf eines Gemäldes	322
184	Verkauf eines Gebrauchtwagens als Hilfsgeschäft	323
185	Unentgeltliche Wertabgabe und Differenzbesteuerung	324
186	Ermittlung der Bemessungsgrundlage nach der Gesamtdifferenz	324
187	Incentive-Reise	325
188	Gemischte Reiseleistungen im Inland	325

Verzeichnis der Beispiele

Beispiel Nr.	Überschrift	Seite
189	Steuerfreie Reiseleistung im Drittlandsgebiet	327
190	Steuerfreiheit einer Reiseleistung bei Reisen in das Drittlandsgebiet	327
191	Bemessungsgrundlage bei gemischten Reiseleistungen	328
192	Ermittlung der Bemessungsgrundlage (Marge) für die insgesamt in einem Besteuerungszeitraum durchgeführten Reiseleistungen	330

II. Praktische Beispiele zu innergemeinschaftlichen Umsätzen

1. Allgemeines

193	Lieferung von den Kanarischen Inseln nach Deutschland	331
194	Innergemeinschaftliche Lieferung in einen Freihafen	331

2. Innergemeinschaftlicher Erwerb

195	Innergemeinschaftlicher Erwerb	332
196	Warenbewegung zwischen EU-Mitgliedstaaten	332
197	Untergang der Ware auf dem Transport in ein anderes Mitgliedsland	332
198	Lieferer aus dem Drittlandsgebiet	333
199	Erwerb eines Gegenstandes aus einem anderen EU-Mitgliedsland durch einen Nicht-Unternehmer	333
200	Kleinunternehmer-Status des Lieferers und innergemeinschaftlicher Erwerb	333
201	Zweimalige Besteuerung bei Zusammentreffen von steuerpflichtiger Lieferung und steuerpflichtigem innergemeinschaftlichem Erwerb	334
202	Ort des innergemeinschaftlichen Erwerbs	335
203	Steuerpflichtiger Erwerb im Zollfreigebiet	335
204	Unternehmensinternes Verbringen als innergemeinschaftlicher Erwerb	335
205	Innergemeinschaftliche Lieferung und innergemeinschaftlicher Erwerb beim unternehmensinternen Verbringen	336
206	Vorübergehende, befristete Verwendung	336
207	Befristete oder der Art nach vorübergehende Verwendung	336
208	Innergemeinschaftlicher Erwerb neuer Fahrzeuge	337
209	Erwerb eines Sportflugzeuges	337
210	Deutscher Winzer erwirbt Holzfässer in Frankreich	337

Verzeichnis der Beispiele

Beispiel Nr.	Überschrift	Seite
211	Unternehmer mit ausschließlich steuerfreien Umsätzen	338
212	Optionsrecht bezüglich der Erwerbsschwelle	338
213	Dauer der Erwerbsbesteuerung bei Überschreiten der Erwerbsschwelle	339
214	Erwerbsbesteuerung bei Kreditinstituten	339
215	Unternehmer mit steuerpflichtigen Umsätzen und Erwerbsschwelle	340
216	Innergemeinschaftlicher Erwerb einer juristischen Person des Privatrechts	340
217	Nicht-unternehmerischer Erwerb aus einem anderen Mitgliedsland	340
218	Innergemeinschaftlicher Erwerb im Rahmen einer Betriebsverlegung	341
219	Steuerbefreiung des innergemeinschaftlichen Erwerbs	341
220	Bemessungsgrundlage beim innergemeinschaftlichen Erwerb	342
221	Steuersatz bei Erwerbsbesteuerung	342
222	Aufteilung der Erwerbssteuer bei gemischten Umsätzen	343
223	Steuerentstehung beim innergemeinschaftlichen Erwerb	343
224	Entstehung von Erwerbssteuer und Vorsteuerabzug	344

3. Innergemeinschaftliche Lieferumsätze

225	Abgrenzung innergemeinschaftliche Lieferung – Ausfuhrlieferung	344
226	Lieferort bei Lieferung im Anschluss an eine Einfuhr	344
227	Schuldnerschaft der Einfuhrumsatzsteuer und Ort der Lieferung	345
228	Innergemeinschaftliche Lieferung durch Drittlandsgebiet	345
229	Lieferungen eines pauschalversteuernden Landwirts an einen Erwerber aus einem anderen Mitgliedstaat	346
230	Cross-Border-Leasing	346
231	Verkauf von Waren auf einem Wochenmarkt im anderen EU-Mitgliedstaat	347
232	Lieferung von Dekorationsmaterial an einen Messe-Aussteller	348
233	Vertrauensschutz bei fehlender grenzüberschreitender Beförderung	348
234	Vertrauensschutz bei Falschangaben des Abnehmers	349
235	Innergemeinschaftliche Lieferung bei Abhollieferung	349

Verzeichnis der Beispiele

Beispiel Nr.	Überschrift	Seite
236	Erwerbsbesteuerung bei verbrauchsteuerpflichtigen Waren	350
237	Lieferung an Abnehmer ohne USt-IdNr.	350
238	Nachweispflicht bei innergemeinschaftlichen Lieferungen	350
239	Rechtsfolgen fehlender Nachweise	351

4. Sondertatbestände bei Lieferungen im Binnenmarkt

4.1 Innergemeinschaftliche Reihengeschäfte

240	Viergliedriges innergemeinschaftliches Reihengeschäft	351
241	Innergemeinschaftliches Reihengeschäft mit vier Beteiligten aus vier EU-Mitgliedstaaten	352
242	Gestaltungsmöglichkeiten bei innergemeinschaftlichen Reihengeschäften	354
243	Transportklauseln beim innergemeinschaftlichen Reihengeschäft	355
244	Innergemeinschaftliches Reihengeschäft unter Beteiligung eines Drittlandsunternehmers	356
245	Drittlandsunternehmer ohne USt-IdNr. als Beteiligter an einem innergemeinschaftlichen Reihengeschäft	356
246	Reihengeschäft im Zusammenhang mit einer Ausfuhr ins Drittlandsgebiet	357
247	Reihengeschäft im Zusammenhang mit Einfuhr aus dem Drittlandsgebiet	358
248	Viergliedriges Reihengeschäft bei Einfuhr aus dem Drittlandsgebiet	358
249	Beteiligung eines Nicht-Unternehmers an einem innergemeinschaftlichen Reihengeschäft	360

4.2 Innergemeinschaftliches Dreiecksgeschäft

250	Innergemeinschaftliches Dreiecksgeschäft: Halbunternehmer als letzter Abnehmer	361
251	Juristische Person des öffentlichen Rechts als Endabnehmer im innergemeinschaftlichen Dreiecksgeschäft	361
252	Voraussetzungen des innergemeinschaftlichen Dreiecksgeschäfts: 3 Unternehmer – 3 USt-IdNrn. aus 3 EU-Mitgliedstaaten	361
253	Innergemeinschaftliches Dreiecksgeschäft	362

Verzeichnis der Beispiele

Beispiel Nr.	Überschrift	Seite
	4.3 Innergemeinschaftliche Werklieferungen	
254	Abgrenzung Werklieferung – Werkleistung	363
255	Werklieferungen einer Kfz-Werkstatt	364
256	Werkleistung einer Kfz-Werkstatt	364
257	Bauleistungen als innergemeinschaftliche Werklieferungen	364
258	Bauleistungen an eine Gemeinde in einen anderen EU-Mitgliedstaat	365
259	Innergemeinschaftliche Werklieferung	365
260	Steuerfreie innergemeinschaftliche Werklieferung	366
261	Ort der Lieferung bei Lieferung von fertigen Werken	367
262	Ort der Lieferung bei Einfügung einzelner Maschinen in eine Produktionsanlage	367
263	Innergemeinschaftliche Werklieferung an eine Privatperson	367
	4.4 Versandhandelsgeschäfte	
264	Versandhandelsgeschäft bei Lieferung ins Drittlandsgebiet	368
265	Kein Versandhandelsgeschäft bei Abhollieferung	368
266	Zweigniederlassung eines dänischen Autohändlers in Flensburg	369
267	Versandhandelslieferung an pauschalbesteuerten Landwirt	369
268	Option zur Versandhandelsregelung	369
269	Versandhandelslieferung von verbrauchssteuerpflichtigen Waren	370
270	Überschreiten der Lieferschwelle bei Versandhandelsgeschäften	370
271	Der Versandhandelsregelung unterliegende Umsätze: Abgrenzungsprobleme bei Werklieferungen	371
272	Überschreiten der Lieferschwelle im Laufe eines Jahres	372
273	Lieferschwelle und Optionsrecht bei Montagelieferungen	373
274	Lieferschwelle und Optionsrecht bei Lieferung von teilweise verbrauchsteuerpflichtigen Waren	373
275	Buchversand in verschiedene europäische Länder	374
276	Optionsrecht bei Versandhandelsgeschäften – Keine Beschränkung auf bestimmte Warengruppen	375
277	Versandhandelslieferung: Besteuerung über Fiskalvertreter	375
	4.5 Lieferung verbrauchsteuerpflichtiger Waren	
278	Verbrauchsteuerpflichtige Waren	376
279	Durchführung der Verbrauchsbesteuerung	376

XXVII

Verzeichnis der Beispiele

Beispiel Nr.	Überschrift	Seite
280	Lieferung verbrauchsteuerpflichtiger Waren im Rahmen eines Versandhandelsgeschäfts	377
281	Abhollieferung von Zigaretten an Privatpersonen	377
282	Lieferung verbrauchsteuerpflichtiger Waren an Nicht-Unternehmer durch Abholung	377
283	Privatperson tankt Benzin in Luxemburg	378
284	Kauf verbrauchsteuerpflichtiger Waren durch einen regelbesteuerten Unternehmer	378
285	Kauf verbrauchsteuerpflichtiger Waren durch einen Halb-Unternehmer	378
286	Lieferung eines pauschalbesteuerten Landwirts an einen privaten Abnehmer	379
287	Lieferung eines pauschal besteuerten Landwirts an einen Unternehmer	379
288	Innergemeinschaftlicher Erwerb verbrauchsteuerpflichtiger Waren von einem pauschalbesteuerten Landwirt	380

4.6 Lieferung von Neufahrzeugen

289	Begriff des Neufahrzeugs	380
290	Lieferung eines Neufahrzeugs an einen Unternehmer	381
291	Lieferung eines Neufahrzeugs an einen Abnehmer mit USt-IdNr.	381
292	Lieferung eines Neufahrzeuges an einen Abnehmer ohne USt-IdNr.	382
293	Lieferung eines neuen Fahrzeugs zwischen zwei Privatleuten aus verschiedenen EU-Mitgliedsländern	382
294	Lieferung eines Neufahrzeugs im Zusammenhang mit einer Einfuhr	383
295	Fahrzeugeinzelbesteuerung	384

4.7 Lieferungen in Zollfreigebieten

296	Steuerbare Lieferung in einem Freihafen	384
297	Lieferung einer Ware aus einem Freihafen in ein anderes EU-Mitgliedsland	385
298	Doppelbelastung mit Einfuhrumsatzsteuer und Erwerbssteuer	385
299	Vermeidung einer Doppelbelastung mit Einfuhrumsatzsteuer und Erwerbssteuer	386
300	Lieferung aus einem anderen EU-Mitgliedstaat in den Freihafen	386

Verzeichnis der Beispiele

Beispiel Nr.	Überschrift	Seite
301	Innergemeinschaftlicher Erwerb bei Lieferung in den Freihafen	387

5. Besteuerung sonstiger Leistungen im Binnenmarkt

5.1 Allgemeines

302	Sonstige Leistungen eines Ingenieurbüros	387
303	Leistung einer Musikgruppe für eine Rundfunkanstalt	388
304	Leistungen eines Dachdeckers in Frankreich	389

5.2 Werkleistungen an beweglichen Gegenständen

305	Wartungsleistung an einer Druckmaschine	389
306	Erstellung von elektronischen Steuerungen durch einen deutschen Unternehmer in Italien	389
307	Abgrenzung Lohnveredelung – Sonstige Werkleistung an beweglichen Sachen	390
308	Werkleistung an einen Nichtunternehmer aus einem anderen EU-Mitgliedsland	391
309	Gerätereparatur als innergemeinschaftliche Lohnveredelung	391
310	Kleinunternehmer als Auftraggeber einer innergemeinschaftlichen Lohnveredelung	391
311	Innergemeinschaftliche Lohnveredelung bei Versendung des Werkes in einen dritten EU-Mitgliedstaat	392
312	Ausfuhrlieferung nach innergemeinschaftlicher Lohnveredelung	393
313	Lieferung ins Drittlandsgebiet im direkten Anschluss an die Lohnveredelung	393

5.3 Innergemeinschaftliche Beförderungsleistungen

314	Personenbeförderung im Inland durch Unternehmer aus einem anderen EU-Mitgliedsland	394
315	Personenbeförderung durch verschiedene EU-Mitgliedsländer	394
316	Abgrenzung Personenbeförderung – Reiseleistung	395
317	Beförderungsleistungen im Inland eines im Ausland ansässigen Unternehmers für einen Unternehmer	396
318	Güterbeförderung im Inland durch Unternehmer aus einem anderen EU-Mitgliedstaat	396
319	Güterbeförderung durch ein anderes EU-Mitgliedsland	397

XXIX

Verzeichnis der Beispiele

Beispiel Nr.	Überschrift	Seite
320	Innergemeinschaftliche Beförderung in einen deutschen Freihafen	397
321	Innergemeinschaftliche Beförderung im Anschluss an eine Einfuhr	397
322	Innergemeinschaftliche Beförderungsleistung an Privatmann	398
323	Innergemeinschaftliche Güterbeförderung durch Unternehmer aus dem Drittlandsgebiet	399
324	Besorgung einer innergemeinschaftlichen Beförderungsleistung	399
325	Vorlauf zu einer innergemeinschaftlichen Güterbeförderung	400
326	Nachlauf zu einer innergemeinschaftlichen Güterbeförderung	400
327	Lagerung als Nebenleistung zu einer Güterbeförderung	401
328	Lagerung als sonstige Leistung im Zusammenhang mit einer innergemeinschaftlichen Güterbeförderung	402
329	Entladen als sonstige Leistung im Zusammenhang mit einer innergemeinschaftlichen Güterbeförderung	402

5.4 Vermittlungsleistungen

330	Vermittlung einer Werbeleistung	403
331	Vermittlung einer Beförderungsleistung für einen Nichtunternehmer	404
332	Vermittlung einer innergemeinschaftlichen Güterbeförderung	404
333	Vermittlungsleistung an einen Privatmann aus einem anderen EU-Mitgliedstaat	405
334	Vermittlung einer Grundstücksvermietung	405
335	Vermittlungsleistung einer Künstleragentur	405
336	Vermittlungsleistung eines Bauunternehmers	406
337	Vermittlungsleistungen eines Handelsvertreters	406

6. Besteuerungsverfahren bei innergemeinschaftlichen Umsätzen

338	Antrag auf Erteilung einer USt-IdNr.	407
339	Erteilung einer USt-IdNr. an einen Unternehmer mit ausschließlich steuerfreien Umsätzen	408
340	Erteilung von USt-IdNrn. an Organgesellschaften	408

Verzeichnis der Beispiele

Beispiel Nr.	Überschrift	Seite
341	Abgabe von Zusammenfassenden Meldungen durch pauschalbesteuerte Landwirte	408
342	Angaben in der Zusammenfassenden Meldung	409
343	Anwendung der Fiskalvertreter-Regelung	410
344	Keine Fiskalvertretung bei anfallenden Vorsteuerbeträgen	411
345	Fiskalvertretung bei fehlender Vorsteuerabzugsmöglichkeit	411
346	Durchführung der Fiskalvertretung	412
347	Karussellgeschäft	412

A. Die allgemeine Anwendung des Umsatzsteuergesetzes

I. Überblick

Das Umsatzsteuerrecht ist durch ein Zusammenwirken von europäischem und nationalem Recht gekennzeichnet. Neben den nationalen Rechtsquellen sind in der praktischen Anwendung in immer stärkerem Maße die europäischen Rechtsquellen heranzuziehen. Letztere bestehen aus Richtlinien und Verordnungen, wobei als dominierendes Element die Mehrwertsteuersystemrichtlinie (MWStSystRL)[1] zu nennen ist. Richtlinien wenden sich dabei zunächst an den einzelnen EU-Mitgliedstaat, während sich Verordnungen[2] unmittelbar an den Bürger des EU-Mitgliedstaates richten. Richtlinien bedürfen, um gegenüber dem Einzelnen wirksam zu werden, grundsätzlich der Umsetzung in nationales Recht. Dabei ist der nationale Gesetzgeber zur Umsetzung der Zielsetzung der Richtlinie verpflichtet, er kann jedoch Form und Mittel der Umsetzung wählen. Da die Regelungen der MWStSystRL sehr detailliert sind, werden die Spielräume des nationalen Gesetzgebers auf dem Gebiet der Umsatzsteuer stark begrenzt.

Der Vorrang für die praktische Anwendung beim Steuerpflichtigen liegt beim nationalen Recht, wobei zwei Einschränkungen zu beachten sind:
- die richtlinienkonforme Auslegung des nationalen Rechts und
- die unmittelbare Anwendung einzelner Richtlinienbestimmungen bei fehlender oder unzutreffender Umsetzung der EU-Normen.

Die richtlinienkonforme Auslegung bedeutet, dass Rechtsprechung und Verwaltung bei der Auslegung der Gesetzesnormen die EU-Richtlinien zu berücksichtigen haben. Dabei sind die vom Europäischen Gerichtshof (EuGH) entwickelten Auslegungsgrundsätze zu beachten. Somit sind dort, wo der Gesetzestext Auslegungsspielräume lässt, die Grundsätze der EU-Richtlinien anzuwenden.

---

[1] Richtlinie 2006/112/EG des Rates über das gemeinsame Mehrwertsteuersystem vom 28.12.2006 (ABl. EU Nr. L 347, S. 1), die die frühere 6. USt-RL (Sechste Richtlinie des Rates vom 17.5.1977, 77/388/EWG) ersetzt hat.

[2] Z.B. EU-Verordnung 1777/2005 des Rates vom 17.10.2005, die verschiedene unmittelbar wirksame Durchführungsvorschriften enthält. Vgl. hierzu: *Sender/Weilbach/Weilbach*, BB 2006, S. 2671f., zu Einzelheiten: *Hiller*, UR 2006, S. 320.

A. Die allgemeine Anwendung des Umsatzsteuergesetzes

Daneben sind einzelne Richtlinienbestimmungen dann unmittelbar anwendbar, wenn der nationale Gesetzgeber zwingende Bestimmungen nicht oder fehlerhaft umgesetzt hat und dies zuungunsten des Steuerbürgers geschah. In diesem Fall kann sich der Einzelne unmittelbar auf europäisches Recht berufen.

Die in Einzelfällen bestehenden Widersprüchlichkeiten zwischen nationalem und europäischem Recht erschweren die Handhabung des Umsatzsteuerrechts, können jedoch gegebenenfalls vom Steuerpflichtigen im Sinne einer Wahl des günstigeren Rechts genutzt werden.

Obgleich durch das Nebeneinander von europäischem und nationalem Recht und durch die Vielzahl der Gesetzesänderungen der Blick hierfür manchmal verloren geht, liegt dem Umsatzsteuergesetz ein klares logisches Grundgerüst zugrunde. Es ist zu empfehlen, sich bei der Lösung konkreter umsatzsteuerlicher Probleme an diesem Grundgerüst zu orientieren. Die Vorgehensweise wird im Folgenden schematisch dargestellt:

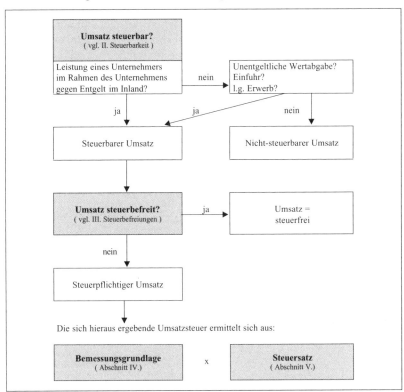

II. Steuerbarkeit

Welche Geschäftsvorfälle/Rechtsvorgänge werden vom System der Umsatzsteuer erfasst? Diese Frage nach dem Steueranwendungsbereich oder nach der Steuerbarkeit beantwortet der Gesetzgeber in § 1 UStG. Hier werden drei grundsätzliche Tatbestände aufgezählt, die einen rechtlichen und/oder ökonomischen Vorgang zu einem umsatzsteuerlich relevanten Vorgang machen. Steuerbar sind demnach die folgenden Umsätze:[3]

1. im Inland bewirkte Leistungen eines Unternehmers gegen Entgelt,
2. die Einfuhr und
3. der innergemeinschaftliche Erwerb.

Die im Inland bewirkte Leistung eines Unternehmers gegen Entgelt stellt den bedeutendsten Tatbestand dar. Darauf wird im 1. Abschnitt eingegangen. Der Tatbestand Einfuhr wird im Abschnitt 2. behandelt. Dem innergemeinschaftlichen Erwerb ist unter Kapitel B., das sich mit den innergemeinschaftlichen Umsätzen beschäftigt, ein gesonderter Abschnitt gewidmet.

1. Leistungen gegen Entgelt

Der grundlegende umsatzsteuerliche Tatbestand wird durch fünf Merkmale definiert:

1. Lieferungen und sonstige Leistungen, die
2. ein Unternehmer
3. im Inland
4. gegen Entgelt
5. im Rahmen seines Unternehmens ausführt.

Zum **Inland** zählt das Gebiet der Bundesrepublik Deutschland mit Ausnahme des Gebiets von Büsingen, der Insel Helgoland, der Freizonen des Kontrolltyps I und der Gewässer und Watten zwischen der Hoheitsgrenze und der jeweiligen Strandlinie. Ebenfalls nicht zum Inland gehören deutsche Schiffe und Luftfahrzeuge in Gebieten, die zu keinem Zollgebiet gehören.

Beispiel 1

---

[3] Vgl. entsprechend nach europäischem Recht: Art. 2 der Mehrwertsteuersystem-Richtlinie vom 28.11.2006, (MwStSystRL).

A. Die allgemeine Anwendung des Umsatzsteuergesetzes

1.1 Unternehmer

Unternehmer ist nach § 2 UStG,[4] wer eine gewerbliche oder berufliche Tätigkeit selbstständig ausübt. Der Unternehmerbegriff des Umsatzsteuerrechts ist weiter gefasst als der des Gewerbetreibenden im Ertragsteuerrecht. Anders als bei Letzterem wird Gewinnerzielungsabsicht im Umsatzsteuerrecht nicht gefordert, es genügt Einnahmeerzielungsabsicht. Der umsatzsteuerliche Unternehmerbegriff ist des Weiteren hinsichtlich der Art der hiervon erfassten Tätigkeiten umfassender. So gilt auch die Vermietung und Verpachtung, die im Ertragsteuerrecht oftmals unter die Vermögensverwaltung fällt, als gewerbliche oder berufliche Tätigkeit. Nicht als Tätigkeit im wirtschaftlichen Sinn und damit nicht als unternehmerische Tätigkeit gilt jedoch die Kapitalanlage in Sparkonten, Wertpapieren und die Beteiligung an Kapitalgesellschaften. Neben dieser Begrenzung hinsichtlich der Art der Tätigkeit sind zwei Merkmale für die Unternehmereigenschaft entscheidend:

– die Nachhaltigkeit und
– die Selbstständigkeit

Als umsatzsteuerliche Unternehmer kommen neben natürlichen und juristischen Personen (des privaten und des öffentlichen Rechts) auch Personenzusammenschlüsse oder Zweckvermögen in Frage, die nach außen hin durch Bewirkung von Umsätzen im Wirtschaftsverkehr auftreten. Steuerrechtsfähig im umsatzsteuerlichen Sinne können somit als Personenzusammenschlüsse nicht nur die „klassischen" Personengesellschaften (OHG, KG, GbR) sein, sondern darüber hinaus auch beispielsweise nichtrechtsfähige Vereine, Erbengemeinschaften oder Bruchteilsgemeinschaften. Solche Personenzusammenschlüsse stehen gegebenenfalls ihren Mitgliedern als eigenständige Unternehmer gegenüber. So verfügt beispielsweise eine Einkaufsgenossenschaft von Dachdeckern über eine eigenständige Unternehmereigenschaft, kann also steuerbare Umsätze mit ihren Mitgliedern ausführen. Ebenso besitzt eine Arbeitsgemeinschaft im Baugewerbe, die als Vertragspartner des Auftraggebers auftritt, Unternehmereigenschaft.

Dagegen ist eine Innengesellschaft, die nicht nach außen in Erscheinung tritt, nicht als Unternehmer anzusehen. Als Beispiel ist hier die stille Gesellschaft zu nennen.

Beispiel 2

---

[4] Das europäische Recht verwendet statt „Unternehmer" den Begriff des „Steuerpflichtigen"; die grundlegende Definition findet sich in Art. 9 MwStSystRL.

II. Steuerbarkeit

1.1.1 Das Kriterium der Nachhaltigkeit

Eine Tätigkeit wird nachhaltig ausgeführt, wenn sie auf Dauer angelegt ist und wiederholt vorgenommen wird. Im Einzelfall kann Nachhaltigkeit auch schon bei einer einmaligen Handlung gegeben sein, wenn die Handlung mit Wiederholungsabsicht durchgeführt wurde, diese Absicht jedoch später keine Verwirklichung fand. Nachhaltigkeit ist auch gegeben, wenn durch Abschluss eines Rechtsgeschäfts ein Dauerzustand geschaffen wird. Dies trifft auch zu, wenn mit diesem Rechtsgeschäft nur eine Duldungsleistung verbunden ist und auch, wenn nur bezüglich eines Gegenstands oder eines Rechts eine solche Duldungsleistung erbracht wird. So ist bereits in der auf Dauer angelegten Vermietung eines Gegenstands oder der Lizenzvergabe eines Patentrechtes eine unternehmerische Betätigung zu sehen.

Die Beurteilung, ob Nachhaltigkeit gegeben ist, hat nach dem Gesamtbild der tatsächlichen Verhältnisse zu erfolgen. Es ist also zu prüfen, inwieweit die für Nachhaltigkeit sprechenden Kriterien erfüllt sind, um dann anhand des sich ergebenden Gesamtbildes eine Abwägung vorzunehmen. Folgende Kriterien sprechen für eine nachhaltige Tätigkeit:

- planmäßiges, mit gewisser Intensität betriebenes, wirtschaftliches Handeln,
- mehrjährige oder auf Wiederholung angelegte Tätigkeit,
- Unterhalten eines Geschäftslokals,
- die Vornahme gleichartiger Handlungen bei gleicher Gelegenheit oder gleichem dauerhaften Verhältnis,
- langfristige Duldung eines Eingriffs in den eigenen Rechtskreis (z. B. Vermietung),
- die Beteiligung am Markt und das Auftreten wie ein Händler.

Beispiele 3–4

Nachhaltigkeit ist beispielsweise nicht gegeben

- beim Kauf von Neuwagen durch einen Angehörigen einer Automobilfabrik, wenn diese nach einer Behaltefrist von mehr als einem Jahr wieder veräußert werden,[5]
- bei der nur gelegentlichen Vermietung eines Wohnmobils, das überwiegend privaten Zwecken des Eigentümers dient,[6]

---
5 BFH v. 18.07.1991, BStBl. II, 776.
6 BFH v. 12.12.1996, BStBl. 1997 II, 368.

A. Die allgemeine Anwendung des Umsatzsteuergesetzes

– bei einem Münz- oder Briefmarkensammler, der aus privaten Neigungen sammelt und die Sammlung umschichtet und ganz oder teilweise verkauft.[7]

1.1.2 Das Kriterium der Selbstständigkeit

Selbstständigkeit zeichnet sich durch die Merkmale Unternehmerinitiative und Unternehmerrisiko aus. Die selbstständige Tätigkeit zeichnet sich durch das Handeln auf eigene Verantwortung und auf eigene Rechnung aus. Die Abgrenzung zur nicht-selbstständigen Tätigkeit ist im Einzelfall oftmals schwierig. In der hierzu bestehenden umfangreichen Rechtsprechung sind Kriterien entwickelt worden, die für und gegen die Selbstständigkeit sprechen und im Einzelfall gegeneinander abzuwägen sind. In dieser Frage gelten für die Umsatzsteuer die gleichen Kriterien wie für die Einkommen- bzw. Gewerbesteuer. Dagegen ist die arbeitsrechtliche und sozialversicherungsrechtliche Beurteilung unmaßgeblich.

Beispiel 5

Die Entscheidung für oder gegen Selbstständigkeit ist nach dem Gesamtbild der tatsächlichen und rechtlichen Verhältnisse zu treffen. Dabei kommt dem Auftreten nach außen geringere Bedeutung zu als dem Innenverhältnis zum Auftraggeber. Entscheidend ist also, welche Verpflichtungen im Verhältnis zwischen Auftraggeber und Auftragnehmer vereinbart und tatsächlich durchgeführt werden. Im Einzelnen sprechen folgende Kriterien für oder gegen die Selbstständigkeit:

Für eine nicht-selbstständige Tätigkeit spricht:	Für eine selbstständige Tätigkeit spricht:
– Weisungsgebundenheit hinsichtlich der Art und Zeit der Tätigkeit	– Selbstständigkeit in Organisation und Durchführung der Tätigkeit
– Anspruch auf Vergütung im Urlaub und im Krankheitsfall	– Unternehmerrisiko, z.B. keine Vergütung im Krankheitsfall

---

7 BFH v. 29.06.1987, BStBl. II, 744, und v. 16.07.1987, BStBl. II, 752.

II. Steuerbarkeit

Für eine nicht-selbstständige Tätigkeit spricht:	Für eine selbstständige Tätigkeit spricht:
– Bezahlung nach festen Monats- oder Stundensätzen unabhängig vom Erfolg der Arbeit (Dienstvertrag)	– Bezahlung in Abhängigkeit vom Erfolg der Arbeit (Werkvertrag)
– Gleichbleibende Ausübung der Tätigkeit an einem Ort und Eingliederung in den Betrieb	– Keine Eingliederung in den Betrieb, Geschäftsbeziehungen zu mehreren Vertragspartnern
– Kein eigener Einsatz von Kapital und Arbeitsmitteln	– Eigener Einsatz von Kapital und Arbeitsmitteln

Beispiele 6–7

Weisungsgebundenheit und damit fehlende Selbstständigkeit ist beispielsweise auch gegeben bei einem **Strohmann**, der auf Weisung eines Anderen nach außen hin Geschäfte ausführt. Wegen fehlender Selbstständigkeit wird hier in der Regel keine Unternehmereigenschaft vorliegen.

Bei natürlichen Personen können selbstständige und nicht-selbstständige Tätigkeit nebeneinander vorkommen. So ist beispielsweise ein hauptberuflich nicht-selbstständig tätiger Grundschullehrer, der nebenberuflich Kinderbücher für einen Verlag schreibt, mit dieser Nebentätigkeit selbstständig tätig.

1.1.3 Beginn und Ende der Unternehmereigenschaft

Die Unternehmereigenschaft beginnt mit den ersten nach außen erkennbaren Vorbereitungshandlungen zur Aufnahme der gewerblichen oder beruflichen Tätigkeit. Nach bis 1996 gültiger Meinung wurde der Unternehmerstatus jedoch versagt, wenn die Tätigkeit im Folgenden umsatzlos blieb. Der so genannte „erfolglose Unternehmer" konnte nach der früher herrschenden Meinung den Vorsteuerabzug für die Vorbereitungshandlungen nicht in Anspruch nehmen. Nach der durch die Rechtsprechung des EuGH[8] geänderten Auffassung begründet bereits die objektiv erkennbare und nachweisbare, nicht nur vorge-

---
[8] Vgl. EuGH-Urteil v. 29.02.1996, Rs. C-110/94, BStBl. II 1996, S. 655, und EuGH-Urteil v. 08.06.2000, Rs. C-396/98, BStBl. II 2003, S. 446.

A. Die allgemeine Anwendung des Umsatzsteuergesetzes

täuschte Absicht, eine Umsatztätigkeit aufzunehmen, die Unternehmereigenschaft.

Bei der Gründung von Kapitalgesellschaften ist zwischen der Vorgründungsgesellschaft (bis zum Abschluss des notariellen Gesellschaftsvertrages), der Vorgesellschaft (bis zur Eintragung ins Handelsregister) und der eigentlichen Kapitalgesellschaft zu unterscheiden. Die Vorgründungsgesellschaft, eine BGB-Gesellschaft, ist nach EuGH-Rechtsprechung[9] auch dann umsatzsteuerlicher Unternehmer, wenn ihr einziger Umsatz in der (als Geschäftsveräußerung nicht-steuerbaren) Übertragung der bezogenen Leistungen auf die Kapitalgesellschaft besteht. Die Vorgesellschaft ist umsatzsteuerlich (wie auch ertragsteuerlich) mit der Kapitalgesellschaft identisch.

Das Unternehmen endet mit dem Tod des Unternehmers oder mit der endgültigen Einstellung der Tätigkeit und mit Abschluss aller Rechtsgeschäfte, die mit der Abwicklung des Unternehmens in Zusammenhang stehen. Veräußerungen von Gegenständen des Betriebsvermögens oder die Vereinnahmung von Entgelten nach Beendigung der Umsatztätigkeit gehören somit noch zur Unternehmertätigkeit. Zu einer Beendigung des Unternehmens kommt es nicht, wenn die Umsatztätigkeit nur vorübergehend ruht, wie etwa bei Saisonbetrieben. Erst wenn nach den Umständen nicht mehr erkennbar ist, dass der Unternehmer seine Tätigkeit in absehbarer Zeit wieder aufzunehmen beabsichtigt, endet die Unternehmereigenschaft.

Beispiel 8

1.1.4 Umfang des Unternehmens

Für die Steuerbarkeit eines Umsatzes ist weiterhin erforderlich, dass der Unternehmer die Leistung *im Rahmen seines Unternehmens* erbringt.

Beispiel 9

Zu einem Unternehmen gehören sämtliche unternehmerischen Tätigkeiten eines Unternehmers, unabhängig davon, ob die einzelnen Aktivitäten räumlich getrennt sind oder unter verschiedenen Firmenbezeichnungen nach außen in Erscheinung treten. Somit liegt bei einem Unternehmer, der mehrere gewerbliche oder freiberufliche Betriebe führt, nur ein einziges Unternehmen vor. Umsätze zwischen einzelnen

---

9 Vgl. EuGH-Urteil v. 29.04.2004, Rs. C-137/02, nachfolgend BFH v. 15.07.2004 – V R 84/99, BStBl. II 2005, S. 155.

II. Steuerbarkeit

Betrieben eines Unternehmers sind als Innenumsätze nicht steuerbar. Es gilt somit der **Grundsatz der Unternehmenseinheit**. In den Unternehmensbereich fallen neben den Grundgeschäften auch **Hilfsgeschäfte**, die mit der Haupttätigkeit verbunden sind. Hilfsgeschäfte sind auch steuerbar, wenn keine Nachhaltigkeit vorliegt. Typische Hilfsgeschäfte sind die Veräußerung von Anlagegegenständen und von Abfällen.

Beispiel 10

Nicht zum Unternehmensbereich zählen bei natürlichen Personen der persönliche Lebensbereich (Privatsphäre), bei juristischen Personen des öffentlichen Rechts der Hoheitsbereich, bei gemeinnützigen Vereinen der ideelle, satzungsmäßige Bereich.

Beispiel 11

1.2 Die umsatzsteuerliche Organschaft

Einen Sonderfall der Unselbstständigkeit und damit der fehlenden Unternehmereigenschaft stellt die Organschaft dar. Eine juristische Person wird gemäß § 2 Abs. 2 Nr. 2 UStG nicht als selbstständig angesehen, wenn sie nach dem Gesamtbild der tatsächlichen Verhältnisse finanziell, wirtschaftlich und organisatorisch in ein Unternehmen eingegliedert ist. Man bezeichnet die eingliederte Kapitalgesellschaft als Organgesellschaft, das beherrschende Unternehmen als Organträger.

Das europäische Recht sieht lediglich die Möglichkeit, jedoch keine Verpflichtung für das Rechtsinstitut der Organschaft vor. Hiernach können rechtlich unabhängige Personen, die durch gegenseitige finanzielle, wirtschaftliche und organisatorische Beziehungen eng miteinander verbunden sind, von der nationalen Gesetzgebung als ein Steuerpflichtiger behandelt werden.[10]

Im Einzelnen müssen nach deutschem Recht folgende Voraussetzungen gegeben sein:

– Der **Organträger** muss **Unternehmer** sein. Ohne Bedeutung ist seine Rechtsform, sein Wohnsitz oder Sitz. Somit kommt z.B. auch ein Einzelunternehmer oder ein Verein als Organträger in Frage.

---

10 Art. 11 MwStSystRL.

A. Die allgemeine Anwendung des Umsatzsteuergesetzes

- Als **Organgesellschaft** kommt nur eine **juristische Person** des Privatrechts in Frage (z. B. AG, GmbH, Genossenschaft).
- Es muss **finanzielle Eingliederung** gegeben sein, d. h. der Organträger muss die Anteils- bzw. Stimmenmehrheit an der Organgesellschaft besitzen. Dabei genügt es, wenn die Stimmenmehrheit über eine mittelbare Beteiligung gewährleistet ist. Bei Schwestergesellschaften liegt dagegen, sofern sie nicht über einen gemeinsamen Organträger verbunden sind, regelmäßig kein Organschaftsverhältnis vor.
- Weiterhin wird **organisatorische Eingliederung** gefordert. Sie liegt vor, wenn der Organträger durch entsprechende organisatorische Maßnahmen auch tatsächlich seinen Willen gegenüber der Organgesellschaft durchsetzen kann. Für die organisatorische Eingliederung sprechen gemeinsame Geschäftsräume und gemeinsame Geschäftsführung, sie ist insbesondere bei Personalunion der Geschäftsführung gegeben.
- Schließlich ist **wirtschaftliche Eingliederung** Voraussetzung für das Bestehen einer umsatzsteuerlichen Organschaft. Sie ist erfüllt, wenn enge wirtschaftliche Beziehungen zwischen Organträger und Organgesellschaft bestehen, insbesondere wenn die Organgesellschaft wie eine Betriebsabteilung des beherrschenden Unternehmens arbeitet, d. h. die wirtschaftliche Aktivität des Organträgers unterstützt und fördert.

Beispiel 12

Die Organschaft beginnt zu dem Zeitpunkt, in dem die Voraussetzungen für die Organschaft erfüllt sind. Sie endet, wenn die Voraussetzungen für die Organschaft nicht mehr gegeben sind. Im Unterschied zur ertragsteuerlichen Organschaft beginnt die umsatzsteuerliche Organschaft somit nicht erst zum Beginn des Wirtschaftsjahres/Veranlagungszeitraums, in dem alle Voraussetzungen vorliegen. Die Organschaft endet z. B. wenn der Organträger durch Anteilsübertragungen die Stimmenmehrheit an der Organgesellschaft verliert. Sofern Insolvenz der Organgesellschaft eintritt, endet in der Regel die Organschaft, da der Organträger den maßgeblichen Einfluss an den Insolvenzverwalter verliert.[11]

Umsatzsteuerlich hat das Bestehen einer Organschaft zur Folge, dass Organträger und Organgesellschaft(en) insgesamt als ein Unternehmen

---
11 Vgl. im Einzelnen Abschnitt 21 Abs. 7 UStR.

II. Steuerbarkeit

behandelt werden. Umsätze zwischen den Gliedern einer Organschaft sind als Innenumsätze nicht steuerbar. Für die Erfüllung der umsatzsteuerlichen Pflichten, wie Abgabe von Umsatzsteuer-Voranmeldungen und -Jahreserklärungen, ist der Organträger zuständig. Für den innergemeinschaftlichen Rechtsverkehr bestehen dagegen selbstständige Meldepflichten. So bekommt die Organgesellschaft eine eigene USt-IdNr., unter der sie im innergemeinschaftlichen Wirtschaftsverkehr auftritt.

Die Wirkungen der Organschaft sind auf Innenleistungen zwischen den im Inland gelegenen Unternehmensteilen beschränkt: Nicht steuerbar sind demnach Lieferungen zwischen Organträger und inländischen Organgesellschaften. Gleiches gilt für Umsätze zwischen Organträger bzw. einer inländischen Organgesellschaft und im Inland gelegenen Betriebsstätten einer ausländischen Organgesellschaft. Führt dagegen der im Inland ansässige Organträger Leistungen an eine im Ausland gelegene Organgesellschaft aus, so wird hiermit ein steuerbarer Umsatz bewirkt. Gegebenenfalls kann die Steuerbefreiung als Ausfuhr- oder innergemeinschaftliche Lieferung in Anspruch genommen werden.

Beispiel 13

In der Praxis ergeben sich unter anderem für die **Holding** Abgrenzungsprobleme hinsichtlich des Bestehens einer Organschaft. Dabei ist zwischen Finanzholdings und Führungsholdings zu unterscheiden. Von einer Finanzholding wird gesprochen, wenn die Obergesellschaft sich auf das Verwalten der Beteiligungen beschränkt. Die Beteiligung an Gesellschafterversammlungen, der Erwerb, die Veräußerung und die strategische Umstrukturierung der Beteiligungen gehört zum Bereich der (nicht steuerbaren) Beteiligungsverwaltung. Dagegen spricht man von einer Führungs- oder geschäftsleitenden Holding, wenn die Obergesellschaft aktiv in die Geschäftsführung der Tochtergesellschaften eingreift und gegen Entgelt bestimmte Geschäftsführungs- oder Verwaltungsdienstleistungen übernimmt. In diesem Fall besitzt die Obergesellschaft Unternehmereigenschaft[12] und kann somit als Organträger fungieren. Dagegen verfügt die Finanzholding nicht über den Unternehmerstatus und kann daher ihr in Rechnung gestellte Vorsteuerbeträge (etwa für die Rechtsberatung beim Erwerb oder der Veräußerung von Tochtergesellschaften) nicht zum Abzug bringen.

---

12 Vgl. EuGH-Urteil v. 27.09.2001, Rs. C-16/00, UR 2001, S. 500.

A. Die allgemeine Anwendung des Umsatzsteuergesetzes

Die **Betriebsaufspaltung** zwischen einer Besitzpersonengesellschaft und einer Betriebskapitalgesellschaft ist nicht in jedem Fall als Organschaft anzusehen. Zwar liegt in diesem Fall finanzielle Eingliederung vor, wenn dieselben Personen, die an der Kapitalgesellschaft beteiligt sind auch die Personengesellschaft bilden. Dabei ist nicht erforderlich, dass die Personengesellschaft direkt an der Kapitalgesellschaft beteiligt ist. Organisatorische Eingliederung wird in der Regel wegen bestehender Personalunion der Geschäftsführung auch zu bejahen sein. Das Kriterium der wirtschaftlichen Eingliederung wird dagegen von Rechtsprechung und Verwaltung nicht in jedem Fall als gegeben angesehen. Besteht lediglich ein Pachtvertrag über ein Grundstück, so ist von wirtschaftlicher Eingliederung nur auszugehen, wenn das Grundstück in besonderer Art auf die Bedürfnisse der Betriebsgesellschaft zugeschnitten ist. Die wirtschaftliche Eingliederung kann sich jedoch bei Betriebsaufspaltung auch aus anderen Sachverhalten ergeben, die eine besondere wirtschaftliche Verflechtung zum Ausdruck bringen, so etwa die außerordentlich lange Laufzeit des Pachtvertrages (z.B. 25 Jahre), die Tatsache, dass neben dem Grundstück sämtliche Produktionsanlagen mit verpachtet werden oder dass in der einen Gesellschaft hergestellte Produkte über die andere Gesellschaft vertrieben werden.

Beispiele 14–15

1.3 Die Gegenleistung

Die Leistung muss auf eine Gegenleistung, das Entgelt, gerichtet sein. Ohne Gegenleistung liegt kein steuerbarer Leistungsaustausch vor. Es ist eine innere Verknüpfung von Leistung und Gegenleistung erforderlich. An dieser mangelt es beispielsweise bei folgenden Rechtsvorgängen, die somit nicht-steuerbar sind:

- Schenkung oder Erbfall,
- Innenumsatz (z.B. zwischen zwei Filialen eines Unternehmens),
- echter Schadensersatz (vgl. Abschnitt 1.3.1),
- echter Mitgliedsbeitrag (vgl. Abschnitt 1.3.2),
- echter Zuschuss,
- Rückgabe (Rückgängigmachung der Lieferung)[13].

---

13 Zur Abgrenzung der nicht-steuerbaren Rückgabe (Rückgängigmachung der Lieferung) und der (zweifach) steuerbaren Rücklieferung, die aus der Sicht des ursprünglichen Lieferungsempfängers ein neues Umsatzgeschäft, keine Rückabwicklung darstellt. Vgl. BFH v. 27.06.1995, V R 27/94, BStBl. II 1995, S. 756.

II. Steuerbarkeit

Wie ist es aber, wenn der Leistende deshalb keine Gegenleistung erhält, weil das Entgelt, etwa durch Konkurs des Auftraggebers, uneinbringlich wird? Bei Uneinbringlichkeit der Gegenleistung ist ein Leistungsaustausch zu bejahen, wenn die Leistung auf den Erhalt einer Gegenleistung abzielte, und diese den Umständen nach auch zu erwarten war.

Beispiel 16

Das Entgelt für eine Leistung muss nicht unbedingt in einer Zahlung bestehen. Beim **Tausch** liegt das Entgelt für eine Lieferung in einer Lieferung. Ein tauschähnlicher Umsatz liegt vor, wenn das Entgelt für eine sonstige Leistung in einer Lieferung oder sonstigen Leistung besteht.

1.3.1 Schadensersatz

Keine Gegenleistung und somit kein steuerbarer Umsatz liegt im Falle des Schadensersatzes vor. Die Schadensersatz-Leistung wird nicht erbracht, um eine Gegenleistung zu erlangen, sondern aufgrund gesetzlicher oder vertraglicher Verpflichtung zur Schadensbeseitigung.

Beispiel 17

Das Zivilrecht kennt zwei Formen der Schadensersatzleistung:
1. die Wiederherstellung des ursprünglichen Zustands,
2. die Zahlung eines Geldbetrages.

In beiden Fällen besteht zwischen Schädiger und Geschädigtem kein steuerbarer Umsatz. Wird allerdings ein dritter Unternehmer vom Schädiger mit der Schadensbeseitigung betraut, so führt das Vertragsverhältnis zwischen dem Schädiger und dem beauftragten Unternehmer zu einem steuerbaren Umsatz. Das Gleiche gilt, wenn der Geschädigte vom Schädiger mit der Schadensbeseitigung beauftragt wird, und diese im Rahmen seines Unternehmens ausführt. Auch hier, beim so genannten **unechten Schadensersatz**, kommt es zu einem Leistungsaustausch, da es hier neben der Verpflichtung zum Schadensersatz zusätzlich zu einer steuerbaren Leistungsbeziehung kommt.

Beispiel 18

Vertragsstrafen wegen Nichterfüllung oder unzureichender Vertragserfüllung sind Schadensersatz und somit nicht steuerbar. Das Gleiche

A. Die allgemeine Anwendung des Umsatzsteuergesetzes

gilt für Verzugszinsen, Mahngebühren oder Kosten eines gerichtlichen Mahnverfahrens. Bei Garantieleistungen kann nicht steuerbarer Schadensersatz, aber auch steuerbarer Leistungsaustausch vorliegen.

Beispiele 19–20

1.3.2 Leistungsbeziehungen zwischen Personenvereinigungen und Mitgliedern

Bei Leistungsbeziehungen zwischen Personenvereinigungen und ihren Mitgliedern stellt sich in besonderer Weise die Frage, ob ein steuerbarer Leistungsaustausch, also eine Leistung gegen Entgelt vorliegt.

Hier sind zwei Fälle zu unterscheiden:

1. Leistungen einer Personenvereinigung an ihre Mitglieder
2. Leistungen der Mitglieder an die Personenvereinigung

Im ersten Fall ist nach gültiger deutscher Rechtsauffassung dann keine Entgeltlichkeit und damit kein Leistungsaustausch gegeben, wenn für die Leistungen der Personenvereinigung lediglich **reine Mitgliedsbeiträge** erhoben werden. Von solchen ist auszugehen, wenn die Beiträge von den einzelnen Mitgliedern ohne Rücksicht auf die tatsächliche oder vermutete Inanspruchnahme der Leistungen erhoben werden. Diese Rechtsauffassung wird vom Europäischen Gerichtshof (EuGH) nicht geteilt.[14] Der EuGH sieht in den Jahresbeiträgen eines Sportvereins, die unabhängig von der tatsächlichen Nutzung der Sportanlagen durch die Mitglieder erhoben werden, einen steuerbaren Leistungsaustausch. Insoweit kommen europäisches Recht und nationales Recht zu unterschiedlichen Ergebnissen. Hiervon betroffene Personenvereinigungen, wie beispielsweise Vereine oder Verbände, können daher wählen, ob sie das nationale Recht anwenden oder sich unmittelbar auf europäisches Recht berufen.

Beispiele 21–22

Ein steuerbarer Leistungsaustausch liegt auch nach bisheriger deutscher Rechtsprechung dann vor, wenn ein Zusammenhang zwischen der Leistung der Vereinigung gegenüber dem Mitglied und dessen Beitragsleistung besteht. Eine Werbegemeinschaft aus Ladeninhabern eines Einkaufszentrums, die zur Deckung der entstehenden Werbekosten „Beiträge" von den Mitgliedern erhebt, die sich nach der jeweiligen Verkaufsfläche bemessen, erbringt somit steuerbare Leistungen

---

14 EuGH-Urteil v. 21.03.2002, Rs. C-174/00, UR 2002, S. 320.

II. Steuerbarkeit

gegenüber ihren Mitgliedern. In Sonderfällen kann selbst bei gleicher Höhe der „Beiträge" ein steuerbarer Leistungsaustausch vorliegen, wenn für alle Mitglieder gleichartige Leistungen ausgeführt werden (Beispiel: Lohnsteuerhilfeverein).

Im zweiten Fall, bei Leistungen von Mitgliedern oder Gesellschaftern an die Personenvereinigung ist die Frage, ob ein Leistungsaustausch oder ein **nicht steuerbarer Gesellschafterbeitrag** gegeben ist, wie folgt zu beantworten: Erbringt ein Gesellschafter eine Leistung gegenüber der Gesellschaft gegen gesondert berechnetes Entgelt, so besteht ein Leistungsaustauschverhältnis. Nicht steuerbarer Gesellschafterbeitrag liegt hingegen vor, wenn der Gesellschafter eine Leistung erbringt, die durch seine Beteiligung am Gewinn abgegolten wird.

Beispiele 23–24

Geschäftsführungsleistungen können nach geänderter Rechtsprechung des BFH[15] auch steuerbar sein, wenn sie von einem Gesellschafter übernommen werden. Voraussetzung für die Steuerbarkeit ist, dass die Geschäftsführungsleistungen gegen (Sonder-)Entgelt ausgeführt und nicht lediglich durch Beteiligung am Gewinn oder Verlust abgegolten werden und der Geschäftsführer insoweit selbstständig tätig ist. Geschäftsführungsleistungen, die beispielsweise die Komplementär-GmbH einer GmbH & Co. KG aufgrund eines Geschäftsbesorgungsvertrages gegen Vergütung ausführt, sind umsatzsteuerbar.

Nach einem weiteren Urteil des BFH[16] gelten diese Grundsätze auch für Geschäftsführungsleistungen eines GmbH-Geschäftsführers. Hier ist insbesondere zu prüfen, ob die Voraussetzungen der Selbstständigkeit vorliegen.[17]

1.4 Lieferungen

1.4.1 Die Lieferung als Sonderfall der Leistung

Lieferungen stellen umsatzsteuerlich eine besondere Art der Leistung dar. Soweit man bei Prüfung des umsatzsteuerlichen Sachverhalts festgestellt hat, dass ein Leistungsaustausch vorliegt, ist zunächst zwischen Lieferungen und sonstigen Leistungen zu unterscheiden. Dieser auf den ersten Blick für die Steuerbarkeit unerheblichen Unterschei-

---

15 BFH v. 06.06.2002, V R 43/01, BStBl. II 2003, S. 36.
16 BFH v. 10.03.2005, V R 29/03, UR 2005, S. 440.
17 Vgl. *Sender/Weilbach/Weilbach*, BB 2005, S. 2553, 2558.

A. Die allgemeine Anwendung des Umsatzsteuergesetzes

dung kommt insbesondere bei der Bestimmung des Leistungsortes große Bedeutung zu.

Unter Leistung ist alles das zu verstehen, was Gegenstand des Rechtsverkehrs sein kann. Zwei Rechtssubjekte, Leistender und Leistungsempfänger müssen sich gegenüberstehen. Die Leistung im umsatzsteuerlichen Sinn muss keinen aktiven Charakter besitzen. Sie kann auch in einem Dulden oder Unterlassen bestehen.

Beispiel 25

Die Umsatzsteuer besteuert die Erfüllung der vereinbarten Leistung. Nicht die rechtsgeschäftliche Vereinbarung, sondern die Ausführung der Leistung ist ein Umsatz. Dies ist oftmals insbesondere bei der Bestimmung des Zeitpunkts der Leistung von Bedeutung.

Kein Leistungsaustausch und damit kein steuerbarer Umsatz liegt bei fehlendem Leistungswillen vor. Beispiele hierfür sind die Erbschaft und die Leistung aufgrund behördlicher Anordnung. In beiden Fällen liegt kein steuerbarer Umsatz vor.

Die Lieferung ist nach § 3 Abs. 1 UStG definiert als ein Umsatzgeschäft, bei dem die Verfügungsmacht über einen Gegenstand übertragen wird.[18]

Erstes Kriterium ist also zunächst, dass es sich um einen **Gegenstand** handelt. Gegenstände im umsatzsteuerlichen Sinne sind

– körperliche Gegenstände (Sachen im Sinne des § 90 BGB und Tiere – § 90a BGB),
– Sachgesamtheiten und
– nicht-körperliche Gegenstände, die im Geschäftsverkehr wie körperliche Gegenstände gehandelt werden, z.B. Strom, Wärme, Kälte, Firmenwert und Kundenstamm.[19]

Im Unterschied zum Zivilrecht werden Rechte nicht als Gegenstände gewertet, so dass eine Übertragung von Rechten nicht als Lieferung, sondern als sonstige Leistung zu erfassen ist.

Eine Sachgesamtheit entsteht aus der Zusammenfassung mehrerer Gegenstände zu einem einheitlichen Ganzen und bildet wirtschaftlich ein anderes Wirtschaftsgut als die Summe der Einzelgegenstände. Als

---

18 Entsprechend Art. 14 MwStSystRL.
19 Art. 15 MwStSystRL, Abschnitt 24 Abs. 1 UStR.

II. Steuerbarkeit

Beispiele sind etwa ein Betrieb, eine Briefmarkensammlung oder eine Industrieanlage zu nennen.

Beispiel 26

Der Unternehmer muss seinem Abnehmer die **Verfügungsmacht** über einen Gegenstand verschaffen. Im Regelfall entspricht der Lieferung zivilrechtlich die Eigentumsübertragung. Beim Handkauf in einem Ladengeschäft findet zivilrechtlich gesehen eine Eigentumsübertragung statt, die durch Einigung und Übergabe bewirkt wird. Umsatzsteuerlich ist eine Lieferung gegeben, da der Ladeninhaber (Unternehmer) seinem Abnehmer durch die Übergabe die Verfügungsmacht über die Ware verschafft hat.

Zivilrechtliche Eigentumsübertragung und steuerrechtliche Lieferung müssen jedoch nicht zusammenfallen. Das Umsatzsteuerrecht kennt den Begriff des Eigentums nicht. Nicht der Übergang der rechtlichen, sondern der tatsächlichen, wirtschaftlichen Verfügungsmacht führt zu einer umsatzsteuerbaren Lieferung. Wirtschaftliche Substanz, Wert und Ertrag eines Gegenstandes müssen also nach dem Willen der Beteiligten auf den Leistungsempfänger übergehen.

Für das Auseinanderfallen von Eigentumsübertragung und Lieferung lassen sich folgende Beispiele nennen:
- Lieferung unter Eigentumsvorbehalt,
- Mietkauf- und Leasingverträge,
- Sicherungsübereignung,
- Verpfändung.

Bei der Lieferung unter **Eigentumsvorbehalt** wird bis zur Zahlung zwar noch kein Eigentum, wohl aber die Verfügungsmacht über den Gegenstand verschafft. Somit liegt eine Lieferung, nicht aber eine Eigentumsübertragung vor.

Nach deutschem Recht ist bei **Leasingverträgen** in den Fällen, in denen einkommensteuerlich der Leasinggegenstand dem Leasingnehmer zuzuordnen ist, bereits zu Beginn des Leasingvertrages ein Verschaffen der Verfügungsmacht und damit eine Lieferung gegeben.[20] Nach europäischem Recht liegt nur dann mit Übergabe des Leasinggegenstandes eine Lieferung vor, wenn laut Vertrag das Eigentum spätestens mit Zahlung der letzten fälligen Rate erworben wird,[21] wenn

---
20 Abschnitt 25 Abs. 4 UStR.
21 Art. 14 Abs. 2 Buchst. b) MwStSystRL.

A. Die allgemeine Anwendung des Umsatzsteuergesetzes

also mit Ende der Vertragslaufzeit automatisch das Eigentum auf den Leasingnehmer übertragen wird. Aus dieser unterschiedlichen Beurteilung können beim grenzüberschreitenden Leasing (Cross-Border-Leasing) Qualifikationskonflikte auftreten.[22]

Der umgekehrte Fall, es wird Eigentum, aber keine Verfügungsmacht übertragen, liegt bei der **Sicherungsübereignung** vor. Erst in dem Zeitpunkt, in dem der Sicherungsnehmer von seinem Verwertungsrecht Gebrauch macht, kommt es zu einer Lieferung zwischen Sicherungsgeber und Sicherungsnehmer.

Beispiel 27

Bei der **Verpfändung** eines Gegenstandes übergibt der Eigentümer (Verpfänder) die Sache dem Gläubiger zur Sicherung einer Forderung. Wesentliches Ziel der Verpfändung ist also nicht die endgültige Übertragung der wirtschaftlichen Substanz des Gegenstandes – Verfügungsmacht wird somit nicht verschafft. Kommt es zur Verwertung des Pfandes, so werden zu diesem Zeitpunkt zwei Lieferungen ausgeführt: der Verpfänder liefert an den Pfandgläubiger, der Pfandgläubiger an den Erwerber des Gegenstandes.

1.4.2 Ort der Lieferung

Gemäß § 1 Abs. 1 UStG sind nur Leistungen steuerbar, die im Inland ausgeführt werden. Somit kommt der Festlegung des Lieferortes besondere Bedeutung zu.

Bei der Bestimmung des Lieferorts ist wie folgt vorzugehen: Zunächst ist zu prüfen, ob eine der Ausnahmeregelungen für die Bestimmung des Lieferorts greift, die in den §§ 3c, 3e, 3f und 3g UStG geregelt sind. Danach ist zwischen der „bewegten" Lieferung – dem Regelfall – und der „ruhenden" Lieferung zu unterscheiden.

Die Bestimmung des Lieferortes kann nach folgendem Schema erfolgen:

---

22 Vgl. *Winter/Höink*, UR 2006, S. 326; *Nieskens*, in: Rau/Dürrwächter: Anm. 760 zu § 3 UStG; *Fritsch*: in: Reiß/Kraeusel/Langer, Anm. 177.1 zu § 3 UStG, siehe auch Abschnitt B.III.1./Beispiel 230.

II. Steuerbarkeit

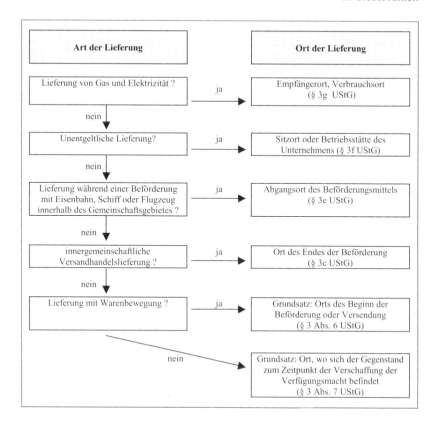

Nach dem zum 1.1.2005 wirksam gewordenen § 3g UStG[23] gilt als Ort der **Lieferung von Gas oder Elektrizität** der Ort, an dem der Empfänger der Lieferung sein Unternehmen betreibt, sofern es sich um einen Wiederverkäufer handelt. Andernfalls ist der Verbrauchsort maßgeblich für die Bestimmung des Ortes der Lieferung von Gas und Elektrizität.

Unentgeltliche Wertabgaben im Sinne des § 3 Abs. 1b UStG (und sonstige Leistungen im Sinne des § 3 Abs. 9a UStG) werden nach § 3f UStG an dem Ort bewirkt, an dem der Unternehmer sein Unternehmen betreibt. Wird die unentgeltliche Wertabgabe von einer Betriebsstätte bewirkt, so ist der Ort der Betriebsstätte maßgebend.

---
23 Entsprechend Art. 38 und 39 MwStSystRL.

19

A. Die allgemeine Anwendung des Umsatzsteuergesetzes

Werden auf den Beförderungsmitteln **Schiff, Eisenbahn und Flugzeug** während einer Beförderung innerhalb des Gemeinschaftsgebietes Gegenstände geliefert, so gilt der Abgangsort des Beförderungsmittels als Ort der Lieferung (§ 3e Abs. 1 UStG).[24] Dabei bedeutet der Begriff „Beförderung innerhalb des Gemeinschaftsgebietes" eine Beförderung, die ohne Zwischenaufenthalt außerhalb des Gemeinschaftsgebiets vonstatten geht. Nicht unter § 3e UStG fällt der Verkauf von Gegenständen, die zum Verzehr an Ort und Stelle bestimmt sind, da es sich insoweit nicht um eine Lieferung, sondern um eine sonstige Leistung handelt.[25]

Beispiel 28

Auf die innergemeinschaftliche Versandhandelslieferung wird in einem gesonderten Abschnitt B.IV.4 eingegangen.

Wesentlich bedeutsamer für die Praxis als die genannten Ausnahmeregelungen, auf die § 3 Abs. 5a UStG verweist, ist die Abgrenzung zwischen bewegter und ruhender Lieferung. Eine bewegte Lieferung liegt vor, wenn der Gegenstand der Lieferung durch den Lieferer, den Abnehmer oder einen beauftragten Dritten befördert oder versendet wird. Mit der Lieferung muss somit eine Warenbewegung einhergehen.

Für die bewegte Lieferung sind nach § 3 Abs. 6 UStG[26] Ort und Zeitpunkt der Lieferung dort anzusiedeln, wo die Beförderung oder Versendung an den Abnehmer beginnt (§ 3 Abs. 6 UStG). Dies gilt ebenso in den Fällen, in denen der Abnehmer den Gegenstand der Lieferung abholt. Auch der Handkauf gilt als Beförderungs- oder Versendungslieferung.

Die ruhende Lieferung gilt dort als ausgeführt, wo sich der Gegenstand zum Zeitpunkt der Verschaffung der Verfügungsmacht befindet (§ 3 Abs. 7 UStG[27]). Bei der ruhenden Lieferung handelt es sich im Wesentlichen um folgende Liefervorgänge:

- Grundstückslieferung;
- Lieferung durch bloße Einigung, z.B. dass der bisherige Mieter Eigentümer des Gegenstands sein soll;
- Lieferung von ortsgebundenen Anlagen als Werklieferung, etwa durch Erbringung von Bauleistungen;

---

24 Entsprechend Art. 37 MwStSystRL.
25 Siehe Abschnitt 1.5.1.
26 Entsprechend Art. 32 MwStSystRL.
27 Entsprechend Art. 31 MwStSystRL.

II. Steuerbarkeit

- Lieferungen im Rahmen von Reihengeschäften: Hier wird nur eine Lieferung als warenbewegte Lieferung angesehen, die übrigen sind als ruhende Lieferungen zu behandeln (vgl. Abschnitt 1.4.4).
- Lieferung mit Hilfe von sog. Traditionspapieren (z. B. Warenkonnossement). Hier ist der Ort der Lieferung nicht der Ort der Übergabe des Papiers, sondern der Ort, an dem sich die Ware zum Zeitpunkt der Übergabe des Papiers tatsächlich befindet.

Beispiel 29

Besondere Vorschriften zum Lieferort enthält § 3 Abs. 8 UStG für Lieferungen, die **im Anschluss an eine Einfuhr** ausgeführt werden. Die Regelung bewirkt, dass der Ort dieser Lieferung in das Inland verlagert wird. Die Vorschrift findet Anwendung, wenn der Schuldner der (deutschen) Einfuhrumsatzsteuer selbst Lieferer des eingeführten Gegenstandes ist. Dies trifft dann zu, wenn der Lieferer die Abfertigung zum freien Verkehr übernimmt und die Einfuhrumsatzsteuer schuldet oder wenn im Rahmen eines Reihengeschäfts ein Abnehmer, der zugleich Lieferer ist, als Schuldner der Einfuhrumsatzsteuer bestimmt ist. Ist der (letzte) Abnehmer der Lieferung Schuldner der Einfuhrumsatzsteuer, kommt es zu keiner Änderung des Lieferorts nach § 3 Abs. 8 UStG.

Beispiel 30

1.4.3 Kommissionsgeschäft

Beim Kommissionsgeschäft handelt es sich um ein Vermittlungsgeschäft, bei dem der Vermittler (Kommissionär) im eigenen Namen für fremde Rechnung handelt. **Zivilrechtlich** geht das Eigentum an der Kommissionsware vom Kommittenten unmittelbar auf den Abnehmer über. **Umsatzsteuerlich** liegen dagegen zwei Lieferungen vor: vom Kommittenten an den Verkaufskommissionär und von diesem an den Abnehmer. Bei der Einkaufskommission sind entsprechend zwei Lieferungen – zwischen Verkäufer und Kommissionär und zwischen Kommissionär und Kommittenten gegeben (§ 3 Abs. 3 UStG).

Wesentlich ist aus umsatzsteuerlicher Sicht, ob der Vermittler in eigenem oder fremdem Namen handelt. Handelt er im eigenen Namen, so liegt ein Kommissionsgeschäft und damit eine Lieferung zwischen Kommissionär und Abnehmer vor, handelt er in fremdem Namen, so wird vom Vermittler lediglich eine sonstige Leistung bewirkt. Bemes-

A. Die allgemeine Anwendung des Umsatzsteuergesetzes

sungsgrundlage beim Kommissionsgeschäft ist das Lieferungsentgelt, bei der Vermittlungsleistung lediglich die Provision.

Beispiel 31

1.4.4 Reihengeschäft

Von einem Reihengeschäft wird gesprochen, wenn mehrere Unternehmer über denselben Gegenstand Umsatzgeschäfte abschließen und diese Geschäfte dadurch erfüllen, dass der erste Unternehmer dem letzten Abnehmer in der Reihe unmittelbar die Verfügungsmacht über den Gegenstand verschafft. Die ab dem 1.1.1997 gültige Neuregelung kennt den Begriff des Reihengeschäfts nicht mehr, dennoch wird er in der Praxis im Interesse einer praktikablen Begrifflichkeit weiterverwendet.

Mit der Neuregelung ab 1.1.1997 wurde die Fiktion eines einheitlichen Lieferorts und -zeitpunkts aufgegeben. Die Beförderung oder Versendung ist nach § 3 Abs. 6 Satz 5 UStG nur noch einer Lieferung zuzuordnen. Eine Lieferung in der Reihe wird als **bewegte Lieferung**, die übrigen als **ruhende Lieferungen** behandelt. Für die bewegte Lieferung bestimmt sich der Ort der Lieferung nach den üblichen Regeln für die Beförderung, Versendung oder Abholung. Die Lieferungen vor der bewegten Lieferung gelten am Abgangsort der Lieferung als ausgeführt, die auf die bewegte Lieferung folgenden werden am Zielort der Lieferung erbracht.

Wie wird nun festgelegt, welche Lieferung als bewegte Lieferung anzusehen ist? Entscheidend hierfür ist, wer die Beförderung oder Versendung durchführt, d.h. wer den Transport des Gegenstandes übernimmt bzw. in Auftrag gibt. Drei Fälle sind zu unterscheiden:

1. Wird der Gegenstand durch den **ersten Lieferer** in der Reihe befördert oder versendet, transportiert er also den Gegenstand selbst oder gibt er den Transport in Auftrag, so ist die bewegte Lieferung der ersten Lieferung in der Reihe zuzuordnen – die übrigen Lieferungen werden am Zielort ausgeführt.
2. Übernimmt der **letzte Abnehmer** in der Reihe die Beförderung oder Versendung (Abholfall), so ist die letzte Lieferung in der Reihe als bewegte Lieferung zu werten – die übrigen Lieferungen werden am Abgangsort der Lieferung ausgeführt.
3. Wird der Gegenstand von einem am Reihengeschäft Beteiligten befördert oder versendet, der **zugleich Abnehmer und Lieferer** ist („mittlerer Unternehmer"), so gilt grundsätzlich die vorhergehende Lieferung als bewegte Lieferung. Der „mittlere Unternehmer" hat

II. Steuerbarkeit

jedoch ein Wahlrecht, mit dem er Einfluss auf den Ort seiner Lieferung nehmen kann. Er kann auch seine Lieferung als bewegte Lieferung behandeln lassen, wenn er nachweist, dass er nicht nur Abnehmer, sondern zugleich Lieferer ist, er also die Beförderung oder Versendung als Lieferer durchgeführt hat. Hierzu muss er dem vorangegangenen Lieferer in der Reihe schriftlich, beispielsweise auf der Auftragsbestätigung, mitteilen, dass er den Warentransport als Lieferer ausführen wird. In diesem Fall wäre die Lieferung, die der mittlere Unternehmer ausführt, als bewegte Lieferung anzusehen.

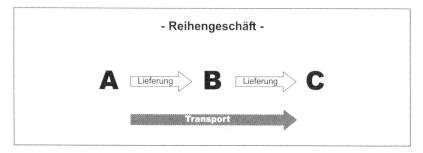

Das bedeutet bei einem Reihengeschäft mit den Beteiligten A, B und C, bei dem B den Auftrag zum Transport erteilt, dass grundsätzlich die Lieferung von A an B als bewegte Lieferung anzusehen ist. Ort der Lieferung von A an B wäre somit der Sitzort des A, die Lieferung des B an C wird am Standort des C erbracht. Weist B dem A nach, dass er selbst Lieferer ist, so ist die zweite Lieferung, die Lieferung von B an C als bewegte Lieferung zu werten. Die Lieferung von A an B wird als ruhende Lieferung bei A erbracht, die Lieferung von B an C ebenfalls bei A, allerdings als bewegte Lieferung.

Beispiele 32–35

Bei Reihengeschäften, die im Zusammenhang mit einer Einfuhr stehen, ist zu beachten, dass sich nach § 3 Abs. 8 UStG der Ort der Lieferung in das Einfuhrland verlagern kann.

Beispiel 36

Für innergemeinschaftliche Reihengeschäfte bestehen Sonderregelungen, u.a. die des § 25 b UStG für innergemeinschaftliche Dreiecksgeschäfte. Auf diese Regelungen wird in den Abschnitten B.IV.1. *Innergemeinschaftliche Reihengeschäfte* und B.IV.2. *Das innergemeinschaftliche Dreiecksgeschäft* eingegangen.

1.4.5 Werklieferung

Die Werklieferung ist im Grenzbereich zwischen Lieferung und sonstiger Leistung angesiedelt. Sie vereinigt Elemente der Warenlieferung mit Dienstleistungselementen. Eine Werklieferung liegt vor, wenn ein Unternehmer die Be- oder Verarbeitung eines Gegenstandes übernimmt, und neben der Erbringung der Arbeitsleistung zusätzlich selbst beschaffte Stoffe einsetzt, soweit es sich bei diesen Stoffen nicht nur um vernachlässigbare Zutaten oder Nebensachen handelt. Werden vom leistenden Unternehmer dagegen reine Dienstleistungen ohne Materiallieferung ausgeführt, ist der Fall der **Werkleistung** gegeben.

Bei der Werklieferung liegen zivilrechtlich zwei Verträge vor: zum einen Werkvertrag (umsatzsteuerlich eine sonstige Leistung) und zum anderen Kaufvertrag über die eingesetzten Stoffe (umsatzsteuerlich eine Lieferung). Nach dem Grundsatz des Umsatzsteuergesetzes, dass einheitliche wirtschaftliche Vorgänge einheitlich zu behandeln sind, wird die Werklieferung insgesamt als Lieferung behandelt.

Der Leistungsort bestimmt sich somit für die Werklieferung nach den Grundsätzen des § 3 Abs. 6–8 UStG, mit der Besonderheit gegenüber der Ortsbestimmung für Lieferungen, dass die Werklieferung nur dann als bewegte Lieferung anzusehen ist, wenn das fertige Werk befördert oder versendet wird. Wird der Gegenstand der Werklieferung erst beim Leistungsempfänger fertig gestellt, so ist die Werklieferung als ruhende Lieferung anzusehen und wird somit am Ort des Leistungsempfängers erbracht.

Beispiel 37

Bei der Abgrenzung zwischen Werklieferung und Werkleistung ist zunächst zu prüfen, ob der leistende Unternehmer Stoffe verwendet, die nach erfolgter Bearbeitung oder Verarbeitung im fertigen Werk enthalten sind. Der Einsatz von Betriebsmitteln (z. B. Energie) oder die bloße Verwendung von Werkzeug führt auch dann nicht zu einer Werklieferung, wenn bei der Be- und Verarbeitung in erheblichem Maße ein Verbrauch dieser Stoffe stattfindet. Weiterhin ist festzustellen, ob es sich bei den in das Werk eingegangenen Stoffen um Hauptstoffe oder lediglich um Nebensachen handelt. Dies ist nach der Art und Bedeutung der Stoffe in Bezug auf das zu erstellende Werk unter Berücksichtigung des Willens der Beteiligten zu beurteilen.

Beispiel 38

Materialbeistellungen des Leistungsempfängers sind nicht Teil des Leistungsaustausches. Stellt der Leistungsempfänger dem leistenden Unternehmer Material zur Verfügung, die dieser zur Erstellung des Werkes verwendet, so geht das Material nicht in die Verfügungsmacht des Werkherstellers über. Das vom Leistungsempfänger gestellte Material ist also für die Frage, ob eine Werkleistung oder eine Werklieferung vorliegt, unbeachtlich. Werden daher alle Hauptstoffe vom Leistungsempfänger gestellt, liegt eine Werkleistung vor.

In Ausfuhrfällen existiert für die Abgrenzung zwischen Werklieferung (Lieferung) und Werkleistung (sonstige Leistung) eine Sonderregelung für Reparaturen an Beförderungsmitteln. Letztere können ohne weitere Nachprüfung als Werklieferung angesehen werden, wenn mehr als die Hälfte des Entgelts auf das Material entfällt.[28]

1.4.6 Gehaltslieferung

Werden von einem Abnehmer Nebenerzeugnisse oder Abfälle eines gelieferten Gegenstandes nach dessen Be- oder Verarbeitung an den Lieferer zurückgegeben, so beschränkt sich die Lieferung auf den Teil der Lieferung, der beim Abnehmer verbleibt. Der Leistungsaustausch ist nach § 3 Abs. 5 UStG auf den Gehalt der Lieferung begrenzt. Bei der Rückgabe der bei der Be- oder Verarbeitung entstehenden Nebenprodukte oder Abfälle ist nicht erforderlich, dass es sich um exakt die aus der betreffenden Anlieferung ergebenden Nebenprodukte handelt. Es genügt, wenn der Abnehmer Gegenstände gleicher Art zurückgibt.

Beispiel 39

1.5 Sonstige Leistungen

1.5.1 Abgrenzung Lieferungen – sonstige Leistungen

Sonstige Leistungen sind alle Leistungen, die keine Lieferungen sind. Bei Leistungen, die sowohl Elemente der Lieferung als auch der sonstigen Leistung enthalten, die jedoch als einheitlicher Vorgang zu behandeln sind, ist zu fragen, welches Element nach den jeweiligen Gegebenheiten im wirtschaftlichen Gehalt der Leistung das ausschlaggebende ist (vgl. auch Abschnitt 1.4.5 *Werklieferungen*). Dies sei an den folgenden, beispielhaften Sachverhalten deutlich gemacht:

---

28 Abschnitt 144 Abs. 2 UStR.

A. Die allgemeine Anwendung des Umsatzsteuergesetzes

- Bei der Zurverfügungstellung von Strom, Wasser oder Wärme durch den Vermieter im Rahmen der Wohnungsvermietung steht das Element der sonstigen Leistung gegenüber dem der Lieferung im Vordergrund. Lieferungen von Strom, Wasser, Wärme werden als Nebenleistungen zur Hauptleistung Vermietung angesehen, so dass der Umsatz insgesamt als sonstige Leistung zu beurteilen ist. Bezieht der Mieter dagegen Strom oder Gas direkt vom Versorgungsunternehmen, liegt insoweit umsatzsteuerlich eine Lieferung vor.
- Die Veräußerung von Standard-Software und Updates auf Datenträgern (CD-ROM, DVD) ist als Lieferung zu werten. Wird die Standard-Software dagegen auf elektronischem Weg übertragen, liegt eine sonstige Leistung vor. Ebenfalls als sonstige Leistung ist die Überlassung von nicht standardisierter Software zu werten. Auch wenn Standard-Software überlassen und auf die individuellen Bedürfnisse des Anwenders angepasst wird, steht das Dienstleistungselement im Vordergrund, sofern die Anpassung nicht nur von nebensächlicher Bedeutung ist. Auch hier ist eine einheitliche sonstige Leistung gegeben.[29]
- Werden im Rahmen der Auftragsproduktion von Filmen oder Musikwerken Bild- oder Tonträger geliefert, so ist nach dem wirtschaftlichen Gehalt der Leistung die Überlassung der Urheberrechte als ausschlaggebend einzustufen. Der ganze Vorgang ist insgesamt als sonstige Leistung zu werten.

Einen weiteren, bedeutenden Abgrenzungsfall zwischen Lieferungen und sonstigen Leistungen stellt die **Abgabe von Speisen zum Verzehr an Ort und Stelle** dar. Sie vereinigt sowohl Elemente der Lieferung (Verschaffung der Verfügungsmacht über die entsprechenden Speisen und Getränke) als auch Elemente der Dienstleistung (Zubereitung der Speisen, Darreichung durch Bedienungspersonal) in sich. Da die Elemente der sonstigen Leistung jedoch als dominierend angesehen werden, wird die Abgabe von Speisen zum Verzehr an Ort und Stelle einheitlich als sonstige Leistung gewertet.[30]

---

29 Vgl. Abschnitt 25 Abs. 2 Nr. 7 UStR.
30 Mit Einfügung des § 3 Abs. 9 Sätze 4 und 5 UStG durch Gesetz vom 23.06.1998 wurde die Rechtsprechung des EuGH (EuGH-Urteil v. 02.05.1996, Rs. C-231/94, BStBl. II 1998, S. 282) im Wesentlichen umgesetzt. Da jedoch nach Urteilen des BFH vom 10.08.2006 (BStBl. II 2007, S. 480) und vom 26.10.2006 (BStBl. II 2007, S. 487) die hierin enthaltene Typisierung zum Teil nicht gemeinschaftskonform ist, wurden die Sätze 4 und 5 des § 3 Abs. 9 UStG durch das Jahressteuergesetz 2008 gestrichen. Entscheidend für die Abgrenzung Lieferung – sonstige Leistung ist künftig allein, ob das Liefer- oder das Dienstleistungselement nach dem Ge-

II. Steuerbarkeit

Überwiegt hingegen das Lieferelement, etwa bei der Abgabe von fertig zubereiteten Speisen zum Mitnehmen, so wird der Vorgang insgesamt als Lieferung gewertet. Dies hat insoweit Bedeutung, als für die Lieferung der ermäßigte Steuersatz in Frage kommt; dagegen unterliegt die Abgabe von Speisen als sonstige Leistung dem Regelsteuersatz.

Eine Lieferung von Speisen und Getränken zum Verzehr an Ort und Stelle setzt voraus, dass
1. die Lebensmittel verzehrfertig abgegeben werden,
2. zwischen dem Ort der Lieferung und dem Ort des Verzehrs ein räumlicher Zusammenhang besteht,
3. besondere Vorrichtungen für den Verzehr an Ort und Stelle bereitgehalten werden.

Als besondere Vorrichtungen für den Verzehr an Ort und Stelle werden gewertet: Tische und Stühle in Gaststätten, Imbissbuden oder Eisdielen, nicht dagegen Vorrichtungen, die in erster Linie dem Verkauf von Waren dienen, wie z. B. Verkaufstheken oder Ablagebretter an Kiosken, Würstchenbuden und ähnliches.

Ein räumlicher Zusammenhang zwischen Ort der Lieferung und Verzehr ist zu bejahen, wenn die Speisen und Getränke dazu bestimmt sind, in unmittelbarer Nähe des Ortes der Lieferung verzehrt zu werden. Dies ist beispielsweise der Fall, wenn zubereitete Gerichte in einer Gaststätte oder einem Biergarten durch Bedienungspersonal serviert werden. Es fehlt dagegen an einem räumlichen Zusammenhang, wenn zubereitete Speisen von einem Gastwirt in Warmhalteverpackungen direkt an den Kunden abgegeben werden.

Beispiel 40

Nach europäischem Recht kommt weniger dem Kriterium der „besonderen Vorrichtung zum Verzehr an Ort und Stelle" als vielmehr der Frage Bedeutung zu, ob in einer Gesamtbetrachtung das Dienstleistungs- oder das Lieferungselement überwiegt.[31] Dabei reicht die verzehrfertige Zubereitung nicht aus, um das Dienstleistungselement zum

---

samtbild der Verhältnisse überwiegt. Die bisherige Typisierung bleibt dennoch für die Abgrenzung bedeutsam, da bei der Lieferung von Speisen zum Verzehr an Ort und Stelle ein spezieller Fall gegeben ist, in dem das Dienstleistungselement überwiegt.
31 Vgl. EuGH-Urteil vom 02.05.1996, Rs. C-231/94, BStBl. II 1998, S. 282, Rn. 11–15.

A. Die allgemeine Anwendung des Umsatzsteuergesetzes

dominierenden Element zu machen (Beispiel: Speisen zum Mitnehmen). Kommen jedoch andere Dienstleistungselemente von Bedeutung hinzu (z.B. Zurverfügungstellung von Räumlichkeiten, Bedienung, Abräumen und Spülen des Geschirrs, etc.), ist von einem Überwiegen des Dienstleistungselements auszugehen.

Beispiel 41

1.5.2 Leistungskommission

Wird ein Unternehmer in die Erbringung einer sonstigen Leistung eingeschaltet und handelt er dabei im eigenen Namen, aber für fremde Rechnung (Dienstleistungskommission), so gilt diese Leistung als an ihn und von ihm erbracht (§ 3 Abs. 11 UStG).[32] Es werden inhaltlich gleichartige Leistungen in einer Leistungskette fingiert. Diese Leistungen werden zum gleichen Zeitpunkt erbracht. Unterschiede in der umsatzsteuerlichen Behandlung können sich lediglich durch personenbezogene Merkmale (z.B. Kleinunternehmereigenschaft; Soll- oder Ist-Besteuerung) ergeben. Sowohl Fälle des Leistungseinkaufs wie auch des Leistungsverkaufs kommen für die Anwendung der Vorschrift in Frage.

Besorgt der Beauftragte für Rechnung des Auftraggebers eine Leistung (**Leistungseinkauf**), so wird der Beauftragte umsatzsteuerlich so behandelt, als habe er die besorgte Leistung gegenüber seinem Auftraggeber erbracht. Besorgt beispielsweise ein Spediteur eine Beförderungsleistung für seinen Auftraggeber, so sind umsatzsteuerlich die zwei Leistungen (Frachtführer an Spediteur, Spediteur an Auftraggeber) als Beförderungsleistungen zu behandeln.

Ein **Leistungsverkauf** liegt vor, wenn der Beauftragte in eigenem Namen für Rechnung des Auftraggebers eine Leistung erbringt. Nach der Fiktion des § 3 Nr. 11 UStG erbringt neben dem Geschäftsbesorger auch sein Auftraggeber die gleiche Leistung an den Geschäftsbesorger.

Beispiel 42

---

32 Der mit Steueränderungsgesetz vom 15.12.2003 (BGBl I 2003, S. 2645) geänderte § 3 Abs. 11 UStG entspricht nunmehr europäischem Recht (Art. 28 MwStSystRL); insoweit ist klargestellt, dass sich die Regelung nicht nur auf den Leistungseinkauf, sondern auch auf den Leistungsverkauf bezieht.

II. Steuerbarkeit

1.5.3 Überblick zum Ort der sonstigen Leistung

Grundsätzlich gilt nach § 3a Abs. 1 UStG als Ort der sonstigen Leistung der Ort, von dem der Unternehmer sein Unternehmen betreibt, also der Sitz des Unternehmens. Die Ausnahmen sind jedoch so zahlreich, dass man kaum von einem Grundsatz sprechen kann, eher von einer Auffangregelung für Fälle, die nicht explizit im Gesetz geregelt sind. Da zwischen den speziellen Regelungen Konkurrenzen bei der Ortsbestimmung auftreten können, ist zu beachten, welche Vorschriften Vorrang vor anderen besitzen. Dies ist in dem folgenden Schema überblicksartig zusammengestellt:

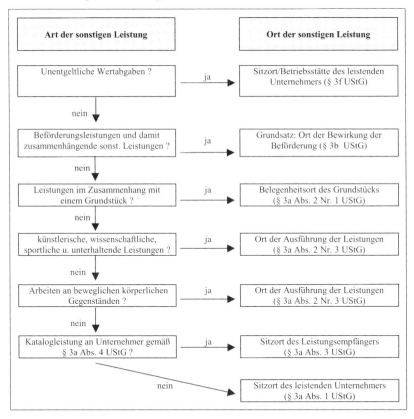

Im Folgenden wird auf wesentliche sonstige Leistungen, auf deren begriffliche Abgrenzung und die jeweiligen Regelungen zur Bestimmung des Leistungsortes im Einzelnen eingegangen.

A. Die allgemeine Anwendung des Umsatzsteuergesetzes

1.5.4 Sonstige Leistungen im Zusammenhang mit einem Grundstück

Sonstige Leistungen, die sich auf ein Grundstück beziehen, werden am **Belegenheitsort des Grundstücks** ausgeführt (§ 3a Abs. 2 Nr. 1 UStG)[33]. Der Begriff des Grundstücks orientiert sich dabei im deutschen Umsatzsteuerrecht stark am zivilrechtlichen Begriff des Grundstücks. Somit werden auch wesentliche Bestandteile (§ 94 BGB) und Scheinbestandteile (§ 95 BGB) zum Grundstück gerechnet, auch dann, wenn sie ertragsteuerlich selbstständige Wirtschaftsgüter darstellen (z.B. Betriebsvorrichtungen).[34]

Zu den sonstigen Leistungen im Zusammenhang mit einem Grundstück zählen beispielsweise die Vermietung und Verpachtung von Grundstücken, die Überlassung von Standflächen bei Messen und Ausstellungen, die Pflege der Grünflächen, die Gebäudereinigung, die Wartung der Heizungsanlage, die sonstigen Leistungen der Grundstücksmakler sowie der Notare bei der Beurkundung von Grundstückskaufverträgen und die sonstigen Leistungen der Architekten, Bauingenieure, Vermessungsingenieure, etc. Nicht dazuzurechnen ist die Rechts- und Steuerberatung in Grundstückssachen oder die Veröffentlichung von Immobilienanzeigen.

Beispiel 43

1.5.5 Sonstige Leistungen im Rahmen der Bildung, Kultur und Unterhaltung

Kulturelle, künstlerische, wissenschaftliche, unterrichtende, sportliche, unterhaltende und ähnliche Leistungen werden am **Tätigkeitsort** des Unternehmers erbracht[35]. Damit zusammenhängende Leistungen, die hiermit zusammenhängen und für die Ausführung dieser Leistungen unerlässlich sind (z.B. Leistungen der Tontechniker, der Bühnenbeleuchter oder der Bühnentechniker), werden ebenfalls dort erbracht, wo die Tätigkeit ganz oder zum wesentlichen Teil ausgeführt wird.

---

33 Entsprechend: Art. 45 MwStSystRL.
34 Vgl. Abschnitt 34 Abs. 1 UStR. Die EuGH-Rechtsprechung geht von einem anderen Grundstücksbegriff aus. Laut EuGH-Rechtsprechung kommt es im Wesentlichen darauf an, ob die mit dem Grundstück verbundenen Gegenstände leicht versetzbar sind (vgl. EuGH-Urteil v. 16.01.2003, Rs. C-315/00, UR 2003, S. 86). Somit fällt z.B. die Vermietung von Wohnwagen auf einem Campingplatz im Unterschied zum deutschen Recht (Abschnitt 34 Abs. 4 UStR) nicht unter die Leistungen im Zusammenhang mit einem Grundstück. Vgl. hierzu: *Martin*, in: Sölch/Ringleb, Anm. 66ff. zu § 3a UStG.
35 § 3a Abs. 2 Nr. 3a UStG, entsprechend Art. 52a MwStSystRL.

II. Steuerbarkeit

Unter die Vorschrift fallen auch die Leistungen der jeweiligen Veranstalter.

Beispiel 44

Von den genannten Tätigkeiten sind insbesondere abzugrenzen:
- Sonstige Leistungen, die in der Übertragung von Urheberrechten bestehen. Diese sind unter die Katalogleistungen zu subsumieren und am Ort des Leistungsempfängers steuerbar.

Beispiel 45

- Sonstige Leistungen beispielsweise eines Wissenschaftlers, die Beratungsfunktion haben, die also auf die Lösung eines konkreten Problems ausgerichtet sind.

Beispiel 46

1.5.6 Werkleistungen an beweglichen Gegenständen

Arbeiten an beweglichen Gegenständen und deren Begutachtung gelten grundsätzlich als am **Ort der Tätigkeit** ausgeführt.[36] Hierunter fallen insbesondere Werkleistungen an beweglichen Gegenständen, die sich in Abgrenzung zur Werklieferung[37] dadurch auszeichnet, dass der Unternehmer ohne nennenswerten Einsatz selbst beschafften Materials das Werk erstellt. Unter den Begriff „Arbeiten an beweglichen Gegenständen" fallen neben den Wartungs- und Reparaturleistungen jedoch auch solche Dienstleistungen, die gängigerweise nicht als Werkleistung betrachtet werden, wie beispielsweise Entsorgungs- oder Verschrottungsleistungen.

Die Klassifizierung als Arbeiten an oder Begutachtung von beweglichen Gegenständen hat hinsichtlich der Bestimmung des Leistungsortes Vorrang vor einer Einstufung als Katalogleistung im Sinne des § 3a Abs. 4 UStG.[38] Dies spielt beispielsweise für den Ort der Leistung eines Kfz-Sachverständigen eine wesentliche Rolle.

Beispiel 47

Der Leistungsort kann sich bei innergemeinschaftlichen Werkleistungen verlagern, wenn der Leistungsempfänger unter der USt-IdNr. eines

---
36 § 3a Abs. 2 Nr. 3c UStG, entsprechend Art. 52c MwStSystRL.
37 Vgl. Abschnitt 1.4.5.
38 Abschnitt 36 Abs. 8 UStR.

A. Die allgemeine Anwendung des Umsatzsteuergesetzes

anderen EU-Mitgliedstaates auftritt. Darauf wird ausführlich im Teil B unter Abschnitt V.2. *Innergemeinschaftliche Lohnveredelungen und sonstige Werkleistungen* eingegangen.

1.5.7 Katalogleistungen

Für die in § 3a Abs. 4 UStG[39] abschließend aufgeführten und als Katalogleistungen bezeichneten sonstigen Leistungen bestimmt sich der Ort der sonstigen Leistung nach dem Sitzort des Leistungsempfängers. Weitere Voraussetzung ist jedoch, dass der Leistungsempfänger Unternehmer ist und die Leistung für sein Unternehmen verwendet.

Bei den in § 3a Abs. 4 UStG aufgezählten sonstigen Leistungen handelt es sich – im Wesentlichen – um die Übertragung von Rechten und um Dienstleistungen, bei denen die Weitergabe von Fachwissen im Vordergrund steht. Im Einzelnen werden folgende sonstigen Leistungen aufgezählt:

1. die Einräumung und Übertragung von Rechten,
2. Dienstleistungen auf dem Gebiet der Werbung,
3. Beratungs- und Ingenieurleistungen,
4. die Datenverarbeitung,
5. die Überlassung von Informationen und Know-how,
6. Finanzumsätze und die Gewährung von Versicherungsschutz,
7. die Gestellung von Personal,
8. der Verzicht auf die Ausübung von Rechten,
9. der Verzicht auf die Ausübung bestimmter gewerblicher oder beruflicher Tätigkeiten,
10. die Vermittlung der aufgezählten sonstigen Leistungen,
11. die Vermietung beweglicher körperlicher Gegenstände, ausgenommen Beförderungsmittel,
12. sonstige Leistungen auf dem Gebiet der Telekommunikation,
13. Rundfunk- und Fernsehdienstleistungen,
14. auf elektronischem Weg erbrachte sonstige Leistungen,
15. die Durchleitung und Verteilung von Erdgas und Elektrizität durch Netze.

Unter die Katalogleistung **Einräumung und Übertragung von Urheberrechten**[40] fallen neben den genannten Urheberrechten auch Pa-

---

39 Entsprechend Art. 56 Abs. 1 MwStSystRL.
40 § 3a Abs. 4 Nr. 1 UStG; Art. 56 Abs. 1a MwStSystRL.

II. Steuerbarkeit

tentrechte, Lizenzrechte, Fabrik- und Warenzeichen sowie ähnliche Rechte.[41]

Beispiel 48

Unter **Dienstleistungen auf dem Gebiet der Werbung**[42] fallen insbesondere sonstige Leistungen der Werbeberatung, der Werbevorbereitung und -planung (z. B. Marktforschung), der Werbegestaltung, sonstige Leistungen der Werbemittelherstellung (z. B. Erstellung von Vorlagen zum Druck von Anzeigen, Prospekten), die Werbemittlung (z. B. Koordination der Erteilung von Werbeaufträgen an Funk- und Fernsehanstalten) sowie sonstige Leistungen bei der Durchführung von Werbung.[43]

Unter den Punkt **Beratungs- und Ingenieurleistungen** fallen die sonstigen Leistungen aus der Tätigkeit als Rechtsanwalt, Patentanwalt, Steuerberater, Steuerbevollmächtigter, Wirtschaftsprüfer, vereidigter Buchprüfer, Sachverständiger, Ingenieur, Aufsichtsratsmitglied, Dolmetscher und Übersetzer sowie ähnliche Leistungen anderer Unternehmer, insbesondere die rechtliche, wirtschaftliche und technische Beratung.[44]

Die **Datenverarbeitung**[45] umfasst die manuelle oder elektronische Speicherung, Umwandlung und Verarbeitung von Daten, so beispielsweise das Erstellen von Auswertungen durch entsprechende EDV-Programme in einem Rechenzentrum. Nicht hierzu rechnet das Erstellen von Software, das entweder als Lieferung zu behandeln ist (Standardsoftware auf Datenträgern)[46] oder soweit bei individuell erstellter Software Urheberrechte übertragen werden unter § 3a Abs. 4 Nr. 1 UStG zu subsumieren ist. Soweit diese Regelungen nicht greifen, fällt die Überlassung von Software unter § 3a Abs. 4 Nr. 5 UStG (Überlassung von Informationen) oder soweit auf elektronischem Weg erbracht unter § 3a Abs. 4 Nr. 14 UStG.

Vom Punkt **Überlassung von Informationen**[47] werden alle sonstigen Leistungen erfasst, die in der Weitergabe von Erkenntnissen bestehen,

---
41 Zur Abgrenzung der Urheberrechte vgl. Abschnitt V.2.4 *Kulturelle Veranstaltungen und Einräumung von Urheberrechten.*
42 § 3a Abs. 4 Nr. 2 UStG; Art. 56 Abs. 1 b MwStSystRL.
43 Vgl. Abschnitt 39 Abs. 4 bis 8 UStR.
44 § 3a Abs. 4 Nr. 3 UStG; Art. 56 Abs. 1 c MwStSystRL.
45 § 3a Abs. 4 Nr. 4 UStG; Art. 56 Abs. 1 c MwStSystRL.
46 Vgl. Abschnitt A.II.1.5.1.
47 § 3a Abs. 4 Nr. 5 UStG; Art. 56 Abs. 1 c MwStSystRL.

A. Die allgemeine Anwendung des Umsatzsteuergesetzes

die ihrer Art nach geeignet sind, wirtschaftlich oder technisch verwendet zu werden. Keine Rolle spielt dabei, in welcher Form die Informationen überlassen werden, etwa durch Vortrag, Zeichnung, Gutachten oder durch Übergabe eines Musters.

Bei der **Vermietung beweglicher körperlicher Gegenstände**[48] ausdrücklich ausgenommen ist die Vermietung von Beförderungsmitteln[49]. Die Vermietung von Beförderungsmitteln fällt nicht unter die Katalogleistungen, sondern ist nach § 3a Abs. 1 UStG am Sitzort des leistenden Unternehmers steuerbar.

Beispiel 49

Zu den sonstigen **Leistungen auf dem Gebiet der Telekommunikation**[50] sind im Wesentlichen neben der Übertragung von Signalen, Schrift, Bild, Ton, Sprache oder Informationen via Festnetz, Mobilfunk, Satellitenkommunikation oder Internet, auch die Bereitstellung von Leitungskapazitäten und die Verschaffung der Zugangsberechtigung zu den genannten Medien und zum Kabelfernsehen zu rechnen.[51]

Liegt eine Katalogleistung vor, so bestimmt sich der Leistungsort nach § 3a Abs. 3 UStG. Die Anwendung dieser Vorschrift ist neben den genannten sachlichen Voraussetzungen hinsichtlich der Art der Leistung auch von **persönlichen Voraussetzungen** des Leistungsempfängers abhängig. Dieser muss Unternehmer sein und die sonstigen Leistungen für sein Unternehmen beziehen. Ist der Empfänger der sonstigen Leistung kein Unternehmer, so ist die Spezialregelung für Katalogleistungen nicht anwendbar, es sei denn der Leistungsempfänger hat seinen Sitz oder Wohnsitz im Drittlandsgebiet.

Sofern die Vorschrift anwendbar ist, bestimmt sich der Ort der sonstigen Leistung nach dem Ort, an dem der Leistungsempfänger sein Unternehmen betreibt. Nimmt er die sonstigen Leistungen im Wesentlichen für eine Betriebsstätte in Anspruch, so ist der Ort der Betriebsstätte maßgeblich.

---

48 § 3a Abs. 4 Nr. 11 UStG; Art. 56 Abs. 1g MwStSystRL.
49 Vgl. zur Begriffsabgrenzung Abschnitt 33a Abs. 2 UStR.
50 § 3a Abs. 4 Nr. 12 UStG; Art. 56 Abs. 1i MwStSystRL.
51 Vgl. im Einzelnen Abschnitt 39a UStR.

1.5.8 Elektronische Dienstleistungen

Auf elektronischem Weg erbrachte Dienstleistungen[52] fallen systematisch auch unter die Katalogleistungen. Da sich jedoch für elektronische Dienstleistungen gesonderte Probleme bei der Bestimmung des Leistungsorts und insbesondere im Besteuerungsverfahren ergeben, werden sie hier getrennt behandelt.

Eine gesetzliche Definition zu den auf elektronischem Weg erbrachten sonstigen Leistungen existiert nicht, es bestehen teilweise Überschneidungen zu den Leistungen auf dem Gebiet der Telekommunikation. Auf elektronischem Weg erbrachte Leistungen umfassen im Wesentlichen:

- Erstellung und Überlassung von Internet-Seiten, Fernwartung von Programmen und technischer Ausrüstung,
- die Überlassung von Software und das Updating,
- Überlassung von Bildern, Texten und Informationen auf elektronischem Weg und der Zugang zu Datenbanken,
- die Überlassung von Musik, Filmen und Spielen und von wissenschaftlichen, kulturellen, sportlichen und unterhaltenden Sendungen und Veranstaltungen auf elektronischem Weg,
- der Fernunterricht,
- Online-Versteigerungen und
- Internet-Service-Pakete, soweit die angebotenen Service-Leistungen (z.B. Nachrichten, Wetterbericht, Reiseinformationen etc.) die als Telekommunikationsleistung zu wertende Verschaffung des Zugangs zum Internet in den Hintergrund treten lassen.

Beispiel 50

Für die Ortsbestimmung elektronischer Leistungen existiert eine Sonderregelung für Leistungen an Nicht-Unternehmer. Ist der leistende Unternehmer im Drittlandsgebiet ansässig, so ist auch dann als Leistungsort der Sitz oder Wohnsitz des Leistungsempfängers maßgeblich, wenn dieser keine Unternehmereigenschaft besitzt.

Beispiel 51

1.5.9 Ort der Beförderungsleistung

In diesem Abschnitt werden die allgemeinen Grundsätze für die Bestimmung des Ortes der Beförderungsleistung dargestellt. Bedeutung

---

[52] § 3a Abs. 4 Nr. 14 UStG; Art. 56 Abs. 1k MwStSystRL.

A. Die allgemeine Anwendung des Umsatzsteuergesetzes

gewinnt diese Frage insbesondere bei grenzüberschreitenden Beförderungen, da mit der Ortsbestimmung über die Steuerbarkeit in einem bestimmten Land entschieden wird. Nicht eingegangen wird hier auf die Behandlung von innergemeinschaftlichen Beförderungsleistungen, denen ein gesonderter Abschnitt (B. V.3.) gewidmet ist.

Der Grundsatz zur Bestimmung des Ortes der Beförderungsleistung lautet: Beförderungsleistungen werden an dem Ort ausgeführt, an dem die Beförderung tatsächlich bewirkt wird.[53] Bei grenzüberschreitenden Beförderungen ist somit eine Aufteilung vorzunehmen. Nur der inländische Streckenanteil an der Beförderung ist steuerbar. In der Praxis spielt die Aufteilung in den inländischen und ausländischen Streckenanteil lediglich im Bereich der Personenbeförderung eine wichtige Rolle. Bei der Güterbeförderung bestehen Steuerbefreiungsvorschriften für Gegenstände der Ein-, Durch- oder Ausfuhr, die bewirken, dass der inländische Beförderungsanteil in der Regel steuerfrei ist (vgl. Abschnitt III.5. *Steuerfreie Güterbeförderungen*). Da sich Unternehmer, die steuerfreie Beförderungsleistungen erbringen, vom Finanzamt von der Verpflichtung zur getrennten Aufzeichnung der nicht-steuerbaren (ausländischen) und der steuerfreien (inländischen) Beförderungsleistungen befreien lassen können,[54] erübrigt sich in der Praxis regelmäßig diese Aufteilung.

Die gleiche steuerliche Behandlung wie die Beförderungsleistung selbst erfährt die Besorgung einer Beförderungsleistung. Diese liegt beispielsweise vor, wenn ein Spediteur einen Subunternehmer mit der eigentlichen Beförderungsleistung beauftragt und den vom Subunternehmer berechneten Betrag mit einem Zuschlag weiterberechnet. Umsatzsteuerlich besteht zwischen der Behandlung der Beförderungsleistung und einer diesbezüglichen Besorgungsleistung kein Unterschied.[55]

Von der Besorgungsleistung zu unterscheiden ist die Vermittlungsleistung. Bei der Besorgungsleistung tritt der betreffende Unternehmer gegenüber dem Leistungsempfänger im eigenen Namen auf. Er beauftragt dann einen Subunternehmer, der die Leistung ausführt und ihm in Rechnung stellt. Bei der Vermittlungsleistung wird der ausführende Unternehmer nach zustande gekommener Vermittlung direkt vom Leistungsempfänger beauftragt. Der vermittelnde Unternehmer stellt dem Leistungsempfänger lediglich die Vermittlungsprovision in Rechnung.

---

53 § 3b Abs. 1 Satz 1 UStG; Art. 46 MwStSystRL.
54 Abschnitt 45 Abs. 2 UStR.
55 Vgl. Abschnitt I.5.2 *Leistungskommission*.

II. Steuerbarkeit

Hinsichtlich der Bestimmung des Leistungsortes kommt man jedoch für die Besorgung wie auch für die Vermittlung von Beförderungsleistungen zum gleichen Ergebnis. Dies gilt allerdings nur, soweit es sich nicht um innergemeinschaftliche Beförderungen handelt (vgl. hierzu Abschnitte B.V.3. *Innergemeinschaftliche Beförderungsleistungen* und B.V.4. *Vermittlungsleistungen*). Die Besorgung einer Beförderungsleistung wird dort erbracht, wo die zu Grunde liegende Beförderung ausgeführt wird (§ 3 Abs. 11 UStG). Es ist gegebenenfalls eine Aufteilung in inländische und ausländische Beförderungsstrecken durchzuführen. Die Vermittlung einer Beförderungsleistung wird nach § 3a Abs. 2 Nr. 4 UStG dort ausgeführt, wo der vermittelte Umsatz ausgeführt wird. Somit ist gegebenenfalls auch bei der Vermittlungsleistung eine Aufteilung in einen steuerbaren und einen nicht-steuerbaren Leistungsanteil vorzunehmen.

Zur Vereinfachung kann in bestimmten Fällen auf die Aufteilung in einen in- und ausländischen Beförderungsanteil verzichtet werden. Dies ist dann der Fall, wenn es sich nur um sehr kurze inländische oder ausländische Beförderungsstrecken handelt. Im Einzelnen handelt es sich um folgende Fälle:

1. bei grenzüberschreitenden Personenbeförderungen im Gelegenheitsverkehr mit Kraftfahrzeugen werden inländische Streckenanteile von bis zu 10 km einfacher Entfernung nicht besteuert (§ 5 UStDV). Sie gelten als ausländische Beförderungsstrecken. Ähnliche Regelungen bestehen für den grenzüberschreitenden Passagier- und Fährverkehr mit Wasserfahrzeugen (§ 7 UStDV).

Beispiel 52

2. für den Transitverkehr bestehen folgende Erleichterungen:
   - wird im Transitverkehr zwischen zwei Orten im Ausland das Inland durchquert und beträgt der inländische Streckenanteil weniger als 30 km, so ist die Gesamtbeförderung als im Ausland bewirkt anzusehen, es sei denn es handelt sich um eine Personenbeförderung im Linienverkehr (§ 2 UStDV).
   - Führt eine Verbindungsstrecke zwischen zwei Orten im Inland durch das Ausland, und beträgt der ausländische Streckenanteil weniger als 10 km, so ist die gesamte Güter- oder Personenbeförderung ungeteilt im Inland steuerbar (§ 3 UStDV).

Beispiele 53–54

A. Die allgemeine Anwendung des Umsatzsteuergesetzes

1.5.10 Ort der Vermittlungsleistung

Eine Vermittlungsleistung wird grundsätzlich an dem Ort bewirkt, an dem der zu Grunde liegende Umsatz ausgeführt wird.[56] Zu diesem Grundsatz bestehen folgende Ausnahmen:

1. Die Vermittlung von Katalogleistungen wird dort ausgeführt, wo der Leistungsempfänger der Vermittlungsleistung, also derjenige, der von der Vermittlung profitiert und die Provision bezahlt, sein Unternehmen betreibt.
2. Vermittlung von innergemeinschaftlichen Beförderungsleistungen und damit in Zusammenhang stehenden Leistungen (vgl. hierzu Abschnitt B.V.4. *Vermittlungsleistungen*).
3. Vermittlungsleistungen von Grundstücksmaklern werden am Belegenheitsort des Grundstücks ausgeführt.[57]
4. Für alle nicht unter die Punkte 1.–3. fallenden Vermittlungsleistungen kann sich eine Verschiebung des Leistungsortes ergeben, wenn der Leistungsempfänger der Vermittlungsleistung die USt-IdNr. eines anderen Mitgliedstaates verwendet.

Beispiele 55–56

2. Unentgeltliche Wertabgaben

Die Gleichstellung bestimmter unentgeltlicher Wertabgaben mit Lieferungen und sonstigen Leistungen schließt eine ansonsten bestehende Lücke im System der Umsatzsteuer als einer allgemeinen Verbrauchsteuer. Gegenstände und sonstige Leistungen, die ein Unternehmer für private oder unternehmensfremde Zwecke entnimmt, würden nach den übrigen Vorschriften frei von jeder Umsatzsteuerbelastung bleiben, da das Merkmal der Entgeltlichkeit der Lieferung oder sonstigen Leistung nicht erfüllt wäre. Durch die Besteuerung der unentgeltlichen Wertabgaben wird erreicht, dass Entnahmen aus dem Unternehmensvermögen, die dem nicht-unternehmerischen Gebrauch oder Verbrauch dienen, von der Besteuerung erfasst werden.

Bis zum 1.4.1999 wurden die unentgeltlichen Wertabgaben als gesonderter steuerbarer Umsatz unter dem Begriff „Eigenverbrauch" unter § 1 Abs. 1 Nr. 2 u. Nr. 3 UStG geregelt. Ab 1.4.1999 werden bestimmte unentgeltliche Entnahmevorgänge entsprechend der EU-Richtlinien den

---

56 § 3a Abs. 2 Nr. 4 UStG; Art. 44 MwStSystRL.
57 § 3a Abs. 2 Nr. 1 UStG; Art. 45 MwStSystRL.

II. Steuerbarkeit

Lieferungen gegen Entgelt (§ 3 Abs. 1b UStG)[58] bzw. den sonstigen Leistungen gegen Entgelt (§ 3 Abs. 9a UStG)[59] gleichgestellt.

Die der Umsatzsteuer unterliegenden unentgeltlichen Wertabgaben lassen sich wie folgt gliedern:

1. Entnahme bzw. unentgeltliche Zuwendung von Gegenständen,
2. die Verwendung eines dem Unternehmen zugeordneten Gegenstandes zu privaten oder unternehmensfremden Zwecken,
3. die unentgeltliche Erbringung einer anderen sonstigen Leistung.

Unentgeltliche Wertabgaben werden nach § 3f UStG an dem Ort bewirkt, an dem der Unternehmer sein Unternehmen betreibt. Wird die unentgeltliche Wertabgabe von einer Betriebsstätte bewirkt, so ist der Ort der Betriebsstätte maßgebend.

2.1 Entnahme und unentgeltliche Zuwendung von Gegenständen

Allgemeine Voraussetzungen dafür, dass die Entnahme oder die unentgeltliche Zuwendung eines Gegenstandes der Lieferung gleichgestellt und somit steuerbar wird, sind

- dass der Gegenstand bisher dem Unternehmen zugeordnet war und
- dass der Gegenstand oder seine Bestandteile zum vollen bzw. teilweisen Vorsteuerabzug berechtigt haben.

Die Zuordnung zum Unternehmensvermögen behandelt Abschnitt VI.1.2 *Zuordnung von Gegenständen zum Unternehmensvermögen*.

Die Berechtigung zum Vorsteuerabzug ist dann nicht gegeben, wenn nach richtiger Rechtsbeurteilung kein Vorsteuerabzug möglich war, etwa weil keine Rechnung mit gesondertem Umsatzsteuerausweis vorlag oder der Gegenstand von einem Kleinunternehmer erworben wurde. Dagegen ist die Entnahme dann steuerbar, wenn die Berechtigung zum Vorsteuerabzug zwar gegeben, aber tatsächlich nicht in Anspruch genommen wurde.

Bemessungsgrundlage für die unentgeltliche Wertabgabe von Gegenständen ist grundsätzlich der Einkaufspreis zuzüglich Nebenkosten zum Zeitpunkt der Entnahme. Dies entspricht in der Regel dem Wiederbeschaffungspreis. Liegt ein solcher Einkaufspreis nicht vor, so sind als Bemessungsgrundlage die Selbstkosten anzusetzen.

Beispiel 57

---

58 Entsprechend Art. 16 MwStSystRL.
59 Entsprechend Art. 26 MwStSystRL.

A. Die allgemeine Anwendung des Umsatzsteuergesetzes

Soweit nur der Erwerb von Bestandteilen, die in den entnommenen Gegenstand eingingen, nicht jedoch der Erwerb des Gegenstands zum Vorsteuerabzug berechtigten, liegt zwar eine steuerbare unentgeltliche Wertabgabe vor, die Bemessungsgrundlage beschränkt sich jedoch auf den Zeitwert der Bestandteile, die zum Vorsteuerabzug berechtigten.

Beispiel 58

Folgende Arten der Entnahme oder der unentgeltlichen Zuwendung werden der Lieferung gleichgestellt:
- die Entnahme von Gegenständen für Zwecke, die außerhalb des Unternehmens liegen,
- die unentgeltliche Zuwendung von Gegenständen an das Personal für dessen privaten Bedarf,
- jede andere unentgeltliche Zuwendung für Zwecke des Unternehmens.

Auf die drei Fallgruppen wird im Folgenden eingegangen.

2.1.1 Entnahme von Gegenständen zu nicht-unternehmerischen Zwecken

Die Entnahme eines dem Unternehmen zugeordneten Gegenstandes setzt eine schlüssige oder ausdrückliche Entscheidung des Unternehmers voraus, die bisherige Zuordnung zum Unternehmen aufzuheben. Als schlüssige Entscheidung kommt beispielsweise die Schenkung, als ausdrückliche Entscheidung beispielsweise die Anmeldung eines entsprechenden Entnahmevorgangs in der Umsatzsteuer-Voranmeldung in Frage.

Diebstahl oder Untergang eines Gegenstands (z. B. durch Totalschaden mit einem Pkw auf einer Privatfahrt) führen somit mangels einer willentlichen Entscheidung des Unternehmers nicht zu einem Entnahmetatbestand nach § 3 Abs. 1 b UStG.

Beispiel 59

2.1.2 Sachzuwendungen an das Personal

Unentgeltliche Sachzuwendungen an das Personal für dessen privaten Bedarf werden nach § 3 Abs. 1b Nr. 2 UStG[60] den Lieferungen gleichgestellt, sofern es sich nicht um Aufmerksamkeiten handelt.

---

60 Entsprechend Art. 16 MwStSystRL.

II. Steuerbarkeit

Die wesentlichen Unterscheidungen, die bei Zuwendungen an das Personal zu treffen sind, sind im Folgenden überblicksartig dargestellt:

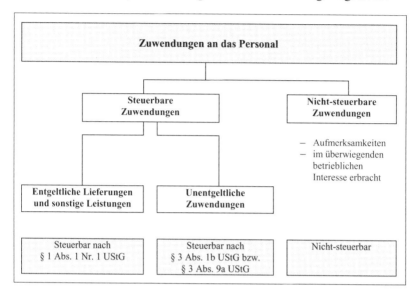

Zu den unter die nicht-steuerbaren Zuwendungen fallenden **Aufmerksamkeiten** zählen im Wesentlichen Sachzuwendungen bis zum Wert von EUR 40,– (inklusive Umsatzsteuer) aus besonderem Anlass und die unentgeltliche Überlassung von Getränken im Betrieb. Die Freigrenze von EUR 40,– gilt gleichermaßen auch für Lohnsteuer und Sozialversicherung. Ebenfalls als nicht-steuerbar zu behandeln sind Leistungen an Arbeitnehmer, die **überwiegend durch das betriebliche Interesse veranlasst** sind. Hierzu gehören insbesondere:

– Leistungen zur Verbesserung der Arbeitsbedingungen, wie etwa die Bereitstellung von Aufenthaltsräumen oder Sportanlagen,
– betriebliche Fort- und Weiterbildungsleistungen,
– Arbeitnehmer-Sammelbeförderung,[61]
– Zuwendungen im Rahmen von Betriebsveranstaltungen, soweit sie sich im üblichen Rahmen halten. Der übliche Rahmen wird hierbei mit zwei eintägigen Betriebsveranstaltungen abgesteckt, für die pro Teilnehmer nicht mehr als EUR 110,– einschließlich Umsatzsteuer entstehen.

Beispiel 60

---
61 Vgl. EuGH-Urteil v. 16.10.1997, Rs. C-258/95, UR 1998, S. 61.

A. Die allgemeine Anwendung des Umsatzsteuergesetzes

Bei den steuerbaren Leistungen an Arbeitnehmer ist zu unterscheiden, ob Entgeltlichkeit vorliegt. Eine Leistung gegen Entgelt liegt vor, wenn der Unternehmer (Arbeitgeber) seinem Personal die Sachzuwendung als Vergütung für geleistete Dienste überlässt. Diese Voraussetzung ist erfüllt, wenn der Arbeitnehmer nach dem Arbeitsvertrag, den mündlichen Abreden oder der faktischen betrieblichen Übung neben dem Barlohn einen Sachlohn erhält.[62] Die Abgrenzung zwischen entgeltlicher Leistung und unentgeltlicher Wertabgabe an das Personal ist dann bedeutsam, wenn der zugewendete Gegenstand nicht zum vollen Vorsteuerabzug berechtigt hat, da Bemessungsgrundlage für die unentgeltlichen Sachzuwendung lediglich die zum Vorsteuerabzug berechtigenden Aufwendungen sind.[63]

Beispiel 61

Unterschiede in der Bemessungsgrundlage der entgeltlichen und unentgeltlichen Leistung können sich weiterhin ergeben, wenn das Entgelt über den Einkaufspreisen oder Selbstkosten liegt. Ein Unterschreiten der Bemessungsgrundlage für die unentgeltliche Leistung ist dagegen durch die Vorschriften zur Mindestbemessungsgrundlage (vgl. Abschnitt IV.3.3 *Bemessungsgrundlage bei Leistungen an Arbeitnehmer*) ausgeschlossen.

2.1.3 Sonstige unentgeltliche Zuwendungen von Gegenständen

Der Lieferung gleichgestellt werden auch unentgeltliche Zuwendungen von Gegenständen zu unternehmerischen Zwecken. Somit werden beispielsweise Sachspenden an Vereine oder Preisausschreiben zu Werbezwecken als steuerbare Umsätze erfasst. Ausgenommen sind lediglich Geschenke von geringem Wert (bis netto EUR 35,–) und die Abgabe von Warenmustern für Zwecke des Unternehmens.

Bei Geschenken über EUR 35,– ist der Vorsteuerabzug ausgeschlossen[64] – eine Besteuerung als unentgeltliche Wertabgabe entfällt somit.

Bei unentgeltlichen Zuwendungen, die aus unternehmerischen Gründen, etwa zur Verkaufsförderung oder zur Imagepflege, erfolgen, wird ein steuerbarer Umsatz dann nicht angenommen, wenn eine Verwendung im nicht-unternehmerischen Bereich ausgeschlossen ist.

Beispiel 62

---

62 Vgl. Abschnitt 12 Abs. 1 und Abschnitt 103 Abs. 7 UStR.
63 § 3 Abs. 1b Satz 2 UStG; Art. 16 MwStSystRL.
64 § 15 Abs. 1a Nr. 1 UStG i.V.m. § 4 Abs. 5 Satz 1 Nr. 1 EStG.

II. Steuerbarkeit

2.2 Unentgeltliche Verwendung von Unternehmensvermögen

Der sonstigen Leistung gleichgestellt wird durch § 3 Abs. 9a UStG die unentgeltliche Verwendung von Gegenständen, die dem Unternehmensvermögen zugeordnet sind, zu unternehmensfremden Zwecken oder für den privaten Bedarf des Personals. Keine steuerbare unentgeltliche Wertabgabe liegt dann vor, wenn der verwendete Gegenstand nicht zum Vorsteuerabzug berechtigt hat oder die Verwendung eines Unternehmensgegenstandes durch das Personal in den Bereich der Aufmerksamkeit fällt, also nur geringfügiger Natur ist.

Die Steuerbefreiungsvorschriften des § 4 UStG gelten grundsätzlich auch für unentgeltliche Wertabgaben. Werden allerdings im Unternehmensvermögen befindliche Grundstücke für unternehmensfremde Zwecke genutzt, so greift die Steuerbefreiungsvorschrift des § 4 Nr. 12 UStG (Vermietung und Verpachtung von Grundstücken) nach der mittlerweile in nationales Recht umgesetzten Rechtsprechung des EuGH[65] nicht, so dass eine steuerbare und steuerpflichtige unentgeltliche Wertabgabe vorliegen kann. Ob eine solche gegeben ist, wird davon abhängig gemacht, ob der verwendete Gegenstand zum vollem bzw. teilweisen Vorsteuerabzug berechtigt hat.[66]

Beispiele 63–64

In der Praxis gängigster Fall der unentgeltlichen Verwendung von Gegenständen des Unternehmensvermögens ist die private Kfz-Nutzung. Zur Bestimmung der Bemessungsgrundlage für die nicht-unternehmerische Kfz-Nutzung sei auf die entsprechenden Ausführungen in Abschnitt IV.3.2 *Bemessungsgrundlage bei unentgeltlichen sonstigen Leistungen* verwiesen.

Die Nutzung von Betriebsfahrzeugen durch Arbeitnehmer ohne gesondert berechnetes Entgelt ist in der Regel als entgeltlicher Vorgang anzusehen. Bei der Ermittlung der Bemessungsgrundlage sind die Vorschriften zur Mindestbemessungsgrundlage zu beachten (vgl. Abschnitt IV.3.3 *Bemessungsgrundlage bei Leistungen an Arbeitnehmer*).

2.3 Unentgeltliche Erbringung sonstiger Leistungen

Bemessungsgrundlage für die Erbringung unentgeltlicher sonstiger Leistungen sind die entstandenen Kosten. Daher entfällt die Besteue-

---
65 „Seeling-Urteil" des EuGH v. 08.05.2003, Rs. C-269/00, UR 2003, S. 288.
66 Vgl. Abschnitt 24c Abs. 7 UStR.

rung der unentgeltlichen Wertabgabe, wenn im Einzelfall keine messbaren Kosten vorliegen (Beispiel: Friseurmeister schneidet seiner Tochter die Haare).

Die Beschränkung auf die Kosten, die zum Vorsteuerabzug berechtigten, gilt nicht für die unentgeltliche Erbringung von sonstigen Leistungen, die nicht in der Nutzung von Gegenständen des Unternehmensvermögens bestehen. Bei dieser Form der unentgeltlichen Wertabgabe werden also beispielsweise die Kosten, die aus der Arbeitsleistung von Arbeitnehmern resultieren, mit in die Bemessungsgrundlage einbezogen. Daher führt der unentgeltliche Einsatz eigener Arbeitnehmer für private Zwecke des Unternehmers zu einem steuerbaren und steuerpflichtigen Umsatz.

Beispiel 65

3. Einfuhr

Die Einfuhr von Gegenständen stellt einen eigenen Steuertatbestand dar.[67] Er ist vom System der Umsatzsteuer her notwendig, um bei Lieferung eines Gegenstandes aus dem Ausland einen Anknüpfungspunkt für die inländische Besteuerung zu schaffen. Wird ein Gegenstand aus dem Ausland eingeführt, etwa durch Versenden oder Beförderung durch den ausländischen Lieferer, so läge zwar ein Leistungsaustausch vor, der allerdings mit Beginn der Beförderung oder Versendung im Ausland bewirkt würde. Somit wäre kein steuerbarer Umsatz gegeben. Da die Umsatzsteuer als eine allgemeine Verbrauchssteuer vom privaten Endverbraucher im Bestimmungsland getragen werden soll, ist somit die Schaffung eines gesonderten Tatbestandes für die Einfuhr erforderlich.

Steuersubjekte sind bei der Einfuhr im Gegensatz zum Tatbestand des Leistungsaustauschs sowohl Unternehmer als auch Nicht-Unternehmer. Auch ein Nicht-Unternehmer, der Gegenstände aus dem Ausland einführt, hat somit Einfuhrumsatzsteuer zu entrichten. Die Verwaltung der Einfuhrumsatzsteuer obliegt den Zollbehörden; die Vorschriften für Zölle gelten sinngemäß.

Gegenstand der Einfuhr sind Waren, d.h. körperliche Sachen und solche Gegenstände, die im Geschäftsverkehr wie Sachen umgesetzt werden, wie etwa Gas und Strom.

---

67 § 1 Abs. 1 Nr. 4 UStG.

II. Steuerbarkeit

Werden Waren aus dem Drittlandsgebiet oder einem Zollfreigebiet ins Inland eingeführt, so ist eine Zollanmeldung gegenüber der Zollbehörde abzugeben, die ihrerseits die fällige Einfuhrumsatzsteuer festsetzt bzw. einen Freistellungsbescheid erteilt. Die Waren sind danach für den freien Verkehr abgefertigt.

Beispiel 66

Werden Waren aus dem Drittlandsgebiet durch das Inland in ein anderes Land befördert, so ermöglichen verschiedene Versandverfahren, die von der Zollverwaltung überwacht werden, den EUSt-freien Transit.

Die für die Einfuhr geltenden gesonderten Steuerbefreiungsvorschriften des § 5 UStG sehen dabei zunächst in Anlehnung an Einzelregelungen des § 4 UStG (Steuerbefreiungen für Lieferungen im Inland) **Steuerbefreiungen** für die Einfuhr folgender Gegenstände vor:

– Wertpapiere,
– menschliche Organe, menschliches Blut, Frauenmilch,
– Wasserfahrzeuge und Ausrüstungsgegenstände, die für die Seeschifffahrt bestimmt sind,
– Luftfahrzeuge, die im internationalen Luftverkehr eingesetzt werden,
– von Zentralbanken eingeführtes Gold,
– gesetzliche Zahlungsmittel und im Inland gültige Wertzeichen, wie z. B. Briefmarken.

Steuerfrei ist weiterhin die Einfuhr von Gegenständen, die vom Schuldner der Einfuhrumsatzsteuer unmittelbar im Anschluss an die Einfuhr zur Ausführung innergemeinschaftlicher Lieferungen verwendet werden.[68] Ab 1.1.2004 ist die Einfuhr von Gegenständen steuerfrei, die in Anschluss an die Einfuhr unmittelbar zur Ausführung von Umsätzen im Zusammenhang mit einem Umsatzsteuerlager verwendet werden.[69]

Daneben besteht eine Vielzahl von Einzelfall-Steuerbefreiungen, die in der Zollverordnung festgelegt sind. Hieraus seien einige wesentliche beispielhaft herausgegriffen. Steuerfrei ist beispielsweise die Einfuhr von:

- Gegenständen von geringem Wert,
- Übersiedlungs-, Heirats- oder Erbschaftsgut,

---
[68] § 5 Abs. 1 Nr. 3 UStG.
[69] § 5 Abs. 1 Nr. 4 UStG; vgl. zum Umsatzsteuerlager: Abschnitt III.6. Steuerbefreiungen im Zusammenhang mit einem Umsatzsteuerlager.

A. Die allgemeine Anwendung des Umsatzsteuergesetzes

- Ausstattung und Lernmaterial von Schülern und Studenten,
- Hausrat für eine Zweitwohnung,
- Investitionsgütern und Ausrüstungsgegenständen bei Verlegung eines Betriebs vom Ausland in das Inland,
- Warenmustern und Warenproben, Gegenstände für Ausstellungen und Messen,
- Werbematerial für den Fremdenverkehr,
- Fängen deutscher Fischer.

4. Geschäftsveräußerung

Eine Geschäftsveräußerung ist nach § 1 Abs. 1a UStG[70] nicht steuerbar. Sie liegt vor, wenn die wesentlichen Grundlagen eines Unternehmens oder eines gesondert geführten Betriebs im Ganzen entgeltlich oder unentgeltlich an einen Unternehmer übertragen oder in eine Gesellschaft eingebracht werden. Als wesentliche Betriebsgrundlage kommt auch ein einzelnes Grundstück in Betracht. Bei einem Unternehmen des produzierenden Gewerbes bilden die Betriebsgrundstücke mit den Maschinen und sonstigen Fertigungsanlagen regelmäßig die wesentlichen Betriebsgrundlagen.

Voraussetzung für die Geschäftsveräußerung ist, dass der Erwerber das Unternehmen als Unternehmer fortführt. Es genügt jedoch, wenn der Erwerber durch die Übernahme des Unternehmens die Unternehmereigenschaft erlangt. Keine Rolle spielt, ob der Erwerber ausschließlich steuerfreie Umsätze ausführt oder ob er der Kleinunternehmer-Regelung unterliegt.

Ein gesondert geführter Betrieb besteht, wenn der Teilbereich des Unternehmens wirtschaftlich selbstständig ist. Dies setzt einen für sich lebensfähigen Organismus voraus, der nach Art eines selbstständigen Unternehmens betrieben worden ist und nach außen hin als in sich abgeschlossenes Wirtschaftsgebilde auftritt.

Beispiel 67

Nicht-steuerbare Geschäftsveräußerungen liegen auch vor bei Einbringung eines Unternehmens in eine Personen- oder Kapitalgesellschaft und in den Fällen der Unternehmens-**Umwandlungen** durch Verschmelzung oder Spaltung. Die formwechselnde Umwandlung führt

---

70 Entsprechend Art. 19 MwStSystRL.

unabhängig von der gesetzlichen Regelung der Geschäftsveräußerung nicht zu einem steuerbaren Umsatz, da beim Formwechsel die Unternehmer- und Unternehmensidentität erhalten bleibt.

Beispiel 68

Die Abrechnung über die nicht-steuerbare Betriebsveräußerung mit gesondertem Umsatzsteuerausweis ist nicht zulässig. Wird Umsatzsteuer dennoch in der Abrechnung ausgewiesen, so besteht für den Erwerber keine Berechtigung zum Vorsteuerabzug; der Aussteller schuldet die ausgewiesene Steuer als überhöhten Steuerausweis nach § 14c Abs. 1 UStG. Die Möglichkeit der Rechnungsberichtigung besteht nur insoweit, als der Empfänger der Rechnung den Vorsteuerabzug nicht durchgeführt oder die geltend gemachte Vorsteuer an die Finanzbehörde zurückgezahlt hat.[71]

Die Geschäftsveräußerung löst beim übertragenden Unternehmer keine Verpflichtung zur **Vorsteuerberichtigung** aus. Der Erwerber tritt hinsichtlich der Vorsteuerberichtigung in die Fußstapfen des Veräußerers. Beim Erwerber kann sich daher eine Verpflichtung zur Vorsteuerberichtigung einstellen, wenn sich die für den Vorsteuerabzug maßgebenden Verhältnisse innerhalb des Berichtigungszeitraums ändern. Der Berichtigungszeitraum wird durch die Geschäftsveräußerung nicht unterbrochen oder in seinem zeitlichen Ablauf verändert.

Beispiel 69

III. Steuerbefreiungen

1. Übersicht

Ist festgestellt worden, dass ein steuerbarer Umsatz vorliegt, ist in einem zweiten Schritt zu prüfen, ob eine Steuerbefreiungsvorschrift Anwendung findet. Die Steuerbefreiungen, die in den §§ 4–9 UStG geregelt sind, dienen im Wesentlichen folgenden drei Zielrichtungen:
1. Steuerbefreiungen zur Vermeidung internationaler Doppelbesteuerung (z.B. Steuerbefreiung der Ausfuhrlieferung);
2. Steuerbefreiungen zur Vermeidung einer Doppelbesteuerung mit anderen inländischen Verkehrssteuern (Beispiel: Steuerbefreiung der Lieferung von Grundstücken, da dieses Umsatzgeschäft der

---
[71] § 14c Abs. 2 Sätze 3–5 UStG.

A. Die allgemeine Anwendung des Umsatzsteuergesetzes

Grunderwerbsteuer unterliegt; Steuerbefreiung der Versicherungsleistungen, auf denen Versicherungssteuer lastet);
3. Steuerbefreiungen, die kulturellen und sozialen Zwecken dienen, etwa im Gesundheitswesen oder für bestimmte kulturelle Einrichtungen oder bei der Vermietung zu Wohnzwecken.

Hierbei sind bezüglich der Möglichkeit des Vorsteuerabzugs drei Kategorien der Steuerbefreiung zu unterscheiden:

A. Steuerbefreiungen, die den Vorsteuerabzug für die im Zusammenhang mit diesem Umsatz stehenden Vorleistungen zulassen, beispielsweise die Steuerbefreiung der Ausfuhrlieferungen.

B. Steuerbefreiungen, die den gleichzeitigen Ausschluss vom Vorsteuerabzug zur Folge haben.

C. Für bestimmte steuerbefreite Umsätze, die Vorsteuerabzug ausschließen, besteht ein Optionsrecht, d.h. die Möglichkeit, auf die Steuerbefreiung zu verzichten, den Umsatz somit als steuerpflichtig zu behandeln und gleichzeitig den Vorsteuerabzug in Anspruch zu nehmen. Dieses Optionsrecht besteht beispielsweise für bestimmte Grundstücks- und Vermietungsumsätze.

Die bestehenden Steuerbefreiungen und ihre Auswirkung auf den Vorsteuerabzug sind in der nebenstehenden Übersicht zusammengestellt.

2. Ausfuhrlieferung in Drittlandgebiete

Ausfuhrlieferungen sind nach § 4 Nr. 1 Buchst. a UStG steuerfrei.[72] Der Vorsteuerabzug für Vorleistungen wird gewährt. Ausfuhrlieferungen sind Lieferungen im Inland in das Drittlandsgebiet. Lieferungen in ein anderes EU-Mitgliedsland fallen unter den Begriff der innergemeinschaftlichen Lieferung. Zum Drittlandsgebiet zählt alles, was nicht Inland und nicht Gebiet eines anderen EU-Mitgliedstaates ist.

Das Vorliegen einer Ausfuhrlieferung ist an folgende Voraussetzungen gebunden:

1. *Ausfuhr ins Drittlandsgebiet*:

   Der Gegenstand der Ausfuhr muss grenzüberschreitend ins Drittlandsgebiet gebracht werden, sei es mittels Befördern oder Versenden durch den Lieferer oder mittels Abholung durch den ausländischen Abnehmer. Dabei kann der Gegenstand auch vor der Ausfuhr

---
72 Entsprechend Art. 146 MwStSystRL.

III. Steuerbefreiungen

Überblick über steuerbefreite Umsätze

Art des steuerfreien Umsatzes:	Steuerfreier Umsatz mit Vorsteuerabzug (Kategorie A)	Steuerfreier Umsatz ohne Vorsteuerabzug (Kategorie B)	Steuerfreier Umsatz ohne Vorsteuerabzug mit Optionsrecht (Kategorie C)
Ausfuhrlieferung in Drittlandsgebiete: Abschnitt 2 (§ 4 Nr. 1a UStG)	A		
Innergemeinschaftliche Lieferung: Abschnitt B.III (§ 4 Nr. 1b UStG)	A		
Lohnveredelungen an Gegenständen der Ausfuhr: Abschnitt 3 (§ 4 Nr. 1a UStG)	A		
Umsätze für die Seeschifffahrt/Luftfahrt: Abschnitt 4 (§ 4 Nr. 2 UStG)	A		
Güterbeförderung bei Ein-, Durch-, Ausfuhr: Abschnitt 5 (§ 4 Nr. 3 UStG)	A		
Umsätze in Verbindung mit Umsatzsteuerlager: Abschnitt 6 (§ 4 Nr. 4a und 4b UStG)	A		
Vermittlung von Umsätzen nach Nr. 1a, 2–4b, 6–7: Abschnitt 7 (§ 4 Nr. 5 UStG)	A		
Umsätze im Geld- und Kapitalverkehr: Abschnitt 8.1 (§ 4 Nr. 8a–g)			C
Versicherungsleistungen: Abschnitt 8.2 (§ 4 Nr. 10 UStG)		B	
Vermittlung für Versicherungen, Bausparkassen: Abschnitt 8.2 (§ 4 Nr. 11 UStG)		B	
Grundstücksumsätze, Grundstücksvermietung: Abschnitt 8.3 (§ 4 Nr. 9a, 12 UStG)			C
Heilberufliche Tätigkeit: Abschnitt 8.4 (§ 4 Nr. 14 UStG)		B	
Umsätze der Krankenhäuser und Altenheime: Abschnitt 8.5 (§ 4 Nr. 16 UStG)		B	
Gemeinnützige Umsätze für Gesundheit/Wohlfahrt: Abschnitt 8.6 (§ 4 Nr. 18 UStG)		B	
Blinde Unternehmer und Blindenwerkstätten: Abschnitt 8.7 (§ 4 Nr. 19 UStG)			C
Bestimmte kulturelle Leistungen: Abschnitt 8.8 (§ 4 Nr. 20 UStG)		B	
Wissenschaftliche Veranstaltungen u.ä.: Abschnitt 8.9 (§ 4 Nr. 22 UStG)		B	
Privatschulen, Bildungseinrichtungen: Abschnitt 8.10 (§ 4 Nr. 21 UStG)		B	
Sonstige Steuerbefreiungen: Abschnitte 8.11–8.13 (§ 4 div. UStG)		B	

durch inländische Beauftragte des ausländischen Abnehmers bearbeitet oder verarbeitet worden sein.

2. *Persönliche Voraussetzungen des Abnehmers*:
Hier sind drei Fälle zu unterscheiden:
- Gegenstand wird **durch den Lieferer** ins Drittlandsgebiet befördert oder versendet: Hier ist die Steuerfreiheit der Ausfuhrlieferung an keine besonderen Anforderungen an die Person des Abnehmers geknüpft.
- Gegenstand wird **durch den Abnehmer** ins Drittlandsgebiet befördert oder versendet („Abholfall"): Hier ist Voraussetzung für die Steuerbefreiung, dass es sich um einen ausländischen Abnehmer handelt. Der Begriff ausländischer Abnehmer bezeichnet dabei eine natürliche Person mit Wohnort im Ausland, eine juristische Person mit Sitz im Ausland oder eine ausländische Zweigniederlassung eines im Inland ansässigen Unternehmers, die das Umsatzgeschäft im eigenen Namen abgeschlossen hat.
- Gegenstand wird durch den Lieferer oder den Abnehmer **ins Zollfreigebiet** befördert oder versendet: Voraussetzung für die Steuerbefreiung ist hier, dass der Abnehmer entweder Unternehmer ist und für sein Unternehmen erwirbt oder dass er ausländischer Unternehmer ist und der Gegenstand ins übrige Drittlandsgebiet gelangt.

3. *Ausfuhrnachweis*

Das Vorliegen einer Ausfuhrlieferung ist durch entsprechende Belege nachzuweisen. Aus den Belegen muss sich leicht nachprüfbar ergeben, dass der Gegenstand ins Drittlandsgebiet gelangt ist.

Wird der Gegenstand der Lieferung vom Lieferer oder vom Abnehmer **versendet**, soll der Ausfuhrnachweis durch Versendungsbelege (Eisenbahn- und Luftfrachtbrief, Konnossement, Posteinlieferungsschein, etc.) oder bei Ausfuhr über einen Spediteur oder Frachtführer durch eine Ausfuhrbescheinigung geführt werden. Diese **Ausfuhrbescheinigung** soll folgende Angaben enthalten[73]:
- Name und Anschrift des Belegausstellers,
- Datum der Ausstellung,
- Name und Anschrift des Auftraggebers,

---
[73] § 10 UStDV.

III. Steuerbefreiungen

- handelsübliche Bezeichnung und Menge des ausgeführten Gegenstandes,
- Ort und Tag der Ausfuhr oder der Versendung ins Drittlandsgebiet,
- Empfänger und Bestimmungsort im Drittlandsgebiet,
- eine Versicherung des Ausstellers, dass die Angaben in dem Beleg aufgrund von Geschäftsunterlagen gemacht wurden, die im Gemeinschaftsgebiet nachprüfbar sind,
- die Unterschrift des Ausstellers

Wird der Gegenstand der Lieferung vom Lieferer oder vom Abnehmer **befördert**, soll als Ausfuhrnachweis ein Beleg dienen, der folgende Angaben enthält:[74]

- Name und Anschrift des Unternehmers,
- handelsübliche Bezeichnung und Menge des ausgeführten Gegenstandes,
- den Ort und den Tag der Ausfuhr,
- eine Ausfuhrbestätigung der zuständigen Grenzzollstelle eines Mitgliedstaates.

Wird der gelieferte Gegenstand **vor der Ausfuhr** durch inländische Beauftragte des ausländischen Abnehmers **be- oder verarbeitet**, soll der Beleg zusätzlich folgende Angaben enthalten:

- handelsübliche Bezeichnung und Menge des zur Be- oder Verarbeitung abgegebenen Gegenstandes,
- Tag und Ort der Übernahme durch den Beauftragten,
- Bezeichnung der Art der vorzunehmenden Be- oder Verarbeitung des Gegenstandes.

Bei **Lohnveredelungen** für ausländische Rechnung ist die Ausfuhr in der gleichen Weise wie bei der Ausfuhrlieferung durch Belege nachzuweisen.

4. *Buchmäßiger Nachweis*

Der Nachweis über das Vorliegen der Voraussetzungen muss buchmäßig erfolgen, d.h. der Ausfuhrnachweis und gegebenenfalls die persönlichen Voraussetzungen des Abnehmers müssen eindeutig und leicht nachprüfbar aus der Buchhaltung des liefernden Unternehmers zu erbringen sein. Die Buchhaltung muss grundsätzlich im Bundesgebiet geführt werden. Die erforderlichen Aufzeichnun-

---
[74] § 9 UStDV.

A. Die allgemeine Anwendung des Umsatzsteuergesetzes

gen sind fortlaufend durchzuführen und die Aufbewahrungsfristen sind zu beachten.

Beispiel 70

3. Lohnveredelung

Steuerfrei sind neben den Ausfuhrlieferungen die Lohnveredelungen für ausländische Auftraggeber.[75] Bei der Lohnveredelung handelt es sich um eine sonstige Leistung, eine Werkleistung, die in der Be- oder Verarbeitung eines Gegenstandes besteht. Wird ein Gegenstand im Inland be- oder verarbeitet, so gilt diese sonstige Leistung als im Inland bewirkt und ist somit steuerbar. Um den Export solcher sonstigen Leistungen nicht zu erschweren, sieht § 7 UStG die Steuerbefreiung der Lohnveredelung unter folgenden Voraussetzungen vor:

1. Der Unternehmer im Inland muss für einen **ausländischen Auftraggeber** einen Gegenstand be- oder verarbeitet haben. Als ausländischer Auftraggeber gilt hierbei ein Auftraggeber, der seinen Wohnort oder Sitz im Ausland hat. Ebenfalls als ausländischer Auftraggeber gilt eine inländische oder in einem Zollfreigebiet gelegene Zweigniederlassung eines Unternehmens mit Sitz im Ausland, wenn diese Zweigniederlassung im eigenen Namen auftritt.
2. Der bearbeitete oder verarbeitete Gegenstand muss ins Ausland gelangen.
3. Die vorgenannten Voraussetzung müssen buch- und belegmäßig nachgewiesen werden, insbesondere durch Ausfuhrnachweis.

Die Steuerfreiheit der Lohnveredelung gilt nur für den Export ins Drittlandgebiet.

Beispiel 71

4. Umsätze für die Seeschifffahrt und für die Luftfahrt

Die Lieferung, der Umbau, Instandsetzung und Wartung, Vercharterung und Vermietung von Wasserfahrzeugen für die **Seeschifffahrt** sind nach den §§ 4 Nr. 2 und 8 Abs. 1 UStG[76] steuerfrei. Ebenfalls steuerfrei sind Umsätze zur Ausrüstung (Schiffszubehör, technische Ausrüstung, Einrichtungsgegenstände, etc.) und zur Versorgung von Seeschiffen (Treibstoffe, Proviant für Besatzung und Fahrgäste, Waren

---
75 § 4 Nr. 1 a i.V.m. § 7 UStG; Art. 146 Abs. 1 d MwStSystRL.
76 Entsprechend Art. 148 MwStSystR.

III. Steuerbefreiungen

für Schiffsapotheken und Bordläden, etc.). Voraussetzung ist, dass die betreffenden Schiffe nach ihrer Bauart dem Erwerb durch die Seeschifffahrt oder der Rettung Schiffbrüchiger zu dienen bestimmt sind. Sie müssen also nach ihrer Bauart dem unternehmerischen Sektor der Seeschifffahrt zuzurechnen oder als Rettungsschiffe ausgestaltet sein. Bei der Abgrenzung wird die zolltarifliche Einordnung zu Grunde gelegt. Unter die Steuerbefreiung fallen auch andere sonstige Leistungen für den unmittelbaren Bedarf von Seeschiffen, wie etwa die Leistungen der Schiffsmakler, der Schiffsbesichtiger und der Lotsen.

Beispiel 72

Entsprechend den Umsätzen für die Seeschifffahrt sind bestimmte Umsätze für die **Luftfahrt** steuerfrei. Der Vorsteuerabzug für diese Leistungen ist nicht ausgeschlossen. Erste Bedingung ist, dass die Umsätze für ein Unternehmen ausgeführt werden, das überwiegend im internationalen Luftverkehr tätig ist. Vom internationalen Luftverkehr ist der Binnenluftverkehr zu unterscheiden, bei dem sich die Beförderungen ausschließlich auf das Inland erstrecken. Bei Luftverkehrsunternehmen mit Sitz im Ausland ist davon auszugehen, das überwiegend internationaler Luftverkehr betrieben wird, für inländische Luftverkehrsunternehmen wird jährlich im Bundessteuerblatt eine Liste veröffentlicht, welche die betreffenden, hauptsächlich im internationalen Luftverkehr tätigen Unternehmen ausweist.[77]

Steuerfrei sind die folgenden Umsätze:

- Lieferung, Umbau, Instandsetzung, Wartung oder Vermietung der Luftfahrzeuge oder deren Ausrüstung,
- Lieferung von Gegenständen, die zum Betrieb oder zur Versorgung der begünstigten Luftfahrzeuge bestimmt sind (z.B. Treibstoff, Bordverpflegung, Medikamente für Flugzeugapotheke, etc.)
- sonstige Leistungen, die für den unmittelbaren Bedarf der Luftfahrzeuge bestimmt sind, wie beispielsweise Flughafengebühren, etwa für Start- und Landeerlaubnis, die Reinigung der Luftfahrzeuge, etc.

---

77 Zur Liste der betreffenden Luftfahrtunternehmen per 01.01.2008 vgl. BMF-Schreiben vom 04.01.2008, BStBl. I 2008, S. 267.

A. Die allgemeine Anwendung des Umsatzsteuergesetzes

5. Steuerfreie Güterbeförderungen

Die Beförderung von Gegenständen im internationalen Frachtverkehr mit dem Drittlandsgebiet wird durch § 4 Nr. 3 UStG[78] von der Umsatzsteuer freigestellt. Voraussetzung für die Anwendung des § 4 Nr. 3 UStG ist, dass es sich bei der Beförderungsleistung um eine selbstständige Hauptleistung handelt. Liegt dagegen eine unselbstständige Nebenleistung etwa zur Ausfuhr von Gegenständen vor, so teilt die Beförderungsleistung das Schicksal der Hauptleistung. Die Steuerbefreiung gilt nur für die Beförderung von Gegenständen, Personenbeförderungen werden also nicht erfasst.

Für Beförderungsleistungen oder sonstige Leistungen, die sich unmittelbar auf Gegenstände der **Einfuhr** beziehen, wird die Steuerbefreiung gewährt, sofern diese Leistungen in die Bemessungsgrundlage für die Einfuhrumsatzsteuer einbezogen wurden.

Beispiel 73

Bei Beförderungsleistungen oder sonstigen Leistungen, die sich unmittelbar auf Gegenstände der **Ausfuhr oder Durchfuhr** beziehen, wird die Steuerbefreiung nach § 4 Nr. 3 UStG gewährt, wenn die Beförderung ins Drittlandsgebiet durch entsprechende Ausfuhrbelege nachgewiesen werden kann.

Beispiele 74

Nicht unter die Steuerbefreiungsvorschrift fallen die innergemeinschaftlichen Beförderungen.[79]

6. Steuerbefreiungen im Zusammenhang mit einem Umsatzsteuerlager

Mit Wirkung zum 1.1.2004 sind Regelungen zum Umsatzsteuerlager wirksam geworden, die dem Zweck dienen, den Handel mit bestimmten Waren, insbesondere Rohstoffen, die üblicherweise mehrfach umgesetzt werden, ohne dass eine Warenbewegung stattfindet, zu vereinfachen. Insbesondere soll auf eine steuerliche Registrierung von im Ausland ansässigen Unternehmern verzichtet werden, solange von ihnen nur Umsätze solcher Art ausgeführt werden.

---

78 Entsprechend Art. 146 Abs. 1 e MwStSystRL.
79 Vgl. hierzu Abschnitt B. III. 3. *Innergemeinschaftliche Beförderungsleistungen*.

III. Steuerbefreiungen

Zu diesem Zweck wurden zwei Steuerbefreiungsvorschriften neu in § 4 UStG eingefügt:[80]

- Nr. 4a: Steuerbefreiung von Lieferungen bestimmter Waren in ein Umsatzsteuerlager und der unmittelbar damit zusammenhängenden sonstigen Leistungen,
- Nr. 4b: Steuerbefreiungen für Lieferungen vor der Einfuhr. Hiervon betroffen ist die Lieferung von Gegenständen, die sich in einem Zollverfahren (Nichterhebungsverfahren) befinden. Anders als in Nr. 4a muss es sich hier nicht um bestimmte Waren handeln. Eine Besteuerung wird durch die spätere Erhebung der Einfuhrumsatzsteuer sichergestellt.

Die Vorschrift des § 4 Nr. 4a UStG ist an folgende Voraussetzungen geknüpft:

1. für den Fall der **Lieferung**:

- es muss sich um **Gegenstände laut Anlage 1** zum UStG handeln. Hierunter fallen beispielsweise Kartoffeln, Getreide, Kaffee, Mineralöle, Erzeugnisse der chemischen Industrie und Eisen- und Stahlerzeugnisse. Gemeinsames Merkmal ist, dass diese Waren nicht für eine Lieferung auf Einzelhandelsstufe aufgemacht sein dürfen.
- die Lieferung muss in Zusammenhang mit einem Umsatzsteuerlager stehen. Hierfür bestehen drei Möglichkeiten:
  • die Gegenstände werden nach der Lieferung in ein Umsatzsteuerlager eingelagert,
  • die Gegenstände befinden sich im Zeitpunkt der Lieferung im Umsatzsteuerlager oder
  • die Gegenstände wechseln von einem Umsatzsteuerlager in ein anderes.
- es handelt sich um keine Lieferung an einen Landwirt, der die Durchschnittssatzbesteuerung anwendet.

Mit der endgültigen Herausnahme aus dem Lager (Auslagerung) entfällt die Steuerbefreiung für die der Lagerung vorangegangene Lieferung, wobei die Möglichkeit einer steuerfreien Ausfuhrlieferung oder innergemeinschaftlichen Lieferung nicht berührt wird.

---

80 Gemeinschaftsrechtliche Grundlage hierfür sind die Art. 156 bis 159 MwStSystRL, die die Mitgliedsstaaten zu einer solchen Regelung ermächtigen.

A. Die allgemeine Anwendung des Umsatzsteuergesetzes

2. für den Fall der **sonstigen Leistung**:
Unter die Steuerbefreiung fallen auch sonstige Leistungen, die mit der Lagerung, der Erhaltung, der Verbesserung der Aufmachung und Handelsgüte oder der Vorbereitung des Vertriebs der eingelagerten Gegenstände unmittelbar zusammenhängen. Schädlich ist hierbei jedoch eine Aufbereitung der Gegenstände, die einen Vertrieb auf Einzelhandelsstufe zulässt.

Umsatzsteuerlager kann jedes Grundstück oder jeder Grundstücksteil im Inland sein, der zur Lagerung der genannten Gegenstände dienen soll und von einem Lagerhalter betrieben wird. Es bedarf einer Bewilligung durch die Finanzbehörde, der **Lagerhalter** hat im Inland eine kaufmännische Buchführung zu führen und entsprechende organisatorische Vorkehrungen zu treffen, um den Aufzeichnungspflichten für das Umsatzsteuerlager zu genügen.
Beispiel 75

7. Steuerfreie Vermittlungsleistungen

Die folgenden Vermittlungsleistungen sind nach § 4 Nr. 5 UStG[81] steuerfrei, berechtigen aber zum Vorsteuerabzug:
1. die Vermittlung von steuerfreien Leistungen, die zum Vorsteuerabzug berechtigen. Ausgenommen sind die Vermittlung von innergemeinschaftlichen Lieferungen und die Vermittlung von Umsätzen durch Reisebüros an Reisende;
2. die Vermittlung grenzüberschreitender Beförderungen von Personen mit Luftfahrzeugen und Seeschiffen;
3. die Vermittlung von Umsätzen, die ausschließlich im Drittlandsgebiet bewirkt werden;
4. die Vermittlung von Lieferungen, die im Zusammenhang mit einer Einfuhr stehen und nach § 3 Abs. 8 UStG als im Inland ausgeführt behandelt werden.
Beispiel 76

Für die Vermittlung von innergemeinschaftlichen Umsätzen (z. B. Vermittlung einer innergemeinschaftlichen Lieferung) bestehen gesonderte Regelungen, auf die im Abschnitt B.V.4 *Vermittlungsleistungen* eingegangen wird.

---
81 Entsprechend Art. 153 MwStSystRL.

8. Sonstige Steuerbefreiungen

8.1 Steuerbefreiung für den Geld- und Kapitalverkehr

Nach § 4 Nr. 8 UStG sind Umsätze im Geld- und Kapitalverkehr steuerbefreit. Hierzu zählen insbesondere die typischen Bankgeschäfte wie die Kreditgewährung, Umsätze mit Wertpapieren oder gesetzlichen Zahlungsmitteln oder die Vermittlung solcher Umsätze, das Einlagengeschäft und der Zahlungs- und Überweisungsverkehr. Die Steuerbefreiung gilt hierbei jedoch nicht nur für Kreditinstitute, sondern für sämtliche Unternehmer, die derartige Umsätze ausführen.

Beispiel 77

Die Steuerbefreiung der Kreditgewährung gilt für den Geldkredit, nicht jedoch für den Warenkredit. Die dem Warenkredit eigene Stundung des Kaufpreises nach Lieferung der Waren stellt regelmäßig keine selbstständige Hauptleistung dar. Die Kreditgewährung teilt somit als Nebenleistung in der Regel das Schicksal der Hauptleistung, die in der Lieferung besteht. Die Kreditgewährung im Zusammenhang mit einer Lieferung kann nur dann als selbstständige Leistung unter die Steuerbefreiung fallen, wenn eine eindeutige Trennung zwischen dem Kreditgeschäft und der Lieferung vorliegt. Hierzu ist Voraussetzung, dass gesonderte Vereinbarungen und getrennte Abrechnungen vorliegen und der Jahreszins in der Kreditvereinbarung angegeben ist.

Beispiel 78

Steuerbefreit sind neben der Kreditgewährung auch Umsätze mit gesetzlichen Zahlungsmitteln. Tauscht eine Bank einem Kunden 500,- Euro gegen 700,- US-Dollar um, so ist hierin ein nach § 4 Nr. 8 b) UStG steuerfreier Umsatz zu sehen. Kein Umsatz mit gesetzlichen Zahlungsmitteln ist dagegen der Betrieb von Geldspielautomaten. Vielmehr liegt hier eine sonstige Leistung vor, die in der Überlassung des Gerätes besteht.

Umsätze mit Forderungen, Schecks und anderen Handelspapieren[82] oder die Vermittlung dieser Umsätze sind steuerfrei. Verkauft ein Unternehmer seine Forderungen zum Inkasso an eine Finanzierungsgesellschaft (Faktor), die dem Unternehmer die Forderungen abzüglich Gebühren und Kosten auszahlt, so liegt umsatzsteuerlich nach neuer

---

82 § 4 Nr. 8 c UStG; Art. 135 Abs. 1 d MwStSystRL.

A. Die allgemeine Anwendung des Umsatzsteuergesetzes

Rechtslage[83] kein Forderungsverkauf vor. Vielmehr erbringt der Faktor eine sonstige Leistung, für die die Steuerbefreiung des § 4 Nr. 8c) UStG nicht in Anspruch genommen werden kann. Die frühere Unterscheidung zwischen „echten **Factoring**", bei dem der Faktor das volle Ausfallrisiko trägt, und „unechten Factoring", bei der das Ausfallrisiko beim abtretenden Unternehmer verbleibt, ist damit hinfällig geworden.

8.2 Versicherungsleistungen

Leistungen, die unter das Versicherungsteuergesetz fallen, sind nach § 4 Nr. 10 UStG steuerfrei.[84] Die Steuerbefreiung gilt auch, wenn die Zahlung des Versicherungsentgelts nicht der Versicherungsteuer unterliegt.

Die Vermittlung von Versicherungsleistungen ist steuerfrei. Nach § 4 Nr. 11 UStG sind Umsätze aus der Tätigkeit als Bausparkassenvertreter, Versicherungsvertreter oder Versicherungsmakler von der Umsatzsteuer freigestellt.

8.3 Grundstücksumsätze und Vermietung und Verpachtung

Umsätze, die unter das Grunderwerbsteuer-Gesetz fallen, sind zur Vermeidung einer Doppelbesteuerung von der Umsatzsteuer freigestellt. Hierzu zählen die in § 1 GrEStG aufgeführten Rechtsvorgänge über inländische Grundstücke, insbesondere Rechtsgeschäfte, die einen Anspruch auf Übereignung eines Grundstücks begründen. Umsatzsteuerlich wird nicht an das Verpflichtungsgeschäft, sondern an das Erfüllungsgeschäft angeknüpft. Folgende Tatbestände fallen unter die Steuerbefreiung des § 4 Nr. 9a) UStG:

– Lieferung von bebauten und unbebauten Grundstücken,
– die Bestellung und Übertragung von Erbbaurechten,
– der Eigentumserwerb in der Zwangsversteigerung und
– die Entnahme von Grundstücken.

Für diese Umsätze kommt der Verzicht auf die Steuerbefreiung, also die Ausübung der Option in Frage, mit Ausnahme allerdings der Entnahme von Grundstücken. Für Letztere entfällt die Optionsmöglichkeit.

Maschinen, Betriebsvorrichtungen oder Betriebsanlagen, gehören grunderwerbsteuerlich nicht zum Grundstück, selbst dann nicht, wenn

---
83 EuGH-Urteil v. 26.06.2003, Rs. C-305/01, UR 2003, S. 399; BFH v. 04.09.2003, V R 34/99, BStBl. II 2004, S. 667.
84 Entsprechend Art. 135 Abs. 1a MwStSystRL.

III. Steuerbefreiungen

sie zivilrechtlich Bestandteile des Grundstücks sind. Die Steuerbefreiung des § 4 Nr. 9 a) UStG scheidet hier ebenso aus wie für grundstücksgleiche Rechte, wie z. B. das Wassernutzungsrecht und das Mineralgewinnungsrecht.

Grunderwerbsteuerpflicht löst nicht in jedem Fall Umsatzsteuerbefreiung aus. Es entspricht ständiger Rechtsprechung des für die Grunderwerbsteuer zuständigen 2. Senats des BFH, der die Finanzverwaltung folgt, dass bei bestimmten Fallkonstellationen in die Bemessungsgrundlage nicht nur das bloße Grundstück, sondern auch die Kosten für die Errichtung eines Gebäudes einzubeziehen sind. Die Rechtsfigur des sog. „einheitlichen Vertragswerkes" findet danach Anwendung, wenn der Erwerber nur die Verfügungsmacht erhält zusammen mit dem Leistungsbündel, das die Errichtung eines Gebäudes umfasst.

Die Umsatzsteuer folgt dieser Zusammenfassung zu einem einheitlichen Erwerbsvorgang jedoch nicht. Für die Leistungen der Bauhandwerker an den Erwerber kann also nicht die Steuerbefreiung des § 4 Nr. 9 a) UStG in Anspruch genommen werden, da sie für sich gesehen keine Leistungen darstellen, die unter das GrEStG fallen. Damit unterliegen die Handwerkerumsätze sowohl der Grunderwerbsteuer als auch der Umsatzsteuer.

Beispiel 79

Steuerfrei ist nach § 4 Nr. 12 UStG die **Vermietung oder Verpachtung** von Grundstücken. Die Steuerfreiheit von Vermietungs- oder Verpachtungsleistungen bezieht sich lediglich auf die Überlassung von Grundstücken. Werden bewegliche Sachen vermietet oder Gegenstände verwahrt oder gelagert, so liegt kein steuerfreier Umsatz im Sinne des § 4 Nr. 12 UStG vor. Somit kommt es wesentlich darauf an, was unter den Begriff Grundstück fällt. Folgendes ist nicht zum Grundstück zu rechnen:

a) Zubehör und Inventar,
b) Scheinbestandteile – hierzu sind nur zu einem vorübergehenden Zweck mit einem Grundstück verbundene Aufbauten oder Bauwerke zu zählen, die leicht demontiert und leicht versetzt werden können, wie etwa Baucontainer, transportable Tribünen, etc.
c) Betriebsvorrichtungen.

Beispiel 80

A. Die allgemeine Anwendung des Umsatzsteuergesetzes

Daneben sind folgende Vermietungs- und Verpachtungsleistungen, obwohl sie sich auf Grundstücke beziehen, von der Steuerbefreiung ausgeschlossen:
- die Gewährung von Unterkunft im Hotelgewerbe,
- die Vermietung von Kfz-Stellplätzen bzw. Garagen, wenn sie nicht mit der Vermietung von Grundstücken, die für einen anderen Gebrauch bestimmt sind (z. B. zu Wohnzwecken) eng verbunden ist.

Beispiel 81

8.4 Steuerbefreiung der heilberuflichen Tätigkeit

Umsätze aus der Tätigkeit als Arzt, Zahnarzt, Heilpraktiker, Krankengymnast, Hebamme oder aus einer ähnlichen heilberuflichen Tätigkeit sind steuerfrei.[85] Entscheidend ist die Ausübung einer heilberuflichen Tätigkeit, die eine entsprechende Ausbildung voraussetzt. Die Umsätze müssen aus der berufstypischen Tätigkeit herrühren. Die Steuerbefreiung bezieht sich lediglich auf Heilberufe und Heilhilfsberufe im Bereich der Humanmedizin. Umsätze aus der Tätigkeit als Tierarzt sind steuerpflichtig.

Die Steuerbefreiung wird unabhängig von der Rechtsform des Unternehmers gewährt, der die heilberufliche Leistung erbringt.[86]

Die Erstellung von **ärztlichen Gutachten** fällt nach der aufgrund des EuGH-Urteils vom 14.09.2000 geänderten Verwaltungsmeinung nur dann unter die Steuerbefreiung des § 4 Nr. 14 UStG, wenn ein therapeutisches Ziel im Vordergrund steht. Dies ist beispielsweise nicht gegeben bei

- Gutachten oder ärztlichen Stellungnahmen zu Gesundheitsstörungen, die zum Zwecke der Klärung eines rechtserheblichen Tatbestandes abgegeben werden, z. B. Gutachten über das Vorliegen einer Schwerbeschädigung für das Versorgungsamt.
- Alkohol-Gutachten,
- Gutachten über den Gesundheitszustand als Grundlage für Versicherungsabschlüsse,
- Gutachten über die Berufstauglichkeit,

---
85 § 4 Nr. 14 UStG; Art. 132 Abs. 1 c, e, f MWStSystRL.
86 Vgl. EuGH-Urteil v. 10.09.2002, Rs. C-141/00, UR 2002, S. 513, und BFH v. 22.04.2004, V R 1/98, BStBl. II 2004, S. 849 (ambulanter Pflegedienst in der Rechtsform einer GmbH); EuGH-Urteil v. 06.11.2003, Rs. C-45/01, UR 2003, S. 584, und BFH v. 01.04.2004, V R 54/98, BStBl. II 2004, S. 681 (psychotherapeutische Leistungen durch eine Stiftung).

III. Steuerbefreiungen

- Blutgruppenuntersuchungen im Rahmen der Vaterschaftsfeststellung,
- Gutachten über die pharmakologische Wirkung eines Medikaments.

Beispiel 82

Dagegen fallen Gutachten, die im Zusammenhang mit einer konkreten Heilbehandlung stehen, unter die Steuerbefreiung der ärztlichen Tätigkeit. Dies gilt beispielsweise für Gutachten bezüglich der Notwendigkeit der Durchführung bestimmter Therapien oder eines Kur- oder Sanatoriumsaufenthalts.

Von der Steuerbefreiung des § 4 Nr. 14 UStG nicht erfasst sind Nebentätigkeiten, wie etwa die schriftstellerische Tätigkeit oder die Vortrags- und Lehrtätigkeit eines Arztes. Ebenfalls nicht unter die Steuerbefreiung des § 4 Nr. 14 UStG fallen **Hilfsgeschäfte**, wie etwa der Verkauf eines Röntgengerätes oder eines Praxisfahrzeugs. Diese Hilfsgeschäfte werden jedoch von der Steuerbefreiung des § 4 Nr. 28 UStG erfasst, soweit der betreffende Unternehmer den Gegenstand ausschließlich für steuerfreie Umsätze verwendet hat. Eine geringfügige (bis zu 5 %ige) Verwendung für die Ausführung steuerpflichtiger Umsätze ist unbeachtlich.

Beispiele 83–84

Umsätze aus der freiberuflichen Tätigkeit als **Zahnarzt** sind steuerfrei, soweit es sich nicht um so genannte Prothetikumsätze handelt. Hierzu sind die Lieferung oder Wiederherstellung von Zahnprothesen und kieferorthopädischen Apparaten zu rechnen, die im Unternehmen des Zahnarztes hergestellt oder wiederhergestellt werden.

Zu den steuerbefreiten Heilhilfsberufen zählen neben den im Gesetz explizit genannten Tätigkeiten als Heilpraktiker, Krankengymnast oder Hebamme folgende heilberufliche Tätigkeiten:

- Psychotherapeuten und Psychagogen, die ihre Tätigkeit unter der Verantwortung eines Arztes ausüben und von diesem die Patienten zugewiesen bekommen,
- Beschäftigungs- und Arbeitstherapeuten und Logopäden, denen die zur Ausübung ihres Berufes erforderliche Erlaubnis erteilt ist,
- staatlich geprüfte Masseure und medizinische Bademeister, soweit sie als Heilmasseure tätig werden,
- selbstständig tätige Krankenpfleger und Krankenschwestern mit entsprechender fachlicher Vorbildung, die in der Behandlungspflege tätig sind.

A. Die allgemeine Anwendung des Umsatzsteuergesetzes

Die Steuerbefreiung des § 4 Nr. 14 UStG bezieht sich auch auf Praxis- oder Apparategemeinschaften, an denen ausschließlich Angehörige der durch diese Vorschrift steuerfrei gestellten Berufe beteiligt sind. Es handelt sich hierbei beispielsweise um Gemeinschaften, die für die Praxen ihrer Mitglieder Laboruntersuchungen oder Röntgenaufnahmen durchführen. Ausgeschlossen von der Steuerbefreiung sind Leistungen dieser Apparategemeinschaft, die keinem diagnostischen oder therapeutischen Zweck, also etwa der Erstellung bestimmter steuerpflichtiger ärztlicher Gutachten dienen.

8.5 Steuerfreie Umsätze der Krankenhäuser und Altenheime

Steuerfrei sind nach § 4 Nr. 16 UStG[87] eng mit dem Betrieb von Krankenhäusern, Diagnosekliniken sowie von Alten- und Pflegeheimen verbundene Umsätze. Nicht zu eng verbundenen Umsätzen zählen beispielsweise die Lieferungen von Speisen, Getränken und Arzneimitteln an Besucher oder Arzneimittellieferungen an Krankenhäuser anderer Träger.

Werden die betreffenden Krankenhäuser oder Altenheime von juristischen Personen des öffentlichen Rechts betrieben, so gelten die Steuerbefreiungen ohne Einschränkung. Für privatrechtlich organisierte Einrichtungen sind dagegen weitere Voraussetzungen für die Steuerbefreiung zu erfüllen. Leistungen der privaten Krankenhäuser sind nur dann steuerfrei, wenn mindestens 40% der jährlichen Pflegetage auf Patienten entfallen, deren Behandlung über Krankenschein oder entsprechend den für die Kassenabrechnung geltenden Sätzen abgerechnet wird. Beim Betrieb von privaten Alten- oder Pflegeheimen gilt die Steuerbefreiung nur, wenn die Leistungen zu mindestens 40% wirtschaftlich hilfsbedürftigen oder pflegebedürftigen Personen zugute kommen.

Mit in die Steuerbefreiung des § 4 Nr. 16 UStG eingeschlossen sind Diagnosekliniken und Einrichtungen ärztlicher Befunderhebung. Zu Letzteren zählen beispielsweise auch Laborgemeinschaften niedergelassener Ärzte, die mit medizinischen Großgeräten für die Gesellschafter medizinische Untersuchungen durchführen. Allerdings gelten entsprechend zu den Regelungen bei § 4 Nr. 14 Einschränkungen bei fehlendem therapeutischen Zweck der Befunderhebung.

---

87 Entsprechend Art. 132 Abs. 1 b, g Art. 133 MWStSystRL.

III. Steuerbefreiungen

8.6 Sonstige Steuerbefreiungen im Bereich des Gesundheitswesens und der Wohlfahrtspflege

Leistungen der amtlich anerkannten Verbände der freien Wohlfahrtspflege (z. B. Diakonisches Werk, Caritasverband, Rotes Kreuz) und der ihnen als Mitglieder angeschlossenen Organisationen sind nach § 4 Nr. 18 UStG[88] steuerfrei. Weitere Voraussetzungen für die Steuerfreiheit sind:

1. dass die Tätigkeit der Organisationen gemeinnützigen, mildtätigen oder kirchlichen Zwecken dient,
2. dass die Leistungen einem nach der Satzung begünstigten Personenkreis zugute kommen und
3. dass die Entgelte für die Leistungen unter dem durchschnittlich von Erwerbsunternehmen geforderten Entgelten liegen.

Beispiel 85

Steuerfreiheit gilt auch für die Krankenbeförderung und die Lieferung von menschlichen Organen (§ 4 Nr. 17 UStG) sowie nach § 4 Nr. 15 UStG für Leistungen von Trägern der Sozialversicherung und der Sozialhilfe.

8.7 Leistungen der blinden Unternehmer und der Blindenwerkstätten

Umsätze blinder Unternehmer, soweit sie nicht Arbeitnehmer im zeitlichen Umfang von zwei Vollzeit-Arbeitskräften beschäftigen, sind steuerfrei.[89] Bei der Zahl der beschäftigten Arbeitnehmer bleiben der Ehegatte, die minderjährigen Kinder, die Eltern des blinden Unternehmers sowie dessen Auszubildende unberücksichtigt. Werden Teilzeitkräfte beschäftigt, so ist deren Zahl entsprechend auf Vollzeit-Arbeitskräfte umzurechnen.

Steuerfrei sind alle Umsätze, die der betreffende blinde Unternehmer ausführt, mit Ausnahme der Lieferung von Erzeugnissen, für die er Energiesteuer oder Branntweinabgaben abzuführen hat.

Steuerfrei sind auch die Umsätze von amtlich anerkannten Blindenwerkstätten, die ausschließlich den Vertrieb von Blindenwaren bezwecken.

Auf die Steuerbefreiung kann gemäß § 9 UStG verzichtet werden.

---

88 Entsprechend Art. 132 Abs. 1 g, Art. 133 MWStSystRL.
89 § 4 Nr. 19 UStG; Art. 371 MWStSystRL i.V.m. Anhang X, Teil B, Nr. 5.

A. Die allgemeine Anwendung des Umsatzsteuergesetzes

8.8 Steuerfreie kulturelle Leistungen

Steuerfrei sind die Umsätze folgender Einrichtungen von Bund, Ländern und Gemeinden: Theater, Orchester, Kammermusikensembles, Chöre, Museen, Botanische und Zoologische Gärten, Archive, Büchereien sowie Denkmäler der Bau- und Gartenbaukunst.[90] Mit in die Steuerbefreiung eingeschlossen sind neben den direkten Einrichtungen der Gebietskörperschaften solche Einrichtungen, die zwar in Form einer privatrechtlichen Gesellschaft (z. B. GmbH oder Verein) betrieben werden, deren Anteile sich jedoch ausschließlich im Besitz der öffentlichen Hand befinden. Daneben sind die Umsätze gleichartiger Einrichtungen anderer Unternehmer freigestellt, wenn die zuständige Landesbehörde bescheinigt, dass sie die gleichen kulturellen Aufgaben wie die zuvor genannten Einrichtungen erfüllen.

Beispiel 86

Werden Konzerte oder Theatervorführungen durch andere Unternehmer veranstaltet, so sind sie dennoch steuerfrei, wenn die Darbietungen von den oben genannten Einrichtungen erbracht werden.

Nebenleistungen der steuerbefreiten kulturellen Einrichtungen sind steuerpflichtig, soweit sie nicht üblicherweise mit der steuerbefreiten Hauptleistung verbunden sind.

Beispiel 87

8.9 Steuerfreie Veranstaltungen wissenschaftlicher oder belehrender Art

Steuerfrei sind Umsätze aus der Durchführung von Vorträgen, Kursen und anderen Veranstaltungen wissenschaftlicher oder belehrender Art, sofern sie überwiegend (zu mehr als 50%) zur Deckung der Kosten verwendet werden und sofern sie von bestimmten Einrichtungen durchgeführt werden.[91] Die hierzu zählenden Einrichtungen sind: juristische Personen des öffentlichen Rechts, Verwaltungs- und Wirtschaftsakademien, Volkshochschulen und Einrichtungen, die gemeinnützigen Zwecken oder dem Zweck eines Berufsverbandes dienen.

Zu den neben Vorträgen und Kursen freigestellten anderen Veranstaltungen wissenschaftlicher oder belehrender Art zählen beispielsweise Lehrfilmvorführungen, Exkursionen und vogelkundliche Wanderun-

---

90 § 4 Nr. 20 UStG; Art. 132 Abs. 1n, Art. 133 MwStSystRL.
91 § 4 Nr. 22 UStG; Art. 132 Abs. 1e, n MWStSystRL.

III. Steuerbefreiungen

gen, nicht jedoch Reisen, die vorwiegend der Erholung dienen oder Darbietungen geselliger Art. Für die Durchführung anderer kultureller oder sportlicher Veranstaltungen durch die genannten Einrichtungen, zu denen u. a. auch Sport- und Musikvereine zählen, kommt eine Steuerbefreiung dann in Betracht, wenn das Entgelt in Teilnehmergebühren besteht. Für Eintrittsgelder, die von Zuschauern erhoben werden, gilt die Befreiung nicht.

Beispiel 88

8.10 Privatschulen und andere allgemeinbildende und berufsbildende Einrichtungen

Die Steuerbefreiung des § 4 Nr. 21 UStG stellt Schul- und Bildungsleistungen bestimmter Einrichtungen von der Umsatzsteuer frei. Zu diesen Einrichtungen zählen zum einen private Schulen, die als Ersatzschulen staatlich genehmigt sind. Zum zweiten rechnen hierzu andere allgemeinbildende oder berufsbildende Einrichtungen, sofern sie über eine Bescheinigung der zuständigen Landesbehörde verfügen, die sie als eine den Anforderungen genügende berufs- oder berufsfortbildende Einrichtung ausweist. Zu diesen Einrichtungen zählen Hochschulen, Verwaltungs- und Wirtschaftsakademien und Volkshochschulen, daneben auch Fernlehrinstitute, Repetitorien zur Vorbereitung auf akademische Prüfungen oder Fahrschulen, die Berufskraftfahrer ausbilden. Die Steuerbefreiung erfasst auch die für die betreffenden Einrichtungen tätigen freien Mitarbeiter.

Beispiel 89

8.11 Steuerbefreiungen im Bereich der Jugendbetreuung und Jugendhilfe

Nach § 4 Nr. 23 UStG sind Beherbergungs- und Beköstigungsleistungen an Jugendliche (Personen unter 27 Jahren) steuerfrei, soweit die leistenden Unternehmer die Jugendlichen zu Erziehungs-, Ausbildungs- oder Fortbildungszwecken bei sich aufnehmen.

Beispiel 90

Steuerbefreit nach § 4 Nr. 24 UStG sind die unmittelbar den Satzungszwecken dienenden Leistungen des Deutschen Jugendherbergswerks und der ihm angeschlossenen Untergliederungen.

Nach § 4 Nr. 25 UStG sind bestimmte Leistungen von Trägern der öffentlichen Jugendhilfe und von förderungswürdigen Trägern der freien

A. Die allgemeine Anwendung des Umsatzsteuergesetzes

Jugendhilfe steuerfrei. Zu den betreffenden Leistungen zählen Lehrgänge, Freizeiten, Fahrten und Treffen für Jugendliche und für Mitarbeiter der Jugendhilfe, die damit verbundene Beherbergung und Beköstigung sowie kulturelle und sportliche Veranstaltungen im Rahmen der Jugendhilfe.

8.12 Personalgestellungen

Die Gestellung von Personal ist in folgenden, in § 4 Nr. 27 UStG aufgeführten Fällen steuerbefreit:

1. Gestellung von Mitgliedern geistlicher Genossenschaften oder Mutterhäusern für gemeinnützige, mildtätige, kirchliche oder schulische Zwecke.
2. Gestellung von land- und forstwirtschaftlichen Arbeitskräften durch juristische Personen des privaten oder öffentlichen Rechts an land- und forstwirtschaftliche Kleinbetriebe (bis 3 Arbeitskräfte) zur Überbrückung des beispielsweise krankheitsbedingten Ausfalls des Betriebsinhabers oder seiner Angehörigen.
3. Gestellung von Betriebshelfern und Haushaltshilfen, soweit die Kosten hierfür von den Trägern der Sozialversicherung übernommen werden. Der Unternehmer, der die Helfer stellt, leistet somit steuerbefreit an die gesetzlichen Träger der Sozialversicherung.

8.13 Weitere Steuerbefreiungen

Neben den bisher genannten Steuerbefreiungen entfällt die Steuerpflicht noch für die folgenden Umsätze:

- Lieferungen von Gold an Zentralbanken (§ 4 Nr. 4 UStG),
- Ehrenamtliche Tätigkeit für ein Entgelt, das nur in Auslagenersatz und in angemessener Entschädigung für Zeitversäumnis besteht (§ 4 Nr. 26 UStG),
- Umsätze, die der Rennwett- und Lotteriesteuer unterliegen,
- die unmittelbar dem Postdienst dienenden Umsätze der Deutschen Post AG,
- parteiinterne Umsätze nach § 4 Nr. 18a UStG,
- Hilfsgeschäfte von Unternehmern, die ausschließlich steuerfreie Umsätzen ohne Vorsteuerabzug ausführen (vgl. Abschnitt 8.4 *Steuerbefreiung der heilberuflichen Tätigkeit*) und Lieferungen von Gegenständen, für die als ertragsteuerlich nicht-abziehbare Aufwendungen der Vorsteuerabzug ausgeschlossen war (§ 4 Nr. 28 UStG).

9. Der Verzicht auf Steuerbefreiungen

9.1 Allgemeine Voraussetzungen für das Optionsrecht des § 9 UStG

Der Verzicht auf eine Steuerbefreiung kann zu einer insgesamt niedrigeren Steuerbelastung führen, da sich hiermit die Möglichkeit des Vorsteuerabzugs eröffnet. Die Wahlmöglichkeit, die § 9 UStG[92] für bestimmte Umsätze einräumt, ist allgemein an folgende Voraussetzungen geknüpft:

– Das Optionsrecht kann nur von einem regelbesteuerten Unternehmer ausgeübt werden. Kleinunternehmer und Landwirte, die nach Durchschnittssätzen besteuert werden, sind vom Optionsrecht ausgeschlossen.
– Es muss sich um einen steuerbaren Umsatz handeln; soweit ein geplanter Umsatz nicht zustande kommt, musste dieser nachweislich ernstlich beabsichtigt gewesen sein.

Beispiel 91

– Die Umsätze müssen für einen anderen Unternehmer für dessen Unternehmen erbracht werden. Zum Urteil des EuGH vom 08.05. 2003 bezüglich der steuerpflichtigen unentgeltlichen Wertabgabe bei gemischt genutzten Grundstücken vgl. Abschnitt VI.1.2 *Zuordnung von Gegenständen zum Unternehmensvermögen*.

Die Option ist nicht an einen Antrag gebunden. Voraussetzung ist lediglich, dass der betreffende Umsatz als steuerpflichtig behandelt wird. Hierzu genügt schon schlüssiges Handeln, etwa durch Ausweis der Umsatzsteuer auf der Rechnung oder durch Erklärung von steuerpflichtigen Umsätzen in der Umsatzsteuer-Voranmeldung. Das Optionsrecht kann für jeden einzelnen Umsatz gesondert ausgeübt werden. Es ist also möglich, gleichartige Umsätze zum Teil steuerpflichtig und zum Teil steuerfrei zu behandeln.

Die Verzichtserklärung ist nicht fristgebunden (zu den für Grundstückslieferungen geltenden Ausnahmen vgl. Abschnitt 9.2.2.*Grundstücksumsätze*). Sie kann daher bis zur Unanfechtbarkeit der Steuerfestsetzung und darüber hinaus auch bei einer späteren Änderung des Steuerbescheides abgegeben werden. Bis zu diesen Zeitpunkten ist auch ein Widerruf des Verzichts auf die Steuerbefreiung möglich.

---

[92] Entsprechend Art. 137 MWStSystRL.

A. Die allgemeine Anwendung des Umsatzsteuergesetzes

Wurde eine Rechnung mit gesondertem Ausweis der Umsatzsteuer erstellt, so ist bei einem Widerruf des Verzichts zunächst eine Rechnungsberichtigung durchzuführen.

Wird eine zulässige Option ausgeübt, so bewirkt dies die Steuerpflicht des Umsatzes und eröffnet infolgedessen die Möglichkeit, die mit diesem Umsatz in Zusammenhang stehenden Vorsteuern abzuziehen. Der optierende Unternehmer ist außerdem berechtigt, eine Rechnung auszustellen, die für den Leistungsempfänger den Vorsteuerabzug ermöglicht.

Wie in den folgenden Abschnitten noch ausführlich dargestellt wird, ist der Verzicht auf die Steuerbefreiung für folgende Umsätze möglich:

1. Finanzumsätze nach § 4 Nr. 8 a) bis g) UStG,
2. Umsätze, die unter das Grunderwerbsteuergesetz fallen (§ 4 Nr. 9 a) UStG),
3. die Vermietung und Verpachtung von Grundstücken (§ 4 Nr. 12 UStG),
4. Leistungen der Wohnungseigentümergemeinschaften (§ 4 Nr. 13 UStG) und
5. die Umsätze der Blinden und Blindenwerkstätten (§ 4 Nr. 19 UStG).

Den für die Praxis bedeutsamsten Bereich für Optionen gemäß § 9 UStG stellt die Grundstücksvermietung dar. Optiert ein Vermieter zur Umsatzsteuer, so erlangt er hiermit auch den Vorsteuerabzug für die in den Anschaffungs- bzw. Herstellungskosten des Gebäudes enthaltenen Vorsteuern.

Der Verzicht auf die Steuerbefreiung für Grundstücksumsätze nach § 4 Nr. 9 a) UStG ist insbesondere dann von Bedeutung, wenn der Verkäufer des Grundstücks Vorsteuern aus den Herstellungskosten des Gebäudes geltend gemacht hat, vor Beendigung der 10-Jahres-Frist verkauft ohne dass eine Geschäftsveräußerung bewirkt würde. Wird das Grundstück steuerpflichtig veräußert, so entfällt in diesem Fall die ansonsten durchzuführende Vorsteuerberichtigung.

9.2 Umsätze, auf die das Optionsrecht Anwendung findet

9.2.1 Finanzumsätze

Die erste wichtige Gruppe steuerfreier Umsätze, für die das Optionsrecht nach § 9 UStG besteht, sind die Finanzumsätze. Hierzu zählen die nach § 4 Nr. 8 UStG steuerfreien Umsätze, wie insbesondere:

III. Steuerbefreiungen

- Gewährung und Vermittlung von Krediten,
- Umsätze mit gesetzlichen Zahlungsmitteln,
- Umsätze mit Geldforderungen,
- Einlagengeschäft und Kontokorrentverkehr,
- Umsätze im Wertpapiergeschäft,
- Umsätze und Vermittlung von Gesellschaftsanteilen.

Für welche Finanzumsätze die Steuerbefreiung im Einzelnen gilt und auf entsprechende Abgrenzungsfragen wurde bereits oben unter Abschnitt 8.1 *Steuerbefreiung für den Geld- und Kapitalverkehr* eingegangen.

Bei der Frage, ob die Möglichkeit des Verzichts auf die Steuerbefreiung besteht, ist zu prüfen, ob neben den übrigen Voraussetzungen (leistender Unternehmer unterliegt der Regelbesteuerung, Leistung wird für das Unternehmen des Leistungsempfängers verwendet) das Kriterium der Steuerbarkeit des Umsatzes erfüllt ist. Voraussetzung hierzu ist, dass der Umsatz im Inland bewirkt wurde.

Beispiel 92

9.2.2 Grundstücksumsätze

Für Grundstücksumsätze, also insbesondere dem Verkauf von unbebauten oder bebauten Grundstücken, besteht, soweit die übrigen Voraussetzungen erfüllt sind, die Möglichkeit, gemäß § 9 UStG auf die Steuerbefreiung zu verzichten.

Bevor geprüft werden kann, ob das Optionsrecht für den betreffenden Grundstücksumsatz besteht, ist festzustellen, ob der Umsatz steuerbar und steuerfrei nach § 4 Nr. 9 a) UStG ist (vgl. Abschnitt 8.3). Für einen nicht-steuerbaren Umsatz (wie beispielsweise: ein Beamter verkauft sein Haus in Bonn wegen Umzugs nach Berlin) kann das Optionsrecht nicht ausgeübt werden. Ein steuerbarer und grundsätzlich steuerfreier Umsatz liegt auch vor, wenn ein Grundstück, das sich im Unternehmensvermögen befand, im Wege der Zwangsversteigerung einen neuen Eigentümer findet.

Beispiel 93

Neben den allgemeinen für die Ausübung des Optionsrechts geltenden Voraussetzungen (Leistung eines regelbesteuerten Unternehmers an einen anderen Unternehmer für dessen Unternehmen) werden für Grundstücksumsätze zusätzliche Anforderungen gestellt. Der optierende Unternehmer muss nachweisen, dass der Leistungsempfänger das Grundstück ausschließlich für Umsätze verwendet oder zu ver-

A. Die allgemeine Anwendung des Umsatzsteuergesetzes

wenden beabsichtigt, die den Vorsteuerabzug nicht ausschließen. Dabei fallen unter den Begriff Grundstück auch einzeln nutzbare Grundstücksflächen, nicht nur das Grundstück insgesamt.

Bei Grundstücksumsätzen besteht eine zusätzliche zeitliche Beschränkung für die Ausübung der Option. Wird ein Grundstück im Rahmen einer Zwangsversteigerung übertragen, muss die Option vor der Aufforderung zur Abgabe der Gebote ausgeübt werden. Bei anderen Grundstücksumsätzen muss der Verzicht auf die Steuerbefreiung im notariellen Vertrag erklärt werden.

9.2.3 Vermietung von Grundstücken

Welche Umsätze unter die betreffende Steuerbefreiung des § 4 Nr. 12 UStG fallen, wird im Einzelnen unter Abschnitt 8.3 behandelt. Vermietungs- und Verpachtungsleistungen, die hiernach steuerfrei sind, eröffnen die Möglichkeit zur Option. Wie bei den Grundstücksumsätzen ist auch hier Voraussetzung, dass der Leistungsempfänger die gemieteten bzw. gepachteten Grundstücke ausschließlich für Umsätze verwendet, die den Vorsteuerabzug nicht ausschließen. Der Leistungsempfänger muss also ausschließlich steuerpflichtige oder solche steuerfreie Umsätze ausführen, die den Vorsteuerabzug nicht ausschließen (wie etwa Ausfuhrlieferungen).

Für einzelne abgrenzbare Teile des Gebäudes oder einzelne Zeitabschnitte kann eine **Aufteilung** des Verzichts auf die Steuerbefreiung erfolgen. Nicht möglich ist dagegen, für bestimmte Räume, die vom Mieter sowohl zu steuerpflichtigen, als auch steuerfreien, vorsteuerschädlichen Umsätzen verwendet werden, eine Aufteilung des Optionsrechts anhand des Verhältnisses der vom Mieter erwirtschafteten steuerfreien und steuerpflichtigen Umsätze vorzunehmen. Die Räumlichkeiten, für die zur Steuerpflicht des Vermietungsumsatzes optiert wird, müssen abgrenzbar sein und vom Mieter ausschließlich für Umsätze verwendet werden, die den vollen Vorsteuerabzug zulassen.

Beispiel 94

IV. Bemessungsgrundlage

1. Überblick

Wurde für einen bestimmten Umsatz ermittelt, dass sowohl Steuerbarkeit als auch Steuerpflicht vorliegt, so ist die Frage zu stellen, wie hoch die darauf lastende Umsatzsteuer sein soll. Diese Frage teilt sich in zwei Teilfragen auf: zum einen ist die Bemessungsgrundlage, zum anderen der Steuersatz zu bestimmen.

Grundsätzlich ist als Bemessungsgrundlage das Entgelt, also der Wert der Gegenleistung, heranzuziehen. Für bestimmte steuerpflichtige Umsätze scheidet das Entgelt jedoch als Bemessungsgrundlage aus. Dies gilt insbesondere für unentgeltliche Leistungen: das innergemeinschaftliche Verbringen eines Gegenstandes oder die der Lieferung oder sonstigen Leistung gleichgestellten unentgeltlichen Wertabgaben. Auch bei der Einfuhr wird vom Entgelt als grundsätzlicher Bemessungsgrundlage abgewichen. Hier ist in der Regel der Zollwert des eingeführten Gegenstandes anzusetzen.

Bei der unentgeltlichen Wertabgabe und beim innergemeinschaftlichen Verbringen dienen in Ermangelung eines Entgelts Ersatzwerte als Bemessungsgrundlage, nämlich

– bei unentgeltlichen Wertabgaben, die der Lieferung gleichgestellt sind, und beim Verbringenstatbestand der Einkaufspreis zuzüglich Nebenkosten oder ersatzweise die Selbstkosten,
– bei der unentgeltlichen Wertabgabe im Rahmen der Verwendung von Unternehmensvermögen die entstandenen Kosten, soweit sie zum Vorsteuerabzug berechtigt haben,
– bei der unentgeltlichen Erbringung von sonstigen Leistungen im Sinne von § 3 Abs. 9a Nr. 2 UStG die entstandenen Kosten.

2. Das Entgelt

2.1 Begriff und Umfang des Entgelts

Bei Lieferungen und sonstigen Leistungen und beim innergemeinschaftlichen Erwerb ist das Entgelt Bemessungsgrundlage. Entgelt ist alles, was der Leistungsempfänger aufwendet, um die Leistung zu erhalten.[93] Nicht zum Entgelt gehört die Umsatzsteuer, somit ist es als

---
93 § 10 Abs. 1 UStG; entsprechend: Art. 73, 83 MWStSystRL.

A. Die allgemeine Anwendung des Umsatzsteuergesetzes

Nettobetrag zu verstehen. Das Entgelt erhöht sich durch Preisaufschläge, z.B. durch freiwillig an den Unternehmer gezahlte Trinkgelder, es vermindert sich durch Skonti, Rabatte, etc.

Beispiel 95

Grundsätzlich ist für das Entgelt maßgebend, was der Leistende aus der Leistungsbeziehung zum Leistungsempfänger tatsächlich erhält. Dieser Grundsatz wurde durch die EuGH-Rechtsprechung zu Preisnachlassgutscheinen durchbrochen, die mittlerweile in nationales Recht umgesetzt wurde.[94]

Beispiel 96

Kein Entgelt liegt vor, wenn keine in einem inneren Zusammenhang mit der Leistung stehende Gegenleistung gegeben ist, wie etwa beim Schadensersatz und bei echten Mitgliederbeiträgen.[95] In diesen Fällen führt das fehlende Entgelt zur Nicht-Steuerbarkeit des Umsatzes.

Das Entgelt kann in einer Geldzahlung oder auch in der Übernahme von Schulden bestehen, möglich sind jedoch auch alle anderen Formen der Gegenleistung. Steht einer Lieferung als Gegenleistung eine Lieferung gegenüber, so liegt ein **Tausch** vor. Beim Tausch ist der Wert des empfangenen Gegenstandes Entgelt für den gelieferten Gegenstand. Es liegen zwei selbstständig zu beurteilende Lieferungen vor. Die Werte von Leistung und Gegenleistung müssen nicht notwendigerweise übereinstimmen. Tauschen zwei Unternehmer Gegenstände von unterschiedlichem gemeinem Wert, so ergeben sich verschiedene Bemessungsgrundlagen für die beiden Lieferungen.

Beispiel 97

2.2 Zuschüsse

Die umsatzsteuerliche Beurteilung von Zahlungen, die unter den Bezeichnungen „Zuschuss, Beihilfe, Prämie u.Ä." geleistet werden, lässt sich in folgende drei Fallgruppen einteilen:

---

94 Vgl. EuGH-Urteil vom 24.10.1996, Rs. C-317/94, UR 1997, S. 265, umgesetzt durch Richtlinien-Änderungsgesetz vom 09.12.2004 (BGBl. I, S. 3310) durch Neuregelung des § 17 Abs. 1 UStG.
95 Vgl. Abschnitt II.1.3.2 *Leistungsbeziehungen zwischen Personenvereinigungen und Mitgliedern.*

1. der Zuschuss ist **Entgelt für eine Leistung** an den Zuschussgeber:
Dies ist dann der Fall, wenn zwischen dem Empfänger des Zuschusses und dem Zuschussgeber ein Leistungsaustauschverhältnis besteht, wenn also der Zuschussgeber den Zuschuss gewährt, damit der Zuschussempfänger etwas tut, duldet oder unterlässt. Es muss somit ein innerer Zusammenhang einer bestimmten Leistung des Zuschussempfängers mit der Gegenleistung („Zuschuss") bestehen.
Beispiel 98

2. der Zuschuss stellt ein **zusätzliches Entgelt eines Dritten** dar:
Dieser Fall ist gegeben, wenn zwischen Zuschussgeber und leistendem Unternehmer zwar keine Leistungsaustauschbeziehung besteht, aber der leistende Unternehmer einen Rechtsanspruch auf die Zahlung von dritter Seite hat, wenn er eine bestimmte Leistung ausführt. Wenn der leistende Unternehmer also in Erwartung dieses „Zuschusses" eine bestimmte Leistung ausführt und er etwa aufgrund der bestehenden öffentlich-rechtlichen Verpflichtung des Zuschussgebers fest mit dem zusätzlichen Entgelt rechnen kann, ist der „Zuschuss" als zusätzliches Entgelt zu werten.
Beispiele 99–100

3. der Zuschuss wird nicht in innerem Zusammenhang mit einer Leistung gewährt, es handelt sich um einen **echten, nicht-steuerbaren Zuschuss**:
Treffen die zwei vorgenannten Fälle nicht zu, wird also der Zuschuss unabhängig von einer bestimmten Leistung gewährt, so ist von einem „echten Zuschuss" auszugehen. Da keine innere Verknüpfung mit einer Leistung vorliegt, ist der echte Zuschuss wegen fehlender Entgeltlichkeit nicht steuerbar. Es handelt sich dabei beispielsweise um Zuschüsse, die dem Zahlungsempfänger aus strukturpolitischen, sozial- oder wirtschaftspolitischen Gründen gewährt werden.

2.3 Durchlaufende Posten

Durchlaufende Posten zählen nicht zum Entgelt, gehen damit nicht in die Bemessungsgrundlage ein und erhöhen auch nicht den Gesamtumsatz des Unternehmers. Ein durchlaufender Posten liegt dann vor, wenn die Beträge in fremdem Namen vereinnahmt und verauslagt werden. Es muss eine unmittelbare Rechtsbeziehung zwischen dem

Zahlungsempfänger und dem Zahlungspflichtigen bestehen, in der dem Unternehmer lediglich eine Mittlerrolle zukommt.

Durchlaufende Posten sind abzugrenzen von Auslagen des Leistenden, die dem Leistungsempfänger in Rechnung gestellt werden. Für das Vorliegen eines durchlaufenden Posten ist Voraussetzung, dass Zahlungsempfänger und Zahlungspflichtiger jeweils den Namen des anderen und die Höhe des gezahlten Betrages erfahren.

Beispiele 101–102

3. Ersatzwerte als Bemessungsgrundlage

Für bestimmte Fälle stellt das Entgelt keine brauchbare Bemessungsgrundlage dar. Werden Leistungen im wirtschaftlichen Sinn erbracht, jedoch kein oder ein unangemessenes Entgelt berechnet, so sind in folgenden Fällen für die Bemessung der Umsatzsteuer Ersatzwerte heranzuziehen:

– bei der unentgeltlichen Wertabgabe von Gegenständen oder sonstigen Leistungen,
– bei Leistungen eines Unternehmers an seine Arbeitnehmer oder deren Angehörige,
– bei Leistungen an Angehörige des Unternehmers oder an Gesellschafter,
– beim innergemeinschaftlichem Verbringen.

Nur in diesen Fällen ist eine Prüfung der Angemessenheit des Entgelts durchzuführen. Ansonsten ist das Entgelt als Bemessungsgrundlage auch dann heranzuziehen, wenn es unangemessen niedrig angesetzt ist oder wenn unentgeltlich geleistet wird.

Beispiel 103

Für die genannten Sachverhalte ist der Umsatz (mindestens) mit folgendem Wert zu bemessen:

– für die Wertabgabe von Gegenständen oder für das innergemeinschaftliche Verbringen nach dem Einkaufspreis zuzüglich Nebenkosten oder nach den Selbstkosten;
– für die Wertabgabe von sonstigen Leistungen, die in der Nutzung von Gegenständen des Unternehmensvermögens bestehen, nach den entstandenen Ausgaben, soweit sie zum Vorsteuerabzug berechtigt haben;
– für die übrigen sonstigen Leistungen nach den bei der Ausführung der Leistungen entstandenen Kosten.

IV. Bemessungsgrundlage

3.1 Bemessungsgrundlage bei unentgeltlicher Wertabgabe von Gegenständen

Bemessungsgrundlage bei der Entnahme eines Gegenstandes für den privaten Bedarf ist der Einkaufspreis für die Gegenstände. Liegt kein Einkaufspreis vor, so ist der Selbstkostenpreis anzusetzen.

Werden selbst hergestellte Gegenstände aus dem Unternehmen entnommen, so bestimmt sich die Bemessungsgrundlage nach den entstandenen Kosten, zu denen neben Materialkosten und Arbeitslöhnen auch Gemeinkosten zählen.

Wie bereits unter Abschnitt II.2.1 *Entnahme und unentgeltliche Zuwendung von Gegenständen* behandelt, ist die unentgeltliche Wertabgabe von Gegenständen, für die beim Erwerb kein Vorsteuerabzug möglich war, nicht zu besteuern. Gehen jedoch wesentliche Bestandteile in den Gegenstand ein, für die der Vorsteuerabzug möglich war, so liegt eine steuerbare unentgeltliche Wertabgabe vor. Als Bemessungsgrundlage ist lediglich der Zeitwert des Bestandteils anzusetzen, der zum Vorsteuerabzug berechtigt hat.

In bestimmten Branchen, etwa im Lebensmitteleinzelhandel oder bei Gastwirtschaften kommen Sachentnahmen häufig vor, wobei die einzelnen Entnahmen oftmals nur geringen Wert besitzen. Zur Vereinfachung gibt es für diese Fälle der unentgeltlichen Wertabgabe zur Bestimmung der Bemessungsgrundlage amtliche Pauschbeträge, die sowohl für die Einkommensteuer als auch für die Umsatzsteuer herangezogen werden. Die betreffenden Pauschbeträge sind im Anhang im Einzelnen aufgeführt.

Beispiel 104

3.2 Bemessungsgrundlage bei unentgeltlichen sonstigen Leistungen

Bemessungsgrundlage bei der unentgeltlichen Wertabgabe von sonstigen Leistungen sind die entstandenen Ausgaben/Kosten. Hierzu zählen sowohl die ausschließlich für die betreffende Leistung angefallenen Kosten (Einzelkosten) als auch anteilige Kosten (Gemeinkosten). Nicht in die Bemessungsgrundlage hineinzurechnen sind kalkulatorische Kosten, wie etwa der Unternehmerlohn.

Wird ein Gegenstand bei der unentgeltlichen Erbringung von sonstigen Leistungen verwendet, so sind auch die Anschaffungs- und Herstellungskosten für diesen Gegenstand zu berücksichtigen. Letztere

A. Die allgemeine Anwendung des Umsatzsteuergesetzes

sind zeitlich entsprechend dem für den Gegenstand gültigen Berichtigungszeitraum gemäß § 15a UStG zu verteilen.[96]

Beispiel 105

Hinsichtlich der Berücksichtigung eines etwaigen Vorsteuerabzugs sind zwei Fälle der unentgeltlichen Wertabgabe von sonstigen Leistungen zu unterscheiden:
1. die Nutzung eines dem Unternehmen zugeordneten Gegenstandes für nicht-unternehmerische Zwecke und
2. die Entnahme von Dienstleistungen.

Im ersten Fall sind die nicht-vorsteuerbelasteten Kostenbestandteile aus der Bemessungsgrundlage herauszurechnen. Bei dieser Form der unentgeltlichen Wertabgabe sind also die Kosten auszusondern, für die kein Vorsteuerabzug möglich war. Dagegen sind bei sonstigen Leistungen, die nicht in der Verwendung eines Unternehmensgegenstandes bestehen, Kürzungen um die nicht-vorsteuerbelasteten Kostenbestandteile nicht vorzunehmen. Somit werden für Dienstleistungen, die das Unternehmen für unternehmensfremde Zwecke erbringt, auch beispielsweise Personalkosten, nicht jedoch der Unternehmerlohn in die Bemessungsgrundlage einbezogen.

Beispiele 106–107

Wird ein Gegenstand nur zu einem bestimmten Teil dem Unternehmen zugeordnet, so liegt nur dann eine steuerbare unentgeltliche Wertabgabe vor, wenn die nicht-unternehmerische Nutzung auch den dem Unternehmen zugeordneten Teil betrifft. Wird beispielsweise ein Personalcomputer nur zu 80% dem Unternehmen zugeordnet und entsprechend der Vorsteuerabzug lediglich zu 80% geltend gemacht, würde sich nur dann eine steuerbare unentgeltliche Wertabgabe ergeben, wenn die private Nutzung 20% übersteigen würde.

Gängigster Fall der unentgeltlichen Wertabgabe von sonstigen Leistungen ist in der Praxis die **private Kfz-Nutzung**. Auch hier ist zunächst die Zuordnung zum Unternehmen dafür maßgeblich, ob eine steuerbare unentgeltliche Wertabgabe in Frage kommt. Beim häufigen Fall einer 100%igen Zuordnung zum Unternehmen bestehen drei Möglichkeiten, die Bemessungsgrundlage für die nicht-unternehmerische Nutzung des Kraftfahrzeugs zu ermitteln:

---
96 § 10 Abs. 4 Nr. 2 Satz 3 UStG.

IV. Bemessungsgrundlage

1. Wird ertragsteuerlich die private Nutzung anhand der **Fahrtenbuchregelung** ermittelt, so ist der festgestellte private Nutzungsanteil auch der umsatzsteuerlichen Behandlung zugrunde zu legen. Die Fahrten zwischen Wohnung und Arbeitsstätte sowie Familienheimfahrten aus Anlass einer doppelten Haushaltsführung sind der unternehmerischen Nutzung zuzurechnen. Kostenbestandteile, die nicht zum Vorsteuerabzug berechtigt haben, sind aus der Bemessungsgrundlage für die unentgeltliche Wertabgabe herauszurechnen.

Beispiel 108

2. Wird ertragsteuerlich die private Nutzung nach der **1%-Regelung** angesetzt, so kann von dem so ermittelten Wert auch für die Umsatzsteuer ausgegangen werden. Für die nicht mit Vorsteuern belasteten Kosten ist ein pauschaler Abschlag von 20% möglich.

3. Im Fall der Verwendung der 1%-Regelung für ertragsteuerliche Zwecke ist es jedoch auch möglich, durch **sachgerechte Schätzung** die Bemessungsgrundlage für die unentgeltliche Wertabgabe zu bestimmen. Dies trifft insbesondere für Fälle zu, in denen ertragsteuerlich die Kostendeckelung greift, da der nach der 1%-Regelung ermittelte Nutzungswert die tatsächlich angefallenen Kosten übersteigt. Der Unternehmer muss dabei geeignete Unterlagen über den Umfang der privaten und unternehmerischen Nutzung des Fahrzeugs vorlegen. Fehlen solche Unterlagen, geht die Finanzverwaltung von einem privaten Nutzungsanteil von mindestens 50% aus.

Beispiel 109

Wird für umsatzsteuerliche Zwecke die 1%-Regelung angewandt,[97] so ermittelt sich die Bemessungsgrundlage für die unentgeltliche Wertabgabe wie folgt:

Pauschaler Eigenverbrauch: 1% vom Bruttolistenpreis

./. 20% pauschaler Abzug für nicht-vorsteuerbelastete Kostenanteile

Fahrten zwischen Wohnung und Arbeitsstätte sowie Familienheimfahrten im Rahmen einer doppelten Haushaltsführung sind der unternehmerischen Nutzung des Fahrzeugs zuzurechnen.[98]

Beispiel 110

---

97 Hierfür ist nach § 6 Abs. 1 Nr. 4 Satz 2 EStG für Wirtschaftsjahre, die nach dem 31.12.2005 beginnen, Voraussetzung, dass das Fahrzeug zu mehr als 50% betrieblich genutzt wird.
98 Vgl. BMF-Schreiben vom 27.08.2004, BStBl. I 2004, S. 864 = UR 2004, S. 551.

3.3 Bemessungsgrundlage bei Leistungen an Arbeitnehmer

Bemessungsgrundlage für entgeltliche Leistungen an Arbeitnehmer ist das berechnete Entgelt, soweit es die Mindestbemessungsgrundlage nach § 10 Abs. 4 UStG nicht unterschreitet. Die Bemessungsgrundlage für unentgeltliche Leistungen bestimmt sich ebenfalls nach § 10 Abs. 4 UStG; Voraussetzung für die Steuerbarkeit ist bei der unentgeltlichen Abgabe von Gegenständen zusätzlich, dass der Erwerb des Gegenstandes zum Vorsteuerabzug berechtigt hat.

Für die Bemessungsgrundlage bei Leistungen an Arbeitnehmer werden in den in der Praxis bedeutsamsten Fällen oftmals die lohnsteuerlichen Werte zu Grunde gelegt. Die lohnsteuerlichen Werte sind für die umsatzsteuerliche Behandlung als Bruttowerte anzusehen, die hierauf entfallende Umsatzsteuer ist also herauszurechnen. Dennoch ist festzuhalten, dass die umsatzsteuerliche Behandlung grundsätzlich unabhängig von der lohnsteuerlichen Handhabung zu sehen ist.

In folgenden Fällen können aber die lohnsteuerlichen Werte als Bruttowerte für Zwecke der Umsatzsteuer übernommen werden:
– freie Kost und Logis,
– kostenlose oder verbilligte Abgabe von Mahlzeiten,
– unentgeltliche Deputate und andere Warenlieferungen (z. B. Haustrunk im Brauereigewerbe),
– Überlassung von Kraftfahrzeugen für Privatfahrten.

Beispiele 111–112

Bei der Überlassung von Kraftfahrzeugen an Arbeitnehmer für Privatfahrten ist zunächst zwischen einer nur gelegentlichen und einer dauerhaften Gestellung des Kraftfahrzeugs zu unterscheiden. Wird dem Arbeitnehmer das Betriebsfahrzeug nur gelegentlich, also von Fall zu Fall, an nicht mehr als 5 Tagen im Monat zur Verfügung gestellt, wird von einer unentgeltlichen Nutzung ausgegangen und die Besteuerung insgesamt unterbleiben. Kann das Fahrzeug dagegen dauerhaft privat genutzt werden, so liegt eine entgeltliche Fahrzeugnutzung vor, bei der die Gegenleistung des Arbeitnehmers in der anteiligen Arbeitsleistung besteht. In diesem Fall bestehen hinsichtlich der Bestimmung der Bemessungsgrundlage drei Möglichkeiten:

IV. Bemessungsgrundlage

1. Bestimmung der Bemessungsgrundlage anhand der **1%-Regelung**:
Ansatz von monatlich 1% des Bruttolistenpreises für Privatfahrten
+ Ansatz von monatlich 0,03% des Listenpreises × Entfernungskilometer für Fahrten zwischen Wohnung und Arbeitsstätte
+ Ansatz von 0,002% des Listenpreises × Entfernungskilometer für Familienheimfahrten
Der sich ergebende Wert wird umsatzsteuerlich als **Bruttowert** beurteilt, die Umsatzsteuer ist somit herauszurechnen.
Beispiel 113

2. Bestimmung der Bemessungsgrundlage auf der Basis eines **Fahrtenbuches**:
Der private Nutzungsanteil (zu dem auch die Fahrten zwischen Wohnung und Arbeitsstätte und die Familienheimfahrten rechnen) ist auf der Basis des Fahrtenbuches zu bestimmen und mit den tatsächlich entstandenen Kosten zu multiplizieren. Der sich ergebende Wert ist als **Nettowert** zu beurteilen, auf den der allgemeine Umsatzsteuersatz aufzuschlagen ist.
Beispiel 114

3. Besteuerung auf der Grundlage einer **Kostenschätzung**:
Auch wenn kein ordnungsgemäßes Fahrtenbuch vorliegt, kann die umsatzsteuerliche Bemessungsgrundlage für die Fahrzeugüberlassung anhand der Gesamtkosten des Arbeitgebers für das Fahrzeug geschätzt werden. Fahrten zwischen Wohnung und Arbeitsstätte und Familienheimfahrten sind dabei den Privatfahrten zuzurechnen. Die sich auf Basis der Schätzung des privaten Nutzungsanteils ergebenden anteiligen Gesamtkosten sind als **Nettowert** mit dem Regelsteuersatz zu belasten.

4. Änderungen der Bemessungsgrundlage

Bemessungsgrundlage für die Leistung des Unternehmers ist im Regelfall das Entgelt, also das, was dem Unternehmer als Gegenleistung zufließt. Da in der Regel nach vereinbarten Entgelten besteuert wird, müssen Abweichungen zwischen dem zunächst vereinbarten und in Rechnung gestellten Entgelt und dem tatsächlichen Zahlungseingang ausgeglichen werden.

Grundregel hierbei ist, dass Änderungen der Bemessungsgrundlage in dem Voranmeldungszeitraum zu berücksichtigen sind, in dem sie ein-

A. Die allgemeine Anwendung des Umsatzsteuergesetzes

treten. Als Änderung kommen die Minderung, die Erhöhung oder der Wegfall der Bemessungsgrundlage in Frage. Erhöhungen der Bemessungsgrundlage können sich durch zusätzlich ausgeführte Leistungen, durch Preiserhöhungen oder verschiedene andere Gründe ergeben. Nicht als Änderung der Bemessungsgrundlage, sondern als Schadensersatz sind dagegen Verzugszinsen wegen verspäteter Zahlung zu beurteilen.

Minderungen der Bemessungsgrundlage liegen beispielsweise bei Skontoabzügen, gewährten Boni, im Nachhinein durchgeführten Preisminderungen oder beim Ausfall der Forderung vor. Beim Forderungsausfall ist die Minderung der Bemessungsgrundlage erst dann anzumelden, wenn die Forderung uneinbringlich wird. Dies ist beispielsweise der Fall bei erfolglos verlaufener Zwangsvollstreckung, bei Eröffnung des Insolvenzverfahrens oder bei Ablehnung des Insolvenzverfahrens mangels Masse. Die Tatsache, dass die Verwertung der Forderung zweifelhaft wird, reicht zu einer – auch teilweisen – Minderung der Bemessungsgrundlage nicht aus.

Beispiel 115

V. Steuersätze

1. Überblick

Wurden Steuerbarkeit und Steuerpflicht bejaht und die Bemessungsgrundlage ermittelt, ist für den betreffenden Umsatz nach dem maßgebenden Steuersatz zu fragen. Hierbei ist grundsätzlich vom Regelsteuersatz auszugehen, der mit Wirkung ab dem 1.1.2007 auf 19% angehoben wurde. Nur wenn eine der Ausnahmen zutrifft, die in § 12 Abs. 2 UStG aufgeführt sind, findet der ermäßigte Steuersatz von 7% Anwendung.

Neben Regel-Steuersatz und ermäßigtem Steuersatz finden bei der Durchschnittsbesteuerung im Bereich der Land- und Forstwirtschaft weitere Steuersätze Anwendung.

2. Ermäßigt besteuerte Umsätze

Der ermäßigte Steuersatz dient dazu, die vom Endverbraucher zu tragende Steuer bei bestimmten Umsätzen aus sozialen oder kulturellen Gründen zu vermindern. Beispielsweise soll durch Steuerermäßigung von Lebensmitteln die Grundversorgung lediglich mit dem ermäßigten Steuersatz belastet werden.

2.1 Lieferung oder Vermietung begünstigter Gegenstände

Die Lieferung oder Vermietung bestimmter Gegenstände unterliegt lediglich dem ermäßigten Steuersatz. Die betreffenden Gegenstände sind in der Anlage zum Umsatzsteuergesetz abschließend aufgeführt. In Zweifelsfällen ist auf die Zuordnung im Zolltarif zurückzugreifen.

Die in der Anlage 2 zum UStG aufgeführten Gegenstände umfassen im Wesentlichen sechs Warengruppen:

1. Land- und forstwirtschaftliche Erzeugnisse,
2. Futtermittel,
3. Lebensmittel,
4. Verlagserzeugnisse und Erzeugnisse des graphischen Gewerbes,
5. Körperersatzstücke, Hörgeräte und ähnliche Gegenstände,
6. Kunstgegenstände und Sammlungen.

Beispiel 116

Lebensmittel sind regelmäßig begünstigt. Ausgeschlossen von der Begünstigung sind lediglich so genannte Luxuslebensmittel, z.B. Schnecken, Hummer und Kaviar. Getränke sind dagegen mit Ausnahme von Milch, Milchmischgetränken und Wasser nicht begünstigt.

Der ermäßigte Steuersatz ist nach dem Grundsatz der Einheitlichkeit der Leistung immer auch für die mit einer Hauptleistung verbundenen Nebenleistungen anzuwenden. Nebenleistungen, wie Transport und Verpackung von Waren, teilen das Schicksal der Hauptleistung. Eine Warenumschließung ist dann als Nebenleistung zu beurteilen, wenn sie ohne dauernden Gebrauchswert oder für die verpackten Waren üblich ist (z.B. Trinkgläser als Verpackung für Senf).

Nicht als Lieferung von Lebensmitteln, sondern als sonstige Leistung wird die Abgabe von Speisen und Getränken zum Verzehr an Ort und Stelle angesehen. Sie fällt nicht unter den ermäßigten Steuersatz (vgl. Abschnitt II.1.5.1 *Abgrenzung Lieferungen – sonstige Leistungen*).

2.2 Pflanzenzucht, Aufzucht und Halten von Vieh

Sonstige Leistungen, die in der Aufzucht und dem Halten von landwirtschaftlichen Nutztieren oder in der Anzucht von Pflanzen bestehen, sind mit dem ermäßigten Steuersatz zu besteuern. Begünstigt

A. Die allgemeine Anwendung des Umsatzsteuergesetzes

ist beispielsweise die Aufzucht von Renn- und Reitpferden, nicht jedoch die von Hunden oder Katzen, da es sich bei Letzteren nicht um landwirtschaftliche Nutztiere handelt. Steuerbegünstigt sind auch Leistungsprüfungen für Tiere, zu denen etwa auch Pferderennen zählen. Weiterhin begünstigt sind Leistungen, die unmittelbar der Vatertierhaltung oder der künstlichen Tierbesamung dienen.

2.3 Leistungen der Zahntechniker und Prothetikleistungen der Zahnärzte

Auf Umsätze aus der Tätigkeit als Zahntechniker wird der ermäßigte Steuersatz erhoben. Werden Lieferungen oder Wiederherstellungen von Zahnprothesen oder kieferorthopädischen Apparaten von Zahnärzten ausgeführt, ist die sonst geltende Steuerbefreiung der zahnärztlichen Tätigkeit nicht gegeben. Im Interesse einer Wettbewerbsgleichheit ist auf solche Prothetikleistungen von Zahnärzten ebenfalls der ermäßigte Steuersatz anzuwenden.

Beispiel 117

2.4 Kulturelle Veranstaltungen und Einräumung von Urheberrechten

Der ermäßigte Steuersatz gilt nach § 12 Abs. 2 Nr. 7 UStG für folgende Umsätze:

1. Theater- und Orchesterleistungen und ähnliches,
2. Überlassung von Filmen und Filmvorführung,
3. Übertragung von Urheberrechten,
4. Leistungen von Zirkusunternehmern, Schaustellern und zoologischen Gärten.

Die Steuerermäßigung der Leistungen der **Theater**, Orchester, Chöre und Museen gilt, soweit nicht die Steuerbefreiung nach § 4 Nr. 20 UStG Anwendung findet. Sie gilt also für alle Unternehmer, die nicht über eine entsprechende zur Steuerbefreiung führende Bescheinigung der Landesbehörde verfügen (vgl. Abschnitt III. 8.8 *Steuerfreie kulturelle Leistungen*). Die Steuerermäßigung betrifft auch die den Theatervorführungen und Konzerten vergleichbaren Darbietungen ausübender Künstler.[99]

Beispiel 118

---

99 Das EuGH-Urteil vom 23.10.2003, Rs. C-109/02, BStBl. II 2004, S. 337 und 482, das die Versteuerung der Leistungen der ausübenden Künstler zum Regelsteuersatz als nicht europarechtskonform einstufte, wurde von der Finanzverwaltung mit

V. Steuersätze

Neben der Steuerermäßigung für die Übertragung von Urheberrechten an **Filmen** sind folgende Leistungen steuerbegünstigt:
1. die Überlassung von Filmen an Unternehmer zur Vorführung oder Vermietung,
2. die Filmvorführung selbst.

Nicht unter die Steuerermäßigung fällt die Überlassung von Videokassetten an private Mieter, da es sich hierbei nicht um die Übertragung von Rechten, sondern um die Vermietung einer Sache handelt.

Die Filmvorführung ist begünstigt, sofern die Filme durch die Freiwillige Selbstkontrolle der Filmwirtschaft (FSK) zur Vorführung in der Öffentlichkeit zugelassen wurden (auch wenn sie erst ab 18 Jahren freigegeben werden). Nach dem Gesetzeszweck sollen lediglich Filme pornographischen oder gewaltverherrlichenden Inhalts von der Steuerermäßigung ausgeschlossen werden.[100]

Die Einräumung, Übertragung und Wahrnehmung von **Urheberrechten** wird ermäßigt besteuert. Durch das Urheberrechtsgesetz geschützt sind schriftstellerische und künstlerische Werke sowie Darstellungen wissenschaftlicher oder technischer Art. Durch das Urheberrechtsgesetz geschützte Rechte sind das Recht der Verwertung eines Werks (Vervielfältigungs-, Verbreitungs- und Ausstellungsrecht) und das Recht der öffentlichen Wiedergabe, welches das Vortrags-, Aufführungs- und Vorführungsrecht, das Senderecht und das Recht zur Wiedergabe auf Bild- und Tonträgern umfasst.

Das Werk als solches ist von den Urheberrechten, die mit dem Werk verbunden sind, zu unterscheiden. So ist beispielsweise der Verkauf des Originalmanuskripts eines literarischen Werks als Lieferung dem Regelsteuersatz zu unterwerfen. Werden aber Vervielfältigungs- und Verbreitungsrechte vom Schriftsteller an einen Verlag abgetreten, so handelt es sich um die Übertragung von Urheberrechten, auf die der ermäßigte Steuersatz Anwendung findet.

Beispiel 119–120

Bestimmte journalistische Leistungen sind ebenfalls steuerbegünstigt, da sie die Übertragung von Urheberrechten beinhalten. Journalisten

---

Schreiben vom 26.3.2004 (BStBl. I 2004, S. 449) umgesetzt. Durch das Richtlinien-Umsetzungsgesetz vom. 09.12.2004 wurde diese Rechtslage durch Änderung von § 12 Abs. 2 Nr. 7a UStG umgesetzt.
100 § 12 Abs. 2 Nr. 7b UStG, geändert durch StÄndG 2003, BGBl. I 2003, S. 2645.

A. Die allgemeine Anwendung des Umsatzsteuergesetzes

oder Presseagenturen, die Beiträge an Presse oder Rundfunk zur Veröffentlichung weitergeben, unterliegen dem ermäßigten Steuersatz, soweit die Beiträge einen eigenschöpferischen Charakter haben. Nicht begünstigt ist die bloße Weitergabe von Daten, wie etwa Kurs- oder Preisnotierungen, von Sportergebnissen oder Theater- und Kinoprogrammen. Auch die Leistungen im Zusammenhang mit demoskopischen Erhebungen unterliegen dem Regelsteuersatz.

Werden Gutachten, Studien oder technische Darstellungen zur Veröffentlichung überlassen, so ist hierin eine Einräumung urheberrechtlicher Nutzungsrechte zu sehen, die dem ermäßigten Steuersatz unterliegt. Wird hingegen ein Gutachten oder eine Studie ohne die Absicht der Veröffentlichung übergeben, so werden hiermit regelmäßig keine urheberrechtlichen Nutzungsrechte übertragen, so dass der allgemeine Steuersatz Anwendung findet. Die Übertragung von Software kann, soweit sie als eigenschöpferische Leistung urheberrechtlich geschützt ist, dem ermäßigten Steuersatz unterliegen, wenn der wirtschaftliche Gehalt der Leistung nicht auf die Benutzung des Programms, sondern auf die Vervielfältigung zur Verbreitung gerichtet ist. Für die Gewährung des ermäßigten Steuersatzes ist erforderlich, dass Anzeichen für eine Verbreitung der Software im Sinne einer Vermarktung bestehen, die über das betreffende Unternehmen hinausgehen.

Beispiel 121–122

2.5 Gemeinnützige, mildtätige und kirchliche Einrichtungen

Soweit nicht Steuerbefreiungsvorschriften, etwa des § 4 Nr. 16 oder Nr. 18 UStG Anwendung finden (vgl. Abschnitte III.8.5, 8.6 und 8.11) kommt für gemeinnützige, mildtätige und kirchliche Einrichtungen der ermäßigte Steuersatz in Betracht.[101]

Voraussetzung für die Anwendung des ermäßigten Steuersatzes ist, dass mit den ausgeführten Leistungen die steuerbegünstigten Zwecke verfolgt werden. Es dürfen also nicht eigenwirtschaftliche Zwecke im Vordergrund stehen, wie dies beim wirtschaftlichen Geschäftsbetrieb der Fall ist.[102]

Beispiel 123

---

101 § 12 Abs. 2 Nr. 8a UStG.
102 Nach der Neuregelung des § 12 Abs. 2 Nr. 8a S. 3 UStG werden Leistungen im Rahmen eines Zweckbetriebes nur insoweit begünstigt, als durch den Zweckbetrieb nicht in erster Linie Umsätze ohne konkrete Verbindung zum Satzungszweck ausgeführt werden, die in unmittelbarem Wettbewerb mit den Leistungen anderer Un-

2.6 Kureinrichtungen, Schwimmbäder

Dem ermäßigten Steuersatz unterliegen Umsätze, die unmittelbar mit dem Betrieb von Schwimmbädern verbunden sind. Hierzu zählen neben der Benutzung des Schwimmbads auch Nebenleistungen wie die Überlassung von Garderoben oder die Erteilung von Schwimmunterricht. Nicht begünstigt ist die Lieferung von Erfrischungsgetränken oder die Vermietung von Liegestühlen. Bei der Benutzung von Hotelschwimmbädern findet der ermäßigte Steuersatz Anwendung, wenn Hotelgäste und andere Personen gegen ein gesondertes Entgelt Zutritt haben. Als Nebenleistung des Hotels für seine Gäste unterliegt die Schwimmbadbenutzung dem Regelsteuersatz.

Die Benutzung von Heil- und Saunabädern wird ermäßigt besteuert. Die Steuerbegünstigung gilt auch bei Erhebung einer Kurtaxe als pauschale Vergütung für die Benutzung von Kureinrichtungen.

Beispiel 124

2.7 Personenbeförderungen

Für Personenbeförderungsleistungen gilt der ermäßigte Steuersatz, wenn zwei Voraussetzungen erfüllt sind:

1. Die Beförderung erfolgt im Bereich einer Gemeinde oder die Beförderungsstrecke beträgt nicht mehr als 50 km. Hierbei rechnen Hin- und Rückfahrt als getrennte Beförderungsstrecken.
2. Die Beförderung wird mit bestimmten Verkehrsarten und Verkehrsmitteln durchgeführt. Hierdurch soll insbesondere der Linienverkehr begünstigt werden. Im Einzelnen zählen hierzu folgende Verkehrsmittel:
   – Schienenbahnverkehr,[103]
   – der genehmigte Linienverkehr mit Kraftfahrzeugen und Oberleitungsomnibussen,
   – der Kraftdroschkenverkehr (Taxi-Verkehr),
   – der Linienverkehr mit Schiffen,
   – der Fährverkehr.

---

ternehmer stehen (Änderung durch Gesetz vom 13.12.2006, BGBl. I, S. 2878; vgl. BMF-Schreiben vom 09.02.2007, BStBl. I, S. 218).
103 Die früher in Bezug auf Bergbahnen geltende Ausnahme ist mit Wirkung zum 01.01.2008 weggefallen. Somit gilt nunmehr auch für Bergbahnen der ermäßigte Steuersatz.

A. Die allgemeine Anwendung des Umsatzsteuergesetzes

Bei der Personenbeförderung mit Schiffen gilt noch übergangsweise bis zum 31.12.2011 unabhängig von der Beförderungsstrecke der ermäßigte Steuersatz.

Beispiel 125

3. Steuersatzänderungen

Bei Änderungen des Steuersatzes ist für einen bestimmten Umsatz derjenige Steuersatz maßgebend, der zum Zeitpunkt Gültigkeit hat, an dem der Umsatz bewirkt wurde. Keine Rolle spielen für die Bestimmung des Steuersatzes der Zeitpunkt der vertraglichen Vereinbarung, das Datum der Rechnungsstellung oder der Zeitpunkt der Zahlung. Letzterer ist auch dann ohne Bedeutung, wenn der betreffende Unternehmer der Ist-Besteuerung unterliegt. Der Steuersatz richtet sich unabhängig davon, ob nach vereinbarten Entgelten (Soll-Versteuerung) oder nach vereinnahmten Entgelten (Ist-Versteuerung) besteuert wird, nach dem Zeitpunkt der Leistungsbewirkung.

Bei Lieferungen wird die Leistung zu dem Zeitpunkt bewirkt, in dem die Verfügungsmacht über den Gegenstand verschafft wird. Wird der Gegenstand vom liefernden Unternehmer zum Abnehmer befördert oder versendet, sind Ort und Zeit der Lieferung durch den Beginn der Beförderung oder Versendung festgelegt. Werden sonstige Leistungen ausgeführt, ist der Zeitpunkt der Fertigstellung maßgebend; bei Werklieferungen der Zeitpunkt der Fertigstellung und Abnahme.

Beispiel 126

Erstrecken sich Leistungen über einen längeren Zeitraum, so ist der zum Zeitpunkt der Fertigstellung gültige Steuersatz für die gesamte Leistung anzuwenden. Ausnahmen bestehen nur, soweit die Leistungen wirtschaftlich teilbar sind und in Teilleistungen erbracht werden. Neben den Erfordernissen in sachlicher Hinsicht, der Teilbarkeit der Leistung nach ihrem wirtschaftlichen Charakter,[104] müssen in formaler Hinsicht in Bezug auf die Steuersatzänderung zum Jahreswechsel 2006/2007 folgende Voraussetzungen erfüllt sein:

– **Gesonderte Vereinbarung**: Die Teilleistung muss in einer vor dem 1.1.2007 getroffenen Vereinbarung vorgesehen sein.

---

104 Für den Bereich der Bauwirtschaft hat die Finanzverwaltung umfangreiche Anwendungsregelungen erlassen, welche Bauleistungen ihrer Art nach aufteilbar sind, vgl. Verfügung OFD Karlsruhe vom 19.09.2005, USt-Kartei S 7270 Karte 2, UR 2006, S. 302; BMF-Schreiben vom 11.08.2006, BStBl. I 2006, S. 477.

V. Steuersätze

- **Gesonderte Abnahme**: Die Teilleistung muss vor dem 1.1.2007 gesondert abgenommen werden. Die Rechtsfolgen der Abnahme (insbesondere Beginn der Gewährleistungsfrist) sind zu beachten.
- **Gesonderte Abrechnung**: Die Entgelte für die Teilleistungen sind gesondert abzurechnen. Die Vorgehensweise bei Abrechnung von Teilzahlungen wird im Einzelnen unter Abschnitt C.I.4. *Anzahlungen und Schlussrechnung* dargestellt.

Beispiel 127

Bei **Dauerleistungen** stellt sich in besonderer Weise die Frage nach der Teilbarkeit der Leistung. Zwei Formen der Dauerleistung sind zu unterscheiden:

- Dauer-Lieferverträge: Wiederkehrende Lieferungen werden grundsätzlich am Tag jeder einzelnen Lieferung erbracht. Lieferungen von Strom, Gas, Wärme und Wasser gelten dagegen erst zum Ende des Ablesezeitraums als erbracht.[105]
- Zeitraumbezogene sonstige Leistungen (z. B. Vermietung, Leasing, Wartungen): Sie werden an dem Tag ausgeführt, an dem der Leistungszeitraum endet.

Sofern über eine Dauerleistung nicht für den gesamten Leistungszeitraum, sondern für kürzere Zeiträume abgerechnet wird, gelten diese kürzeren Zeiträume als Teilleistungen (z. B. monatliche Leasinggebühren bei einer Gesamtlaufzeit von 3 Jahren). Es ist jeweils der zum Ende des Teilleistungsabschnitts gültige Steuersatz anzuwenden. Gleiches gilt, wenn neben dem Entgelt für den Gesamtleistungszeitraum auch der auf einen kürzeren Abschnitt entfallende Entgeltbetrag angegeben und es dem Leistungsempfänger freigestellt ist, den Gesamtbetrag oder Teilbeträge zu entrichten.

Werden Mietvorauszahlungen wie beispielsweise Leasingsonderzahlungen geleistet, ist auf den Anteil, der auf die Zeit nach dem 31.12.2006 entfällt, der Steuersatz von 19% anzuwenden.

Nachträgliche Veränderungen der Bemessungsgrundlage, wie etwa Entgeltsminderungen durch Skontoabzug, sind dem Steuersatz zu unterwerfen, der für den zu Grunde liegenden Umsatz anzuwenden ist. Wird für eine Rechnung für eine am 21.12.2006 zum Steuersatz von 16% ausgeführte Lieferung nach im Jahr 2008 eingetretener Insolvenz

---
105 Abschnitt 177 Abs. 2 UStR – hiervon abweichend sieht das BMF-Schreiben vom 11.08.2006, BStBl. I 2006, S. 477 die Möglichkeit vor, den Verbrauch eines Ablesezeitraums in die Zeit vor und nach dem Stichtag 01.01.2007 aufzuteilen.

des Leistungsempfängers eine Quote von 10% ausgezahlt, so ist für den betreffenden Voranmeldungszeitraum im Jahr 2008 eine entsprechende Entgeltsminderung zum Steuersatz von 16% anzumelden.

VI. Vorsteuerabzug und Vorsteuerberichtigung

1. Voraussetzungen für den Vorsteuerabzug

Im gültigen System der Umsatzsteuer als einer Mehrwertsteuer, die Zwischenumsätze in der Unternehmerkette von der Umsatzsteuerbelastung freistellen will, kommt dem Vorsteuerabzug entscheidende Bedeutung zu. Er bewirkt, dass die auf dem Bezug fremder Leistungen, der Einfuhr oder dem innergemeinschaftlichen Erwerb lastende Umsatzsteuer rückgängig gemacht und somit eine Steuerkumulation vermieden wird.

Gemeinschaftsrechtlich hat der Vorsteuerabzug seine Grundlage in den Art. 167 ff. MWStSystRL. Das hierin kodifizierte „Recht auf Vorsteuerabzug"[106] ist unmittelbar aus zwei Grundprinzipien der Umsatzsteuer abgeleitet, nämlich dem Neutralitätsprinzip und dem Prinzip, das nur der Endverbraucher mit Umsatzsteuer belastet werden soll. Das Prinzip der Neutralität der Umsatzsteuer bedeutet, dass durch die Umsatzsteuer keine Wettbewerbsverzerrungen eintreten sollen, insbesondere soll die Zahl und Ausgestaltung der Handelsstufen ohne Einfluss auf die Höhe der vom Verbraucher letztlich zu zahlenden Umsatzsteuer sein. Das Prinzip, das nur der Endverbraucher mit Umsatzsteuer belastet werden soll, basiert auf der Konzeption der Umsatzsteuer als einer allgemeinen Verbrauchssteuer.

Das gemeinschaftsrechtlich garantierte Recht auf Vorsteuerabzug bezieht sich zum einen auf die Abziehbarkeit von der Umsatzsteuerschuld des Unternehmers,[107] zum anderen auch auf die Vorsteuervergütung in anderen Mitgliedstaaten.[108] Es darf grundsätzlich nicht durch die nationale Gesetzgebung eingeschränkt werden, so dass insoweit kein Ermessensspielraum des Gesetzgebers besteht.[109] Von der im Inland bewirkten Umsatzsteuerschuld kann der Unternehmer nur

---
106 Art. 167 MWStSystRL.
107 Art. 168 MWStSystRL.
108 Art. 169 MWStSystRL.
109 Vgl. EuGH-Urteil vom 06.07.1995, Rs. C-62/93, Rz. 18, UR 1995, S. 404.

VI. Vorsteuerabzug und Vorsteuerberichtigung

inländische Vorsteuerbeträge abziehen. Die in anderen EU-Mitgliedstaaten erhobenen Umsatzsteuern müssen in den jeweiligen Mitgliedstaaten im Rahmen des Vorsteuervergütungsverfahrens zurückgefordert werden.

Die Voraussetzungen für den Vorsteuerabzug nach gültigem Umsatzsteuersystem lassen sich wie folgt gliedern:

1. Vorliegen einer Belastung mit Umsatzsteuer auf einen Eingangsumsatz
2. Leistungsbezug eines Unternehmers für sein Unternehmen
3. Verwendung für einen zum Vorsteuerabzug berechtigenden Umsatz
4. Kein Vorliegen eines Vorsteuerausschluss-Tatbestands

Folgende Belastungen mit inländischer Umsatzsteuer auf einen Eingangsumsatz lassen einen Vorsteuerabzug in Frage kommen:

– Umsatzsteuer aus Rechnungen eines Unternehmers,
– Umsatzsteuer auf die Einfuhr,
– Umsatzsteuer auf den innergemeinschaftlichen Erwerb,
– Umsatzsteuer, die vom Leistungsempfänger nach § 13 b UStG geschuldet wird.

Die für den Vorsteuerabzug im Einzelnen bestehenden Voraussetzungen lassen sich einteilen in persönliche und sachliche Voraussetzungen. Die **persönlichen Voraussetzungen** beziehen sich zum einen auf den Leistungsempfänger, der den Vorsteuerabzug begehrt (vgl. Abschnitt 1.1 *Unternehmereigenschaft des Leistungsempfängers*), zum anderen auf den leistenden Unternehmer (vgl. Abschnitt 1.3 *Unternehmereigenschaft des Leistenden*).

Als **sachliche Voraussetzungen** für den Vorsteuerabzug sind zu nennen:

– die Zuordnung des Eingangsumsatzes zum Unternehmen (vgl. Abschnitt 1.2),
– die Erfüllung formaler Voraussetzungen (vgl. Abschnitt 1.4 *Vorliegen einer Rechnung*),
– das Nicht-Bestehen eines Vorsteuerausschluss-Tatbestands (vgl. Abschnitt 1.5) sowie
– die Verwendung des Eingangsumsatzes für vorsteuer-unschädliche Umsätze (vgl. Abschnitt 1.6).

A. Die allgemeine Anwendung des Umsatzsteuergesetzes

1.1 Unternehmereigenschaft des Leistungsempfängers

Voraussetzung für den Vorsteuerabzug ist zunächst, dass der Leistungsempfänger Unternehmer ist (vgl. Abschnitt II.1.1 *Unternehmer*). Kleinunternehmer sind vom Vorsteuerabzug ausgeschlossen, da ihre Umsätze nicht der Besteuerung unterliegen. Gleiches gilt für Nichtunternehmer, den Hoheitsbereich von Körperschaften des öffentlichen Rechts oder den ideellen Tätigkeitsbereich von juristischen Personen des Privatrechts.

Nicht erforderlich für die Gewährung des Vorsteuerabzugs ist es, dass der Unternehmer seinen Sitz im Inland hat. Ebenso wenig spielt die Frage eine Rolle, ob der Unternehmer seine Umsätze im Inland oder Ausland bewirkt hat.

Beispiel 128

Unternehmer, die im Bereich der Land- und Forstwirtschaft die Besteuerung nach Durchschnittssätzen anwenden, setzen in der Regel die in § 24 Abs. 1 UStG vorgesehenen fiktiven Vorsteuerbeträge an. Da Letztere der nach der Durchschnittssatzbesteuerung geschuldeten Umsatzsteuer entsprechen, entsteht somit keine positive oder negative Steuerschuld. Auf den Ansatz der fiktiven Vorsteuerbeträge kann verzichtet werden. Nur in diesem Falle ist ein Abzug der tatsächlich angefallenen Vorsteuern möglich.

1.2 Zuordnung von Gegenständen zum Unternehmensvermögen

Voraussetzung für den Vorsteuerabzug von Gegenständen, die nur teilweise unternehmerisch genutzt werden, ist die Zuordnung zum Unternehmen. Dabei steht dem Unternehmer nach inzwischen allgemein anerkannter Rechtsprechung des EuGH[110] die Entscheidung über die Zuordnung zu. Er kann wählen zwischen

– der vollen Zuordnung zum Unternehmensvermögen,
– der vollen Zuordnung zum Privatvermögen und
– der teilweisen Zuordnung zum Unternehmensvermögen entsprechend der unternehmerischen Nutzung.

Die für die Umsatzsteuer vorgenommene Zuordnung eines Gegenstandes zum Unternehmensvermögen ist unabhängig von dessen ertragsteuerlicher Behandlung.

---

110 Insbesondere EuGH-Urteil vom 04.10.1995, Rs. C-291/92, BStBl. II 1996, S. 392, UR 1995, S. 485.

VI. Vorsteuerabzug und Vorsteuerberichtigung

Nicht zulässig ist nach deutschem Recht die Zuordnung eines Gegenstandes zum Unternehmensvermögen, wenn die unternehmerische Nutzung weniger als 10% beträgt.[111]

Die Zuordnungsentscheidung ist spätestens bei Abgabe der Jahreserklärung zu treffen und danach nicht rückwirkend änderbar. Wird später ein größerer Anteil unternehmerisch genutzt und die Zuordnung zum unternehmerischen Bereich entsprechend geändert, hat dies keinen Einfluss auf den ursprünglichen Vorsteuerabzug. Eine Vorsteuerberichtigung nach § 15a UStG ist in diesem Fall nicht möglich.

Beispiel 129

Eine wesentliche Rolle spielt die Zuordnungsentscheidung bei **gemischt-genutzten Grundstücken**. Entsprechend den allgemeinen Regeln kann auch der für private Wohnzwecke genutzte Teil des Grundstücks dem Unternehmensvermögen zugeordnet werden. Nach der in der Folge des „Seeling-Urteils" des EuGH[112] geänderten Rechtslage, ermöglicht die Zuordnung des privat genutzten Gebäudeteils den Vorsteuerabzug, da die unentgeltliche Nutzung zu Wohnzwecken eines dem Unternehmen zugeordneten Gebäudes als zwingend steuerpflichtig angesehen wird.

Beispiele 130–131

1.3 Unternehmereigenschaft des Leistenden

Voraussetzung für den Vorsteuerabzug beim Leistungsempfänger ist die Unternehmereigenschaft des Leistenden. Nicht erforderlich ist, dass es sich um einen regelbesteuerten Unternehmer handelt, d.h. auch Kleinunternehmer und Land- und Forstwirte, die nach Durchschnittssätzen besteuert werden, erfüllen als Unternehmer diese Voraussetzungen. Allerdings ist der Vorsteuerabzug nur insoweit zulässig, als die in der Rechnung ausgewiesene Umsatzsteuer für den berechneten Umsatz geschuldet wird. Wird die Umsatzsteuer nur wegen unrichtigem oder unberechtigtem Steuerausweis nach § 14c Abs. 1 oder Abs. 2 UStG geschuldet, so besteht keine Berechtigung zum Vorsteuerabzug.

Beispiele 132–133

---

[111] § 15 Abs. 1 Satz 2 UStG: Für diese Vorsteuereinschränkung besteht eine Ermächtigung des Europäischen Rates, die bis 31.12.2009 gültig ist.
[112] EuGH-Urteil vom 08.05.2003, Rs. 269/00, BStBl. II 2004, S. 378, UR 2003, S. 288.

A. Die allgemeine Anwendung des Umsatzsteuergesetzes

Die Unternehmereigenschaft des Leistenden ist eine objektive Voraussetzung für den Vorsteuerabzug, d.h. selbst wenn der Leistungsempfänger subjektiv in berechtigter Weise von der Unternehmereigenschaft des Leistenden ausgehen konnte, wird ihm der Vorsteuerabzug versagt. Ein Gutglaubensschutz ist somit in dieser Frage nicht gegeben.

1.4 Vorliegen einer Rechnung

1.4.1 Begriff der Rechnung

Weitere Voraussetzung für die Gewährung des Vorsteuerabzugs ist, dass der betreffende Unternehmer im Besitz einer Rechnung oder Gutschrift ist, in der die geschuldete Umsatzsteuer gesondert ausgewiesen ist. Rechnung ist nach § 14 Abs. 1 UStG jedes Dokument, mit der ein Unternehmer oder in seinem Auftrag ein Dritter über eine Lieferung oder sonstige Leistung gegenüber einem Leistungsempfänger abrechnet.

Erforderlich ist demnach, dass schriftlich über die Leistung abgerechnet wird. In den meisten Fällen wird diese schriftliche Abrechnung auch die Bezeichnung Rechnung tragen. Die Bezeichnung als Rechnung ist jedoch nicht zwingend. Auch andere Dokumente, wie beispielsweise Kauf- oder Mietverträge, Frachtbriefe und Heizkostenabrechnungen können Rechnungen im Sinne des Umsatzsteuergesetzes sein. Der Schriftform genügt auch die Übermittlung der Rechnung per Telefax. Bei auf elektronischem Weg übermittelten Rechnungen muss nach § 14 Abs. 3 UStG die Echtheit des Dokuments durch eine qualifizierte elektronische Signatur gewährleistet sein.

Beispiel 134

Eine Rechnung muss nach § 14 Abs. 4 UStG[113] folgende Angaben enthalten:

1. den vollständigen Namen und die vollständige Anschrift des leistenden Unternehmers,
2. den vollständigen Namen und die vollständige Anschrift des Leistungsempfängers,
3. die Steuernummer oder die USt-IdNr. des leistenden Unternehmers,
4. das Ausstellungsdatum,
5. eine fortlaufende Rechnungsnummer,

---

113 Entsprechend Art. 226 MWStSystRL.

VI. Vorsteuerabzug und Vorsteuerberichtigung

6. die Menge und die handelsübliche Bezeichnung des Gegenstandes der Lieferung oder die Art und den Umfang der sonstigen Leistung,
7. den Zeitpunkt der Lieferung oder der sonstigen Leistung,
8. das nach Steuersätzen und einzelnen Steuerbefreiungen aufgeschlüsselte Entgelt für die Lieferung oder sonstige Leistung,
9. den auf das Entgelt entfallenden Steuerbetrag oder einen Hinweis auf die Steuerbefreiung.

Werden vom Unternehmer steuerpflichtige Werklieferungen oder sonstige Leistungen im Zusammenhang mit einem Grundstück an Nichtunternehmer bzw. für den nicht-unternehmerischen Bereich ausgeführt, soll die Rechnung zusätzlich einen Hinweis auf die Aufbewahrungspflicht des Leistungsempfängers enthalten.

Für den Unternehmer besteht nach § 14 Abs. 2 UStG bei Umsätzen an andere Unternehmer oder an juristische Personen die Verpflichtung, innerhalb von 6 Monaten nach Ausführung der Leistung eine Rechnung auszustellen. Werden Leistungen an Nicht-Unternehmer erbracht, besteht grundsätzlich keine Verpflichtung, jedoch eine Berechtigung zur Rechnungserteilung. Werden vom leistenden Unternehmer jedoch Werklieferungen oder sonstige Leistungen im Zusammenhang mit einem Grundstück erbracht, so besteht auch bei Leistung an Nicht-Unternehmer stets die Verpflichtung zur Rechnungsausstellung innerhalb von 6 Monaten nach Ausführung der Leistung.

Bei Dauerleistungen, bei denen die Funktion der Rechnung durch einen einzigen Beleg (z. B. Mietvertrag, Wartungsvertrag) übernommen wird, ergeben sich Besonderheiten bei der Einhaltung der formalen Rechnungsvoraussetzungen. In Verträgen sind die Rechnungsanforderungen wie folgt umzusetzen:

– Steuer-Nr.:
  Im Vertrag ist die Steuer-Nr. oder die USt-IdNr. des leistenden Unternehmers anzugeben. Bei späteren Änderungen ist der Vertragspartner zu informieren. Eine Angabe der Steuer-Nr. auf den Zahlungsbelegen erübrigt sich.[114]

– Fortlaufende Rechnungsnummer:
  Bei Verträgen ist eine einmalige Nummer anzugeben (z. B. eine Mieternummer) – die Angabe einer fortlaufenden Nummer auf den Zahlungsbelegen ist nicht erforderlich.

---
114 Vgl. Abschnitt 185 Abs. 9 UStR.

A. Die allgemeine Anwendung des Umsatzsteuergesetzes

– Zeitpunkt der Leistung:
Ergibt sich der Leistungszeitpunkt nicht aus dem Vertrag (etwa bei auf unbestimmte Zeit abgeschlossenen Mietverträgen), so kann der Leistungszeitraum auf den Zahlungsbelegen ausgewiesen werden.

Für (Brutto-)Umsätze unter EUR 150,– (bis 31.12.2006: EUR 100,–) werden geringere Anforderungen an den Inhalt der Abrechnung gestellt.[115] Die sog. Kleinbetragsrechnungen brauchen nur die folgenden Angaben zu enthalten:

1. Namen und Anschrift des leistenden Unternehmers,
2. Ausstellungsdatum
3. Art und Umfang der Leistung,
4. das Entgelt und den Steuerbetrag in einer Summe, also den Bruttopreis und
5. den Steuersatz.

Namen und Anschrift des Leistungsempfängers, Leistungszeitpunkt, Steuernummer, fortlaufende Rechnungsnummer, Entgelt- und Steuerbetrag müssen in Kleinbetragsrechnungen nicht angegeben werden.

Beispiel 135

1.4.2 Gutschriften als Rechnung

Gutschriften, mit der ein Unternehmer eine an ihn ausgeführte Leistung abrechnet, gelten als Rechnungen, sofern folgende Voraussetzungen vorliegen:[116]

1. Es wurde vorher zwischen dem Aussteller und dem Empfänger der Gutschrift vereinbart, dass der Leistungsempfänger über die Leistung abrechnen soll.
2. Es wird eine Lieferung oder sonstige Leistung eines Unternehmers abgerechnet.

Beispiele 136–137

3. Die Gutschrift enthält die für eine Rechnung erforderlichen Angaben.
4. Die Gutschrift wird dem Unternehmer, der die Lieferung oder sonstige Leistung bewirkt, zugeleitet.

---

115 § 33 UStDV.
116 § 14 Abs. 2 Satz 2 UStG, Art. 224 MWStSystRL.

VI. Vorsteuerabzug und Vorsteuerberichtigung

Die Gutschrift verliert die Wirkung einer Rechnung, sobald der Gutschriftempfänger dem ihm übermittelten Dokument widerspricht.

Beispiel 138

1.4.3 Fahrausweise als Rechnung

Fahrausweise für Beförderungen im Personenverkehr gelten als Rechnungen, wenn sie mindestens enthalten:[117]

1. Namen und Anschrift des Beförderungsunternehmers,
2. Ausstellungsdatum,
3. Entgelt und Umsatzsteuer in einer Summe und
4. Steuersatz, soweit nicht der ermäßigte Steuersatz Anwendung findet.

Anstelle des Regelsteuersatzes kann auch eine Tarifentfernung von mehr als 50 km angegeben werden. Bei Fahrausweisen der Deutschen Bundesbahn und der nichtbundeseigenen Eisenbahnen kann anstelle des Steuersatzes die Tarifentfernung angegeben werden.[118]

Fahrausweise für grenzüberschreitende Beförderungen im Personenverkehr und im internationalen Eisenbahn-Personenverkehr müssen zusätzlich Angaben enthalten, welcher Anteil des Fahrpreises auf die inländische Beförderung entfällt und welcher Steuersatz für die inländische Beförderung maßgebend ist.

Die Vereinfachungsregelungen für Fahrausweise gelten nicht für die Beförderung mit einem Taxi oder für die Miete eines Mietfahrzeugs. Hier müssen daher die üblichen Anforderungen einer Rechnung erfüllt werden.

1.4.4 Abrechnung bei Istversteuerung von Anzahlungen

Werden Zahlungen schon vor Ausführung bzw. vor vollständiger Ausführung der Leistung vereinnahmt, so schuldet der Unternehmer, der die Anzahlung erhalten hat, die hierauf entfallende Umsatzsteuer.[119] Er hat über diese Anzahlung eine Rechnung mit gesondertem Steuerausweis zu erstellen, die dem Unternehmer, der die Anzahlung geleistet hat, den Vorsteuerabzug ermöglicht. Bei Erstellung der Schlussrechnung sind alle vor Ausführung der Leistung vereinnahmten Teil-

---

117 § 34 UStDV i.V.m. § 15 Abs. 5 Nr. 1 UStG.
118 § 35 Abs. 2 UStDV.
119 § 13 Abs. 1 Nr. 1a UStG, Art. 65 MWStSystRL.

A. Die allgemeine Anwendung des Umsatzsteuergesetzes

entgelte und die hierauf entfallenden Steuerbeträge abzusetzen, wenn über diese Teilzahlungen Rechnungen mit gesondertem Steuerausweis erstellt worden sind.[120] Die Schlussrechnung enthält also das Gesamtentgelt sowie sämtliche mit Teilrechnung angeforderten Anzahlungen jeweils mit der darauf entfallenden Umsatzsteuer. Die Handhabung in der Praxis erläutert Abschnitt C. I. 4. *Anzahlungen und Schlussrechnungen.*

1.4.5 Unrichtiger Steuerausweis

Wird in der von einem Unternehmer gestellten Rechnung ein höherer Steuerbetrag abgerechnet, als nach dem UStG vorgesehen, so schuldet der Unternehmer nach § 14c Abs. 1 UStG den ausgewiesenen Steuerbetrag. Folgende Sachverhalte werden im Einzelnen von § 14c Abs. 1 UStG erfasst:

1. für einen steuerpflichtigen Umsatz wird ein überhöhter Steuerbetrag oder ein überhöhter Steuersatz angegeben (z.B. für einen dem ermäßigten Steuersatz unterliegenden Umsatz wird der Regelsteuersatz berechnet);
2. für steuerfreie Leistungen wird Umsatzsteuer in Rechnung gestellt;

Beispiel 139

3. für nicht-steuerbare Leistungen wird Umsatzsteuer in Rechnung gestellt;

Beispiel 140

4. es wird eine Rechnung erstellt für einen Umsatz, der wegen Zeitablaufs nicht mehr steuerbar ist, für den also die Festsetzungsverjährung eingetreten ist.

Rechtsfolge in den genannten Fällen ist, dass die unrichtig ausgewiesene Umsatzsteuer vom Unternehmer geschuldet wird. Beim Leistungsempfänger besteht für den ausgewiesenen Steuerbetrag, der den zutreffenden Steuerbetrag übersteigt, keine Berechtigung zum Vorsteuerabzug (EuGH-Urteil vom 19.09.2000).[121]

Weist der Unternehmer einen zu niedrigen Steuersatz in seiner Rechnung aus, so schuldet er dennoch den für den Umsatz vorgeschriebenen Steuerbetrag. Der Leistungsempfänger ist allerdings, soweit die

---

120 § 14 Abs. 5 UStG.
121 EuGH-Urteil vom 19.09.2000, Rs. C-454/98, UR 2000, S. 470.

VI. Vorsteuerabzug und Vorsteuerberichtigung

Rechnung nicht berichtigt wird, nur zum Abzug des in der Rechnung ausgewiesenen Betrages berechtigt.

Die **Rechnungsberichtigung** ist in Fällen des § 14c Abs. 1 UStG möglich. In diesem Fall ist die Berichtigung des geschuldeten Mehrbetrages in dem Besteuerungszeitraum vorzunehmen, in dem die berichtigte Rechnung erteilt wurde.

Die Rechnungsberichtigung erfolgt durch Berichtigungserklärung gegenüber dem Leistungsempfänger. Diese muss hinreichend bestimmt sein, Schriftform besitzen und dem Leistungsempfänger tatsächlich zugehen. Eine schriftliche Rechnungsberichtigung ist entbehrlich, soweit der ausländische Abnehmer in Fällen der zunächst als steuerpflichtig behandelten Ausfuhrlieferung oder innergemeinschaftlichen Lieferung die Rechnung oder den Kassenbon zurückgibt und der leistende Unternehmer diesen Originalbeleg aufbewahrt.

1.4.6 Unberechtigter Steuerausweis

Wer in einer Rechnung Umsatzsteuer gesondert ausweist, ohne hierzu berechtigt zu sein, schuldet nach § 14c Abs. 2 UStG die ausgewiesene Umsatzsteuer. Die Regelung soll dem Missbrauch vorbeugen und eine Gefährdung des Steueraufkommens verhindern. Folgende Sachverhalte werden von der Regelung des § 14c Abs. 2 UStG erfasst:

1. ein Kleinunternehmer weist in einer Rechnung gesondert Umsatzsteuer aus;
2. ein Nicht-Unternehmer weist in einem Abrechnungspapier Umsatzsteuer aus;
3. die im Abrechnungspapier bezeichnete Leistung wurde nicht an den bezeichneten Leistungsempfänger erbracht. Es wurde also entweder keine oder eine andere Leistung ausgeführt, somit eine Gefälligkeitsrechnung erstellt oder der Leistungsempfänger falsch bezeichnet.

Beispiel 141

Rechtsfolge bei allen drei Sachverhalten ist, dass die ausgewiesene Umsatzsteuer geschuldet wird und für den Leistungsempfänger keine Berechtigung zum Vorsteuerabzug besteht.

Für die **Rechnungsberichtigung** in Fällen des unberechtigten Steuerausweises wurden die Grundsätze der EuGH-Rechtsprechung[122] mit

---
122 EuGH-Urteil vom 19.09.2000, Rs. C-454/98, UR 2000, S. 470.

A. Die allgemeine Anwendung des Umsatzsteuergesetzes

Wirkung ab 1.1.2004 in nationales Recht umgesetzt. Danach besteht die Möglichkeit der Rechnungsberichtigung, sofern die Gefährdung des Steueraufkommens beseitigt worden ist. Dies ist der Fall, wenn ein Vorsteuerabzug nicht durchgeführt oder die geltend gemachte Vorsteuer an die Finanzbehörde zurückgezahlt worden ist.

Der Schuldner der unberechtigt ausgewiesenen Umsatzsteuer hat die Rechnungsberichtigung schriftlich zu beantragen. Die Finanzbehörde überprüft dann beim Rechnungsempfänger, ob der Vorsteuerabzug geltend gemacht bzw. zu welchem Zeitpunkt ein geltend gemachter Vorsteuerabzug zurückgezahlt wurde. Auf dieser Basis wird dem Schuldner der Umsatzsteuer mitgeteilt, für welchen Besteuerungszeitraum die Rechnungsberichtigung vorgenommen werden kann.

Beispiel 142

Kein Fall des § 14c Abs. 2 UStG liegt vor, wenn innerhalb einer **Organschaft** unter Ausweis von Umsatzsteuer abgerechnet wird. Da es sich hierbei um einen Innenumsatz handelt, sind die Abrechnungen, auch wenn in ihnen Umsatzsteuer ausgewiesen wird, nicht als Rechnungen, sondern als unternehmensinterne Buchungsbelege anzusehen. Die in diesen Abrechnungen ausgewiesene Umsatzsteuer wird somit nicht geschuldet.

1.5 Vorsteuerausschluss-Tatbestände

1.5.1 Nicht-abziehbare Betriebsausgaben

Nach § 15 Abs. 1a UStG ist der Vorsteuerabzug für bestimmte, ertragssteuerlich als nicht-abziehbare Betriebsausgaben zu behandelnde Aufwendungen ausgeschlossen.[123] Im Einzelnen handelt es sich bei den Vorsteuer-Ausschluss-Tatbeständen des § 15 Abs. 1a UStG um folgende Sachverhalte:

– **Geschenke** aus betrieblicher Veranlassung (z.B. an Geschäftsfreunde) werden vom Vorsteuerabzug ausgeschlossen, sobald der Netto-Wert des Geschenks EUR 35,– überschreitet. Er wird in diesem Fall in voller Höhe ausgeschlossen. Liegt der Wert des Geschenks unter EUR 35,–, so ist der volle Vorsteuerabzug möglich.

---

123 Gemäß § 15 Abs. 1a UStG fallen hierunter Aufwendungen, für die das Abzugsverbot des § 4 Abs. 5 Nr. 1–4, 7 oder des § 12 Nr. 1 EStG gilt. Nicht unter den Vorsteuerausschluss fällt die pauschale 30%ige Kürzung der Bewirtungskosten.

VI. Vorsteuerabzug und Vorsteuerberichtigung

Geschenke an Arbeitnehmer ermöglichen den Vorsteuerabzug. Die Zuwendung ist allerdings als unentgeltliche Wertabgabe steuerbar, es sei denn, es liegt eine Aufmerksamkeit vor.

- **Aufwendungen für Gästehäuser, Jagd, Segel- und Motorjachten** berechtigen nicht zum Vorsteuerabzug, soweit sie einkommensteuerlich unter die Abzugsverbote des § 4 Abs. 5 Nr. 3, 4 EStG fallen.
- **Kosten der Lebensführung**, die unter das Abzugsverbot des § 12 Nr. 1 EStG fallen, sind vom Vorsteuerabzug ausgeschlossen, auch wenn sie zur Förderung der unternehmerischen Tätigkeit erfolgen. Hierunter fallen beispielsweise Aufwendungen für Kleidung und Wohnung des Unternehmers oder für die Bewirtung von Geschäftsfreunden in der eigenen Wohnung.

Für **Bewirtungsaufwendungen** aus geschäftlicher Veranlassung gilt nach dem BFH-Urteil vom 10.2.2005[124] und der daraufhin durch das Jahressteuergesetz 2007 erfolgten gesetzlichen Änderung, dass die ertragsteuerliche Kürzung von jetzt 30% der nachgewiesenen und angemessenen Aufwendungen umsatzsteuerlich nicht zu einem Vorsteuerausschluss führt. Für die nachgewiesenen und angemessenen Bewirtungsaufwendungen kann somit der volle Vorsteuerabzug geltend gemacht werden.

Beispiel 143

Bei der Bewirtung von Arbeitnehmern, beispielsweise im Rahmen einer Betriebsweihnachtsfeier, spricht man im Unterschied zur geschäftlichen Veranlassung von betrieblicher Veranlassung; hier ist bei Vorliegen der übrigen Voraussetzungen der volle Betriebsausgaben- und Vorsteuerabzug zulässig.

1.5.2 Reise- und Umzugskosten

Nach dem durch das Steuerentlastungsgesetz mit Wirkung zum 01.04.1999 eingefügten § 15 Abs. 1a Nr. 2, 3 UStG war der Vorsteuerabzug auch für folgende Aufwendungen ausgeschlossen:

- Reisekosten des Unternehmers und seines Personals, soweit es sich um Verpflegungskosten, Übernachtungskosten oder um Fahrtkosten für Fahrzeuge des Personals handelte;
- Umzugskosten für einen Wohnungswechsel.

---

[124] BFH-Urteil vom 10.02.2005, V R 76/03, BStBl. II 2005, S. 509.

A. Die allgemeine Anwendung des Umsatzsteuergesetzes

Diese Einschränkungen wurden von der Verwaltung nicht mehr angewandt, da der BFH mit Urteil vom 23.11.2000[125] festgestellt hatte, dass für diesen Vorsteuerausschluss die gemeinschaftsrechtliche Grundlage nicht gegeben ist, so dass sich der Steuerpflichtige unmittelbar auf EU-Recht berufen kann. Durch die mittlerweile vollzogene Aufhebung von § 15 Abs. 1a Nr. 2, 3 UStG liegt dieser Vorsteuerausschluss-Tatbestand nicht mehr vor.

Reisekosten des Unternehmers und seines Personals berechtigen somit zum Vorsteuerabzug, soweit die übrigen Voraussetzungen dafür gegeben sind. Insbesondere muss beispielsweise bei Übernachtungskosten des Personals der Unternehmer als Leistungsempfänger in der Rechnung aufgeführt sein. Letzteres gilt nicht, soweit es sich um eine Kleinbetragsrechnung (bis EUR 150,–) handelt.

Beispiel 144

1.5.3 50%-Vorsteuerkürzung für gemischt-genutzte Fahrzeuge

Mit Wirkung ab dem 01.04.1999 wurde der Vorsteuerabzug durch § 15 Abs. 1b UStG für gemischt-genutzte, dem Unternehmensvermögen zugeordnete Fahrzeuge auf 50% begrenzt. Nach der gesetzlichen Regelung galt diese Regelung für nach dem 31.03.1999 angeschaffte oder gemietete Fahrzeuge, die teils unternehmerischen, teils nicht-unternehmerischen Zwecken dienen. Die für diese Vorsteuereinschränkung erforderliche Ermächtigung durch den Rat der Europäischen Union (veröffentlicht am 04.03.2000) wurde erst im Nachhinein gewährt und ist zum 31.12.2002 ausgelaufen. Im Urteil des EuGH vom 29.04.2004[126] wurde festgestellt, dass die rückwirkende Ermächtigung unwirksam ist. Mit Wirkung zum 1.1.2004 wurde die Vorschrift des § 15 Abs. 1b UStG aufgehoben.

Somit ergibt sich folgende zeitliche Anwendbarkeit des § 15 Abs. 1b UStG:

Datum PKW-Anschaffung	*Wirksamkeit von § 15 Abs. 1b UStG*
01.04.1999–04.03.2000	Beschränkung unwirksam
05.03.2000–31.12.2002	Beschränkung wirksam
01.01.2003–31.12.2003	Beschränkung unwirksam

---

[125] BFH-Urteil vom 23.11.2000, BStBl. II 2001, S. 266.
[126] EuGH-Urteil vom 29.04.2004, Rs. C-17/01, BStBl. II 2004, S. 806 = UR 2004, S. 315.

VI. Vorsteuerabzug und Vorsteuerberichtigung

In den Zeiträumen, in denen die Beschränkung des Vorsteuerabzugs unwirksam war, besteht für den Unternehmer die Möglichkeit, sich unmittelbar auf europäisches Recht zu berufen und somit den vollen Vorsteuerabzug geltend zu machen.

Ab 01.01.2004 ist die 50%-Regelung weggefallen. Somit ist bei vollem Vorsteuerabzug eine unentgeltliche Wertabgabe zu versteuern.

Sofern für ein Fahrzeug die 50%-Regelung angewandt wurde, besteht ab 2003 die Möglichkeit, eine Vorsteuerberichtigung nach § 15a UStG vorzunehmen, sofern eine unentgeltliche Wertabgabe versteuert wird. In diesem Fall können bis zum Ende des Berichtigungszeitraums anteilig die bisher nicht abgezogenen Vorsteuern aus den Anschaffungskosten geltend gemacht werden. Ab 2004 ist die Versteuerung der unentgeltlichen Wertabgabe zwingend[127]; wird dennoch nicht von der Möglichkeit der Vorsteuerberichtigung Gebrauch gemacht, so sind bei der Ermittlung der Bemessungsgrundlage für die private Kraftfahrzeugnutzung lediglich die laufenden (vorsteuerbelasteten) Unterhaltskosten, nicht jedoch die anteiligen Anschaffungskosten zu Grunde zu legen.

Beispiel 145

Bei ausschließlich unternehmerischer Nutzung oder unerheblicher privater Nutzung (weniger als 5%) war die Regelung des § 15 Abs. 1b UStG nicht anzuwenden. Entsprechendes galt bei der Überlassung von **Firmenwagen** für den privaten Bedarf des Personals.

1.6 Ausführung von zum Vorsteuerabzug berechtigenden Umsätzen

Eine weitere Voraussetzung für den Vorsteuerabzug ist, dass der Leistungsempfänger die in Anspruch genommenen Leistungen für sein Unternehmen und dort für Umsätze verwendet, die zum Vorsteuerabzug berechtigen. Die Eingangsleistung, für die der Vorsteuerabzug beansprucht wird, muss für eine Ausgangsleistung verwendet werden, die den Vorsteuerabzug ermöglicht.

Folgende Umsätze (Ausgangsleistungen) **berechtigen zum Vorsteuerabzug**:

1. steuerpflichtige Umsätze;

Beispiel 146

---

[127] Regelung des § 3 Abs. 9a S. 2 UStG ist weggefallen.

A. Die allgemeine Anwendung des Umsatzsteuergesetzes

2. nicht-steuerbare, weil im Ausland bewirkte Umsätze, die bei Ausführung im Inland steuerpflichtig wären;
Beispiel 147

3. nicht-steuerbare unentgeltliche Leistungen, die im unternehmerischen Interesse ausgeführt werden;
Beispiel 148

4. bestimmte steuerfreie Umsätze. Hierzu zählen:
   a) Umsätze im Sinne von § 4 Nr. 1–7 (Steuerbefreiungen, die insbesondere dazu dienen, den Export freizustellen, vgl. Tabelle über die steuerfreien Umsätze unter Abschnitt III.1. *Übersicht*),
   b) § 25 Abs. 2 (steuerfreie Reiseleistungen) und
   c) § 26 Abs. 5 UStG (steuerfreie Leistungen nach dem NATO-Zusatzabkommen, u. Ä.).

5. wegen Bewirkung im Ausland nicht-steuerbare Umsätze, die unter die genannten Steuerbefreiungen fallen würden,
Beispiel 149

6. Finanzumsätze im Sinne von § 4 Nr. 8 a) bis g) UStG und Versicherungsumsätze im Sinne von § 4 Nr. 10 a) UStG, soweit
   a) sie sich unmittelbar auf Ausfuhrlieferungen beziehen oder
   b) sie in Deutschland nicht steuerbar sind und an im Drittland ansässige Leistungsempfänger ausgeführt werden.
Beispiel 150

Alle übrigen Umsätze, also insbesondere nicht-begünstigte steuerfreie Umsätze führen zum Ausschluss vom Vorsteuerabzug. Für alle mit diesen Ausgangsleistungen verbundenen Eingangsleistungen wird der Vorsteuerabzug verwehrt.

1.7 Aufteilung der Vorsteuer

Werden von einem Unternehmer sowohl zum Vorsteuerabzug berechtigende (vorsteuerunschädliche), als auch den Vorsteuerabzug ausschließende (vorsteuerschädliche) Umsätze ausgeführt, so stellt sich die Frage, in welchem Umfang die auf den Eingangsleistungen lastenden Vorsteuerbeträge geltend zu machen sind.

Die Aufteilung der Vorsteuerbeträge hat in einem zweistufigen Verfahren zu erfolgen. Vorrang hat zunächst die direkte Zuordnung von Eingangsleistungen zu entsprechenden Ausgangsleistungen. Werden be-

VI. Vorsteuerabzug und Vorsteuerberichtigung

stimmte Eingangsleistungen in vollem Umfang für vorsteuerunschädliche Umsätze verwendet, so sind die betreffenden Vorsteuern in vollem Umfang abzugsfähig. Entsprechend sind Eingangsleistungen, die ausschließlich zur Bewirkung von vorsteuerschädlichen Ausgangsleistungen in Anspruch genommen werden, vom Vorsteuerabzug in vollem Umfang ausgeschlossen.

Für Eingangsleistungen, die keine direkte Zuordnung zulassen (z. B. allgemeine Verwaltungskosten), sind die betreffenden Vorsteuern aufzuteilen. Die Aufteilung ist im Wege einer sachgerechten Schätzung vorzunehmen. Sie soll sich dabei grundsätzlich am Prinzip der wirtschaftlichen Zuordnung orientieren, wie sie sich etwa aus Gesichtspunkten der Kostenrechnung ergibt. Soweit kein anderer sachgerechter Aufteilungsmaßstab besteht, ist auch die Aufteilung nach dem Verhältnis der Umsätze möglich.

Beispiele 151–152

2. Berichtigung des Vorsteuerabzugs

Über den Vorsteuerabzug ist zum Zeitpunkt des Leistungsbezugs nach den zu dieser Zeit gültigen Verhältnissen zu entscheiden. Ändern sich in der Folgezeit die für den Vorsteuerabzug maßgebenden Verhältnisse, so würde sich für den Unternehmer ein ungerechtfertigter Steuervorteil bzw. -nachteil ergeben. Dem entgegenzuwirken, ist der Zweck der in § 15a UStG[128] geregelten Berichtigung des Vorsteuerabzugs.

Die wesentlichen Tatbestände der Vorsteuerberichtigung nach § 15a UStG gliedern sich wie folgt:
- Vorsteuerberichtigung bei Wirtschaftsgütern des Anlagevermögens (§ 15a Abs. 1 UStG),
- Vorsteuerberichtigung bei Wirtschaftsgütern des Umlaufvermögens (§ 15a Abs. 2 UStG),
- Vorsteuerberichtigung bei Bestandteilen, die in ein Wirtschaftsgut eingehen (§ 15a Abs. 3 UStG),
- Vorsteuerberichtigung bei sonstigen Leistungen, die an einem Wirtschaftsgut ausgeführt werden (§ 15a Abs. 4 UStG).

Der „klassische Fall" der Vorsteuerberichtigung ist in Absatz 1 geregelt: Ändern sich für ein Wirtschaftsgut, das nicht nur zur einmaligen

---
128 Vgl. Art. 184–192 MWStSystRL.

A. Die allgemeine Anwendung des Umsatzsteuergesetzes

Ausführung von Umsätzen verwendet wird, (= **Wirtschaftsgut des Anlagevermögens**) während des Berichtigungszeitraums die für den Vorsteuerabzug maßgebenden Verhältnisse, so ist eine Vorsteuerberichtigung veranlasst. Der Berichtigungszeitraum beträgt für Grundstücke und Gebäude 10 Jahre, für die übrigen Wirtschaftsgüter 5 Jahre.

Beim Vorsteuerabzug für Investitionsgüter ist daher in systematischer Sicht wie folgt zu verfahren:

1. Zum **Zeitpunkt der Anschaffung oder Herstellung** des Wirtschaftsgutes wird nach den zu dieser Zeit gültigen Verhältnissen über den gesamten Vorsteuerbetrag entschieden. **Beispiel 153**

2. In der Folgezeit ist zu prüfen, ob die dann gegebenen Verhältnisse von den ursprünglichen Verhältnissen abweichen. Der Zeitraum, in dem der Vorsteuerabzug für das Wirtschaftsgut zu überwachen ist, wird dabei grundsätzlich auf 5 Jahre, bei Grundstücken auf 10 Jahre begrenzt. So ist bei einem Grundstück in jedem der neun Folgejahre zu prüfen, ob eine Vorsteuerberichtigung vorzunehmen ist. Die gegebenenfalls durchzuführende Berichtigung bezieht sich lediglich auf ein Zehntel (bei anderen Wirtschaftsgütern auf ein Fünftel) des Vorsteuerbetrages und wird in dem betreffenden Kalenderjahr wirksam. Es kommt also nicht zu einer rückwirkenden Änderung der Erstjahres-Veranlagung.

Im Einzelnen sind folgende Voraussetzungen an die Vorsteuerberichtigung nach § 15a Abs. 1 UStG geknüpft:

1. Es liegt ein **Wirtschaftsgut** vor, das über das Kalenderjahr der erstmaligen Verwendung hinaus dem Unternehmen dient und das unter Einschluss von abziehbarer Vorsteuer angeschafft oder hergestellt wurde. Voraussetzung ist also, dass sich das Wirtschaftsgut im Unternehmensvermögen befindet.
2. Es kommt zu einer **Änderung der Verhältnisse** gegenüber dem Jahr der erstmaligen Verwendung.
3. Die Änderung der Verhältnisse fällt in den **Berichtigungszeitraum**, der mit der erstmaligen Verwendung des Wirtschaftsgutes für das Unternehmen beginnt und fünf bzw. bei Grundstücken zehn Jahre andauert. Liegt die betriebsgewöhnliche Nutzungsdauer des Wirtschaftsgutes unter 5 Jahren, so ist der Berichtigungszeitraum entsprechend zu kürzen. **Beispiel 154**

VI. Vorsteuerabzug und Vorsteuerberichtigung

Als Änderung der Verhältnisse kommen folgende Möglichkeiten in Betracht:
- Änderung der Abzugsquote (z. B. durch Änderung des Anteils der steuerpflichtigen Vermietung gegenüber der steuerfreien Vermietung)
- Veräußerung des Wirtschaftsgutes,
- Entnahme des Wirtschaftsgutes.

Veräußerung und Entnahme des Wirtschaftsgutes bedingen nur dann eine Vorsteuerberichtigung, wenn sich hierdurch die Abzugsquote ändert. Dies ist der Fall, wenn die Veräußerung oder die unentgeltliche Wertabgabe hinsichtlich der Abzugsschädlichkeit anders zu beurteilen sind als nach den Verhältnissen der ursprünglichen Verwendung des Wirtschaftsgutes. Wird also beispielsweise ein Gebäude, das zu 50 % steuerpflichtig und zu 50 % steuerfrei vermietet gewesen war, zu 80 % steuerpflichtig veräußert, so liegt eine Änderung der Verhältnisse vor. Sie führt zu einer Vorsteuerberichtigung, soweit der Berichtigungszeitraum noch nicht abgelaufen ist. Bei Veräußerung oder Entnahme des Wirtschaftsgutes besitzt die Änderung der Verhältnisse endgültigen Charakter. Dennoch wird die Vorsteuerberichtigung nicht vollständig im Jahr der Veräußerung oder Entnahme durchgeführt. Vielmehr bedient man sich der Fiktion, dass das Wirtschaftsgut bis zum Ende des Berichtigungszeitraums entsprechend der Veräußerung verwendet wird. Die Vorsteuerberichtigung verteilt sich also auf die Jahre bis zum Ende des Berichtigungszeitraums.

Beispiele 155–156

Für Wirtschaftsgüter, die nur einmalig zur Ausführung von Umsätzen verwendet werden, (= **Wirtschaftsgüter des Umlaufvermögens**) ist nach der zum 1.1.2005 wirksam gewordenen Gesetzesänderung eine Vorsteuerberichtigung durchzuführen. Die Vorsteuerberichtigung nach § 15a Abs. 2 UStG ist unabhängig von einem Berichtigungszeitraum durchzuführen. Eine steuerfreie Veräußerung eines mit Vorsteuerabzug erworbenen Grundstücks durch einen Grundstückshändler hat somit ohne Befristung durch einen Berichtigungszeitraum eine Berichtigung der Vorsteuer zur Folge.

Beispiel 157

§ 15a Abs. 3 UStG[129] erfasst die Fälle, in denen Bestandteile nachträglich in ein Wirtschaftsgut eingehen (z. B. Einbau eines Austausch-

---

[129] Durch Richtlinien-Umsetzungsgesetz vom 19.12.2004 (BGBl. I 2004, S. 3310, BStBl. I 2004, S. 1158) mit Wirkung ab 01.01.2005 eingefügt.

A. Die allgemeine Anwendung des Umsatzsteuergesetzes

motors). Eine Vorsteuerberichtigung kommt hier sowohl für Bestandteile in Frage, die in Wirtschaftsgüter des Anlagevermögens wie auch solche die in Wirtschaftsgüter des Umlaufvermögens eingehen. Im wesentlich häufigeren Fall der Berichtigung für Gegenstände des Anlagevermögens läuft für den Bestandteil ein eigenständiger Berichtigungszeitraum.

Durch § 15a Abs. 4 UStG[130] werden auch sonstige Leistungen, die an einem Wirtschaftsgut ausgeführt werden, in die Vorsteuerberichtigung mit einbezogen. Hierunter fällt beispielsweise der Fassadenanstrich eines Hauses, soweit hinsichtlich des Vorsteuerabzugs eine Änderung der Verhältnisse eintritt.

Soweit im Rahmen einer Maßnahme mehrere Gegenstände in das Wirtschaftsgut eingehen oder mehrere sonstige Leistungen an dem Gegenstand ausgeführt werden, sind diese ab 1.1.2007 zu einem Berichtigungsobjekt zusammenzufassen.

Beispiel 158

Eine Vorsteuerberichtigung ist möglicherweise auch veranlasst, sofern ein Wechsel der Besteuerungsform vorliegt (z.B. Wechsel von der Regelbesteuerung zur Besteuerung als Kleinunternehmer).[131]

Um das Verfahren der Vorsteuerberichtigung zu vereinfachen, bestehen die folgenden Regelungen:

- Die Vorsteuerberichtigung wird immer für volle Monate vorgenommen. Bei erstmaliger Nutzung des Wirtschaftsgutes vor dem 16. eines Monats rechnet der betreffende Monat zum Berichtigungszeitraum hinzu, bei erstmaliger Nutzung nach dem 15. eines Monats beginnt der Berichtigungszeitraum im Folgemonat.[132]
- Beträgt der Vorsteuerbetrag der Anschaffungs- bzw. Herstellungskosten weniger als EUR 1.000,–, so unterbleibt die Vorsteuerberichtigung.[133]
- Ändert sich die für den Vorsteuerabzug maßgebende Nutzung des Wirtschaftsgutes um weniger als 10% gegenüber den ursprünglichen Verhältnissen, so entfällt die Vorsteuerberichtigung, es sei

---

130 Durch Richtlinien-Umsetzungsgesetz vom 19.12.2004 (BGBl. I 2004, S. 3310, BStBl. I 2004, S. 1158) mit Wirkung ab 01.01.2005 eingefügt.
131 § 15a Abs. 7 UStG.
132 § 45 UStDV.
133 § 44 Abs. 1 UStDV.

denn, der Vorsteuerberichtigungsbetrag für das betreffende Kalenderjahr übersteigt EUR 1.000,–.[134]
- Beträgt die Vorsteuer aus den Anschaffungs- und Herstellungskosten nicht mehr als EUR 2.500,–, so wird die Vorsteuerberichtigung aufgeschoben bis zum Kalenderjahr, in dem der Berichtigungszeitraum endet.[135]

Beispiel 159

3. Vorsteuerabzug nach allgemeinen Durchschnittssätzen

Unter der Voraussetzung des § 23 UStG i.V.m. §§ 69–70 UStDV besteht die Möglichkeit für nicht-buchführungspflichtige Unternehmer, die Vorsteuer nach allgemeinen Durchschnittssätzen zu berechnen. Voraussetzung ist, dass der Umsatz des Unternehmers im vorangegangenen Jahr EUR 61.356,– nicht überstiegen hat. In der Anlage zu den §§ 69–70 UStDV sind die einzelnen Gewerbe- und Berufszweige mit den jeweiligen Durchschnittssätzen genannt.

Beispiel 160

VII. Besteuerungsformen und Besteuerungsverfahren

1. Regelbesteuerung

Die Umsatzsteuer ist nach dem Regelbesteuerungsverfahren (§ 18 Abs. 1 bis 4 UStG) eine Veranlagungssteuer, die der Unternehmer selbst zu berechnen und anzumelden hat. Besteuerungszeitraum ist dabei grundsätzlich das Kalenderjahr, in Einzelfällen sind auch kürzere Veranlagungszeiträume möglich.

1.1 Zeitpunkt der Entstehung der Steuer

Die Steuer für einen Umsatz entsteht grundsätzlich zu dem Zeitpunkt, an dem die Leistung ausgeführt wird (Soll-Besteuerung).[136] Werden vor (vollständiger) Ausführung der Leistung Anzahlungen geleistet, so entsteht die Umsatzsteuer für diese Anzahlungen bereits mit Zahlungseingang.[137]

---

134 § 44 Abs. 2 UStDV.
135 § 44 Abs. 3 UStDV.
136 § 13 Abs. 1 Nr. 1a UStG; Art. 63 MWStSystRL.
137 § 13 Abs. 1 Nr. 1a Satz 4 UStG; Art. 65 MWStSystRL.

A. Die allgemeine Anwendung des Umsatzsteuergesetzes

Abweichend von der grundsätzlich gültigen Besteuerung nach vereinbarten Entgelten (**Soll-Besteuerung**), kann auf Antrag die Besteuerung nach vereinnahmten Entgelten (**Ist-Besteuerung**)[138] durchgeführt werden, wenn eine der folgenden Voraussetzungen erfüllt ist:

1. Der Gesamtumsatz im Sinne des § 19 Abs. 3 UStG (vgl. Abschnitt 5.2 *Gesamtumsatz*) des betreffenden Unternehmers hat im vorangegangenen Jahr nicht mehr als EUR 250.000,–[139] betragen.
2. Es besteht keine Buchführungspflicht.
3. Der Unternehmer führt Umsätze aus einer Tätigkeit in einem freien Beruf aus.

Unterliegt der Unternehmer der Ist-Besteuerung, so entsteht die Umsatzsteuer mit dem Zahlungseingang. Sind beispielsweise Ratenzahlungen vereinbart, so wird die Steuer nach Ablauf des Voranmeldungszeitraums fällig, in dem die einzelnen Teilentgelte geleistet werden und der Zahlungsempfänger wirtschaftlich über sie verfügen kann.

Beispiel 161

Unabhängig davon, ob Soll- oder Ist-Besteuerung durchgeführt wird, richtet sich der Vorsteuerabzug nach den in § 15 UStG festgelegten Prinzipien. Danach ist der Vorsteuerabzug zu dem Zeitpunkt möglich, in dem die Leistung ausgeführt und dem Leistungsempfänger in Rechnung gestellt wurde. Werden vor (vollständiger) Ausführung der Leistung Teilbeträge bezahlt, so ist der Vorsteuerabzug bereits zu diesem Zeitpunkt zulässig, falls vom leistenden Unternehmer eine Anzahlungsrechnung erstellt wurde. Abgesehen von der für Anzahlungen gültigen Sonderregelung werden für den Vorsteuerabzug durchgängig die Prinzipien der „Soll-Besteuerung" zu Grunde gelegt.

Beispiel 162

1.2 Umsatzsteuer-Voranmeldung

Gemäß § 18 Abs. 2 UStG ist der maßgebende Voranmeldungszeitraum grundsätzlich das Kalendervierteljahr. Betrug die Umsatzsteuerschuld im vergangenen Kalenderjahr mehr als EUR 6.136,–, so ist der Unternehmer zur monatlichen Abgabe der Umsatzsteuer-Voranmeldung verpflichtet. Lag die Umsatzsteuerschuld im vorangegangenen Jahr dage-

---

138 § 13 Abs. 1 Nr. 1 b UStG i.V. m. § 20 UStG; Art. 66 MWStSystRL.
139 Umsatzgrenze wurde durch Gesetz vom 26.04.2006 mit Wirkung ab 01.07.2006 von EUR 125.000,– auf EUR 250.000,– heraufgesetzt. Für das Beitrittsgebiet gilt übergangsweise bis zum 31.12.2009 eine Umsatzgrenze von EUR 500.000,–.

VII. Besteuerungsformen und Besteuerungsverfahren

gen nicht über EUR 512,–, so kann das Finanzamt den Unternehmer von der Pflicht zur Abgabe von Voranmeldungen und zur Leistung von Vorauszahlungen entbinden.

Beispiel 163

Ist nach der Umsatzsteuerschuld des Vorjahres die Voranmeldung vierteljährlich abzugeben, so besteht grundsätzlich keine Möglichkeit zur monatlichen Abgabe. Eine Ausnahme besteht lediglich dann, wenn sich im vorangegangenen Kalenderjahr ein Überschuss von mehr als EUR 6.136,– zugunsten des Unternehmers ergeben hatte. In diesem Fall kann der Unternehmer als Voranmeldungszeitraum den Kalendermonat wählen.

Ab 1.1.2002 haben Unternehmer, die ihre berufliche oder gewerbliche Tätigkeit aufnehmen, im Gründungs- und im folgenden Kalenderjahr ihre Voranmeldungen zwingend im monatlichen Rhythmus abzugeben.

Die Umsatzsteuer-Voranmeldung ist ab dem 1.1.2005 grundsätzlich auf elektronischem Weg (beispielsweise im Verfahren **ELSTER**) zu übermitteln. Nur in Ausnahmefällen können die Voranmeldungen auf Antrag noch in Papierform abgegeben werden.

Die Voranmeldung ist bis zum 10. des auf das Ende des Voranmeldungszeitraums folgenden Monat abzugeben. Zu diesem Zeitpunkt wird auch die Zahlung der laut Anmeldung geschuldeten Steuer fällig. Die bei verspäteter Abgabe bisher gültige Schonfrist von 5 Werktagen, wird ab 2004 nicht mehr gewährt. Die verspätete Abgabe kann das Finanzamt mit der Festsetzung von Verspätungszuschlägen ahnden. Diese können bis zu 10% des geschuldeten Steuerbetrages und maximal EUR 25.000,– betragen (§ 152 AO). Bei verspäteter Zahlung der fälligen Umsatzsteuer werden Säumniszuschläge in Höhe von 1% der Steuerschuld pro angefangenem Monat festgesetzt (§ 240 AO).

Beispiel 164

Auf Antrag kann das Finanzamt dem Unternehmer für die Abgabe der Voranmeldungen und die Leistung der Vorauszahlung eine **Dauerfristverlängerung** von einem Monat gewähren. Ist der Unternehmer zur monatlichen Abgabe der Umsatzsteuer-Voranmeldungen verpflichtet, so wird die Dauerfristverlängerung nur gewährt, wenn eine Sondervorauszahlungen in Höhe von 1/11 der für das Vorjahr angemeldeten Steuerschuld entrichtet wird. Diese Sondervorauszahlung ist zum 10.02. des Jahres fällig, für das die Fristverlängerung beantragt wird.

Beispiel 165–166

A. Die allgemeine Anwendung des Umsatzsteuergesetzes

1.3 Umsatzsteuererklärung

Der Unternehmer ist verpflichtet, für jedes Kalenderjahr eine eigenhändig unterschriebene Umsatzsteuererklärung nach amtlich vorgeschriebenem Vordruck abzugeben. Die Höhe der Steuerschuld bzw. des Erstattungsanspruchs ist vom Steuerpflichtigen selbst zu ermitteln. Sämtliche steuerpflichtigen Umsätze mit Ausnahme der Einfuhren sind bei der Berechnung der Steuerschuld heranzuziehen. Anzugeben sind auch die im Kalenderjahr bewirkten steuerfreien Umsätze.

Beispiel 167

Die Umsatzsteuererklärung ist grundsätzlich bis zum 31. Mai des folgenden Kalenderjahres abzugeben. Die Steueranmeldung wirkt mit dem Eingang beim Finanzamt als Steuerfestsetzung unter dem Vorbehalt der Nachprüfung. Ein Steuerbescheid kann vom Finanzamt erteilt werden. Eine Verpflichtung hierzu besteht für das Finanzamt jedoch nicht, es sei denn die Steuer wird abweichend von der Erklärung festgesetzt.

Auf die Behandlung einzelner Sachverhalte in der Umsatzsteuererklärung wird in Teil C. eingegangen. Verwiesen sei auch auf das im Anhang abgedruckte Musterformular.

2. Beförderungseinzelbesteuerung

Die in § 18 Abs. 5 UStG geregelte Beförderungseinzelbesteuerung stellt eine Ausnahme vom üblichen Besteuerungsverfahren dar. Sie findet Anwendung bei der Personenbeförderung mit Omnibussen, soweit eine Personenbeförderung im Inland mit Bussen aus dem Drittlandsgebiet durchgeführt wird. Von der Beförderungseinzelbesteuerung nicht erfasst werden Beförderungen im Linienverkehr. Bei der Festlegung der Bemessungsgrundlage wird ein pauschales Durchschnittsbeförderungsentgelt von 4,43 Cent je Kilometer und Person zu Grunde gelegt (§ 25 UStDV). Damit ergibt sich bei einem Steuersatz von 19% ein Steuerbetrag von 0,84 Cent (EUR $0,0443 \times 19\%$) pro Personenkilometer.

Der Beförderer hat bei der zuständigen Zolldienststelle für jede einzelne Fahrt, die im Inland durchgeführt wird, eine Steuererklärung abzugeben und den sich aus der Kilometer- und Personenzahl errechneten Steuerbetrag zu entrichten. Die Steuererklärung, auf der die festgesetzte Steuer quittiert wird, ist vom Beförderer während der Fahrt mit sich zu führen.

Beispiel 168

3. Steuerschuldnerschaft des Leistungsempfängers

Für Umsätze ausländischer Unternehmer in Deutschland wurde das zuvor gültige Abzugsverfahren, an das die sog. „Nullregelung" als Vereinfachungsvorschrift gekoppelt war, mit Wirkung ab 01.01.2002 ersetzt durch den Übergang der Steuerschuldnerschaft auf den Leistungsempfänger, das sog. Reverse-Charge-Verfahren.

In der Regel führen beide Verfahren zu vergleichbaren wirtschaftlichen Ergebnissen, der Unterschied besteht systematisch gesehen darin, dass der Leistungsempfänger beim Abzugsverfahren Haftungsschuldner ist, beim Reverse-Charge-Verfahren dagegen Steuerschuldner.

Für folgende steuerpflichtige Umsätze kommt der Übergang der Steuerschuldnerschaft nach § 13b UStG zur Anwendung:

1. Werklieferungen und sonstige Leistungen eines im Ausland ansässigen Unternehmers;
2. Lieferungen sicherungsübereigneter Gegenstände durch den Sicherungsgeber an den Sicherungsnehmer;[140]
3. Umsätze, die unter das Grunderwerbsteuergesetz fallen;[141]
4. Bauleistungen inländischer Unternehmer;[142]
5. Lieferungen von Gas und Elektrizität eines im Ausland ansässigen Unternehmers im Sinne von § 3g UStG.[143]

Für **Werklieferungen und sonstige Leistungen ausländischer Unternehmer** kommt § 13b Abs. 1 Nr. 1 UStG[144] zur Anwendung, wenn folgende Tatbestandsvoraussetzungen vorliegen:

---

[140] Erweiterung auf Umsätze inländischer Unternehmer wurde wirksam zum 1.4.2004 (Haushaltsbegleitgesetz vom 29.12.2003, BGBl. I 2003, S. 3076); da die Regelung insoweit nicht EU-richtlinienkonform ist, musste eine entsprechende Ermächtigung eingeholt werden. Diese Ermächtigung des Europäischen Rates wurde am 30.03.2004 ausgesprochen (ABl. EU Nr. L 94, S. 59).

[141] Erweiterung auf Umsätze inländischer Unternehmer wurde wirksam zum 01.04.2004.

[142] Regelung wurde wirksam zum 1.4.2004.

[143] Einfügt durch Richtlinien-Umsetzungsgesetz vom 09.12.2004 (BGBl. I 2004, S. 3310) mit Wirkung ab 01.01.2005.

[144] Vgl. Art. 194 und 196 MWStSystRL: Art. 194 MWStSystRL eröffnet dem Gesetzgeber im einzelnen Mitgliedstaat die Möglichkeit, das Reverse-Charge-Verfahren für Lieferungen und sonstige Leistungen ausländischer Unternehmer vorzusehen;

A. Die allgemeine Anwendung des Umsatzsteuergesetzes

1. Der leistende Unternehmer ist nicht im Inland ansässig;
2. der leistende Unternehmer führt eine der folgenden im Inland steuerpflichtigen Leistungen aus:
   - Werklieferung,
   - sonstige Leistung;
3. der Leistungsempfänger ist ein Unternehmer oder eine juristische Person des öffentlichen Rechts.

Die Steuerschuldnerschaft nach § 13b UStG findet keine Anwendung bei Personenbeförderungen, die unter die Beförderungseinzelbesteuerung fallen (z.B. Reisebus aus Russland) oder bei Personenbeförderungen mit dem Taxi. So hat also beispielsweise ein deutscher Unternehmer, der in Deutschland die Dienste eines französischen Taxifahrers in Anspruch genommen hat, nicht für die auf die Taxibeförderung entfallende Umsatzsteuer aufzukommen. Ausgenommen sind mit Wirkung ab 1.1.2007 auch Leistungen eines im Ausland ansässigen Unternehmers hinsichtlich der Veranstaltung oder Durchführung von Messen, Ausstellungen oder Kongressen.[145]

Bei **Lieferungen**, die von im Ausland ansässigen Unternehmern im Inland ausgeführt werden, kann das Reverse-Charge-Verfahren außer in den genannten Ausnahmefällen nicht angewandt werden. Dies spielt insbesondere bei Reihengeschäften eine entscheidende Rolle: da es sich hierbei um Lieferungen handelt, ist die Verlagerung der Steuerschuld auf den Leistungsempfänger unmöglich.

Die Steuerschuldnerschaft nach § 13b UStG gilt für Leistungsempfänger, die Unternehmer oder juristische Personen des öffentlichen Rechts sind. Auch Kleinunternehmer, pauschalversteuernde Land- und Forstwirte und Unternehmer, die ausschließlich steuerfreie Umsätze ausführen, fallen unter diese Regelung. Die Steuerschuldnerschaft erstreckt sich auch auf im Ausland ansässige Leistungsempfänger sowie auf Umsätze, die sich auf den nichtunternehmerischen Bereich des Leistungsempfängers beziehen.

Beispiel 169

Im **Ausland ansässig** ist ein Unternehmer, der im Inland weder Wohnsitz, Geschäftsleitung, Sitz noch eine Zweigniederlassung unterhält.

Art. 196 MWStSystRL sieht den Übergang der Steuerschuldnerschaft bei Ausführung bestimmter Dienstleistungen (u.a. Katalogleistungen) durch ausländische Unternehmer zwingend vor.

145 § 13b Abs. 3 Nr. 4 und Nr. 5 UStG.

VII. Besteuerungsformen und Besteuerungsverfahren

Eine Ansässigkeit im Ausland ist dann zu verneinen, wenn der Unternehmer ein im Inland gelegenes Grundstück steuerfrei oder steuerpflichtig vermietet. Dagegen lässt die Tatsache, dass der leistende Unternehmer bei einem deutschen Finanzamt geführt wird oder eine deutsche USt.-IdNr. verwendet, nicht den Schluss zu, dass Ansässigkeit im Inland vorliegt. Bestehen Zweifel hinsichtlich der Ansässigkeit im Inland, so ist vom Leistungsempfänger nur dann auf die Anwendung des Reverse-Charge-Verfahrens zu verzichten, wenn der leistende Unternehmer durch entsprechende Bescheinigung des Finanzamtes nachweist, dass er im Inland ansässig ist.

Die Umsatzsteuer nach § 13b UStG entsteht mit Ausstellung der Rechnung, spätestens jedoch mit Ablauf des auf die Ausführung der Leistung folgenden Monats.

Beispiel 170

Die nach § 13b UStG geschuldete Umsatzsteuer ist als Vorsteuer abzugsfähig, sofern der Leistungsempfänger die entsprechende Leistung für sein Unternehmen bezieht und für vorsteuerunschädliche Umsätze verwendet.

Bei Veräußerung **sicherungsübereigneter Gegenstände** werden zwei Lieferungen ausgeführt: Die Lieferung des Sicherungsgebers an den Sicherungsnehmer und die Lieferung des Sicherungsnehmers an den Abnehmer. Für erstere Lieferung geht die Steuerschuldnerschaft nach § 13b UStG über.

Beispiel 171

Nach der zum 1.4.2004 wirksam gewordenen Neuregelung geht für bestimmte **Bauleistungen** auch inländischer Unternehmer die Steuerschuld auf den Leistungsempfänger über.[146] Folgende Voraussetzungen sind im Einzelnen an den Übergang der Steuerschuldnerschaft geknüpft:

- **Art der Bauleistungen**
  Unter die Regelung des § 13b UStG fallen Werklieferungen und sonstige Leistungen, die der Herstellung, Instandsetzung, Instandhaltung, Änderung oder Beseitigung von Bauwerken dienen. Dazu zählt auch der Einbau von Türen und Fenstern sowie Bodenbelägen, Aufzügen und Heizungsanlagen, aber auch von Einrichtungsgegen-

---
146 § 13b Abs. 1 Nr. 4 UStG.

A. Die allgemeine Anwendung des Umsatzsteuergesetzes

ständen, die fest mit dem Gebäude verbunden werden, wie z.B. Ladeneinbauten, Schaufensteranlagen, Gaststätteneinrichtungen. Nicht nur der Neubau, sondern auch die Erhaltung bestehender Bauwerke fällt unter die Neuregelung; Letztere allerdings nur, wenn das Nettoentgelt für den einzelnen Umsatz EUR 500,- übersteigt.

Folgende Leistungen fallen nicht unter § 13b UStG:
- Reinigungsleistungen ohne Substanzveränderung
- Materiallieferungen
- Zurverfügungstellung von Baugeräten ohne Bedienungspersonal
- Messe- und Gerüstbau
- Entsorgung von Baumaterialien
- Anlegen und Pflege von Bepflanzungen
- Arbeitnehmerüberlassung.

– **Leistungsempfänger erbringt Bauleistungen**:
Zweite wesentliche Voraussetzung für die Anwendung von § 13b UStG ist, dass der Leistungsempfänger selbst Bauleistungen erbringt. Hiervon ist auszugehen, wenn
- der Leistungsempfänger im vorangegangenen Kalenderjahr Bauleistungen erbracht hat und diese mehr als 10% seines Gesamtumsatzes ausgemacht haben
- der Leistungsempfänger dem leistenden Unternehmer eine gültige Freistellungsbescheinigung nach § 48b EStG vorlegt.

Bauträger, die lediglich steuerfreie Grundstückslieferungen ausführen, fallen somit nicht unter die Regelung.

Dagegen fällt auch der nicht-unternehmerische Bereich des Bauunternehmers in den Anwendungsbereich von § 13b UStG. Werden somit Bauleistungen für im Privatvermögen befindliche Grundstücke des Bauunternehmers ausgeführt, so geht die Steuerschuldnerschaft für diese Umsätze auf den Bauunternehmer über. Er hat die Umsatzsteuer anzumelden; ein Vorsteuerabzug wird in der Regel nicht möglich sein. Hierbei ist jedoch sorgfältig zu unterscheiden, wer als Bauunternehmer gilt. So ist beispielsweise ein Mitunternehmer einer Baugesellschaft in der Rechtsform einer KG umsatzsteuerlich nicht selbst als Bauunternehmer anzusehen. (Bau-)Unternehmer ist in diesem Fall lediglich die Personengesellschaft, nicht der einzelne Gesellschafter.

VII. Besteuerungsformen und Besteuerungsverfahren

4. Vorsteuer-Vergütungsverfahren

Zum Vorsteuerabzug können auch im Ausland ansässige Unternehmer berechtigt sein. Soweit sie in Deutschland nicht dem Regelbesteuerungsverfahren unterliegen, können sie die ihnen in Rechnung gestellten Vorsteuerbeträge im Vorsteuer-Vergütungsverfahren beim Bundeszentralamt für Steuern zurückfordern. Die Regelbesteuerung kommt dann nicht zur Anwendung, wenn der im Ausland ansässige Unternehmer entweder im Inland keinerlei steuerbare Umsätze ausführt oder lediglich folgende Umsätze im Inland bewirkt hat:

a) nach § 4 Nr. 3 UStG steuerfreie Beförderungsleistungen;
b) Personenbeförderungen, die der Beförderungseinzelbesteuerung unterliegen;
c) Umsätze, für die der Leistungsempfänger nach § 13b UStG die Umsatzsteuer schuldet;
d) innergemeinschaftliche Erwerbe und daran anschließende Lieferungen im Rahmen von innergemeinschaftlichen Dreiecksgeschäften (vgl. Abschnitt B.IV.2. *Das innergemeinschaftliche Dreiecksgeschäft*).

Beispiel 172

Für Unternehmer, die nicht im Gemeinschaftsgebiet ansässig sind, bestehen Einschränkungen im Vorsteuer-Vergütungsverfahren. Die Vergütung der Vorsteuer wird von der Gegenseitigkeit, also von der Tatsache abhängig gemacht, ob ein im Inland ansässiger Unternehmer in dem betreffenden Staat einen entsprechenden Anspruch auf Vorsteuervergütung besitzt. Des Weiteren ist für im Drittlandsgebiet ansässige Unternehmer der Abzug von Vorsteuern ausgeschlossen, die auf den Bezug von Kraftstoffen entfallen.

Beispiel 173

Das Vorsteuer-Vergütungsverfahren wird nur angewendet, wenn der zu erstattende Vorsteuerbetrag mindestens EUR 25,- (für Unternehmer, die außerhalb des Gemeinschaftsgebietes ansässig sind: EUR 250,-) beträgt. Vergütungszeitraum ist grundsätzlich ein Drei-Monats-Zeitraum innerhalb eines Kalenderjahres. Liegen die Vergütungsbeträge unter EUR 200,- (Drittlandsunternehmer: unter EUR 500,-), so ist die Vorsteuervergütung kalenderjährlich zu beantragen. Dem Antrag auf amtlichem Vordruck sind neben einer Bescheinigung der Unternehmereigenschaft und Ansässigkeit im Ausland sämtliche Rechnungen

A. Die allgemeine Anwendung des Umsatzsteuergesetzes

und Belege über gezahlte Einfuhrumsatzsteuer im Original beizufügen. Der Antrag ist spätestens bis zum 30.06. des Folgejahres zu stellen.

5. Kleinunternehmer

5.1 Voraussetzungen und Rechtsfolgen

Kleinunternehmer ist ein Unternehmer, dessen Gesamtumsatz im vergangenen Geschäftsjahr EUR 17.500,–[147] nicht überstiegen hat und dessen voraussichtlicher Gesamtumsatz im laufenden Geschäftsjahr EUR 50.000,– nicht übersteigt. Beide Voraussetzungen müssen erfüllt sein, d. h. sowohl die Umsatzgrenze für das vergangene als auch die für das laufende Geschäftsjahr müssen unterschritten sein. Für Kleinunternehmer wird die Umsatzsteuer nicht erhoben, d. h. für das empfangene Entgelt muss Umsatzsteuer weder herausgerechnet noch abgeführt werden. Im Gegenzug dürfen Kleinunternehmer keine Rechnung mit gesondertem Steuerausweis erteilen und sind nicht zum Vorsteuerabzug berechtigt. Der betreffende Unternehmer kann jedoch auch auf seinen Kleinunternehmer-Status verzichten und sich der Regelbesteuerung unterwerfen. In jedem Fall wird der Verzicht auf die Behandlung als Kleinunternehmer dann von Vorteil sein, wenn ausschließlich an Unternehmer geleistet wird, die zum Vorsteuerabzug berechtigt sind.

Beispiel 174

5.2 Gesamtumsatz

Bei der Prüfung der Umsatzgrenze ist zu beachten, dass nicht alle Umsätze eines Unternehmers in den Gesamtumsatz eingehen. Bestimmte steuerfreie Umsätze bleiben bei der Berechnung des Gesamtumsatzes außer acht.

Zum Gesamtumsatz zählen alle steuerbaren Umsätze mit Ausnahme der Einfuhr sowie abzüglich der steuerfreien Umsätze gemäß § 4 Nr. 8 i, Nr. 9 b und Nr. 11–28 UStG. Zusätzlich sind die steuerfreien Umsätze nach § 4 Nr. 8 a–h, Nr. 9 a und Nr. 10 UStG abzuziehen, wenn es sich um Hilfsumsätze handelt. Somit zählen beispielsweise für Banken die nach § 4 Nr. 8 a–h UStG steuerfreien Finanzumsätze mit zum Gesamtumsatz, da es sich bei ihnen nicht um Hilfsumsätze

---

[147] Umsatzgrenze wurde durch Gesetz vom 31.07.2003 rückwirkend ab 1.1.2003 von EUR 16.620,– auf EUR 17.500,– erhöht.

VII. Besteuerungsformen und Besteuerungsverfahren

handelt. Unter die Kleinunternehmer-Regelung fallen dagegen oftmals Ärzte, da sie in der Hauptsache nach § 4 Nr. 14 UStG steuerbefreite Umsätze ausführen, die nicht zum Gesamtumsatz rechnen.

Bei den nicht zum Gesamtumsatz gehörenden steuerbefreiten Umsätzen handelt es sich im Wesentlichen um solche steuerfreien Umsätze, die den Vorsteuerabzug ausschließen. Es sind dies die Steuerbefreiungen, die aus sozialen und kulturellen Gründen gewährt werden (z. B. für Umsätze aus heilberuflicher Tätigkeit, für bestimmte kulturelle und Bildungs-Einrichtungen, für Umsätze bestimmter Krankenhäuser und Altenheime, bestimmter Einrichtungen der Wohlfahrts- und Jugendpflege, etc.). Durch die gesonderte Behandlung der Finanz- und Versicherungsumsätze nach § 4 Nr. 8 a-h und Nr. 10 UStG, die nur dann nicht zum Gesamtumsatz rechnen, wenn sie Hilfsumsätze darstellen, scheidet für Banken und Versicherungen die Anwendung der Kleinunternehmer-Regelung aus.

Beispiel 175

Übersteigen die zum Gesamtumsatz rechnenden Umsätze die Kleinunternehmergrenze von EUR 17.500,–, so ist der betreffende Unternehmer im Folgejahr der Regelbesteuerung zu unterwerfen. Dies gilt auch dann, wenn in dem betreffenden Jahr die Umsatzgrenze wieder unterschritten wird.

Beispiel 176

Bei der Berechnung des Gesamtumsatzes sind hinsichtlich der zeitlichen Abgrenzung unabhängig davon, ob Soll- oder Ist-Besteuerung besteht, immer die vereinnahmten Entgelte zugrunde zu legen. Die Abgrenzung bei Wechsel der Besteuerungsform von der Besteuerung als Kleinunternehmer zur Regelbesteuerung oder umgekehrt erfolgt dagegen auf Basis des Leistungszeitpunktes. Sind Umsätze bereits in dem Jahr ausgeführt worden, in dem die Kleinunternehmer-Regelung noch angewendet wurde, so ist die Umsatzsteuer auf diese Umsätze nicht zu erheben.

Beispiel 177

5.3 Optionsrecht für Kleinunternehmer

Auf die Besteuerung als Kleinunternehmer kann verzichtet werden. Dies kann beispielsweise von Vorteil sein, wenn die Leistungsempfänger vorsteuerabzugsberechtigt sind. Durch den Verzicht auf den Kleinunterneh-

A. Die allgemeine Anwendung des Umsatzsteuergesetzes

merstatus eröffnet sich dem betreffenden Unternehmer die Möglichkeit zum Vorsteuerabzug. Die Option zur Regelbesteuerung kann auch rückwirkend, spätestens bis zur Unanfechtbarkeit der Steuerfestsetzung, ausgesprochen werden. Die Option zur Regelbesteuerung ist an keine Form gebunden, sie kann auch schlüssig – durch Abgabe von Umsatzsteuererklärungen erfolgen. Keine Option zur Regelbesteuerung liegt hingegen vor, wenn der Unternehmer in einzelnen Rechnungen Umsatzsteuer gesondert ausweist. In diesem Fall mangelt es an einer wirksamen Erklärung gegenüber dem Finanzamt. An die Option ist der Unternehmer für fünf Jahre gebunden. Nach Ablauf der Frist kann die Option – wiederum formlos – beim zuständigen Finanzamt widerrufen werden.

Beispiel 178

6. Durchschnittsätze für land- und forstwirtschaftliche Betriebe

Das besondere Besteuerungsverfahren nach § 24 UStG dient dem Zweck, Land- und Forstwirtschaft von einem Großteil der umsatzsteuerlichen Pflichten zu entbinden und die Landwirtschaft zu subventionieren. Das Verfahren der Besteuerung nach Durchschnittsätzen ist so gestaltet, dass für den Land- und Forstwirt in der Regel keine Umsatzsteuerzahllast verbleibt, dem Leistungsempfänger jedoch der Vorsteuerabzug ermöglicht wird. Die Berechnung der Umsatzsteuer sowie das Führen entsprechender Aufzeichnungen können beim Land- und Forstwirt unterbleiben.

Beispiel 179

Der Land- und Forstwirt ist an das Verfahren der Durchschnittsatzbesteuerung nicht gebunden. Der Weg zur Regelbesteuerung, die bei größeren Investitionen zu günstigeren Ergebnissen führen kann, steht ihm offen. Die Option bindet den Landwirt für 5 Jahre an die Regelbesteuerung.

Wird nach Durchschnittsätzen besteuert, so beträgt der Umsatzsteuersatz, den der Landwirt in Rechnung stellen kann, in der Regel 10,7% (bis 31.12.2006: 9%). Für bestimmte Getränke, alkoholische Flüssigkeiten und Sägewerkserzeugnisse bestehen abweichende Steuersätze (§ 24 UStG).

Voraussetzung für die Anwendung des § 24 UStG ist das Vorliegen eines land- und forstwirtschaftlichen Betriebes. Für die Bestimmung dieser Tatbestandsvoraussetzung sind die im Ertragssteuerrecht geltenden Abgrenzungskriterien anzuwenden.

VII. Besteuerungsformen und Besteuerungsverfahren

Die Steuerbefreiungsvorschriften des § 4 UStG sind grundsätzlich auch für den nach Durchschnittssätzen besteuerten Land- und Forstwirt gültig. So fällt die Verpachtung eines landwirtschaftlich genutzten Grundstückes unter die Steuerbefreiung nach § 4 Nr. 12 UStG. Somit sind für die Pachtverträge weder Umsatzsteuer noch Vorsteuerbeträge nach Durchschnittssätzen anzusetzen. Ein Verzicht auf die Steuerbefreiung nach § 9 UStG ist ausgeschlossen.

Dagegen sind die Steuerbefreiungsvorschriften des § 4 Nr. 1–7 bei Durchschnittbesteuerung nicht anzuwenden. Werden durch einen Landwirt, der nach Durchschnittssätzen besteuert wird, landwirtschaftliche Erzeugnisse exportiert, so unterliegen diese Umsätze der Durchschnittbesteuerung. Der Umsatzsteuerausweis für diese Umsätze ist möglich. Wenn die übrigen Voraussetzungen hierfür gegeben sind, kann der Steuerbetrag vom Leistungsempfänger gegebenenfalls im Wege des Vorsteuer-Vergütungsverfahrens geltend gemacht werden.

Beispiel 180

7. Differenzbesteuerung

7.1 Überblick

Die Differenzbesteuerung nach § 25a UStG[148] dient dem Zweck, Mehrfachbesteuerungen desselben Gegenstandes entgegenzuwirken. Mehrfachbesteuerungen treten bei Regelbesteuerung dann auf, wenn ein Gegenstand von einer Privatperson an einen Unternehmer veräußert wird. Verkauft der Unternehmer den Gegenstand weiter, so hat er nach der Regelbesteuerung die Umsatzsteuer aus dem vollen Entgelt herauszurechnen. Fehlt beim Erwerber die Möglichkeit des Vorsteuerabzugs, so wird die Umsatzsteuer zur Definitivbelastung. Da bei direkter Veräußerung von einer Privatperson auf die andere diese Belastung entfällt, würde der Unternehmer (z. B. Gebrauchtwagenhändler) bei Anwendung der Regelbesteuerung einen Wettbewerbsnachteil erleiden.

Bei der Differenzbesteuerung wird die Bemessungsgrundlage abweichend von der üblichen Regelung des § 10 UStG bestimmt. Die Umsatzsteuer wird lediglich aus der Marge, aus dem Aufschlag herausgerechnet, der Vorumsatz mindert somit die Bemessungsgrundlage. Der Unternehmer muss also bei Anwendung der Differenzbesteuerung le-

---

148 Entsprechend Art. 311 ff. MWStSystRL.

A. Die allgemeine Anwendung des Umsatzsteuergesetzes

diglich seine Marge (Erlös minus Einkaufspreis) der Umsatzsteuer unterwerfen. Die Umsatzsteuer berechnet sich nach dem Regelsteuersatz. Über die abzuführende Umsatzsteuer darf der Unternehmer allerdings keine Rechnung mit gesondertem Umsatzsteuerausweis erteilen – der Vorsteuerabzug bleibt dem Erwerber bei Durchführung der Differenzbesteuerung verwehrt.

Die Differenzbesteuerung kann für Lieferungen oder für den Gegenstandseigenverbrauch angewendet werden (kein Muss), wenn folgende Voraussetzungen gegeben sind:

1. Es wird ein „Gebrauchtgegenstand" weiterveräußert, also ein beweglicher körperlicher Gegenstand, der sich vor Erwerb durch den Händler im Eigentum einer anderen Person befand.
2. Die Weiterveräußerung geschieht durch einen Wiederverkäufer, der gewerbsmäßig auch mit Gebrauchtgegenständen handelt.
3. Der Wiederverkäufer hatte beim Erwerb des Gegenstandes keine Möglichkeit des Vorsteuerabzugs.
4. Der Wiederverkäufer muss die Gegenstände im Inland oder im übrigen Gemeinschaftsgebiet erworben haben.

Beispiele 181–182

7.2 Voraussetzungen für die Anwendung der Differenzbesteuerung

7.2.1 „Gebrauchtgegenstände"

Der Begriff „Gebrauchtgegenstände" ist etwas irreführend, da es sich hierbei nicht unbedingt um gebrauchte, also bereits benutzte Gegenstände handeln muss. Auch für fabrikneue, originalverpackte Gegenstände, die von einem Privatmann erworben wurden, kann ein Wiederverkäufer die Differenzbesteuerung zur Anwendung bringen. Nicht möglich ist die Anwendung der Differenzbesteuerung für Edelsteine und Edelmetalle.

Für Kunstgegenstände, Sammlungsstücke und Antiquitäten besteht eine Erweiterung des Anwendungsbereichs der Differenzbesteuerung. Für sie kann unter bestimmten Voraussetzungen zur Differenzbesteuerung optiert werden („Extra-Option"), wenn beim Erwerb der Gegenstände eigentlich der Vorsteuerabzug möglich war.

Für diese „Extra"-Option besteht zunächst eine sachliche Einschränkung. Sie kann nur für die genannten Gegenstände angewendet werden, die der Wiederverkäufer selbst eingeführt, also auch die Einfuhrumsatzsteuer getragen hat. Für Kunstgegenstände wird die Option

VII. Besteuerungsformen und Besteuerungsverfahren

auch zugelassen, wenn für die Lieferung an den Wiederverkäufer Umsatzsteuer geschuldet wird, es sei denn die Lieferung erfolgte von einem Wiederverkäufer. Somit sind hiervon nur Lieferungen von Kunstgegenständen betroffen, die vom Künstler oder seinen Erben direkt an den Wiederverkäufer erfolgen.

Beispiel 183

Die Anwendung der Differenzbesteuerung in diesen Fällen ist weiterhin an eine formale Voraussetzung geknüpft: Der Wiederverkäufer hat seine Option zur Differenzbesteuerung dieser Gegenstände spätestens bei Abgabe der ersten Umsatzsteuer-Voranmeldung in dem Kalenderjahr, für das die Option gelten soll, gegenüber dem Finanzamt zu erklären. An diese Option ist der Unternehmer für mindestens zwei Kalenderjahre gebunden. Er kann allerdings trotz ausgeübter Option im Einzelfall auf die Anwendung der Differenzbesteuerung verzichten, falls er nicht nach Gesamtdifferenz versteuert.

7.2.2 Gewerbsmäßiger Wiederverkäufer

Als Wiederverkäufer gilt nach § 25a Abs. 1 Nr. 1 UStG, wer gewerbsmäßig mit beweglichen körperlichen Gegenständen handelt oder solche Gegenstände im eigenen Namen öffentlich versteigert. Entscheidende Voraussetzung ist demnach für die Anwendung der Differenzbesteuerung, dass der betreffende Unternehmer nachhaltig mit den betreffenden Gegenständen Handel betreibt. Stellt die Lieferung eines Gegenstandes für den betreffenden Unternehmer lediglich ein Hilfsgeschäft dar, so kann die Differenzbesteuerung nicht angewendet werden. Möglich ist die Differenzbesteuerung für Kreditinstitute, die sicherungsübereignete (gebrauchte) Gegenstände verkaufen, da sie hiermit nachhaltig tätig sind.

Beispiel 184

Gesondert als Wiederverkäufer genannt sind in § 25a Abs. 1 Nr. 1 UStG die Unternehmer, die öffentliche Versteigerungen durchführen. Für Versteigerer richtet sich die Besteuerung danach, ob sie im eigenen oder in fremdem Namen auftreten. Treten sie in fremdem Namen auf, so führen sie eine Vermittlungsleistung durch. Bemessungsgrundlage dieser Leistung ist lediglich die vom Versteigerer erzielte Provision. Tritt ein Versteigerer dagegen im eigenen Namen auf, so führt er eine Lieferung aus, die entweder als Kommissionsgeschäft oder im Rahmen der Differenzbesteuerung zu behandeln ist. Werden also Gegenstände versteigert, für deren Lieferung an den Versteigerer keine Umsatzsteuer geschuldet wird, kann der Versteigerer die Differenzbesteuerung anwenden. Anderenfalls hat er die Lieferung an seinen Abnehmer als Kommissionsgeschäft zu behandeln. Es unterliegt dann das volle Entgelt der Besteuerung. Die in der Regel steuerlich günstigste Alternative stellt für den Versteigerer die Behandlung als Vermittlungsleistung dar. Sie ist gegenüber der Differenzbesteuerung von Vorteil, weil die auf die Marge berechnete Umsatzsteuer bei der Vermittlungsleistung den Vorsteuerabzug beim Leistungsempfänger möglich macht.

7.2.3 Kein Vorsteuerabzug beim Erwerb

Die Anwendung der Differenzbesteuerung setzt voraus, dass der Gegenstand vom Wiederverkäufer im Gemeinschaftsgebiet ohne die Möglichkeit des Vorsteuerabzugs erworben wurde. Auf die diesbezüglichen Ausnahmen für Kunstgegenstände, Sammlungen und Antiquitäten wurde bereits im Abschnitt 7.2.1 *„Gebrauchtgegenstände"* eingegangen. Davon abgesehen besteht in folgenden Fällen die Möglichkeit, die Differenzbesteuerung anzuwenden:

1. der Gegenstand stammt aus dem nicht-unternehmerischen Bereich. Er wurde von einer Privatperson, einer nicht unternehmerisch tätigen juristischer Person des öffentlichen Rechts oder von einem Unternehmer aus dessen nichtunternehmerischen Bereich erworben.
2. Der Gegenstand wurde von einem Kleinunternehmer erworben.
3. Der Gegenstand wurde von einem Unternehmer erworben, der mit dieser Lieferung unter eine Steuerbefreiung fällt, die den Vorsteuerabzug ausschließt (z.B. Erwerb eines Gebrauchtwagens von einem Arzt).
4. Der Gegenstand wurde von einem anderen Wiederverkäufer erworben, der hierauf die Differenzbesteuerung angewendet hat.

Keine Möglichkeit zur Anwendung der Differenzbesteuerung besteht für Gegenstände, die von pauschalbesteuerten land- und forstwirtschaftlichen Betrieben erworben wurden.

7.3 Ermittlung der Bemessungsgrundlage

Die Bemessungsgrundlage bei Anwendung der Differenzbesteuerung ist grundsätzlich für jeden Gegenstand einzeln aus der Differenz zwischen Einkaufspreis und Bruttoverkaufspreis zu ermitteln. Aus dieser

VII. Besteuerungsformen und Besteuerungsverfahren

Differenz ist die Umsatzsteuer herauszurechnen. Bei Differenzbesteuerung findet stets der Regelsteuersatz Anwendung. Ergibt sich eine negative Differenz, so ist die Bemessungsgrundlage mit Null festzusetzen. Eine Verrechnung positiver und negativer Differenzen ist nicht möglich.

Bei der unentgeltlichen Wertabgabe von Gegenständen stellt sich die Frage nach der Anwendung der Differenzbesteuerung in aller Regel nicht, da im Fall der fehlenden Möglichkeit des Vorsteuerabzugs beim Erwerb für die unentgeltliche Wertgabe die Steuerbarkeit nicht gegeben ist.

Beispiel 185

Über die Bestimmung der Bemessungsgrundlage sind Aufzeichnungen zu führen. Somit ist grundsätzlich für jeden nach der Differenzbesteuerung behandelten Gegenstand der Einkaufspreis, der Verkaufspreis und die Bemessungsgrundlage festzuhalten. Werden verschiedene Gegenstände zusammen eingekauft, so ist eine Aufteilung des Einkaufspreises vorzunehmen.

Werden viele Gegenstände von geringem Wert eingekauft und weiterverkauft, bereitet die Ermittlung der Einzeldifferenzen erhebliche Probleme. Das Gesetz sieht daher die Möglichkeit vor, für Gegenstände, die einen Einkaufspreis von nicht mehr als EUR 500,- haben, eine Gesamtdifferenz zu ermitteln. Hierbei sind sämtliche der Differenzbesteuerung unterliegenden Verkäufe und die zugehörigen Einkäufe für einen Besteuerungszeitraum zusammenzurechnen und die Differenz aus beiden zu ermitteln. Diese Gesamtdifferenz, vermindert um die herauszurechnende Umsatzsteuer, stellt die Bemessungsgrundlage für die betreffenden Umsätze dar.

Beispiel 186

8. Besteuerung von Reiseleistungen

8.1 Begriff

Bei der Regelung des § 25 UStG[149] zur Besteuerung von Reiseleistungen handelt es sich um eine Vereinfachungsregelung, die zur Folge hat, dass der Reiseveranstalter im Inland mit seiner Marge, also der Differenz zwischen erzieltem Reisepreis und in Anspruch genommenen Reisevorleistungen der Besteuerung unterliegt. Die von ihm in

---
149 Entsprechend Art. 306–310 MWStSystRL.

A. Die allgemeine Anwendung des Umsatzsteuergesetzes

Anspruch genommenen Vorleistungen gehen nicht in die Bemessungsgrundlage der vom Reiseveranstalter geschuldeten Steuer ein. Allerdings wird auch der Vorsteuerabzug für die Vorleistungen verwehrt.

Sämtliche bei Durchführung einer Reise erbrachten Leistungen gelten als einheitliche sonstige Leistung des Reiseveranstalters, soweit dieser im eigenen Namen auftritt und Reisevorleistungen in Anspruch nimmt, es sei denn, sie sind für das Unternehmen des Leistungsempfängers bestimmt. Verwendet ein Unternehmer die Reiseleistungen für unternehmerische Zwecke, hat der Reiseveranstalter für die einzelnen ausgeführten Reiseleistungen die allgemeinen Regelungen anzuwenden. Ist dem Reiseveranstalter die unternehmerische Verwendung jedoch nicht bekannt und offenbart sie sich ihm auch nicht durch die Anforderung einer Rechnung mit gesondertem Vorsteuerausweis, kann er die Besteuerung nach § 25 UStG vornehmen.

Unter die Verwendung für Zwecke des Unternehmens fallen auch die so genannten **Incentive-Reisen**. Es handelt sich dabei um Reisen, die von einem Unternehmer bezahlt und einem seiner Mitarbeiter als Belohnung oder Prämie für besondere Leistungen zur Verfügung gestellt werden. In diesem Fall hat der Reiseveranstalter die allgemeinen Besteuerungsregeln für die im Einzelnen erbrachten Leistungen anzuwenden. Der Unternehmer, der die Reise für seinen Mitarbeiter bestellt hat, führt dagegen eine Reiseleistung aus, die jedoch unbesteuert bleibt, weil die Marge in diesem Fall gleich Null ist.

Beispiel 187

Ort der einheitlichen sonstigen Leistung nach § 25 UStG ist der Ort, von dem aus der Reiseveranstalter sein Unternehmen betreibt. Wird die Reiseleistung von einer Betriebsstätte des Reiseveranstalters aus durchgeführt, so ist der Ort der Betriebsstätte maßgebend.

Zu den Reiseleistungen zählen insbesondere: die Beförderung zu den einzelnen Reisezielen, Unterbringung und Verpflegung, die Durchführung von Veranstaltungen und die Betreuung durch Reiseleiter. Eine Reiseleistung im Sinne von § 25 Abs. 1 UStG liegt jedoch schon dann vor, wenn der Reiseveranstalter nur eine Leistung bewirkt, für die er Vorleistungen in Anspruch nimmt (z. B. Vermietung von Ferienwohnungen ohne Anreise und Verpflegung).

Die Vorschriften des § 25 UStG gelten nicht für die Vermittlung von Reiseleistungen. Der Vermittler einer Reiseleistung, etwa ein Reisebüro, das Reisen für einen Reiseveranstalter auf Provisionsbasis ver-

VII. Besteuerungsformen und Besteuerungsverfahren

mittelt, erbringt eine Vermittlungsleistung, die dort erbracht wird, wo die zu Grunde liegende Leistung erbracht wird. Da Reiseleistungen nach § 25 UStG am Sitzort des Reiseveranstalters erbracht werden, wird an diesem Ort auch die Vermittlungsleistung erbracht.

Entscheidende Voraussetzung für die Besteuerung als Reiseleistung ist es, dass vom Reiseveranstalter Reisevorleistungen in Anspruch genommen werden, also Leistungen, die von einem Dritten erbracht werden und den Reisenden unmittelbar zugute kommen. Die Sonderregelungen für Reiseleistungen gelten nicht, soweit der Reiseveranstalter selbst die Leistungen erbringt, etwa durch Einsatz eigener oder angemieteter Beförderungsmittel, eigener Hotels oder angestellter Reiseleiter. Die durch Einsatz eigener Mittel erbrachten Reiseleistungen sind gesondert nach der Art der Leistung nach den jeweiligen allgemeinen Regelungen zu besteuern. Werden sowohl Reisevorleistungen in Anspruch genommen als auch eigene Reiseleistungen erbracht (sog. **gemischte Reiseleistung**), ist eine Aufteilung vorzunehmen.

Beispiel 188

8.2 Steuerfreie Reiseleistungen

Reiseleistungen gemäß § 25 UStG können nach den allgemeinen Vorschriften des § 4 UStG steuerfrei sein, so beispielsweise eine von einem Stadtjugendamt für Jugendliche organisierte Freizeit (§ 4 Nr. 25 Buchst. a UStG). Weiterhin kommt als Steuerbefreiung nach allgemeinen Vorschriften die Befreiung für Versicherungsleistungen, z.B. für eine Reisekostenrücktrittsversicherung, in Frage (§ 4 Nr. 10 Buchst. b UStG). Voraussetzung hierfür ist allerdings, dass die Versicherungsleistung getrennt abgerechnet wird. Ist sie im Reisepreis enthalten, so teilt sie als Nebenleistung das Schicksal der Reiseleistung.

Neben diesen allgemeinen Steuerbefreiungsvorschriften besteht für die Reiseleistung die spezielle Vorschrift des § 25 Abs. 2 UStG, die Reiseleistungen insofern von der Steuer befreit, als die betreffenden Reisevorleistungen im Drittlandsgebiet bewirkt werden. Werden die der Reiseleistung nach § 25 UStG zu Grunde liegenden Vorleistungen dagegen im Inland oder im übrigen Gemeinschaftsgebiet erbracht, ist für die Marge des Reiseveranstalters Steuerpflicht gegeben. Besteht die Vorleistung in einer Beförderung, die sich sowohl auf Gemeinschaftsgebiet als auch Drittlandsgebiet erstreckt, so ist nur der auf das Drittlandsgebiet entfallende Anteil der Marge des Reiseveranstalter steuerbefreit. Für Flugreisen kann der Reiseveranstalter zur Vereinfachung

A. Die allgemeine Anwendung des Umsatzsteuergesetzes

die von ihm in Anspruch genommenen Vorleistungen wie folgt behandeln: Flugreisen, deren Zielort im Drittlandsgebiet liegt, können unabhängig vom Beförderungsanteil, der auf das Gemeinschaftsgebiet entfällt als im Drittlandsgebiet erbracht gelten. Entsprechend gelten für Flugreisen mit Zielort im Gemeinschaftsgebiet insgesamt im Gemeinschaftsgebiet als erbracht, auch wenn sie über Drittlandsgebiet führen. Kreuzfahrten mit Schiffen auf See gelten zur Vereinfachung einheitlich im Drittlandsgebiet ausgeführt.

Beispiele 189–190

8.3 Bemessungsgrundlage

Bemessungsgrundlage der Reiseleistung ist abweichend vom Grundsatz des § 10 UStG nicht das Entgelt, sondern die Marge als Differenz zwischen erzieltem Reisepreis und in Anspruch genommenen Reisevorleistungen. Diese Marge ist gegebenenfalls um steuerfreie Anteile zu kürzen, soweit Reisevorleistungen im Drittlandsgebiet bewirkt werden.

Beispiel 191

Da die Ermittlung von Einzelmargen für jede einzelne vom Reiseunternehmer durchgeführte Reise mit erheblichen Problemen in der praktischen Umsetzung verbunden ist, sieht § 25 Abs. 3 UStG Erleichterungen vor. Es ist dem Reiseunternehmer hiernach möglich, die von ihm erbrachten Reiseleistungen sachlich und zeitlich zu Gruppen zusammenzufassen, und somit nicht für jede einzelne Reise, sondern lediglich für diese Gruppen die Marge zu ermitteln. Möglich ist auch, sämtliche innerhalb eines Besteuerungszeitraums bewirkten Reiseleistungen zusammenzufassen und somit für diesen Zeitraum nur eine Marge zu errechnen.

Beispiel 192

8.4 Vorsteuerabzug

Der Vorsteuerabzug ist ausgeschlossen für Umsatzsteuerbeträge, die auf Reisevorleistungen entfallen. Dagegen ist der Reiseveranstalter berechtigt, für alle übrigen Lieferungen und sonstigen Leistungen, die er für sein Unternehmen in Anspruch nimmt, die Vorsteuer abzuziehen. Hierzu rechnen beispielsweise Vorsteuern aus Reisekosten des Unternehmers oder seiner Angestellten, sowie Vorsteuern aus Werbekosten oder allgemeinen Verwaltungskosten. Dies gilt auch, wenn die betref-

VII. Besteuerungsformen und Besteuerungsverfahren

fenden Leistungen teilweise oder ausschließlich für eine bestimmte Reiseleistung in Anspruch genommen werden (z. B. Werbemaßnahme eines Reiseveranstalters für eine bestimmte Reise). Entscheidendes Abgrenzungskriterium zwischen Reisevorleistungen und anderen Leistungen ist dabei, ob die betreffenden Leistungen unmittelbar den Reisenden zugute kommen.

Der Vorsteuerabzug entfällt auch nicht insoweit, als die betreffenden Leistungen zur Ausführung von steuerfreien Reiseleistungen nach § 25 Abs. 2 UStG verwendet werden. Umsätze nach § 25 Abs. 2 UStG berechtigen zum Vorsteuerabzug.

8.5 Aufzeichnungspflichten

Werden von einem Unternehmer Reiseleistungen im Sinne von § 25 UStG bewirkt, so ergeben sich daraus besondere Aufzeichnungspflichten. Im Einzelnen ist Folgendes gesondert aufzuzeichnen:

- der Betrag, den der Leistungsempfänger für die Reiseleistung aufwendet,
- der Betrag, den der Unternehmer für die Reisevorleistung aufwendet,
- die Bemessungsgrundlage der Reiseleistung nach § 25 Abs. 3 UStG (Marge).

Werden von einem Unternehmer, neben steuerpflichtigen auch steuerfreie Reiseleistungen nach § 25 Abs. 2 UStG bewirkt, so hat er für die genannten drei Größen gesondert aufzuzeichnen, wie sie sich auf steuerpflichtige und steuerfreie Leistungen verteilen.

Die Voraussetzungen für nach § 25 Abs. 2 UStG steuerfreie Reiseleistungen hat der Unternehmer nachzuweisen. Er muss also nachweisen können, welcher Teil der Reisevorleistungen im Drittlandsgebiet bewirkt wurde, welche Marge sich insgesamt für die von ihm durchgeführten Reiseleistungen errechnet, um somit darlegen zu können, welcher Teil der Marge als steuerfrei zu behandeln ist. Diese Berechnung ist grundsätzlich für jede vom betreffenden Unternehmer nach § 25 UStG erbrachte Reiseleistung gesondert durchzuführen. Ermittelt der Unternehmer jedoch die Margen gemäß der Vereinfachungsregel des § 25 Abs. 3 Satz 3 UStG nur für bestimmte Gruppen oder insgesamt für einen bestimmten Besteuerungszeitraum, so genügt es die Voraussetzungen gruppenweise bzw. für den betreffenden Zeitabschnitt nachzuweisen.

A. Die allgemeine Anwendung des Umsatzsteuergesetzes

9. Umsatzsteuer-Nachschau

Die mit Wirkung zum 01.01.2002 in das Umsatzsteuergesetz eingefügte Umsatzsteuer-Nachschau (§ 27b UStG) ermöglicht den Finanzbehörden, umsatzsteuerliche Sachverhalte bei Unternehmern ohne vorherige formelle Prüfungsanordnung zu ermitteln, auch wenn ein Verdacht auf eine mögliche Steuerverkürzung nicht vorliegt.

Diese eigentlich dem Verfahrensrecht und damit der AO zuzuordnenden Regelungen erlauben den Finanzbehörden, Grundstücke und Räume von Personen zu betreten, die eine gewerbliche oder berufliche Tätigkeit selbstständig ausüben. Nicht zulässig ist ein Durchsuchen der genannten Räumlichkeiten sowie ein Betreten außerhalb der Geschäfts- und Arbeitszeiten. Im Rahmen des § 27b UStG kann von den betroffenen Unternehmern das Vorlegen von Aufzeichnungen, Büchern und Geschäftspapieren verlangt werden.

§ 27b Abs. 3 UStG erlaubt den Finanzbehörden, ohne vorherige Prüfungsanordnung zu einer Außenprüfung überzugehen, wenn die getroffenen Feststellungen hierzu Anlass geben. Diese Außenprüfung kann sich auch auf andere Steuerarten als die Umsatzsteuer beziehen.

B. Besonderheiten bei innergemeinschaftlichen Umsätzen

I. Überblick

1. Systematik: Ursprungsland – Bestimmungsland

Beim Wegfall der innergemeinschaftlichen Zollgrenzen zum 01.01. 1993 und bei der Einführung des EU-Umsatzsteuerrechts war die Frage zu entscheiden, welchem Mitgliedstaat das Besteuerungsrecht für die Umsatzsteuer zustehen solle, dem Ursprungsland oder dem Bestimmungsland der Leistung.

Das Ursprungslandprinzip genießt den Vorzug, dass es in der praktischen Durchführung weit weniger Probleme aufwirft als das Bestimmungslandprinzip. So muss beim leistenden Unternehmer kein Unterschied gemacht werden, ob die Leistung für das Inland oder für das übrige Gemeinschaftsgebiet erbracht wird. Die beim Bestimmungslandprinzip notwendigen aufwendigen Kontrollmechanismen (Stichwort: USt-IdNr.) würden beim Ursprungslandprinzip entfallen. Eine Folgewirkung des Ursprungslandprinzips ist es, dass die internationale Wettbewerbsfähigkeit von Ländern mit niedrigem Umsatzsteuer-Satz verbessert wird. Exportstarke Nationen profitieren bei Verwirklichung des Ursprungslandprinzips über höhere Steuereinnahmen. Es besteht dabei die Problematik, dass es beispielsweise durch Gründung von Tochtergesellschaften in Ländern mit niedrigen Umsatzsteuersätzen zu Steuerverlagerungen zwischen den EU-Mitgliedstaaten kommen kann.

Für die Besteuerung im Bestimmungsland spricht der Charakter der Umsatzsteuer als einer allgemeinen Verbrauchssteuer, die vom Endverbraucher getragen werden soll. Gleichzeitig spricht für das Bestimmungslandprinzip die Tatsache, dass selbst bei unterschiedlichen Steuersätzen in den einzelnen Ländern Wettbewerbsneutralität besteht. Alle Anbieter treten mit demselben Steuersatz, dem Steuersatz des Bestimmungslandes dem Verbraucher gegenüber. Gegen das Bestimmungslandprinzip sprechen hoher Verwaltungsaufwand und Schwierigkeiten der Umsetzung und Kontrolle.

Das vorliegende EU-Umsatzsteuerrecht folgt weder dem einen noch dem anderen Prinzip. Weder das Ursprungslandprinzip noch das Be-

B. Besonderheiten bei innergemeinschaftlichen Umsätzen

stimmungslandprinzip wurde durchgängig verwirklicht. Scheiterte die einheitliche Verwirklichung des Ursprungslandprinzips am Widerstand einiger EU-Mitgliedstaaten, die Steuerausfälle befürchteten, so wurden der einheitlichen Durchführung des Bestimmungslandprinzips durch die praktische Handhabbarkeit Grenzen gesetzt. Als Ergebnis entstand ein System, das vom Bestimmungslandprinzip dominiert wird, das jedoch, hauptsächlich aus Gründen der praktischen Um- und Durchsetzbarkeit, vielerorts dem Ursprungslandprinzip Geltung verleiht.

Die Grundform des innergemeinschaftlichen Warenaustausches, die Lieferung zwischen regelbesteuerten Unternehmern führt mittels steuerbefreiter innergemeinschaftlicher Lieferung und steuerpflichtigem innergemeinschaftlichem Erwerb zu einer Besteuerung im Bestimmungsland. Grenzüberschreitende Lieferungen an Nicht-Unternehmer werden dagegen grundsätzlich im Ursprungsland besteuert. Zwischen Nicht-Unternehmer und regelversteuerndem Unternehmer nehmen die sog. Halb-Unternehmer eine „Zwitterstellung" ein. Beispielsweise zählen hierzu Kleinunternehmer oder Unternehmer mit ausschließlich steuerfreien Umsätzen. Diesen Halb-Unternehmern galt besondere gesetzgeberische Aufmerksamkeit. Wie später noch zu erläutern sein wird, bestehen hier Erwerbsschwellen und Wahlrechte, die teilweise dem Bestimmungsland, teilweise dem Ursprungsland das Besteuerungsrecht zugestehen. Daneben ist das EU-Umsatzsteuerrecht mit Sonderregelungen, etwa für den Versandhandel oder für den Handel mit Kraftfahrzeugen ausgestattet, die im Wesentlichen dazu dienen, gravierende Steuerverlagerungen von einem Mitgliedstaat auf den anderen zu vermeiden.

2. Geltungsbereich der Regelung: Inland – Gemeinschaftsgebiet – Drittland

Entscheidende Bedeutung für die Anwendung der umsatzsteuerlichen Regelungen kommt der begrifflichen Unterscheidung zwischen Inland, Gemeinschaftsgebiet und Drittlandsgebiet zu. Das **Inland** umfasst – wie bereits im allgemeinen Teil dargelegt – das Gebiet der Bundesrepublik Deutschland mit Ausnahme des Gebiets von Büsingen, der Insel Helgoland, der Freizonen des Kontrolltyps I (= Freihäfen in Bremen, Bremerhaven, Cuxhafen, Emden, Hamburg und Kiel) und der Gewässer und Watten zwischen der Hoheitsgrenze und der

I. Überblick

jeweiligen Strandlinie. Die Freizonen des Kontrolltyps II Deggendorf und Duisburg sind seit 1.1.2004 dem Inland zuzurechnen. **Ausland** ist das Gebiet, das nicht Inland ist. Im Ausland ausgeführte Umsätze sind in Deutschland nicht steuerbar. Diese Regel wird nur durch eine einzige Ausnahme durchbrochen, die den Letztverbrauch in Freihäfen und in den Gewässern und Watten zwischen der Hoheitsgrenze und der jeweiligen Strandlinie zu einem im Inland steuerbaren Umsatz macht.

Zum **Gemeinschaftsgebiet**[150] gehört das Inland und die Gebiete der übrigen 26 Mitgliedstaaten der EU: Belgien, Bulgarien (seit 2007), Dänemark, Estland (seit 2004), Finnland, Frankreich, Griechenland, Irland, Italien, Lettland (seit 2004), Litauen (seit 2004), Luxemburg, Malta (seit 2004), Niederlande, Österreich, Polen (seit 2004), Portugal, Rumänien (seit 2007), Schweden, Slowakei (seit 2004), Slowenien (seit 2004), Spanien, Tschechien (seit 2004), Ungarn (seit 2004), das Vereinigte Königreich Großbritannien und Nordirland sowie Zypern (seit 2004). Weiterhin zählen zum Gemeinschaftsgebiet das Fürstentum Monaco und die Ile of Man. Nicht zum Gemeinschaftsgebiet rechnen bestimmte Gebiete, die nach Gemeinschaftsrecht im jeweiligen Mitgliedstaat nicht zum Inland zählen. Diese Gebiete gehören nicht zum Gemeinschaftsgebiet, sondern werden als Drittlandsgebiet behandelt. Vergleichbar mit der Insel Helgoland und dem Gebiet von Büsingen sind dies im Wesentlichen folgende Gebiete: Grönland, die überseeischen Departements der Französischen Republik, der Berg Athos in Griechenland, die Kanarischen Inseln sowie die Kanalinseln und Gibraltar.

Beispiel 193

Eine deutsche Besonderheit im Umsatzsteuerrecht der EU stellen die **Zollfreigebiete** dar. Die Freihäfen (**Freizonen des Kontrolltyps I**) in Bremen, Bremerhaven, Cuxhafen, Emden, Hamburg und Kiel und das Küstenmeer (= Gebiet zwischen Hoheitsgrenze und Zollgrenze an der Küste) zählen aus deutscher Sicht nicht zum Inland. Aus der Sicht der übrigen EU-Mitgliedstaaten zählen die deutschen Zollfreigebiete jedoch zum Gemeinschaftsgebiet. Eine Lieferung aus Deutschland in einen Freihafen stellt somit eine Lieferung in das übrige Drittlandsgebiet dar. Wird dagegen aus einem anderen EU-Mitgliedstaat in einen Freihafen geliefert, so liegt aus der Sicht des Lieferers eine innerge-

---

[150] § 1 Abs. 2a UStG; Art. 5–7 MWStSystRL.

B. Besonderheiten bei innergemeinschaftlichen Umsätzen

meinschaftliche Lieferung vor. Im Einzelnen wird auf die Behandlung der Lieferumsätze mit Zollfreigebieten in *Abschnitt IV.7. Lieferungen in Zollfreigebieten* eingegangen.

Beispiel 194

3. Übersicht zu den Regelungen bei innergemeinschaftlichen Umsätzen

Entscheidende Bedeutung kommt in der Systematik der umsatzsteuerlichen Behandlung von innergemeinschaftlichen Leistungen der Unterscheidung zwischen Lieferungen und sonstigen Leistungen zu. Während für Lieferumsätze durchgängig EU-spezifische Regelungen existieren, gelten für den Bereich der sonstigen Leistungen oftmals die allgemeinen Regelungen, wie sie auch im Verhältnis zum Drittlandsgebiet anzuwenden sind.

Grenzüberschreitende **Lieferumsätze im Gemeinschaftsgebiet** werden nach dem Grundsatz behandelt:

– **Umsatzsteuerfreiheit** der Lieferung im Ursprungsland und
– **Umsatzsteuerpflicht** des Erwerbs im Bestimmungsland.

Dieses Prinzip ist in verschiedener Hinsicht eingeschränkt. Zunächst sind an die Person des Lieferers Voraussetzungen geknüpft: Der Grundsatz besitzt lediglich Gültigkeit für Lieferungen von regelbesteuerten Unternehmern im Rahmen ihres Unternehmens. Lieferungen von Halb- oder Nicht-Unternehmern folgen diesem Muster nur im Ausnahmefall der Lieferung von Neufahrzeugen.

Aber auch Lieferungen von regelbesteuerten Unternehmern sind nicht unbedingt nach dem genannten Grundsatz zu behandeln. Dessen Gültigkeit ist nämlich des Weiteren abhängig von der Besteuerung des Abnehmers. Aus der folgenden Tabelle ist ersichtlich, in welchen Fällen die Erwerbsbesteuerung und – hieran gekoppelt – die Steuerfreiheit der innergemeinschaftlichen Lieferung greift:

I. Überblick

Geltung des Grundsatzes steuerfreie Lieferung/steuerpflichtiger Erwerb

Lieferung an	Unternehmer, regelbesteuert	Halb-Unternehmer	Nicht-Unternehmer
Grundsatz, allgemein: Erwerbsbesteuerung/ steuerfreie Lieferung?	ja	nein	nein
Überschreiten der Erwerbsschwelle:	ja	ja	nein
Option zur Erwerbsbesteuerung	ja	ja	nein
Lieferung von verbrauchsteuerpflichtigen Waren	ja	ja, auch ohne Überschreiten der Erwerbsschwelle/Option	nein
Lieferung von Neufahrzeugen	ja	ja	ja

Besondere Regelungen bestehen für **Versandhandelsgeschäfte**, also bei Lieferungen in ein anderes Mitgliedsland, bei denen der Lieferer für die Beförderung oder Versendung der Ware zuständig ist. Die Regelungen für Versandhandelsgeschäfte haben Bedeutung für Lieferungen an Nicht-Unternehmer oder Halb-Unternehmer, die nicht der Erwerbsbesteuerung unterliegen. Wird vom liefernden Unternehmer eine bestimmte Umsatzgrenze, die sog. Lieferschwelle, im Abnehmerland überschritten, so wird er im Bestimmungsland steuerpflichtig. Der liefernde Unternehmer kann sich im Rahmen von Versandhandelsgeschäften auch freiwillig für die Besteuerung im Bestimmungsland entscheiden. Bei der Versandhandelslieferung von verbrauchsteuerpflichtigen Waren besteht unabhängig von Lieferschwelle und Option Steuerpflicht im Bestimmungsland. In den Fällen der Versandhandelslieferung können also auch Lieferungen an Nicht-Unternehmer der Besteuerung im Bestimmungsland unterliegen.

Für grenzüberschreitende **sonstige Leistungen im Gemeinschaftsgebiet** sind grundsätzlich die allgemeinen Besteuerungsregeln anzuwenden, wie sie auch im Verhältnis zum Drittlandsgebiet Gültigkeit besitzen. Sie unterliegen am Ort der sonstigen Leistung der Besteuerung, der in der Regel nach den entsprechenden gesetzlichen Vorschriften dorthin verlegt wird, wo der Verbrauch der Dienstleistung vermutet wird. Von den allgemeinen Besteuerungsregelungen für sonstige Leis-

B. Besonderheiten bei innergemeinschaftlichen Umsätzen

tungen bestehen lediglich für folgende drei Arten von sonstigen Leistungen Sonderregelungen:
- Lohnveredelungsleistungen,
- Güterbeförderungsleistungen und
- Vermittlungsleistungen.

Bei diesen genannten sonstigen Leistungen verlagert sich der Ort der Leistung bei Angabe einer USt-IdNr. durch den Leistungsempfänger in das Herkunftsland der USt-IdNr. In dem betreffenden Mitgliedsland verlagert sich dann die Steuerschuld auf den Leistungsempfänger.

Somit wird durch folgende Verfahren die Besteuerung im Bestimmungsland verwirklicht:
- Für Lieferungen durch Steuerbefreiung der innergemeinschaftlichen Lieferung und Steuerpflicht des innergemeinschaftlichen Erwerbs (siehe Tabelle);
- Bei Lieferungen von Neufahrzeugen durch Steuerfreiheit der Lieferung und Steuerpflicht des Erwerbs im Rahmen der Fahrzeugeinzelbesteuerung.
- Bei Versandhandelsgeschäften durch Verlagerung der Steuerpflicht des liefernden Unternehmers ins Bestimmungsland.
- Bei den genannten sonstigen Leistungen durch Verlagerung des Leistungsortes in das Herkunftsland der USt-IdNr. des Leistungsempfängers.

II. Der innergemeinschaftliche Erwerb

Seit Einführung der EU-Umsatzsteuer und dem gleichzeitigen Wegfall der Grenzkontrollen am 1.1.1993 werden innergemeinschaftliche Warenbewegungen umsatzsteuerlich nicht mehr von den Zollbehörden erfasst und kontrolliert. Die Erhebung der Einfuhrumsatzsteuer für innergemeinschaftliche Warenbewegungen wurde eingestellt. Da es jedoch bei der Besteuerung im Bestimmungsland bleiben sollte, musste ein neuer Tatbestand geschaffen werden: der innergemeinschaftliche Erwerb. Die verwaltungsmäßige Durchführung der umsatzsteuerlichen Regelungen im Zusammenhang mit innergemeinschaftlichen Warenbewegungen wurde von den Zollbehörden auf die Unternehmen verlagert.

II. Der innergemeinschaftliche Erwerb

1. Voraussetzungen des innergemeinschaftlichen Erwerbs

Der einfachste Fall des innergemeinschaftlichen Erwerbs ist gegeben, wenn ein inländischer Unternehmer einen Gegenstand von einem Unternehmer aus dem übrigen Gemeinschaftsgebiet geliefert bekommt.

Beispiel 195

Voraussetzungen für den Tatbestand des innergemeinschaftlichen Erwerbs[151], der beim Erwerber einen steuerbaren Umsatz auslöst, sind die folgenden drei Merkmale:

1. Es muss eine **Warenbewegung** von einem EU-Mitgliedstaat in einen anderen Mitgliedstaat vorliegen.

Beispiele 196–197

2. Der **Lieferer ist ein Unternehmer**, der nicht unter die Kleinunternehmer-Regelung fällt. Die Lieferung wird im Rahmen des Unternehmens des Lieferers ausgeführt. Ohne Bedeutung ist, ob der Lieferer in einem EU-Mitgliedstaat oder im Drittlandsgebiet ansässig ist.

Beispiel 198

3. Der **Erwerber** ist ein der Regelbesteuerung unterliegender Unternehmer, der den Gegenstand für sein Unternehmen erwirbt. Regelbesteuerung heißt, dass der Unternehmer steuerpflichtige Umsätze ausführt und zum (mindestens teilweisen) Vorsteuerabzug berechtigt ist. Zusätzlich unterliegen der Erwerbsbesteuerung unter bestimmten Voraussetzungen auch Erwerber im Status eines Halb-Unternehmers, also beispielsweise Unternehmer, die lediglich steuerfreie Umsätze ausführen. Auf diese Sonderproblematik wird im Abschnitt *5. Erwerb durch Halb-Unternehmer* eingegangen.

Die Regelung des innergemeinschaftlichen Erwerbs zeichnet sich also in Bezug auf den Status des Erwerbers durch eine Dreiteilung aus. Der Erwerb eines Gegenstandes aus einem anderen EU-Mitgliedstaat durch einen regelversteuernden Unternehmer löst einen steuerbaren und in aller Regel steuerpflichtigen Umsatz aus. Bei Halb-Unternehmern liegt ein steuerbarer innergemeinschaftlicher Erwerb regelmäßig nur vor, wenn die Erwerbsschwelle überschritten oder aber zur Erwerbsbesteuerung optiert wurde. Bei Nicht-Unternehmern liegt ein

---
151 § 1a Abs. 1 UStG; Art. 20 MWStSystRL.

B. Besonderheiten bei innergemeinschaftlichen Umsätzen

steuerbarer innergemeinschaftlicher Erwerb nur im Sonderfall des Erwerbs von Neufahrzeugen vor.

Beispiel 199

Werden Gegenstände von einem Kleinunternehmer aus einem anderen EU-Mitgliedsland erworben, wird keine Erwerbsteuer fällig. Der Kleinunternehmer verfügt über keine USt-IdNr. und ist nicht zum Ausweis der Umsatzsteuer berechtigt. Nimmt der Erwerber fälschlicherweise an, dass es sich bei dem Lieferer um einen Kleinunternehmer handelt, so genießt er hierfür keinen Vertrauensschutz. Führt der Erwerber unter der Annahme, dass die Lieferung von einem Kleinunternehmer stamme, keine Erwerbsbesteuerung durch und stellt sich der vermeintliche Kleinunternehmer als regelbesteuerter Unternehmer heraus, so ist die Erwerbsbesteuerung nachzuholen.

Beispiel 200

Das Vorliegen eines innergemeinschaftlichen Erwerbs ist nicht an die Voraussetzung gebunden, dass beim Lieferer eine steuerfreie innergemeinschaftliche Lieferung gegeben ist. Es besteht zwar eine strenge Abhängigkeit der Steuerfreiheit der Lieferung von der Tatsache, dass ein steuerpflichtiger innergemeinschaftlicher Erwerb in einem anderen Mitgliedsland verwirklicht wird. Der Umkehrschluss ist aber nicht zulässig. So sind Fälle möglich, in denen Steuerpflicht der Lieferung und Steuerpflicht des Erwerbs gleichzeitig bestehen.

Beispiel 201

2. Ort des innergemeinschaftlichen Erwerbs

Die Festlegung des Ortes des innergemeinschaftlichen Erwerbs[152] entscheidet darüber, welchem Mitgliedstaat das Besteuerungsrecht zusteht. Grundsätzlich gilt als Ort des innergemeinschaftlichen Erwerbs das Gebiet des Mitgliedstaates, in dem die Beförderung oder Versendung endet. Im Regelfall wird also der Erwerb im Mitgliedstaat des Erwerbers steuerpflichtig.

Eine Ausnahme besteht dann, wenn die USt-IdNr., mit der der Erwerber auftritt, nicht vom Bestimmungsland der Lieferung, sondern von einem anderen Mitgliedstaat erteilt wurde. In diesem Fall wird der Erwerbsort fiktiv in den Mitgliedstaat verlagert, der die USt-IdNr. erteilt hat. Nur wenn der Erwerber nachweist, dass die Erwerbsbesteuerung

---
152 § 3d UStG; Art. 40, 41 MWStSystRL.

II. Der innergemeinschaftliche Erwerb

im Bestimmungsland der Lieferung durchgeführt wurde, wird die Fiktion aufgehoben. De facto ist also die vom Erwerber benutzte USt-IdNr. vorrangig für die Bestimmung des Erwerbsortes.

Beispiel 202

Werden Lieferungen aus einem anderen EU-Mitgliedstaat an das deutsche **Zollfreigebiet** ausgeführt, so sind Besonderheiten zu beachten. Aus Gemeinschaftssicht gehört das Zollfreigebiet zum deutschen Inland, somit wird für den Unternehmer aus dem anderen EU-Mitgliedsland ein innergemeinschaftlicher Erwerb bewirkt, der die Steuerfreiheit der innergemeinschaftlichen Lieferung erlaubt. Aus deutscher Sicht zählt das Zollfreigebiet dagegen zum Drittland, so dass der innergemeinschaftliche Erwerb nicht steuerbar ist.

Der innergemeinschaftliche Erwerb im Zollfreigebiet ist jedoch dann steuerbar, wenn die Gegenstände, die zum Verbrauch im Zollfreigebiet oder zur Ausrüstung und Versorgung von Beförderungsmitteln bestimmt sind, nicht für das Unternehmen des Abnehmers erworben werden oder der Abnehmer die Gegenstände zur Ausführung von Tätigkeiten verwendet, die nach § 4 Nr. 8 bis 27 UStG steuerfrei sind (z. B. für Umsätze eines Versicherungsmaklers). Empfangen juristische Personen des öffentlichen Rechts Lieferungen im Zollfreigebiet, so wird grundsätzlich eine Verwendung für die hoheitliche Tätigkeit unterstellt, mit der Folge, dass ein steuerpflichtiger innergemeinschaftlicher Erwerb ausgelöst wird. Die Regelung dient somit der Vermeidung eines unversteuerten Letztverbrauchs im Zollfreigebiet.

Beispiel 203

3. Unternehmensinternes Verbringen als innergemeinschaftlicher Erwerb

Unternehmensinterne Vorgänge (z. B. Produkt- und Dienstleistungsverkehr zwischen Betriebsabteilungen oder Zweigniederlassungen eines Unternehmens) sind grundsätzlich für die Umsatzsteuer als nicht steuerbare Innenumsätze unbeachtlich. Eine Ausnahme wird bei der grenzüberschreitenden Warenbewegung eines Gegenstandes gemacht. Hier wird mit dem Tatbestand des innergemeinschaftlichen Verbringens ein innergemeinschaftlicher Erwerb fingiert.[153]

Beispiel 204

---

153 § 1a Abs. 2 UStG; Art. 23 MWStSystRL.

B. Besonderheiten bei innergemeinschaftlichen Umsätzen

Der Tatbestand des innergemeinschaftlichen Verbringens liegt vor, wenn
- ein Unternehmer
- einen Gegenstand seines Unternehmens
- zur nicht nur vorübergehenden Verwendung
- aus dem übrigen Gemeinschaftsgebiet in das Inland verbringt.

Voraussetzung ist also zunächst, dass Unternehmereigenschaft vorliegt. Halb-Unternehmer sind von der Regelung nur betroffen, wenn sie die entsprechende Erwerbsschwelle überschreiten. Der Unternehmer bewirkt gleichzeitig eine innergemeinschaftliche Lieferung im Herkunftsland und einen innergemeinschaftlichen Erwerb im Bestimmungsland.

Beispiel 205

Kein innergemeinschaftliches Verbringen liegt vor, wenn der Gegenstand lediglich zur vorübergehenden Verwendung ins Inland gelangt. Der vorübergehende Charakter kann hierbei entweder in der Befristung oder in der Art der Verwendung bestehen (z. B. wenn der Gegenstand zum Zwecke der Vermietung vom betreffenden Unternehmer in ein anderes EU-Mitgliedsland transportiert wird). Wird der Gegenstand nur befristet im anderen EU-Mitgliedstaat verwendet, so liegt ein innergemeinschaftliches Verbringen erst bei Überschreitung einer Frist von 24 Monaten vor. Für bestimmte Gegenstände bestehen verkürzte Fristen von 6 oder 12 Monaten, wie etwa für Paletten und Fahrzeuge.

Beispiele 206–207

Bemessungsgrundlage beim innergemeinschaftlichen Verbringen ist der Einkaufspreis zuzüglich Nebenkosten bzw. die Selbstkosten für den Gegenstand.

4. Innergemeinschaftlicher Erwerb neuer Fahrzeuge

Für den innergemeinschaftlichen Erwerb neuer Fahrzeuge wurde ein gesonderter Tatbestand geschaffen, um die Besteuerung im Bestimmungsland sicherzustellen. Neben der allgemeinen Regelung des innergemeinschaftlichen Erwerbs nach § 1a UStG kann sich beim Erwerb von Neufahrzeugen eine Steuerpflicht aus § 1b UStG[154] ergeben. Diese Sonder-

---

154 Entsprechend: Art. 2 Abs. 1b, ii i.V.m. Abs. 2 MWStSystRL.

II. Der innergemeinschaftliche Erwerb

regelung hat zur Folge, dass beim Erwerb von Neufahrzeugen kein Unterschied hinsichtlich der Person des Erwerbers gemacht wird. Auch Nicht-Unternehmer, die ein Neufahrzeug in einem anderen EU-Mitgliedstaat erwerben, unterliegen der Erwerbsbesteuerung.

Als neue Fahrzeuge gelten:

1. *motorbetriebene Landfahrzeuge* mit einem Hubraum von mehr als 48 ccm oder einer Leistung von mehr als 7,2 KW, also beispielsweise PKW, LKW, Motorräder, Motorroller, Wohnmobile. Neu im Sinne des Gesetzes sind Landfahrzeuge, die weniger als 6 Monate in Betrieb sind oder weniger als 6000 km Fahrleistung erbracht haben.

Beispiel 208

2. *Wasserfahrzeuge* mit einer Länge von über 7,5 m. Als neu werden nur Wasserfahrzeuge bezeichnet, die vor weniger als 3 Monaten in Betrieb genommen wurden oder die nicht mehr als 100 Betriebsstunden auf dem Wasser zurückgelegt haben.
3. *Luftfahrzeuge*, deren Starthöchstmasse mehr als 1550 kg beträgt. Ausgenommen von der Regelung sind also nur absolute Leichtgewichte unter den Flugzeugen, wie etwa Segelflieger. Ein Luftfahrzeug ist als neu anzusehen, wenn die Betriebsdauer 40 Flugstunden nicht überschritten hat oder die Inbetriebnahme nicht länger als 3 Monate zurückliegt.

Beispiel 209

5. Erwerb durch Halb-Unternehmer

Als Halb-Unternehmer werden bezeichnet:

1. Unternehmer, die nur steuerfreie Umsätze ausführen, die den Vorsteuerabzug ausschließen;
2. Kleinunternehmer, die nach dem Recht des betreffenden EU-Mitgliedstaates steuerbefreit sind;
3. Unternehmer, die die Pauschalregelung für landwirtschaftliche Erzeuger anwenden;
4. Juristische Personen, die nicht Unternehmer sind oder die den Liefergegenstand nicht für ihr Unternehmen verwenden.

Halb-Unternehmer unterliegen im Inland nur dann der Erwerbsbesteuerung, wenn die an sie ausgeführten Lieferungen, bei denen der

B. Besonderheiten bei innergemeinschaftlichen Umsätzen

Liefergegenstand aus dem übrigen Gemeinschaftsgebiet in das Inland gelangt, eine bestimmte **Erwerbsschwelle** überschreiten.[155]

Beispiel 210

Die Erwerbsschwelle beträgt in Deutschland EUR 12.500,–. Wurde sie im vorangegangenen Kalenderjahr nicht oder wird sie im laufenden Kalenderjahr voraussichtlich nicht überschritten, unterliegt der betroffene Halb-Unternehmer nicht der Erwerbsbesteuerung, es sei denn, er verzichtet auf die Anwendung der Erwerbsschwelle und optiert zur Erwerbsbesteuerung im Inland. Hieran ist der Halb-Unternehmer für mindestens 2 Jahre gebunden. Die Ausübung der Option ist gegenüber dem für die Umsatzbesteuerung zuständigen Finanzamt zu erklären.

Beispiele 211–213

Werden von einem Unternehmer, und sei es auch nur in verhältnismäßig geringfügigem Umfang, neben steuerfreien Umsätzen ohne Vorsteuerabzug auch steuerpflichtige oder steuerfreie Umsätze ausgeführt, die zum Vorsteuerabzug berechtigen, liegt für den betreffenden Unternehmer kein Halb-Unternehmer-Status vor. Er ist daher, soweit er nicht unter die Kleinunternehmer-Regelung fällt, als regelbesteuerter Unternehmer zu behandeln, d.h. für ihn ist der innergemeinschaftliche Erwerb immer steuerbar, nicht erst, wenn er die Erwerbsschwelle überschreitet oder zur Erwerbsbesteuerung optiert.

Beispiele 214–215

Für **juristische Personen** bestehen hinsichtlich der Erwerbsbesteuerung Besonderheiten. Bei ihnen können Erwerbe für den nicht-unternehmerischen Bereich, anders als bei natürlichen Personen, der Erwerbsbesteuerung unterliegen. Sie werden hinsichtlich des nicht-unternehmerischen Bereichs als Halb-Unternehmer behandelt. Somit fallen sie unter die Erwerbsbesteuerung, soweit hierzu optiert oder die Erwerbsschwelle überschritten wird. **Juristische Personen des privaten Rechts** (z.B. Kapitalgesellschaften, Genossenschaften oder eingetragene Vereine) werden für ihren unternehmerischen Bereich wie natürliche Personen behandelt. Sie sind also grundsätzlich regelbesteuerte „Voll"-Unternehmer, es sei denn, sie führen nur steuerfreie Umsätze aus, die den Vorsteuerabzug ausschließen, oder sie fallen unter die Kleinunternehmer-Regelung. Für den nicht-unternehmerischen, ideel-

---

[155] § 1a Abs. 3 UStG; Art. 3 MWStSystRL.

len Bereich werden juristische Personen des privaten Rechts als Halb-Unternehmer behandelt – mit den dargestellten Folgen.

Beispiel 216

Für **juristische Personen des öffentlichen Rechts** gibt es die Besonderheit, dass für einzelne Organisationsteile gesonderte USt-IdNrn. beantragt werden können. Zu den juristischen Personen des öffentlichen Rechts zählen die Gebietskörperschaften, die öffentlich-rechtlichen Religionsgemeinschaften, Rundfunkanstalten, die Innungen, Industrie- und Handelskammern, Berufskammern und Stiftungen. Grundsätzlich werden alle Erwerbe einer Organisation zusammengerechnet, um zu ermitteln, ob die Erwerbsschwelle überschritten ist. Es besteht jedoch die Möglichkeit, für einzelne Organisationsteile (z.B. Behörden einer Gebietskörperschaft) gesonderte USt.-IdNrn. zu beantragen. Soweit in dieser Weise verfahren wird, besteht aus Vereinfachungsgründen die Annahme, dass die Erwerbsschwelle überschritten ist. Wird also dieses Verfahren gewählt, so hat dies zur Folge, dass sämtliche Erwerbe unabhängig von einer Erwerbsschwelle der Erwerbsbesteuerung unterliegen.

6. Erwerb durch Nicht-Unternehmer

Der Erwerb von Gegenständen aus einem anderen EU-Mitgliedstaat durch einen Nicht-Unternehmer, löst grundsätzlich für diesen keine Umsatzsteuerpflicht aus. Hierzu gibt es, neben den für juristische Personen beschriebenen Sonderregelungen, lediglich als einzige Ausnahme den Erwerb von Neufahrzeugen. Das Gleiche gilt, wenn ein Unternehmer einen Gegenstand für nicht-unternehmerische Zwecke – als Privatmann – erwirbt. Eine Optionsregelung wie für Halb-Unternehmer besteht für den Nicht-Unternehmer nicht. Der Gegenstand wird daher bei grenzüberschreitenden Lieferungen an Nicht-Unternehmer in der Regel im Ursprungsland besteuert werden. Auf die Sonderregelungen für den Versandhandel wird unter Abschnitt IV.4. *Versandhandelsgeschäfte* eingegangen werden.

Beispiel 217

B. Besonderheiten bei innergemeinschaftlichen Umsätzen

7. Steuerbefreiungen für den innergemeinschaftlichen Erwerb

Für den innergemeinschaftlichen Erwerb bestehen in § 4b UStG[156] besondere Steuerbefreiungsvorschriften. Die allgemeinen Steuerbefreiungsvorschriften des § 4 UStG sind für den innergemeinschaftlichen Erwerb ebenso wenig wie für die Einfuhr anzuwenden.

Es gibt im Wesentlichen zwei Fälle, in denen die Steuerbefreiung des innergemeinschaftlichen Erwerbs eintritt:
1. Steuerfrei ist der innergemeinschaftliche Erwerb von Gegenständen, deren Einfuhr steuerfrei wäre.
2. Steuerfrei ist der innergemeinschaftliche Erwerb von Gegenständen, die zur Ausführung von Umsätzen verwendet werden, die steuerfrei sind und zum Vorsteuerabzug berechtigen.

Anders als bei der Einfuhr ist der innergemeinschaftliche Erwerb wie bereits gesehen nicht für jedermann steuerbar: Voraussetzung ist, dass der Erwerber Unternehmer ist oder als Halb-Unternehmer die Erwerbsschwelle überschreitet bzw. zur Erwerbsbesteuerung optiert. Im Unterschied zur Einfuhr besteht also beim innergemeinschaftlichen Erwerb von Gegenständen durch Privatpersonen kein steuerbarer Umsatz (Ausnahme: Erwerb von Neufahrzeugen). Von daher erübrigen sich einige der für die Einfuhr geltenden Steuerbefreiungsvorschriften. Analog zur Steuerbefreiung der Einfuhr können beispielsweise folgende Gegenstände steuerfrei erworben werden:

– Gegenstände von geringem Wert (bis EUR 22,–),
– Goldbarren und Goldmünzen, die als gesetzliche Zahlungsmittel verwendet werden,
– Menschliche Organe, menschliches Blut, Frauenmilch,
– Wasserfahrzeuge für die Seeschifffahrt,
– Luftfahrzeuge
– Investitionsgüter und Ausrüstungsgegenstände, die im Rahmen einer Betriebsverlegung in das Inland gelangen,
– Warenmuster, Werbemittel und Vorführgegenstände, die zu Werbezwecken in das Inland gebracht werden,
– Fänge deutscher Fischer.

Beispiel 218

---

156 Entsprechend Art. 140 MWStSystRL.

II. Der innergemeinschaftliche Erwerb

Neben diesen sachlichen bestehen zweckgebundene Steuerbefreiungen für Gegenstände, die zur Ausführung von steuerfreien, vorsteuerunschädlichen Umsätzen verwendet werden. Hierunter fallen insbesondere folgende Umsätze:
- die Ausfuhrlieferung,
- die innergemeinschaftliche Lieferung
- die Lohnveredelung
- Umsätze für die Seeschifffahrt und den internationalen Luftverkehr,
- Güterbeförderungen von Gegenständen der Ein-, Durch- oder Ausfuhr.

Beispiel 219

8. Bemessungsgrundlage und Steuersatz beim innergemeinschaftlichen Erwerb

Bemessungsgrundlage für die Umsatzsteuer auf den innergemeinschaftlichen Erwerb ist das gezahlte Entgelt einschließlich etwaiger Transport-, Versicherungs- oder Verpackungskosten, erhöht um eventuell vom Erwerber geschuldete Verbrauchsteuern. Entgeltsminderungen, wie Skonti, Boni, Rabatte, etc. mindern die Bemessungsgrundlage. Sie sind in dem Voranmeldungszeitraum zu berücksichtigen, in dem die Minderung eintritt.

Beispiel 220

Die Erwerbsteuer wird nicht aus dem Entgelt herausgerechnet, sondern dem an den Lieferer entrichteten Betrag zugeschlagen. Letzterer Betrag versteht sich als Nettobetrag, da der Lieferer die Steuerbefreiung für innergemeinschaftliche Lieferungen in Anspruch nehmen kann.

Der Steuersatz für den innergemeinschaftlichen Erwerb bestimmt sich nach denselben Regelungen wie für die Lieferung der betreffenden Gegenstände. Beim innergemeinschaftlichen Erwerb von Gegenständen, die in der Anlage 2 zum UStG aufgeführt sind, findet der ermäßigte Steuersatz Anwendung.

Beispiel 221

9. Vorsteuerabzug beim innergemeinschaftlichen Erwerb

Die geschuldete Steuer auf den innergemeinschaftlichen Erwerb ist bei einem Unternehmer, der ausschließlich Umsätze bewirkt, die zum Vorsteuerabzug berechtigen, in voller Höhe als Vorsteuer abzusetzen.

B. Besonderheiten bei innergemeinschaftlichen Umsätzen

Führt ein Unternehmer nur steuerfreie Umsätze aus, die den Vorsteuerabzug ausschließen, oder verwendet er die erworbenen Gegenstände ausschließlich für diese Umsätze, so ist ein Vorsteuerabzug nicht möglich. Die Steuer auf den innergemeinschaftlichen Erwerb wird in diesem Fall zu einer definitiven Belastung. Verwendet der Unternehmer die erworbenen Gegenstände teils für steuerpflichtige, teils für steuerfreie Umsätze ohne Vorsteuerabzug, so ist der Vorsteuerabzug nur anteilig möglich.

Beispiel 222

10. Besteuerungsverfahren

Die Steuer für den innergemeinschaftlichen Erwerb entsteht mit Ablauf des Voranmeldungszeitraums, in dem die Lieferung durchgeführt wird. Der innergemeinschaftliche Erwerb ist also in der Voranmeldung für den Zeitraum anzugeben, in den die Ausführung der Lieferung fällt. Differieren Zeitpunkt von Lieferung und Rechnungsstellung, so ist wie folgt zu verfahren: Bei Vorausrechnungen entsteht die Steuer erst bei tatsächlich vollzogener Lieferung. Wird die Rechnung erst verspätet ausgestellt, so ist der innergemeinschaftliche Erwerb spätestens im auf den Lieferzeitpunkt folgenden Monat anzumelden.

Beispiele 223–224

Die innergemeinschaftlichen Erwerbe sind in der Umsatzsteuer-Voranmeldung getrennt nach steuerfreien und zum Regelsteuersatz bzw. ermäßigten Steuersatz pflichtigen Erwerben aufzuführen. Keinen Eingang finden innergemeinschaftliche Erwerbe in die Zusammenfassende Meldung an das Bundeszentralamt für Steuern.

III. Innergemeinschaftliche Lieferumsätze

1. Voraussetzungen für die steuerbefreite innergemeinschaftliche Lieferung

Vergleichbar dem Tatbestand der Ausfuhrlieferung für Lieferungen in das Drittlandgebiet existiert für Lieferungen in ein anderes EU-Mitgliedsland der Tatbestand der innergemeinschaftlichen Lieferung. Ob bei der betreffenden Beförderung oder Versendung des Gegenstandes eine innergemeinschaftliche Lieferung, eine Ausfuhrlieferung oder

III. Innergemeinschaftliche Lieferumsätze

eine Inlandslieferung vorliegt, entscheidet sich nach dem Ort, zu dem die Ware bestimmungsgemäß gelangen soll. Liegen die Voraussetzungen der innergemeinschaftlichen Lieferung vor (§ 6a UStG), so zieht dies die Steuerfreiheit des betreffenden Umsatzes nach sich (§ 4 Nr. 1 b UStG).[157]

Beispiel 225

Der Ort der innergemeinschaftlichen Lieferung bestimmt sich nach den allgemeinen Vorschriften. Bei Lieferungen, die im Zusammenhang mit einer Einfuhr stehen, ist die Vorschrift des § 3 Abs. 8 UStG zu beachten. Hiernach gilt nämlich die Lieferung von Gegenständen, die aus dem Drittlandsgebiet in das Inland eingeführt werden, als im Inland erbracht, soweit der Lieferer die Einfuhrumsatzsteuer schuldet. Somit kommt es zu einer unterschiedlichen Beurteilung der Lieferorte in Abhängigkeit davon, wer die Einfuhrumsatzsteuer schuldet.

Beispiele 226–227

Voraussetzungen für die innergemeinschaftliche Lieferung sind:

1. Es muss eine **Warenbewegung** vom Inland in das übrige Gemeinschaftsgebiet erfolgen. Dabei spielt es keine Rolle, ob der Gegenstand der Lieferung vorübergehend durch Drittlandsgebiet transportiert wird.

Beispiel 228

2. Der **Lieferer ist Unternehmer** und führt die Lieferung im Rahmen seines Unternehmens aus. Er darf nicht unter die Kleinunternehmer-Regelung oder die Pauschalbesteuerung für Land- und Forstwirte fallen.

Beispiel 229

3. Der **Abnehmer** muss über Unternehmer-Status verfügen, den Gegenstand für sein Unternehmen oder als juristische Person für den nicht-unternehmerischen Bereich erwerben – dies zeigt er durch Angabe seiner **USt-IdNr.** an.
4. Im anderen **EU-Mitgliedstaat** wird ein steuerbarer **innergemeinschaftlicher Erwerb** bewirkt.

---

157 Vgl. Art. 138 MWStSystRL.

B. Besonderheiten bei innergemeinschaftlichen Umsätzen

5. Der Lieferer muss **nachweisen**, dass der Gegenstand ins übrige Gemeinschaftsgebiet transportiert wurde und dass der Abnehmer die entsprechenden Voraussetzungen erfüllt.

Voraussetzung für die Steuerfreiheit der innergemeinschaftlichen Lieferung ist, dass der Erwerb des Gegenstandes in einem anderen EU-Mitgliedstaat der Besteuerung unterliegt. Der Steuerfreiheit der innergemeinschaftlichen Lieferung im Ursprungsland entspricht somit die Besteuerung als innergemeinschaftlicher Erwerb im Bestimmungsland. Um die Erbringung der entsprechenden Nachweise praktikabel zu machen, wurde das Instrument der USt-IdNr. geschaffen. Wird vom Abnehmer eine USt-IdNr. angegeben, so gibt dieser dem Lieferer zu verstehen, dass der Erwerb der Ware im Herkunftsland der USt-IdNr. der Besteuerung unterliegt.

Die Koppelung der innergemeinschaftlichen Lieferung an den innergemeinschaftlichen Erwerb beim Abnehmer kann zu Problemen führen, wenn zwischen den beiden betroffenen Mitgliedsländern Differenzen bezüglich der Einstufung eines Sachverhalts als Lieferung bestehen. Derartige Qualifikationskonflikte bestehen beispielsweise hinsichtlich der Behandlung von Leasingverträgen als Lieferung, so dass es beim grenzüberschreitenden Leasing zur Doppelbesteuerung der Leistung kommen kann.

Beispiel 230

Der Abnehmer muss bereits bei Beginn der Beförderung oder Versendung feststehen. Werden also vom Lieferer Waren in ein anderes EU-Mitgliedsland befördert, um dort einem noch nicht feststehenden Kundenkreis zum Verkauf angeboten zu werden, so liegt der Ort der Lieferung in dem betreffenden EU-Mitgliedsland und nicht am Beginn der Beförderung. Somit scheidet die Steuerbefreiung wegen innergemeinschaftlicher Lieferung aus.

Beispiel 231

Der innergemeinschaftlichen Lieferung gleichgestellt ist das innergemeinschaftliche Verbringen eines Gegenstandes. Werden also unternehmensintern Gegenstände nicht nur vorübergehend in ein anderes Mitgliedsland verbracht, so liegt im Ursprungsland des Verbringens eine steuerfreie innergemeinschaftliche Lieferung, im Bestimmungsland ein steuerbarer innergemeinschaftlicher Erwerb vor.

Beispiel 232

III. Innergemeinschaftliche Lieferumsätze

2. Handhabung in der Praxis – Vertrauensschutz bei Falschangaben des Abnehmers

Der liefernde Unternehmer ist bei der Beurteilung, ob die Voraussetzungen für eine steuerfreie innergemeinschaftliche Lieferung vorliegen, in starkem Maße auf die Angaben des Abnehmers (insbesondere hinsichtlich der USt-IdNr.) angewiesen. Das Risiko des liefernden Unternehmers, bei Falschangaben des Abnehmers für die zu Unrecht gewährte Steuerbefreiung einstehen zu müssen, soll durch die Vertrauenschutzregelung des § 6a Abs. 4 UStG reduziert werden.

Diese sieht vor, dass die Steuerfreiheit erhalten bleibt, wenn der Lieferer durch Falschangaben des Abnehmers zu unrecht vom Vorliegen einer steuerfreien innergemeinschaftlichen Lieferung ausgeht und wenn der Lieferer die Unrichtigkeit der Angaben des Abnehmers auch bei Beachtung der Sorgfalt eines ordentlichen Kaufmanns nicht erkennen konnte.

Konkret sind drei Fälle von Falschangaben des Abnehmers zu unterscheiden – mit unterschiedlichen Konsequenzen für den Umfang des Vertrauensschutzes:

1. Der Abnehmer befördert den Liefergegenstand entgegen seinen Angaben nicht in das übrige Gemeinschaftsgebiet.
2. Der Abnehmer verwendet den Gegenstand entgegen seinen Angaben nicht für sein Unternehmen, sondern für private Zwecke.
3. Der Abnehmer verwendet eine frei erfundene oder einem anderen Unternehmer erteilte USt-IdNr.

Im Fall 1 hat der Lieferer seine Sorgfaltpflichten erfüllt, wenn er über die für die Steuerfreiheit der innergemeinschaftlichen Lieferung erforderlichen Nachweise verfügt – hier im speziellen eine Versicherung des Abnehmers, dass er die Ware in das übrige Gemeinschaftsgebiet befördert. Für die Praxis erscheint es sinnvoll, sich bei Abhollieferung die entsprechende Versicherung vom Abnehmer auf dem Lieferschein unterschreiben zu lassen.

Beispiel 233

Im Fall 2 hat der Lieferer seine Pflichten als ordentlicher Kaufmann erfüllt, wenn der Abnehmer seine USt-IdNr. angegeben hat und die Art des Liefergegenstandes nicht lediglich eine Verwendung zu privaten Zwecken erwarten lässt.

Beispiel 234

B. Besonderheiten bei innergemeinschaftlichen Umsätzen

Im Fall 3, bei Verwendung einer frei erfundenen oder einem anderen Unternehmer erteilten USt-IdNr. durch den Abnehmer ist Vertrauensschutz nach Auffassung der Finanzverwaltung[158] nicht zu gewähren,
- wenn es sich beim Abnehmer um ein Scheinunternehmen handelt, d.h. wenn sich herausstellt, das der Abnehmer in Wirklichkeit nicht unternehmerisch tätig ist;
- wenn der Abnehmer die USt-IdNr. eines anderen Unternehmers verwendet, in dem er unberechtigt in dessen Namen auftritt.[159]

Durch die neuere Rechtsprechung des EuGH[160] zu den Voraussetzungen für die Steuerfreiheit der innergemeinschaftlichen Lieferungen sind die Zweifel an dieser restriktiven Auslegung des Vertrauensschutzes bestärkt worden. Denn nach dem Wortlaut des § 6a Abs. 4 UStG und nach dem Sinn der Regelung soll das Risiko von Falschangaben des Abnehmers (gleichgültig auf welchen Sachverhalt sich diese beziehen: Bestimmungsort der Lieferung, Verwendung für unternehmerische Zwecke oder angegebene USt-IdNr.) nicht beim liefernden Unternehmer liegen, sofern er alle Sorgfaltspflichten beachtet hat. Die Umsetzung der neuen EuGH-Rechtsprechung durch die Finanzverwaltung bleibt in dieser Frage noch abzuwarten.

Hiervon abgesehen sind die Sorgfaltspflichten des liefernden Unternehmers nach den Umständen des Einzelfalls zu beurteilen. So ist bei langjährigen Geschäftsbeziehungen, wenn Art und Umfang der Geschäfte eindeutig Unternehmereigenschaft des Abnehmers erwarten lassen, für die Erfüllung der Sorgfaltspflichten nicht erforderlich, immer eine aktuelle Bestätigung über die Richtigkeit der USt-IdNr. des Abnehmers beim Bundeszentralamt für Steuern einzuholen.

Liegt keine solche dauerhafte Geschäftsbeziehung vor oder lassen Art und Umfang der Geschäfte nicht eindeutig auf eine unternehmerische Verwendung schließen, erfordern es die Sorgfaltspflichten, das qualifizierte Bestätigungsverfahren (nach § 18e UStG) beim Bundeszentralamt für Steuern durchführen zu lassen. Die in diesem Rahmen vom Bundeszentralamt für Steuern, Außenstelle Saarlouis, erteilten Bestätigungen über die Gültigkeit einer USt-IdNr. enthalten auch Name und Adresse des zugehörigen Unternehmers. Wird dieses Verfahren nicht durchlaufen, genießt der liefernde Unternehmer keinen Vertrauens-

---

158 Vgl. BMF-Schreiben vom 31.05.2006, BStBl. I 2006, S. 394.
159 Ebenso BFH-Beschluss vom 05.02.2004, V B 180/03.
160 EuGH-Urteile vom 27.09.2007, Rs. C-409/04 – Teleos plc., UR 2007, S. 774, und ebenfalls vom 27.09.2007, Rs. C-146/05 – Albert Collée, UR 2007, S. 813.

schutz. Somit würde für den aufgrund der Falschangaben des Abnehmers zunächst als steuerfreie innergemeinschaftliche Lieferung behandelte Umsatz Steuerpflicht eintreten.

Beispiel 235

3. Lieferungen an Abnehmer mit USt-IdNr.

Als Abnehmer mit (rechtmäßiger) USt-IdNr. kommen in Frage:
1. regelversteuernde Unternehmer und
2. Halb-Unternehmer.

An Unternehmer, die zum (wenn auch nur teilweisen) Vorsteuerabzug berechtigt sind, kann bei Vorliegen der übrigen Voraussetzungen immer steuerfrei geliefert werden. Bei Lieferungen an Halb-Unternehmer greift die Steuerbefreiung der Lieferung und mit ihr gekoppelt die Steuerpflicht des Erwerbs, wenn:

– neue Fahrzeuge geliefert werden,
– verbrauchssteuerpflichtige Waren geliefert werden
– sonstige Gegenstände geliefert werden und der Erwerber die Erwerbsschwelle überschritten hat oder zur Erwerbsbesteuerung optiert.

Beispiel 236

Sind die Voraussetzungen für eine steuerfreie innergemeinschaftliche Lieferung nicht gegeben, besteht für den Lieferer ein steuerpflichtiger Umsatz. In diesem Fall ist zu prüfen, ob wegen Überschreitens der Lieferschwelle der Umsatz vom Lieferer im Bestimmungsland zu versteuern ist. Darauf wird im folgenden Abschnitt eingegangen.

4. Lieferungen an Abnehmer ohne USt-IdNr.

Für Lieferungen an Abnehmer, die keine USt-IdNr. angeben, kommt die Steuerbefreiung als innergemeinschaftliche Lieferung nicht in Betracht (Ausnahme: Lieferung von Neufahrzeugen). Der Lieferer führt somit regelmäßig steuerpflichtige Umsätze aus. Zwei Fälle sind bei der Lieferung an Abnehmer ohne USt-IdNr. zu unterscheiden:

– der Abnehmer oder ein von ihm Beauftragter holt die Ware ab,
– der Lieferer befördert oder versendet die Ware an den Abnehmer.

Im ersten Fall besteht die Steuerpflicht immer im Ursprungsland der Lieferung. Im zweiten Fall kann sich eine Verlagerung der Steuer-

B. Besonderheiten bei innergemeinschaftlichen Umsätzen

pflicht vom Ursprungsland in das Bestimmungsland ergeben. Auch hier besteht die Steuerpflicht grundsätzlich im Ursprungsland. Überschreitet der Lieferer jedoch mit der Gesamtsumme aller Lieferungen die Lieferschwelle des betreffenden EG-Mitgliedslandes, so wird die Steuerpflicht in das andere EG-Mitgliedsland verlagert.

Der Lieferer hat sich in diesem Fall in dem betreffenden Mitgliedstaat steuerlich registrieren zu lassen und muss dort für sämtliche derartigen Umsätze die dortige Umsatzsteuer abführen. Die Lieferschwelle beträgt für Deutschland EUR 100.000,–, für die übrigen EG-Mitgliedstaaten liegt sie teils in derselben Höhe, teils mit etwa einem Drittel des Werts wesentlich darunter. Im Einzelnen wird die Regelung der Versandhandelsgeschäfte im Abschnitt IV.4. behandelt.

Beispiel 237

5. Abrechnung und Nachweise bei innergemeinschaftlichen Lieferungen

Unternehmer, die steuerfreie innergemeinschaftliche Lieferungen ausführen, sind verpflichtet, eine **Rechnung** auszustellen. Diese Rechnung muss gegenüber den allgemeinen Angaben folgende spezielle Merkmale aufweisen:

– es muss auf die Steuerfreiheit der Lieferung hingewiesen werden,
– es ist die eigene USt-IdNr. sowie die USt-IdNr. des Leistungsempfängers anzugeben.

Ein Doppel der Rechnung ist zehn Jahre aufzubewahren.

Bei innergemeinschaftlichen Lieferungen ist insbesondere für zwei Sachverhalte der **buch- und belegmäßige Nachweis** zu führen:

1. dass an einen Unternehmer geliefert wurde, der in einem anderen Mitgliedstaat der Erwerbsbesteuerung unterliegt;
2. dass der Gegenstand der Lieferung in ein anderes Mitgliedsland transportiert wurde.

Um den Nachweispflichten hinsichtlich des ersten Punktes nachzukommen, ist die USt-IdNr. des Empfängers der Lieferung aufzuzeichnen und zu überprüfen, soweit Anlass zu Zweifeln an deren Richtigkeit besteht. Der Nachweis über den Transport in ein anderes Mitgliedsland ist bei Versendung etwa durch Frachtpapiere der Spedition oder andere Versendungsbelege (z.B. Posteinlieferungsschein) zu führen. Bei Beförderung durch den Lieferer dient als Nachweis der Lieferschein, aus dem sich der Bestimmungsort ergibt, sowie eine Empfangsbestätigung des Abnehmers. Im Falle der Abhollieferung ist den Nachweispflichten Genüge getan, wenn eine entsprechende Versicherung des Abnehmers vorliegt, dass der Gegenstand in ein anderes Mitgliedsland befördert wird.

Beispiele 238–239

Durch die Rechtsprechung des EuGH[161] wurde festgestellt, dass der buchmäßige Nachweis, beispielsweise der USt-IdNr. des Abnehmers, nachgeholt werden kann.

IV. Sondertatbestände bei Lieferungen im Binnenmarkt

1. Innergemeinschaftliche Reihengeschäfte

Von einem innergemeinschaftlichen Reihengeschäft spricht man, wenn mehrere Unternehmer Umsatzgeschäfte über denselben Gegenstand abschließen und diese Geschäfte durch direkte Lieferung von einem EU-Mitgliedsland in ein anderes erfolgen.

Die Besonderheit bei innergemeinschaftlichen Reihengeschäften gegenüber der allgemeinen Regelung besteht im Wesentlichen bezüglich der bewegten Lieferung in der Reihe. Für Letztere, und nur für Letztere kommt die Steuerbefreiung als innergemeinschaftliche Lieferung in Frage – der Abnehmer dieser Lieferung hat gegebenenfalls einen innergemeinschaftlichen Erwerb zu versteuern.

Um die Regelungen zum innergemeinschaftlichen Reihengeschäft zu verdeutlichen, sei folgender Sachverhalt beispielhaft erläutert:

Der niederländische Unternehmer NL bestellt beim Unternehmer D2 aus Köln eine Ware, die dieser seinerseits beim Unternehmer D1 in Augsburg ordert. D1 bezieht die Ware von seinem französischen Lieferanten F. F befördert die Ware direkt an NL.

Nach der gültigen Regelung zu den Reihengeschäften wird eine Lieferung in der Reihe als bewegte Lieferung angesehen. Nur für diese kommt die Steuerbefreiung als innergemeinschaftliche Lieferung in Betracht. Die übrigen Lieferungen werden als ruhende Lieferungen

---

161 EuGH-Urteil vom 27.09.2007, Rs. C-146/05 – Albert Collée, UR 2007, S. 813.

B. Besonderheiten bei innergemeinschaftlichen Umsätzen

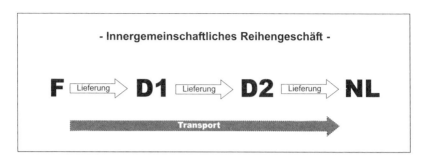

und somit als gewöhnliche Inlandslieferungen behandelt. Diese Regelung kann für die am Reihengeschäft beteiligten Unternehmer zu einem erheblichen Verwaltungsaufwand führen, da bei reinen Lieferungen in aller Regel keine Verlagerung der Steuerschuldnerschaft auf den Empfänger der Lieferung möglich ist, so dass sich der betreffende Unternehmer in dem Mitgliedstaat, in dem er die Lieferung ausgeführt hat, registrieren lassen muss.

Welche Lieferung in der Reihe als Beförderungs- oder Versendungslieferung angesehen wird, entscheidet sich danach, wer den Transport durchführt bzw. wer den Auftrag hierzu erteilt. Im vorliegenden Fall ist wie folgt zu verfahren: Da F als erster Lieferer in der Reihe den Transport durchführt, gilt die erste Lieferung in der Reihe als bewegte Lieferung. F liefert somit steuerbar in Frankreich. Der Umsatz bleibt aber als innergemeinschaftliche Lieferung steuerfrei. D1 hat einen innergemeinschaftlichen Erwerb zu versteuern. Die Lieferung des D1 wird am Zielort der Lieferung, in den Niederlanden, ausgeführt. Dort bewirkt D1 einen steuerpflichtigen Umsatz. Er hat sich demnach in den Niederlanden steuerlich registrieren zu lassen. D2 bekommt somit niederländische Umsatzsteuer in Rechnung gestellt, die er über das Vorsteuer-Vergütungsverfahren zurückfordern müsste, soweit er in den Niederlanden nicht der Regelbesteuerung unterliegt. Die Lieferung des D2 wird ebenfalls in den Niederlanden erbracht. Auch er hat sich somit mittels Fiskalvertreter registrieren zu lassen und niederländische Umsatzsteuer in seiner Rechnung auszuweisen. Die von D1 in Rechnung gestellte niederländische Umsatzsteuer kann er als Vorsteuer geltend machen.

Beispiele 240–241

Wird der Transport bei einem Reihengeschäft von einem sich im Mittelteil der Reihe befindlichen Unternehmer ausgeführt oder in Auftrag gegeben, so wird die bewegte Lieferung grundsätzlich der Lieferung

an diesen Unternehmer zugerechnet. Es ist jedoch möglich, die bewegte Lieferung auf die darauffolgende Lieferung zu verlagern, indem der betreffende Unternehmer seinem Lieferanten nachweist, dass er selbst als Lieferer fungiert. Daraus ergeben sich Gestaltungsmöglichkeiten, die den Verwaltungsaufwand verringern.
Beispiele 242–243

Bei Beteiligung von Unternehmern aus dem **Drittlandsgebiet** an einem Reihengeschäft ist zu unterscheiden, ob beide Orte, Anfang und Ziel der Warenbewegung, im Gemeinschaftsgebiet liegen, oder ob einer der Orte im Drittlandsgebiet gelegen ist. Liegen beide Orte im Gemeinschaftsgebiet in unterschiedlichen Mitgliedstaaten, ist ein innergemeinschaftliches Reihengeschäft gegeben. Es kommt in diesem Fall die Steuerbefreiung als innergemeinschaftliche Lieferung und die Erwerbsbesteuerung in Frage. Die Steuerbefreiung als Ausfuhrlieferung scheitert an der fehlenden Warenbewegung ins Drittlandsgebiet. Tritt der Drittlandsunternehmer in einem solchen Fall mit der USt-IdNr. eines EU-Mitgliedstaates auf, so wird er genauso behandelt, wie wenn er in diesem Mitgliedstaat ansässig wäre.
Beispiel 244

Verwendet der Drittlandsunternehmer keine USt-IdNr., so werden für ihn als Unternehmer dennoch die gleichen Grundsätze angewandt, wie für einen in der EU ansässigen Unternehmer. Er wird also, soweit er an einem innergemeinschaftlichen Reihengeschäft beteiligt ist, immer im Gemeinschaftsgebiet steuerbare Lieferungen ausführen. Der Drittlandsunternehmer wird sich daher, soweit er an Warenbewegungen innerhalb der EU beteiligt ist, immer in einem EU-Mitgliedstaat registrieren lassen müssen.
Beispiel 245

Gelangt im Rahmen eines Reihengeschäfts der Gegenstand der Lieferung aus dem Gemeinschaftsgebiet in das Drittlandsgebiet, so kommt für die bewegte Lieferung nur die Steuerbefreiung als Ausfuhrlieferung in Frage. Die Steuerbefreiung als innergemeinschaftliche Lieferung scheidet aus, weil der Bestimmungsort der Lieferung nicht in einem EU-Mitgliedstaat liegt.
Beispiel 246

Wird der Gegenstand der Lieferung dagegen aus dem Drittlandsgebiet in das Gemeinschaftsgebiet befördert oder versendet, kommt die Steu-

B. Besonderheiten bei innergemeinschaftlichen Umsätzen

erbefreiung wegen innergemeinschaftlicher Lieferung in Frage. Dies ist davon abhängig, wo der Gegenstand der Lieferung zum freien Verkehr abgefertigt wird. Wird der Gegenstand der Lieferung nach der Abfertigung zum freien Verkehr in ein anderes EU-Mitgliedsland transportiert, so liegt eine innergemeinschaftliche Lieferung bei Erfüllung der übrigen Voraussetzungen vor.

Beispiele 247–248

Auch **Nicht-Unternehmer** können – als letzte Abnehmer – an Reihengeschäften beteiligt sein. Die dargestellten Grundsätze zum Reihengeschäft sind in derselben Weise anzuwenden. Zu beachten ist allerdings, dass für die Lieferung an den Nicht-Unternehmer die Steuerbefreiung als innergemeinschaftliche Lieferung grundsätzlich ausscheidet und dass sich, sofern ein Versandhandelsgeschäft vorliegt, die Steuerpflicht in das Bestimmungsland der Lieferung verlagern kann. Die Vereinfachungsregelung des innergemeinschaftlichen Dreiecksgeschäfts scheidet bei Beteiligung eines Nicht-Unternehmers aus.

Beispiel 249

2. Das innergemeinschaftliche Dreiecksgeschäft

Das innergemeinschaftliche Dreiecksgeschäft als Sonderfall des innergemeinschaftlichen Reihengeschäfts stellt eine Vereinfachungsregelung dar, mit der die steuerliche Registrierung des mittleren Unternehmers im Bestimmungsland der Lieferung vermieden wird. Allgemeine Voraussetzung ist wie beim innergemeinschaftlichen Reihengeschäft, dass der Gegenstand der Lieferung tatsächlich von einem Mitgliedstaat in einen anderen Mitgliedstaat gelangt. Treffen die Voraussetzungen des § 25b UStG[162] zu, so ist das innergemeinschaftliche Reihengeschäft als innergemeinschaftliches Dreiecksgeschäft zu behandeln. Es handelt sich um eine zwingende Regelung, nicht um ein Wahlrecht.

Im Einzelnen müssen drei Voraussetzungen erfüllt sein:

1. Am innergemeinschaftlichen Reihengeschäft müssen **drei Unternehmer** beteiligt sein. Als letzter Abnehmer in der Reihe kommen auch Kleinunternehmer oder pauschalversteuernde Landwirte in Frage, soweit sie über eine USt-IdNr. verfügen. Auch Unternehmer

---

[162] Entsprechend Art. 141 MWStSystRL.

IV. Sondertatbestände bei Lieferungen im Binnenmarkt

mit ausschließlich steuerfreien, nicht zum Vorsteuerabzug berechtigenden Umsätzen, wie beispielsweise Ärzte, können als letzte Abnehmer an einem innergemeinschaftlichen Dreiecksgeschäft teilhaben, soweit ihnen eine USt-IdNr. erteilt wurde.

Beispiele 250–251

2. Die Beteiligten verwenden **USt-IdNrn. aus drei Mitgliedstaaten**.

Beispiel 252

3. Die **bewegte Lieferung** muss der **ersten Lieferung in der Reihe zuzuordnen** sein. Diese Voraussetzung ist erfüllt, wenn der erste Lieferer den Transport übernimmt. Ist der erste Abnehmer für den Transport zuständig, ist ein innergemeinschaftliches Dreiecksgeschäft möglich, bei Abholung durch den letzten Abnehmer unmöglich.

Sind die drei Bedingungen erfüllt, so liegt ein innergemeinschaftliches Dreiecksgeschäft vor. Die drei Beteiligten am Reihengeschäft sind dann wie folgt zu behandeln:

- Der **erste Lieferer** bewirkt eine an seinem Sitzort steuerbare, aber steuerfreie innergemeinschaftliche Lieferung.
- Der **erste Abnehmer** bewirkt einen als ruhende Lieferung am Zielort der Lieferung steuerbaren und steuerpflichtigen Umsatz. Die Steuerschuld für diesen Umsatz wird jedoch auf den zweiten Abnehmer in der Reihe übertragen. Zugleich bewirkt er einen innergemeinschaftlichen Erwerb, der sowohl im Bestimmungsland der Lieferung als auch im Herkunftsland seiner USt-IdNr. steuerbar ist. Dieser innergemeinschaftliche Erwerb gilt als besteuert, wenn die Steuerschuld für die zweite Lieferung wirksam auf den zweiten Abnehmer übertragen wurde. Der erste Abnehmer bei einem innergemeinschaftlichen Dreiecksgeschäft hat keinen innergemeinschaftlichen Erwerb zu versteuern.
- Der **zweite und letzte Abnehmer** hat den an seinem Sitzort steuerbaren und steuerpflichtigen Umsatz zu versteuern. Ein innergemeinschaftlicher Erwerb liegt bei ihm nicht vor, da eine ruhende Lieferung vorausgegangen ist.

Beispiel 253

Beim innergemeinschaftlichen Dreiecksgeschäft sind besondere **Abrechnungs- und Aufzeichnungspflichten** zu erfüllen. Damit die Steu-

B. Besonderheiten bei innergemeinschaftlichen Umsätzen

erschuld des ersten Abnehmers wirksam auf den letzten Abnehmer übertragen werden kann, muss aus der Rechnung für den letzten Abnehmer eindeutig hervorgehen, dass er Steuerschuldner für den vom ersten Abnehmer bewirkten Umsatz ist. Hierzu muss die Rechnung folgende Angaben enthalten:

– Hinweis auf das Vorliegen eines innergemeinschaftlichen Dreiecksgeschäft, wie beispielsweise „Innergemeinschaftliches Dreiecksgeschäft nach § 25b UStG" oder „Vereinfachungsregelung nach Artikel 141 MWStSystRL". Sinnvoll ist es, diesen Hinweis in der jeweiligen Landessprache des Rechnungsempfängers zu geben;
– ein Hinweis darauf, dass der letzte Abnehmer die Steuerschuld zu tragen hat;
– die USt-IdNrn. des ersten und des letzten Abnehmers.

3. Innergemeinschaftliche Werklieferungen

Werklieferungen sind Leistungen, die Elemente der Lieferung mit Elementen der sonstigen Leistung verknüpfen. Die Abgrenzung zwischen Werklieferung und Werkleistung ist auch für innergemeinschaftliche Umsätze an dem Kriterium vorzunehmen, ob der Unternehmer für die Ausführung seiner Leistung selbstbeschaffte Stoffe verwendet, die nicht nur vernachlässigbare Zutaten oder Nebenstoffe sind. Werklieferungen werden umsatzsteuerlich einheitlich als Lieferung behandelt. Dies hat Konsequenzen für die Bestimmung von Zeit und Ort der Werklieferung, für die Gültigkeit von Steuerbefreiungen sowie für das anzuwendende Besteuerungsverfahren.
Beispiele 254–256

Eine Werklieferung liegt auch dann vor, wenn die vom leistenden Unternehmer beschafften Stoffe fest mit Grund und Boden verbunden werden. Somit stellen auch Bauleistungen, bei denen der Bauunternehmer selbstbeschaffte Stoffe verwendet, Werklieferungen dar.
Beispiele 257–258

Da Werklieferungen umsatzsteuerlich einheitlich als Lieferungen zu behandeln sind, ist die Steuerbefreiung als innergemeinschaftliche Lieferung in Verbindung mit einem steuerpflichtigen innergemeinschaftlichen Erwerb möglich. Entscheidende Bedeutung kommt in dieser Frage der Ortsbestimmung für die Werklieferung zu. Grundsätzlich

IV. Sondertatbestände bei Lieferungen im Binnenmarkt

werden Werklieferungen an dem Ort erbracht, an dem das fertige Werk übergeben bzw. abgenommen wird. Der Ort der Werklieferung wird sich daher in aller Regel im Mitgliedstaat des Abnehmers befinden. In diesem Fall scheidet die Steuerbefreiung als innergemeinschaftliche Lieferung aus.

Der Leistungsort liegt nur dann im Herkunftsland des leistenden Unternehmers, wenn der Gegenstand der Werklieferung bereits vor der Beförderung und Versendung fertiggestellt wurde und somit als fertiges Produkt an den Abnehmer geliefert wird. In diesem Fall, wenn Lieferort (Beginn der Beförderung) und Zielort in verschiedenen EU-Mitgliedsländern liegen, ist das Vorliegen einer steuerfreien innergemeinschaftlichen Lieferung möglich.

Beispiele 259–260

Die Lieferung eines fertigen Produktes und somit eine steuerfreie innergemeinschaftliche Werklieferung mit Erwerbsteuerpflicht des Abnehmers liegt auch dann vor, wenn das Produkt zur Erleichterung des Transports vor der Beförderung oder Versendung in Teile zerlegt und am Aufstellort wieder zusammengesetzt wird. Ebenso unschädlich sind zusätzlich zur Werklieferung am Aufstellort beim Abnehmer durchgeführte Nebenleistungen oder selbstständige sonstige Leistungen, wie etwa Anschlussarbeiten oder die Schulung und Einweisung des Bedienungspersonals. Für die selbstständigen sonstigen Leistungen ist der Ort der Leistung gesondert zu bestimmen. Sie sind gesondert abzurechnen.

Beispiel 261

Wird das beauftragte Werk dagegen im EU-Mitgliedsland, in dem der Abnehmer tätig ist, erstellt und montiert, so wird die Werklieferung in diesem Mitgliedsland erbracht. Man spricht in diesem Fall auch von einer Montagelieferung. Sie wird dort erbracht, wo das fertige Werk erstellt wird.

Beispiel 262

Während hinsichtlich der begrifflichen Definition der Werklieferung und der Festlegung des Lieferungsortes keine wesentlichen Unterschiede zwischen den einzelnen EU-Ländern bestehen, geht die praktische Umsetzung im Besteuerungsverfahren teilweise recht unterschiedliche Wege. In einigen EU-Mitgliedstaaten (z.B. Deutschland, Niederlande) besteht bei Werklieferungen die Möglichkeit der Über-

B. Besonderheiten bei innergemeinschaftlichen Umsätzen

tragung der Steuerschuld auf den Leistungsempfänger. Diese Vereinfachungsregelung ist jedoch teilweise daran gebunden, dass die einzelnen auszuführenden Werklieferungen im Vorfeld bei den zuständigen Finanzbehörden angemeldet werden (z.B. in England). In anderen Mitgliedstaaten (z.B. Frankreich, Spanien) ist es dagegen erforderlich, sich, gegebenenfalls über einen Fiskalvertreter, steuerlich registrieren zu lassen. Wird die Fiskalvertretung vom Leistungsempfänger übernommen, so kann man von einem „selbstgestrickten" Abzugsverfahren sprechen. Nicht möglich ist die Anwendung des Abzugsverfahrens bei Werklieferungen an Privatpersonen.

Beispiel 263

Hinsichtlich der vom leistenden Unternehmer in das andere Mitgliedsland verbrachten Rohstoffe liegt kein innergemeinschaftliches Verbringen vor. Das Verbringen von Gegenständen in ein anderes Mitgliedsland zum Zwecke der Ausführung einer Werklieferung, die in diesem Mitgliedsland steuerpflichtig ist, gilt als nur vorübergehende Verwendung und erfüllt somit nicht die Voraussetzungen einer innergemeinschaftlichen Verbringung.

4. Versandhandelsgeschäfte

4.1 Überblick

Lieferungen durch Befördern oder Versenden werden grundsätzlich an dem Ort ausgeführt, an dem die Beförderung oder Versendung beginnt. Somit liegt der Ort der Lieferung bei Versandhandelsgeschäften grundsätzlich im Ursprungsland. Lieferungen in ein anderes EU-Mitgliedsland an Abnehmer mit USt-IdNr. werden durch Steuerfreiheit der innergemeinschaftlichen Lieferung und gleichzeitige Steuerpflicht des innergemeinschaftlichen Erwerbs mit der Umsatzsteuer des Bestimmungslandes belastet. Soweit der innergemeinschaftliche Erwerb im anderen EU-Mitgliedstaat jedoch nicht steuerbar ist, wie beispielsweise beim Erwerb durch Privatpersonen, entfällt die Möglichkeit der Steuerbefreiung – die Lieferung ist im Ursprungsland steuerpflichtig. Da die Steuersätze in den einzelnen EU-Mitgliedsländern zum Teil erheblich abweichen, besteht ein steuerlicher Anreiz, Lieferungen an Privatpersonen von einem EU-Mitgliedstaat mit niedrigem Steuersatz auszuführen. Ein dänisches Versandhaus könnte hiernach die Differenz zwischen dänischem und deutschem Steuersatz (25% minus 19%

IV. Sondertatbestände bei Lieferungen im Binnenmarkt

= 6%) einsparen, wenn es den Versand an Privatkunden nicht von Dänemark, sondern von Deutschland aus durchführen würde. Um dem entgegenzuwirken, wurde die Sonderregelung für Versandhandelsgeschäfte geschaffen. Hiernach verlagert sich der Ort der Lieferung vom Ursprungsland in das Bestimmungsland, soweit die Lieferungen eines Unternehmers an Privatpersonen eines anderen EU-Mitgliedstaates die dort gültige Lieferschwelle überschreiten, ihnen also eine gewisse wirtschaftliche Bedeutung zukommt.

4.2 Voraussetzungen und Rechtsfolgen

Treffen die für Versandhandelsgeschäfte im Sinne von § 3c UStG[163] bestehenden Voraussetzungen zu, wird der Ort der Lieferung vom Ursprungsland in das Bestimmungsland verlagert. Dies hat zur Folge, dass der Lieferer im Bestimmungsland steuerpflichtig wird. Er schuldet die dort fällige Umsatzsteuer. Eine Besteuerung des privaten Erwerbers erfolgt nicht.

Für die Verlagerung des Besteuerungsrechts in das Bestimmungsland müssen folgende Voraussetzungen erfüllt sein:

1. Es muss eine Warenbewegung von einem EU-Mitgliedsland in ein anderes vorliegen.
   Beispiel 264

2. Die Ware wird vom Lieferer befördert oder versendet. Bei Abhollieferungen, also bei Transport der Ware durch den Abnehmer oder einen vom ihm Beauftragten, liegt kein Versandhandelsgeschäft vor.
3. Der Abnehmer unterliegt nicht der Erwerbsbesteuerung, d.h. er ist Nicht-Unternehmer oder er bleibt als Halb-Unternehmer unter der Erwerbsschwelle und hat auch nicht zur Erwerbsbesteuerung optiert.
4. Der Lieferer überschreitet die in dem jeweiligen EU-Mitgliedstaat geltende Lieferschwelle oder er verzichtet auf die Anwendung der Lieferschwelle (Option).
   Beispiele 265–268

Bei Lieferung von **Neufahrzeugen** findet die Versandhandelsregelung keine Anwendung, da der Abnehmer hier in jedem Falle als Unterneh-

---
163 Entsprechend Art. 33, 34 MWStSystRL.

B. Besonderheiten bei innergemeinschaftlichen Umsätzen

mer behandelt wird. Es liegt somit beim Abnehmer immer ein steuerbarer innergemeinschaftlicher Erwerb vor.

Ausnahmen zur Versandhandelsregelung bestehen auch bei der Lieferung **verbrauchsteuerpflichtiger Waren**. Wird an Halb-Unternehmer geliefert, so ist der Erwerb bei diesen unabhängig von einer Erwerbsschwelle in jedem Fall steuerpflichtig. Der Lieferer kann eine steuerfreie innergemeinschaftliche Lieferung ausführen, die Besteuerung im Bestimmungsland wird durch Erwerbsbesteuerung des Abnehmers sichergestellt. Wird an Privatpersonen (oder an Unternehmer für private Zwecke) geliefert, ist die Versendungs-Lieferung vom Lieferer in jedem Fall im Bestimmungsland zu versteuern. Eine Lieferschwelle besteht bei der Lieferung verbrauchsteuerpflichtiger Waren nicht. Festzuhalten ist also, dass bei Lieferungen verbrauchsteuerpflichtiger Waren sowohl Erwerbs- als auch Lieferschwelle wegfallen, so dass diese immer im Bestimmungsland zu besteuern sind es sei denn, sie gehen durch Abhollieferung an einen Nicht-Unternehmer.

Beispiel 269

Was ist nun im Einzelnen unter der Lieferschwelle zu verstehen bzw. welche Umsätze des Lieferers sind bei Klärung der Frage einzubeziehen, ob die Lieferschwelle überschritten ist? Zunächst ist das Überschreiten der Lieferschwelle für jeden EU-Mitgliedstaat gesondert festzustellen, in den der Unternehmer liefert. Nur für den EU-Mitgliedstaat, dessen Lieferschwelle überschritten wird, verlagert sich der Ort der Lieferung vom Ursprungsland ins Bestimmungsland. In den Umsatzwert des Unternehmers sind alle Versendungs-Lieferungen an Personen einzurechnen, die im Bestimmungsland nicht der Erwerbsbesteuerung unterliegen – hauptsächlich also alle Versendungslieferungen an Privatpersonen. Nicht einzubeziehen sind Lieferungen von verbrauchsteuerpflichtigen Waren, Lieferungen von Neufahrzeugen oder Montagelieferungen. Übersteigt der tatsächliche Umsatzwert eines Jahres oder der Umsatzwert des vorangegangenen Jahres mit dem betreffenden EU-Mitgliedsland dessen Lieferschwelle, so wird die Besteuerung in dieses EU-Mitgliedsland verlagert. Maßgebend sind hierbei die Netto-Umsätze (ohne Umsatzsteuer).

Beispiele 270–272

Die Lieferschwellen sind in den einzelnen EU-Mitgliedstaaten unterschiedlich festgelegt. Die Bandbreite der Lieferschwellen bewegt sich von EUR 100.000,– am oberen Rand der zulässigen Bandbreite (z.B.

IV. Sondertatbestände bei Lieferungen im Binnenmarkt

Deutschland, Frankreich, Niederlande, Österreich) bis zu EUR 35.000,–, etwa bei Dänemark oder Finnland und EUR 27.888,67 bei Italien. Eine vollständige Zusammenstellung der Lieferschwellen ist im Anhang enthalten.

4.3 Optionsrecht bei Versandhandelsgeschäften

Unabhängig vom Überschreiten der Lieferschwelle kann der liefernde Unternehmer bei Versandhandelsgeschäften zu einer Besteuerung im Bestimmungsland optieren. Hierdurch kommt es zu einer Steuerersparnis, wenn der Steuersatz im Bestimmungsland niedriger ist als im Ursprungsland. Allerdings ist zu berücksichtigen, dass durch die dann erforderliche steuerliche Registrierung im Bestimmungsland auch zusätzliche Kosten entstehen. Nach der Erhöhung des Regelsatzes bei der Umsatzsteuer wird für deutsche Versandhändler die Ausübung der Option häufiger von Vorteil sein. So liegen beispielsweise die Regelsteuersätze in Spanien (16%), Luxemburg (15%), Litauen (18%) und im Vereinigten Königreich (17,5%) unter dem deutschen Satz. Weiterhin bestehen in manchen EU-Mitgliedstaaten Vorteile im Bereich der ermäßigten Steuersätze. Für einzelne Produkte bestehen in einigen EU-Mitgliedstaaten sogar Nullsteuersätze. So wird beispielsweise bei der Lieferung von Zeitungen in Belgien, Dänemark und Großbritannien keine Umsatzsteuer erhoben.

Die Option ist für jeden EU-Mitgliedstaat gesondert auszuüben. Es ist also möglich, für den einen EU-Mitgliedstaat auf die Anwendung der Lieferschwelle zu verzichten, für den anderen die Lieferschwelle in Anspruch zu nehmen. Nicht möglich ist es jedoch, die Besteuerung im Bestimmungsland auf bestimmte Warengruppen oder bestimmte Abnehmer zu beschränken. Wird in einem EU-Mitgliedsland auf die Anwendung der Lieferschwelle verzichtet, so sind sämtliche Versandhandelsumsätze dieses Unternehmers in diesem Mitgliedstaat zu versteuern.

Beispiel 273–276

Die Erklärung über den Verzicht auf Anwendung der Lieferschwelle hat gegenüber dem zuständigen Finanzamt im Bestimmungsland zu erfolgen. Das im Ursprungsland für den betreffenden Unternehmer zuständige Finanzamt ist hiervon in Kenntnis zu setzen. An die Ausübung der Option ist der Lieferer für zwei Kalenderjahre gebunden.

B. Besonderheiten bei innergemeinschaftlichen Umsätzen

4.4 Besteuerungsverfahren im anderen EU-Mitgliedstaat

Wird ein Unternehmer im Rahmen eines Versandhandelsgeschäftes in einem anderen EU-Mitgliedstaat steuerpflichtig, so richtet sich die Besteuerung nach dem nationalen Recht des jeweiligen Mitgliedstaates. Hinsichtlich möglicher Steuerbefreiungen, hinsichtlich der Steuersätze sowie der Anmeldung und Abführung der Umsatzsteuer sind also die jeweiligen nationalen Vorschriften anzuwenden. Verfügt der Lieferer im Rahmen des Versandhandelsgeschäftes nicht über eine Betriebsstätte oder Zweigniederlassung in dem betreffenden Mitgliedstaat, so wird er sich in aller Regel über einen Fiskalvertreter steuerlich vertreten lassen müssen.

Beispiel 277

5. Lieferung verbrauchsteuerpflichtiger Waren

5.1. Verbrauchsteuerpflichtige Waren

Zu den verbrauchsteuerpflichtigen Waren im Sinne des UStG[164] zählen:

- Mineralöle,
- Alkohol und alkoholische Getränke und
- Tabakwaren.

Bei den Mineralölen sind im Einzelnen verbrauchsteuerpflichtig: Benzine, mittelschwere und schwere Öle, Erdgas, Flüssiggas u. Ä., die zur Verwendung als Kraft- oder Heizstoff bestimmt sind. Erdölhaltige Erzeugnisse, die für andere Zwecke eingesetzt werden, z. B. als Schmierstoffe, gehören nicht zu den verbrauchsteuerpflichtigen Waren.

Unter die Rubrik Alkohol und alkoholische Getränke fallen Bier, Wein, Branntwein, Schaumwein und Likörweine. Nicht der Verbrauchsteuer unterliegen alkoholfreies Bier sowie branntweinhaltige Waren, die für Heilmittel und im Kosmetikbereich eingesetzt werden. Wein wird umsatzsteuerlich als verbrauchsteuerpflichtige Ware behandelt, obgleich in Deutschland beispielsweise keine Verbrauchsteuer auf Wein erhoben wird. Wein wird lediglich, soweit er aus Nicht-EU-Ländern bezogen wird, mit Zöllen belastet.

---

164 § 1a Abs. 5 Satz 2 UStG.

IV. Sondertatbestände bei Lieferungen im Binnenmarkt

Als Tabakwaren unterliegen der Verbrauchsteuer: Zigaretten, Zigarren und Rauchtabak. Für Schnupf- und Kautabak oder Zigarettenpapier wird keine Verbrauchsteuer mehr erhoben.

Beispiel 278

5.2 Praktische Durchführung der Verbrauchsbesteuerung

Die Verbrauchsbesteuerung soll nach Gemeinschaftsrecht grundsätzlich im Bestimmungsland erfolgen. Um die Besteuerung sicherzustellen, ist die Beförderung verbrauchsteuerpflichtiger Waren grundsätzlich in einem steuerlich überwachten Verfahren, dem innergemeinschaftlichen Versandverfahren (mit Warenbegleitdokument und Rückschein) durchzuführen. Die Beförderung in diesem Verfahren, das eine Steueraussetzung bedeutet, kann zwischen zwei Steuerlagern oder an einen berechtigen Empfänger in einem anderen Mitgliedstaat erfolgen. Letzterer muss über eine entsprechende behördliche Zulassung verfügen und über eine eigene Verbrauchsteuernummer registriert sein. In Deutschland obliegt die Überwachung und Durchführung der Verbrauchsbesteuerung den Zollbehörden.

Mit Aufnahme der Ware in den Betrieb des berechtigten Empfängers ist das innergemeinschaftliche Versandverfahren abgeschlossen. Der Versender wird durch Bestätigung des Empfängers aus der Steuerhaftung entlassen. Gleichzeitig entsteht die Steuerschuld beim Empfänger. Er hat die auf der empfangenen Ware lastende Verbrauchsteuer zum 10. des Folgemonats an das zuständige Zollamt abzuführen.

Beispiel 279

5.3 Umsatzsteuerliche Behandlung der Lieferung verbrauchsteuerpflichtiger Waren

Für die Lieferung verbrauchsteuerpflichtiger Waren sieht das Umsatzsteuergesetz Sonderregelungen vor, die dazu dienen, das Bestimmungslandprinzip möglichst weitgehend zu verwirklichen. Wie bereits im vorangegangenen Abschnitt erläutert, entfällt bei Lieferungen verbrauchsteuerpflichtiger Waren an Nicht-Unternehmer in anderen EU-Mitgliedstaaten bei Versandhandelsgeschäften die Lieferschwelle. Der leistende Unternehmer hat die Besteuerung im Bestimmungsland vorzunehmen. Dies hat zur Folge, dass auch bei geringfügigen Versand-

B. Besonderheiten bei innergemeinschaftlichen Umsätzen

handelslieferungen an Privatleute in anderen EU-Mitgliedstaaten die Pflicht zur steuerlichen Registrierung im Abnehmerland entsteht.

Beispiel 280

Keine Pflicht zur steuerlichen Registrierung im Bestimmungsland entsteht für den Lieferer, wenn der private Abnehmer die Ware abholt.

Beispiele 281–283

Werden verbrauchsteuerpflichtige Waren an Unternehmer (regelbesteuerte Unternehmer oder Halb-Unternehmer) geliefert, so stellen sich die steuerlichen Konsequenzen für den liefernden Unternehmer insgesamt unproblematischer dar. Bei Angabe der USt-IdNr. des Abnehmers und Vorliegens der übrigen Voraussetzungen und der hierzu notwendigen Nachweise kann der Umsatz als innergemeinschaftliche Lieferung steuerfrei ausgeführt werden. Da eine Erwerbsschwelle bei verbrauchsteuerpflichtigen Waren nicht besteht, hat der Erwerber auch als Halb-Unternehmer in jedem Fall die Erwerbsbesteuerung durchzuführen.

Beispiele 284–285

Die steuerlichen Konsequenzen bei Lieferungen verbrauchsteuerpflichtiger Waren sind in der folgenden Übersicht dargestellt:

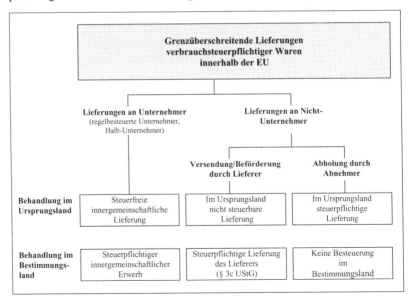

IV. Sondertatbestände bei Lieferungen im Binnenmarkt

Als Lieferer von verbrauchsteuerpflichtigen Waren kommen neben regelbesteuerten Unternehmern auch pauschal besteuerte Landwirte und Kleinunternehmer in Betracht. Für Kleinunternehmer gelten die dargestellten Regelungen entsprechend mit der Besonderheit, dass im Inland ausgeführte Lieferungen des Kleinunternehmers steuerpflichtig sind, die Umsatzsteuer jedoch nicht erhoben wird. Erwirbt ein Kleinunternehmer im Rahmen seines Unternehmens verbrauchsteuerpflichtige Waren von einem Unternehmer aus einem anderen EU-Mitgliedsland, so liegt in jedem Fall ein steuerpflichtiger innergemeinschaftlicher Erwerb vor. Die hierauf entfallende Umsatzsteuer hat der Kleinunternehmer abzuführen.

Liefert ein pauschal besteuerter Landwirt verbrauchsteuerpflichtige Waren in ein anderes EU-Mitgliedsland, so kann er in keinem Fall die Steuerbefreiung als innergemeinschaftliche Lieferung in Anspruch nehmen. Der Landwirt ist berechtigt, die pauschale Umsatzsteuer in Rechnung zu stellen. Für den Abnehmer besteht gegebenenfalls die Möglichkeit, sich die in Rechnung gestellte Umsatzsteuer im Wege der Vorsteuervergütung erstatten zu lassen.

Beispiele 286–288

6. Lieferungen von neuen Fahrzeugen

Wie bereits unter dem Abschnitt II.4. *Innergemeinschaftlicher Erwerb neuer Fahrzeuge* dargestellt, wird die grenzüberschreitende Veräußerung von Neufahrzeugen innerhalb der EU umfassend im Bestimmungsland besteuert. Auch Privatpersonen werden in die Besteuerung mit einbezogen. Was unter dem Begriff des neuen Fahrzeugs zu verstehen ist, wurde bereits im vorgenannten Abschnitt erläutert.

Beispiel 289

Weitere Voraussetzung für die Anwendung der im Folgenden beschriebenen Sonderregelungen ist es, dass eine grenzüberschreitende Lieferung von einem EU-Mitgliedsland in ein anderes stattfindet. Lieferungen von Neufahrzeugen ins Drittlandsgebiet fallen nicht unter diese Regelungen, auch wenn bei der Beförderung dorthin ein anderer EU-Mitgliedstaat passiert wird.

Beispiel 290

Für den Fall der Lieferung eines Neufahrzeugs in ein anderes EU-Mitgliedsland werden auch Privatpersonen gemäß § 2a UStG wie Unter-

B. Besonderheiten bei innergemeinschaftlichen Umsätzen

nehmer behandelt. Die Lieferung ist also im Inland steuerbar, aber als innergemeinschaftliche Lieferung steuerfrei. Die über die innergemeinschaftliche Lieferung eines Neufahrzeugs (auch von Privatpersonen) zu stellende Rechnung hat bestimmten Anforderungen zu genügen, die davon abhängig sind, ob der Abnehmer über eine USt-IdNr. verfügt oder nicht. Gegenüber Abnehmern mit USt-IdNr. hat die Rechnung den für innergemeinschaftliche Lieferungen üblichen Anforderungen zu genügen. Erfolgt die Lieferung an einen Abnehmer ohne USt-IdNr., so hat die Rechnung die für Neufahrzeuge erforderlichen Merkmale (z. B. Art, Kilometerstand und Erstzulassung des Landfahrzeugs) zu enthalten.

Beispiele 291–293

An die Einfuhr eines Neufahrzeuges kann sich eine innergemeinschaftliche Lieferung anschließen, falls der Lieferer Schuldner der Einfuhrumsatzsteuer ist, und das Fahrzeug nach der Abfertigung zum freien Verkehr in ein anderes EU-Mitgliedsland verbracht wird.

Beispiel 294

Bei der Lieferung von Neufahrzeugen wird zwar unabhängig vom Unternehmerstatus des Abnehmers die Besteuerung im Bestimmungsland verwirklicht, Unterschiede bestehen jedoch im Besteuerungsverfahren. Regelbesteuerte Unternehmer und Halb-Unternehmer haben den innergemeinschaftlichen Erwerb eines Neufahrzeuges im allgemeinen Besteuerungsverfahren mittels Umsatzsteuer-Voranmeldung zu erklären. Für Nicht-Unternehmer oder Unternehmer, die für den nicht-unternehmerischen Bereich erwerben, findet dagegen das Verfahren der Fahrzeugeinzelbesteuerung Anwendung.

Beispiel 295

7. Lieferungen in Zollfreigebieten

Die Zollfreigebiete, also Freihäfen und Küstenmeer (Gewässer und Watten zwischen Hoheitsgrenze und Zollgrenze an der Küste), zählen nach deutschem Recht nicht zum Inland, sondern zum übrigen Drittlandsgebiet. Aus gemeinschaftsrechtlicher Sicht werden sie dagegen zum Gebiet des Mitgliedstaates Deutschland gerechnet und sind daher Gemeinschaftsgebiet. Hieraus ergeben sich Probleme in der umsatzsteuerlichen Beurteilung, deren Lösungen im Folgenden dargestellt werden.

IV. Sondertatbestände bei Lieferungen im Binnenmarkt

Lieferungen aus einem Zollfreigebiet sind grundsätzlich nicht steuerbar, da sie nicht im Inland ausgeführt werden. Nur in Ausnahmefällen, wie etwa bei der Lieferung von Gegenständen, die zum nicht-unternehmerischen Ge- oder Verbrauch oder zur Ausführung von steuerfreien Umsätzen nach § 4 Nr. 8 bis 27 UStG in den Zollfreigebieten bestimmt sind, gelten die Lieferungen als im Inland ausgeführt und unterliegen somit der Besteuerung.

Beispiel 296

Dies hat zur Folge, dass bei Lieferung eines Gegenstandes aus dem Zollfreigebiet an einen Unternehmer aus dem übrigen Gemeinschaftsgebiet beim Lieferer grundsätzlich keine Umsatzsteuer entsteht. Der Abnehmer bewirkt im anderen EU-Mitgliedsland einen innergemeinschaftlichen Erwerb, da aus gemeinschaftsrechtlicher Sicht eine Lieferung von einem EU-Mitgliedsland in ein anderes vorliegt.

Beispiel 297

Wird die Ware vor der Beförderung oder Versendung ins übrige Gemeinschaftsgebiet in Deutschland zum freien Verkehr abgefertigt, kann in Ausnahmefällen eine Doppelbelastung mit deutscher Einfuhrumsatzsteuer und Erwerbsteuer im anderen Mitgliedsland auftreten.

Beispiele 298–299

Lieferungen in das Zollfreigebiet, das nach deutschem Recht Drittlandsgebiet, aus gemeinschaftsrechtlicher Sicht Gemeinschaftsgebiet darstellt, sind folgendermaßen zu behandeln:

1. Lieferungen vom Inland in das Zollfreigebiet stellen Ausfuhrlieferungen dar, die bei Vorliegen der übrigen Voraussetzungen (Nachweise, etc.) steuerfrei zu behandeln sind.
2. Lieferungen vom übrigen Gemeinschaftsgebiet in das Zollfreigebiet sind beim liefernden Unternehmer im anderen EU-Mitgliedsland als steuerfreie innergemeinschaftliche Lieferungen zu behandeln, obgleich eine Erwerbsbesteuerung in Deutschland in der Regel unterbleibt. Dies ist so zu erklären, dass aus Sicht des anderen EU-Mitgliedslandes das Zollfreigebiet übriges Gemeinschaftsgebiet darstellt und der Erwerb des Gegenstandes „beim Abnehmer in einem anderen Mitgliedstaat den Vorschriften der Umsatzbesteuerung" (§ 6a Abs. 3 UStG) unterliegt.

Beispiel 300

B. Besonderheiten bei innergemeinschaftlichen Umsätzen

Die Erwerbsbesteuerung von Lieferungen in das Zollfreigebiet unterbleibt in aller Regel, da der Erwerb nicht im Inland bewirkt wird und somit nicht steuerbar ist. Um allerdings einen nicht-besteuerten „privaten" Letztverbrauch zu vermeiden, wird in Ausnahmefällen eine Erwerbsbesteuerung im Zollfreigebiet durchgeführt.

Beispiel 301

V. Besteuerung sonstiger Leistungen im Binnenmarkt

1. Übersicht

Die Besteuerung sonstiger Leistungen im Binnenmarkt erfolgt grundsätzlich nach den gleichen Regeln, wie sie im allgemeinen Teil dargestellt worden sind. Es ist also zunächst zu fragen, zu welcher Kategorie die betreffende sonstige Leistung gehört, und hiernach der Ort der sonstigen Leistung zu bestimmen. Binnenmarkt-spezifische Regelungen für die sonstigen Leistungen bestehen lediglich hinsichtlich der in den folgenden Abschnitten dargestellten drei Leistungsarten:

1. Innergemeinschaftliche Lohnveredelungen
2. Innergemeinschaftliche Güterbeförderungsleistungen
3. Innergemeinschaftliche Vermittlungsleistungen

Für alle übrigen sonstigen Leistungen ermittelt sich der Leistungsort nach den allgemeinen Regeln, insbesondere findet keine Verlagerung des Leistungsorts durch Einsatz der USt-IdNr. eines anderen Mitgliedstaates statt.

Beispiel 302–303

Während bei der Ermittlung des Ortes der sonstigen Leistungen im Wesentlichen Übereinstimmung zwischen den einzelnen EU-Mitgliedstaaten besteht, existieren hinsichtlich des Besteuerungsverfahrens von sonstigen Leistungen, die von gebietsfremden Unternehmern erbracht worden sind, erhebliche Unterschiede. So gelten anders als in Deutschland in den meisten EU-Mitgliedstaaten Beschränkungen hinsichtlich der Art der sonstigen Leistungen, für die der Leistungsempfänger die steuerlichen Pflichten im Rahmen des Abzugsverfahrens oder des Reverse-Charge-Verfahrens für den ausländischen Unternehmer übernehmen kann.

V. Besteuerung sonstiger Leistungen im Binnenmarkt

Laut EU-Recht[165] zwingend vorgesehen ist der Übergang der Steuerschuldnerschaft, sofern ein im Mitgliedstaat, in dem die Leistung erbracht wird, nicht ansässiger Unternehmer („Steuerpflichtiger") an einen dort steuerlich registrierten Unternehmer eine der folgenden Leistungen ausführt:
– Innergemeinschaftliche Lohnveredelungen,[166]
– innergemeinschaftliche Güterbeförderungen und damit zusammenhängende Leistungen,[167]
– innergemeinschaftliche Vermittlungsleistungen[168] und
– Katalogleistungen.[169]

Für die übrigen sonstigen Leistungen stellt es das EU-Recht[170] den Mitgliedstaaten frei, den Übergang der Steuerschuldnerschaft auf den Leistungsempfänger vorzusehen. In einigen EU-Mitgliedstaaten ist somit beispielsweise bei Leistungen im Zusammenhang mit einem Grundstück oder bei künstlerischen, sportlichen, wissenschaftlichen und unterrichtenden Tätigkeiten die Anwendung des Reverse-Charge-Verfahrens nicht zulässig.

In diesen Fällen ist eine Registrierung im betreffenden EU-Mitgliedsland auch für im Ausland ansässige Unternehmer erforderlich. In aller Regel ist die Bestellung eines Fiskalvertreters möglich, teilweise auch zwingend vorgeschrieben.

Beispiel 304

2. Innergemeinschaftliche Lohnveredelungen und sonstige Werkleistungen

Behandelt werden im Folgenden Werkleistungen an beweglichen körperlichen Gegenständen. Für sie bestehen EU-spezifische Regelungen, soweit es sich um Lohnveredelungen handelt. Werkleistungen an unbeweglichen Gegenständen, sprich an Grundstücken, sind demgegenüber immer nach den allgemeinen Regelungen zu behandeln, d.h. die werden am Belegenheitsort des Grundstücks erbracht und sind dort steuerbar. Hinsichtlich des Besteuerungsverfahrens bestehen zwischen den einzelnen EU-Mitgliedstaaten wie bereits erwähnt Unterschiede. Nicht

---
165 Art. 196 MWStSystRL.
166 § 3a Abs. 2 Nr. 3c UStG; Art. 55 MWStSystRL.
167 § 3b UStG; Art. 47, 50, 53 und 54 MWStSystRL.
168 § 3a Abs. 2 Nr. 4 UStG; Art. 44 MWStSystRL.
169 § 3a Abs. 4 UStG; Art. 56 MWStSystRL.
170 Art. 194 MWStSystRL.

B. Besonderheiten bei innergemeinschaftlichen Umsätzen

immer ist bei Leistungen zwischen Unternehmern das Reverse-Charge-Verfahren möglich. In bestimmten Ländern führen Leistungen im Zusammenhang mit einem Grundstück zu einer steuerlichen Registrierungspflicht, so beispielsweise in Frankreich und Belgien. Dagegen ist das Reverse-Charge-Verfahren für diese Art der sonstigen Leistung beispielsweise möglich in Deutschland, den Niederlanden, Großbritannien, Spanien oder Italien.

Bei den sonstigen Leistungen, die die Bearbeitung oder Begutachtung einer beweglichen Sache zum Gegenstand haben, bestehen wesentliche Unterschiede in der steuerlichen Behandlung in Abhängigkeit davon, ob der Gegenstand nach der Bearbeitung oder Begutachtung im Inland verbleibt. Bei Verbleiben im Inland handelt es sich um eine „gewöhnliche" Werkleistung, die am Tätigkeitsort erbracht wird. Zu einer Verlagerung des Leistungsorts durch Angabe einer USt-IdNr. eines anderen Mitgliedstaates kann es in diesem Fall nicht kommen. Ist der leistende Unternehmer im Tätigkeitsland gebietsfremd, so hat er sich in diesem Land steuerlich registrieren zu lassen, soweit die Steuerschuldnerschaft nicht auf den Leistungsempfänger übergeht.

Beispiele 305–306

Wird der Gegenstand der Bearbeitung oder Verarbeitung dagegen nach Abschluss der Arbeiten ins Ausland gebracht, so liegt eine innergemeinschaftliche Lohnveredelung vor. Sie ist grundsätzlich auch am Tätigkeitsort steuerbar. Der Ort der Leistung verlagert sich jedoch bei Angabe der USt-IdNr. eines anderen EU-Mitgliedslandes durch den Leistungsempfänger in dieses Mitgliedsland. Weitere Besonderheit der innergemeinschaftlichen Lohnveredelung ist es, dass das Reverse-Charge-Verfahren in jedem EU-Mitgliedstaat durchzuführen ist.

Beispiel 307

Ist der Tatbestand der innergemeinschaftlichen Lohnveredelung erfüllt, so kommt es zu einer Verlagerung des Besteuerungsrechts in das Mitgliedsland des Leistungsempfängers, der zur Anwendung des Reverse-Charge-Verfahrens verpflichtet ist. Voraussetzung ist, dass der Leistungsempfänger unter der USt-IdNr. eines anderen Mitgliedstaates auftritt.

Beispiele 308–310

Voraussetzung für die innergemeinschaftliche Lohnveredelung ist, dass der Gegenstand nach der Bearbeitung oder Begutachtung ins

Ausland gelangt. Unproblematisch ist dieser Fall, wenn der Gegenstand vom Lohnveredeler zurück an den Auftraggeber in einem anderen EU-Mitgliedsland befördert oder versendet wird. Probleme in der steuerlichen Behandlung entstehen jedoch dann, wenn der Lohnveredeler den Gegenstand nach Bearbeitung zu einem Kunden des Auftraggebers in einen dritten Mitgliedstaat versendet. Die Lohnveredelungsleistung ist auch in diesem Fall in dem Mitgliedstaat steuerpflichtig, dessen USt-IdNr. der Auftraggeber angegeben hat. Dort ist das Reverse-Charge-Verfahren anzuwenden. Probleme bereitet indessen die steuerliche Behandlung der Lieferung an den Kunden in einem dritten Mitgliedsland. Die Lieferung wird am Beginn der Beförderung oder Versendung, also im Mitgliedsland des Lohnveredelers erbracht. Sie ist zwar, soweit der Kunde unter der USt-IdNr. des dritten Mitgliedstaates auftritt, als innergemeinschaftliche Lieferung steuerfrei, löst aber für den Auftraggeber der Lohnveredelung die Registrierungspflicht im Mitgliedstaat des Lohnveredelers aus.

Beispiel 311

Gelangt der Gegenstand nach der Lohnveredelung direkt in das Drittlandsgebiet, so bewirkt der Lohnveredeler keine innergemeinschaftliche Lohnveredelung, sondern eine Lohnveredelung an einem Gegenstand der Ausfuhr, die als steuerfrei zu behandeln ist.

Beispiele 312–313

Für den Lohnveredeler ergeben sich bei der Durchführung einer innergemeinschaftlichen Lohnveredelung besondere Dokumentationspflichten. Da die Ortsverlagerung in den Mitgliedstaat des Leistungsempfängers davon abhängig ist, dass der Gegenstand in einen anderen Mitgliedstaat gelangt, hat dies der leistende Unternehmer zu dokumentieren. Die Rechnung über die Lohnveredelungsleistung muss daneben sowohl die eigene als auch die USt-IdNr. seines Leistungsempfängers beinhalten.

3. Innergemeinschaftliche Beförderungsleistungen

Hinsichtlich der steuerlichen Behandlung von Beförderungsleistungen ist ein scharfer Trennungsstrich zu ziehen zwischen der Beförderung von Personen und der Beförderung von Gütern. Bei der Beförderung von Personen kann man davon ausgehen, dass die Beförderungsleis-

B. Besonderheiten bei innergemeinschaftlichen Umsätzen

tung in dem Land steuerbar und steuerpflichtig ist, in dem Beförderung bewirkt wird. Dies gilt im Grundsatz zwar auch für die Güterbeförderung, wird jedoch durch spezielle Vorschriften in starkem Maße überlagert. Diese Vorschriften verfolgen den Zweck, den internationalen Güteraustausch nicht durch verzichtbaren Verwaltungsaufwand zu beeinträchtigen.

Hinsichtlich der **Personenbeförderung** gelten für grenzüberschreitende Beförderungen im Gemeinschaftsgebiet die gleichen Regeln wie für grenzüberschreitende Drittlands-Beförderungen. Sie sind also gemäß § 3b Abs. 1 UStG steuerbar, soweit die Beförderung im Inland ausgeführt wird. Die hierzu bestehenden Ausnahmeregelungen für kurze Beförderungsstrecken im Inland bzw. im Ausland sind auch für innergemeinschaftliche Beförderungen anzuwenden.

Steuerbefreiungsvorschriften bestehen bei der Personenbeförderung nur in Einzelfällen. Steuerfrei ist die Beförderung kranker oder verletzter Personen in Kranken- oder Rettungswagen (§ 4 Nr. 17 Buchst. b UStG). Daneben kommt die Steuerbefreiung lediglich bei der grenzüberschreitenden Beförderung mit Luftfahrzeugen in Betracht (§ 26 Abs. 3 UStG). Somit sind in der Regel die im Inland ausgeführten Personenbeförderungen im Inland steuerpflichtig. Da dies nach Gemeinschaftsrecht allgemein für den Bereich der EU gilt, wird ein Busunternehmer, der Fahrgäste durch verschiedene Länder der EU befördert, in allen diesen Ländern steuerpflichtig.

Beispiele 314–316

Wird ein Unternehmer im Inland mit einer Personenbeförderungsleistung steuerpflichtig, so ist grundsätzlich das allgemeine Besteuerungsverfahren anzuwenden, d.h. der betreffende Unternehmer ist zur Abgabe von Umsatzsteuer-Voranmeldungen und Umsatzsteuer-Erklärungen verpflichtet. Wird die Beförderungsleistung an Unternehmer oder juristische Personen des öffentlichen Rechts erbracht, so geht die Steuerschuldnerschaft auf den Leistungsempfänger über, sofern der leistende Unternehmer nicht im Inland ansässig ist. Für Beförderungen, die aus dem Drittlandsgebiet in das Inland führen, ist dagegen, soweit es sich nicht um Linien- und Pendelverkehr handelt, die Beförderungseinzelbesteuerung durchzuführen.

Beispiel 317

Während also bei Personenbeförderungen zwischen Inland und übrigem Gemeinschaftsgebiet einerseits und zwischen Inland und Dritt-

V. Besteuerung sonstiger Leistungen im Binnenmarkt

landsgebiet andererseits bis auf die beschriebenen Unterschiede hinsichtlich des Besteuerungsverfahrens die gleichen Regelungen anzuwenden sind, bestehen für die innergemeinschaftliche Güterbeförderung gegenüber den übrigen grenzüberschreitenden Beförderungen wesentliche Unterschiede.

Eine innergemeinschaftliche **Güterbeförderung** liegt vor, wenn Abgangsort und Zielort der Beförderung in zwei verschiedenen EU-Mitgliedstaaten liegen. Die Anfahrtswege des Beförderungsunternehmers zum Abgangsort zählen nicht mit zur Beförderungsstrecke.

Beispiele 318–319

Beginnt die Güterbeförderung in einem deutschen Freihafen und endet in einem anderen EU-Mitgliedsland oder umgekehrt, so liegt gleichfalls eine innergemeinschaftliche Güterbeförderung vor, da der Freihafen gemeinschaftsrechtlich mit zum Gebiet der Bundesrepublik Deutschland zählt.

Beispiele 320–321

Erster wesentlicher Unterschied zur grenzüberschreitenden Beförderung aus oder in Drittlandsgebiete ist, dass für die innergemeinschaftliche Beförderungsleistung ein einheitlicher Leistungsort besteht, d.h. es findet keine Aufteilung der Beförderungsstrecken statt. Der zweite wesentliche Unterschied ist, dass für innergemeinschaftliche Güterbeförderungen keine Steuerbefreiungen bestehen. Sie sind also in jedem Fall steuerpflichtig.

Grundsätzlich tritt die Steuerpflicht in dem Mitgliedsland ein, in dem die Beförderung beginnt. Verwendet der Leistungsempfänger jedoch die USt-IdNr. eines anderen EU-Mitgliedstaates, so verlagert sich der Ort der Leistung in diesen Mitgliedstaat. Ist der Leistungsempfänger demnach regelversteuernder Unternehmer, so wird der Beförderungsunternehmer in dem EU-Mitgliedstaat steuerpflichtig, in dem der Leistungsempfänger steuerlich registriert ist und dessen USt-IdNr. er verwendet. Für den Beförderungsunternehmer bringt dies jedoch keine zusätzlichen steuerlichen Registrierungspflichten mit sich, da der Leistungsempfänger bei Nichtansässigkeit des Beförderungsunternehmers in dem betreffenden Mitgliedsland zur Durchführung des Reverse-Charge-Verfahrens verpflichtet ist.

Beispiele 322–323

B. Besonderheiten bei innergemeinschaftlichen Umsätzen

Der Ausführung einer Beförderungsleistung gleichgestellt ist die **Besorgung einer Beförderungsleistung**. Letztere liegt vor, wenn der leistende Unternehmer nicht die Beförderungsleistung selbst schuldet, sondern nur den Auftrag hat, einen Dritten zu finden, der die Beförderungsleistung dann tatsächlich durchführt. Im Unterschied zur Vermittlungsleistung stellt der besorgende Unternehmer jedoch nicht nur eine Vermittlungsprovision in Rechnung, sondern rechnet gegenüber dem Leistungsempfänger die Beförderungsleistung im eigenen Namen ab. Man spricht daher auch von der „verdeckten Vermittlung". Die teilweise komplizierte Abgrenzung zwischen der Ausführung einer Beförderungsleistung und der Besorgung einer Beförderungsleistung ist jedoch aus umsatzsteuerlicher Sicht unerheblich, da beide nach den gleichen Grundsätzen behandelt werden. Auch die Vermittlung von innergemeinschaftlichen Beförderungen folgt den gleichen Prinzipien. Die Vermittlungsleistung wird daher grundsätzlich an dem Ort erbracht, an dem die Beförderung beginnt, verlagert sich jedoch falls der Leistungsempfänger (der Vermittlungsleistung) die USt-IdNr. eines anderen Mitgliedstaates verwendet in diesen Mitgliedstaat (vgl. den folgenden Abschnitt: 4. *Vermittlungsleistungen*).

Beispiel 324

Der innergemeinschaftlichen Güterbeförderung gleichgestellt werden Güterbeförderungen, die ausschließlich im Inland durchgeführt werden, die jedoch nachweislich mit einer innergemeinschaftlichen Güterbeförderung in Zusammenhang stehen. Für diese sog. Vorläufe oder Nachläufe zu innergemeinschaftlichen Güterbeförderungen gilt als Ort der Leistung der Ort, an dem die hiermit zusammenhängende innergemeinschaftliche Beförderung beginnt. Soweit der Leistungsempfänger des Vor- oder Nachlaufs die USt-IdNr. eines anderen Mitgliedslandes verwendet, verlagert sich der Leistungsort in dieses Mitgliedsland.

Beispiele 325–326

Sonstige Leistungen im Zusammenhang mit einer Güterbeförderung, wie das Beladen, Entladen, Umschlagen oder Ähnliches sind in der Regel als Nebenleistung zur Güterbeförderung anzusehen und teilen als solche das Schicksal der Hauptleistung. Soweit diese Leistungen jedoch selbstständigen Charakter besitzen, etwa weil sie von einem anderen Unternehmer ausgeführt werden, gelten sie grundsätzlich als am

Tätigkeitsort erbracht. Wird vom Leistungsempfänger der sonstigen Leistung eine USt-IdNr. eines anderen Mitgliedstaates verwendet, so verlagert sich der Leistungsort dorthin. **Beispiele 327–329**

Wie an den Vor- und Nachläufen und den sonstigen Leistungen im Zusammenhang mit einer innergemeinschaftlichen Güterbeförderung besonders deutlich wird, kommt den Nachweisen, die der leistende Unternehmer zu erbringen hat, entscheidende Bedeutung zu. Kann der Beförderungsunternehmer, der im Nachlauf zu einer innergemeinschaftlichen Güterbeförderung für einen Leistungsempfänger aus einem anderen EU-Mitgliedstaat tätig wird, nicht ausreichend nachweisen, dass seine Beförderung auf eine innergemeinschaftliche Beförderung folgte, so hat er seine Beförderungsleistung im nachhinein im Beförderungsland als steuerpflichtig zu behandeln.

Als **Nachweise** bei innergemeinschaftlichen Güterbeförderungen dienen in der Regel die Frachtpapiere, aus denen Abgangs- und Bestimmungsort der Beförderung hervorgehen. Für Vor- und Nachläufe und sonstige Leistungen im Zusammenhang mit einer innergemeinschaftlichen Güterbeförderung sind Bescheinigungen des Leistungsempfängers als Nachweis erforderlich, aus denen der Abgangs- und Bestimmungsort der gesamten Beförderung, mit der die betreffende Leistung in Zusammenhang steht, hervorgehen.

Kommt es zu einer Verlagerung des Leistungsortes durch die Angabe der USt-IdNr. eines anderen Mitgliedstaates, so hat der leistende Unternehmer diese festzuhalten. Falls das Reverse-Charge-Verfahren Anwendung findet, so ist der Leistungsempfänger in der Rechnung darauf hinzuweisen, dass er die Umsatzsteuer abzuführen hat.

4. Vermittlungsleistungen

Die Vermittlungsleistung zählt zu den sonstigen Leistungen, für die EU-spezifische Regelungen bestehen. Für die Bestimmung des Ortes der Vermittlungsleistungen gelten grundsätzlich die in Abschnitt A.II.1.5.10 *Ort der Vermittlungsleistung* dargestellten Regelungen. Somit werden Vermittlungsleistungen grundsätzlich dort bewirkt, wo der zugrunde liegende Umsatz ausgeführt wird. Von diesem Grundsatz gibt es in zwei Fällen Abweichungen:
– bei der Vermittlung von Katalogleistungen (§ 3a Abs. 4 UStG) und

B. Besonderheiten bei innergemeinschaftlichen Umsätzen

– bei der Vermittlung von innergemeinschaftlichen Beförderungsleistungen und hiermit zusammenhängenden sonstigen Leistungen.

Bei der Vermittlung von Katalogleistungen kann es nicht zu einer Verlagerung des Leistungsortes der Vermittlung durch Angabe der USt-IdNr. eines anderen Mitgliedstaates kommen. Dies wird in der Praxis insofern in der Regel unproblematisch sein, als für diese Leistungen der Ort des Leistungsempfängers (der Vermittlungsleistung) festgelegt ist. Der hiernach bestimmte Leistungsort wird also in der Regel im Herkunftsland der USt-IdNr. des Leistungsempfängers liegen.

Beispiel 330

Bei der Vermittlung von innergemeinschaftlichen Beförderungsleistungen bestimmt sich der Ort der Leistung grundsätzlich nach dem Abgangsort der Beförderung. Wird also der Ort der innergemeinschaftlichen Güterbeförderung durch Angabe der USt-IdNr. in ein anderes Mitgliedsland verlagert, so spielt dies für die Beurteilung des Ortes der Vermittlungsleistung keine Rolle. Die Vermittlungsleistung selbst kann durch Angabe der USt-IdNr. des Leistungsempfängers (der Vermittlung) in einen anderen Mitgliedstaat verlagert werden.

Beispiele 331–332

Bei der Vermittlung von Leistungen im Zusammenhang mit einem Grundstück ist zu beachten, dass die Leistungen der Grundstücksmakler bereits unter den Begriff der Leistung im Zusammenhang mit einem Grundstück fallen, somit in jedem Fall am Belegenheitsort des Grundstücks erbracht werden.

Beispiele 333–334

Sieht man von den genannten Ausnahmen ab, so gilt die Vermittlungsleistung immer an dem Ort als erbracht, an dem der vermittelte Umsatz ausgeführt wird. Für diese Vermittlungsleistungen besteht die Möglichkeit, den Leistungsort bei Angabe einer USt-IdNr. eines anderen Mitgliedstaates durch den Leistungsempfänger zu verlagern.

Sind Vermittler (leistender Unternehmer) und Leistungsempfänger (Provisionszahler) jeweils in einem anderen Mitgliedstaat ansässig, so bedeutet dies, dass der leistende Unternehmer zwar im anderen Mitgliedstaat steuerbar leistet, die steuerlichen Pflichten jedoch im Rahmen des Reverse-Charge-Verfahrens von dem dort registrierten Leistungsempfänger wahrgenommen werden müssen. Die Pflicht, sich noch in einem anderen Mitgliedstaat registrieren zu lassen, entfällt also für den Vermittler.

Beispiel 335–336

Die Vereinfachungsregelung entfällt selbstverständlich, soweit die Vermittlung für einen Nicht-Unternehmer durchgeführt wird oder aber für einen Unternehmer, der über keine USt-IdNr. verfügt (beispielsweise ein Kleinunternehmer).

Bei der Vermittlung grenzüberschreitender Lieferungen und Erwerbe ist bei der Bestimmung des Ortes der Vermittlungsleistung wie folgt vorzugehen: Zunächst ist zu fragen, wer Auftraggeber des Vermittlers ist. Wird der Vermittlungsauftrag vom Erwerber erteilt, so besteht der der Vermittlungsleistung zugrunde liegende Umsatz in dem steuerbaren innergemeinschaftlichen Erwerb. Dieser wird dort bewirkt, wo die Beförderung oder Versendung endet bzw. in dem Mitgliedstaat, aus dem die USt-IdNr. des Erwerbers stammt. Nach diesem Ort des innergemeinschaftlichen Erwerbs bestimmt sich auch der Ort der Vermittlungsleistung.

Wird der Vermittlungsauftrag dagegen vom Lieferer erteilt, zahlt also beispielsweise ein Hersteller einem Handelsvertreter für jeden vermittelten Umsatz eine Provision, so wird die Vermittlungsleistung grundsätzlich dort erbracht, wo die Lieferung ausgeführt wird. Das bedeutet, dass die Vermittlungsleistung grundsätzlich im Ursprungsland der Lieferung bewirkt wird. Findet jedoch die Versandhandelsregelung Anwendung, so erfolgt die Lieferung im Bestimmungsland. In letzterem Fall wird die Vermittlungsleistung grundsätzlich im Bestimmungsland ausgeführt. Eine Verlagerung des Leistungsortes durch Angabe der USt-IdNr. eines anderen Mitgliedstaates durch den Leistungsempfänger (= Lieferer) ist jedoch möglich.

Liegen bei dem vermittelten Umsatz die Voraussetzungen für eine steuerfreie innergemeinschaftliche Lieferung vor, so bedeutet dies nicht, dass auch das betreffende Vermittlungsgeschäft steuerfrei ist. Vielmehr besteht in diesem Fall Steuerpflicht, da die für bestimmte Vermittlungsleistungen (etwa die Vermittlung von Ausfuhrlieferungen) geltende Steuerbefreiung des § 4 Nr. 5 UStG nicht einschlägig ist.

Beispiel 337

B. Besonderheiten bei innergemeinschaftlichen Umsätzen

VI. Besteuerungsverfahren bei innergemeinschaftlichen Umsätzen

1. Umsatzsteuer-Identifikationsnummer (USt-IdNr.)

Für die Abrechnung bestimmter innergemeinschaftlicher Umsätze wird von Unternehmern eine USt-IdNr. benötigt. Beispielsweise ist bei der Ausführung innergemeinschaftlicher Lieferumsätze Voraussetzung für die Steuerbefreiung, dass der liefernde Unternehmer in seiner Rechnung sowohl die eigene als auch die USt-IdNr. des Abnehmers aufführt. Daneben hat die USt-IdNr. auch Bedeutung für die Bestimmung des Leistungsortes. Durch Angabe der USt-IdNr. kann sich bei bestimmten Umsätzen der Leistungsort verlagern. Im Einzelnen ist die USt-IdNr. für folgende Arten innergemeinschaftlicher Umsätze von Bedeutung:

– innergemeinschaftliche Lieferungen und dem gleichgestelltes innergemeinschaftliches Verbringen;
– innergemeinschaftlicher Erwerb und dem gleichgestelltes innergemeinschaftliches Verbringen;
– innergemeinschaftliche Lohnveredelungen;
– innergemeinschaftliche Beförderungsleistungen und hiermit zusammenhängende sonstige Leistungen;
– innergemeinschaftliche Vermittlungsleistungen.

Hauptzweck der USt-IdNr. ist es, die Besteuerung innergemeinschaftlicher Umsätze zu kontrollieren und sicherzustellen. Insoweit werden über das Instrument der USt-IdNr. Aufgaben erfüllt, die vor Einführung des EU-Binnenmarktes von den Zollbehörden wahrgenommen wurden.

Die USt.-IdNrn. werden in Deutschland vom Bundeszentralamt für Steuern in Saarlouis auf Antrag erteilt. Voraussetzung für die Vergabe einer deutschen USt-IdNr. ist es, dass der Antragsteller bei einem Finanzamt registriert ist. Liegt eine solche steuerliche Registrierung noch nicht vor (etwa bei einem Kleinunternehmer), so kann erst dann eine USt-IdNr. erteilt werden, wenn zunächst beim Finanzamt eine Steuernummer beantragt worden ist.

Beispiele 338–339

Nur ein bestimmter Personenkreis ist zur Beantragung einer USt-IdNr. berechtigt. Im Einzelnen zählen hierzu:

VI. Besteuerungsverfahren bei innergemeinschaftlichen Umsätzen

1. Regelbesteuerte Unternehmer
2. Halb-Unternehmer, soweit sie Bezüge aus anderen EU-Mitgliedsländern als innergemeinschaftlichen Erwerb versteuern.
3. Organgesellschaften, die am innergemeinschaftlichen Handelsverkehr teilnehmen, erhalten auf Antrag des Organträgers eine gesonderte USt-IdNr.

Beispiel 340

Dagegen sind Anträge auf Erteilung einer USt-IdNr. für folgende Unternehmer vom Bundeszentralamt für Steuern abzulehnen:

- Halb-Unternehmer, die keine der oben genannten innergemeinschaftlichen Umsätze ausführen;
- begünstigte Einrichtungen gemäß § 1c UStG (z. B. diplomatische Missionen);
- Lieferer und Erwerber neuer Fahrzeuge gemäß § 2a bzw. § 1b UStG;
- sonstige Nicht-Unternehmer (Privatpersonen).

2. Zusammenfassende Meldung

Zweck der Zusammenfassenden Meldung ist die Kontrolle der innergemeinschaftlichen Warenbewegungen. Unternehmer, die innergemeinschaftliche Lieferungen ausführen, haben neben der Umsatzsteuer-Voranmeldung an das Finanzamt eine gesonderte Meldung an das Bundeszentralamt für Steuern in Saarlouis abzugeben. Diese Zusammenfassende Meldung ist spätestens bis zum 10. des auf das Ende eines Kalendervierteljahres folgenden Monats abzugeben. Wurde hinsichtlich der Umsatzsteuer-Voranmeldung eine Dauerfristverlängerung gewährt, so gilt diese auch für die Abgabe der Zusammenfassenden Meldung. Für Zeiträume, in denen keine entsprechenden innergemeinschaftlichen Lieferumsätze bewirkt worden sind, erübrigt sich die Abgabe der Zusammenfassenden Meldung. Nullmeldungen sind somit nicht abzugeben.

Ab 1.1.2007 sind die Zusammenfassenden Meldungen grundsätzlich in elektronischer Form an das Bundeszentralamt für Steuern zu übermitteln.

Zur Abgabe von Zusammenfassenden Meldungen sind neben regelbesteuerten Unternehmern auch pauschalierende Land- und Forstwirte und Organgesellschaften mit eigener USt-IdNr. verpflichtet. Keine

B. Besonderheiten bei innergemeinschaftlichen Umsätzen

Verpflichtung zur Abgabe von Zusammenfassenden Meldungen besteht für Kleinunternehmer.

Beispiel 341

In der Zusammenfassenden Meldung sind folgende Umsätze aufzuführen:
1. innergemeinschaftliche Lieferungen im Sinne des § 6a Abs. 1 UStG mit Ausnahme der Lieferung neuer Fahrzeuge an Abnehmer ohne USt-IdNr.;
2. das der innergemeinschaftlichen Lieferung gleichgestellte unternehmensinterne Verbringen im Sinne von § 6a Abs. 2 UStG;
3. Lieferungen im Zusammenhang mit einem innergemeinschaftlichen Dreiecksgeschäft im Sinne von § 25b Abs. 2 UStG.

In der Zusammenfassenden Meldung sind getrennt nach den USt.-IdNrn. der Abnehmer die Summen der Bemessungsgrundlagen der genannten Umsätze aufzuführen. Nicht aufzuführen sind in der Zusammenfassenden Meldung die vom Unternehmer bewirkten innergemeinschaftlichen Erwerbe.

Beispiel 342

3. Fiskalvertreter

Die Institution des Fiskalvertreters wurde in Deutschland mit dem Umsatzsteuer-Änderungsgesetz 1997 eingeführt. Sie ist in den §§ 22a bis 22e UStG geregelt. Der Fiskalvertreter spielt im deutschen Umsatzsteuerrecht aufgrund der starken Eingrenzung des Anwendungsbereichs eine wesentlich geringere Rolle als in anderen EU-Mitgliedstaaten.

3.1 Anwendungsbereich

Nach deutschem Recht ist die Ernennung eines Fiskalvertreters nur für ausländische Unternehmer zulässig, die im Inland
- ausschließlich steuerfreie Umsätze ausführen und
- keine Vorsteuerbeträge abziehen können.

Wegen dieser engen Begrenzung kommt dem Fiskalvertreter lediglich in folgenden Fallgestaltungen Bedeutung zu:
1. steuerfreie Einfuhren, an die sich unmittelbar steuerfreie innergemeinschaftliche Lieferungen anschließen,

VI. Besteuerungsverfahren bei innergemeinschaftlichen Umsätzen

2. steuerfreie innergemeinschaftliche Erwerbe, denen unmittelbar steuerfreie innergemeinschaftliche Lieferungen folgen,
3. steuerfreie grenzüberschreitende Güterbeförderungen nach § 4 Nr. 3 UStG, sofern beim betreffenden Unternehmer keine Vorsteuerbeträge angefallen sind.

Beispiel 343

Die Steuerbefreiung der Einfuhr ist im ersten Fall davon abhängig, dass ein steuerlich registrierter Unternehmer vorliegt, da nur dieser eine steuerfreie innergemeinschaftliche Lieferung erbringen kann.

Nicht möglich ist die Fiskalvertretung unter anderem in folgenden Fällen:

– der betreffende Unternehmer führt steuerpflichtige Werklieferungen oder Werkleistungen aus, auch wenn die Steuerschuld für die genannten Leistungen auf den Leistungsempfänger übergeht;
– der betreffende Unternehmer nimmt für den gleichen Zeitraum am Vorsteuer-Vergütungsverfahren teil;
– der betreffende Unternehmer führt steuerpflichtige innergemeinschaftliche Erwerbe aus, die im Rahmen des innergemeinschaftlichen Dreiecksgeschäfts als besteuert gelten.

Beispiel 344–345

3.2 Persönliche Voraussetzungen und Aufgaben des Fiskalvertreters

Als Fiskalvertreter kommen insbesondere die Angehörigen der steuerberatenden Berufe in Frage. Daneben sind auch Speditionsunternehmen und andere gewerbliche Unternehmen, die im Zusammenhang mit der Zollabwicklung Hilfe in Eingangsabgabensachen leisten (z.B. Lagerhalter) zur Fiskalvertretung berechtigt, soweit sie über Erfahrungen in der Erstellung von Umsatzsteuererklärungen und Zusammenfassenden Meldungen besitzen und die Tätigkeit als Fiskalvertreter nicht vom zuständigen Finanzamt untersagt wurde.

Der Fiskalvertreter bekommt für die von ihm vertretenen im Ausland ansässigen Unternehmer eine eigene Steuernummer und USt-IdNr. erteilt. Unter dieser Steuernummer sind die Umsätze sämtlicher vom betreffenden Fiskalvertreter betreuten Unternehmer zusammenzufassen. Der Fiskalvertreter ist verpflichtet, die entsprechenden Steuererklärungen abzugeben und für jeden von ihm vertretenen Unternehmer gesonderte Aufzeichnungen zu führen. Daneben ist es dem Fiskalvertreter

B. Besonderheiten bei innergemeinschaftlichen Umsätzen

erlaubt, für die von ihm vertretenen Unternehmer Rechnungen auszuschreiben. Soweit der Fiskalvertreter die Erstellung der Rechnungen übernimmt, haben diese neben seiner Adresse und der ihm erteilten USt-IdNr. einen Hinweis auf die Fiskalvertretung zu enthalten.

Beispiel 346

4. Besonderheiten im Besteuerungsverfahren bei elektronischen Dienstleistungen

Für im Drittlandsgebiet ansässige Unternehmer, die sonstige Leistungen auf elektronischem Weg an in der EU ansässige Nicht-Unternehmer erbringen, gelten ab dem 01.07.2003 besondere Regelungen im Besteuerungsverfahren (zur Definition der elektronischen Dienstleistungen vgl. Abschnitt A.II. 1.5.8).

Für diese Unternehmer besteht die Möglichkeit, sämtliche im Gemeinschaftsgebiet getätigten derartigen Umsätze in nur einem EU-Mitgliedstaat ihrer Wahl anzumelden und abzuführen. Der Drittlandsunternehmer hat hierzu, sofern er sich in Deutschland registrieren lässt, bis zum 20. Tag des auf das Quartalsende folgenden Monats eine Steuererklärung in elektronischer Form beim Bundeszentralamt für Steuern abzugeben. Er hat die Steuer für sämtliche derartigen im Gemeinschaftsgebiet getätigten Umsätze anzugeben, mit den Steuersätzen der jeweiligen EU-Mitgliedstaaten zu multiplizieren und die so errechnete Steuerschuld zu entrichten.

Eventuell im Zusammenhang mit den elektronischen Dienstleistungen entstandene Vorsteuerbeträge sind im Vorsteuer-Vergütungsverfahren in den jeweiligen EU-Mitgliedstaaten geltend zu machen.

5. Maßnahmen zur Bekämpfung sog. Karussellgeschäfte

Ein Karussellgeschäft liegt vor, wenn der Liefergegenstand über mehrere nachfolgende Lieferanten zum ersten Lieferanten zurückgelangt und einer der Lieferanten („missing trader") die von ihm in einer Rechnung im Sinne des § 14 UStG ausgewiesene Umsatzsteuer vorsätzlich nicht entrichtet.

Beispiel 347

Zur Bekämpfung dieser Form des Umsatzsteuerbetrugs wurde ein Haftungstatbestand in § 25d UStG geschaffen. Hiernach haftet ein Unter-

VI. Besteuerungsverfahren bei innergemeinschaftlichen Umsätzen

nehmer für die in einer Rechnung ausgewiesene Steuer aus einem vorangegangenen Umsatz, wenn der Aussteller dieser Rechnung vorsätzlich die ausgewiesene Umsatzsteuer nicht entrichtet und der Unternehmer bei Vertragsabschluss über den Eingangsumsatz hiervon Kenntnis hatte. Dies gilt auch in Fällen, in denen sich der Aussteller der Rechnung vorsätzlich außer Stand setzt, die Steuer zu entrichten (durch geplante Insolvenz). Haben mehrere Unternehmer vom Bestehen des Karussellgeschäfts Kenntnis, haften sie gemeinsam als Gesamtschuldner.

Als weitere Maßnahmen zur Bekämpfung des Umsatzsteuerbetrugs wurden mit Wirkung zum 1.1.2002 für bestimmte Handlungen, die das Umsatzsteueraufkommen schädigen, Ordnungswidrigkeits- bzw. Straftatbestände geschaffen. Nach § 26b UStG, der weit über die Bekämpfung des Umsatzsteuerbetrugs durch Karussellgeschäfte hinausgeht, hat mit einer Geldbuße in Höhe von bis zu EUR 50.000,– wegen Ordnungswidrigkeit zu rechnen, wer Umsatzsteuer zwar in einer Rechnung ausweist, diese Umsatzsteuer jedoch nicht zum jeweiligen Fälligkeitszeitpunkt abführt. Nach § 26c UStG wird mit Freiheitsstrafe bis zu fünf Jahren oder mit Geldstrafe bestraft, wer in den Fällen des § 26b UStG gewerbsmäßig (fortgesetzt) oder als Mitglied einer Bande handelt.

C. Aufzeichnung und Abrechnung: Vorgehensweise in der Praxis bei einzelnen Sachverhalten

Im Folgenden wird dargestellt, wie die in den vorangegangenen Abschnitten erläuterten umsatzsteuerlichen Regelungen in der Praxis anzuwenden sind. Es wird auf die formale Umsetzung der gegebenen Vorschriften eingegangen und im Einzelnen dargelegt, welche Anforderungen an die Rechnungsstellung und an die zu erbringenden Nachweise gestellt werden. Beschrieben wird weiterhin, in welcher Art die Verbuchung der Sachverhalte ordnungs- und zweckmäßig erfolgen kann und in welcher Weise sie sich in der Umsatzsteuer-Voranmeldung und in der Umsatzsteuererklärung niederschlägt. Für die innergemeinschaftlichen Umsätze wird zusätzlich erläutert, ob und in welcher Weise der entsprechende Tatbestand in der Zusammenfassenden Meldung zu berücksichtigen ist. Hingewiesen wird auf die im Anhang abgedruckten Formulare zu Umsatzsteuer-Voranmeldung, Umsatzsteuererklärung und Zusammenfassender Meldung.

Der formal richtigen Umsetzung kommt insoweit erhebliche Bedeutung zu, als begünstigende Vorschriften – seien es nun Steuerbefreiungen oder die Berechtigung zum Vorsteuerabzug – in aller Regel an die Erfüllung bestimmter formaler Kriterien geknüpft sind.

I. Inlandsumsätze

1. Inlandslieferung

Im Folgenden wird vom Grundfall der steuerpflichtigen Lieferung eines inländischen Unternehmers an einen inländischen Abnehmer ausgegangen. Die praktische Umsetzung insbesondere der Rechnungsvorschriften wird am Beispiel einer Lieferung von Elektrobauteilen dargestellt.

- **Rechnungsstellung**: Der liefernde Unternehmer ist bei Lieferung an einen Nicht-Unternehmer berechtigt, bei Lieferung an einen Unternehmer für dessen Unternehmen verpflichtet, eine Rechnung zu erstellen. Rechnungen über Lieferungen müssen die folgenden 10 Angaben enthalten:

C. Aufzeichnung und Abrechnung einzelner Sachverhalte

1. Name und Adresse des liefernden Unternehmers,
2. Name und Adresse des Leistungsempfängers,
3. die Steuernummer oder die USt-IdNr. des leistenden Unternehmers
4. das Ausstellungsdatum,
5. eine fortlaufende, einmalig vergebene Rechnungsnummer,
6. Menge und Bezeichnung des gelieferten Gegenstandes,
7. den Zeitpunkt der Lieferung,
8. dass nach Steuersätzen aufgeschlüsselte Entgelt
9. den anzuwendenden Steuersatz
10. und den auf das Entgelt anfallenden Steuerbetrag.

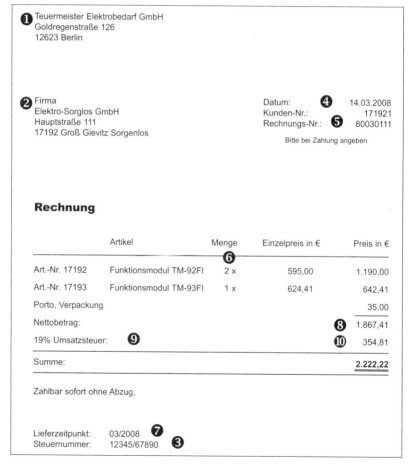

I. Inlandsumsätze

Beträgt der Bruttobetrag der Rechnung weniger als EUR 150,– (Kleinbetragsrechnung), so genügen folgende Angaben:
- Namen und Anschrift des leistenden Unternehmers (1),
- Ausstellungsdatum (4)
- Menge und Bezeichnung des gelieferten Gegenstandes (6),
- den Bruttopreis: (8) und (10) in einer Summe
- den Steuersatz (9)

- **Nachweise**: Beim Leistungsempfänger ist die Rechnung Voraussetzung für den Vorsteuerabzug. Beim leistenden Unternehmer sind die Rechnungsdoppel aufzubewahren.
- **Verbuchung**: Die steuerpflichtigen Erlöse sind auf einem gesonderten Konto zu erfassen. Nach DATEV-Kontenrahmen SKR 03 können Umsätze zu 19% auf Konto 8400 und Umsätze zu 7% auf Konto 8300 erfasst werden. Die hierauf entfallene Umsatzsteuer ist auf jeweils gesonderten Konten darzustellen.
- **Umsatzsteuer-Voranmeldung**: Die Umsatzsteuer für die steuerpflichtige Lieferung ist bei Sollversteuerung (Regelfall) in dem Voranmeldungszeitraum anzumelden, in dem die Lieferung ausgeführt wurde. Der Zeitpunkt der Rechnungsstellung ist somit unerheblich. Wird nach vereinnahmten Entgelten versteuert (Istversteuerung), so ist die Umsatzsteuer in dem Voranmeldungszeitraum abzuführen, in dem der Zahlungseingang zu verzeichnen ist. Der Nettoumsatz und die hierauf entfallende Umsatzsteuer sind in der Voranmeldung bei den steuerpflichtigen Umsätzen zu 19% unter Kennziffer 81 (*Steuerpflichtige Umsätze zum Steuersatz von 19%*) und bei Umsätzen zu 7% unter der Kennziffer 86 (*Steuerpflichtige Umsätze zum Steuersatz von 7%*) aufzuführen.
- **Umsatzsteuererklärung**: Das über die zeitliche Zuordnung Gesagte gilt entsprechend für die Umsatzsteuererklärung. Nettoumsatz und hierauf entfallene Umsatzsteuer des betreffenden Jahres sind bei den steuerpflichtigen Umsätzen getrennt nach Steuersätzen aufzuführen.

2. Werklieferung/Werkleistung im Zusammenhang mit einem Grundstück an Privatperson

- **Rechnungsstellung**: Bei Werklieferungen oder Werkleistungen im Zusammenhang mit einem Grundstück besteht auch gegenüber Privatpersonen die Pflicht zur Rechnungserteilung innerhalb von 6 Monaten nach Ausführung der Leistung.

C. Aufzeichnung und Abrechnung einzelner Sachverhalte

Großkummer Heizungsbau GmbH
Schusselweg 1
17192 Groß Gievitz Sorgenlos

Herrn   Datum: 14.03.2008
Rudi Sorglos   Kunden-Nr.:   51901
Hauptstraße 110   Rechnungs-Nr.:   800301
17192 Groß Gievitz Sorgenlos
                                              Bitte bei Zahlung angeben

Rechnung

	EUR
Wartungsarbeiten an Ihrer Heizung Pauschale gemäß Wartungsvertrag	200,00
19% Umsatzsteuer:	38,00
Summe:	**238,00**

Zahlbar sofort ohne Abzug,

Auf die Aufbewahrungspflicht des Leistungsempfängers nach § 14b UStG wird hingewiesen
(2 Jahre für Privatpersonen).
Freistellungsbescheinigung zum Steuerabzug von Bauleistungen gem. § 48b Abs.1 EStG wurde vom Finanzamt
Waren erteilt und kann bei Bedarf nachgereicht werden.

Leistungszeitpunkt: 03/2008
Steuernummer: 12345/67891

Die Rechnung muss zusätzlich einen Hinweis auf die zweijährige Aufbewahrungsfrist enthalten.

- **Nachweise**: Der leistende Unternehmer hat ein Rechnungsdoppel gemäß den allgemeinen Aufbewahrungspflichten 10 Jahre verfügbar zu halten. Der Leistungsempfänger hat die Rechnung als Nicht-Unternehmer nach § 14b Abs. 1 Satz 5 UStG 2 Jahre lang aufzubewahren; als Unternehmer gilt für ihn die allgemeine Aufbewahrungsfrist von 10 Jahren.

I. Inlandsumsätze

- **Verbuchung**: Die steuerpflichtigen Erlöse sind auf einem gesonderten Konto zu erfassen, nach DATEV-Kontenrahmen SKR 03 beispielsweise auf Konto 8400 *Erlöse 19% USt.*
- **Umsatzsteuer-Voranmeldung/Umsatzsteuererklärung**: Es ergeben sich keine Besonderheiten, auf den vorangegangenen Abschnitt wird verwiesen.

3. Steuerfreie sonstige Leistung im Inland

Die Vorgehensweise bei Ausführung einer steuerfreien Leistung wird anhand der nach § 4 Nr. 11 UStG steuerfreien Tätigkeit als Versicherungsmakler erläutert.

- **Rechnungsstellung**: Seit 01.01.2002 besteht auch im Fall der steuerfreien Leistung die Verpflichtung zur Rechnungsstellung, soweit der Leistungsempfänger Unternehmer ist. Neben den übrigen Angaben muss die Rechnung einen Hinweis auf die Steuerbefreiung der Leistung enthalten. Bei der steuerfreien Tätigkeit als Versicherungsmakler wird die Abrechnungslast in der Regel beim Leistungsempfänger, der Versicherungsgesellschaft liegen. Die Gutschrift der Versicherungsgesellschaft hat die erforderlichen Angaben zu enthalten.
- **Nachweise**: Das Vorliegen der Voraussetzungen für die Steuerbefreiung ist nachzuweisen, d.h. es muss ersichtlich sein, dass die Einnahmen aus der Tätigkeit als Versicherungsmakler herrühren.
- **Verbuchung**: Die steuerfreien Umsätze sind auf einem gesonderten Konto zu verbuchen, nach DATEV-Kontenrahmen SKR03 etwa auf Konto 8100 *Steuerfreie Umsätze § 4 Nr. 8ff UStG.*
- **Umsatzsteuer-Voranmeldung**: Soweit lediglich steuerfreie Umsätze bewirkt werden, die den Vorsteuerabzug ausschließen, besteht keine Verpflichtung zur Abgabe von Umsatzsteuer-Voranmeldungen und -Jahreserklärungen. Soweit der Unternehmer aufgrund anderer, steuerpflichtiger Umsätze zur Abgabe von Voranmeldungen verpflichtet ist, sind die Umsätze aus der Versicherungsmakler-Tätigkeit in der Voranmeldung unter Kennziffer 48 *Steuerfreie Umsätze ohne Vorsteuerabzug* anzugeben.
- **Umsatzsteuererklärung**: Zur Abgabe einer Umsatzsteuererklärung besteht keine Verpflichtung, soweit nur Umsätze aus der Tätigkeit als Versicherungsmakler anfallen. Werden dagegen steuerpflichtige Umsätze, etwa aus der Vermittlung von Grundstückskäufen oder

C. Aufzeichnung und Abrechnung einzelner Sachverhalte

-vermietungen bewirkt, so sind die nach § 4 Nr. 11 UStG steuerfreien Umsätze in der Anlage UR in Zeile 45 (Kennziffer 287) anzugeben.

4. Anzahlungen und Schlussrechnung

Zugrunde gelegt wird im Folgenden die Abrechnung einer Bauunternehmung über Bauleistungen, die an ein Industrieunternehmen erbracht wurden. Von der Bauunternehmung wurden folgende Abschlagsrechnungen erstellt und vom Auftraggeber bezahlt (Bruttobeträge):

		Rechnungs-datum	Zahlungs-eingang
1. Abschlagsrechnung über	EUR 232.000,–	17.11.2006	01.12.2006
2. Abschlagsrechnung über	EUR 116.000,–	12.12.2006	04.01.2007
3. Abschlagsrechnung über	EUR 238.000,–	14.02.2007	06.03.2007
4. Abschlagsrechnung über	EUR 297.500,–	13.04.2007	24.04.2007
Schlussrechnung über	EUR 999.600,–	24.05.2007	03.07.2007

– **Rechnungsstellung**: Für die Abschlagszahlungen sind Rechnungen mit gesondertem Umsatzsteuerausweis zu erstellen. Aus der Rechnung muss hervorgehen, dass es sich um eine Anzahlungsrechnung, also um die Anforderung einer Anzahlung vor (vollständiger) Ausführung der Leistung handelt. Diese Anzahlungsrechnungen ermöglichen dem Leistungsempfänger den Vorsteuerabzug in dem Voranmeldungszeitraum, in dem die Zahlung geleistet wird.

Die zu erstellende Schlussrechnung hat folgende (spezielle) Angaben zu enthalten:
– das Gesamtentgelt und die hierauf entfallende Umsatzsteuer sowie
– die geleisteten Anzahlungen zusammen mit der hierauf entfallenden Umsatzsteuer.

Im vorliegenden Beispiel könnte dies folgendermaßen aussehen:

	Entgelt EUR	Umsatzsteuer EUR	Bruttobetrag EUR.
Gesamtbetrag	840.000,–	159.600,–	999.600,–
./. Abschlagszahlungen:			
vom 01.12.2006	200.000,–	32.000,–	232.000,–
vom 04.01.2007	100.000,–	16.000,–	116.000,–
vom 06.03.2007	200.000,–	8.000,–	238.000,–
vom 24.04.2007	250.000,–	47.500,–	297.500,–
Restbetrag:	90.000,–	26.100,–	116.100,–

- **Nachweise**: Für den Leistungsempfänger ist das Vorliegen der Rechnung Voraussetzung für den Vorsteuerabzug. Bei den Abschlagsrechnungen ist zusätzlich Bedingung, dass die Zahlung nachgewiesen wird. Der leistende Unternehmer hat Rechnungsdoppel und Zahlungsbelege aufzubewahren.
- **Verbuchung**: Beim leistenden Unternehmer sind bei Zahlungseingang einer Abschlagszahlung das Konto Erhaltene Anzahlungen und das Umsatzsteuer-Konto im Haben zu bebuchen (Gegenkonto: Bank bzw. Forderungskonto). Im DATEV-Kontenrahmen SKR03 steht hierfür das Konto 1717 *Erhaltene, versteuerte Anzahlungen 16%* sowie das Konto 1718 *Erhaltene, versteuerte Anzahlungen 19%* zur Verfügung. Zum Zeitpunkt der Fertigstellung der Leistung ist der Gesamtrechnungsbetrag der Schlussrechnung auf Erlöse (8400 *Erlöse 19% USt)* zu buchen, die Anzahlungen sind entsprechend zu stornieren.
- **Umsatzsteuer-Voranmeldung**: Die erhaltenen Anzahlungen gehen im Voranmeldungszeitraum der Zahlung in die steuerpflichtigen Umsätze ein. Bei Fertigstellung der Leistung ist der Gesamtumsatz (840.000,–) abzüglich der mit 19% Umsatzsteuer belasteten Anzahlungen (-450.000,–), somit EUR 390.000,– als Umsatz zu 19%, anzumelden. Die mit 16% belasteten Anzahlungen sowie die darauf entfallende Umsatzsteuer sind als Negativbeträge (–300.000,–/ –48.000,–), unter der Kennziffer 35 (*Steuerpflichtige Umsätze zu anderen Steuersätzen*) anzumelden. Die Zahlung des Restbetrages aus der Schlussrechnung schlägt sich nicht in der Umsatzsteuer-Voranmeldung nieder, es sei denn, es kommt durch Abzüge und Kürzungen zu einer Minderung der Bemessungsgrundlage.
- **Umsatzsteuererklärung**: Für die zeitliche Zuordnung der Umsätze gilt das unter vorgenanntem Punkt Gesagte. Im vorliegenden Fall sind in den beiden Jahren folgende Umsätze anzumelden:

  im Jahr 2006: Umsätze zu 16% (Kennziffer: 290)   200.000,–   32.000,–
  im Jahr 2007: Umsätze zu 19% (Kennziffer: 177)   840.000,–   159.600,–
  Umsätze zu 16% (Kennziffer: 155) –200.000,– –32.000,–

5. Übergang der Steuerschulderschaft bei Bauleistungen

Zugrunde gelegt wird im Folgenden die Leistung eines Malerbetriebes gegenüber einer Bauunternehmung, über die der Malerbetrieb folgende Rechnung ausstellt.

C. Aufzeichnung und Abrechnung einzelner Sachverhalte

Malerbetrieb Bunt & Schön Ltd.
Färbergasse 7
12345 Musterhausen

Bauunternehmung   Datum: 14.03.2008
Mustermann GmbH & Co. KG   Kunden-Nr.:   11301
Musterweg 1   Rechnungs-Nr.:   2748
12345 Musterhausen
                                        Bitte bei Zahlung angeben

Rechnung

                                                                   EUR

Malerarbeiten Fassade des Mehrfamilienhauses
Hauptstraße 3, 12345 Musterhausen
im Rahmen der Generalsanierung.
Festpreis gemäß Vereinbarung vom 17.09.2007   18.500,00

Steuerschuldnerschaft geht nach § 13b UStG auf den Leistungsempfänger über.

Zahlbar sofort ohne Abzug.
Leistungszeitpunkt: 03/2008
Steuer-Nr: 12345/54321

– **Rechnungsstellung**: Neben den allgemeinen Angaben hat die Rechnung einen Hinweis auf den Übergang der Steuerschuldnerschaft gemäß § 13b UStG zu enthalten. Umsatzsteuer ist in einer Rechnung über Bauleistungen an eine Bauunternehmung nicht auszuweisen. Soweit Anzahlungen geleistet wurden, sind diese in der Schlussrechnung (ohne Ausweis von Umsatzsteuer) aufzuführen.
– **Nachweise**: Wesentliche Bedeutung kommt für den leistenden Unternehmer dem Nachweis zu, dass es sich beim Leistungsempfänger um einen Bauunternehmer handelt. Hierfür kann die Freistellungsbescheinigung gemäß § 48b EStG des Leistungsempfängers herangezogen werden. Daneben ist nachzuweisen, dass es sich bei der ausgeführten Leistung um eine Bauleistung gehandelt hat.

I. Inlandsumsätze

- **Verbuchung**: Die Erlöse, bei denen die Steuerschuld nach § 13 b UStG übergeht, sind auf einem gesonderten Konto zu erfassen. Im DATEV-Kontenrahmen SKR03 steht hierfür das Konto 8337 *Erlöse aus Leistungen nach § 13 b UStG* zur Verfügung. Beim Leistungsempfänger sind die Bauleistungen beispielsweise auf Konto 3120 *Bauleistungen § 13 b UStG 19% Vorst., 19% USt* zu erfassen; die Vorsteuer- und Umsatzsteuerbeträge sind auf gesonderten Konten zu verbuchen (1577 *Abziehbare Vorsteuer §13 b UStG 19%* bzw. 1787 *Umsatzsteuer nach § 13 b UStG 19%*).

- **Umsatzsteuer-Voranmeldung**: In der Umsatzsteuer-Voranmeldung sind die Umsätze, für die der Leistungsempfänger die Umsatzsteuer schuldet, unter Ziffer 60 (*Steuerpflichtige Umsätze im Sinne des § 13 b Abs. 1 Satz 1 Nr. 1 bis 5 UStG, für die der Leistungsempfänger die Steuer schuldet*) anzugeben. Beim Leistungsempfänger sind die Umsätze und die darauf entfallende Steuer unter Ziffer 84 (*Bauleistungen eines im Inland ansässigen Unternehmers (§ 13 b Abs. 1 Satz 1 Nr. 4 UStG)*) zu erklären. Die Vorsteuer ist unter Ziffer 67 (*Vorsteuerbeträge aus Leistungen im Sinne des § 13 b Abs. 1 UStG*) aufzuführen.

- **Umsatzsteuererklärung**: Beim leistenden Unternehmer sind die Umsätze in der Anlage UR unter Abschnitt F. *Ergänzende Angaben zu Umsätzen* und dort unter Ziffer 209 zu erklären. In der Umsatzsteuererklärung des Leistungsempfängers sind die Umsätze und die darauf entfallende Umsatzsteuer unter Abschnitt C. der Anlage UR und hier unter Ziffer 877 bzw. 878 *Bauleistungen eines im Inland ansässigen Unternehmers (§ 13 b Abs. 1 Satz 1 Nr. 4 UStG)* aufzuführen.

6. Kraftfahrzeugnutzung durch Unternehmer und Arbeitnehmer

Um die formale Handhabung der Kraftfahrzeugnutzung zu erläutern, wird im Folgenden die Nutzung zweier Kraftfahrzeuge zugrunde gelegt, die dem Unternehmensvermögen angehören. Das erste Fahrzeug, mit einem Bruttolistenpreis von EUR 50.000,–, wird vom Unternehmer seit 2006 genutzt, das zweite Fahrzeug, mit Listenpreis EUR 40.000,–, ist einem leitenden Angestellten zur Verfügung gestellt. Fahrten zwischen Wohnung und Betriebsstätte fallen beim Unternehmer nicht an, da sich seine Wohnung direkt am Unternehmensort befindet. Der leitende Angestellte hat arbeitstäglich eine Entfernung von 8 km einfach von seiner Wohnung zurückzulegen.

- **Rechnungsstellung**: Die Pflicht zur Rechnungsstellung entfällt, da es sich im Fall des Unternehmers um eine unentgeltliche Wertabgabe handelt, im Fall des Arbeitnehmers keine Unternehmereigenschaft des Leistungsempfängers vorliegt.

- **Nachweise**: Soweit die pauschale 1%-Regelung angewendet wird, bestehen keine besonderen Nachweispflichten. Sinnvoll ist die Aufbewahrung von Unterlagen, aus denen der Bruttolistenpreis und die Berechnung der Bemessungsgrundlage der Kfz-Nutzung hervorgehen. Wird die umsatzsteuerliche Bemessungsgrundlage mittels sachgerechter Schätzung des unternehmerischen Nutzungsanteils ermittelt, müssen entsprechende Unterlagen über den Umfang des privaten und unternehmerischen Anteils der Kfz-Nutzung vorliegen.

- **Verbuchung**: Die unentgeltliche Wertabgabe des Unternehmers berechnet sich nach der pauschalen 1%-Regelung mit einem monatlichen Nettobetrag von EUR 500,–, von denen bei der Bestimmung der umsatzsteuerlichen Bemessungsgrundlage pauschal 20%, also EUR 100,– gekürzt werden können. Es empfiehlt sich, den umsatzsteuerpflichtigen Teil der unentgeltlichen Wertabgabe in Höhe von netto EUR 400,– auf einem gesonderten Konto zu verbuchen (DATEV SKR03: 8921 *Verwendung von Gegenständen (Kfz) 19%*), der nicht zur Bemessungsgrundlage zählende Teil kann auf Konto 8924 *Verwendung von Gegenständen (Kfz) ohne USt* verbucht werden.

Die Kfz-Gestellung an den Angestellten ist als Sachbezug mit monatlich 1% von EUR 40.000,–, also EUR 400,– zuzüglich der Fahrten zwischen Wohnung und Arbeitsstätte in Höhe von 0,03% aus EUR 40.000,– × 8 km = EUR 96,–, zusammen also EUR 496,– anzusetzen. Eine Kürzung um nicht-vorsteuerbelastete Kostenanteile ist nicht möglich, da es sich nicht um eine unentgeltliche Wertgabe, sondern um ein entgeltliches Geschäft handelt. Es ergibt sich ein Nettobetrag von monatlich EUR 416,81 und ein Umsatzsteuerbetrag von EUR 79,19. Die Kfz-Gestellung an den Angestellten kann nach DATEV-Kontenrahmen SKR03 wie folgt verbucht werden:

4120 Gehälter	496,–	an	8611 Verrechnete sonstige Sachbezüge, 19%	416,81
			1776 Umsatzsteuer, 19%	79,19

I. Inlandsumsätze

– **Umsatzsteuer-Voranmeldung**: In der Umsatzsteuer-Voranmeldung sind sowohl die unentgeltliche Wertabgabe als auch die Leistungen an Arbeitnehmer unter den steuerpflichtigen Umsätzen zum Steuersatz von 19% zu erfassen (Kennziffer 81).

– **Umsatzsteuererklärung**: Anders als in der Umsatzsteuer-Voranmeldung sind in der Jahreserklärung die Umsätze aus der entgeltlichen und der unentgeltlichen Kraftfahrzeugnutzung getrennt zu erklären. Die unentgeltliche Wertabgabe ist unter dem Punkt *Sonstige Leistungen nach § 3 Abs. 9a UStG* (Zeile 35) aufzuführen, die Kfz-Gestellung an Arbeitnehmer fällt unter *Lieferungen und sonstige Leistungen* (Zeile 33).

7. Vermietung von Grundstücken und Vorsteuerberichtigung

Folgender Fall sei zugrunde gelegt: Ein Grundstück wird ab Fertigstellung zum 01.02.2006 zu 50% steuerpflichtig und zu 50% steuerfrei vermietet. Die Vorsteuern aus den Baukosten belaufen sich auf EUR 96.000,–.

Bruttomieteinnahmen in 2006:
steuerpflichtig: EUR 19.140,–
steuerfrei: EUR 14.300,–

Ab 01.05.2007 wird ein bisher steuerpflichtig vermieteter Grundstücksanteil von 30% steuerfrei vermietet.

Bruttomieteinnahmen in 2007:
steuerpflichtig: EUR 14.756,–
steuerfrei: EUR 22.800,–.

In 2006 konnten aus den Baukosten 50% aus EUR 96.000,–, also EUR 48.000,– als Vorsteuern geltend gemacht werden. Für 30% des Grundstücks tritt zum 01.05.2007 eine Änderung der Verhältnisse ein, die eine Vorsteuerberichtigung zur Folge hat. Der Jahresbetrag der zu berichtigenden Vorsteuerbeträge errechnet sich mit 30% aus EUR 9.600,–, also EUR 2.880,–. Somit ergibt sich für 2007 ein Berichtigungsbetrag von EUR 2.880,– × 8/12 = EUR 1.920,–.

– **Rechnungsstellung**: Um den Empfänger der steuerpflichtigen Vermietung zum Vorsteuerabzug zu berechtigen, bedarf es einer Rechnung des Vermieters. Als solche gilt auch der Mietvertrag, wenn er

C. Aufzeichnung und Abrechnung einzelner Sachverhalte

**Mietvertrag
Nr. M30-005-01**

Vermieter:
Manfred Mustermann
Musterweg 1
12345 Musterhausen
Steuer-Nr: 12345/66778

Mieter:
XYZ Ltd. & Co. KG
Hauptstraße 1
12345 Musterhausen

Mietgegenstand: Laden im Erdgeschoss links Hauptstraße 1, 12345 Musterhausen

Mietbeginn: 01.02.2006

Mietdauer: auf unbestimmte Zeit

Monatliche Miete:

Kaltmiete:	€ 600,00
Nebenkosten-Vorauszahlung:	€ 200,00
Nettogesamtbetrag:	€ 800,00
zzgl. gesetzl. UST, derzeit 16%:	€ 128,00
Summe:	**€ 928,00**

....

Musterhausen, den 27.01.2006

---

die erforderlichen Rechnungsangaben enthält. So ist insbesondere die Steuer-Nr. des Vermieters und eine fortlaufende Rechnungs-Nr. zu vergeben (dies kann beispielsweise die Mieter-Nr. kombiniert mit einer fortlaufenden Vertrags-Nr. sein). Der Leistungszeitraum kann sich auch aus den Zahlungsbelegen ergeben.

Die infolge der Steuersatzänderung zum 1.1.2007 geänderten Umsatzsteuerbeträge sind, um den Vorsteuerabzug zu gewährleisten, in einer Mitteilung des Vermieters an den Mieter aufzuführen. Diese Mitteilung muss auch die erforderlichen Rechnungsangaben (insbesondere Steuer-Nummer, fortlaufende Rechnungsnummer) enthalten.

- **Nachweise**: Der Vermieter hat die Einnahmen, getrennt nach steuerpflichtigen und steuerfreien Umsätzen, aufzuzeichnen. Für den Leistungsempfänger ist das Vorliegen einer Rechnung, gegebenenfalls des entsprechenden Mietvertrages, Voraussetzung für den Vorsteuerabzug.

- **Verbuchung**: Soweit Buchführungspflicht besteht, sind steuerfreie und steuerpflichtige Mieteinnahmen auf getrennten Konten zu verbuchen.

- **Umsatzsteuer-Voranmeldung**: In der Umsatzsteuer-Voranmeldung sind die steuerpflichtigen Umsätze unter der Kennziffer 81 (*Steuerpflichtige Umsätze zum Steuersatz von 19%*), die steuerfreien Umsätze unter der Kennziffer 48 (*Steuerfreie Umsätze ohne Vorsteuerabzug*) aufzuführen. Die ab Mai 2007 durchzuführende Vorsteuerberichtigung ist ebenfalls in die Voranmeldung aufzunehmen. Geht man von vierteljährlicher Abgabe der Voranmeldungen in 2007 aus, so ergibt sich für die Voranmeldung des 2. Quartals 2007 eine anzumeldende Vorsteuerberichtigung von

  EUR 2.880,– (Jahresbetrag) × 2/12 = EUR 480,–.

  Sie ist unter Kennziffer 64 *Berichtigung des Vorsteuerabzugs* einzutragen.

- **Umsatzsteuererklärung**: In der Umsatzsteuererklärung sind die steuerpflichtigen Umsätze unter Kennziffer 177 (*Umsätze zum allgemeinen* Steuersatz), die steuerfreien Umsätze in der Anlage UR unter Kennziffer 286 (*Steuerfreie Umsätze ohne* Vorsteuerabzug) auszuweisen. Die Vorsteuerberichtigung ist in der Umsatzsteuererklärung unter Abschnitt E. *Berichtigung des Vorsteuerabzugs (§ 15a UStG)* aufzuführen. Es ergibt sich für 2007 eine Rückzahlung geltend gemachter Vorsteuer in Höhe von EUR 1.920,–.

8. Differenzbesteuerung

Die Differenzbesteuerung unterwirft bei der Veräußerung von Gebrauchtgegenständen durch Wiederverkäufer nur die Marge der Umsatzbesteuerung. Hier bestehen besondere Vorschriften zur Aufzeichnung und Abrechnung. Der Verdeutlichung dient folgender Fall: Ein Gebrauchtwagenhändler erwirbt im Februar 2008 ein Fahrzeug von einem Privatmann zum Preis von EUR 16.000,– und veräußert es drei Monate später zum Preis von EUR 18.000,–. Da der Erwerber nicht zum Vorsteuerabzug berechtigt ist, wendet der Gebrauchtwagenhändler die Differenzbesteuerung an.

- **Rechnungsstellung**: Der Gebrauchtwagenhändler darf in seiner Abrechnung über den Verkauf des Fahrzeugs keine Umsatzsteuer gesondert ausweisen, auch nicht auf den auf die Differenz entfallenden Umsatzsteuerbetrag.
- **Nachweise**: Für die der Differenzbesteuerung unterliegenden Umsätze sind gesonderte Aufzeichnungen über Einkauf und Verkauf der Gegenstände zu führen, um so die Ermittlung der Bemessungsgrundlage nachvollziehbar zu machen.
- **Verbuchung**: Die der Differenzbesteuerung unterliegenden Wareneingänge und Umsätze sind zweckmäßigerweise auf gesonderten Buchhaltungskonten zu erfassen. Der Einkauf des Fahrzeugs ist auf ein Wareneingangskonto ohne Vorsteuerabzug einzubuchen. Beim Verkauf ist der Verkaufspreis aufzuteilen in den nicht-besteuerten Teil in Höhe des Einkaufspreises und den steuerpflichtigen „Aufschlag".
- **Umsatzsteuer-Voranmeldung**: Eingang in die Umsatzsteuer-Voranmeldung findet lediglich die steuerpflichtige Differenz zwischen Verkaufs- und Einkaufspreis. Die Umsatzsteuer ist aus dieser Differenz herauszurechnen. Im vorliegenden Fall sind demnach bei Verkauf des Fahrzeugs im Mai 2008 als steuerpflichtige Umsätze zum Steuersatz von 19% (Kennziffer 81) anzugeben:

    EUR 2.000,– × 100/119 = EUR 1.680,67 × 19% = EUR 319,33
- **Umsatzsteuererklärung**: In der Umsatzsteuererklärung ergeben sich gegenüber der Umsatzsteuer-Voranmeldung keine Besonderheiten. Es ist also lediglich die steuerpflichtige Differenz in der Jahreserklärung anzugeben.

II. Umsätze mit dem Drittlandsgebiet

1. Steuerfreie Ausfuhrlieferung

Bei Ausfuhrlieferungen kommt den zu erbringenden Nachweisen besondere Bedeutung zu, da die Steuerbefreiung davon abhängig gemacht wird, ob die Voraussetzungen hierfür buch- und belegmäßig nachgewiesen werden können.

- **Rechnungsstellung**: Auch bei steuerfreien Lieferungen besteht seit 01.01.2002 die Pflicht zur Rechnungsstellung. Auf die Steuerbefreiung ist in der Rechnung hinzuweisen, etwa durch den Hinweis „Steuerfreie Ausfuhrlieferung". Zweckmäßig ist, zusammen mit der Rechnung den Ausfuhrnachweis aufzubewahren.
- **Nachweise**: Materiell-rechtliche Voraussetzung für die Gewährung der Steuerbefreiung für Ausfuhrlieferungen ist das Vorliegen eines Ausfuhrnachweises, der belegt, dass die Ware ins Drittlandsgebiet gelangt ist. Befördert der Lieferer oder der Abnehmer den Gegenstand der Ausfuhr selbst ins Drittlandsgebiet, so dient als Ausfuhrnachweis ein Beleg (z.B. Lieferschein), der Namen und Anschrift des leistenden Unternehmers, Art und Menge des gelieferten Gegenstandes sowie Ort und Zeitpunkt der Ausfuhr enthält und der um eine Ausfuhrbestätigung der zuständigen (EU-) Grenzzollstelle zu ergänzen ist. Ab 1.6.2006 ist auch möglich, den Ausfuhrnachweis im Rahmen des IT-Verfahrens ATLAS-Ausfuhr in elektronischer Form zu erbringen. Im Rahmen dieses Verfahrens wird ein PDF-Dokument „Ausgangsvermerk" an den Anmelder/Ausführer übermittelt. Dieses erfüllt die Voraussetzungen des Ausfuhrnachweises.[171]

Wird die Ware durch Versenden geliefert, also durch einen Spediteur oder Frachtführer ins Drittlandsgebiet gebracht, so kann der Ausfuhrnachweis durch eine Bescheinigung des Transportunternehmers nach dem Muster auf der nächsten Seite erfolgen.

- **Verbuchung**: Die steuerfreien Ausfuhrlieferungen sind auf einem gesonderten Konto (z.B. nach DATEV-Kontenrahmen SKR03 auf Konto 8120 *Steuerfreie Umsätze § 4 Nr. 1a UStG*) zu erfassen.
- **Umsatzsteuer-Voranmeldung**: In der Umsatzsteuer-Voranmeldung sind die steuerfreien Ausfuhrlieferungen unter der Kennziffer 43 *Weitere steuerfreie Umsätze mit Vorsteuerabzug* anzugeben.
- **Umsatzsteuererklärung**: Die steuerfreien Umsätze aus Ausfuhrlieferungen finden in der Umsatzsteuererklärung ihren Niederschlag in der Anlage UR in einer gesonderten Rubrik unter den steuerfreien Umsätzen mit Vorsteuerabzug.

---

171 Zu Einzelheiten vgl. BMF-Schreiben vom 01.06.2006, BStBl. I 2006, S. 395.

C. Aufzeichnung und Abrechnung einzelner Sachverhalte

FOB Spedition GmbH München, den 14.04.2008
Industriestraße 1
81245 München

Ausfuhrbescheinigung für Umsatzsteuerzwecke

An
Firma   x,y,z GmbH, Friedrich-List-Str. 111, 81377 München

Ich bestätige hiermit, dass mir am   08.04.2008   von Ihnen die folgenden Gegenstände übergeben worden sind:

Zahl	Verpackungsart	Menge und handelsübliche Bezeichnung der Gegenstände
1	Paket	5 l Spezialchemikalie Nr. xyz 23
1	Kanister	25 l Spezialchemikalie Nr. xyz 17

Ich habe die Gegenstände am   08.04.2008   nach   Budapest/Ungarn
an   Firma A. & B., Haamaan Katoo ut. 17, H-1435 Budapest
befördert.

Der Auftrag ist mir von   Firma x,y,z GmbH, Friedrich-List-Straße 111, 81377 München
erteilt worden.

Ich versichere, dass ich die Angaben nach bestem Wissen und Gewissen auf Grund meiner Geschäftsunterlagen gemacht habe, die im Geltungsbereich der UStDV nachprüfbar sind.

i. A. Müller
Unterschrift

---

2. Ausfuhrlieferung im Rahmen eines Reihengeschäfts

Folgender Fall sei zugrunde gelegt: Der norwegische Unternehmer N bestellt eine Ware beim Dortmunder Unternehmer D2, der seinerseits die Ware beim Hersteller D1 aus Düsseldorf in Auftrag gibt. D2 beauftragt die Spedition SP, die Ware von D1 direkt an N zu befördern.

Nur der Lieferung in der Reihe, die als bewegte Lieferung anzusehen ist, kann die Steuerfreiheit als Ausfuhrlieferung zugesprochen werden. Im vorliegenden Fall, in dem D2 den Transport in Auftrag gibt, ist grundsätzlich die Lieferung von D1 an D2 als bewegte Lieferung anzusehen. Die Lieferung von D2 an N wird grundsätzlich als ruhende Lieferung in Norwegen bewirkt und ist somit in Deutschland nicht steuerbar. Teilt D2 dem D1 mit, dass er im vorliegenden Geschäft selbst als

II. Umsätze mit dem Drittlandsgebiet

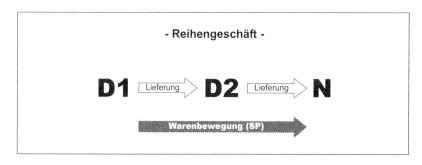

Lieferer handelt, so wird der zweite Umsatz in der Reihe als bewegte Lieferung angesehen, mit der Folge, dass D2 eine steuerfreie Ausfuhrlieferung und D1 eine im Inland steuerpflichtige ruhende Lieferung erbringt. Diese zweite Möglichkeit wird im folgenden zugrunde gelegt.

- **Rechnungsstellung**: D1 hat an D2 eine Rechnung mit gesondertem Umsatzsteuerausweis zu stellen. In der Rechnung des D2 an N ist keine Umsatzsteuer auszuweisen; stattdessen ist auf die Steuerfreiheit als Ausfuhrlieferung hinzuweisen. Weitere Besonderheiten ergeben sich aus dem Reihengeschäft nicht.

- **Nachweise**: Zur Erlangung der Steuerfreiheit für die Lieferung des D2 ist ein Ausfuhrnachweis erforderlich. Zu diesem Zweck lässt sich D2 von der von ihm beauftragten Spedition eine Ausfuhrbescheinigung nach im vorangegangenen Abschnitt dargestellten Muster erteilen. Um dem Erfordernis des buchmäßigen Nachweises nachzukommen, bewahrt D2 die Ausfuhrbescheinigung zusammen mit dem Rechnungsdoppel bei seinen Buchhaltungsunterlagen auf.

  Da im vorliegenden Fall abweichend von der grundsätzlichen Regelung nicht die Lieferung des D1, sondern die des D2 als bewegte Lieferung gilt, muss D2 nachweisen können, dass für D1 ersichtlich war, dass er selbst als Lieferer tätig wurde.

- **Verbuchung**: Die Lieferung des D2 ist auf einem gesonderten Konto für steuerfreie Ausfuhrlieferungen zu erfassen. Eine getrennte Verbuchung von Ausfuhrlieferungen im Zusammenhang mit Reihengeschäften ist nicht erforderlich.

- **Umsatzsteuer-Voranmeldung**: Der Lieferumsatz des D2 ist als steuerfreie Ausfuhrlieferung in der Umsatzsteuer-Voranmeldung unter der Kennziffer 43 *Weitere steuerfreie Umsätze mit Vorsteuerabzug* anzugeben.

C. Aufzeichnung und Abrechnung einzelner Sachverhalte

- **Umsatzsteuererklärung**: Wie im allgemeinen Fall der Ausfuhrlieferung ist der Umsatz des D2 in der Umsatzsteuererklärung auf der Anlage UR bei den steuerfreien Umsätzen mit Vorsteuerabzug einzutragen.

3. Lohnveredelung an Gegenständen der Ausfuhr

Es sei folgender Fall zugrunde gelegt: Eine deutsche Weberei verwebt im Auftrag eines Schweizer Textilproduzenten Garne, die dieser der Weberei zur Verfügung stellt. Nach Abschluss der Lohnveredelung befördert die Weberei die fertigen Stoffe mit eigenen LKWs in die Schweiz. Es handelt sich hierbei um eine Lohnveredelung an Gegenständen der Ausfuhr, für die bei Vorliegen der Nachweise die Steuerfreiheit beansprucht werden kann. Daneben bewirkt die Weberei, die die Garne bei ihrem Auftraggeber abholt, eine steuerpflichtige Einfuhr.

- **Rechnungsstellung**: In der Rechnung über die ausgeführte Werkleistung ist keine Umsatzsteuer auszuweisen. Auf den Grund der Steuerfreiheit ist beispielsweise mit dem Vermerk „Steuerfreie Lohnveredelung nach § 7 UStG" hinzuweisen.
- **Nachweise**: Die Weberei hat buchmäßig nachzuweisen, dass die lohnveredelten Gegenstände ins Drittlandsgebiet gelangen. Da der Transport der Ware von der Weberei selbst durchgeführt wird, kann als Ausfuhrnachweis der Lieferschein zusammen mit der Ausfuhrbestätigung der Zollstelle dienen. Der Lieferschein sollte neben Namen und Adresse von Auftraggeber und Lohnveredeler den Ort und Tag der Ausfuhr sowie Art und Umfang der durchgeführten Lohnveredelung enthalten. Lieferschein und Ausfuhrbestätigung sind zusammen mit dem Rechnungsdoppel bei den Buchhaltungsunterlagen aufzubewahren.
- **Verbuchung**: Steuerfreie Lohnveredelungen an Gegenständen der Ausfuhr können auf einem Konto zusammen mit den steuerfreien Ausfuhrlieferungen gebucht werden (z. B. nach DATEV-Kontenrahmen SKR03 auf Konto 8120 *Steuerfreie Umsätze § 4 Nr. 1a UStG*).
- **Umsatzsteuer-Voranmeldung**: Von der Weberei wird bei Beförderung der Garne aus der Schweiz ins Inland eine steuerpflichtige Einfuhr erbracht. Die zu entrichtende Einfuhrumsatzsteuer ist in der Umsatzsteuer-Voranmeldung unter Kennziffer 62 *entrichtete Einfuhrumsatzsteuer* einzutragen. Die Umsätze aus steuerfreier

II. Umsätze mit dem Drittlandsgebiet

Lohnveredelung sind unter Kennziffer 43 *Weitere steuerfreie Umsätze mit Vorsteuerabzug* anzugeben.

– **Umsatzsteuererklärung**: In der Umsatzsteuererklärung ist die entrichtete Einfuhrumsatzsteuer unter Kennziffer 762 aufzuführen. Die Lohnveredelungsumsätze sind in der Anlage UR unter den steuerfreien Umsätzen mit Vorsteuerabzug zu erklären.

4. Steuerfreie Güterbeförderung von Gegenständen der Einfuhr/Ausfuhr

Bei der Beförderung von Gütern vom Drittlandsgebiet ins Inland oder umgekehrt, erbringt der leistende Unternehmer zum Teil nicht-steuerbare Leistungen im Ausland, zum anderen Teil im Inland zwar steuerbare, aber möglicherweise nach § 4 Nr. 3 UStG steuerfreie Leistungen. Voraussetzung für die Steuerbefreiung im Fall der Einfuhr ist, dass die Transportkosten, die auf den inländischen Streckenanteil entfallen, in der Bemessungsgrundlage für die Einfuhr enthalten sind. Dies wird im Folgenden unterstellt.

– **Rechnungsstellung**: Der mit der Güterbeförderung beauftragte Unternehmer hat eine Rechnung ohne Umsatzsteuerausweis zu erstellen, in der die Art der erbrachten Leistung, insbesondere die Beförderungsstrecke bezeichnet ist. Auf die Steuerbefreiung ist hinzuweisen.

– **Nachweise bei Einfuhrbeförderungen**: Der Fuhrunternehmer hat nachzuweisen, dass die auf den inländischen Streckenanteil entfallenden Leistungsentgelte der Einfuhrumsatzsteuer unterlegen haben. Dieser Nachweis kann unterbleiben, wenn das Entgelt für die Beförderungsleistung weniger als EUR 100,– beträgt, es sei denn, es ergeben sich aus den übrigen beim Fuhrunternehmer vorhandenen Unterlagen Zweifel an der Besteuerung der Entgelte im Rahmen der Einfuhr. Greift die Vereinfachungsregel nicht, so kann der Nachweis mittels Durchschlag der Zollanmeldung oder durch eine entsprechende Bestätigung der Zollstelle geführt werden. In Frage kommt auch eine Kopie der Lieferantenrechnung, soweit hieraus ersichtlich ist, dass die Transportkosten vom Lieferer getragen werden.

– **Nachweise bei Ausfuhrbeförderungen**: Wird eine Beförderungsleistung an einem Gegenstand der Ausfuhr erbracht, so ist beleg- und buchmäßig nachzuweisen, dass der Gegenstand ins Drittlandsgebiet befördert wurde. Als Belege hierfür können Frachturkunden,

C. Aufzeichnung und Abrechnung einzelner Sachverhalte

schriftliche Speditionsaufträge oder Belege mit Ausfuhrbestätigung der Zollstelle dienen. Für den Ausfuhrnachweis für Beförderungsleistungen ins Drittlandsgebiet gelten dieselben Regeln wie für Ausfuhrlieferungen, somit kann der Ausfuhrnachweis auch auf elektronischem Weg erbracht werden („Ausgangsvermerk" im Rahmen des ATLAS-Verfahrens).

- **Verbuchung**: Grundsätzlich besteht für den leistenden Unternehmer die Verpflichtung, nicht-steuerbare und steuerfreie Beförderungsleistungen getrennt aufzuzeichnen. Aus Vereinfachungsgründen besteht jedoch für Unternehmer, die entsprechende, nach § 4 Nr. 3 oder Nr. 5 UStG steuerfreie Leistungen erbringen, die Möglichkeit, sich hiervon auf Antrag entbinden zu lassen. Wird diese Vereinfachung angewendet, so kann der betreffende Umsatz insgesamt auf einem Konto für steuerfreie Umsätze mit Vorsteuerabzug gebucht werden; nach DATEV-Kontenrahmen SKR 03 beispielsweise auf Konto 8150 *Steuerfreie Umsätze § 4 Nr. 2–7 UStG*.

- **Umsatzsteuer-Voranmeldung**: Wird von der Vereinfachung Gebrauch gemacht, so sind die Umsätze aus der steuerfreien Güterbeförderung insgesamt unter Kennziffer 43 *Weitere steuerfreie Umsätze mit Vorsteuerabzug* anzugeben.

- **Umsatzsteuererklärung**: In der Umsatzsteuererklärung sind die betreffenden Umsätze in der Anlage UR bei den *Weiteren steuerfreien Umsätzen mit Vorsteuerabzug* als Umsätze nach § 4 Nr. 3 UStG aufzuführen.

5. Werkleistung im Drittlandsgebiet

Wird eine Werkleistung im Ausland bewirkt, so besteht kein Anknüpfungspunkt für die inländische Umsatzbesteuerung. Die Besteuerung erfolgt daher nach dem Recht des Staates, in dem die Leistung erbracht wurde. Als Beispielsfall zugrunde gelegt sei eine beratende Ingenieurleistung, die sich auf die Planung und Entwicklung von Industrieanlagen bezieht und für einen Auftraggeber in den Vereinigten Arabischen Emiraten ausgeführt wird.

- **Rechnungsstellung**: In der Rechnung an den ausländischen Auftraggeber darf keine Umsatzsteuer ausgewiesen werden. Unrichtigerweise ausgewiesene Umsatzsteuer ist abzuführen. Es besteht allerdings die Möglichkeit der Rechnungsberichtigung.

- **Nachweise**: Nachzuweisen ist lediglich, dass der Umsatz im Inland nicht steuerbar ist. Hierzu genügt es, wenn die für die Ortsbestimmung erforderlichen Angaben belegt werden können. Im vorliegenden Fall würden die Bezeichnung der ausgeführten Leistung und die Adresse des Unternehmers, der die Leistung empfängt, ausreichen.
- **Verbuchung**: Die Verbuchung sollte auf einem gesonderten Konto für nicht-steuerbare Umsätze erfolgen, nach DATEV-Kontenrahmen SKR03 beispielsweise auf Konto 8338 *Nicht-steuerbare Umsätze Drittland*.
- **Umsatzsteuer-Voranmeldung**: In der Umsatzsteuer-Voranmeldung sind die nicht-steuerbaren Umsätze unter Kennziffer 45 *Nicht-steuerbare Umsätze* aufzuführen.
- **Umsatzsteuererklärung**: In der Umsatzsteuererklärung sind die nicht-steuerbaren Umsätze in der Anlage UR unter der Kennziffer 205 *Nicht-steuerbare Umsätze (Leistungsort nicht im Inland)* anzugeben.

6. Steuerschuldnerschaft ohne (vollständigen) Vorsteuerabzug

Führt ein im Ausland ansässiger Unternehmer Werkleistungen oder Werklieferungen an einen inländischen Unternehmer aus, so geht die Steuerschuldnerschaft für den betreffenden Umsatz auf den Leistungsempfänger über. Auch für Leistungsempfänger, die beispielsweise nur steuerfreie Umsätze ohne Vorsteuerabzugsmöglichkeit ausführen, besteht dann die Verpflichtung, die Umsatzsteuer für den ausländischen Unternehmer anzumelden und abzuführen. Die Verfahrensweise im Einzelnen zeigt das Beispiel eines Arztes, der seine Praxisräume in Konstanz von einem Schweizer Malermeister streichen lässt.

- **Rechnungsstellung**: Die Rechnung des im Ausland ansässigen leistenden Unternehmers sollte keine Umsatzsteuer, jedoch den Hinweis darauf enthalten, dass die Umsatzsteuer vom Leistungsempfänger geschuldet wird.
- **Nachweise**: Besondere Nachweispflichten bestehen nicht. Bestehen beim Leistungsempfänger Zweifel daran, ob der leistende Unternehmer im Inland ansässig ist, so darf er auf die Anwendung des Reverse-Charge-Verfahrens nur dann verzichten, wenn er durch Bescheinigung des (für den leistenden Unternehmer) zuständigen Fi-

nanzamtes nachweist, dass dieser nicht als im Ausland ansässiger Unternehmer zu behandeln ist.

– **Verbuchung**: Es ist danach zu differenzieren, ob der Vorsteuerabzug gänzlich oder nur teilweise ausgeschlossen ist. Ist der Unternehmer zum teilweisen Vorsteuerabzug berechtigt, so bietet sich neben der Verbuchung der entstehenden Aufwendungen eine Buchung Aufzuteilende Vorsteuer (nach DATEV-Kontenrahmen SKR03 beispielsweise Konto 1569 *Aufzuteilende Vorsteuer nach §13b UStG 19%*) an Umsatzsteuer nach § 13b UStG (z.B. Konto 1787 *Umsatzsteuer nach § 13b UStG 19%*) an. Bei vollständigem Ausschluss des Vorsteuerabzugs ist im Soll abweichend davon das entsprechende Aufwandskonto (z.B. 4260 *Instandhaltung betrieblicher Räume*) anzusprechen.

– **Umsatzsteuer-Voranmeldung**: Das Leistungsentgelt und die nach § 13b UStG geschuldete Umsatzsteuer sind in der Voranmeldung unter den Kennziffern 52 und 53 anzugeben. Die nach § 13b UStG abzuführende Umsatzsteuer kann gegebenenfalls (teilweise) als Vorsteuer (Kennziffer 67) geltend gemacht werden. Die Anmeldung der Umsatzsteuer nach § 13b UStG hat in dem Voranmeldungszeitraum zu erfolgen, in dem das Leistungsentgelt gezahlt wird. Ist der Leistungsempfänger nicht zur Abgabe von Voranmeldungen verpflichtet, so hat er die Umsatzsteuer nach § 13b UStG bis zum 10. des auf das Quartalsende folgenden Monats abzugeben.

– **Umsatzsteuererklärung**: Der Leistungsempfänger hat das Entgelt und die nach § 13b UStG geschuldete Umsatzsteuer in der Jahreserklärung unter den Kennziffern 871 und 872 der Anlage UR einzutragen.

Der im Ausland ansässige leistende Unternehmer ist nicht zur Abgabe von Umsatzsteuererklärungen verpflichtet, soweit er lediglich Umsätze ausführt, für die der Leistungsempfänger die Umsatzsteuer schuldet. Führt er jedoch andere Leistungen im Inland aus, die der Regelbesteuerung unterworfen sind (z.B. sonstige Leistungen im Inland an einen Privatmann), so hat der leistende Unternehmer eine Umsatzsteuererklärung abzugeben. Hierzu ist er auch dann verpflichtet, wenn der ausländische Unternehmer vom Finanzamt hierzu aufgefordert wird, weil Zweifel bestehen, ob die Regelbesteuerung anzuwenden ist. In der in diesem Fall abzugebenden Umsatzsteuererklärung hat er die Umsätze, für die der Leistungsempfänger die Umsatzsteuer schuldet, in der Anlage UN aufzuführen.

7. Steuerschuldnerschaft mit Vorsteuerabzug

Soweit sonstige Leistungen oder Werklieferungen von im Ausland ansässigen Unternehmern von einem Unternehmer in Anspruch genommen werden, schuldet er nach § 13 b UStG die auf den Umsatz entfallende Steuer. Wird die Leistung für Umsätze verwendet, die zum Vorsteuerabzug berechtigen, kann die nach § 13 b UStG geschuldete Umsatzsteuer als Vorsteuer geltend gemacht werden. Die Verfahrensweise verdeutlicht das Beispiel eines Bauunternehmers, der Bauleistungen (Werkleistungen) von einem ungarischen Subunternehmer in Anspruch nimmt.

– **Rechnungsstellung**: In der Rechnung des ungarischen Subunternehmers ist keine Umsatzsteuer auszuweisen. Die Rechnung sollte einen Hinweis enthalten, dass die Umsatzsteuer für die erbrachte Leistung nach § 13 b UStG vom Leistungsempfänger geschuldet wird.

– **Nachweise**: Besondere Nachweispflichten bestehen nicht. Hinsichtlich der Prüfung der Ansässigkeit gelten obige Ausführungen entsprechend.

– **Verbuchung**: Bei der Verbuchung der Leistungsentgelte beim Leistungsempfänger werden sowohl Umsatzsteuer- als auch Vorsteuerkonten angesprochen. In manchen Buchhaltungsprogrammen sind die Steuerkonten (z.B. 1577 *Abziehbare Vorsteuer nach § 13 b UStG 19%* und 1787 *Umsatzsteuer nach § 13 b UStG 19%*) automatisch mit der Buchung des entsprechenden Aufwandskontos (z.B. 3125 *Leistungen ausländischer Unternehmer 19% Vorsteuer und 19% Umsatzsteuer*) verknüpft.

– **Umsatzsteuer-Voranmeldung**: Die Entgelte und die Umsatzsteuer sind in der Umsatzsteuer-Voranmeldung unter den Kennziffern 52 und 53, die entsprechenden Vorsteuerbeträge unter Kennziffer 67 einzutragen.

– **Umsatzsteuererklärung**: Beim Leistungsempfänger finden die § 13 b UStG unterliegenden Umsätze und die hierauf entfallende Umsatzsteuer unter den Kennziffern 871 und 872 der Anlage UR, die Vorsteuerbeträge unter Kennziffer 467 der Umsatzsteuererklärung ihren Niederschlag.

Für die steuerlichen Pflichten des leistenden Unternehmer gelten die Ausführungen im vorangegangenen Abschnitt entsprechend.

C. Aufzeichnung und Abrechnung einzelner Sachverhalte

III. Umsätze mit anderen EU-Mitgliedstaaten

1. Innergemeinschaftlicher Erwerb

Lieferungen zwischen Unternehmern von einem in einen anderen EU-Mitgliedstaat unterliegen der Erwerbsbesteuerung im Bestimmungsland. Der Tatbestand des innergemeinschaftlichen Erwerbs wurde geschaffen, um die Besteuerung im Bestimmungsland sicherzustellen und die innergemeinschaftlichen Warenbewegungen zu kontrollieren.

– **Rechnungsstellung**: Der Leistungsempfänger hat zu kontrollieren, ob die Rechnung des leistenden Unternehmers die erforderlichen Angaben enthält, wie insbesondere die beiden USt-IdNrn. und dem Verweis auf das Vorliegen einer innergemeinschaftlichen Lieferung. Dies ist insoweit von Bedeutung, da nur Lieferungen von Unternehmern, die nicht unter die Kleinunternehmer-Regelung fallen, beim Leistungsempfänger der Erwerbsbesteuerung unterliegen. Enthält also eine Rechnung über eine grenzüberschreitende Lieferung zwischen zwei EU-Mitgliedsländern keine USt-IdNr., so ist vom Leistungsempfänger abzuklären, ob es sich beim Lieferer um einen Kleinunternehmer handelt. In diesem Fall wäre keine Erwerbsbesteuerung durchzuführen. Unterliegt der leistende Unternehmer der Regelbesteuerung, so liegt beim Leistungsempfänger ein steuerbarer innergemeinschaftlicher Erwerb vor, auch wenn die Rechnung nicht die für die Steuerbefreiung der innergemeinschaftlichen Lieferung erforderlichen Angaben enthält.

– **Nachweise**: Als Nachweis für die Höhe der Bemessungsgrundlage des innergemeinschaftlichen Erwerbs dienen die Rechnung und die dazugehörigen Zahlungsbelege.

– **Verbuchung**: Innergemeinschaftliche Erwerbe sind getrennt nach dem jeweils gültigen Steuersatz auf einem gesonderten Konto zu verbuchen. Gleichzeitig sind ein Umsatzsteuer- und ein Vorsteuerkonto anzusprechen. Nach DATEV-Kontenrahmen SKR03 sind Erwerbe zu 19% beispielsweise auf Konto 3425 und Erwerbe zu 7% auf Konto 3420 zu erfassen. Mit dieser Buchung ist eine zweite Buchung zu verknüpfen: Vorsteuerkonto an Umsatzsteuerkonto. Nach DATEV-Kontenrahmen SKR03 stehen hierfür folgende Konten bereit: 1574 *Abziehbare Vorsteuer aus innergemeinschaftlichem Erwerb 19%*, 1572 *Abziehbare Vorsteuer aus innergemeinschaftlichem Erwerb* und 1562 *Aufzuteilende Vorsteuer aus innergemeinschaft-*

III. Umsätze mit anderen EU-Mitgliedstaaten

lichem Erwerb einerseits und andererseits die Konten 1774 *Umsatzsteuer aus innergemeinschaftlichem Erwerb 19%* und 1772 *Umsatzsteuer aus innergemeinschaftlichem Erwerb.*

- **Umsatzsteuer-Voranmeldung**: In der Voranmeldung ist die Bemessungsgrundlage der innergemeinschaftlichen Erwerbe des jeweiligen Zeitraums und die hierauf entfallende Umsatzsteuer unter den Kennziffern 89 (für Erwerbe zum Steuersatz von 19%) und 93 (Erwerbe zu 7%) anzugeben. Die abziehbaren Vorsteuerbeträge aus innergemeinschaftlichen Erwerben sind unter der Kennziffer 61 zu erklären.

- **Umsatzsteuererklärung**: Bemessungsgrundlage und hierauf entfallende Umsatzsteuer sind in der Anlage UR der Umsatzsteuererklärung unter den steuerpflichtigen innergemeinschaftlichen Erwerben getrennt nach Steuersätzen aufzuführen. Der abzugsfähige Vorsteuerbetrag ist in der Umsatzsteuererklärung unter Kennziffer 761 *Vorsteuerbeträge aus innergemeinschaftlichem Erwerb von Gegenständen* anzugeben.

- **Zusammenfassende Meldung**: Innergemeinschaftliche Erwerbe finden keinen Eingang in die Zusammenfassende Meldung.

2. Innergemeinschaftliche Lieferung

Die Steuerbefreiung der innergemeinschaftlichen Lieferung ist an bestimmte formale Voraussetzungen geknüpft. Der Erfüllung dieser formalen Anforderungen hinsichtlich Rechnungsstellung und zu erbringender Nachweise kommt daher besondere Bedeutung zu.

- **Rechnungsstellung**: Rechnungen über steuerfreie innergemeinschaftliche Lieferungen müssen neben den üblichen Angaben die USt-IdNrn. des leistenden Unternehmers und des Leistungsempfängers und einen Hinweis auf die Steuerfreiheit der Lieferung enthalten.

- **Nachweise**: Entsprechend dem Ausfuhrnachweis bei Ausfuhrlieferungen ist bei innergemeinschaftlichen Lieferungen nachzuweisen, dass der Gegenstand der Lieferung in ein anderes EU-Mitgliedsland gelangt ist (vgl. die entsprechenden Ausführungen unter Abschnitt C.II.1. *Steuerfreie Ausfuhrlieferung*). Nachzuweisen ist auch, dass der Erwerb im anderen EU-Mitgliedsland der Umsatzbesteuerung unterliegt. Dies geschieht durch Aufzeichnung der USt-IdNr. des

Leistungsempfängers. Um die Vertrauensschutzregelung für innergemeinschaftliche Lieferungen in Anspruch nehmen zu können, muss der Lieferer zusätzlich nachweisen, dass er seinen Sorgfaltspflichten nachgekommen ist. Er hat beispielsweise die USt-IdNr. von Neukunden mit dem qualifizierten Bestätigungsverfahren beim Bundeszentralamt für Steuern (*www.bzst.de*) zu überprüfen.

- **Verbuchung**: Die steuerfreien innergemeinschaftlichen Lieferungen sind auf einem gesonderten Erlöskonto zu verbuchen. Nach DATEV-Kontenrahmen SKR03 steht hierzu beispielsweise das Konto 8125 *Steuerfreie innergemeinschaftliche Lieferungen § 4 Nr. 1 b UStG* zur Verfügung.
- **Umsatzsteuer-Voranmeldung**: Die Summe der im betreffenden Zeitraum bewirkten innergemeinschaftlichen Lieferungen sind in der Umsatzsteuer-Voranmeldung unter Kennziffer 41 *Innergemeinschaftliche Lieferungen (§ 4 Nr. 1 b UStG) an Abnehmer mit USt-IdNr.* anzugeben.
- **Umsatzsteuererklärung**: Steuerfreie innergemeinschaftliche Lieferungen sind in der Anlage UR zur Umsatzsteuererklärung unter der Rubrik „*Steuerfreie Umsätze mit Vorsteuerabzug*" unter Kennziffer 741 zu erklären.
- **Zusammenfassende Meldung**: Werden innergemeinschaftliche Lieferungen bewirkt, so ist für das betreffende Kalendervierteljahr (in Ausnahmefällen: das betreffende Kalenderjahr) eine Zusammenfassende Meldung abzugeben. Hierin sind die USt-IdNrn. der Leistungsempfänger zusammen mit dem im betreffenden Zeitraum bewirkten Lieferumsatz aufzuführen. Ab 1.1.2007 sind die Zusammenfassenden Meldungen grundsätzlich in elektronischer Form abzugeben. Dies kann über das Internetportal des Bundeszentralamtes für Steuern (*www.bzst.bund.de*) oder über das ElsterOnline-Portal (*www.elsteronline.de*/eportal/) durchgeführt werden. Hier muss zunächst eine entsprechende Registrierung vorgenommen werden.

3. Innergemeinschaftliches Verbringen

Werden Gegenstände unternehmensintern vom Inland in einen anderen EU-Mitgliedstaat zur nicht nur vorübergehenden Verwendung verbracht, so bewirkt der betreffende Unternehmer im Inland eine innergemeinschaftliche Lieferung, im Bestimmungsland der Warenbewegung einen steuerbaren innergemeinschaftlichen Erwerb.

III. Umsätze mit anderen EU-Mitgliedstaaten

- **Rechnungsstellung**: Eine Verpflichtung zur Rechnungsstellung besteht nicht, da ja lediglich eine unternehmensinterne Warenbewegung vorliegt. Da für den Unternehmensteil im anderen EU-Mitgliedsland jedoch ein Beleg erforderlich ist, der Angaben über die verbrachten Gegenstände, die Bemessungsgrundlagen und die USt-IdNrn. der Unternehmensteile enthält, empfiehlt sich die Ausstellung einer so genannten pro-forma-Rechnung.
- **Nachweise**: Im Fall des innergemeinschaftlichen Verbringens ist lediglich ein buchmäßiger Nachweis zu erbringen. Der belegmäßige Nachweis entfällt. Folgendes hat der Unternehmer aufzuzeichnen:
  - Bezeichnung und Menge des verbrachten Gegenstandes,
  - die Anschrift und die USt-IdNr. des im anderen Mitgliedstaat belegenen Unternehmensteils,
  - den Tag des Verbringens,
  - die Bemessungsgrundlage für das innergemeinschaftliche Verbringen (Einkaufspreis bzw. Selbstkosten)
- **Verbuchung**: Für die Betriebsstätte im Ursprungsland des Verbringens ist eine innergemeinschaftliche Lieferung zu verbuchen, für die Betriebsstätte im Bestimmungsland ein innergemeinschaftlicher Erwerb.
- **Umsatzsteuer-Voranmeldung**: In der Voranmeldung, die im Ursprungsland der Warenbewegung abzugeben ist, ist die Bemessungsgrundlage für das innergemeinschaftliche Verbringen unter Kennziffer 41 bei den steuerfreien innergemeinschaftlichen Lieferungen anzugeben.

  Im Bestimmungsland der Warenbewegung ist ein in der Regel steuerpflichtiger innergemeinschaftlicher Erwerb zu erklären. Gleichzeitig ist gegebenenfalls der Vorsteuerabzug geltend zu machen.
- **Umsatzsteuererklärung**: Im Ursprungsland der Warenbewegung ist eine steuerfreie innergemeinschaftliche Lieferung zu erklären, im Bestimmungsland ein innergemeinschaftlicher Erwerb (vgl. hierzu die vorangegangenen Abschnitte).
- **Zusammenfassende Meldung**: In der Zusammenfassenden Meldung, die im Ursprungsland der Warenbewegung abzugeben ist, sind die Summe der Bemessungsgrundlagen und die USt-IdNr. des im anderen EU-Mitgliedsland gelegenen Unternehmensteil anzugeben.

C. Aufzeichnung und Abrechnung einzelner Sachverhalte

4. Innergemeinschaftliches Reihengeschäft

Der Erläuterung der praktischen Handhabung des innergemeinschaftlichen Reihengeschäfts dient folgender Fall:

Der Unternehmer GB mit Sitz in London bestellt beim Unternehmer D2 aus Düsseldorf eine Ware, die dieser beim Unternehmer D1 in Darmstadt ordert. D1 gibt den Auftrag an seinen französischen Lieferanten F weiter und beauftragt ihn, die Ware direkt an GB nach London zu versenden.

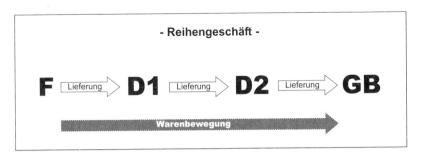

Für F, den ersten Lieferer in der Reihe, der die Versendung der Ware übernimmt, bestehen keine Besonderheiten. Er führt eine steuerfreie innergemeinschaftliche Lieferung aus, soweit er die entsprechenden Nachweise (insbesondere Bescheinigung des Spediteurs über die Versendung in ein anderes EU-Mitgliedsland, USt-IdNr. des Abnehmers D1) erbringen kann. Die übrigen Lieferungen in der Reihe werden am Zielort der Lieferung, in London, erbracht. Somit führen D1 und D2 in Großbritannien steuerpflichtige Lieferungen aus. GB kann somit ihm in Rechnung gestellte britische Umsatzsteuer als Vorsteuer geltend machen. Ansonsten entstehen GB keine umsatzsteuerlichen Konsequenzen, insbesondere bewirkt er keinen innergemeinschaftlichen Erwerb. Die umsatzsteuerlichen Folgen für D1 und D2 werden im Einzelnen erläutert.

– **Rechnungsstellung**: Sowohl D1 als auch D2 bewirken einen in Großbritannien steuerpflichtigen Umsatz. Sie sind aus diesem Grund verpflichtet, sich in Großbritannien steuerlich registrieren zu lassen und britische Umsatzsteuer abzuführen. In der Rechnung von D1 an D2 ist also britische Umsatzsteuer auszuweisen. Diese ist von D2 als Vorsteuer abziehbar, der seinerseits an GB britische Umsatzsteuer in Rechnung stellt.

III. Umsätze mit anderen EU-Mitgliedstaaten

- **Nachweise**: Aus den Unterlagen von D1 und D2 muss ersichtlich sein, dass es sich um ein Reihengeschäft handelt und dass die Lieferung daher nicht in Deutschland, sondern in Großbritannien steuerpflichtig ist. Als Belege hierfür kommen entsprechende Vermerke auf der Rechnung, die erhaltenen bzw. vergebenen Aufträge oder eine Kopie der Transportbelege der Spedition in Frage.
- **Verbuchung**: D1 hat zunächst für die Lieferung von F einen steuerpflichtigen innergemeinschaftlichen Erwerb zu verbuchen. Der Nettobetrag der an D2 gestellten Rechnung ist unter einem Konto für in einem anderen EU-Mitgliedsland steuerpflichtigen Lieferungen zu erfassen (z. B. nach DATEV-Kontenrahmen SKR03: Konto 8320 *Erlöse aus im anderen EG-Land steuerpflichtigen Lieferungen*). Der Umsatzsteuerbetrag ist beispielsweise unter Konto 1767 *Umsatzsteuer aus im anderen EG-Land steuerpflichtigen Lieferungen* zu erfassen.

   D 2 hat den von D1 in Rechnung gestellten Nettobetrag auf einem Wareneingangskonto, die hierauf entfallende Umsatzsteuer nach DATEV-Kontenrahmen SKR03 beispielsweise auf Konto 1542 *Steuererstattungsansprüche gegenüber anderen EG-Ländern* zu verbuchen. Für die Verbuchung der in Großbritannien steuerpflichtigen Lieferung des D2 gelten obige Ausführungen entsprechend.
- **Umsatzsteuer-Voranmeldung**: D1 hat in seiner Umsatzsteuer-Voranmeldung einen steuerpflichtigen innergemeinschaftlichen Erwerb anzugeben (je nach Steuersatz Kennziffer 93 oder 97). Die hierauf entfallende Umsatzsteuer kann als Vorsteuer unter Kennziffer 61 geltend gemacht werden. Die Lieferung des D1 ist in Deutschland nicht steuerbar und findet daher unter Kennziffer 45 *Nicht steuerbare Umsätze* in der Umsatzsteuer-Voranmeldung Berücksichtigung. D1 hat in Großbritannien seinen steuerlichen Erklärungspflichten nachzukommen.
- **Umsatzsteuererklärung**: In der Umsatzsteuererklärung hat D1 die auf den innergemeinschaftlichen Erwerb entfallende Vorsteuer anzugeben; in der Anlage UR ist der steuerpflichtige innergemeinschaftlichen Erwerb sowie der in Deutschland nicht-steuerbare Lieferumsatz aufzuführen. Letzterer ist unter Kennziffer 205 *Nicht steuerbare Umsätze (Leistungsort nicht im Inland)* einzutragen.

   Den nicht-steuerbaren Umsatz hat D2 ebenfalls in seiner deutschen Jahreserklärung anzugeben. Außerdem besteht für D2 die Verpflichtung, sich in Großbritannien steuerlich registrieren zu lassen.

C. Aufzeichnung und Abrechnung einzelner Sachverhalte

– **Zusammenfassende Meldung**: Da sowohl D1 als auch D2 eine ruhende Lieferung ausführen, erübrigt sich eine Angabe der Lieferumsätze in der Zusammenfassenden Meldung.

5. Innergemeinschaftliches Dreiecksgeschäft

Bei den am innergemeinschaftlichen Dreiecksgeschäft Beteiligten bestehen für den ersten Lieferer in der Reihe keine Besonderheiten. Er bewirkt eine innergemeinschaftliche Lieferung. Es gilt das, was im Abschnitt 2. hierzu gesagt wurde. Für den zweiten Lieferer und für den letzten Abnehmer bestehen dagegen Besonderheiten, die im Folgenden behandelt werden.

5.1 Praktische Durchführung beim ersten Abnehmer

Zum leichteren Verständnis führt folgender Fall: Der Unternehmer F bestellt mit seiner französischen USt-IdNr. Waren beim Großhändler D, der diese seinerseits mit seiner deutschen USt-IdNr. beim Hersteller I mit Sitz in Italien ordert. Die Ware wird von I mit eigenen LKWs direkt an F transportiert. Die Voraussetzungen für ein innergemeinschaftliches Dreiecksgeschäft sind somit erfüllt.

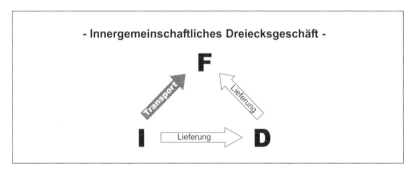

D als zweiter Lieferer in der Reihe bewirkt im Anschluss an die Beförderungslieferung eine Inlandslieferung in Frankreich. Die damit in Frankreich entstehende Steuerschuld hat jedoch nicht D, sondern sein Abnehmer F zu tragen. Des weiteren bewirkt D einen innergemeinschaftlichen Erwerb, der sowohl in Frankreich (Ende der Beförderung) als auch in Deutschland (Herkunft der USt-IdNr.) steuerbar ist. Dieser innergemeinschaftliche Erwerb gilt jedoch mit der Übertragung der Steuerschuld für die Inlandslieferung in Frankreich als besteuert.

III. Umsätze mit anderen EU-Mitgliedstaaten

Im Einzelnen hat D wie folgt vorzugehen:

- **Rechnungsstellung**: D erstellt eine Rechnung ohne gesonderten Umsatzsteuerausweis. Er gibt hierin seine USt-IdNr. sowie die USt-IdNr. seines Abnehmers F an. Er weist diesen auf die Behandlung als innergemeinschaftliches Dreiecksgeschäft und auf die Tatsache hin, dass F als Abnehmer die in Frankreich fällige Umsatzsteuer schuldet. Im vorliegenden Fall verwendet er hierzu folgende Formulierung: „Opération triangulaire intracommunautaire. La T.V.A. est due par le bénéficiaire." zu deutsch: „Innergemeinschaftliches Dreiecksgeschäft. Die Umsatzsteuer wird vom Leistungsempfänger geschuldet."

- **Nachweise**: Bei D genügt als Nachweis das Rechnungsdoppel mit den beschriebenen Pflichtangaben.

- **Verbuchung**: D hat zum einen den Wareneingang zu verbuchen, der keine Vorsteuer enthält und auch nicht der Besteuerung als innergemeinschaftlicher Erwerb unterliegt. Der Rechnungsbetrag von I an D ist demnach auf einem Wareneingangskonto steuerfrei einzubuchen. Bei dem von D zu buchenden Erlös handelt es sich um einen in Deutschland nicht steuerbaren Umsatz. Es erscheint sinnvoll, diesen Umsatz auf einem gesonderten Konto zu buchen, das Erlösen im Rahmen innergemeinschaftlicher Dreiecksgeschäfte vorbehalten ist, in DATEV-Kontenrahmen SKR03 beispielsweise Konto 8130 *Lieferungen des ersten Abnehmers bei innergemeinschaftlichen Dreiecksgeschäften § 25b Abs. 2 UStG*.

- **Umsatzsteuer-Voranmeldung**: Umsätze im Rahmen eines innergemeinschaftlichen Dreiecksgeschäfts sind in der Umsatzsteuer-Voranmeldung gesondert aufzuführen. Der Erlös des D ist unter Kennziffer 42: *Lieferungen des ersten Abnehmers bei innergemeinschaftlichen Dreiecksgeschäften (§ 25b Abs. 2 UStG)* einzutragen.

- **Umsatzsteuererklärung**: Der erste Abnehmer eines innergemeinschaftlichen Dreiecksgeschäfts hat den Lieferumsatz in der Anlage UR zur Umsatzsteuererklärung unter dem entsprechenden Abschnitt B. *Innergemeinschaftliche Dreiecksgeschäfte* unter Kennziffer 742 anzugeben.

- **Zusammenfassende Meldung**: Der Erlös des D ist in der Zusammenfassenden Meldung anzugeben. Es sind die USt-IdNr. des letzten Abnehmers und die Summe der Entgelte aufzuführen. Zusätzlich ist in Spalte 3 der Zusammenfassenden Meldung mit der Kennziffer 1 auf das Vorliegen eines innergemeinschaftlichen Dreiecksgeschäftes hinzuweisen.

C. Aufzeichnung und Abrechnung einzelner Sachverhalte

5.2 Praktische Durchführung beim letzten Abnehmer

Zur Erläuterung der Handhabung beim letzten Abnehmer sei folgender Fall eines innergemeinschaftlichen Dreiecksgeschäfts zugrunde gelegt:

Der Unternehmer D aus Dessau bestellt beim österreichischen Unternehmer Ö eine Ware, die dieser beim Lieferanten I in Italien bezieht und I beauftragt, die Ware direkt an D zu befördern.

– **Rechnungsstellung**: Die Frage der Rechnungsstellung erübrigt sich bei D als letztem Abnehmer.

– **Nachweise**: Der letzte Abnehmer im Rahmen des Dreiecksgeschäftes hat besondere Aufzeichnungspflichten. Er hat die Bemessungsgrundlage der an ihn ausgeführten Lieferung und den hierauf entfallenden Steuerbetrag sowie Namen und Anschrift des ersten Abnehmers aufzuzeichnen. Hierzu wird in der Regel die Rechnung an den letzten Abnehmer zusammen mit einer Berechnung des sich ergebenden Steuerbetrages genügen.

– **Verbuchung**: Es empfiehlt sich, den Wareneingang, dem ein innergemeinschaftliches Dreiecksgeschäft zugrunde liegt, auf einem gesonderten Konto zu erfassen. Die Umsatzsteuer, die der letzte Abnehmer für den vorangegangenen Unternehmer schuldet, kann unter dem Konto 1783 *In Rechnungen unberechtigt ausgewiesene und geschuldete Steuerbeträge, UStVA-Kz. 69* erfasst werden. Gleichzeitig ist der Steuerbetrag auf einem Vorsteuerkonto (beispielsweise Konto 1570 *Abziehbare Vorsteuer*) zu erfassen.

– **Umsatzsteuer-Voranmeldung**: In der Umsatzsteuer-Voranmeldung hat der letzte Abnehmer den Steuerbetrag, den er für den an ihn liefernden Unternehmer (erster Abnehmer) schuldet, unter der Kennziffer 69 *Steuerbeträge, die vom letzten Abnehmer eines innergemeinschaftlichen Dreiecksgeschäft geschuldet werden (§ 25b Abs. 2 UStG),* auszuweisen. Gleichzeitig kann der Steuerbetrag, soweit volle Berechtigung zum Vorsteuerabzug besteht, bei den abziehbaren Vorsteuerbeträgen (Kennziffer 66) erklärt werden.

– **Umsatzsteuererklärung**: Lieferungen im Rahmen von Dreiecksgeschäften sind beim letzten Abnehmer in der Anlage UR zur Umsatzsteuererklärung unter Abschnitt B. *Innergemeinschaftliche Dreiecksgeschäfte (§ 25b UStG)* mit der Bemessungsgrundlage und dem hierauf entfallenden Steuerbetrag anzugeben. Soweit diese Steuer als Vorsteuer abziehbar ist, ist sie in der Umsatzsteuererklä-

III. Umsätze mit anderen EU-Mitgliedstaaten

rung unter dem Abschnitt D. *Abziehbare Vorsteuerbeträge* unter der Kennziffer 760 *Vorsteuerbeträge aus innergemeinschaftlichen Dreiecksgeschäften (§25b Abs. 5 UStG)* aufzuführen.
- **Zusammenfassende Meldung**: Für den letzten Abnehmer ergeben sich aus dem innergemeinschaftlichen Dreiecksgeschäft keine Erklärungspflichten hinsichtlich der Zusammenfassenden Meldung.

6. Versandhandelslieferung bei Steuerpflicht im Ursprungsland

Wird bei Versandhandelslieferungen an Privatpersonen die Lieferschwelle nicht überschritten und auch kein Verzicht auf die Anwendung der Lieferschwelle ausgesprochen, so ist die Besteuerung im Ursprungsland durchzuführen. Dennoch bestehen in diesem Fall besondere Aufzeichnungs- und Erklärungspflichten. Es wird im Folgenden von einem Umsatz ausgegangen, der dem Regelsteuersatz unterliegt.

- **Rechnungsstellung**: Nach inländischen Vorschriften ergibt sich bei der Lieferung an Privatpersonen, bei der es zu keiner Verlagerung des Lieferorts nach § 3c UStG kommt, keine Verpflichtung zur Rechnungsausstellung. Eine Verpflichtung besteht insoweit lediglich dann, wenn an einen Unternehmer oder an eine juristische Person geliefert wird, die über keine USt-IdNr. verfügen.
- **Nachweise**: Aus den Aufzeichnungen des Unternehmers muss ersichtlich sein, dass es sich um Versandhandelslieferungen handelt und in welche EU-Mitgliedsländer geliefert worden ist.
- **Verbuchung**: Die Erlöse sind nach DATEV-Kontenrahmen SKR03 beispielsweise auf dem Konto 8315 *Erlöse EG-Lieferungen 19% USt* zu verbuchen. Die Umsatzsteuer wäre entsprechend auf dem Konto 1778 *Umsatzsteuer EG-Lieferungen 19%* zu erfassen.
- **Umsatzsteuer-Voranmeldung**: In der Umsatzsteuer-Voranmeldung sind die Umsätze bei den steuerpflichtigen Umsätzen (Kennziffer 81 *Steuerpflichtige Umsätze 19%*) aufzuführen.
- **Umsatzsteuererklärung**: In der Umsatzsteuererklärung sind das Entgelt und die hierauf entfallende Umsatzsteuer bei den *Lieferungen und sonstigen Leistungen zu 19%* (Kennziffer 177) zu erklären. Weiterhin ist der Umsatz in der Anlage UR im Abschnitt F. *Ergänzende Angaben zu Umsätzen* unter Kennziffer 208 aufzuführen.

C. Aufzeichnung und Abrechnung einzelner Sachverhalte

- **Zusammenfassende Meldung**: Die im Inland steuerpflichtigen Lieferungen an Nicht-Unternehmer in einem anderen EU-Mitgliedsland sind nicht in die Zusammenfassende Meldung aufzunehmen.

7. Versandhandelslieferungen bei Steuerpflicht im Bestimmungsland

Wird bei Versandhandelslieferungen an Privatpersonen die Lieferschwelle überschritten oder auf Anwendung der Lieferschwelle verzichtet, so verlagert sich die Steuerpflicht in das Bestimmungsland. Der liefernde Unternehmer hat sich in dem anderen EU-Mitgliedstaat steuerlich registrieren zu lassen.

- **Rechnungsstellung**: Da es sich um Lieferungen an Privatpersonen handelt, ist der Unternehmer grundsätzlich nicht zur Ausfertigung einer Rechnung verpflichtet. Eine Verpflichtung zur Rechnungsstellung kann sich jedoch aus den Regelungen des Bestimmungslandes ergeben (vgl. Art. 220, 221 MWStSystRL). So ergibt sich nach deutschem Recht gemäß § 14a Abs. 2 UStG für Versandhandelslieferungen von Unternehmern aus dem übrigen Gemeinschaftsgebiet, die im Inland steuerpflichtige Lieferungen ausführen, eine Pflicht zur Rechnungserteilung. In dieser Rechnung ist die Umsatzsteuer des Bestimmungslandes auszuweisen.

- **Nachweise**: Aus den Aufzeichnungen des Unternehmers muss ersichtlich sein, dass es sich um Versandhandelslieferungen handelt und dass die Besteuerung im Bestimmungsland vorgenommen wurde.

- **Verbuchung**: Die Erlöse aus den im anderen EU-Mitgliedstaat steuerpflichtigen Versandhandelslieferungen sind auf einem gesonderten Konto zu verbuchen (z. B. Konto 8320 *Erlöse aus im anderen EG-Land steuerpflichtigen Lieferungen* nach DATEV-Kontenrahmen SKR03). Die hierauf entfallende Umsatzsteuer ist auf einem gesonderten Umsatzsteuerkonto zu erfassen, beispielsweise auf Konto 1767 *Umsatzsteuer aus im anderen EG-Land steuerpflichtigen Lieferungen* (nach DATEV-Kontenrahmen SKR03).

- **Umsatzsteuer-Voranmeldung**: In der Umsatzsteuer-Voranmeldung sind die nicht-steuerbaren Umsätze aus Versandhandelsgeschäften unter Kennziffer 45 zu erfassen.

III. Umsätze mit anderen EU-Mitgliedstaaten

– **Umsatzsteuererklärung**: Versandhandelslieferungen, die im anderen EU-Mitgliedsland steuerpflichtig sind, sind in der Anlage UR zur Umsatzsteuererklärung unter dem Abschnitt F. *Ergänzende Angaben zu Umsätzen* unter der Kennziffer 206 aufzuführen: *Versendungsumsätze (...) b) in anderen EU-Mitgliedstaaten zu versteuern.*
– **Zusammenfassende Meldung**: Die im anderen EU-Mitgliedsland steuerpflichtigen Versandhandelslieferungen sind nicht in die Zusammenfassende Meldung aufzunehmen.

8. Lieferung eines neuen Fahrzeuges durch einen Unternehmer an eine Privatperson in einem anderen EU-Mitgliedsland

Wird ein neues Fahrzeug an eine Privatperson in einem anderen EU-Mitgliedsland geliefert, so liegt in jedem Fall eine steuerfreie innergemeinschaftliche Lieferung vor. Für die steuerliche Handhabung in der Praxis gelten gegenüber anderen innergemeinschaftlichen Lieferungen Besonderheiten für den Fall, dass an einen Abnehmer ohne USt-IdNr. geliefert wird.

– **Rechnungsstellung**: Der Fahrzeuglieferer ist auch bei Lieferung an eine Privatperson verpflichtet, eine Rechnung zu erstellen. Zu den übrigen Rechnungsanforderungen (z. B. Hinweis, dass es sich um eine steuerfreie innergemeinschaftliche Lieferung handelt) sind in dieser Rechnung zusätzlich folgende Angaben zum Fahrzeug zu machen: Typenbezeichnung, Zeitpunkt der Erstzulassung und Kilometerstand.
– **Verbuchung**: Lieferungen neuer Fahrzeuge an Abnehmer in einem anderen EU-Mitgliedsland, die nicht über eine USt-IdNr. verfügen, sind auf einem gesonderten Erlöskonto zu verbuchen. Laut DATEV-Kontenrahmen SKR03 ist hierfür das Konto 8135 *Steuerfreie innergemeinschaftliche Lieferungen von Neufahrzeugen an Abnehmer ohne USt-IdNr.* vorgesehen.
– **Umsatzsteuer-Voranmeldung**: Steuerfreie Lieferungen neuer Fahrzeuge an Abnehmer ohne USt-IdNr. sind in der Umsatzsteuer-Voranmeldung unter Kennziffer 44 einzutragen.
– **Umsatzsteuererklärung**: In der Anlage UR zur Umsatzsteuererklärung ist die Bemessungsgrundlage für die steuerfreie innergemeinschaftliche Lieferung von Neufahrzeugen ebenfalls unter einer ge-

C. Aufzeichnung und Abrechnung einzelner Sachverhalte

sonderten Position (Kennziffer 744) bei den steuerfreien Umsätzen mit Vorsteuerabzug aufzuführen.
- **Zusammenfassende Meldung**: Der genannte Tatbestand findet keinen Niederschlag in der Zusammenfassenden Meldung.

9. Ausführung einer innergemeinschaftlichen Lohnveredelung

Die innergemeinschaftliche Lohnveredelung zeichnet sich dadurch aus, dass der Gegenstand, an dem eine Werkleistung ausgeführt wird, nach Abschluss der Arbeiten in ein anderes EU-Mitgliedsland gelangt. Sie wird grundsätzlich am Tätigkeitsort erbracht. Wird jedoch vom Leistungsempfänger die USt-IdNr. eines anderen Mitgliedstaates angegeben, verlagert sich der Ort der Leistung dorthin. Der Leistungsempfänger hat das Reverse-Charge-Verfahren anzuwenden. Zugrunde gelegt wird im Folgenden, dass ein deutscher Unternehmer für einen französischen Auftraggeber eine Lohnveredelung durchführt und die bearbeiteten Gegenstände danach nach Frankreich gelangen.

- **Rechnungsstellung**: Da die Leistung in Deutschland nicht steuerbar ist, ist in der Rechnung keine Umsatzsteuer auszuweisen. Die Rechnung muss die beiden USt-IdNrn. von Lohnveredeler und Leistungsempfänger enthalten. Die Rechnung muss einen Hinweis darauf enthalten, dass die Umsatzsteuer vom Leistungsempfänger geschuldet wird.
- **Nachweise**: Da für die Nicht-Steuerbarkeit im Inland wesentliche Voraussetzung ist, dass der Gegenstand nach der Bearbeitung in ein anderes EU-Mitgliedsland gelangt, ist die Beförderung oder Versendung durch entsprechende Belege (z. B. Frachtpapiere des Spediteurs, etc.) nachzuweisen.
- **Verbuchung**: Die im Inland nicht-steuerbare Lohnveredelungsleistung ist umsatzsteuerfrei auf einem Erlöskonto zu erfassen. Der DATEV-Kontenrahmen SKR03 sieht hierfür beispielsweise das Konto 8339 *Nicht-steuerbare Umsätze EG-Land* vor.
- **Umsatzsteuer-Voranmeldung**: In der Umsatzsteuer-Voranmeldung finden die nicht-steuerbaren Erlöse aus Lohnveredelungen unter Kennziffer 45 *Nicht-steuerbare Umsätze* Berücksichtigung.
- **Umsatzsteuererklärung**: In der Jahreserklärung sind Erlöse aus innergemeinschaftlichen Lohnveredelungen in der Anlage UR unter

III. Umsätze mit anderen EU-Mitgliedstaaten

Abschnitt F. *Ergänzende Angaben zu Umsätzen* bei den *Nicht-steuerbaren Umsätzen (Leistungsort nicht in Inland)* unter Kennziffer 205 aufzuführen.
– **Zusammenfassende Meldung**: Umsätze aus innergemeinschaftlichen Lohnveredelungen sind nicht in die Zusammenfassende Meldung aufzunehmen.

10. Ausführung einer innergemeinschaftlichen Güterbeförderung

Innergemeinschaftliche Güterbeförderungsleistungen und damit in Zusammenhang stehende Leistungen werden nach demselben Prinzip wie innergemeinschaftliche Lohnveredelungen behandelt. Für die Bestimmung des Leistungsortes hat die USt-IdNr. des Leistungsempfängers also Vorrang. Letzterer ist zur Durchführung des Reverse-Charge-Verfahrens verpflichtet. Zugrunde gelegt sei der Fall, dass ein deutscher Transportunternehmer im Auftrag eines niederländischen Unternehmers Waren von Österreich nach den Niederlanden befördert.

– **Rechnungsstellung**: Neben den üblichen Angaben, zu denen auch die Bezeichnung der ausgeführten Leistung mit Abgangsort und Zielort der Beförderung zählt, hat die Rechnung über eine innergemeinschaftliche Güterbeförderung die USt-IdNr. von leistendem Unternehmer und Leistungsempfänger zu enthalten. Umsatzsteuer ist nicht auszuweisen. Auf die Steuerschuldnerschaft des Leistungsempfängers ist hinzuweisen.
– **Nachweise**: Die Tatsache, dass die Güterbeförderung in zwei verschiedenen Mitgliedsländern beginnt und endet, ist durch entsprechende Belege, wie etwa die Frachtpapiere, nachzuweisen. Aufzuzeichnen sind ferner die Angaben zum Leistungsempfänger, insbesondere dessen USt-IdNr. Da diese Angaben sämtlich in der Rechnung enthalten sind, genügen als Belegnachweis das Rechnungsdoppel und der Transportnachweis.
– **Verbuchung**: Die im Inland nicht-steuerbare Güterbeförderungsleistung ist ohne Umsatzsteuer auf einem Erlöskonto zu erfassen. Der DATEV-Kontenrahmen SKR03 sieht hierfür beispielsweise das Konto 8339 *Nicht-steuerbare Umsätze EG-Land* vor.
– **Umsatzsteuer-Voranmeldung**: Erlöse aus im Inland nicht-steuerbaren innergemeinschaftlichen Güterbeförderungen sind in der Um-

satzsteuer-Voranmeldung unter der Kennziffer 45 *Nicht-steuerbare Umsätze* anzugeben.

- **Umsatzsteuererklärung**: In der Jahreserklärung sind Erlöse aus innergemeinschaftlichen Güterbeförderungen in der Anlage UR im Abschnitt F. *Ergänzende Angaben zu Umsätzen* unter Kennziffer 207 anzugeben.
- **Zusammenfassende Meldung**: Eine Angabe in der Zusammenfassenden Meldung entfällt, da es sich um eine sonstige Leistung handelt.

11. Inanspruchnahme einer innergemeinschaftlichen Vermittlungsleistung

Vermittlungsleistungen werden grundsätzlich dort ausgeführt, wo der vermittelte Umsatz bewirkt wird. Durch Angabe der USt-IdNr. durch den Leistungsempfänger der Vermittlungsleistung kann der Ort der Leistung in der Regel verlagert werden. Zugrunde gelegt sei der Fall, dass der deutsche Unternehmer D einem spanischen Handelsvertreter für die Vermittlung einer innergemeinschaftlichen Lieferung eine Provision zahlt. Im Folgenden wird gezeigt, wie die Provisionszahlung beim Leistungsempfänger D zu behandeln ist, wenn der Handelsvertreter seine spanische USt-IdNr. angibt.

- **Rechnungstellung**: Unter der Annahme, dass die Provisionszahlung durch Gutschrift abgerechnet wird, hat der Leistungsempfänger hierin neben den üblichen Angaben die eigene und die USt-IdNr. des leistenden Unternehmers anzugeben. Durch die Angabe der deutschen USt-IdNr. verlagert sich der Ort der Leistung nach Deutschland. D schuldet die Umsatzsteuer für die Leistung des spanischen Handelsvertreters. In der Gutschrift ist keine Umsatzsteuer auszuweisen. Erforderlich ist ein Hinweis, dass die Umsatzsteuer vom Leistungsempfänger geschuldet wird.
- **Nachweise**: Besondere Nachweispflichten bestehen für den Leistungsempfänger nicht. Der leistende Unternehmer hat gegebenenfalls nachzuweisen, dass er als im Ausland ansässiger Unternehmer nicht in Deutschland registriert ist.
- **Verbuchung**: Der Leistungsempfänger der Vermittlungsleistung hat die Provisionszahlung auf einem Aufwandskonto zu erfassen. Zusätzlich ist die von ihm geschuldete Umsatzsteuer und die abziehbare Vorsteuer zu verbuchen. Nach DATEV-Kontenrahmen SKR03

III. Umsätze mit anderen EU-Mitgliedstaaten

käme hierfür beispielsweise die Buchung auf Konto 3125 *Leistungen ausländischer Unternehmer 19% Vorsteuer und 19% Umsatzsteuer* oder die Buchung auf Konto 4760 *Verkaufsprovisionen* zusammen mit einer Buchung 1577 *Abziehbare Vorsteuer nach § 13 b UStG 19%* an 1787 *Umsatzsteuer nach §13 b UStG 19%* in Frage.

- **Umsatzsteuer-Voranmeldung**: Die Entgelte und die Umsatzsteuer sind vom Leistungsempfänger in der Umsatzsteuer-Voranmeldung unter Kennziffern 52 und 53, die entsprechenden Vorsteuerbeträge unter Kennziffer 67 einzutragen.
- **Umsatzsteuererklärung**: Beim Leistungsempfänger finden die § 13 b UStG unterliegenden Umsätze unter Kennziffer 871 der Anlage UR, die Vorsteuerbeträge unter Kennziffer 467 der Umsatzsteuererklärung ihren Niederschlag.
- **Zusammenfassende Meldung**: Der vorliegende Sachverhalt findet keine Berücksichtigung in der Zusammenfassenden Meldung.

12. Ausführung einer Werklieferung im anderen EU-Mitgliedsland

Dargestellt sind im Folgenden die Auswirkungen einer Montagelieferung, bei der der leistende Unternehmer eigenes Material verwendet und die Werklieferung im anderen EU-Mitgliedstaat fertig stellt. Der Ort dieser Montagelieferung liegt im anderen EU-Mitgliedsland. Soweit es sich beim Leistungsempfänger um einen Unternehmer handelt, kommt die Anwendung des Reverse-Charge-Verfahrens in Frage. Ansonsten hat sich der leistende Unternehmer im betreffenden Mitgliedsland steuerlich registrieren zu lassen. Da bezüglich der Anwendung des Reverse-Charge-Verfahrens zwischen den einzelnen EU-Mitgliedsländern Unterschiede bestehen, wird im Folgenden lediglich auf die Behandlung der Werklieferung im Inland eingegangen.

- **Rechnungsstellung**: Die Rechnung über die im Inland nicht-steuerbare Werklieferung darf keine Umsatzsteuer enthalten. Neben den üblichen Angaben kann die Rechnung die USt-IdNr. von Werklieferer und Leistungsempfänger enthalten. Hierzu besteht jedoch keine Verpflichtung. Hinzuweisen ist in der Rechnung allerdings auf die Steuerschuldnerschaft des Leistungsempfängers.
- **Nachweise**: Es ist, soweit es sich nicht aus der Art der ausgeführten Arbeiten ergibt, nachzuweisen, dass die Werklieferung im anderen

C. Aufzeichnung und Abrechnung einzelner Sachverhalte

EU-Mitgliedsland steuerbar ist. Ansonsten bestehen keine besonderen Nachweispflichten.

– **Verbuchung**: Die Erlöse aus der innergemeinschaftlichen Werklieferung sind auf einem gesonderten Konto umsatzsteuerfrei zu verbuchen. Beispielsweise könnte nach DATEV-Kontenrahmen SKR03 das Konto 8339 *Nicht-steuerbare Umsätze EG-Land* gewählt werden.

– **Umsatzsteuer-Voranmeldung**: Die im Inland nicht-steuerbaren Werklieferungen sind in der Umsatzsteuer-Voranmeldung unter Kennziffer 45 *Nicht-steuerbare Umsätze* anzugeben.

– **Umsatzsteuererklärung**: In der Jahreserklärung sind Erlöse aus innergemeinschaftlichen Werklieferungen in der Anlage UR unter Abschnitt F. *Ergänzende Angaben zu Umsätzen* unter Kennziffer 205 *Nicht-steuerbare Umsätze (Leistungsort nicht im Inland)* aufzuführen.

– **Zusammenfassende Meldung**: Eine Angabe in der Zusammenfassenden Meldung erübrigt sich, da der Ort der Lieferung im Bestimmungsland liegt und insoweit keine grenzüberschreitende Lieferung ausgeführt wird.

D. Praktische Beispiele

I. Praktische Beispiele zum Allgemeinen Teil

1. Leistungen gegen Entgelt

Beispiel 1: Inland

Der Unternehmer U verkauft Souvenirs, Zigaretten und Alkoholika auf der Insel Helgoland an Ferien- und Tagesgäste. Die von U getätigten Lieferungen unterliegen nicht der Umsatzsteuer, da die Insel Helgoland umsatzsteuerlich nicht zum Inland rechnet. Werden die Waren dagegen am Ende der Fahrt ins Inland gebracht, so liegt grundsätzlich eine steuerpflichtige Einfuhr vor. Lediglich Waren von geringem Wert und so genannte Reisemitbringsel (z. B. 200 Zigaretten, 1 l hochprozentige Spirituosen oder 2 l Wein) sind steuerfrei.

Rechtsgrundlage: § 1 Abs. 2 UStG, Art. 6 Abs. 2a) MwStSystRL

1.1 Unternehmer

Beispiel 2: Unternehmereigenschaft bei stiller Beteiligung

Der Einzelunternehmer Antonio Sole unterhält drei Sonnenstudios: „SunFit", „Fit+Sun" und „O Sole Mio". An zwei Sonnenstudios sind als atypisch stille Gesellschafter Claudio Ombra (an „SunFit") und Enzo Scottatura (an „Fit+Sun") beteiligt. Die stillen Gesellschafter haben Anspruch auf jeweils 20 % vom Gewinn und von den stillen Reserven der jeweiligen Betriebsstätte. Nach außen tritt Antonio Sole allein als Einzelunternehmer auf. Obwohl ertragsteuerlich Mitunternehmerschaften anzunehmen sind, bilden umsatzsteuerlich alle Betriebsstätten ein einheitliches Unternehmen.

Rechtsgrundlage: § 2 Abs. 1 UStG; Abschnitt 16 Abs. 5 UStR

Beispiel 3: Nachhaltigkeit

Ein Student erbt eine Villa mit sechzehn Zimmern. Die Zimmer sind mit kostbaren Möbeln unterschiedlicher Stilrichtungen ausgestattet. Der Student veräußert die Möbel nach und nach an Kunsthändler und Sammler und finanziert mit dem Erlös sein Studium. Im Rahmen dieser Tätigkeit bietet er einzelne Möbelstücke in entsprechenden Fachzeitschriften an. Er führt teilweise auch Tauschgeschäfte durch und kauft auch gelegentlich Möbel- und Sammlungsstücke von Privatleuten an. Nach dem Gesamtbild der Verhältnisse handelt es sich hierbei um eine nachhaltige Tätigkeit, da die Tätigkeit auf Dauer und wiederholt ausgeübt wird und es sich um eine wirtschaftliche Tätigkeit unter Beteiligung am Markt handelt. Da die Tätigkeit außerdem selbstständig ausgeführt wird, ist die Unternehmereigenschaft zu bejahen.

Rechtsgrundlage: § 2 Abs. 1 UStG; Abschnitt 18 UStR

Beispiel 4: Einmalige Tätigkeit

Der Student verkauft die gesamten Möbel an ein Antiquitätengeschäft. Dieser Verkauf ist keine nachhaltige Tätigkeit, weil der Verkauf in einem Vorgang durchgeführt wird. Es ist nicht zu erwarten, dass weitere Verkäufe folgen werden.

Rechtsgrundlage: § 2 Abs. 1 UStG; Abschnitt 18 UStR

Beispiel 5: Scheinselbstständigkeit

Der Architekt A führte in den Jahren 2001 und 2002 Planungsleistungen für die überregional tätige Bauunternehmung B aus. Er unterhielt ein Büro im Erdgeschoss seines Zweifamilienhauses, wurde von Fall zu Fall mit der Durchführung einzelner Projekte betraut und rechnete diese entsprechend der Gebührenordnung ab. A hatte keine Arbeitnehmer beschäftigt und war für keine anderen Auftraggeber tätig. Da für B auch Architekten im Angestelltenverhältnis tätig waren, galt A sozialversicherungsrechtlich als Scheinselbstständiger. Diese sozialversicherungsrechtliche Beurteilung ist für die Frage nach Selbstständigkeit in umsatzsteuerlicher Hinsicht unmaßgeblich. Im vorliegenden Fall liegt in umsatzsteuerlicher (und ertragsteuerlicher) Sicht Selbstständigkeit und somit Unternehmereigenschaft vor, da wesentliche Merkmale der Unselbstständigkeit, Weisungsgebundenheit, feste Arbeitszeiten, feste Vergütung und Eingliederung in den Betrieb, fehlen.

Rechtsgrundlage: § 2 Abs. 1 UStG; Abschnitt 17 UStR, R 134 Abs. 3 EStR 2001, Art. 10 MwStSystRL

Beispiel 6: Selbstständigkeit

Ein Fotograf und Inhaber eines Ateliers zieht zu Werbeaufnahmen in unregelmäßigen Abständen verschiedene Fotomodelle heran. Hier liegt Selbstständigkeit der Fotomodelle vor, da sie nicht in den Betrieb des Fotografen eingegliedert sind.

Rechtsgrundlage: § 2 Abs. 1 UStG; Abschnitt 17 UStR

Beispiel 7: Fehlende Unternehmereigenschaft wegen Nicht-Selbstständigkeit

Eine Künstleragentur aus Köln beschäftigt eine Sekretärin, die mit weitgehend freier Zeiteinteilung im Umfang einer Halbtagsbeschäftigung tätig ist. Die Sekretärin wird als freie Mitarbeiterin geführt, erstellt monatliche Rechnungen über den vereinbarten festen Betrag, den sie auch im Urlaub oder für Krankheitstage erhält. Die Sekretärin ist für keine anderen Auftraggeber tätig.

Obwohl nach außen hin Selbstständigkeit der Sekretärin unterstellt wird, besteht im vorliegenden Fall Nicht-Selbstständigkeit. Da somit die Unternehmereigenschaft verneint werden muss, ist die Sekretärin nicht berechtigt, Rechnung mit gesondertem Ausweis der Umsatzsteuer zu erstellen.

Rechtsgrundlage: § 2 Abs. 1 UStG; Abschnitt 17 UStR, Art. 10 MwStSystRL

Beispiel 8: Ruhendes Unternehmen

Der Betreiber eines Skilifts bleibt auch nach Beendigung der Skisaison Unternehmer, soweit nicht objektiv erkennbar ist, dass er sein Unternehmen aufzugeben beabsichtigt. So können Vorsteuerbeträge beispielsweise aus Instandhaltungsarbeiten am Skilift auch während der ruhenden Umsatztätigkeit geltend gemacht werden.

Rechtsgrundlage: § 2 UStG; Abschnitt 19 Abs. 6 UStR

Beispiel 9: Privatgeschäfte

Der Inhaber eines Malergeschäfts verkauft einen PKW, der seinem Privatvermögen zugeordnet ist. Da das Umsatzgeschäft außerhalb des Unternehmens getätigt wird, liegt kein steuerbarer Umsatz vor.

Rechtsgrundlage: § 2 Abs. 1 UStG

Beispiel 10: Hilfsgeschäfte

Ein Schriftsteller verkauft eine alte Schreibmaschine an einen Antiquitätenhändler. Da die Schreibmaschine unternehmerisch genutzt wurde und sich im Unternehmensvermögen befindet, handelt es sich um ein steuerbares Hilfsgeschäft. Dies gilt unabhängig davon, dass es sich um ein einmaliges Geschäft handelt und der Schriftsteller nicht beabsichtigt, Geschäfte gleicher Art wiederholt auszuführen. Hilfsgeschäfte, welche die Haupttätigkeit mit sich bringt, sind unabhängig von der Nachhaltigkeit steuerbar.

Das Hilfsgeschäft ist, da es sich um eine selbstständige Leistung und nicht um eine Nebenleistung handelt, unabhängig davon, dass der Schriftsteller ansonsten nur Umsätze zum ermäßigten Steuersatz versteuert, dem Regelsteuersatz zu unterwerfen.

Rechtsgrundlage: § 2 Abs. 1 UStG; Abschnitt 20 Abs. 2 UStG

Beispiel 11: Umfang des Unternehmens bei einem Verein mit Gaststättenbetrieb

Der Sportverein TV 1848 e.V., der mit dem Betrieb einer Gaststätte unternehmerisch tätig ist, gibt gebrauchte Sportgeräte in Zahlung. Es handelt sich hierbei um einen Tausch mit Baraufgabe. Es liegt hinsichtlich der Abgabe der gebrauchten Sportgeräte ein Hilfsgeschäft vor. Dieses Hilfsgeschäft ist allerdings dem nicht-unternehmerischen, dem ideellen Bereich des Vereins zuzuordnen, da es im Zusammenhang mit der gemeinnützigen Tätigkeit des Vereins steht. Somit ist das Hilfsgeschäft nicht steuerbar.

Rechtsgrundlage: § 2 Abs. 1 UStG; Abschnitt 22 UStR

1.2 Organschaft

Beispiel 12: Personengesellschaft als Organträger

Der Geschäftsmann A hält im Privatvermögen 100% der Anteile an der A GmbH und 70% der Anteile an der AB GmbH, die zu 60% bzw. zu 40% an der AB OHG beteiligt sind. Die AB OHG hält ihrerseits eine Beteiligung von 80% an der C GmbH.

Die AB OHG stellt als Automobil-Zulieferer bestimmte Kunststoff-Formteile her. Das Unternehmen der C GmbH hat die Produktion be-

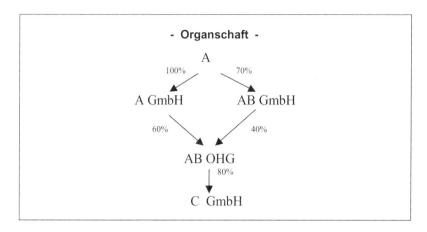

stimmter Spezialkunststoffe zum Gegenstand, die unter anderem an die AB OHG verkauft werden. Die Geschäftsführung der AB OHG steht der A GmbH zu, vertreten durch ihren Geschäftsführer A. Auch in der C GmbH ist A als Geschäftsführer tätig.

Die Frage nach bestehenden Organschaftsverhältnissen ist wie folgt zu beurteilen:

Organschaft zwischen A und A GmbH/A und AB GmbH?

Da A die Anteile im Privatvermögen hält, fehlt ihm die Unternehmereigenschaft; er kommt somit nicht als Organträger in Frage. Zwischen der A GmbH und der AB GmbH fehlt es am Merkmal der finanziellen Eingliederung, zwischen diesen Schwestergesellschaften besteht somit kein Organschaftsverhältnis.

Organschaft zwischen A GmbH und AB OHG?

Eine Organschaft zwischen der A GmbH und der AB OHG besteht nicht, da die AB OHG als Personengesellschaft nicht als Organgesellschaft in Frage kommt.

Organschaft zwischen AB OHG und C GmbH?

Hier liegt ein Organschaftsverhältnis vor, da die folgenden Voraussetzungen erfüllt sind:
– Der Organträger, die AB OHG, ist Unternehmer.
– Die Organgesellschaft, die C GmbH, ist eine Kapitalgesellschaft.

- Es liegt über die 80%-Beteiligung eine Mehrheit der Stimmrechte und somit **finanzielle Eingliederung** vor.
- **Organisatorische Eingliederung** ist über die Personalunion der Geschäftsführung gegeben.
- **Wirtschaftliche Eingliederung** besteht, da zwischen der AB OHG und der C GmbH ein sinnvoller betriebswirtschaftlicher Zusammenhang besteht, u.a. besteht über die Lieferung der Spezialkunststoffe der C GmbH an die AB OHG eine wirtschaftliche Verflechtung.

Rechtsgrundlage: § 2 Abs. 2 UStG; Abschnitt 21 UStR; Art. 11 MwStSystRL

Beispiel 13: Wirkungen der Organschaft

Das im Maschinenbau tätige Unternehmen O aus Oldenburg liefert in seiner Eigenschaft als Organträger Maschinenteile an:

a) seine in der Schweiz befindliche Betriebsstätte S,
b) seine Organgesellschaft U mit Sitz in den USA,
c) eine Betriebsstätte M1 der Organgesellschaft U in Mexiko,
d) eine eigene Betriebsstätte M2 ebenfalls in Mexiko.

Umsatzsteuerlich liegen folgende Tatbestände vor:

ad a) ein nicht steuerbarer Innenumsatz,
ad b) eine in Deutschland steuerbare, aber steuerfreie Ausfuhrlieferung,
ad c) eine in Deutschland steuerbare, aber steuerfreie Ausfuhrlieferung,
ad d) ein nicht steuerbarer Innenumsatz.

Rechtsgrundlage: § 2 Abs. 2 UStG; Abschnitte 21, 21a UStR

Beispiel 14: Organschaft bei Betriebsaufspaltung

Der im Druckereigewerbe tätige Unternehmer U verpachtet das in seinem Besitz befindliche Betriebsgrundstück zusammen mit den technischen Anlagen an die U-GmbH, an der er zu 100% beteiligt ist und als deren Geschäftsführer er fungiert. Die vorliegende Betriebsaufspaltung stellt umsatzsteuerlich eine Organschaft dar, weil neben der finanziellen Eingliederung (U hält 100% der Anteile an der U-GmbH) und der organisatorischen Eingliederung (Personalunion der Geschäftsführung) auch die wirtschaftliche Eingliederung als gegeben anzusehen ist. Letzteres deshalb, weil das für Zwecke des Druckereibetriebes gesondert gestaltete Grundstück und die zusätzliche Verpachtung der Betriebsanlagen eine besondere wirtschaftliche Verflechtung zum Ausdruck bringt. U hat somit als Organträger in seinen Umsatzsteuer-Voranmeldungen und -Jahreserklärungen sämtliche Umsätze der Druckerei mitzuerklären.

Rechtsgrundlage: § 2 Abs. 2 UStG; Abschnitt 21 Abs. 5 UStR

Beispiel 15: Kapitalistische Betriebsaufspaltung und Organschaft

Der Geschäftsmann A ist Allein-Gesellschafter der A1-GmbH und der A2-GmbH, beide mit Sitz in Hamburg. Zum Geschäftsführer der beiden Gesellschaften ist sein Sohn B bestellt. Gegenstand des Unternehmens ist der Verleih von Kranfahrzeugen sowie die Ausführung von Kranarbeiten.

In der bestehenden kapitalistischen Betriebsaufspaltung ist das Anlagevermögen (Betriebsgrundstück und Kranfahrzeuge) in der A1-GmbH konzentriert, die im Rahmen von mehrjährigen Pachtverträgen die betrieblichen Anlagen an die A2-GmbH überlässt. Diese wiederum bietet die Krandienstleistungen am Markt an. Eine Organschaft besteht im vorliegenden Fall nicht, da trotz gegebener organisatorischer und wirtschaftlicher Eingliederung das Kriterium der finanziellen Eingliederung nicht erfüllt wird. Bei den beiden Gesellschaften handelt es sich um Schwestergesellschaften, die nicht über einen gemeinsamen Organträger verbunden sind. Als solcher kommt A aufgrund fehlender Unternehmereigenschaft nicht in Frage.

Rechtsgrundlage: § 2 Abs. 2 UStG; Abschnitt 21 UStR

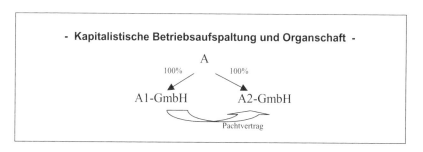

1.3 Gegenleistung

Beispiel 16: Uneinbringlichkeit der Gegenleistung

Herr Meier erwirbt ein Ladengeschäft in Mannheim und vermietet es an das dort ansässige Bekleidungsgeschäft FASHION 2000 GmbH. Er stellt der FASHION 2000 GmbH die Miete zuzüglich Umsatzsteuer in Rechnung und macht gegenüber dem Finanzamt Vorsteuern aus Instandhaltungsarbeiten geltend. Nach drei Monaten wird die FASHION 2000 GmbH zahlungsunfähig, ohne dass sie bis dahin Mietzahlungen geleistet hätte. Daraufhin verkauft Herr Meier das Ladengeschäft.

Hier stellt sich die Frage, ob Herr Meier einen steuerbaren Umsatz erbracht hat und ob er die Vorsteuern geltend machen kann. De facto wurde die Gegenleistung nicht erbracht. Dennoch ist ein Leistungsaustausch zu bejahen, da Herr Meier in der berechtigten Erwartung einer Gegenleistung handelte. Somit liegt ein steuerbarer Umsatz vor, die Bemessungsgrundlage mindert sich jedoch auf Null. Da die Vermietung nachhaltig auf die Erzielung von Einnahmen gerichtet war, liegt die Unternehmereigenschaft vor. Da bezüglich der Vermietung zur Umsatzsteuer optiert wurde, können die Vorsteuern geltend gemacht werden.

Rechtsgrundlage: § 1 Abs. 1 Nr. 1 UStG; Abschnitt 1 Abs. 1 UStR

Beispiel 17: Abgrenzung Leistungsentgelt – Schadensersatz

Das mittlerweile in Insolvenz befindliche Industrieunternehmen F aus Frankfurt hatte bei der Maschinenbau GmbH in Stuttgart eine Spezialmaschine in Auftrag gegeben und hierfür eine Anzahlung in Höhe von Brutto EUR 119.000,– geleistet. Nachdem sich F nunmehr in Insolvenz befindet, kann es seinen Verpflichtungen aus dem Vertrag nicht nachkommen. Für die Maschinenbau GmbH ist die bereits fertiggestellte Maschine wertlos, da es sich um eine Spezialanfertigung handelt. Der Werklieferungsvertrag wurde somit wegen der eingetretenen Zahlungsunfähigkeit des Bestellers vorzeitig beendet. Es stellt sich die Frage, ob das gezahlte Entgelt als Leistungsentgelt oder aber als Schadensersatz wegen Nichterfüllung des Vertrages anzusehen ist. Die Aufteilung zwischen steuerpflichtigem Leistungsentgelt und nicht steuerbarem Schadensersatz ist hierbei so vorzunehmen, dass bis zum Wert des teilfertigen Werkes ein steuerpflichtiges Leistungsentgelt vorliegt. Nur die vom Unternehmer darüber hinaus vereinnahmten

Zahlungen sind als Schadensersatz wegen Vertragsverletzungen des Bestellers nicht steuerbar. Da im vorliegenden Fall die geleisteten Anzahlungen wesentlich unter dem Wert der teilfertigen Maschine liegen, ist in vollem Umfang von einer steuerpflichtigen Leistung auszugehen.

Rechtsgrundlage: § 1 Abs. 1 Nr. 1 UStG; Abschnitte 3 und 28 UStR

Beispiel 18: Unechter Schadensersatz

Der selbstständige Arzt Dr. A verursacht einen Unfallschaden am Firmenwagen der Kfz-Werkstatt des B. Mit Einverständnis von Dr. A wird der Schaden in der Werkstatt des B beseitigt. Es handelt sich hierbei um einen „unechten Schadensersatz", da mit dem Einverständnis von Dr. A ein Leistungsaustauschverhältnis entsteht. B muss demnach die Reparaturkosten zuzüglich Umsatzsteuer in Rechnung stellen.

Rechtsgrundlage: § 1 Abs. 1 Nr. 1 UStG; Abschnitt 3 Abs. 1 UStR

Beispiel 19: Vertragsstrafe

Der Großhändler G gibt dem Bauunternehmer B den Auftrag zum Bau einer Lagerhalle, die zum 30.6. zum Preis von EUR 238.000,– einschließlich Umsatzsteuer fertiggestellt werden soll. Im Vertrag ist vereinbart, dass B für den Fall einer verspäteten Fertigstellung für jeden Tag EUR 1.000,– an Vertragsstrafe zu zahlen hat. Der Bau wird am 10.7. fertiggestellt. G zahlt EUR 228.000,– an B. Es liegt ein steuerbarer Leistungsaustausch in Höhe von EUR 200.000,– zuzüglich EUR 38.000,– Umsatzsteuer vor. Die Vertragsstrafe in Höhe von EUR 10.000,– stellt einen nicht steuerbaren Schadensersatz dar. Sie führt nicht zu einer Minderung der Bemessungsgrundlage.

Rechtsgrundlage: § 1 Abs. 1 Nr. 1 UStG; Abschnitt 3 Abs. 2 UStR

Beispiel 20: Garantieleistungen

Ein Kraftfahrzeughändler, der sich seinem Abnehmer gegenüber zur Garantieleistung verpflichtet hat, hat seinerseits einen Garantieanspruch an das Herstellerwerk. Der Ersatz seiner Material- und Lohnkosten durch das Herstellerwerk ist als echter Schadensersatz nicht steuerbar.

Ist der Hersteller hingegen dem Kfz-Käufer zur Garantieleistung verpflichtet und übernimmt der jeweilige Händler die Reparatur, so führt der Händler an das Herstellerwerk eine steuerbare Leistung aus.

Rechtsgrundlage: § 1 Abs. 1 Nr. 1 UStG; Abschnitt 3 Abs. 7 UStR

Beispiel 21: Mitgliedsbeiträge eines Berufsverbandes

Ein Verband selbstständiger Apotheker erhebt von seinen Mitgliedern feste jährliche Beiträge von EUR 200,–. Nach deutschem Recht erbringt der Verband hiermit eine nicht-steuerbare Leistung gegenüber den Mitgliedern, weil es am Kriterium der Entgeltlichkeit fehlt – der Mitgliedsbeitrag ist unabhängig von einer tatsächlichen oder vermuteten Inanspruchnahme der Dienste des Verbandes zu entrichten.

Nach europäischem Recht erbringt der Verband steuerbare Leistungen gegenüber seinen Mitgliedern gegen pauschalisiertes Entgelt. Da es sich hier um eine Einrichtung ohne Gewinnstreben handelt, die der Verteidigung der gemeinsamen Interessen der Mitglieder dient, gilt nach europäischem Recht die Steuerbefreiung des Art. 132 Abs. 1 Buchst. l) MwStSystRL.

Da das deutsche Recht eine entsprechende Steuerbefreiungsvorschrift nicht kennt, kann sich der Verband hinsichtlich der Steuerbarkeit auf europäisches Recht berufen, die nach deutschem Recht wiederum zur Steuerpflicht der Mitgliedsbeiträge führt. Zu einer Berufung auf die Steuerfreiheit nach europäischem Recht ist der Verband nicht verpflichtet. Da in diesem Fall die Mitglieder zum Vorsteuerabzug berechtigt sind, wird der Verband umsatzsteuerlich zu einem günstigeren Ergebnis gelangen, da er selbst mit seinen Leistungen vorsteuerabzugsberechtigt wird.

Rechtsgrundlage: § 1 Abs. 1 Nr. 1 UStG; Abschnitt 4 Abs. 1 UStR,
EuGH-Urteil vom 21.03.2002, C-174/00, UR 2002,
S. 320; Art. 132 Abs. 1 Buchst. l) MwStSystRL

Beispiel 22: Mitgliedsbeiträge eines Golfvereins

Ein Golfverein stellt die Nutzung des Golfplatzes gegen festen Mitgliedsbeitrag zur Verfügung, der unabhängig von der tatsächlichen Inanspruchnahme der Leistungen erhoben wird. Da für eine Erweiterung der bestehenden 9-Loch-Anlage auf eine 27-Loch-Anlage erhebliche

Investitionen anstehen, beruft sich der Verein unmittelbar auf europäisches Recht und behandelt die Mitgliedsbeiträge als steuerbar und steuerpflichtig (eine Steuerbefreiungsnorm entsprechend dem Art. 132 Abs. 1 Buchst. m) MwStSystRL ist im deutschen Recht nicht umgesetzt). Er kommt damit in den Genuss des Vorsteuerabzugs für die Investitionskosten.

Rechtsgrundlage: § 1 Abs. 1 Nr. 1 UStG; Abschnitt 4 Abs. 1 UStR, EuGH-Urteil vom 21.03.2002, C-174/00, UR 2002, S. 320; Art. 132 Abs. 1 Buchst. m) MwStSystRL

Beispiel 23: Steuerbarkeit von Leistungen bei Arbeitsgemeinschaften im Baugewerbe

Für einen Brückenneubau über die Elbe erhält die von den drei Bauunternehmungen A, B und C aus Magdeburg gebildete Arbeitsgemeinschaft (Arge) den Auftrag. Es wird vereinbart, dass der Erlös zu je einem Drittel auf die Gesellschafter zu verteilen ist. In diesem Zusammenhang sind besondere Vereinbarungen getroffen, was die einzelnen Gesellschafter an Material- und Arbeitsleistungen zu erbringen haben. Besonders vergütet wird der Einsatz eines Spezialkrans, den A der Arge zur Verfügung stellt. Er soll nach den Einsatztagen abgerechnet werden.

Hinsichtlich der Überlassung des Spezialkrans liegt insoweit ein steuerbarer und steuerpflichtiger Leistungsaustausch zwischen A und der Arge vor. Dagegen handelt es sich bei den übrigen Leistungen, die mit dem Gewinnanteil abgegolten werden, um nicht-steuerbare Gesellschafterbeiträge.

Rechtsgrundlage: § 1 Abs. 1 Nr. 1 UStG; Abschnitt 6 Abs. 8 UStR

Beispiel 24: Steuerbarkeit von Gesellschafterleistungen

Eine Steuerberater-Sozietät wird von den Gesellschaftern Scheu, Teuer und Brater gebildet. Die für betriebliche Zwecke genutzten Pkws wurden von den Sozietätsmitgliedern aus eigenen Mitteln angeschafft und befinden sich ertragsteuerlich im Sonderbetriebsvermögen der Gesellschafter. Brater schließt über einen im Jahr 2008 neu angeschafften Pkw einen Mietvertrag mit der Sozietät ab, in dem der Pkw in vollem Umfang der Sozietät zur Nutzung überlassen wird. Bei den übrigen Sozietätsmitgliedern existieren keine entsprechenden Verträge.

Die Überlassung des Pkw im Rahmen des Mietvertrages stellt einen steuerbaren Leistungsaustausch zwischen Brater und der Sozietät dar. Er kann somit den Vorsteuerabzug aus den Anschaffungskosten und Unterhaltungskosten des Pkw geltend machen. Die übrigen Gesellschafter Scheu und Teuer handeln dagegen mit der unentgeltlichen Überlassung ihrer Fahrzeuge an die Sozietät nicht als Unternehmer und sind somit nicht zum Vorsteuerabzug berechtigt.

Rechtsgrundlage: § 1 Abs. 1 Nr. 1 UStG; Abschnitt 6 Abs. 7 UStR

1.4 Lieferungen

Beispiel 25: Duldungsleistung als steuerbarer Umsatz

Ein Fußball-Profi wechselt von Bayern München zu Juventus Turin gegen eine Ablösesumme von 12 Mio. Euro. Die Ablösezahlung stellt ein Entgelt für eine sonstige Leistung dar, die in einem Dulden besteht. Die Freigabe des Fußballspielers gegen Zahlung einer Ablöseentschädigung stellt somit einen steuerbaren Leistungsaustausch dar. Ort dieser sonstigen Leistung ist nach § 3a Abs. 1 UStG der Ort, an dem der leistende Unternehmer sein Unternehmen betreibt – somit München.

Rechtsgrundlage: § 1 Abs. 1 Nr. 1 UStG; Abschnitt 1 Abs. 5 UStR

Beispiel 26: Sachgesamtheit

Ein Maschinenbauunternehmen aus den Niederlanden liefert eine Kaffeeverleseanlage an eine Kaffeerösterei in Bremen. Die einzelnen Teile der Anlage (Gebläse, Kompressor, Stabilisator, Fließband, Transformator und Sortiermaschine) werden von den Niederlanden nach Bremen gebracht und dort zusammengefügt. Würde man von einer Lieferung der Einzelgegenstände ausgehen, würde sich der Ort der Lieferung nach dem Abgangsort der Beförderung bestimmen. Die Lieferung würde somit in den Niederlanden erbracht. Da es sich jedoch bei der Kaffeeverleseanlage um eine Sachgesamtheit handelt, die sich vom wirtschaftlichen Wert von der Summe der Einzelteile unterscheidet, wird die Lieferung der Anlage in Bremen ausgeführt. Die Lieferung der Anlage ist somit im Inland steuerbar.

Rechtsgrundlage: § 3 Abs. 1 UStG; Abschnitt 24 Abs. 1 UStR,
                 BFH v. 28.08.1986, V R 18/77, UR 1987, S. 139.

Beispiel 27: Sicherungsübereignung

Schuldner S erhält am 17.6.2006 einen Kredit von seiner Bank. Als Sicherheit übereignet er eine Maschine im Wert von EUR 50.000,–. Da S seinen Verpflichtungen nicht nachkommt, veräußert die Bank die Maschine am 12.11.2007 für EUR 30.000,– zuzüglich Umsatzsteuer an die Firma Z. Am 12.11.2007, mit der Verwertung des Sicherungsgutes, sind somit zwei Lieferungen zustande gekommen: Die Lieferung von S an die Bank und von der Bank an Z.

Rechtsgrundlage: § 1 Abs. 1 Nr. 1 UStG; Abschnitt 2 Abs. 1 UStR

Beispiel 28: Warenlieferung an Bord eines Schiffes

Auf einem Fährschiff eines finnischen Reeders, das von Kiel nach Helsinki unterwegs ist, werden den Passagieren verschiedene Waren (Zigaretten, Alkoholika, Parfum, etc.) sowie im Bordrestaurant diverse Speisen und Getränke angeboten. Bei der Abgabe von Speisen und Getränken (zum Verzehr an Ort und Stelle) im Bordrestaurant handelt es sich um eine sonstige Leistung, die als eigenständige Leistung (in diesem Fall keine Nebenleistung zur Beförderungsleistung) nach § 3a UStG am Sitzort des Unternehmers, somit in Finnland steuerbar sind. Beim Verkauf der im Shop angebotenen Waren handelt es sich um eine Lieferung. Da die Waren an Bord eines Schiffes geliefert werden, das sich auf dem Weg zwischen zwei Orten befindet, die zum Gemeinschaftsgebiet gehören, ohne dass ein Zwischenstopp im Drittlandslandsgebiet erfolgt, ist der Ort der Lieferung nach § 3e UStG zu bestimmen. Als Ort der Lieferung gilt demnach der Ort, an dem die Fährfahrt beginnt. Die Lieferung der Waren ist demnach in Deutschland steuerbar und steuerpflichtig.

Rechtsgrundlage: § 3e UStG; Art. 37 MwStSystRL.

Beispiel 29: Ort der Lieferung

Der Importeur I aus Bremen kauft Kaffee von B in Brasilien. Der Kaffee wird auf dem Seeweg nach Europa verschifft. B sendet das Konnossement (den Seefrachtbrief) per Luftpost an I, der die ganze Ladung weiter an die Kaffeerösterei K verkauft und der Rösterei das Konnossement übergibt. In diesem Augenblick befindet sich das Schiff auf der Reise nach Europa. Ort der Lieferung ist der Standpunkt des Schiffes zum Zeitpunkt der Konnossement-Übergabe. Der Umsatz ist somit nicht steuerbar.

Rechtsgrundlage: § 3 Abs. 7 UStG; Abschnitt 30 Abs. 6 UStR; Art. 31 MwStSystRL.

Beispiel 30: Ort der Lieferung bei vorheriger Einfuhr

Der Schweizer Uhrenhersteller S aus Zürich liefert Uhren mit Lieferkondition DDP (Delivered Duty Paid = Geliefert verzollt) an den deutschen Einzelhändler D aus Mainz. Da S als Schuldner der deutschen Einfuhrumsatzsteuer eine Lieferung ausführt, wird die Lieferung nach deutschem Recht in Deutschland erbracht. S hat sich in Deutschland steuerlich registrieren zu lassen und erbringt gegenüber D eine steuerpflichtige Inlandslieferung. Er kann die gezahlte Einfuhrumsatzsteuer von seiner Steuerschuld abziehen.

Hätte S mit Lieferkondition DDU (Delivered Duty Unpaid = Geliefert unverzollt) geliefert, so wäre ihm die steuerliche Registrierung in Deutschland erspart geblieben und D hätte die von ihm geschuldete Einfuhrumsatzsteuer als Vorsteuer geltend machen können.

Rechtsgrundlage: § 3 Abs. 8 UStG; Abschnitt 31 UStR; Art. 32 MwStSystRL.

Beispiel 31: Kommissionsgeschäft

Ein Zeitungsverlag überlässt einem Kiosk Zeitungen zum Verkauf. Für die verkauften Exemplare erhält der Kiosk eine Provision, die übriggebliebenen Zeitungen werden vom Verlag zurückgenommen. Der Kiosk betätigt sich als Kommissionär, da er die Zeitungen im eigenen Namen an seine Kunden verkauft. Bemessungsgrundlage für die Umsatzsteuer ist das Entgelt, das der Kiosk von seinen Kunden vereinnahmt, nicht etwa nur der Differenzbetrag zwischen Einkaufs- und Verkaufspreis.

Rechtsgrundlage: § 3 Abs. 3 UStG; Abschnitte 26, 30 Abs. 2 UStR.

Beispiel 32: Reihengeschäft: Erster Lieferer in der Reihe transportiert

Die Rechtsanwaltskanzlei R in Regensburg erteilt dem Fachvertrieb für Bürobedarf F in Frankfurt den Auftrag zur Lieferung von Büromö-

I. Praktische Beispiele zum Allgemeinen Teil **33**

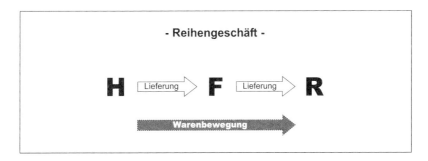

beln. Dieser wiederum ordert die Büromöbel beim Herstellerbetrieb H in Hannover, der direkt über einen von ihm beauftragten Speditionsbetrieb an die Rechtsanwaltskanzlei liefert.

Über die Büromöbel sind zwei Umsatzgeschäfte abgeschlossen worden. Da H den Transport in Auftrag gegeben hat, ist als bewegte Lieferung die Lieferung von H an F anzusehen. Somit ist Ort der Versendungslieferung von H an F der Ort, an dem die Versendung beginnt, somit Hannover. Die zweite Lieferung in der Reihe wird als ruhende Lieferung am Zielort erbracht – somit in Regensburg.

Rechtsgrundlage: § 3 Abs. 6 und 7 UStG; Abschnitt 31a UStR.

Beispiel 33: Reihengeschäft: Versendung durch ersten Lieferer in der Reihe

Der russische Unternehmer R erteilt dem Großhändler D in Hamburg den Auftrag zur Lieferung von 500 Kopiergeräten, die D seinerseits beim Hersteller J in Japan ordert. J liefert direkt an R. Mit der Beförderung beauftragt J ein Speditionsunternehmen.

Da J als erster Lieferer für den Transport der Ware verantwortlich zeichnet, ist die erste Lieferung als bewegte Lieferung anzusehen. Der Ort der ersten Lieferung (J an D) liegt somit in Japan, dort wo die Versendung beginnt. Die zweite Lieferung (D an R) wird dagegen in Russland ausgeführt, da die auf die bewegte Lieferung folgende Lieferung am Zielort der Beförderung bewirkt wird. Es liegt somit für D ein in Deutschland nicht steuerbarer Umsatz vor.

Rechtsgrundlage: § 3 Abs. 6 und 7 UStG; Abschnitt 31a UStR.

34–35 D. Praktische Beispiele

Beispiel 34: Reihengeschäft: Empfänger der letzten Lieferung holt ab

Der Schweizer Unternehmer S aus Zürich bestellt und bezahlt bei einem Autohaus K in Konstanz einen Neuwagen, den er direkt beim Herstellerbetrieb X in Stuttgart abholt. Da die Zuständigkeit für die Beförderung bei S als letztem Abnehmer liegt, ist als bewegte Lieferung die Lieferung von K an S zu werten. Für diese gilt als Ort der Lieferung der Ort, an dem die Beförderung beginnt – somit Stuttgart. Die Lieferung von X an K wird am Abgangsort der Lieferung, also ebenfalls in Stuttgart, bewirkt. Somit liegt für X wie für K eine im Inland steuerbare Lieferung vor. Die Lieferung von X an K ist steuerpflichtig, die Lieferung von K an S als Ausfuhrlieferung steuerfrei.
Rechtsgrundlage: § 3 Abs. 6 und 7 UStG; Abschnitt 31a UStR.

Beispiel 35: Reihengeschäft: Transport durch mittleren Unternehmer in der Reihe

Der Textileinzelhändler N aus Norwegen bestellt Ware für die Frühjahrskollektion bei einem Großhändler D in Deutschland, die dieser seinerseits beim Großhändler S in der Schweiz ordert. S gibt die Ware beim Hersteller I in Italien in Auftrag. S befördert die Ware in eigenen LKWs nach Norwegen. In diesem Fall ist als bewegte Lieferung in der Reihe grundsätzlich die Lieferung von I an S anzusehen (Fall 1). Wenn S nachweist, dass er die Beförderung als Lieferer durchgeführt hat, so verschiebt sich die bewegte Lieferung auf die Lieferung S an D (Fall 2).

Im Fall 1 ist die Lieferung von I in Italien steuerbar, aber bei entsprechenden Nachweisen steuerfrei als Ausfuhrlieferung. Ort der Liefe-

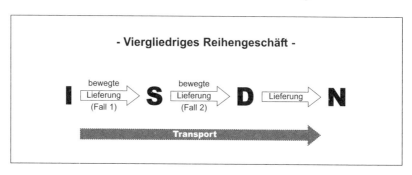

rung für die übrigen Lieferungen (S an D, D an N) ist einheitlich Norwegen – der Zielort der Lieferung. Somit ist die Lieferung für S in der Schweiz und D in Deutschland nicht steuerbar.

Im Fall 2 wird die Lieferung von I an S am Abgangsort der Lieferung erbracht. Sie ist in Italien als ruhende Lieferung steuerpflichtig. S könnte die entstehende Steuer somit nur über das Vorsteuer-Vergütungsverfahren zurückerhalten. Die Lieferung von S an D wird ebenfalls in Italien erbracht, als dem Ort, an dem die Beförderung beginnt. Sie ist somit in Italien steuerbar, aber steuerfrei als Ausfuhrlieferung. Die Lieferung von D an N schließlich wird in Norwegen erbracht. Für D ist die Lieferung somit in Deutschland nicht steuerbar.

Rechtsgrundlage: § 3 Abs. 6 und 7 UStG; Abschnitt 31a UStR.

Beispiel 36: Reihengeschäft im Zusammenhang mit einer Einfuhr

Der Gastronom G aus Gelsenkirchen bestellt im Mai 2003 zur Ausrichtung einer Veranstaltung 20 Fässer Budweiser Bier beim Großhändler D aus Dortmund. Da dieser die gewünschte Menge nicht vorrätig hat, vereinbart er mit G, dass dieser die Fässer direkt bei der Brauerei B in Tschechien abholt. Die Versteuerung und Verzollung der Einfuhr wird von D übernommen.

Nach den allgemeinen Regeln bestimmen sich die Lieferorte wie folgt: Die bewegte Lieferung ist der zweiten Lieferung zuzurechnen, da es sich um eine Abholung durch den letzten Abnehmer handelt. Der Ort der Lieferung liegt nach § 3 Abs. 6 und 7 UStG sowohl für B als auch für D in Tschechien. Da jedoch D als Schuldner der Einfuhrumsatzsteuer selbst Lieferer ist, verlagert sich gemäß § 3 Abs. 8 UStG der Ort der Lieferung von D an G nach Deutschland. Somit liegt zwischen D und G eine steuerpflichtige Inlandslieferung vor.

Rechtsgrundlage: § 3 Abs. 6, 7 und 8 UStG; Abschnitte 31, 31a UStR.

Beispiel 37: Leistungsort bei Bauleistungen

Der Schweizer Bauunternehmer S wirkt beim Bau eines Eisenbahntunnels für die Deutsche Bahn AG mit. Falls S dabei selbstbeschaffte Hauptstoffe (z.B. Beton, Stahlarmierungen, etc.) verwendet, liegt umsatzsteuerlich eine Werklieferung vor. Falls sich die Leistungen des S

D. Praktische Beispiele

auf reine Arbeitsleistungen ohne nennenswerten Einsatz eigenen Materials beschränkt, liegt eine Werkleistung vor. Dies würde auch gelten, wenn der Schweizer Bauunternehmer etwa zur Durchführung der Bohrungen in erheblichem Maße Verschleißmaterial (z.B. Bohrer, Schmiermittel, etc.) einsetzen würde. Da diese Materialien nicht in das fertige Werk eingehen, wäre dennoch der Fall der Werkleistung gegeben.

In beiden Fällen würde die Bauleistung des S jedoch in Deutschland erbracht: Im Fall der Werklieferung, weil das fertige Werk erst in Deutschland entsteht und dann von der Deutschen Bahn AG abgenommen wird. Im Fall der Werkleistung, weil sich der Ort dieser Leistung im Zusammenhang mit einem Grundstück nach dem Belegenheitsort des Grundstücks bestimmt. Somit sind die Bauleistungen des S in Deutschland steuerbar und steuerpflichtig. Da S nicht in Deutschland ansässig ist, geht die Steuerschuldnerschaft nach § 13b UStG auf die Deutsche Bahn AG als Leistungsempfänger über. Damit entfällt für S die Notwendigkeit, sich in Deutschland steuerlich registrieren zu lassen.

Rechtsgrundlage: § 3 Abs. 4, § 3a Abs. 2 UStG; Abschnitt 27 UStR; Art. 36 MwStSystRL.
Steuerschuldnerschaft: § 13b Abs. 1 Nr. 1 UStG; Art. 194, 196 MwStSystRL.

Beispiel 38: Abgrenzung Werklieferung – Werkleistung

Eine Kfz-Werkstätte führt für einen Auftraggeber einen Ölwechsel durch, wobei das Motoröl durch die Kfz-Werkstätte besorgt wird. Dem Auftraggeber wird zum einen die Arbeitsleistung, zum anderen das Motoröl in Rechnung gestellt. Die Leistung der Kfz-Werkstätte beinhaltet also sowohl eine Lieferung als auch eine Dienstleistung. Da das gelieferte Öl nicht nur als Nebensache zu betrachten ist, liegt umsatzsteuerlich insgesamt eine Lieferung vor.

Hätte in diesem Fall der Auftraggeber das Motoröl selbst besorgt, so würde die Kfz-Werkstätte lediglich Dienstleistungen ausführen und der Umsatz wäre als sonstige Leistung zu behandeln.

Rechtsgrundlage: § 3 Abs. 4 UStG; Abschnitt 27 UStR.

Beispiel 39: Gehaltslieferung

Der Landwirt L überlässt der Zuckerfabrik Z Zuckerrüben mit der Auflage, ihm die anfallenden Rübenschnitzel als Futtermittel zurückzugeben. Er liefert die Zuckerrüben bei Z ab und nimmt eine entsprechende Menge Rübenschnitzel in Empfang. Es handelt sich hier nicht um einen Tausch mit Baraufgabe, vielmehr war Gegenstand der Lieferung nur der Zuckergehalt der Rüben. Der steuerpflichtige Umsatz des L besteht lediglich im Entgelt, das er von Z erhält. Die Rückgabe der Rübenschnitzel durch Z stellt keinen steuerbaren Umsatz dar.

Rechtsgrundlage: § 3 Abs. 5 UStG.

1.5 Sonstige Leistungen

Beispiel 40: Verzehr an Ort und Stelle

Die Pizzeria Fortuna verkauft drei Pizzas zum Mitnehmen an Herrn Müller, der im dritten Stock über der Pizzeria wohnt. Da der räumliche Zusammenhang nicht gegeben ist, liegt eine Lieferung vor und der ermäßigte Steuersatz findet Anwendung. Für die ihren Gästen in der Gaststätte servierten Pizzas hat die Pizzeria Fortuna den Regelsteuersatz zu berechnen.

Rechtsgrundlage: § 3 Abs. 9 UStG; Abschnitt 25a UStR.

Beispiel 41: Party-Service

Ein Party-Service liefert zubereitete Speisen an Herrn Meier, der in seinem Haus seinen 44. Geburtstag feiert. Der Zahnarzt Dr. Schmidt nimmt für die Ausgestaltung seines 50. Geburtstages ebenfalls die Dienste des Party-Service in Anspruch. Der Party-Service stellt hier neben den zubereiteten Speisen zur Unterbringung der Gäste ein Zelt mit Bestuhlung sowie Personal zur Ausgabe der Speisen zur Verfügung.

Die Leistungen des Party-Service an Herrn Meier sind als Lieferung zu werten und können zum ermäßigten Steuersatz erfolgen, da das Lieferelement hier gegenüber dem Dienstleistungselement dominiert. Die Zubereitung und Abgabe von Speisen an Herrn Dr. Schmidt ist dagegen mit dem Regelsteuersatz zu versteuern, da aufgrund des mitgelieferten Zeltes und des Personaleinsatzes zur Essensausgabe das

Dienstleistungselement dominierend ist. Somit liegt im zweiten Fall eine sonstige Leistung vor.

Rechtsgrundlage: § 3 Abs. 9 UStG; Abschnitt 25 a UStR.

Beispiel 42: Leistungskommission

Der Rentner R aus Radeberg besitzt eine Ferienwohnung in Schönbergerstrand (bei Kiel). Er beauftragt die Immobilienverwaltung I mit der Vermietung an Feriengäste. I tritt gegenüber den Feriengästen (F) im eigenen Namen auf und erhält von R einen Anteil von 15% der Mieteinnahmen als Provision.

Da I im eigenen Namen gegenüber den Feriengästen auftritt, liegt keine Vermittlungsleistung, sondern eine Besorgungsleistung vor. Es sind somit die Regelungen nach § 3 Nr. 11 UStG zur Leistungskommission anzuwenden. Beide Leistungen (R an I und I an F) sind daher als Vermietungsleistungen steuerbar (§ 3a Abs. 2 Nr. 1 UStG). Da es sich um eine kurzfristige Vermietung handelt, liegt Steuerpflicht vor (§ 4 Nr. 12 Satz 2 UStG).

Bemessungsgrundlage für die Leistung des I ist die von den Feriengästen vereinnahmte Miete. Bemessungsgrundlage für die von R an I erbrachte Leistung ist der Betrag, den I herauszugeben hat, also die Mieteinnahmen abzüglich der vereinnahmten Provision und abzüglich der im Zusammenhang mit der Vermietung entstanden Kosten, die R zu ersetzen hat. Für R kommt die Anwendung der Kleinunternehmerregelung (§ 19 UStG) in Frage.

Rechtsgrundlage: § 3 Abs. 11 UStG; Abschnitt 32 UStR;
Art. 28 MwStSystRL.

Beispiel 43: Immobilienanzeigen

Ein Immobilienmakler mit Sitz in Frankfurt/Main bietet in einer ortsansässigen überregionalen Tageszeitung Ferienwohnungen und Ferienhäuser an der Costa Brava (Spanien) zum Kauf an. Die von der Tageszeitung ausgeführte sonstige Leistung ist nicht als Leistung im Zusammenhang mit einem Grundstück (§ 3a Abs. 2 Nr. 1 UStG), sondern als sonstige Leistung, die der Werbung dient (§ 3a Abs. 4 Nr. 2 UStG) einzustufen. Ort der sonstigen Leistung ist also nicht der Belegenheitsort des Grundstücks, sondern der Ort, an dem der Leistungsempfänger (der Immobilienmakler) sein Unternehmen betreibt (§ 3a Abs. 3 UStG) – somit Frankfurt. Der Umsatz ist somit in Deutschland steuerbar und steuerpflichtig.

Rechtsgrundlage: § 3a Abs. 4 Nr. 2 i.V.m. Abs. 3 UStG;
Abschnitt 34 Abs. 9 UStR.

Beispiel 44: Ort der sonstigen Leistung eines Radrennfahrers

Der französische Radprofi F startet bei einem Sechstagerennen in Köln. Er erhält eine Gage in Höhe von EUR 10.000,–. Die sportliche Leistung erbringt F in Deutschland. Die Gage ist somit in Deutschland steuerbar. Da F in Deutschland nicht ansässig ist, geht die Steuerschuldnerschaft auf den Veranstalter über. Da dieser ausschließlich steuerpflichtige Umsätze ausführt (Verkauf von Eintrittskarten, Verkauf von Speisen und Getränken, Werbeerlöse) kann er die Umsatzsteuer als Vorsteuer abziehen.

Rechtsgrundlage: § 3a Abs. 2 Nr. 3a) UStG, § 13b Abs. 1 Nr. 1 USt;
Art. 52a) MwStSystRL.

Beispiel 45: Tourneeveranstalter

Ein Tourneeveranstalter mit Sitz in London arrangiert im eigenen Namen die Europatournee einer US-amerikanischen Rockband. Sowohl die Eintrittsgelder, die der Tourneeveranstalter einnimmt, als auch die Gage, die die Rockband erhält, sind dort steuerbar, wo die einzelnen Auftritte stattfinden.

Werden Live-Mitschnitte angefertigt und an eine britische Plattenfirma zur Produktion eines entsprechenden Live-Albums verkauft, so handelt es sich bei dieser sonstigen Leistung der Rockband um die Übertragung von Urheberrechten, die am Ort des Leistungsempfängers, der britischen Plattenfirma, der Umsatzsteuer unterliegen.

Rechtsgrundlage: § 3a Abs. 2 Nr. 3a) UStG, Abschnitt 36 Abs. 3 UStR;
Art. 52a) MwStSystRL.
Übertragung von Urheberrechten: § 3a Abs. 4 Nr. 1
i.V.m. Abs. 3 UStG.

Beispiel 46: Abgrenzung der wissenschaftlichen Tätigkeit zur Beratungstätigkeit

Ein Privatdozent der Medizin, wohnhaft in Heidelberg, wird zu einem Vortrag auf einem ärztlichen Kongress in Wien eingeladen. Bei seiner Anwesenheit in Wien berät er ein in der Schweiz ansässiges Pharmaunternehmen bei der Entwicklung eines neuartigen Medikaments. Das Honorar für die Vortragstätigkeit als einer wissenschaftlichen Tätigkeit ist dort steuerbar, wo der Vortrag stattfindet, somit in Wien.

Dagegen ist die Beratung bezüglich der Entwicklung des Medikaments auf die Lösung eines konkreten Problems ausgerichtet. Sie ist daher nicht als wissenschaftliche Tätigkeit im Sinne von § 3a Abs. 2 Nr. 3 UStG, sondern als Beratungstätigkeit nach § 3 Abs. 4 Nr. 3 UStG zu beurteilen. Die Beratungsleistung wird somit an dem Ort ausgeführt, an dem der Leistungsempfänger sein Unternehmen betreibt. Somit ist der Umsatz im vorliegenden Fall in der Schweiz steuerbar.

Rechtsgrundlage: § 3a Abs. 2 Nr. 3a) UStG, Abschnitt 36 Abs. 3 UStR;
Art. 52a) MwStSystRL
Beratungstätigkeit: § 3a Abs. 4 Nr. 3
i.V.m. Abs. 3 UStG.

Beispiel 47: Ort der Leistung eines Kfz-Sachverständigen

Der Unternehmer S aus Bern (Schweiz) verursacht einen Verkehrsunfall auf der A5 bei Karlsruhe. Mit der Begutachtung des Unfallschadens wird der Karlsruher Kfz-Sachverständige K beauftragt. Für die Bestimmung des Ortes seiner Leistung kommen zwei Gesetzesregelungen in Frage: Zum einen fällt seine Tätigkeit unter die Begutachtung einer beweglichen Sache gemäß § 3a Abs. 2 Nr. 3c) UStG, mit der Folge, dass seine Leistung am Tätigkeitsort (bei Karlsruhe) steuerbar ist. Zugleich ist die Leistung von K jedoch unter § 3a Abs. 4 Nr. 3 UStG (Tätigkeit als Sachverständiger) zu subsumieren, so dass die Leistung nach § 3a Abs. 3 UStG am Ort des Leistungsempfängers (in der Schweiz) erbracht würde. Da die erste Regelung Vorrang vor der letztgenannten besitzt, wird die Leistung in Deutschland erbracht. Der Sachverständige hat eine Rechnung zuzüglich Umsatzsteuer zu erstellen.

Rechtsgrundlage: § 3a Abs. 2 Nr. 3c) UStG versus § 3a Abs. 3 i.V.m.
Abs. 4 Nr. 3 UStG, Abschnitt 36 Abs. 8 UStR.

Beispiel 48: Künstlerische Leistung und Übertragung von Rechten

Ein Kabarettist gibt eine Vorstellung in München, die sowohl in Deutschland als auch in Österreich im Fernsehen live übertragen wird. Es werden verschiedene sonstige Leistungen erbracht: zum Ersten eine künstlerische Leistung gegenüber dem Veranstalter in München. Sie ist in München steuerbar und steuerpflichtig und mit dem Regelsteuersatz zu besteuern.

Zum Zweiten werden gegenüber der deutschen Fernsehgesellschaft Urheberrechte übertragen. Ort dieser sonstigen Leistung ist der Ort, an dem der Leistungsempfänger sein Unternehmen betreibt – in diesem Fall Deutschland. Diese Leistung unterliegt in Deutschland dem ermäßigten Steuersatz.

Die dritte Leistung besteht in der Übertragung der Urheberrechte auf die österreichische Fernsehgesellschaft. Hier liegt der Ort der sonstigen Leistung in Österreich. Sie ist somit in Deutschland nicht steuerbar.

Rechtsgrundlage: Künstlerische Leistung: § 3a Abs. 2 Nr. 3a) UStG, Abschnitt 36 UStR; Art. 52a) MwStSystRL.
Übertragung der Rechte: § 3a Abs. 3 i.V.m. Abs. 4 Nr. 1 UStG; Art. 56a) MwStSystRL.

Beispiel 49: Vermietungsleistungen bei beweglichen Gegenständen

Der Unternehmer D aus München vermietet an den Bauunternehmer S mit Sitz in Zürich einen Bagger sowie einen Transportbetonmischer. Bei der Bestimmung des Ortes dieser Vermietungsleistung kommt man für die beiden vermieteten Gegenstände zu unterschiedlichen Ergebnissen. Beim Transportbetonmischer handelt es sich um ein Beförderungsmittel. Somit bestimmt sich der Leistungsort nicht nach § 3a Abs. 4 i.V.m. Abs. 3 UStG, sondern nach § 3a Abs. 1 UStG. Der Ort, an dem die Vermietungsleistung erbracht wird, ist im Fall des Transportbetonmischers der Sitzort des leistenden Unternehmers, also München. Bei der Vermietung des Baggers handelt es sich um die Vermietung eines beweglichen körperlichen Gegenstandes nach § 3a Abs. 4 UStG. Die Vermietungs-

50 D. Praktische Beispiele

leistung wird am Sitzort des Leistungsempfängers, also in Zürich erbracht.

Rechtsgrundlage: § 3 a Abs. 1 UStG, § 3 a Abs. 4 Nr. 11 i.V. m. Abs. 3 UStG; Abschnitt 33 a Abs. 1, 2 UStR; Art. 56 Abs. 1 g) MwStSystRL.

Beispiel 50: Telekommunikationsleistungen und elektronische Dienstleistungen

Ein Privatmann aus Berlin nutzt die Möglichkeiten des Internet, um Börsendaten von verschiedenen Börsenplätzen der Welt abzufragen. Die Inanspruchnahme des Börsendienstes ist mit folgenden sonstigen Leistungen verknüpft:

1. Der Privatmann nutzt das Telefonnetz der Deutschen Telekom.
2. Den Zugang zum Internet erhält er über einen Provider mit Sitz in den USA.
3. Der Börsendienst wird von einem anderen Anbieter ebenfalls mit Sitz in den USA bereitgestellt.

Die genannten sonstigen Leistungen sind umsatzsteuerlich wie folgt zu behandeln:

1. Die Bereitstellung des Telefonnetzes durch die Deutsche Telekom stellt eine Telekommunikationsleistung dar. Leistungsort ist der Ort, an dem die Telekom ihr Unternehmen betreibt. Die Spezialregelung des § 3 a Abs. 4 Nr. 12 i.V. m. Abs. 3 UStG greift nicht, da der Leistungsempfänger kein Unternehmer ist.
2. Die Leistung des Providers besteht zum einen in der Ermöglichung des Zugangs zum und der Bewegung im Internet, zum anderen in der Bereitstellung vielfältiger Dienste (z.B. Informationsdatenbanken, Navigationshilfen), sog. Teledienste. Während in ersten Fall eine Telekommunikationsleistung vorliegt, trifft dies für den zweiten Fall nicht zu. Da jedoch die Ermöglichung des Internet-Zugangs als Hauptleistung im Vordergrund stehen wird, ist einheitlich von einer Telekommunikationsleistung auszugehen. Für die Bestimmung des Leistungsortes scheidet die Regelung des § 3 a Abs. 3 UStG aus, da der Leistungsempfänger kein Unternehmer ist. Dennoch ist der Umsatz nach der Vorschrift des § 1 Abs. 1 Nr. 2 UStDV als im Inland ausgeführt zu betrachten, da der Leistungsempfänger die Leistung im Inland nutzt.

I. Praktische Beispiele zum Allgemeinen Teil **51–52**

3. Die Leistung des Börsendienstes ist dagegen nicht als Telekommunikationsleistung, sondern als elektronische Dienstleistung zu verstehen. Der Ort, an dem Letztere erbracht wird, bestimmt sich gemäß § 3a Abs. 3a UStG nach dem Wohnsitz des Leistungsempfängers.

Rechtsgrundlage: Telekommunikationsleistung: § 3a Abs. 1, Abs. 4 Nr. 12 i.V.m. Abs. 3 UStG; § 1 Abs. 1 Nr. 2 UStDV; Art. 56 Abs. 1 i) MwStSystRL.
Elektronische Dienstleistung: § 3a Abs. 4 Nr. 14 i.V.m. Abs. 3a UStG; Art. 56 Abs. 1 k) i.V.m. Art. 57 MwStSystRL.

Beispiel 51: Elektronische Dienstleistungen an private Abnehmer

Ein US-amerikanisches Softwarehaus vertreibt Computerspiele über das Internet. Ein privater Abnehmer aus Kiel lädt sich gegen entsprechende Gebühr das Computerspiel am 21.12.2002 über das Internet auf seinen PC herunter. Ein Lübecker Computer-Freak erwirbt das Computerspiel auf elektronischem Weg am 2.7.2003.

Der Ort der Leistung an den Abnehmer aus Kiel bestimmt sich nach § 3a Abs. 1 UStG nach dem Sitzort des leistenden Unternehmers. Dagegen unterliegt die sonstige Leistung an den Abnehmer aus Lübeck, die am 2.7.2003 ausgeführt wurde, nach § 3a Abs. 4 Nr. 14 i.V.m. Abs. 3a UStG der Umsatzbesteuerung in Deutschland. Ab 1.7.2003 gelten elektronische Dienstleistungen, die von Unternehmern mit Sitz im Drittlandsgebiet an Nicht-Unternehmer im Gemeinschaftsgebiet ausgeführt werden, als am Ort des Leistungsempfängers erbracht.

Rechtsgrundlage: § 3a Abs. 1 UStG; ab 1.7.2003: § 3a Abs. 4 Nr. 14 i.V.m. Abs. 3a UStG; Art. 57 MwStSystRL

Beispiel 52: Ort der Beförderungsleistung im grenzüberschreitenden Fährverkehr

Der Fährunternehmer F führt auf der Rheinfähre bei Kappel (zwischen Freiburg und Offenburg) Personenbeförderungen durch. Grundsätzlich ist eine Aufteilung in einen deutschen und einen französischen Beförderungsanteil vorzunehmen. Da es sich jedoch nur um eine kurze Beförderungsstrecke im Inland handelt, kommt die Vereinfachungsregelung zur Anwendung. Die Beförderung ist in Deutschland nicht steuerbar.

Rechtsgrundlage: § 7 Abs. 5 UStDV i.V.m. § 3b Abs. 1 Satz 3 UStG

Beispiel 53: Abgrenzung der Beförderungsleistung von der Reiseleistung

Der Reiseveranstalter RV aus Stuttgart führt eine Busreise zum Vierwaldstättersee durch. Mit der Beförderung der Reiseteilnehmer von Stuttgart beauftragt er das dort ansässige Busunternehmen BU. Bei der Bestimmung des Ortes der von RV und BU erbrachten Leistungen ist zu berücksichtigen, dass von RV keine Beförderungsleistung, sondern eine Reiseleistung nach § 25 UStG erbracht wird, da er Reisevorleistungen in Anspruch nimmt.

Die Beförderungsleistung des BU ist nur hinsichtlich ihres inländischen Streckenanteils in Deutschland steuerbar. Hinsichtlich des übrigen Streckenanteils unterliegt BU der Besteuerung in der Schweiz. In seiner Rechnung an RV hat BU eine Aufteilung vorzunehmen in einen steuerpflichtigen inländischen Anteil und in einen nicht-steuerbaren ausländischen Anteil.

RV erbringt gegenüber den Reiseteilnehmern eine Reiseleistung, die insgesamt am Sitzort des RV in Stuttgart bewirkt wird. Die Reiseleistung des RV ist also in Deutschland insgesamt steuerbar. Allerdings ist der Teil der Reiseleistung steuerbefreit, der im Drittlandsgebiet erbracht wird.

Rechtsgrundlage: § 3b Abs. 1 UStG; Abschnitt 42a Abs. 1 UStR;
Art. 46 MwStSystRL
§ 25 Abs. 1 und 2 UStG; Abschnitte 272, 273 UStR;
Art. 307, 309 MwStSystRL.

Beispiel 54: Personenbeförderung, Steuerbarkeit im Inland

Ein polnischer Reiseveranstalter führt im März 2007 eine Italienreise durch. Auf der Hinfahrt durchquert der polnische Reisebus Deutschland auf der Strecke von Görlitz bis zur Grenze nach Basel. Die Rückfahrt erfolgt über Österreich und Tschechien. Von Österreich kommend wird lediglich ein kurzer Abstecher nach Passau unternommen. An der Fahrt nehmen (ohne Fahrer und Reiseleiter) 50 Personen teil.

Die Personenbeförderung ist nur hinsichtlich ihres inländischen Streckenanteils steuerbar und steuerpflichtig. Somit hat der polnische Reiseveranstalter für die Strecke Görlitz bis Basel (850 km) in Deutschland eine sonstige Leistung zu versteuern. Die Besteuerung erfolgt nach der Methode der Beförderungseinzelbesteuerung. Die Bemessungsgrundlage für die Beförderungsleistung errechnet sich wie folgt:

850 km × 50 Personen × EUR 0,0443 = EUR 1.882,75

Die vom polnischen Reiseveranstalter an der deutschen Grenze anzumeldende und abzuführende Umsatzsteuer ermittelt sich wie folgt:

EUR 1.882,75 × 19% = EUR 357,72

Für den Abstecher nach Passau fällt keine deutsche Umsatzsteuer an, da die einfache Strecke weniger als 10 km beträgt.

Rechtsgrundlage: § 3b Abs. 1 UStG, § 16 Abs. 5 UStG; § 18 Abs. 5 UStG; Art. 46 MwStSystRL
§ 25 UStDV; Abschnitt 221 UStR.

Beispiel 55: Vermittlung eines Grundstückskaufs

Der englische Unternehmer E verlegt seinen Firmensitz nach Deutschland. In Bremen erwirbt er durch Vermittlung des ortsansässigen Maklers M ein Grundstück, auf dem sich eine Fabrikhalle und ein Wohnhaus befinden. Die fällige Maklerprovision wird von E getragen. Die Vermittlungsleistung wird am Belegenheitsort des Grundstücks erbracht, also in Bremen. Ohne Bedeutung ist, dass E den Makler unter Verwendung seiner englischen USt-IdNr. beauftragt hat. Der Umsatz ist also in Deutschland steuerbar und – da keine Befreiungsvorschrift greift – auch steuerpflichtig.

Rechtsgrundlage: § 3a Abs. 2 Nr. 1 UStG; Abschnitt 34 UStR;
Art. 45 MwStSystRL.

Beispiel 56: Werbeleistungen und Vermittlung derselben

Ein Schweizer Hersteller von Waschmittel mit Sitz in Basel startet eine Werbeoffensive, um seine Marktanteile in Deutschland auszubauen. Mit der Durchführung der Werbekampagne beauftragt er eine Werbeagentur in Frankfurt/Main. Die Werbekampagne wird teils über Plakatwerbung, teils über Rundfunkwerbung durchgeführt. Die Plakatwerbung wird von der Werbeagentur selbst entworfen, der Druck (die Lieferung der Plakate) erfolgt in einer Schweizer Druckerei, die der Hersteller beauftragt. Mit der Erstellung der Werbespots für den Rundfunk wird ein Tonstudio in Mannheim beauftragt, welches direkt mit dem Schweizer Hersteller abrechnet. Für die Vermittlung des Auftrages zahlt das Tonstudio der Werbeagentur eine Provision. Es werden also folgende drei sonstige Leistungen erbracht:

1. die Werbeleistungen der Werbeagentur, die im Entwurf der Plakate bestehen,
2. die Vermittlungsleistung der Werbeagentur, die diese gegenüber dem Tonstudio erbringt,
3. die Durchführung der Tonaufnahmen und die Erstellung der Sendebänder durch das Tonstudio.

Bei den Leistungen 1 und 3 handelt es sich um sonstige Leistungen im Sinne von § 3a Abs. 4 Nr. 2 UStG. Sie werden am Sitzort des Leistungsempfängers, also in Basel/Schweiz erbracht. Bei der 2. Leistung handelt es sich um eine Vermittlungsleistung. Es wird eine sonstige Leistung im Sinne von § 3a Abs. 4 Nr. 2 UStG vermittelt. Die Vermittlungsleistung wird somit gemäß § 3a Abs. 4 Nr. 10 UStG dort ausgeführt, wo der Leistungsempfänger seinen Sitz hat. Leistungsempfänger der Vermittlungsleistung ist das Tonstudio, welches als Entgelt für die Leistung eine Provision zahlt. Die Vermittlungsleistung wird somit steuerbar und steuerpflichtig in Mannheim ausgeführt.

Rechtsgrundlage: Werbeleistung: § 3a Abs. 3, Abs. 4 Nr. 2 UStG; Abschnitt 38, 39 Abs. 3–8 UStR; Art. 56 Abs. 1b MwStSystRL;
Vermittlungsleistung: § 3a Abs. 3 i.V.m. Abs. 4 Nr. 10 UStG; Art. 56 Abs. 1l MwStSystRL.

1.6 Unentgeltliche Wertabgaben

Beispiel 57: Unentgeltliche Entnahme von Gegenständen

Ein selbstständiger Schneidermeister fertigt sich in der Zeit nach Werkstattschluss einen Anzug an. Er entnimmt den Stoff und verschiedene Kleinmaterialien seinen Vorräten. Gegenstand der unentgeltlichen Wertabgabe sind nicht der entnommene Stoff und die übrigen Materialien, sondern der fertige Anzug. Auch nach Werkstattschluss verliert der Schneidermeister seine Unternehmereigenschaft nicht. Die

Bemessungsgrundlage richtet sich also nach den insgesamt bei der Herstellung des Anzugs entstandenen Kosten, wobei ein Unternehmerlohn nicht anzusetzen ist.

Rechtsgrundlage: § 3 Abs. 1b Nr. 1 UStG; Abschnitt 24b UStR.

Beispiel 58: Entnahme eines PKW aus dem Betriebsvermögen

Der Elektromeister E aus Essen erwirbt im Januar 2007 einen gebrauchten PKW zum Preis von EUR 10.000,– von einem Privatmann in Dortmund. Im folgenden Jahr fallen für den dem Unternehmensvermögen zugeordneten PKW verschiedene Kosten für Pflege, Wartung und Betrieb des Fahrzeugs in Höhe von EUR 2.500,– an. Im Dezember 2007 wird nach einem Motorschaden ein neuer Motor zum Preis von brutto EUR 4.760,– eingebaut. Der Vorsteuerabzug für die entstandenen Kosten wurde jeweils geltend gemacht. Im Januar 2008 schenkt der Elektromeister den PKW seiner Tochter zu ihrem 18. Geburtstag.

Die Frage, ob der Elektromeister eine unentgeltliche Wertabgabe verwirklicht hat und was gegebenenfalls als Bemessungsgrundlage anzusetzen ist, beantwortet sich wie folgt: Der Tatbestand der unentgeltlichen Entnahme eines Gegenstandes für Zwecke, die außerhalb des Unternehmens liegen, ist erfüllt, da Bestandteile des PKW (der Motor) zum Vorsteuerabzug berechtigt haben. Als Bemessungsgrundlage ist jedoch nur der Einkaufspreis der zum Vorsteuerabzug berechtigenden Bestandteile, nicht der Einkaufspreis des gesamten Gegenstandes heranzuziehen. Bestandteile sind nur dann zu berücksichtigen, wenn sie zum Zeitpunkt der Entnahme noch einen werterhöhenden Charakter besitzen. Da dies im vorliegenden Fall gegeben ist, kann als Bemessungsgrundlage für die unentgeltliche Wertabgabe der Nettopreis des Motors (EUR 4.000,–) angesetzt werden.

Rechtsgrundlage: § 3 Abs. 1b Nr. 1 UStG; BMF-Schreiben
v. 26.11.2004, BStBl. I 2004, S. 1127.
EuGH-Urteil vom 17.05.2001 Rs. C-322/99
u. C-323/99 (UR 2001, 293).

Beispiel 59: Unfallschaden mit betrieblichem PKW auf Privatfahrt

Der Unternehmer U aus Regenburg erleidet mit einem Fahrzeug, das zu 96% beruflich genutzt wird, auf einer Privatfahrt in Tschechien einen Unfall, der zum Totalschaden des PKW führt. Die Versicherung zahlt für den noch mit EUR 9.000,– zu Buche stehenden PKW eine Entschädigung in Höhe von EUR 7.000,–.

Im vorliegenden Fall liegt keine unentgeltliche Wertabgabe eines Gegenstandes vor. In Frage kommt lediglich die Berücksichtigung im Rahmen der unentgeltlichen Verwendung eines Gegenstandes. Da der Vorsteuerabzug für den PKW wegen der nur geringfügigen privaten Nutzung in voller Höhe möglich ist, unterliegen die auf der Privatfahrt entstandenen Kosten der Besteuerung als unentgeltliche Wertabgabe. Somit sind bei der Ermittlung der Bemessungsgrundlage neben den übrigen Kosten für die 4%ige Privatnutzung auch die Kosten für die Unfallfahrt mit zu berücksichtigen. Somit zählen EUR 2.000,– (außerordentliche Abschreibung: EUR 9.000,– abzüglich Schadenersatzleistung EUR 7.000,–) mit zur Bemessungsgrundlage für die private Verwendung des PKW. Ort dieser der sonstigen Leistungen gleichgestellten unentgeltlichen Wertabgabe ist nach § 3 f UStG der Sitzort des Unternehmens, somit Regensburg.

Rechtsgrundlage: § 3 Abs. 1b, Abs. 9a UStG;
Abschnitt 24b Abs. 6 UStR
BMF-Schreiben vom 29.05.2000 (BStBl. I S. 819).

Beispiel 60: Nutzung von betrieblichem PC und Internetzugang für private Zwecke eines Arbeitnehmers

Die Angestellte A des Elektro-Großhändlers E GmbH nutzt gelegentlich den betrieblichen PC zum Surfen im Internet für private Zwecke. Für die E GmbH stellt die Internetnutzung ein wesentliches betriebliches Bedürfnis dar; eine gelegentliche private Nutzung durch die Arbeitnehmer soll nicht ausgeschlossen werden.

Da die private Nutzung des Internet durch die angestrebten betrieblichen Zwecke überlagert wird, somit überwiegendes betriebliches Interesse zu bejahen ist, liegt keine steuerbare unentgeltliche Wertabgabe vor. Die private Internetnutzung bleibt somit sowohl ertragsteuerlich (§ 3 Nr. 45 EStG) als auch umsatzsteuerlich ohne Folgen.

Rechtsgrundlage: § 3 Abs. 9a UStG; Abschnitt 12 Abs. 2 UStR.

Beispiel 61: Nutzung von betrieblichen Telekommunikationsgeräten durch Arbeitnehmer

Die im Großhandel mit Elektrobedarf tätige E GmbH überlässt der Angestellten A ein Handy zur privaten Nutzung. Die Kosten für die Anschaffung und die Grund- und Gesprächsgebühren werden von der E GmbH getragen.

Obwohl ertragssteuerlich die Steuerbefreiung des § 3 Nr. 45 EStG anzuwenden ist, liegt umsatzsteuerlich ein steuerpflichtiges entgeltliches Geschäft vor, da die Zurverfügungstellung des Handys anstelle einer Gehaltserhöhung gewährt wurde und ein betriebliches Interesse an der Überlassung des Handys nicht besteht.

Die Bemessungsgrundlage für die entgeltliche sonstige Leistung der E GmbH an ihre Angestellte A hat sich an der Mindestbemessungsgrundlage, also an den der E GmbH entstandenen Kosten zu orientieren.

Rechtsgrundlage: § 1 Abs. 1 Nr. 1 UStG; Abschnitt 12 UStR
BMF-Schreiben vom 11.04.2001, UR 2001, S. 319.

Beispiel 62: Unentgeltliche Zuwendung von Verkaufsständern und Dekorationsmaterial

Ein Hersteller von Modellautos überlässt einer Spielwarenkette Verkaufsständer unentgeltlich zum Zwecke der Verkaufsförderung. Die Verkaufsständer wurden vom Hersteller für EUR 20.000,– zuzüglich EUR 3.800,– Umsatzsteuer erworben.

Da die Verkaufsständer lediglich der Werbung dienen und eine nichtunternehmerische Verwendung dieser Gegenstände ausgeschlossen ist, liegt im vorliegenden Fall keine steuerbare unentgeltliche Wertabgabe vor.

Rechtsgrundlage: § 3 Abs. 1 b Nr. 3 UStG; Abschnitt 24 b Abs. 14 UStR.

Beispiel 63: Unentgeltliche Wertabgabe: Nutzung von Betriebsräumen

Der Mitunternehmer M, Teilhaber einer OHG mit Sitz in München zieht mit seiner Familie nach Atlanta/USA, um von dort aus den Aufbau einer Zweigniederlassung zu organisieren. Der in Deutschland verbleibende Hausrat der Familie wird auf dem Firmengelände der OHG in einer Lagerhalle untergestellt, die von der OHG selbst errichtet wurde. Durch die Nutzung der betrieblichen Lagerhalle für private Zwecke wird der Tatbestand einer unentgeltlichen Wertabgabe verwirklicht. Diese wird nach § 3f UStG in Deutschland erbracht und ist steuerbar. Da die Steuerbefreiung nach § 4 Nr. 12 UStG entgegen der früheren Rechtsauffassung laut Rechtsprechung des EuGH ausgeschlossen ist, liegt insoweit eine steuerpflichtige unentgeltliche Wertabgabe vor.

Rechtsgrundlage: § 3 Abs. 9a Nr. 1 UStG; Abschnitt 24c Abs. 7 UStR
  EuGH-Urteil v. 08.05.2003, C-269/00, UR 2003,
  S. 288.

Beispiel 64: Nicht-steuerbare Wertabgabe bei gemischtgenutzten Gebäuden

Der Augenarzt Dr. A nutzt in seinem Zweifamilienhaus, dass er insgesamt dem Unternehmensvermögen zugeordnet hat, die Erdgeschossräume für den Betrieb seiner Praxis, die Räume im ersten Obergeschoss für private Wohnzwecke. Da Dr. A ausschließlich steuerfreie Umsätze gemäß § 4 Nr. 14 UStG ausführt, liegt hinsichtlich der im Unternehmensvermögen befindlichen, zu privaten Wohnzwecken genutzten Räumen keine steuerbare unentgeltliche Wertabgabe vor, da die Nutzung der anderen Räume nicht zum Vorsteuerabzug berechtigt hat. Der Vorsteuerabzug aus den Kosten für das Gebäude ist somit insgesamt ausgeschlossen.

Rechtsgrundlage: § 3 Abs. 9a Nr. 1 UStG; Abschnitt 24c Abs. 7 UStR
  EuGH-Urteil v. 08.05.2003, C-269/00, UR 2003,
  S. 288.

Beispiel 65: Entnahme von sonstigen Leistungen

Der Betriebsgärtner führt auf dem privaten Grundstück des Unternehmers Gartenarbeiten aus. Es handelt sich um eine steuerbare und steuerpflichtige unentgeltliche Wertabgabe, da sonstige Leistungen (Gartenarbeiten) für unternehmensfremde Zwecke erbracht werden. Dass die der unentgeltlichen Wertabgabe zugrunde liegenden Kosten – wenigstens zum Großteil – nicht vorsteuerbelastete Lohnkosten sind, spielt hier bei der Ermittlung der Bemessungsgrundlage keine Rolle.

Eine Kürzung um nicht-vorsteuerbelastete Kosten entfällt bei der Entnahme von sonstigen Leistungen.

Rechtsgrundlage: § 3 Abs. 9a UStG; Abschnitt 155 UStR; Art. 26 Abs. 1b MwStSystRL.

1.7 Einfuhr

Beispiel 66: Einfuhr

Die Handelsgesellschaft H aus Hamburg erwirbt eine Schiffsladung Bananen von einem Lieferanten L aus Gran Canaria. Im Freihafen von Hamburg wird die Ware an die Einzelhandelskette E mit Sitz in Essen weiterverkauft. E lässt die Ware von den Zollbehörden zum freien Verkehr abfertigen und bringt die Ware ins Inland. Da Gran Canaria zum Drittlandsgebiet zählt, ist bei dem Verbringen der Ware ins Inland der Tatbestand der Einfuhr erfüllt. Die Lieferung von L an H ist in Deutschland nicht steuerbar, da sie – je nachdem, wann der Zeitpunkt des Eigentumsübergangs festzulegen ist – entweder im Drittlandsgebiet oder im Zollfreigebiet bewirkt wurde. Die Lieferung von H an E ist ebenfalls in Deutschland nicht steuerbar, da sie im Zollfreigebiet vollzogen wurde. E verwirklicht den Tatbestand der Einfuhr, da er Waren aus dem Zollfreigebiet in das Inland verschafft. Die Einfuhr ist mit dem ermäßigten Steuersatz auf das von E gezahlte Entgelt steuerpflichtig.

Rechtsgrundlage: § 1 Abs. 1 Nr. 4 UStG; Abschnitt 13a UStR.

1.8 Geschäftsveräußerung

Beispiel 67: Teilbetriebsveräußerung

Eine Einzelhandelskette veräußert ein Ladengeschäft samt Einrichtung und Warenlager an einen Erwerber, der den Betrieb weiterführt. Bei der Veräußerung des Filialbetriebes handelt es sich um die Veräußerung eines Teilbetriebes, die umsatzsteuerlich als Geschäftsveräußerung zu behandeln ist. Es handelt sich also um einen nicht-steuerbaren Umsatz. Der Erwerber tritt in die Rechtsstellung des Vorgängers ein, hat also insbesondere die Möglichkeit der Vorsteuerberichtigung zu beachten.

Rechtsgrundlage: § 1 Abs. 1a Satz 3 UStG; § 15a UStG.

D. Praktische Beispiele

Beispiel 68: Einbringung eines Betriebes unter Zurückbehaltung des Betriebsgrundstücks

Der Inhaber eines Dachdeckerbetriebes überträgt seinem Sohn einen Teil des Betriebes durch Einbringung seines Einzelunternehmens in eine KG. Das ausschließlich betrieblich genutzte Grundstück behält er als Sonderbetriebsvermögen zurück und vermietet es an die neu gegründete KG.

Die Einbringung des Betriebes in eine Personengesellschaft ist als Geschäftsveräußerung nicht-steuerbar. Dies gilt auch dann, wenn wesentliche Wirtschaftsgüter nicht mit übertragen, sondern an die Gesellschaft vermietet oder verpachtet werden.

Rechtsgrundlage: § 1 Abs. 1a UStG; Abschnitt 5 Abs. 1 UStR.

Beispiel 69: Geschäftsveräußerung bei Verkauf eines einzelnen Grundstücks

Der Rentner R aus Recklinghausen veräußert zum 01.01.2008 ein Grundstück mit Bürogebäude, das bisher seit seiner Fertigstellung am 01.07.2000 durchgehend an ein Industrieunternehmen steuerpflichtig vermietet war, an die Versicherungsgesellschaft V. Diese verwendet das Grundstück zu eigenbetrieblichen Zwecken. V führt ausschließlich steuerfreie Versicherungsumsätze im Sinne des § 4 Nr. 10 UStG aus. Da das betreffende Grundstück das einzige Grundstück des R ist und neben der Vermietung keine weiteren unternehmerischen Aktivitäten von R entfaltet wurden, handelt es sich bei dem Verkauf des Grundstücks um eine Geschäftsveräußerung im Sinne von § 1 Abs. 1a UStG. Der Umsatz ist also als Geschäftsveräußerung nicht steuerbar.

V tritt als Erwerber des Grundstücks in die Rechtsstellung des R ein. Da V lediglich steuerfreie Umsätze bewirkt, die den Vorsteuerabzug ausschließen, liegt eine Änderung der Verhältnisse im Sinne des § 15a UStG vor. V hat somit für die Herstellungskosten des Gebäudes eine Vorsteuerberichtigung durchzuführen. Hierbei ist für 2008 10% der auf die Herstellungskosten entfallenen Vorsteuerbeträge eine Berichtigung durchzuführen. Für 2009 ist ebenfalls in Höhe von 10%, für 2010 zeitanteilig für 6 Monate, also in Höhe von 5% die Vorsteuer zu berichtigen.

Rechtsgrundlage: § 1 Abs. 1a UStG; § 15a Abs. 1 UStG.

2. Steuerbefreiungen
Beispiel 70: Ausfuhrlieferung

Das Möbelhaus D mit Sitz in Konstanz verkauft ein Möbelstück an den Schweizer Angestellten S. Das Möbelstück wird mit eigenen LKWs des D in die Schweiz geliefert.

Die Voraussetzungen für eine steuerfreie Ausfuhrlieferung sind im vorliegenden Fall gegeben, wenn D den erforderlichen Ausfuhrnachweis buchmäßig erbringen kann. Hierzu genügt im gegebenen Fall ein Lieferschein, auf dem Name und Adresse des Unternehmers, die Art des gelieferten Gegenstandes sowie Ort und Tag der Ausfuhr angegeben sind, versehen mit einer Ausfuhrbestätigung der Grenzzollstelle.

Würde S das Möbelstück dagegen abholen und selbst in die Schweiz transportieren, so müsste D zusätzlich nachweisen, dass es sich bei S um einen ausländischen Abnehmer handelt (etwa durch Kopie des Personalausweises). Da die Steuerbefreiung nur bei vorliegendem Ausfuhrnachweis zu gewähren ist, müsste D den Umsatz zunächst als steuerpflichtig behandeln und die Umsatzsteuer später erstatten, sobald er den Ausfuhrnachweis von S erhalten hat.

Rechtsgrundlage: § 4 Nr. 1a i.V.m. § 6 UStG; Abschnitte 128, 129 UStR; Art. 146 MwStSystRL.

Beispiel 71: Lohnveredelung an Gegenständen der Ausfuhr

Der Schweizer Getreideimporteur S mit Sitz in Basel führt Hartweizen aus Kanada über Rotterdam ein und lässt ihn auf dem Rhein zu einer Mühle in Mannheim befördern. S beauftragt die Mühle, den Weizen zu vermahlen. Das vermahlene Getreide und die Kleie werden dann per Schiff nach Basel gebracht. Als Ausfuhrnachweis für die durchgeführte Lohnveredelung dient der Mühle ein Rheinkonnossement, in dem die Ausfuhr nach Basel bestätigt ist. Für die Steuerfreiheit des Umsatzes als Lohnveredelung an Gegenständen der Ausfuhr wird bei Beförderung durch den Auftraggeber zusätzlich gefordert, dass es sich um einen ausländischen Auftraggeber handelt. Da auch diese Voraussetzung im vorliegenden Fall erfüllt ist, kann der Umsatz von der Mühle steuerfrei behandelt werden.

Rechtsgrundlage: § 4 Nr. 1a i.V.m. § 7 UStG; Abschnitte 141 bis 143 UStR.

72–73   D. Praktische Beispiele

Beispiel 72: Umsätze für die Seeschifffahrt

Der Schreinermeister S aus Hamburg erhält den Auftrag, Parkettböden eines Kreuzfahrtschiffes auszubessern und zu erneuern. Das hierzu erforderliche Material beschafft S bei einem ebenfalls in Hamburg ansässigen Lieferanten.

Bei der von S ausgeführten Leistung handelt es sich um eine Werklieferung. Sie wird an Bord des Schiffes ausgeführt. Da das Kreuzfahrtschiff nicht im Freihafen von Hamburg ankert, wird die Werklieferung im Inland ausgeführt und ist somit steuerbar. Da es sich bei dem Kreuzfahrtschiff um ein für die Seeschifffahrt bestimmtes Wasserfahrzeug handelt, kann S die Werklieferung steuerfrei ausführen. S hat hierzu buchmäßig nachzuweisen, für welchen Zweck seine Werklieferung bestimmt ist.

Für die an S ausgeführte Lieferung des Materials kann ebenfalls die Steuerfreiheit nach § 4 Nr. 2 UStG beansprucht werden, soweit dem Lieferanten Nachweise vorliegen, dass seine Lieferung für die Seeschifffahrt bestimmt ist. Da S jedoch zum vollen Vorsteuerabzug berechtigt ist, entsteht ihm jedoch kein wesentlicher Nachteil, wenn der Lieferant die Lieferung der Einfachheit halber als steuerpflichtig behandelt.

Rechtsgrundlage: § 4 Nr. 2 i.V.m. § 8 UStG; § 18 UStDV;
Abschnitt 145 und 147 UStR.

Beispiel 73: Steuerfreie Güterbeförderung bei der Einfuhr

Der russische Unternehmer R aus Petersburg liefert Maschinenteile an den Maschinenbauer M in Magdeburg. Als Lieferkondition ist „DDU" (= Delivered Duty Unpaid) vereinbart, R übernimmt also die Transportkosten und M schuldet die Einfuhrumsatzsteuer. Mit der Durchführung des Transports beauftragt R folgende Unternehmer: den russischen Reeder RR mit der Beförderung per Schiff von Petersburg nach Rostock, den deutschen Unternehmer U mit dem Umschlag der Ware in Rostock und den deutschen Fuhrunternehmer F mit der Beförderung der Maschinenteile von Rostock nach Magdeburg per LKW.

Die Leistungen von U und F sind in Deutschland als Beförderungsleistungen steuerbar. Da sie jedoch im Zusammenhang mit einer Einfuhr erbracht werden, ist die Steuerbefreiung nach § 4 Nr. 3 UStG zu gewähren, soweit die betreffenden Unternehmer nachweisen können, dass die Beförderungsleistungen in die Bemessungsgrundlage für die Einfuhrumsatzsteuer eingegangen sind. Da im vorliegenden Fall die Transportkosten vom liefernden Unternehmer R getragen werden, genügt den Unternehmern U und F ein Doppel der Rechnung des R an M, auf dem die Lieferkondition angegeben ist.

Rechtsgrundlage: § 3b Abs. 1 i.V.m. § 4 Nr. 3 Buchst. a
Doppelbuchst. bb UStG; Abschnitt 47 UStR;
Art. 146 Abs. 1e MwStSystRL.

Beispiel 74: Steuerfreie Güterbeförderung bei der Ausfuhr

Ein in Düsseldorf ansässiges Chemieunternehmen liefert Waschmittel an einen Schweizer Großhändler mit Sitz in Zürich. Mit der Beförderung von Düsseldorf nach Zürich wird der in Frankfurt/Main ansässige Fuhrunternehmer F beauftragt.

Die Güterbeförderung des F ist mit dem deutschen Streckenanteil in Deutschland steuerbar. Da es sich jedoch um eine Beförderung von Gegenständen der Ausfuhr handelt, wie F anhand der Frachtpapiere nachweisen kann, ist der deutsche Anteil der Beförderungsleistung steuerbefreit. Die getrennte Aufzeichnung des steuerfreien deutschen Anteils und des nicht-steuerbaren auf die Schweiz entfallenden Streckenanteils kann dem F vom zuständigen Finanzamt erlassen werden.

Rechtsgrundlage: § 3b Abs. 1 i.V.m. § 4 Nr. 3 Buchst. a
Doppelbuchst. aa; Abschnitt 48 UStR;
Art. 146 Abs. 1e) MwStSystRL
zu Aufzeichnungspflichten: Abschnitte 45 Abs. 2
und 259 Abs. 18 u. 19 UStR.

Beispiel 75: Umsatzsteuerlager

Im Umsatzsteuerlager des Unternehmers D in Duisburg sind 10 Tonnen Sojabohnen eingelagert. Letztere werden vom Unternehmer A im November 2007 an den nicht im Inland ansässigen Unternehmer B veräußert. B entnimmt die Ware zu eigenen unternehmerischen Zwecken aus dem Umsatzsteuerlager. B hat D keine USt-IdNr. mitgeteilt.

Die Lieferung des A an B ist zunächst steuerfrei, da es sich bei Sojabohnen um eine in der Anlage 1 aufgezeichnete Ware handelt (laut Nr. 8 der Anlage, Nr. 1201 des Zolltarifs) und diese sich zum Zeit-

76   D. Praktische Beispiele

punkt der Lieferung in einem Umsatzsteuerlager befunden haben. Die erforderlichen Nachweise für die Steuerbefreiung kann A mittels einer Bescheinigung des Lagerhalters D erbringen, aus der hervorgeht, dass sich die Ware in einem Umsatzsteuerlager befunden hat.

Durch die Auslagerung der Ware durch B wird die Lieferung von A an B steuerpflichtig. Steuerschuldner für die jetzt steuerpflichtige Lieferung ist B (§ 13a Abs. 1 Nr. 6 UStG). Als Auslagerer ist B zur Anmeldung und Abführung der Steuerschuld sowie zur Beantragung einer deutschen USt-IdNr., mit der er gegenüber dem Lagerhalter aufzutreten hat, verpflichtet. Diesen Verpflichtungen kommt B nicht nach.

Da der Lagerhalter D seinen Aufzeichnungspflichten hinsichtlich der USt-IdNr. des Auslagers nicht nachgekommen ist, kann er als Gesamtschuldner von dem für B zuständigen Finanzamt in Anspruch genommen werden (§ 13a Abs. 1 Nr. 6 UStG).

Rechtsgrundlage: § 4 Nr. 4a UStG, BMF-Schreiben vom 28.01.2004, BStBl. I 2004, S. 242; Art. 156 MwStSystRL
Aufzeichnungspflichten des Lagerhalters:
§ 22 Abs. 4c UStG.

Beispiel 76: Vermittlungsleistungen bei Exportgeschäften

Der Handelsvertreter HV aus Hamburg vermittelt den Verkauf von sieben Werkzeugmaschinen vom in Stuttgart ansässigen Maschinenbau-Unternehmen MB an den Abnehmer SI in Singapur. Sowohl von MB als auch von SI erhält HV eine Provision für die erfolgreiche Vermittlung.

Der Vermittlungsleistung, die für MB erbracht wurde, liegt als Umsatz eine Ausfuhrlieferung zugrunde. Der zugrunde liegende Umsatz wird demnach in Stuttgart, an dem Ort an dem die Versendung beginnt, erbracht. Die Vermittlungsleistung ist somit in Deutschland steuerbar, fällt aber soweit die erforderlichen Nachweise erbracht werden, unter die Steuerbefreiung nach § 4 Nr. 5a UStG.

Dagegen liegt der Vermittlungsleistung, die HV für SI erbracht hat, als Umsatz eine Einfuhr zugrunde. Diese Einfuhr ist in Singapur steuerbar. Ort der Vermittlungsleistung des HV an SI ist somit Singapur. Der Umsatz ist somit im Inland nicht steuerbar.

Rechtsgrundlage: § 3a Abs. 2 Nr. 4 UStG, § 4 Nr. 5 UStG;
Abschnitt 52 UStR.

Beispiel 77: Leistungen eines Call-Centers keine steuerbefreiten Finanzdienstleistungen

Ein Investmentfonds beauftragt ein Call-Center mit der Aufgabe, potenzielle Anleger über die Anlageprodukte zu informieren und beteiligte Privatanleger zu betreuen. Das Call-Center erteilt potenziellen Anlegern Auskünfte über die Anlagemöglichkeiten, übersendet entsprechende Antragsformulare und bearbeitet die eingehenden Anträge. Eine Ausgabe der Wertpapiere ist nicht Gegenstand des Auftrags.

Da sich die Leistung des Call-Centers auf technische, administrative Aufgaben beschränkt und keine Rechte an Wertpapieren begründet, liegt kein steuerfreier Umsatz mit Wertpapieren oder anderen Anteilen vor. Auch eine Vermittlung solcher Umsätze ist nicht gegeben, da das Call-Center lediglich bestimmte Aufgaben des Investmentfonds übernimmt. Ihm kommt damit keine eigenständiger Vermittlerrolle zwischen Anbieter und Kunde zu, wie sie für Vermittlungsgeschäfte typisch ist. Somit kommt eine Steuerbefreiung nicht in Frage.

Rechtsgrundlage: § 4 Nr. 8e, f UStG; Art. 135 Abs. 1f MwStSystRL
EuGH-Urteil vom 13.12.2001, Rs. C-235/00,
UR 2002, S. 84.

Beispiel 78: Skontogewährung

Ein Großhändler mit Sitz in Nürnberg verkauft Waren unter folgenden Zahlungsbedingungen: 2% Skonto bei Zahlung innerhalb von 10 Tagen, nach 60 Tagen netto. Wird vom Kunden erst mit Ablauf der 60 Tage gezahlt und somit ein Kredit in Anspruch genommen, so stellt diese Kreditgewährung lediglich eine Nebenleistung zur Lieferung dar. Sie ist daher wie die Lieferung als steuerpflichtig zu behandeln. Der Skontoabzug ist als Minderung der Bemessungsgrundlage der steuerpflichtigen Lieferung anzusehen.

Rechtsgrundlage: Abschnitt 29a Abs. 5 UStR.

Beispiel 79: Grundstücksumsätze, Zusammenhang zwischen Grunderwerbsteuer und Umsatzsteuer

Der Geschäftsführer einer GmbH G schließt mit einer Baugesellschaft einen Vertrag über den Bau eines Einfamilienhauses zur privaten Eigennutzung. Das Grundstück wird – über die Baugesellschaft vermittelt – von einem Industrieunternehmen gekauft. Somit werden zwei Verträge geschlossen. Wegen des objektiv engen sachlichen Zusammenhangs werden beide Verträge grunderwerbsteuerlich als Teile eines einheitlichen Erwerbsvorgangs gesehen. Es fällt somit Grunderwerbsteuer auch für die Bauleistungen der Baugesellschaft an. Umsatzsteuerlich handelt es sich zum einen um einen steuerfreien Erwerb eines unbebauten Grundstücks. Der Kauf des Gebäudes ist dagegen als Erwerb von Bauleistungen umsatzsteuerpflichtig. Die grunderwerbsteuerliche Zusammenfassung beider Verträge zu einem einheitlichen Erwerbsvorgang ist umsatzsteuerlich unbeachtlich. Umsatzsteuerlich liegen somit zwei Leistungen vor, von denen nur die Grundstückslieferung für sich betrachtet unter das GrEStG fällt. Nur hierfür kann die Steuerbefreiung des § 4 Nr. 9 a) UStG in Anspruch genommen werden. Grunderwerbsteuer und Umsatzsteuer knüpfen in dieser Frage also an unterschiedlichen Rechtsbeziehungen an.

Wäre das Grundstück von der Baugesellschaft zunächst erworben und als bebautes Grundstück an den Erwerber G veräußert worden, so hätten zwei grunderwerbsteuerpflichtige Vorgänge vorgelegen. Die Lieferung des bebauten Grundstücks ist in diesem Fall umsatzsteuerfrei, da der Vorgang (für sich betrachtet) unter das GrEStG fällt. Die Bauleistungen würden also nicht mit Umsatzsteuer belastet. Von der in diesem Fall gegebenen Umsatzsteuerbefreiung profitiert die Baugesellschaft allerdings nur insoweit, als eigene Leistungen erbracht werden. Für Leistungen von anderen Bauhandwerkern und Materialeinkäufe wird die Umsatzsteuer wirksam, da der Baugesellschaft der Vorsteuerabzug verloren geht.

Rechtsgrundlage: § 4 Nr. 9a UStG; Abschnitt 71 UStR.

Beispiel 80: Scheinbestandteile eines Grundstücks

Der Pächter eines Grundstücks P errichtet eine Reithalle, die er an einen Reiterverein verpachtet. Im Pachtvertrag mit dem Eigentümer des Grundstücks ist festgeschrieben, dass die Reithalle nach Ende des 15-jährigen Pachtvertrages abzureißen oder entschädigungslos an den Verpächter abzugeben ist.

Entgegen der bisherigen Rechtsauffassung (Abschnitt 76 Abs. 4 UStR 2000) ist nach EuGH-Urteil vom 16.1.2003 auch eine Vermietung von Scheinbestandteilen nach § 4 Nr. 12 UStG (Art. 135 Abs. 1 l) MwStSystRL) steuerfrei, sofern das vermietete Gebäude weder leicht demontiert noch leicht versetzt werden kann. Insoweit fällt die Vermietung der Reithalle unter die Steuerbefreiung. Ein Verzicht auf die Steuerbefreiung gemäß § 9 UStG kommt nicht in Frage, da der Reitverein nicht zum vollen Vorsteuerabzug berechtigt ist.

Rechtsgrundlage: § 4 Nr. 12 UStG i.V.m. § 95 BGB; Abschnitt 76 Abs. 4 UStR; Art. 135 Abs. 1l MwStSystRL; EuGH-Urteil v. 16.01.2003,Rs. C-315/00, UR 2003, S. 86.

Beispiel 81: Überlassung von Sportanlagen

Die G GmbH betreibt seit dem Jahr 2000 einen Golfplatz. Für die Nutzungsüberlassung der Golfanlage wurde von der Möglichkeit Gebrauch gemacht, in eine steuerfreie Grundstücksvermietung und eine steuerpflichtige Vermietung der Betriebsvorrichtungen aufzuteilen. Nach dem sich aus den kalkulatorischen Kosten (Zinsen und Abschreibung) für die Nutzung von Grundstück und Gebäude einerseits und Betriebsvorrichtungen (Golfanlage) andererseits ergebendem Aufteilungsmaßstab wurde ein Anteil von 35% für die steuerfreie Grundstücksvermietung angesetzt.

Nach Urteilen des EuGH und des BFH ist die Aufteilung in einen steuerfreien und steuerpflichtigen Vermietungsanteil bei der Überlassung von Sportanlagen nicht mehr zulässig. Vielmehr ist die Überlassung von Sportanlagen als einheitliche steuerpflichtige Leistung zu behandeln. Durch die Übergangsregelung des § 27 Abs. 6 UStG wurde bis zum 31.12.2004 ein Wahlrecht eingeräumt, die Aufteilung in eine steuerfreie Grundstücksvermietung und eine steuerpflichtige Vermietung von Betriebsvorrichtungen vorzunehmen.

Somit sind die Umsätze der G GmbH aus der Überlassung der Golfanlage ab dem 1.1.2005 insgesamt als steuerpflichtig zu behandeln. Aufgrund der Änderung der Verhältnisse ist eine Vorsteuerberichtigung veranlasst, da für die Herstellungskosten des Gebäudes bisher kein Vorsteuerabzug geltend gemacht werden konnte und der zehnjährige Berichtigungszeitraum noch läuft.

Rechtsgrundlage: § 4 Nr. 12 UStG; Abschnitt 86 UStR; BMF-Schreiben v. 17.04.2003, BStBl. I, 279; § 27 Abs. 6 UStG; EuGH-Urteil v. 18.01.2001; Rs. C-150/99; UR 2001, S. 153.

Beispiel 82: Gutachterliche Tätigkeit eines Arztes

Der Internist Dr. I ist im Rahmen seiner ärztlichen Praxis für eine Lebensversicherung tätig, für die er Gutachten über den Gesundheitszustand von potenziellen Versicherungsnehmern erstellt. Die Honorare aus dieser Tätigkeit belaufen sich auf jährlich EUR 3.200,–. Weiterhin führt Dr. I Einstellungsuntersuchungen für ein Industrieunternehmen durch, für die er im Jahr EUR 2.800,– erlöst. Neben seiner ärztlichen Tätigkeit ist Dr. I als Vermieter unternehmerisch tätig. Die jährlichen Mieteinnahmen aus der umsatzsteuerpflichtigen Vermietung eines Ladengeschäfts betragen brutto EUR 10.710,–.

Die angefertigten Gutachten für die Lebensversicherung und das Industrieunternehmen fallen nicht unter die Steuerbefreiung des § 4 Nr. 14 UStG, da sie nicht therapeutischen Zwecken dienen. Sie sind somit grundsätzlich steuerpflichtig. Zu prüfen ist, ob die Kleinunternehmer-Regelung Anwendung finden kann. Obwohl der Gesamtumsatz (EUR 16.710,–), zu dem die steuerfreien Umsätze aus der ärztlichen Tätigkeit nicht hinzurechnen, die Kleinunternehmer-Grenze von EUR 17.500,– nicht überschreitet, kann die Kleinunternehmer-Regelung im vorliegenden Fall nicht angewendet werden, da mit der Option zur steuerpflichtigen Vermietung eine sog. Doppeloption ausgesprochen wurde; die Option nach § 9 UStG zum Verzicht auf die Steuerbefreiung beinhaltet auch die Option nach § 19 Abs. 2 UStG zum Verzicht auf die Anwendung der Kleinunternehmer-Regelung. Die Umsatzsteuer ist aus den Honoraren in Höhe von EUR 6.000,– herauszurechnen, soweit sie nicht von den Auftraggebern nachgefordert werden kann.

Rechtsgrundlage: § 4 Nr. 14 UStG; BMF-Schreiben vom 08.11.2001 (BStBl. I, S. 826).

Beispiel 83: Hilfsgeschäfte eines Arztes

Der Augenarzt Dr. A verkauft seinen betrieblichen PKW, der zum Teil auch privat genutzt wurde. Im Rahmen seines Praxisbetriebs erzielt Dr. A Umsätze aus der Lieferung und der Anpassung von Kontaktlinsen. Die Erlöse aus der Lieferung von Kontaktlinsen betragen im Vorjahr und im laufenden Jahr EUR 18.000,–, für die Anpassung der Kontaktlinsen erhält er jährlich EUR 7.000,–. Die übrigen, unter die Steuerbefreiung nach § 4 Nr. 14 UStG fallenden Umsätze betragen EUR 375.000,–. Liegt ein steuerpflichtiges Hilfsgeschäft vor?

Die Erlöse aus der Lieferung von Kontaktlinsen fallen nicht unter die Steuerbefreiung nach § 4 Nr. 14 UStG. Die Umsätze sind daher steuerpflichtig, da auch die Anwendung der Kleinunternehmer-Regelung ausscheidet. Dagegen wird für die Anpassung der Kontaktlinsen durch Augenärzte aufgrund der therapeutischen Zielrichtung die Steuerbefreiung gewährt.

Für das Hilfsgeschäft wird die Steuerbefreiung nach § 4 Nr. 28 UStG gewährt, wenn der Gegenstand ausschließlich für Umsätze verwendet wird, die den Vorsteuerabzug ausschließen. Unbeachtlich sind steuerpflichtige Umsätze im Anteil von 5%. Da der Anteil der steuerpflichtigen Umsätze bei Dr. A lediglich 4,5% beträgt und der Vorsteuerabzug für den PKW nicht geltend gemacht wurde, kann die Steuerbefreiung nach § 4 Nr. 28 UStG angewendet werden.

Rechtsgrundlage: § 4 Nr. 14 UStG; Abschnitt 88 UStR
§ 4 Nr. 28 UStG; Abschnitt 122 Abs. 2 UStR.

Beispiel 84: Hilfsgeschäft eines Zahnarztes

Der Zahnarzt Dr. Z verkauft einen Behandlungsstuhl, den er durch einen neuen ersetzt. Dr. Z hat neben seinen Umsätzen aus heilberuflicher Tätigkeit steuerpflichtige Umsätze für Eigenlaborleistungen erzielt. Die steuerpflichtigen Umsätze haben einen Anteil von 12% am Gesamtumsatz. Da Dr. Z den Behandlungsstuhl nicht ausschließlich für steuerfreie Umsätze verwendet hat, und die steuerpflichtigen Umsätze die von der Finanzverwaltung festgelegte Bagatellgrenze von 5% übersteigen, ist der Umsatz aus dem Hilfsgeschäft in vollem Umfang steuerpflichtig. Die Steuerbefreiung nach § 4 Nr. 28 UStG greift nicht.

Rechtsgrundlage: § 4 Nr. 28 UStG; Abschnitt 122 UStR.

Beispiel 85: Steuerfreie Leistungen eines Studentenwerks

Die Lieferung von Speisen und Getränken durch ein Studentenwerk ist steuerfrei, soweit sie an den begünstigten Personenkreis, also an Studierende erfolgt. Für Leistungen des Studentenwerks an Nicht-Studierende gilt die Steuerbefreiung nicht.

Rechtsgrundlage: § 4 Nr. 18 UStG; Abschnitt 103 Abs. 9 UStR;
Art. 132 Abs. 1 i MWStSystRL.
Vgl. BFH v. 28.09.2006, V R 57/05, UR 2007,
S. 108.

D. Praktische Beispiele

Beispiel 86: Steuerbefreiung kultureller Leistungen von Einzelkünstlern

Der Konzertveranstalter M. Hoffmann mit Sitz in Mannheim organisierte die Welttournee von drei großen, nicht in Deutschland ansässigen Tenören, die in einer Reihe von Konzerten gemeinsam auftraten. Für zwei in Deutschland veranstaltete Konzerte erhielt er Bescheinigungen der zuständigen Kulturbehörden darüber, dass die Veranstaltungsumsätze den nach § 4 Nr. 20a UStG begünstigten Umsätzen gleichwertig seien. Es stellt sich die Frage, ob die jeweils als Gesangssolisten auftretenden Einzelkünstler als „andere Einrichtung" im Sinne des § 4 Nr. 20a UStG zu werten und ob die Steuerbefreiung entsprechend zu gewähren ist. Anderenfalls würde der Konzertveranstalter für die sich aus den Leistungen der Einzelkünstler ergebende Steuerschuld im Rahmen des zu dieser Zeit gültigen Abzugsverfahrens haften.

Im Urteil des EuGH vom 03.04.2003 wurde festgestellt, dass der Begriff der anderen Einrichtung als Einzelkünstler auftretende Solisten nicht ausschließt. Somit ist die Steuerbefreiung nach § 4 Nr. 20a UStG auch für Einzelkünstler möglich.

Rechtsgrundlage: § 4 Nr. 20a UStG; Art. 132 Abs. 1n MWStSystRL; EuGH-Urteil vom 03.04.2003 (Rechtssache C-144/00 – UR 2003, 248).

Beispiel 87: Nebenleistungen eines Theaters

Ein von einer Gemeinde betriebenes Theater erbringt folgende Nebenleistungen: Aufbewahrung der Garderobe, Ausschank von Getränken in der Pause, Verkauf von Programmheften und die Vermietung von Parkplätzen.

Die Aufbewahrung der Garderobe und der Verkauf von Programmheften stellen typische Nebenleistungen eines Theaters dar, sie sind steuerbefreit. Nicht unter die Steuerbefreiung fällt die Vermietung von Parkplätzen. Nach neuerer Rechtsprechung gilt Letzteres auch für den Ausschank von Getränken, sofern er dazu dient, dem Theater zusätzliche Einnahmen zu verschaffen.

Rechtsgrundlage: § 4 Nr. 20a UStG; Abschnitt 106 UStR, BFH-Urteil v. 21.4.2005, V R 6/03, BStBl. II, S. 899.

Beispiel 88: Sportveranstaltung eines eingetragenen Vereins

Der Sportverein TV 1848 e.V. veranstaltet einen Triathlon und erhebt von den Teilnehmern Startgebühren. Mit den Startgebühren werden die mit der Organisation der Sportveranstaltung verbundenen Kosten gedeckt. Die erhobenen Teilnehmergebühren sind steuerfrei, da sie von einer gemeinnützigen Einrichtung erhoben werden.

Rechtsgrundlage: § 4 Nr. 22b UStG; Abschnitt 116 UStR.

Beispiel 89: Steuerfreie Unterrichtstätigkeit einer Berufsakademie

Der Diplom-Kaufmann Dr. Sch. führt als freier Mitarbeiter bei einer privaten Fortbildungseinrichtung Managerseminare zu Personalführung und Organisation durch. Daneben leitet er betriebswirtschaftliche Kurse an einer Berufsakademie. Während die Tätigkeit für die private Fortbildungseinrichtung dem Regelsteuersatz unterliegt, kann Dr. Sch. für die Unterrichtstätigkeit an der Berufsakademie die Steuerfreiheit nach § 4 Nr. 21b) UStG in Anspruch nehmen. Die Leistungen der Berufsakademie an die Teilnehmer sind nach § 4 Nr. 22 UStG steuerbefreit.

Rechtsgrundlage: § 4 Nr. 21 i.V.m. Nr. 22 UStG; Abschnitte 112a, 115 UStR.

Beispiel 90: Beköstigung in einer Kindertagesstätte

Eine Kindertagesstätte erbringt Beköstigungsleistungen an die Kinder und das Betreuungspersonal. Hier sind die Voraussetzungen des § 4 Nr. 23 UStG erfüllt, da die Kindertagesstätte insoweit Jugendliche (= Personen vor Vollendung des 27. Lebensjahres) zu Erziehungszwecken bei sich aufnimmt (Das Kriterium „bei sich aufnehmen" setzt keine Übernachtung oder Vollverpflegung voraus). Die Steuerbefreiung gilt auch für die bei der Erziehung tätigen Personen. Wird ein Catering-Unternehmen von der Kindertagesstätte etwa mit der Zubereitung des Mittagessens beauftragt, so ist zwar die Leistung der Kindertagesstätte steuerfrei, nicht jedoch die Leistung des Catering-Unternehmens, da es bei Letzterem das Kriterium der Aufnahme von Kindern oder Jugendlichen zu Erziehungszwecken nicht gegeben ist.

Rechtsgrundlage: § 4 Nr. 23 UStG; Abschnitt 117 UStR; Art. 132 Abs. 1h, i MWStSystRL.

Beispiel 91: Optionsrecht bei beabsichtigter, nicht verwirklichter steuerpflichtiger Vermietung

Die Bauherrengemeinschaft B-GbR errichtet ein Bürogebäude, das nach abgeschlossenem zehnjährigen Mietvertrag ab Fertigstellung im Mai 2007 steuerpflichtig an die in der IT-Branche tätige I-AG vermietet werden sollte. Vor Fertigstellung des Bürogebäudes wird das Insolvenzverfahren über das Vermögen der I-AG eröffnet. Nach längerem Leerstand und fehlgeschlagenen Bemühungen um eine steuerpflichtigen Vermietung erfolgt ab 1. Juli 2008 die steuerfreie Vermietung an eine Versicherungsgesellschaft.

Nach belegbarer Absicht der B-GbR sollte auf die Steuerfreiheit der Vermietungsumsätze verzichtet werden. Durch den vorliegenden Mietvertrag sind objektive Anhaltspunkte hierfür gegeben. Nach der gegenüber der früheren Rechtsprechung geänderten Rechtslage sind für den Vorsteuerabzug nicht mehr die Verhältnisse im Jahr der erstmaligen Verwendung (2008), sondern die Verhältnisse zum Zeitpunkt des Leistungsbezuges (in den Jahren 2006 und 2007) für den Vorsteuerabzug maßgebend. Die Option zur Steuerpflicht ist nach dieser geänderten Rechtsauffassung nicht mehr davon abhängig, dass tatsächlich ein steuerpflichtiger Umsatz bewirkt wird. Somit kann der Vorsteuerabzug in den Jahren 2006 und 2007 geltend gemacht werden.

Die steuerfreie Vermietung ab 01.07.2008 stellt eine Änderung der Verhältnisse dar, die eine Vorsteuerberichtigung nach sich zieht. Nach Auffassung der Verwaltung beginnt der Berichtigungszeitraum mit dem Zeitpunkt der erstmaligen Verwendung, somit dem 01.07.2008. Der Vorsteuerabzug wird somit im vorliegenden Fall pro-rata-temporis wieder rückgängig gemacht.

Rechtsgrundlage: § 9 UStG; EuGH-Urteil vom 08.06.2000
(Rs. C-396/98 – BStBl. II 2003, S. 446), BFH-Urteil
vom 22.02.2001 (BStBl. II 2003, S. 426),
BMF-Schreiben v. 24.04.2003(BStBl. I 2003,
S. 313).

Beispiel 92: Optionsrecht bei Finanzumsätzen

Eine Schweizer Großbank mit Sitz in Basel gewährt der A GmbH mit Sitz in Freiburg ein Darlehen über EUR 1.000.000,– zum Zinssatz von 6%. Neben den Zinsen werden Gebühren in Höhe von EUR 2.000,– fällig. Ort der Kreditgewährung ist nach § 3a Abs. 3 i.V.m. Abs. 4

Nr. 6 UStG der Sitzort des Leistungsempfängers. Die sonstige Leistung ist demnach in Deutschland steuerbar.

Die Bank möchte den Umsatz als steuerpflichtig behandeln, um die Vorsteuer aus den Gutachterkosten der von ihr in Auftrag gegebenen Unternehmensbewertung abziehen zu können. Die Option nach § 9 UStG ist möglich, da es sich um einen steuerfreien Umsatz gemäß § 4 Nr. 8a UStG handelt. Da es sich bei der Bank um einen regelbesteuerten Unternehmer handelt und der Leistungsempfänger (A GmbH) die Leistung für sein Unternehmen verwendet, sind auch die übrigen Voraussetzungen für einen Verzicht auf die Steuerbefreiung erfüllt.

Rechtsgrundlage: § 4 Nr. 8a UStG, § 9 UStG; Abschnitt 148 UStR.

Beispiel 93: Zwangsversteigerung eines Grundstücks

Das Betriebsgrundstück des Bauunternehmers B aus Berlin wird auf Veranlassung seiner Hausbank zwangsversteigert. Auf dem Grundstück befindet sich eine Lagerhalle, der Büroräume angegliedert sind. Lagerhalle und Büroräume wurden erst vor 5 Jahren unter Inanspruchnahme des Vorsteuerabzugs erbaut. Ersteigert wird das Grundstück von einem ebenfalls aus Berlin stammenden Bauunternehmer Z, der das Grundstück zu betrieblichen Zwecken nutzen will.

Bei der Zwangsversteigerung des Grundstücks handelt es sich um eine Lieferung des B an Z, die nach § 4 Nr. 9a UStG steuerbefreit ist. Die Voraussetzungen für eine Option nach § 9 UStG sind erfüllt, da der Erwerber Z das Grundstück für betriebliche Zwecke nutzt und zum vollen Vorsteuerabzug berechtigt ist. Im vorliegenden Fall kann B also die Option (spätestens bei Aufforderung zur Abgabe von Geboten im Rahmen der Zwangsversteigerung) aussprechen und auf die Steuerbefreiung verzichten, um die sonst drohende Vorsteuerberichtigung für die Herstellungskosten des Gebäudes zu vermeiden. Wird der Umsatz dadurch steuerpflichtig, so verlagert sich die Steuerschuldnerschaft auf den Erwerber. Dieser hat die fällige Umsatzsteuer beim zuständigen Finanzamt anzumelden. Gleichzeitig kann er die Umsatzsteuer als Vorsteuer geltend machen.

Rechtsgrundlage: § 9 UStG i.V.m. § 4 Nr. 9a UStG; Abschnitte 148, 148a UStR; Art. 137 MWStSystRL
Steuerschuldnerschaft: § 13b Abs. 1 Nr. 3 UStG.

D. Praktische Beispiele

Beispiel 94: Aufteilung des Optionsrechts nach abgrenzbaren Räumlichkeiten

Der Vermieter V errichtet ein mehrgeschossiges Gebäude im Zentrum von Frankfurt/Main. Die Räumlichkeiten werden wie folgt vermietet:
a) das Erdgeschoss an eine Bank,
b) das 1. Obergeschoss an einen Makler, der zu 10% steuerpflichtige (Immobilien) und zu 90% steuerfreie Vermittlungen (Versicherungen) ausführt.
c) das 2. Obergeschoss an eine Steuerberatungsgesellschaft,
d) das 3. Obergeschoss an einen Arzt,
e) das 4. Obergeschoss zu Wohnzwecken,
f) das 5. Obergeschoss an eine Werbeagentur.

Der Vermieter V möchte nach Möglichkeit die Vorsteuerbeträge aus der Herstellung des Gebäudes geltend machen und auf die Steuerfreiheit der Vermietungsumsätze verzichten. Dies ist im vorliegenden Fall möglich in den Fällen c) und f), da die Mieter die Räumlichkeiten ausschließlich für unternehmerische Zwecke und für Umsätze verwenden, die zum vollen Vorsteuerabzug berechtigen. Die Bank, der Makler und der Arzt erbringen zumindest teilweise steuerfreie, den Vorsteuerabzug ausschließende Umsätze. Eine Option zur Umsatzsteuerpflicht ist in diesen Fällen somit nicht möglich. Dies gilt selbstverständlich auch für das 4. Obergeschoss, das zu privaten Wohnzwecken vermietet ist. Hier fehlt die unternehmerische Verwendung der Räumlichkeiten durch den Mieter.

Rechtsgrundlage: § 9 UStG i.V.m. § 4 Nr. 12 UStG; Abschnitte 148, 148a UStR.

3. Bemessungsgrundlage

Beispiel 95: Trinkgelder als Teil der Bemessungsgrundlage

Ein Friseurmeister schneidet einem Kunden die Haare zum Preis von EUR 18,–. Der zufriedene Kunde rundet auf EUR 20,– auf. Das Trinkgeld zählt als Teil dessen, was der Kunde aufwendet, um die Leistung zu erhalten, mit zur Bemessungsgrundlage. Die Umsatzsteuer ist aus EUR 20,– herauszurechnen.

Ein anderer Kunde wird von einer Angestellten des Friseurmeisters betreut. Er bekommt ebenfalls EUR 18,– berechnet, von den EUR 20,–, die er insgesamt zahlt, steckt er der Angestellten EUR 2,- als Trinkgeld zu. Der Friseurmeister erhält in diesem Fall nur EUR 18,-, aus denen die Umsatzsteuer herausgerechnet werden muss. Das Trinkgeld wendet der Kunde der Angestellten persönlich zu, es liegt keine innere Verknüpfung mit der Leistung des Friseurmeisters als Unternehmer vor.

Rechtsgrundlage: § 10 Abs. 1 UStG; Abschnitt 149 Abs. 5 UStR

Beispiel 96: Preisnachlassgutscheine

Ein Hersteller von Körperpflegeartikeln vergibt Preisnachlassgutscheine beim Verkauf seiner Produkte. Die Produkte werden über Großhändler und Einzelhändler an die Endkunden verkauft. Der Endkunde kann die Preisnachlassgutscheine beim Einzelhändler einreichen und erhält dafür eine Kaufpreisminderung. Der Einzelhändler kann die Gutscheine mit dem Hersteller abrechnen.

Nach gültiger Rechtslage ist die Sachlage folgendermaßen zu beurteilen: Beim Hersteller mindert sich bei Einlösung der Preisnachlassgutscheine die Bemessungsgrundlage für seine Leistung gegenüber dem Großhändler. Diese Minderung der Bemessungsgrundlage beim Hersteller führt jedoch nicht zu einer entsprechenden Minderung des Vorsteuerabzugs beim Großhändler. Beim Einzelhändler stellt der Wert des vom Endkunden eingereichten Preisnachlassgutscheins Entgelt von dritter Seite dar und erhöht somit dessen Bemessungsgrundlage.

Rechtsgrundlage: § 10 Abs. 1 S. 3–4 UStG; Abschnitt 224 UStR; EuGH-Urteil vom 24.10.1996, Rs. C-317/94, UR 1997, 265.

Beispiel 97: Bemessungsgrundlage beim Tausch mit Baraufgabe

Der Elektromeister E kauft beim Kfz-Händler K ein neues Betriebsfahrzeug zum Verkaufspreis von netto EUR 30.000,-. Er gibt ein Gebrauchtfahrzeug in Zahlung, das von einem Sachverständigen auf einen Verkaufswert von netto EUR 5.000,- geschätzt wurde. E bekommt für das Gebrauchtfahrzeug netto EUR 8.000,- angerechnet und überweist somit EUR 22.000,- zuzüglich Umsatzsteuer an K.

Bemessungsgrundlage für die Lieferung durch K ist alles das, was E insgesamt aufwenden muss, um das Neufahrzeug zu erhalten, somit:

Überweisung, netto	EUR 22.000,–
Gebrauchtwagen, gemeiner Wert	EUR 5.000,–
Summe	EUR 27.000,–

Das Entgelt für die Lieferung des K beträgt EUR 27.000,–. Der verdeckte Preisnachlass hat zur Folge, dass die in der Rechnung des K zu hoch ausgewiesene Umsatzsteuer nach § 14c Abs. 1 UStG geschuldet wird. Die Möglichkeit der Rechnungsberichtigung besteht.

Rechtsgrundlage: § 10 Abs. 1 und 2 UStG; Abschnitt 153 UStR.

Beispiel 98: Zuschuss als Entgelt für Leistungen an den Zuschussgeber

Ein Hauseigentümer sucht für leerstehende Gewerberäume einen neuen Mieter. Der im gleichen Haus niedergelassene Apotheker zahlt dem Hauseigentümer einen „Zuschuss" unter der Bedingung, dass er die Räume an einen Arzt vermietet, da er sich hiervon eine Steigerung der Umsätze erhofft. Der „Zuschuss" ist steuerbares Entgelt für eine sonstige Leistung des Hauseigentümers an den Apotheker.

Rechtsgrundlage: § 10 Abs. 1 UStG; Abschnitt 150 Abs. 2 UStR.

Beispiel 99: Zahlungen von Dritten als Teil der Bemessungsgrundlage

Ein Bundesland gewährt den städtischen Verkehrsbetrieben einen Zuschuss zur Anschaffung neuer Straßenbahnzüge. Der Zuschuss wird direkt an den Hersteller der Straßenbahnen ausgezahlt. Der Zuschuss stellt ein steuerbares zusätzliches Entgelt eines Dritten für die Lieferung des Herstellers an die städtischen Verkehrsbetriebe dar. Die Auszahlung an den Hersteller stellt lediglich eine Verkürzung des Zahlungsweges dar.

Rechtsgrundlage: § 10 Abs. 1 UStG; Abschnitt 150 Abs. 3–6 UStR.

Beispiel 100: Zuzahlungen der Krankenkasse an Optiker für Brillengläser

Ein Optiker erhält von der örtlichen Krankenkasse einen Zuschuss für die Lieferung von Brillengläsern an ein Mitglied dieser Krankenkasse. Obwohl der Zuschuss direkt von der Krankenkasse und nicht vom Leistungsempfänger gezahlt wird, stellt er ein zusätzliches steuerbares Entgelt dar, da der Optiker aufgrund der bestehenden öffentlich-rechtlichen Verpflichtung der Krankenkasse mit dem Zuschuss rechnen kann. Er ist vom Optiker in die Bemessungsgrundlage für die steuerpflichtige Lieferung einzubeziehen.

Rechtsgrundlage: § 10 Abs. 1 UStG; Abschnitt 150 Abs. 3–5 UStR.

Beispiel 101: Durchlaufende Posten eines Hotels

Ein Hotel stellt einem seiner Hotelgäste folgende Beträge in Rechnung:

Übernachtung Einzelzimmer	EUR 60,–
Kurtaxe	EUR 10,–
Telefongespräche lt. Beleg	EUR 10,–
Zwei Theaterkarten	EUR 50,–
Zwischensumme	EUR 130,–
Bedienungszuschlag	EUR 10,–
Rechnungsbetrag	EUR 140,–

Die Kurtaxe ist als durchlaufender Posten anzusehen, da der Hotelier sie in fremdem Namen und für fremde Rechnung vereinnahmt. Es besteht eine unmittelbare Rechtsbeziehung zwischen Hotelgast und der Gemeinde. Nicht als durchlaufende Posten sind die Telefongebühren zu werten, da der Hotelbesitzer als Anschlussinhaber diese Gebühren schuldet. Dagegen sind bei den Theaterkarten die für durchlaufende Posten geltenden Tatbestandsvoraussetzungen erfüllt, wenn das Hotel bei der Kartenbestellung den Namen des Gastes angegeben hat. Der Bedienungszuschlag ist, auch wenn er in vollem Umfang an das Personal weitergeleitet wird, nicht als durchlaufender Posten anzusehen. Es fehlt ein einer unmittelbaren Rechtsbeziehung zwischen Hotelgast und Personal. Der Gast schuldet den Bedienungszuschlag nicht dem Personal, sondern dem Hotel.

Rechtsgrundlage: § 10 Abs. 1 UStG; Abschnitt 152 UStR.

102–103 D. Praktische Beispiele

Beispiel 102: Durchlaufende Posten eines Rechtsanwalts

Ein Rechtsanwalt stellt seinem Mandanten neben eigenen Gebühren, von ihm verauslagte Portokosten und Gerichtskosten in Rechnung. Während die Gerichtskosten als durchlaufende Posten nicht zur Bemessungsgrundlage zählen, stellen die Portokosten Teil des Entgelts dar, weil die unmittelbare Rechtsbeziehung zwischen Post und Mandanten fehlt. Im Rahmen der Weiterberechnung von Portokosten kommt der Tatbestand des durchlaufenden Postens nur dann in Betracht, wenn der Leistungsempfänger als Absender in unmittelbare Rechtsbeziehung mit dem Briefbeförderer tritt.

Rechtsgrundlage: § 10 Abs. 1 UStG; Abschnitt 152 UStR.

Beispiel 103: Anwendung der Mindestbemessungsgrundlage

Zu seinem 25-jährigen Firmenjubiläum zeigt sich der Inhaber eines Fahrradfachgeschäfts in Spendierlaune. Im Rahmen einer Werbeveranstaltung werden Getränke zum Preis von 20 Cent an Besucher abgegeben. Kinder, die im Jubiläumsjahr ein neues Fahrrad erwerben, bekommen kostenlos einen Fahrradhelm dazu. Die Angestellten erhalten aus Anlass des Firmenjubiläums ein Fahrrad nach eigener Wahl, im Brutto-Verkaufswert von EUR 900,–. Der Netto-Einkaufspreis für ein solches Fahrrad liegt bei EUR 500,–.

Bei dem Getränkeverkauf im Rahmen der Werbeveranstaltung handelt es sich um eine betrieblich veranlasste Lieferung. Der Tatbestand einer unentgeltlichen Wertabgabe ist nicht erfüllt. Die Vorschriften zur Mindestbemessungsgrundlage kommen also nicht zur Anwendung. Die Prüfung der Frage, ob der Einkaufspreis für die Getränke unterschritten ist, erübrigt sich also.

Die „kostenlos" abgegebenen Fahrradhelme stellen keine unentgeltliche Zuwendung dar, sondern sind als Zugabe zu einer entgeltlichen Lieferung als eine vom Entgelt für die Hauptlieferung umfasste Lieferung anzusehen.

Dagegen stellt die unentgeltliche Abgabe der Fahrräder an die Angestellten einen steuerpflichtigen Umsatz dar. Als Bemessungsgrundlage ist der Einkaufspreis der Fahrräder ohne Umsatzsteuer (EUR 500,–) anzusetzen.

Rechtsgrundlage: § 10 Abs. 1, 4 und 5 UStG; Abschnitte 155 und 158 UStR.

I. Praktische Beispiele zum Allgemeinen Teil **104–105**

Beispiel 104: Pauschbeträge für Sachentnahmen

Der Bäckermeister B betreibt eine Konditorei und entnimmt für seine Familie (seine Frau, eine 15-jährige Tochter und ein 11-jähriger Sohn) regelmäßig Waren aus seinem Betrieb. Nach den amtlichen Pauschalbeträgen ergibt sich für 2008 folgender Wert für die Sachentnahmen:

Pro Person beträgt der jährliche Pauschalbetrag für die unentgeltlichen Wertabgaben bei einer Konditorei

Netto   EUR 690,–   zum Steuersatz von 19%
Netto   EUR 802,–   zum Steuersatz von 7%.

Für Kinder, die das 2. Lebensjahr, aber noch nicht das 12. Lebensjahr vollendet haben, wird die Hälfte des Pauschalbetrages angesetzt. Somit ergibt sich als Wert des Eigenverbrauchs:

3,5 Personen × EUR 690,– = EUR 2.415,–   Sachentnahmen zu 19%
3,5 Personen × EUR 802,– = EUR 2.807,–   Sachentnahmen zu 7%.

Die darauf entfallende Umsatzsteuer beläuft sich auf:

19% a/EUR 2.415,–   = EUR 458,85
 7% a/EUR 2.807,–   = EUR 196,49
Summe: EUR 655,34

Rechtsgrundlage: § 10 Abs. 4 UStG; Abschnitt 155 UStR
BMF-Schreiben vom 28. 12. 2007, BStBl. I 2008, S. 3
zu den Pauschalsätzen ab 2008: siehe Tabelle im Anhang.

Beispiel 105: Bemessungsgrundlage bei unentgeltlicher Nutzung von Wohnraum

Im Jahr 2008 errichtet der Inhaber eines der Regelbesteuerung unterliegenden Gartenbaubetriebes ein Gebäude, das zu 60% betrieblichen und zu 40% privaten Zwecken des Unternehmers dient. Er ordnet das Gebäude insgesamt seinem Unternehmen zu.

Im Jahr des Leistungsbezugs kann der volle Vorsteuerabzug aus den Herstellungskosten des Gebäudes angesetzt werden. Bei der Bestimmung der Bemessungsgrundlage für die private Nutzung des Gebäudes ist wie folgt vorzugehen: Die Herstellungskosten, die zum Vorsteuerabzug berechtigt haben, fließen entsprechend dem maßgeblichen Berichtigungszeitraum von 10 Jahren mit einem Zehntel p. a. in die

Bemessungsgrundlage ein. Hinzu kommen die laufenden Aufwendungen, die zum Vorsteuerabzug berechtigt haben. Durch diese Regelung wird der ursprünglich geltend gemachte Vorsteuerabzug für den privat genutzten Teil innerhalb des 10-jährigen Berichtigungszeitraums wieder rückgängig gemacht.

Rechtsgrundlage: § 10 Abs. 4 Nr. 2 UStG; Abschnitt 155 Abs. 3 UStR EuGH-Urteil v. 08.05.2003, C-269/00, UR 2003, S. 288 sowie EuGH-Urteil v. 14.09.2006, C-72/05, UR 2006, S. 638.

Beispiel 106: Bemessungsgrundlage bei der Entnahme von Leistungen

Ein Malermeister tapeziert mit seinem Gesellen verschiedene Zimmer in seiner Privatwohnung. Neben dem verwendeten Material (das zu Einkaufspreisen anzusetzen ist) gehen auch die Lohnkosten für den Gesellen, nicht jedoch der Unternehmerlohn in die Bemessungsgrundlage für die unentgeltliche Wertabgabe ein. Die Lohnkosten für den Gesellen gehen in die Bemessungsgrundlage mit ein, obwohl es sich nicht um vorsteuerbelastete Aufwendungen handelt, da im Fall der Entnahme von Dienstleistungen kein Unterschied gemacht wird, ob die in die Bemessungsgrundlage eingehenden Kosten zum Vorsteuerabzug berechtigt hatten oder nicht.

Rechtsgrundlage: § 10 Abs. 4 UStG; Abschnitt 155 UStR.

Beispiel 107: Leistungseigenverbrauch bei beratender Tätigkeit

Ein Rechtsanwalt berät seinen Bruder in einer Rechtsfrage. Es handelt sich um einen steuerbaren Leistungseigenverbrauch. Die Bemessungsgrundlage ist allerdings Null, da keine Kosten angefallen sind. Der Unternehmerlohn zählt nicht zu den entstandenen Kosten.

Rechtsgrundlage: § 10 Abs. 4 UStG; Abschnitt 155 Abs. 3 UStR

Beispiel 108: Kfz-Nutzung nach der Fahrtenbuchregelung

Ein in vollem Umfang dem Unternehmensvermögen zugeordnetes Kfz wird laut Fahrtenbuch zu 70% betrieblich, zu 10% für Fahrten zwi-

I. Praktische Beispiele zum Allgemeinen Teil **109**

schen Wohnung und Arbeitsstätte und zu 20% für Privatfahrten genutzt. Die im Laufe des Jahres angefallenen Kosten setzen sich wie folgt zusammen:

Versicherungsbeiträge	EUR 1.500,–
Kfz-Steuer	EUR 500,–
Abschreibung	EUR 5.000,–
laufende Kosten und Reparaturen	EUR 3.000,–

Das Fahrzeug wurde als Neuwagen erworben, für den Kaufpreis wurde die Vorsteuer geltend gemacht. Die laufenden Kosten und Reparaturen enthalten allesamt Vorsteuer.

Der private Nutzungsanteil beläuft sich auf 20%, da die Fahrten zwischen Wohnung und Arbeitsstätte umsatzsteuerlich der unternehmerischen Nutzung des Fahrzeugs zuzurechnen sind. Die Bemessungsgrundlage für die unentgeltliche Wertabgabe ist demnach wie folgt zu ermitteln:

Kosten, bei denen Vorsteuerabzug möglich war: EUR 8.000,–
davon 20% EUR 1.600,–

Die Bemessungsgrundlage für die unentgeltliche Wertgabe beläuft sich somit auf EUR 1.600,–.

Rechtsgrundlage: § 10 Abs. 4 UStG; Abschnitt 155 Abs. 3 UStR
BMF-Schreiben vom 27.08.2004,
BStBl. I 2004 S. 864 UR 2004, 551.

Beispiel 109: Sachgerechte Schätzung der Kfz-Nutzung bei fehlendem Fahrtenbuch

Der Handelsvertreter HV nutzt den im Unternehmensvermögen befindlichen PKW auch für private Zwecke. Da ein ordnungsgemäßes Fahrtenbuch nicht vorliegt, wird ertragsteuerlich die 1%-Regelung angewandt. HV hat allerdings für einige Monate Aufzeichnungen über die betrieblich bedingten Fahrten geführt, aus denen sich ein durchschnittlicher betrieblicher Nutzungsanteil von 80% nachweisen lässt. Der PKW, der einen Bruttolistenpreis von EUR 40.000,– besitzt, wurde von HV im Vorjahr als Gebrauchtwagen von einem Privatmann zu einem Preis von EUR 25.000,– erworben. Im laufenden Jahr sind folgende Kosten entstanden:

279

110 D. Praktische Beispiele

Abschreibung: EUR 5.000,–
Kfz-Steuer: EUR 500,–
Kfz-Versicherung: EUR 1.000,–
Kfz-Betriebskosten: EUR 2.500,–
Kfz-Reparaturen: EUR 1.500,–

Nach der 1%-Regelung würde sich als Bemessungsgrundlage für die Kfz-Nutzung ergeben:

EUR 40.000,– × 12 × 1% = EUR 4.800,– ./. EUR 960,– (20%)
= EUR 3.840,–

Wird der private Nutzungsanteil dagegen auf der Grundlage einer sachgerechten Schätzung ermittelt, ergibt sich folgender Wert:

Vorsteuerbelastete Kosten: EUR 4.000,– × 20% = EUR 800,–
(Betriebskosten u. Reparaturen)

HV setzt daher EUR 800,– als Bemessungsgrundlage für die unentgeltliche Wertabgabe in Form der Nutzung des unternehmenseigenen Kraftfahrzeugs an.

Rechtsgrundlage: § 10 Abs. 4 UStG; Abschnitt 155 Abs. 3 UStR
BMF-Schreiben vom 27.08.2004,
BStBl. I 2004 S. 864, UR 2004, 551

Beispiel 110: Private Kraftfahrzeugnutzung nach der pauschalen 1%-Regelung

Der Diplom-Ingenieur I aus Itzehoe tritt am 1. Juli 2007 als Komplementär in die K. KG in Karlsruhe ein. Der für ihn von der KG zum Preis von EUR 30.000,– erworbene Firmenwagen hat einen Neulistenpreis von brutto EUR 52.000,–. Die Familie des I bleibt im Jahr 2007 noch in Itzehoe. I nimmt sich in Karlsruhe ein Zimmer, das 3 km vom Büro der KG entfernt liegt und fährt fast jede Woche (insgesamt 20 mal in 2007) zur Familie ins 680 km entfernt gelegene Itzehoe.

Die Bemessungsgrundlage für die unentgeltliche Wertabgabe ermittelt sich für 2007 wie folgt:

1% des Neulistenpreis von EUR 52.000,– × 6 Monate = EUR 3.120,–
./. 20% pauschale Kürzung für
vorsteuerunbelastete Kosten EUR 624,–
EUR 2.496,–

Die Fahrten zwischen Wohnung und Arbeitsstätte sowie die Familienheimfahrten sind der unternehmerischen Nutzung des Fahrzeugs zuzurechnen. Auch eine Vorsteuerkürzung nach § 15 Abs. 1a UStG ist nicht vorzunehmen.

Hieraus errechnet sich die geschuldete Umsatzsteuer wie folgt:

19% a/EUR 2.496,–   = EUR 474,24

Rechtsgrundlage: § 10 Abs. 4 UStG; Abschnitt 155 Abs. 3 UStR
BMF-Schreiben vom 27.08.2004,
BStBl. I 2004 S. 864 UR 2004, 551.

Beispiel 111: Freie Kost und Logis an Arbeitnehmer

Ein Hotelunternehmer im Schwarzwald stellt dem Angestellten A freie Kost und Logis zur Verfügung. Lohnsteuerlich handelt es sich um Sachbezüge, deren Wert nach der Sachbezugsverordnung zu bemessen ist. Hiernach sind für 2008 für die beheizte Unterkunft EUR 198,00 und für die freie Verpflegung EUR 205,– als monatlicher Wert des Sachbezugs anzusetzen.

Umsatzsteuerlich können diese Werte übernommen werden. Bei der freien Unterkunft handelt es sich um eine nach § 4 Nr. 12 UStG steuerfreie Vermietungsleistung, da für die Arbeitnehmer gesonderte Räume zur Verfügung stehen, die nicht zur Beherbergung von Gästen verwendet werden. Für die freie Verpflegung ist der Regelsteuersatz anzuwenden. Dabei ist der lohnsteuerliche Wert als Bruttowert anzusehen. Die Umsatzsteuer ist also herauszurechnen. Somit fallen im Monat Mai 2008 folgende Umsatzsteuerbeträge für den Sachbezug an:

EUR 205,– × 100/119 = 172,27 × 19% = EUR 32,73.

Rechtsgrundlage: § 1 Abs. 1 Nr. 1 UStG; Abschnitt 12 Abs. 5, 8 und
9 UStR, § 2 Abs. 1, 3 SvEV.

Beispiel 112: Verbilligte Abgabe von Mahlzeiten an Arbeitnehmer

Der Unternehmer U aus Ulm gibt an seine Arbeitnehmer Gutscheine für Mittagessen in einer nahe gelegenen Gaststätte zum Preis von EUR 1,– aus. Mit dem Gaststätteninhaber hat er einen Preis von EUR 4,– pro Essen vereinbart.

Es liegen zwei Lieferungen vor: zum einen die Lieferung vom Gaststätteninhaber an U, zum zweiten die Lieferung von U an seine Arbeitnehmer. Bemessungsgrundlage für die Abgabe der Mahlzeiten sind die entstandenen Kosten abzüglich Umsatzsteuer, somit EUR 4,– abzüglich der herauszurechnenden Umsatzsteuer von 19%, somit EUR 3,36 je Essen. Die hierauf entfallende Umsatzsteuer beträgt EUR 0,64. Die vom Gaststätteninhaber an U in Rechnung gestellte Umsatzsteuer kann U als Vorsteuer geltend machen.

Gibt der Unternehmer die Mahlzeiten in einer eigenen Kantine an die Beschäftigten ab, so können bei der Ermittlung der Bemessungsgrundlage die amtlichen Sachbezugswerte zugrunde gelegt werden. Der für 2008 geltende Wert für ein Mittagessen beträgt EUR 2,67. Diese Werte stellen die Mindestbemessungsgrundlage dar. Übersteigen die tatsächlichen Zahlungen der Arbeitnehmer die Sachbezugswerte, so ist der höhere Entgeltsbetrag anzusetzen.

Rechtsgrundlage: § 1 Abs. 1Nr. 1 UStG; Abschnitt 12 Abs. 11–12 UStR
  Sachbezugswerte: § 2 Abs. 1, 6 SvEV, Abschnitt 31 Abs. 7 LStR.

Beispiel 113: Kfz-Gestellung an Arbeitnehmer

Der Diplom-Ingenieur K aus Karlsruhe tritt am 1.4.2008 als Angestellter in das Mobilfunk-Unternehmen M in München ein. Er bekommt einen Firmenwagen mit Bruttolistenpreis EUR 30.000,00 auch zu seiner privaten Verfügung gestellt. K nimmt sich in München eine kleine Wohnung, behält jedoch die Familienwohnung in Karlsruhe bei. Für den Monat April 2008 fallen 20 Fahrten zwischen seiner Münchener Wohnung und der 5 km entfernten Arbeitsstätte und 4 Familienheimfahrten nach Karlsruhe (einfache Entfernung: 300 km) an.

Lohnsteuerlich berechnet sich der Wert des geldwerten Vorteils für den April 2008 wie folgt:

Privatnutzung: 1% a/EUR 30.000,–	= EUR 300,–
Fahrten zwischen Wohnung und Arbeitsstätte: 0,03% a/EUR 30.000,– × 5 km	= EUR 45,–
Summe:	EUR 345,–

Hinsichtlich der Lohnsteuer kann die Besteuerung für eine Familienheimfahrt pro Woche bei einer steuerlich anzuerkennenden doppelten Haushaltsführung unterbleiben. Für Umsatzsteuerzwecke ist der Wert der Familienheimfahrten jedoch der Bemessungsgrundlage hinzuzurechnen. Er ermittelt sich wie folgt:

0,002 % a/EUR 30.000,– × 300 km × 4 Fahrten = EUR 720,–

Somit sind umsatzsteuerlich als Bruttowert des geldwerten Vorteils EUR 1.065,– im Monat April 2008 anzusetzen. Aus diesem Betrag ist die Umsatzsteuer (19/119 aus EUR 1.065,– = EUR 170,04) herauszurechnen. Eine Kürzung der Bemessungsgrundlage von EUR 894,96 um nicht vorsteuerbelastete Kostenanteile ist nicht möglich. Der Arbeitgeber hat für die Kfz-Gestellung an K also EUR 170,04 an Umsatzsteuer abzuführen.

Rechtsgrundlage: § 1 Abs. 1 Nr. 1 UStG; Abschnitt 12 Abs. 18 UStR BMF-Schreiben vom 27.08.2004, BStBl. I 2004 S. 864 UR 2004, 551.

Beispiel 114: Kfz-Gestellung an Arbeitnehmer bei Führung eines Fahrtenbuches

Der Angestellte A ist beim Mobilfunk-Unternehmen M in München beschäftigt und kann ein Firmenfahrzeug auch zu privaten Zwecken nutzen. Im Jahr 2007 beträgt die Gesamtkilometerleistung 80.000 km. Laut ordnungsgemäß geführtem Fahrtenbuch teilt sich diese wie folgt auf:

Dienstfahrten	40.000 km
Fahrten zwischen Wohnung an Arbeitsstätte: 230 Tage × 5 km einfache Entfernung × 2	2.300 km
Familienheimfahrten: 48 Fahrten × 300 km × 2	28.800 km
Sonstige Privatfahrten:	8.900 km
Summe:	80.000 km

Für die Unterhaltung des Fahrzeugs sind in 2007 insgesamt EUR 18.000,– an Gesamtaufwendungen (einschließlich Abschreibung) zu verzeichnen.

Bei Ermittlung der umsatzsteuerlichen Bemessungsgrundlage sind sämtliche Aufwendungen einzubeziehen, unabhängig davon, ob sie zum Vorsteuerabzug berechtigt haben, da es sich um ein entgeltliches Geschäft handelt. Die Bemessungsgrundlage errechnet sich dann wie folgt:

D. Praktische Beispiele

Anteil der Privatfahrten (2.300 + 28.800 + 8.900)/80.000 = 50%
Bemessungsgrundlage: 50% a/EUR 18.000,– = EUR 9.000,–
Umsatzsteuer: 16% a/EUR 9.000,– = EUR 1.440,–

Rechtsgrundlage: § 1 Abs. 1 Nr. 1 UStG; Abschnitt 12 Abs. 18 UStR BMF-Schreiben vom 27.08.2004, BStBl. I 2004 S. 864 UR 2004, 551.

Beispiel 115: Skonto als (nachträgliche) Minderung der Bemessungsgrundlage

Der in der IT-Branche tätige Unternehmer C aus Celle liefert eine Computeranlage an die in Celle tätige Zweigstelle der Bank B. Die Auslieferung erfolgt am 28.12.2006, die Rechnungsstellung am 29.12.2006 über EUR 100.000,– zuzüglich 16% Umsatzsteuer, somit insgesamt EUR 116.000,–. Am 08.01.2007 überweist B gemäß den vereinbarten Zahlungskonditionen EUR 112.520,– (EUR 116.000,– abzüglich 3% Skonto).

In der Umsatzsteuer-Voranmeldung für den Monat Dezember 2006 hat C den vollen Rechnungsbetrag, also netto EUR 100.000,– der Besteuerung zu unterwerfen. Die Minderung der Bemessungsgrundlage durch den Skontoabzug tritt erst im Voranmeldungszeitraum Januar 2007 ein. Somit hat C in der Voranmeldung für Januar 2007 einen negativen Umsatz zu 16% in Höhe von netto EUR 3.000,– anzugeben.

Rechtsgrundlage: § 10 Abs. 1, § 17 Abs. 1 UStG; Abschnitte 151, 223 UStR.

4. Steuersätze

Beispiel 116: Ermäßigter Steuersatz für Druckerzeugnisse

Eine Gemeinde gibt der örtlichen Druckerei den Auftrag, anlässlich des 750-jährigen Ortsjubiläums einen Werbeprospekt sowie einen Bildband zur 750-jährigen Geschichte des Ortes zu drucken. Der Druck des Buches ist dem ermäßigten Steuersatz zu unterwerfen. Dagegen findet für den Druck des Werbeprospektes der Regelsteuersatz Anwendung.

Rechtsgrundlage: § 12 Abs. 2 Nr. 1 UStG (Nr. 49 der Anlage 2 zum UStG).

Beispiel 117: Prothetikleistungen eines Zahnarztes

Der Zahnarzt Dr. Z aus Zwickau führt für einen Patienten folgende Leistungen aus: er ersetzt einen Backenzahn durch eine Goldkrone und implantiert eine Brücke. Die Goldkrone lässt er in seinem Eigenlabor durch einen angestellten Zahntechniker erstellen, die Brücke wird durch ein zahntechnisches Labor angefertigt.

Zu den unter die Steuerbefreiung der heilberuflichen Tätigkeit fallenden Umsätzen zählen das Ziehen des Backenzahns und die Vorbehandlung und das Einsetzen der Krone und der Brücke. Ebenfalls unter die Steuerbefreiung fällt die Lieferung der Brücke, die vom zahntechnischen Labor zum ermäßigten Steuersatz ausgeführt wird. Die Steuerfreiheit dieser Leistungen führt zum Ausschluss des Vorsteuerabzugs. Dagegen stellt die Lieferung der Goldkrone eine steuerpflichtige, unter den ermäßigten Steuersatz fallende Leistung dar. Für die Materialkosten (Gold) und die sonstigen Kosten, die hierfür entstehen, ist der Vorsteuerabzug möglich.

Rechtsgrundlage: § 12 Abs. 2 Nr. 6 UStG, Abschnitte 89, 165 UStR.

Beispiel 118: Ermäßigter Steuersatz für Rockkonzerte

Eine Rockband aus Heidelberg hat in der letzten Dezember-Woche folgende drei Auftritte:
1. Sie veranstaltet in Heidelberg in Eigenregie ein Rockkonzert, mietet also die Räumlichkeiten an und übernimmt den Verkauf der Eintrittskarten.
2. Sie tritt für einen Konzert-Veranstalter in Frankfurt auf.
3. Bei einer Silvester-Veranstaltung in Mannheim mit kalten Buffet sorgt sie für die musikalische Umrahmung.

In den ersten beiden Fällen steht die musikalische Veranstaltung im Vordergrund, d. h. die Eintrittsgelder werden für die musikalische Darbietung gezahlt. Im dritten Fall werden dagegen für das Eintrittsgeld Nebenleistungen von nicht untergeordneter Bedeutung (kaltes Buffet) erbracht. Somit gilt für die Eintrittsgelder nur in den ersten beiden Fällen der ermäßigte Steuersatz. Im dritten Fall muss der Veranstalter für das Eintrittsgeld den Regelsteuersatz berechnen.

Die Band erbringt im Fall 1 als Veranstalter eine Leistung, die in der Verschaffung der Eintrittsberechtigung für ein Konzert besteht. Für diese Leistung war auch nach früherer nationaler Rechtslage der ermäßigte Steuersatz anzuwenden. In den Fällen 2 und 3 ist die Band als Ensemble ausübender Künstler für einen Veranstalter tätig. Nach der in der Folge des EuGH-Urteils vom 23.10.2003 geänderten Gesetzeslage (Änderung des § 12 Abs. 2 Nr. 7a UStG durch Richtlinien-Umsetzungsgesetz vom 9.12.2004) gilt auch für diese Leistungen der ermäßigte Steuersatz. Für die ausübenden Künstler ist es unerheblich, ob ihre Leistung im Rahmen eines begünstigten Konzerts oder der Silvester-Veranstaltung mit kaltem Buffet dargeboten wird.

Rechtsgrundlage: § 12 Abs. 2 Nr. 7 Buchst. a UStG; Abschnitt 166 UStR; EuGH-Urteil vom 23.10.2003, Rs. C-109/92, BStBl. II 2004, S. 337.

Beispiel 119: Ermäßigter Steuersatz für die Veräußerung von Urheberrechten

Ein Professor der Volkswirtschaftslehre hält einen Vortrag über die Geldpolitik der Europäischen Zentralbank auf einer von einer Bank veranstalteten Tagung. Der Vortrag wird in einer Fachzeitschrift veröffentlicht und in Auszügen im Rundfunk gesendet. Der Vortrag als solcher beinhaltet keine Übertragung von Urheberrechten, somit ist die Leistung, die gegenüber der die Tagung veranstaltenden Bank erbracht wird, dem Regelsteuersatz zu unterwerfen. Dagegen werden mit der Genehmigung zur Veröffentlichung in der Fachzeitschrift und im Rundfunk Urheberrechte übertragen. Für diese Leistungen gilt der ermäßigte Steuersatz.

Rechtsgrundlage: § 12 Abs. 2 Nr. 7 Buchst. c UStG; Abschnitt 168 Abs. 13 UStR.

Beispiel 120: Ermäßigter Steuersatz bei Leistungen eines Fotografen

Ein Fotograf unterhält ein Studio, in dem er Personenaufnahmen durchführt und die Fotos, z.B. Passbilder an seine Kunden verkauft. Gelegentlich arbeitet er auch für einen Verlag, der Reiseführer herausgibt, und stellt diesem Landschaftsaufnahmen zur Veröffentlichung zur Verfügung.

Während im ersten Fall die Leistung des Fotografen in der Lieferung einer nicht-begünstigten Sache (Fotos) besteht und somit der Regelsteuersatz anzuwenden ist, werden im zweiten Fall Urheberrechte übertragen. Für die Übertragung der Urheberrechte an den Verlag gilt der ermäßigte Steuersatz.

Rechtsgrundlage: § 12 Abs. 2 Nr. 7 Buchst. c UStG; Abschnitt 168 Abs. 18 UStR.

Beispiel 121: Ermäßigter Steuersatz für Software

Der Informatiker I aus Ingolstadt erhält vom Softwareunternehmen S den Auftrag zur Entwicklung einer Abrechnungs-Software für Ärzte. Vertragsgemäß überträgt I sämtliche Vervielfältigungs- und Verbreitungsrechte an S. S vertreibt die Software über die unternehmenseigenen Vertriebskanäle an die Ärzteschaft.

Die Leistung des I besteht in der Hauptsache in der Übertragung der Urheberrechte an der Software. Die Leistung des I an S unterliegt somit dem ermäßigten Steuersatz. Dagegen ist die Leistung des S als Lieferung von Standardsoftware zu behandeln. Da hier keine Urheberrechte übertragen werden, kommt die Steuerermäßigung nicht in Betracht. Die Umsätze des S unterliegen somit dem Regelsteuersatz.

Rechtsgrundlage: § 12 Abs. 2 Nr. 7 Buchst. c UStG; Abschnitt 168 Abs. 1 und 3 UStR.

Beispiel 122: Kein ermäßigter Steuersatz für Software bei fehlender Verbreitungsabsicht

Der Informatiker I aus Ingolstadt entwickelt eine Software für die Steuerung von Industrieöfen für ein deutsches Konzernunternehmen. Mit der erworbenen Software sollen die im Konzernverbund betriebenen Industrieöfen zur Optimierung bestimmter Prozesse der Stahlhärtung ausgerüstet werden. Der Vertrag schließt die Verwertung der Software für die inländischen Tochterunternehmen des Konzerns ausdrücklich mit ein.

Da die Software zur Anwendung im Unternehmen bestimmt ist, somit die unternehmensinterne Nutzung des Programms, nicht die Verwertung durch Vervielfältigung im Sinne einer Vermarktung im Vordergrund steht, ist die Übertragung der Urheberrechte lediglich als Nebenleistung anzusehen. Die Steuerermäßigung für die Übertragung von Urheberrechten scheidet somit aus. Die Überlassung der Software an die Organgesellschaften ist nicht ausreichend, um die Absicht der

Verbreitung der Software zu dokumentieren. Obwohl eine urheberrechtsfähige Individualsoftware vorliegt, kommt die Anwendung des ermäßigten Steuersatzes somit nicht in Betracht.

Rechtsgrundlage: § 12 Abs. 2 Nr. 7 Buchst. c UStG; Abschnitt 168 Abs. 1 UStR
BFH-Urteile vom 16.08.2001, V R 42/99 (UR 2002, 133) und vom 27.09.2001, V R 14/01 (UR 2002, 136).

Beispiel 123: Kein ermäßigter Steuersatz für wirtschaftliche Geschäftsbetriebe

Ein gemeinnütziger Sportverein veranstaltet ein Leichtathletik-Sportfest, zu dem Berufssportler eingeladen werden. Von den Zuschauern werden Eintrittsgelder erhoben. Da ein wirtschaftlicher Geschäftsbetrieb vorliegt, ist die Anwendung des ermäßigten Steuersatzes ausgeschlossen.

Rechtsgrundlage: § 12 Abs. 2 Nr. 8 Buchst. a UStG; Abschnitt 170 Abs. 5 und 6 UStR.

Beispiel 124: Schwimmbad in einem Fitness-Club

Ein Fitness-Club unterhält neben verschiedenen Trainingseinrichtungen eine Sauna und ein Schwimmbad. Mit Ausnahme des Schwimmbads werden die Einrichtungen gegen Entrichtung des Mitgliedsbeitrages zur Verfügung gestellt. Für die Benutzung des Schwimmbads werden gesonderte Gebühren erhoben. Zutritt zum Schwimmbad haben auch Nicht-Mitglieder. In diesem Fall ist für die Benutzung des Schwimmbads der ermäßigte Steuersatz zu erheben. Die Benutzung der Sauna, die für sich gesehen ebenfalls dem ermäßigten Steuersatz unterliegen würde, ist dagegen mit dem Regelsteuersatz zu besteuern, da das Entgelt hierfür mit dem Mitgliedsbeitrag abgegolten ist.

Rechtsgrundlage: § 12 Abs. 2 Nr. 9 UStG; Abschnitt 171 UStR.

Beispiel 125: Steuersatz für Schiffsreisen

Eine Schifffahrtsgesellschaft bietet unter anderem eine zweitägige Fahrt auf dem Rhein von Köln nach Mannheim an. Bei der zweitägigen Fahrt ist im Pauschalpreis neben der Fahrt die Unterbringung und Verpflegung enthalten. Beförderung, Unterbringung und Verpflegung werden in beiden Fällen im Inland ausgeführt und sind steuerbar. Unterbringung und Verpflegung bei der Pauschalreise werden von der Finanzverwaltung als Nebenleistung zur Personenbeförderung behandelt, sie teilen damit das umsatzsteuerliche Schicksal der Hauptleistung.

Für die Personenbeförderung auf Schiffen gilt (derzeit) noch bis zum 31.12.2011 unabhängig von der Beförderungsstrecke der ermäßigte Steuersatz.

Rechtsgrundlage: § 12 Abs. 2 Nr. 10 UStG; Abschnitt 172 UStR 2005.

Beispiel 126: Maßgebender Steuersatz bei Lieferungen

Der Krankengymnast K aus Köln bestellt am 13.12.2006 eine Behandlungsliege zum Preis von EUR 3.000,– zuzüglich Umsatzsteuer beim Händler H in Hamburg. Dieser ordert die Behandlungsliege beim Hersteller M in München und beauftragt diesen, die Ware direkt an K in Köln auszuliefern. Am 31.12.2006 übergibt M die Behandlungsliege an eine Spedition. Die Auslieferung an K erfolgt am 02.01.2007. Bei dem vorliegenden Reihengeschäft ist die erste Lieferung (M an H) als Versendungslieferung, die zweite Lieferung (H an K) als ruhende Lieferung anzusehen. Die Lieferung von M an H wird an dem Ort erbracht, an dem die Versendung beginnt. Somit wird die erste Lieferung am 31.12.2006 bewirkt und unterliegt dem Steuersatz von 16%. Die Lieferung von H an K wird hingegen am Zielort der Versendung, in Köln, bewirkt. Somit wird die zweite Lieferung in der Reihe erst am 02.01.2007 erbracht. Sie unterliegt dem Steuersatz von 19%.

Rechtsgrundlage: § 3 Abs. 6, § 12 Abs. 1 UStG; Abschnitt 160 UStR BMF-Schreiben vom 11.08.2006, BStBl. I 2006, S. 477.

Beispiel 127: Behandlung von Teilleistungen eines Bauunternehmers bei Steuersatzänderung

Der Bauunternehmer B aus Berlin führt die Rohbauarbeiten an einem vierstöckigen Wohngebäude für eine Wohnungsbaugesellschaft aus. Zum Zeitpunkt der Steuersatzänderung am 01.01.2007 sind zwei Stockwerke bereits fertiggestellt, das dritte Stockwerk befindet sich in

Bau. Da für den Bau der einzelnen Stockwerke gesonderte, vor dem 01.01.2007 geschlossene Vereinbarungen bestehen und die beiden fertiggestellten Stockwerke bereits gesondert abgenommen wurden (mit entsprechender Wirkung auf die Gewährleistungsfrist), ist eine Abrechnung über Teilleistungen möglich. Die beiden vor dem 01.01.2007 fertiggestellten Stockwerke können zum Steuersatz von 16% abgerechnet werden, für die übrigen gilt der Steuersatz von 19%. Würde im vorliegenden Fall keine Vereinbarungen über Teilleistungen, sondern lediglich über Abschlagszahlungen vorliegen, so wäre die Leistung insgesamt dem Steuersatz von 19% zu unterwerfen.

Rechtsgrundlage: § 12 Abs. 1 UStG; § 27 Abs. 1 UStG; Abschnitte 160, 180 UStR
BMF-Schreiben vom 11.08.2006, BStBl. I 2006, S. 477; Verfügung OFD Karlsruhe vom 19.09.2005, USt-Kartei S 7270 Karte 2, UR 2006, S. 302.

5. Vorsteuerabzug und Vorsteuerberichtigung

Beispiel 128: Vorsteuerabzug ausländischer Unternehmer

Ein italienischer Textilhersteller hält sich zum Besuch einer Textilmesse in Düsseldorf auf. Durch den Messebesuch entstehen ihm Kosten für Eintritt, Hotel und Verpflegung. Für den Vorsteuerabzug ist die Ansässigkeit des Unternehmers im Inland nicht erforderlich. Falls der italienische Unternehmer in Deutschland keine steuerbaren Umsätze ausgeführt hat, kann er sich die Vorsteuerbeträge über das Vergütungsverfahren beim Bundeszentralamt für Steuern erstatten lassen. Voraussetzung ist allerdings, dass die Vorsteuerbeträge EUR 25,– übersteigen.

Rechtsgrundlage: § 15 Abs. 1 Nr. 1 UStG; Abschnitt 191 Abs. 2 UStR;
Art. 169 MWStSystRL
Vorsteuervergütungsverfahren: § 18 Abs. 9 UStG;
§§ 59–61 UStDV.

Beispiel 129: Spätere Änderung der Zuordnungsentscheidung

Ein Handwerksmeister errichtet in 2005 ein Gebäude, dass er zunächst zu 30% unternehmerisch und zu 70% privat nutzt. Er macht den Vorsteuerabzug aus den Herstellungskosten entsprechend der unternehmerischen Nutzung mit 30% geltend. Im Jahr 2008 werden weitere Flächen des Gebäudes in die unternehmerische Nutzung einbezogen, deren Anteil sich hierdurch auf 50% erhöht.

Für das Gebäude wurde, wie aus dem geltend gemachten Vorsteuerabzug ersichtlich ist, eine Zuordnungsentscheidung dergestalt getroffen, dass 30% dem Unternehmensvermögen zugerechnet wurden. Wird in 2008 die Zuordnung zum Unternehmensvermögen von 30% auf 50% erhöht, hat dies nur Einfluss auf die ab 2008 anfallenden Vorsteuern. Die Möglichkeit einer Vorsteuerberichtigung für die in 2005 angefallenen Herstellungskosten besteht nicht.

Rechtsgrundlage: § 15 Abs. 1 Nr. 1 UStG; Abschnitt 192 Abs. 21 UStR.

Beispiel 130: Zuordnung zum Unternehmensvermögen bei gemischt-genutzten Grundstücken

Ein vom Bauunternehmer B errichtetes Wohn- und Geschäftsgebäude in Citylage wird wie folgt genutzt: Im Erdgeschoss ist ein Ladengeschäft untergebracht, in der ersten Etage befindet sich eine Arztpraxis, zweite bis vierte Etage sind zu Wohnzwecken vermietet, das Dachgeschoss wird von B privat genutzt.

Die umsatzsteuerliche Behandlung ist im vorliegenden Fall davon abhängig, inwieweit der Bauunternehmer das Grundstück dem Unternehmen zugeordnet hat. Für Erdgeschoss bis vierte Etage besteht hierbei für den Unternehmer kein Zuordnungswahlrecht, da sie allesamt vermietet sind und damit unternehmerisch genutzt werden. Somit zählen sie notwendigerweise zum Unternehmensvermögen. Die Vermietungsumsätze sind steuerfrei, für die Vermietung des Erdgeschosses kann zur Umsatzsteuer optiert werden. Wird die Option ausgesprochen, so sind die anteiligen, auf das Erdgeschoss entfallenden Vorsteuern aus den Herstellungskosten abziehbar. Ein Wahlrecht bei der Zuordnung zum Unternehmens- oder Privatvermögen besteht hinsichtlich der Wohnung im fünften Obergeschoss. Wird diese dem Unternehmensvermögen zugerechnet, so sind zwei Fälle zu unterscheiden:

Wird das Erdgeschoss steuerpflichtig vermietet, so führt die Zuordnung der privat genutzten Wohnung zum Unternehmensvermögen dazu, dass hinsichtlich der Überlassung des Dachgeschosses eine steuerbare und steuerpflichtige unentgeltliche Wertabgabe vorliegt. Gemäß

§ 3 Abs. 9a Nr. 1 UStG ist eine unentgeltliche Wertabgabe nur insoweit steuerbar, als der Gegenstand zum vollen oder teilweisen Vorsteuerabzug berechtigt hat. Ist dies aufgrund der Option zur Steuerpflicht hinsichtlich der Vermietung des Erdgeschosses gegeben, wird auch die unentgeltliche Wertabgabe steuerbar und (da die Steuerbefreiung des § 4 Nr. 12 UStG nicht greift) steuerpflichtig. Somit kann auch der Vorsteuerabzug für die anteilig auf das Dachgeschoss entfallenden Kosten geltend gemacht werden. In die Bemessungsgrundlage für die unentgeltliche Wertabgabe fließen die Anschaffungs- oder Herstellungskosten mit jährlich 10% ein (§ 10 Abs. 4 Nr. 2 Satz 3 UStG).

Wird das Erdgeschoss steuerfrei vermietet, so besteht aus der unternehmerischen Nutzung des Gebäudes kein Vorsteuerabzug. Insoweit ist auch die unentgeltliche Wertabgabe nicht steuerbar. Ein Vorsteuerabzug scheidet insgesamt aus.

Rechtsgrundlage: §§ 9, 15 Abs. 1 UStG; BMF-Schreiben vom 13.04.2004, BStBl. I 2004, S. 468
EuGH-Urteil vom 04.10.1995, BStBl. II 1996,
S. 392; EuGH-Urteil vom 08.05.2003,
Rs. C-269/00, BStBl. II 2004, S. 378.

Beispiel 131: Vorsteuerabzug für ein Arbeitszimmer im gemeinschaftlichen Eigentum

Ein Finanzrichter nutzt einen Teil eines Einfamilienhauses für seine steuerpflichtige schriftstellerische Tätigkeit. Das Arbeitszimmer hat einen flächenmäßigen Anteil von 15% am Gesamtgebäude, das sich im gemeinschaftlichen Eigentum des Finanzrichters und seiner Ehefrau befindet. Der Finanzrichter macht in seiner Umsatzsteuererklärung 15% der Vorsteuerbeträge aus Rechnungen geltend, die das Gesamtgebäude betreffen und auf „Eheleute" ausgestellt sind.

Die Zuordnung des gemischt-genutzten Gebäudes zum Unternehmensvermögen ist (anteilig) möglich, da der unternehmerisch genutzte Teil nicht weniger als 10% ausmacht (§ 15 Abs. 1 Satz 2 UStG). Der Finanzrichter hat 15% des Gebäudes zum Unternehmensvermögen zugeordnet. Entsprechend dem EuGH-Urteil vom 21.04.2005 steht ihm das Recht auf Vorsteuerabzug für die gesamte Mehrwertsteuerbelastung des von ihm für unternehmerische Zwecke verwendeten Teils des Gebäudes zu, sofern der Anteil des Vorsteuerabzugs nicht über seinen Miteigentumsanteil hinausgeht. Weiterhin hat der EuGH im genannten

I. Praktische Beispiele zum Allgemeinen Teil **132–133**

Urteil ausgeführt, dass eine Rechnung, die auf Eheleute ausgestellt ist, für den Zwecks des Vorsteuerabzugs des Ehemanns ausreichend ist. Der vom Finanzrichter in seiner Umsatzsteuererklärung geltend gemachte Vorsteuerabzug ist somit zutreffend.

Rechtsgrundlage: §15 Abs. 1 UStG; Abschnitt 192 Abs. 21 UStR EuGH-Urteil vom 21.4.2005, Rs. C-25/03, UR 2005, S. 324.

Beispiel 132: Umsatzsteuerausweis eines Kleinunternehmers

Der selbstständige Dachdeckermeister D aus Düsseldorf lässt sich vom Informatik-Studenten I ein Computer-Programm für betriebliche Zwecke erstellen. I ist neben seinem Studium für verschiedene Unternehmer und Privatkunden in der Softwareentwicklung und beim Umrüsten von Computern tätig. Er überschreitet die Kleinunternehmergrenzen nicht und hat auch nicht zur Regelbesteuerung optiert. In der Rechnung an D weist I Umsatzsteuer gesondert aus.

Da I die Kleinunternehmer-Regelung anwendet und somit nicht zum gesonderten Ausweis der Umsatzsteuer berechtigt ist, kann D die ausgewiesene Umsatzsteuer nicht als Vorsteuer geltend machen. I schuldet die unberechtigterweise ausgewiesene Umsatzsteuer nach § 14c Abs. 2 UStG.

Rechtsgrundlage: § 15 Abs. 1 Nr. 1 UStG; Abschn. 192 Abs. 1 UStR.

Beispiel 133: Scheinselbstständigkeit und Umsatzsteuerausweis

Die Werbeagentur W beschäftigt den Grafiker G, der Werbeanzeigen, Plakate, etc. gestaltet. Die Arbeitszeiten des G sind von der Auftragslage abhängig und schwankend. Im Durchschnitt arbeitet er 40 bis 45 Stunden pro Woche. Er erhält feste monatliche Bezüge von EUR 3.000,– zuzüglich Umsatzsteuer, über die er Rechnungen mit gesondertem Umsatzsteuerausweis erstellt. Mehrarbeitszeiten werden nicht gesondert vergütet. Für Urlaub und krankheitsbedingte Fehltage erfolgt keine Kürzung der Vergütung. G ist nicht für andere Unternehmer tätig.

Da G nach dem Gesamtbild der Verhältnisse (feste Vergütung, Eingliederung in den Betrieb des W, Anspruch auf Vergütung bei Urlaub und Krankheit) als nicht-selbstständig einzustufen ist, verfügt er nicht über Unternehmereigenschaft. Die von ihm als Nicht-Unternehmer ausgestellten Rechnungen berechtigen nicht zum Vorsteuerabzug. G schuldet hingegen die ausgewiesene Umsatzsteuer nach § 14c Abs. 2 UStG. Die Möglichkeit der Rechnungsberichtigung besteht, sofern die Gefährdung des Steueraufkommens beseitigt ist. Letzteres ist der Fall, wenn die Werbeagentur W keinen Vorsteuerabzug geltend macht oder die geltend gemachte Vorsteuer zurückgezahlt hat.

Rechtsgrundlage: § 15 Abs. 1 Nr. 1 UStG; Abschnitt 192 Abs. 1 UStR
EuGH-Urteil vom 19.09.2000, Rs. C-454/98,
UR 2000, S. 470.

Beispiel 134: Elektronische Abrechnung

Das Softwareunternehmen S vertreibt Steuerprogramme über das Internet. Um die Rechnungsversendung effizienter zu gestalten, möchte S die Möglichkeiten der elektronischen Abrechnung nutzen.

Um den entsprechenden Erfordernissen gerecht zu werden, müssen die per E-Mail versandten Abrechnungen mit einer qualifizierten elektronischen Signatur versehen werden. Die digitale Signatur und die erforderliche Chipkarte samt Kartenleser erwirbt S von einer entsprechenden Zertifizierungsstelle (z.B. Deutsche Telekom, Deutsche Post AG). Beim E-Mail-Versand der Rechnungen wird das Abrechnungspapier durch den Befehl „Signieren" mit der digitalen Signatur versehen und durch entsprechende Verschlüsselung gegen eine Veränderung durch den Empfänger oder beim Transport durch das Netz abgesichert.

Rechtsgrundlage: § 14 Abs. 3 UStG

Beispiel 135: Anforderungen an eine Rechnung

Der Musikalien-Einzelhändler M. aus München erhält folgende Rechnung eines kleinen Verlags:

I. Praktische Beispiele zum Allgemeinen Teil **136**

```
Sunshine Verlag GmbH                    Regensburg, 16.05.2008
Sonnenstraße 111
93059 Regensburg

Fa. M.
Postfach
80012 München

Rechnung                                                    EUR

Best.-Nr. 2011   CD: Brian Good: Love Songs     3 × EUR 8,–   24,–
Best.-Nr. 2033   CD: Brian Good: Never give up  2 × EUR 6,–   12,–
Best.-Nr. 3017   Buch: Das Leben des Brian Good 1 × EUR 9,–    9,–
Porto, Verpackung                                              4,–
Summe:                                                        49,–

Inclusive Umsatzsteuer:
CDs: 19%, Bücher: 7%
```

Kann M. den Vorsteuerabzug aus der Rechnung geltend machen?

M. ist zum Vorsteuerabzug berechtigt, da der vorliegende Abrechnungsbeleg die Anforderungen einer Kleinbetragsrechnung erfüllt. Würde der Bruttobetrag mehr als EUR 150,– betragen, wären allerdings die Voraussetzungen für den Vorsteuerabzug nicht erfüllt, da die Steuernummer, eine fortlaufende Rechnungsnummer, der Zeitpunkt der Lieferung sowie der gesonderte Ausweis von Entgelt und Steuerbetrag fehlen. Die Angabe der (zutreffenden) Postfachadresse genügt dagegen den Anforderungen an die vollständige Anschrift des Leistungsempfängers.

Rechtsgrundlage: § 15 Abs. 1 Nr. 1 i.V.m. § 14 Abs. 4 UStG;
§ 33 UStDV.

Beispiel 136: Gutschrift an einen Nicht-Unternehmer

Der im Ruhestand befindliche ehemalige Angestellte R vermittelt den Verkauf einer Druckmaschine an die Druckerei, bei der er beschäftigt war. Für diese Vermittlung erhält er vom Druckmaschinenhersteller D eine Provision in Höhe von EUR 595,– ausgezahlt. In der Gutschrift an R, die D erstellt, weist er EUR 95,– als Umsatzsteuer gesondert aus (EUR 500,– + 19% Umsatzsteuer). Die Vermittlung war für R eine einmalige Angelegenheit. Da das Kriterium der Nachhaltigkeit nicht erfüllt ist, liegt bei R keine Unternehmereigenschaft vor.

137–138 D. Praktische Beispiele

Unstrittig ist, dass die Gutschrift den D nicht zum Vorsteuerabzug berechtigt. Fraglich ist, ob ein Fall des unberechtigten Steuerausweises (§ 14c Abs. 2 UStG) gegeben ist. Unseres Erachtens entfaltet die von D ausgestellte Gutschrift nicht die Wirkung einer Rechnung, da der Leistende nicht über die Unternehmereigenschaft verfügt. Dies ist nach § 14 Abs. 2 Satz 2 UStG[172] Voraussetzung dafür, dass durch Gutschrift abgerechnet werden kann. Hiernach ist kein Fall des § 14c Abs. 2 UStG gegeben. Hierzu bestehen in der Literatur gegenteilige Ansichten.[173] Unterstellt man einen Fall nach § 14c Abs. 2 UStG, kann eine Rechnungsberichtigung erfolgen, sofern kein Vorsteuerabzug vorgenommen wurde oder dieser rückgängig gemacht wird.

Rechtsgrundlage: § 15 Abs. 1 Nr. 1 i.V.m. § 14c Abs. 2 UStG.

Beispiel 137: Gutschrift an einen Kleinunternehmer

Der Kleinunternehmer K kauft bei einem Autohaus ein Neufahrzeug und gibt sein Gebrauchtfahrzeug in Zahlung. Das Autohaus rechnet über die Lieferung des Gebrauchtfahrzeugs mit einer Gutschrift ab, da K zu unrecht behauptet, dass er zum Umsatzsteuerausweis berechtigt sei. Der Abzug der in der Gutschrift ausgewiesenen Umsatzsteuer ist nicht möglich, da K als Kleinunternehmer nicht zum Umsatzsteuerausweis berechtigt ist.

K schuldet die Steuer wegen unberechtigtem Steuerausweis nach § 14c Abs. 2 UStG. Die Möglichkeit der Rechnungsberichtigung besteht unter den in § 14 Abs. 2 UStG genannten Voraussetzungen.

Rechtsgrundlage: § 15 Abs. 1 Nr. 1 i.V.m. § 14 Abs. 2 Satz 2 UStG;
Abschnitt 184 Abs. 1 UStR
§ 14c Abs. 2 UStG.

Beispiel 138: Widerspruch gegen eine erteilte Gutschrift

Der angestellte Wirtschaftsprüfer W schreibt gelegentlich Aufsätze für Fachzeitschriften. Da sein Umsatz aus dieser Tätigkeit im Vorjahr EUR 2.000,– betragen hat und nicht mit einer wesentlichen Steigerung im laufenden Jahr zu rechnen ist, unterliegt er als Kleinunternehmer

---

172 Art. 224 Abs. 1 MWStSystRL: „Rechnungen dürfen von einem Erwerber oder Dienstleistungsempfänger für Lieferungen von Gegenständen oder für Dienstleistungen, die von einem *Steuerpflichtigen bewirkt werden*, ausgestellt werden".
173 So etwa: *Wagner*, in: Sölch/Ringleb, Anm. 120 zu § 14 UStG.

nicht der Umsatzbesteuerung. Ein Verzicht auf die Kleinunternehmer-Regelung wurde von W nicht ausgesprochen. Am 22.06. erteilt ihm ein Fachverlag folgende Honorargutschrift:

Honorar für Beitrag in Heft 06	EUR 200,–
7% Umsatzsteuer	EUR 14,–
Gutschrift	EUR 214,–

Falls W nicht ausdrücklich widerspricht, schuldet er nach § 14c Abs. 2 UStG die unzulässig gutgeschriebene Steuer. Der Verlag ist nicht zum Vorsteuerabzug berechtigt.

Rechtsgrundlage: § 15 Abs. 1 Nr. 1 i.V.m. § 14 Abs. 2 Satz 2 UStG; Abschnitt 184 Abs. 1 UStR.

Beispiel 139: Steuerausweis in einer Rechnung über eine steuerfreie Leistung

Der Computervertrieb D in Dresden verkauft im Juni 2008 einen PC an den russischen Unternehmer R, den dieser selbst in Dresden abholt. Da die Steuerfreiheit für Ausfuhrlieferungen an bestimmte Nachweise geknüpft ist, die R erst zu erbringen hat, behandelt D den Umsatz zunächst als steuerpflichtig. Nachdem R die erforderlichen Nachweise (Bescheinigung über Ansässigkeit des T im Ausland, Ausfuhrbestätigung der zuständigen Grenzzollstelle) geliefert hat, führt D eine Rechnungsberichtigung durch, behandelt den Umsatz also als steuerfreie Ausfuhrlieferung.

Die Rechnungsberichtigung im hier gegebenen Fall des unrichtigen Steuerausweises ist möglich, setzt jedoch voraus, dass dem Leistungsempfänger die schriftliche Berichtigungserklärung tatsächlich zugeht oder dass D die Originalrechnung von R zurückerhält. Die Minderung der Umsatzsteuerschuld des D tritt im Besteuerungszeitraum der Rechnungsberichtigung ein.

Rechtsgrundlage: § 14c Abs. 1 UStG; Abschnitt 190c Abs. 1,6 und 7 UStR.

Beispiel 140: Steuerausweis bei nicht-steuerbarer Leistung

Der Bauunternehmer B aus Trier ist an einer Baustelle in Luxemburg tätig, an der ein Bagger im Einsatz ist. Da bei diesem Bagger ein Defekt auftritt, wird der Unternehmer D, ebenfalls mit Sitz in Trier, zu

141 D. Praktische Beispiele

Hilfe gerufen, der feststellt, dass eine Reparatur des Baggers nicht mehr wirtschaftlich wäre. Der Bagger wird daraufhin in Luxemburg verschrottet. Ort der Werkleistung des D ist nach § 3a Abs. 2 UStG der Tätigkeitsort. Eine Verlagerung des Leistungsortes aufgrund der deutschen USt-IdNr. des Leistungsempfängers ist nicht möglich, da der Bagger nach Durchführung der Leistung in Luxemburg verbleibt (§ 3a Abs. 2 Nr. 3c) Satz 2, 3 UStG). Somit wird die Leistung in Luxemburg erbracht und ist in Deutschland nicht steuerbar. D erstellt dennoch eine Rechnung mit gesondertem Umsatzsteuerausweis an B.

Aufgrund des unrichtigen Steuerausweises ist B nicht zum Vorsteuerabzug berechtigt. B schuldet die überhöht ausgewiesene Umsatzsteuer nach § 14c Abs. 1 UStG. Die Möglichkeit der Rechnungsberichtigung besteht.

Rechtsgrundlage: § 14c Abs. 1 UStG; Abschnitt 190c Abs. 1 UStR.

Beispiel 141: Unberechtigter Steuerausweis bei unrichtiger Leistungsbezeichnung

Der Unternehmer U lässt vom Malermeister M seine Privatwohnung tapezieren. Er bittet M, bei der Erstellung der Rechnung die ausgeführte Leistung mit „Malerarbeiten in Ihren Büroräumen" zu bezeichnen. Dieser Bitte kommt M nach.

Es handelt sich im vorliegenden Fall um eine unrichtige Leistungsbezeichnung, die den Tatbestand des unberechtigten Steuerausweises im Sinne von § 14c Abs. 2 UStG erfüllt. M schuldet die ausgewiesene Umsatzsteuer zweimal: zum einen für die tatsächlich ausgeführte Leistung, zum zweiten wegen des unberechtigten Steuerausweises nach § 14c Abs. 2 UStG. Für U besteht keine Berechtigung zum Vorsteuerabzug, da die von M erstellte Abrechnung aufgrund fehlerhafter Leistungsbezeichnung nicht die Kriterien einer Rechnung im Sinne des § 14 UStG erfüllt. Die Möglichkeit der Rechnungsberichtigung besteht unter den Voraussetzungen des § 14c Abs. 2 Satz 3, 4 UStG (Beseitigung der Gefährdung des Steueraufkommens).

Rechtsgrundlage: § 14c Abs. 2 UStG; Abschnitt 190d Abs. 2 Nr. 3 UStR.

Beispiel 142: Rechnungsberichtigung bei unberechtigtem Steuerausweis

Die A GmbH stellt der B GmbH eine Rechnung über Beratungsleistungen, die Letztere als Bestandteil eines Antrages auf Investitionszulage verwendet. Die Beratungsleistungen werden nie erbracht; die B GmbH gibt die Rechnung, nachdem über den Antrag auf Investitionszulage entschieden wurde, im selben Jahr an die A GmbH zurück, ohne den Vorsteuerabzug aus der Rechnung geltend gemacht zu haben. Die A GmbH lässt den Vorgang in ihrer Umsatzsteuererklärung unberücksichtigt.

Hinsichtlich der Scheinrechnung der A GmbH ist ein Fall des unberechtigten Steuerausweises gegeben. Nach früherer deutscher Verwaltungsauffassung war eine Berichtigung in diesem Fall nicht möglich, da wegen fehlender Gutgläubigkeit eine Berichtigung aus Billigkeitsgründen ausgeschlossen war. Nach europäischem Recht war dagegen eine Rechnungsberichtigung als möglich erachtet worden, da keine Gefährdung des Steueraufkommens vorliegt (Vorsteuerabzug wurde nicht geltend gemacht und Rechnung wurde zurückgegeben). Mit Wirkung ab 1.1.2004 wurde die europäische Rechtsprechung mit dem neuen § 14c Abs. 2 UStG in nationales Recht umgesetzt.

Rechtsgrundlage: § 14c Abs. 2 UStG; Abschnitt 190d Abs. 2 Nr. 2, Abs. 3 UStR,
EuGH-Urteil vom 19.09.2000, Rs. C-454/98,
UR 2000, S. 470.

Beispiel 143: Vorsteuerabzug bei Bewirtungskosten

Der Rechtsanwalt R bewirtet Geschäftsfreunde in einem Restaurant in Regensburg. Es entstehen Kosten in Höhe von EUR 300,00 zuzüglich EUR 57,00 Umsatzsteuer. Die vom Restaurant ausgestellte Rechnung erfüllt die umsatzsteuerlichen Voraussetzungen; auf dem Bewirtungsbeleg sind Teilnehmer und Anlass der Bewirtung angegeben, so dass einkommensteuerlich die Bewirtungskosten zu 70% abzugsfähig sind.

Umsatzsteuerlich ist, unabhängig davon, dass einkommensteuerlich in Höhe von 30% nicht-abziehbare Betriebsausgaben vorliegen, der volle Vorsteuerabzug möglich. Die bisherige Regelung in § 15 Abs. 1a Nr. 1 UStG verstößt laut BFH-Urteil vom 10.02.2005 gegen europäisches Recht. Im Jahressteuergesetz 2007 vom 13.12.2006 er-

144–145 D. Praktische Beispiele

folgte eine entsprechende gesetzliche Änderung. Somit ist der volle Umsatzsteuerbetrag von EUR 57,– als Vorsteuer abzugsfähig.

Rechtsgrundlage: § 15 Abs. 1a Satz 2 UStG
BFH-Urteil vom 10.2.2005 – V R 76/03,
BStBl. II 2005, S. 509.

Beispiel 144: Vorsteuerabzug für Verpflegungsmehraufwendungen

Dem Handelsvertreter HV aus Hannover liegen von einer dreitägigen Geschäftsreise nach Stuttgart folgende Belege über Verpflegungskosten vor, die den Vorschriften für Kleinbetragsrechnungen genügen:

14.05.2008: Getränke Autobahnraststätte   EUR 4,–
15.05.2008: Gaststättenrechnung, Mittagessen   EUR 10,–
             Gaststättenrechnung, Abendessen   EUR 15,–

Für die am 16.05.2008 entstandenen Verpflegungskosten fehlen HV die Belege.

Als Vorsteuer abziehbar sind folgende Beträge:

für den 14.05.2008: 19/119 a/EUR 4,– =   EUR 0,64
für den 15.05.2008: 19/119 a/EUR 25,– =   EUR 3,99
Summe: EUR 4,63

Rechtsgrundlage: § 15 Abs. 1, 1a UStG; BFH-Urteil vom 23.11.2000 (BStBl. 2001 II, S. 266).

Beispiel 145: Halber Vorsteuerabzug für gemischt-genutzte Fahrzeuge

Der Einzelunternehmer U erwirbt am 02.01.2002 einen PKW zum Preis von EUR 40.000,– zuzüglich EUR 6.400,– Umsatzsteuer. Der PKW wird teils unternehmerisch, teils zu privaten Zwecken genutzt. Zum 31.10.2002 veräußert U den PKW zum Preis von brutto EUR 37.700,– an einen Privatmann.

Nach der Regelung des § 15 Abs. 1b UStG sind die Vorsteuerbeträge aus der Anschaffung und der Unterhaltung der Fahrzeugs nur zu 50% abziehbar. Wie der EuGH im Urteil vom 29.04.2004 entschieden hat, ist die Beschränkung des Vorsteuerabzugs für Fahrzeuge, die in der Zeit vom 05.03.2000 bis 31.12.2002 angeschafft wurden, wirksam.

Danach gilt das Folgende: U kann aus den Anschaffungskosten EUR 3.200,– als Vorsteuer geltend machen. Eine steuerbare unentgeltliche Wertabgabe liegt nicht vor (§ 3 Abs. 9a Satz 2 UStG). Der Verkauf des dem Unternehmensvermögen zugeordneten PKW unterliegt der Umsatzsteuer. Somit schuldet U 16/116 a/EUR 37.700,–, mithin EUR 5.200,– an Umsatzsteuer für die Veräußerung des PKW.

Die Veräußerung des PKW innerhalb des Berichtigungszeitraums von 5 Jahren bedingt eine Vorsteuerberichtigung, da sich die steuerlich maßgebenden Verhältnisse gegenüber dem Anschaffungszeitpunkt geändert haben. Ab dem Zeitpunkt der steuerpflichtigen Veräußerung ist von einer ausschließlich steuerpflichtigen Nutzung auszugehen. Der jährliche Berichtigungsbetrag beläuft sich auf EUR 640,– (ein Fünftel der bisher nicht abziehbaren Vorsteuer von EUR 3.200,–). Somit fällt für das Jahr 2002 ein Berichtigungsbetrag von 2/12 a/ EUR 640,–, somit EUR 106,67 an. Für die Folgejahre bis 2006 mindern jährliche Berichtigungsbeträge in Höhe von EUR 640,– die Umsatzsteuerschuld.

Rechtsgrundlage: § 15 Abs. 1b UStG; BMF-Schreiben vom 20.05.2000 (BStBl. I, 819)
EuGH-Urteil vom 29.4.2004, Rs. C-17/01, BStBl. II 2004, S. 806, UR 2004, S. 315.

Beispiel 146: Vorsteuerabzug bei Ausführung steuerpflichtiger Leistungen

Das Blumenhaus B berechnet für Blumensträuße, Grünpflanzen, etc. den ermäßigten Steuersatz von 7% Umsatzsteuer. Die Pflanzen und Blumen werden hauptsächlich über die Gärtnerei G bezogen, die als landwirtschaftlicher Betrieb der pauschalen Besteuerung nach Durchschnittssätzen unterliegt. G stellt dem Blumenhaus den Pauschalsteuersatz entsprechend § 24 Abs. 1 UStG von 10,7% (ab 2007) in Rechnung. Folie und Papier bezieht B vom Großhändler für Floristikbedarf F, der hierfür (ab 2007) 19% Umsatzsteuer in Rechnung stellt. Da B die genannten Lieferungen zur Ausführung von steuerpflichtigen Umsätzen verwendet, kann der Vorsteuerabzug geltend gemacht werden. Der Vorsteuerabzug ist für den vollen in den entsprechenden Eingangsrechnungen ausgewiesenen Steuerbetrag möglich, unabhängig davon, dass B lediglich Umsätze zum ermäßigten Steuersatz ausführt.

Rechtsgrundlage: § 15 Abs. 1 und 2 UStG.

Beispiel 147: Vorsteuerabzug bei Ausführung nicht-steuerbarer Leistungen

Der Dachdeckerbetrieb D aus Trier deckt ein Dach in Luxemburg. Die Materialien besorgt er in Deutschland und bringt sie selbst zur Baustelle. Die von D ausgeführte Leistung ist eine Werklieferung, die in Luxemburg, am Ort der Fertigstellung des Werkes, erbracht wird. Es stellt sich die Frage, ob der Vorsteuerabzug für die bezogenen Materialien möglich ist, obwohl sie für Umsätze verwendet werden, die in Deutschland nicht steuerbar sind.

Der Vorsteuerabzug ist möglich, da die Materialien für einen Umsatz benutzt werden, der, würde er im Inland ausgeführt, steuerpflichtig wäre. Somit wird die Eingangsleistung für eine Ausgangsleistung verwendet, die zum Vorsteuerabzug berechtigt.

Rechtsgrundlage: § 15 Abs. 1 und 2 Nr. 2 UStG; Abschnitt 205 UStR.

Beispiel 148: Vorsteuerabzug für nicht-steuerbare unentgeltliche Leistungen

Das Pharmaunternehmen P gibt zu Werbezwecken Probepackungen eines neuen Medikaments über Ärzte unentgeltlich an Patienten ab. Für die Eingangsleistungen, die zur Herstellung der Probepackungen bezogen wurden, ist der Vorsteuerabzug möglich. Die wegen ihrer Unentgeltlichkeit nicht-steuerbare Leistung von P wird im unternehmerischen Interesse ausgeführt und ermöglicht somit den Vorsteuerabzug.

Rechtsgrundlage: § 15 Abs. 1 UStG; Abschnitt 206 UStR.

Beispiel 149: Vorsteuerabzug für nicht-steuerbare Ausfuhrlieferung

Der russische Unternehmer R bestellt einen Bagger beim Baumaschinenhändler B mit Sitz in Berlin. Dieser ordert denselben beim Hersteller Z in Zürich. Gemäß Vereinbarung holt R den Bagger mit eigenem LKW ab.

Bei dem vorliegenden Reihengeschäft liegt der Leistungsort für Z und auch für B in Zürich am Abgangsort der Beförderung. B erbringt somit eine in Deutschland nicht-steuerbare Leistung, die nach deutschem Recht als steuerfreie Ausfuhrlieferung im Sinne von § 6 UStG zu behandeln wäre. Da es sich hierbei um eine Steuerbefreiung handelt, die den Vorsteuerabzug zulässt, sind die im Zusammenhang mit dem Geschäft stehenden Vorsteuern abzugsfähig. B hat also beispielsweise keine anteilige Kürzung des Vorsteuerabzugs für die allgemeinen Verwaltungskosten vorzunehmen.

Rechtsgrundlage: § 15 Abs. 3 Nr. 2a UStG; Abschnitte 204 Abs. 1 und 205 UStR.

Beispiel 150: Vorsteuerabzug bei Kreditgewährung an Unternehmen im Drittlandsgebiet

Die Bank B mit Sitz in Frankfurt/Main vergibt einen zweistelligen Millionenkredit an das in der Schweiz ansässige und tätige Industrieunternehmen I. B hatte zuvor die Wirtschaftsprüfungsgesellschaft W mit Sitz in Zürich beauftragt, das Industrieunternehmen zu prüfen und ein Gutachten zu erstellen, das der Kreditgewährung zugrunde lag. Die von W erbrachte sonstige Leistung ist nach § 3a Abs. 3 i.V.m. Abs. 4 Nr. 3 UStG in Deutschland steuerbar und steuerpflichtig. B schuldet die hierauf entfallende Umsatzsteuer nach § 13b UStG. Es stellt sich die Frage, ob die Umsatzsteuer für B als Vorsteuer abzugsfähig ist.

Ort der Kreditgewährungsleistung ist nach § 3a Abs. 3 i.V.m. Abs. 4 Nr. 6 UStG der Ort, an dem der Leistungsempfänger (I) sein Unternehmen betreibt. Die Leistung wird somit in der Schweiz bewirkt und ist in Deutschland nicht steuerbar. Für den nach deutschem Recht gemäß § 4 Nr. 8a UStG steuerfreien Umsatz besteht hinsichtlich des Vorsteuerabzugs eine Sonderregelung. Wird nämlich eine solche nichtsteuerbare Kreditgewährungsleistung an Leistungsempfänger ausgeführt, die im Drittlandsgebiet ansässig sind, so wird der Vorsteuerabzug gewährt. B kann somit die Vorsteuern aus der Tätigkeit der Wirtschaftsprüfungsgesellschaft abziehen.

Rechtsgrundlage: § 15 Abs. 3 Nr. 2b) i.V.m. § 4 Nr. 8a UStG; Abschnitt 205 Abs. 3 UStR.

Beispiel 151: Vorsteueraufteilung bei steuerfreier und steuerpflichtiger Vermietung

Der Hauseigentümer H vermietet ein Grundstück, dessen Erdgeschoss von einem Einzelhandelsgeschäft genutzt wird, während die vier übri-

152 D. Praktische Beispiele

gen Etagen zu Wohnzwecken vermietet werden. Für die Vermietung der Erdgeschosses wurde zur Umsatzsteuer optiert. Im 1. Quartal 2008 sind folgende Instandhaltungsaufwendungen angefallen:

1) Dachreparatur: EUR 7.140,– (Vorsteuer: EUR 1.140,–)
2) Rollladenreparatur 2. OG.: EUR 238,– (Vorsteuer: EUR 38,–)
3) Fassadenanstrich: EUR 23.800,– (Vorsteuer: EUR 3.800,–)
4) Bodenbelagsarbeiten 3. OG.: EUR 2.975,– (Vorsteuer: EUR 475,–)
5) Elektroinstallationen
  Erdgeschoss: EUR 3.808,– (Vorsteuer: EUR 608,–)

Bei der Ermittlung der abzugsfähigen Vorsteuern ist zunächst mittels direkter Zuordnung aufzuteilen. Demnach sind die Vorsteuern aus Punkt 2) und 4) in vollem Umfang nicht-abzugsfähig; die auf Reparatur 5) entfallende Vorsteuer in Höhe von EUR 608,– ist voll abzugsfähig. Für die beiden übrigen Reparaturen 1) und 3) ist keine direkte Zuordnung zu steuerschädlichen bzw. -unschädlichen Umsätzen möglich. Hier hat eine Aufteilung nach einem geeigneten Maßstab zu erfolgen. Im vorliegenden Fall wird die vermietete Fläche als Aufteilungsmaßstab herangezogen. Hiervon entfallen 150 qm auf die steuerpflichtige, 600 qm auf die steuerfreie Vermietung. Von den aus Punkt 1) und 3) resultierenden Vorsteuern in Höhe von EUR 4.940,– sind also 20 % abzugsfähig. Hieraus ergibt sich eine abzugsfähige Vorsteuer in Höhe von EUR 988,–. Somit können insgesamt EUR 1.596,– als Vorsteuern geltend gemacht werden.

Rechtsgrundlage: § 15 Abs. 4 UStG; Abschnitt 208 UStR.

Beispiel 152: Vorsteueraufteilung eines Maklerbüros

Das Maklerbüro M führt folgende Leistungen aus:

1) Vermittlung von Versicherungen für verschiedene Versicherungsgesellschaften,
2) Vermittlung des Kaufs und Verkaufs, sowie der Vermietung von Immobilien,
3) Vermittlung von Kapitalanlagen in Investmentfonds.

Von den betreffenden Vermittlungsumsätzen sind sämtliche Umsätze mit Ausnahme der Immobiliengeschäfte steuerfrei unter Ausschluss des Vorsteuerabzugs. Da einzelne Kosten nicht gesondert den einzelnen Vermittlungsgeschäften zuzurechnen sind, werden sämtliche Vorsteuern nach dem Verhältnis der Umsätze aufgeteilt. Im Jahr 2007 wurden in den einzelnen Sparten folgende Umsätze erzielt:

I. Praktische Beispiele zum Allgemeinen Teil **153**

1) Versicherungen: EUR 222.500,–
2) Immobilien: EUR 50.000,– zuzüglich EUR 9.500,– Umsatzsteuer
3) Kapitalanlagen: EUR 40.000,–
Summe der Nettoumsätze: EUR 312.500,–

An Vorsteuern sind in 2007 insgesamt EUR 8.400,– angefallen. Von diesen Vorsteuern sind im Verhältnis der Umsätze 50/312,5 = 16% abzugsfähig, somit EUR 1.344,– (16% a/EUR 8.400,–).

Rechtsgrundlage: § 15 Abs. 4 UStG; Abschnitt 208 UStR.

Beispiel 153: Vorsteuerabzug und Vorsteuerberichtigung bei beabsichtigter steuerpflichtiger Vermietung

Der Arzt Dr. A errichtet ein Geschäftsgebäude in der Absicht, es an eine Rechtsanwaltskanzlei steuerpflichtig zu vermieten. Die Verhandlungen über die Konditionen des Mietvertrages ziehen sich länger hin und dauern noch 3 Monate nach Fertigstellung des Gebäudes am 01.04.2007 an. Während der Dauer der Verhandlungen erhält Dr. A vom Vermieter seiner Praxisräume die Kündigung des Mietvertrages. Daraufhin entschließt er sich, ab 01.08.2007 die Räumlichkeiten im neu errichteten Geschäftsgebäude teils als Praxisräume, teils zu privaten Wohnzwecken zu nutzen.

Der Verzicht auf die Steuerfreiheit eines Umsatzes ist nach geänderter Rechtsauffassung nicht nur dann möglich, wenn tatsächlich ein steuerbarer Umsatz zustande kommt. Die konkret nachgewiesene Absicht, einen steuerpflichtigen Umsatz auszuführen, genügt also im vorliegenden Fall zur Ausübung der Option nach § 9 UStG. Somit ist der Vorsteuerabzug für die Herstellungskosten zunächst in voller Höhe möglich.

Da ab 01.08.2007 das Gebäude für vorsteuerschädliche Umsätze verwendet wird, ist eine Vorsteuerberichtigung vorzunehmen. Der Berichtigungszeitraum läuft ab dem Zeitpunkt der erstmaligen Verwendung, somit ab 01.08.2007 bis 31.07.2017. In diesem Zeitraum ist der zunächst geltend gemachte Vorsteuerabzug – soweit sich an der Nutzung nichts ändert – pro-rata-temporis rückgängig zu machen.

Rechtsgrundlage: § 9 UStG; § 15a Abs. 1 UStG; Abschnitt 216 UStR EuGH-Urteil vom 08.06.2000 (Rs. C-396/98 – BStBl. II 2003, S. 446), BFH-Urteil vom 22.02.2001 (BStBl. II 2003, S. 426), BMF-Schreiben v. 06.12.2005(BStBl. I 2005, S. 1068).

D. Praktische Beispiele

Beispiel 154: Berichtigungszeitraum bei Vorsteuerberichtigung

Der Hausbesitzer H vermietet ein bisher von einem Industrieunternehmen genutztes Bürogebäude ab 17.03.2008 an eine Versicherungsgesellschaft. Seit Fertigstellung des Gebäudes am 10.04.2007 wurde das Gebäude umsatzsteuerpflichtig an das Industrieunternehmen vermietet; die geltend gemachte Vorsteuer auf die Herstellungskosten beläuft sich auf EUR 150.000,–. Die Möglichkeit zur steuerpflichtigen Vermietung entfällt mit dem Mieterwechsel, da die Versicherungsgesellschaft ausschließlich den Vorsteuerabzug ausschließende Umsätze tätigt. Somit ist eine Vorsteuerberichtigung veranlasst. Der Berichtigungszeitraum beginnt hierbei mit der erstmaligen Verwendung, also der Vermietung des Grundstücks. Da der Beginn am 10.04.2007 auf einen vor dem 16. des Monats gelegenen Tag fällt, zählt der volle Monat April mit in den Berichtigungszeitraum. Der Berichtigungszeitraum läuft somit 10 Jahre bis zum 31.03.2017. Die Änderung der Verhältnisse wird ab April 2008 wirksam. Der Monat März ist nicht hinzuzurechnen, da die Änderung der Verhältnisse erst nach dem 15. des Monats eintritt. Somit ist für das Jahr 2008 eine Vorsteuerberichtigung in Höhe von

EUR 150.000,– : 10 × 9/12 = EUR 11.250,–

durchzuführen. Für die Folgejahre ab 2009 sind – die weiterhin steuerfreie Vermietung vorausgesetzt – jeweils EUR 15.000,– an Vorsteuern zu berichtigen, im Jahr 2017 schließlich EUR 150.000,– : 10 × 3/12 = EUR 3.750,–.

Rechtsgrundlage: § 15a Abs. 1 UStG; § 45 UStDV; Abschnitte 215, 216 UStR.

Beispiel 155: Verwendung für vorsteuerunschädliche Umsätze bei bisher vorsteuerschädlichen Umsätzen

Ein Physiotherapeut eröffnet zusätzlich zu seiner bestehenden Krankengymnastik-Praxis ein Sport- und Fitness-Studio. Ein Trainingsgerät, das bisher der Krankengymnastik-Praxis gedient hat und am 12.06.2007 zum Preis von EUR 6.000,– zuzüglich 19% Umsatzsteuer, somit brutto 7.140,– erworben wurde, wird seit der Eröffnung am 10.03.2008 für das Fitness-Studio verwendet. Die Umsätze aus der

Krankengymnastik-Praxis sind gemäß § 4 Nr. 14 UStG steuerfrei und schließen den Vorsteuerabzug aus, die Umsätze aus dem Fitness-Studio sind umsatzsteuerpflichtig.

Da die auf die Anschaffungkosten des Trainingsgerätes entfallende Vorsteuer mehr als EUR 1.000,– beträgt (§ 44 Abs. 1 UStDV) sind die Voraussetzungen einer Vorsteuerberichtigung zugunsten des Unternehmers gegeben. Der Berichtigungszeitraum läuft von Juni 2007 bis Mai 2012. Ab März 2008 ergibt sich eine Änderung der Verhältnisse. Da der Vorsteuerbetrag aus den Anschaffungskosten weniger als EUR 2.500,– beträgt, ist die Berichtigung am Ende des Berichtigungszeitraumes, im Jahr 2012, vorzunehmen. Der gesamte Berichtigungsbetrag errechnet sich wie folgt:

Vorsteuerbetrag: EUR 1.140,– : 5 Jahre × 51 Monate/12 Monate
= EUR 969,–.

Rechtsgrundlage § 15a Abs. 1 UStG, § 44 Abs. 1, 3 UStDV; Abschnitte 214–217 UStR.

Beispiel 156: Vorsteuerberichtigung bei Veräußerung eines Grundstücks

Der Architekt A lässt auf seinem Grundstück ein Wohn- und Geschäftsgebäude errichten. 40% der Gebäudefläche werden von ihm seit Fertigstellung am 12.04.2006 eigenbetrieblich zu ausschließlich steuerpflichtigen Umsätzen genutzt. Die restlichen 60% sind zu Wohnzwecken vermietet. Zum 01.04.2008 verkauft A das Gebäude an den Arzt Dr. I, der die bisher vom Architekten genutzte Fläche für seine Arztpraxis verwendet. Die übrige Gebäudefläche wird weiterhin steuerfrei vermietet. Für die Herstellungskosten des Gebäudes sind insgesamt EUR 75.000,– an Vorsteuern angefallen. Hiervon wurden 40% oder EUR 30.000,– geltend gemacht.

Da bei Verkauf des Grundstücks im vorliegenden Fall keine Möglichkeit besteht, auf die Steuerbefreiung zu verzichten, ist eine Vorsteuerberichtigung durchzuführen. Der maßgebende Berichtigungszeitraum läuft vom April 2006 bis März 2016. Die Berichtigung ist auch bei Veräußerung nicht insgesamt, sondern jeweils anteilig in den betreffenden Kalenderjahren bis zum Ende des Berichtigungszeitraums vorzunehmen. Somit fällt für das Jahr 2008 (April bis Dezember) folgende Vorsteuerberichtigung an:

EUR 30.000,– : 10 Jahre × 9/12 = EUR 2.250,–

157 D. Praktische Beispiele

In den Folgejahren 2009 bis 2015 sind jeweils EUR 30.000,– : 10 = EUR 3.000,– zu berichtigen. Im Jahr 2016 sind nochmals bis zum Ende des Berichtigungszeitraums im März EUR 30.000,– : 10 × 3/12 = EUR 750,– als Vorsteuerberichtigung anzumelden.

Rechtsgrundlage: § 15a Abs. 1 und 9 UStG; Abschnitt 217 UStR.

Beispiel 157: Vorsteuerberichtigung bei Grundstück im Umlaufvermögen

Der Grundstückshändler G erwirbt am 17.01.2005 ein unbebautes Grundstück vom Unternehmer U. Der notarielle Kaufvertrag weist einen Nettopreis von EUR 800.000,– aus mit dem Hinweis, dass die Steuerschuld auf den Leistungsempfänger übergeht (§ 13b Abs. 1 Nr. 3 UStG). Im Voranmeldungszeitraum 01/2005 führte G die von ihm geschuldete Umsatzsteuer ab und machte gleichzeitig den Vorsteuerabzug geltend, da er beabsichtigte, das in einem Gewerbegebiet gelegene Grundstück steuerpflichtig weiterzuveräußern. Im Juni 2007 (Alternative 2: Erst im Juni 2017) veräußert G das Grundstück an eine Versicherungsgesellschaft.

Bei dem Grundstück handelt es sich um ein Wirtschaftsgut, das nur einmalig zur Ausführung eines Umsatzes verwendet wird. Die Frage der Vorsteuerberichtigung ist somit nach § 15a Abs. 2 UStG zu beantworten. G hat zunächst zutreffend den Vorsteuerabzug geltend gemacht, da zum Zeitpunkt des Leistungsbezugs die Verwendung zu steuerpflichtigen Umsätzen beabsichtigt war. Tatsächlich wurde das Grundstück jedoch für steuerfreie Umsätze verwendet (§ 4 Nr. 9a) UStG; eine Option ist nach § 9 Abs. 2 UStG ausgeschlossen, da die Versicherungsgesellschaft nicht zum vollen Vorsteuerabzug berechtigt ist). Somit liegt eine Änderung der Verhältnisse vor. Da nach § 15a Abs. 2 UStG die Vorsteuer unabhängig von einem Berichtigungszeitraum zu berichtigen ist, besteht in beiden Alternativen die Verpflichtung, eine Vorsteuerberichtigung durchzuführen. Der ursprünglich geltend gemachte Vorsteuerbetrag ist daher im Voranmeldungszeitraum Juni 2007 (Alternative 1) bzw. im Juni 2017 (Alternative 2) in voller Höhe zu berichtigen.

Rechtsgrundlage: § 15a Abs. 2 UStG; Abschnitt 217a UStR.

Beispiel 158: Zusammenfassung von Bestandteilen und sonstigen Leistungen zu einem Berichtigungsobjekt

Der Vermieter V lässt eine Etage eines 1987 erworbenen Geschäftshauses in den Monaten Februar und März 2007 renovieren. Er lässt von verschiedenen Handwerkern folgende Renovierungsarbeiten durchführen, die im März 2007 beendet werden:

Art der durchgeführten Arbeit	Nettobetrag	Vorsteuer
Malerarbeiten	5.000,00	950,00
Sanitärreparaturen	1.500,00	285,00
Bodenbelagsarbeiten	4.500,00	855,00
Elektroinstallationen	3.000,00	570,00
	14.000,00	2.660,00

Da V die Büroräume ab April 2007 steuerpflichtig an eine Werbeagentur vermietet hat, macht er den Vorsteuerabzug aus den Renovierungskosten geltend. Im Dezember 2007 endet das Mietverhältnis mit der Werbeagentur. Ab Januar 2008 werden die Räumlichkeiten an einen Versicherungsmakler (nunmehr steuerfrei) vermietet.

Da die aufgeführten Renovierungsleistungen im Rahmen einer Maßnahme durchgeführt wurden, sind sie zu einem Berichtigungsobjekt zusammenzufassen. Somit wird die betragsmäßige Grenze des § 44 Abs. 1 UStDV von EUR 1.000,– im vorliegenden Fall überschritten. Da eine Änderung der Verhältnisse (Wechsel von steuerpflichtiger zu steuerfreier Vermietung) vorliegt, ist eine Vorsteuerberichtigung durchzuführen. Für die in Anspruch genommenen Leistungen, die als Bestandteile oder sonstige Leistungen in das Gebäude eingegangen sind, ist ein eigener Berichtigungszeitraum anzusetzen. Es ist also eine Vorsteuerberichtigung durchzuführen, obwohl der Berichtigungszeitraum für das 1987 erworbene Gebäude bereits abgelaufen ist. Der Berichtigungszeitraum läuft vom April 2007 bis März 2017. Für das Jahr 2008 ergibt sich eine Vorsteuerberichtigung in Höhe von EUR 266,00 (10% von EUR 2.660,00).

Rechtsgrundlage: § 15a Abs. 3, 4 UStG; Abschnitte 217b und 217c UStR.

159 D. Praktische Beispiele

**Beispiel 159: Vorsteuerberichtigung bei Wechsel
der Nutzung von Anlagegütern**

Der Handelsvertreter H gibt zum 30.06.2008 seine Handelsvertretung für einen Industriebetrieb auf und wird ab 01.07.2008 für eine Versicherungsgesellschaft als selbstständiger Versicherungsvertreter tätig. Am 20.03.2007 hatte er für seine Handelsvertretertätigkeit einen PKW als Neuwagen zum Preis von EUR 45.000,– zuzüglich EUR 8.550,– Umsatzsteuer erworben. Weiterhin hatte H für seine Tätigkeit als Handelsvertreter am 12.02.2007 2 Büroschränke zum Preis von jeweils EUR 1.000,– zuzüglich EUR 190,– Umsatzsteuer angeschafft. Im Unternehmensvermögen befindet sich außerdem ein Farblaserdrucker, dessen Anschaffung zu EUR 7.200,– zuzüglich EUR 1.152,– Umsatzsteuer auf den 26.06.2006 datiert und der mit betriebsgewöhnlicher Nutzungsdauer von 3 Jahren abgeschrieben wird. Die genannten Wirtschaftsgüter werden für die neue Tätigkeit als Versicherungsvertreter weitergenutzt.

Es liegt eine Änderung der Verhältnisse vor, da die betreffenden Wirtschaftsgüter ab 01.07.2008 nicht mehr für eine steuerpflichtige, sondern für eine vorsteuerschädliche steuerfreie Tätigkeit verwendet werden (§ 4 Nr. 11 UStG – Steuerbefreiung für Tätigkeit als Versicherungsvertreter). Bei der Berichtigung des Vorsteuerabzugs ist wie folgt vorzugehen:

– Für den PKW läuft der Berichtigungszeitraum vom April 2007 bis März 2012. Für das Jahr 2008 ist für 6 Monate die Vorsteuer zu berichtigen. Somit ergibt sich folgende Vorsteuerberichtigung:

EUR 8.550,– : 5 × 6/12 = EUR 855,–

– Für die beiden Büroschränke ist keine Vorsteuerberichtigung durchzuführen, da der Vorsteuerbetrag für die einzelnen Wirtschaftsgüter EUR 1.000,– nicht überschreitet.

– Für den Farblaserdrucker ist die Vorsteuerberichtigung am Ende des Berichtigungszeitraums vorzunehmen, da die Vorsteuer auf die Anschaffungskosten nicht mehr als EUR 2.500,– betragen haben. Der Berichtigungszeitraum ist zu kürzen, da die Nutzungsdauer weniger als 5 Jahre beträgt. Er läuft somit vom Juli 2006 bis Juni 2009. In 2009 ist die Vorsteuerberichtigung für 12 von 36 Monaten anzumelden. Die zu berichtigende Vorsteuer beträgt somit EUR 384,–.

*Rechtsgrundlage: § 15a Abs. 1 UStG; §§ 44–45 UStDV;
Abschnitte 216–217 UStR.*

I. Praktische Beispiele zum Allgemeinen Teil **160–161**

Beispiel 160: Vorsteuer nach allgemeinen Durchschnittsätzen

Der Lehrer L ist nebenberuflich schriftstellerisch tätig. Er überschreitet mit dieser selbstständigen Tätigkeit die Kleinunternehmergrenze nicht, hat jedoch zur Umsatzsteuer optiert und dies dem Verlag entsprechend mitgeteilt. Die Honorarabrechnung des Verlages für das Jahr 2007 weist einen Betrag von EUR 2.500,– zuzüglich EUR 175,– Umsatzsteuer aus. L macht von der Möglichkeit der Besteuerung nach allgemeinen Durchschnittssätzen Gebrauch und setzt somit 2,6 % a/ EUR 2.500,–, somit EUR 65,– als Vorsteuer an. L hat somit EUR 110,– als Umsatzsteuerschuld für 2007 an das Finanzamt abzuführen.

Rechtsgrundlage: § 23 UStG; §§ 69–70 UStDV;
Abschnitt A der Anlage zu den §§ 69–70 UStDV.

6. Besteuerungsformen und Besteuerungsverfahren

Beispiel 161: Entstehung der Umsatzsteuer bei Ist-Besteuerung

Der der Ist-Besteuerung unterliegende Rechtsanwalt R erhält am 20.12.2007 einen Verrechnungsscheck mit Datum 17.12.2007 über EUR 23.800,– für eine am 20.11.2007 in Rechnung gestellte Leistung. In der Rechnung sind EUR 3.800,– Umsatzsteuer gesondert ausgewiesen. R gibt den Verrechnungsscheck am 02.01.2008 zur Bank. Der Betrag wird mit Wertstellung 04.01.2008 gutgeschrieben.

Maßgebender Zeitpunkt für die Vereinnahmung des Scheckbetrages ist der Zeitpunkt, in dem der Scheck übergeben wurde, soweit mit dessen Einlösung zu rechnen ist und keine zivilrechtlichen Abreden entgegenstehen. Im vorliegenden Fall gilt der Scheckbetrag also schon am 20.12.2007 als zugeflossen. Die Umsatzsteuer in Höhe von EUR 3.800,– ist also bereits in der Voranmeldung für Dezember 2007 bzw. für das 4. Quartal 2007 anzumelden.

Rechtsgrundlage: § 13 Abs. 1 Nr. 1b) UStG; § 20 UStG;
Abschnitt 182 UStR.

Beispiel 162: Vorsteuerabzug bei Ist-Besteuerung

Der Student S betreibt neben seinem Studium einen Handel mit Computerhardware und -software, mit dem er im Jahr 2007 einen Umsatz von EUR 50.000,- erzielt hat. Er hat die Besteuerung nach vereinnahmten Entgelten beantragt und vom zuständigen Finanzamt bewilligt bekommen. Im Dezember 2007 verkauft er eine Computeranlage im Wert von EUR 9.000,- zuzüglich EUR 1.710,- Umsatzsteuer an einen Arzt. Die Rechnungsstellung durch S erfolgt nach Installation der Anlage am 19.12.2007. Die Überweisung des Rechnungsbetrages erfolgt am 15.01.2008. Für die verwendeten Computerbauteile erhält S von seinem Lieferanten eine Rechnung mit Datum 14.12.2007 über EUR 7.000,- zuzüglich EUR 1.330,- Umsatzsteuer. Der Rechnungsbetrag wird von S am 15.01.2008 beglichen.

Die Umsatzsteuer für die Leistung des S entsteht mit Zahlungseingang am 15.01.2008. Die Vorsteuer aus der Rechnung des Lieferanten kann S hingegen bereits in dem Voranmeldungszeitraum geltend machen, in den die Leistungserbringung und Rechnungsstellung fällt. Bei vierteljährlicher Abgabe der Umsatzsteuer-Voranmeldung kann S also die Vorsteuer in Höhe von EUR 1.330,- bereits in der Anmeldung für das 4. Quartal 2007 geltend machen, die Umsatzsteuer in Höhe von EUR 1.710,- ist dagegen erst mit Ablauf des 1. Quartals 2008 fällig.

Rechtsgrundlage: Entstehung der Umsatzsteuer: § 13 Abs. 1Nr. 1b) UStG; § 20 UStG
Vorsteuerabzug: § 15 Abs. 1 Nr. 1 UStG;
Abschnitt 192 Abs. 2 UStR.

Beispiel 163: Maßgebender Umsatzsteuer-Voranmeldungszeitraum

Der zuvor angestellte Kaufmann K ist ab 1. August 2006 als selbstständiger Handelsvertreter tätig. Für 2006 ergibt sich eine Umsatzsteuerschuld von EUR 2.000,-; für 2007 eine solche von EUR 5.500,-.

Mit Aufnahme der Tätigkeit im August 2006 entsteht für K die Pflicht zur Abgabe von Umsatzsteuer-Voranmeldungen. Der Voranmeldungszeitraum ist zunächst zwingend der Kalendermonat. Dies gilt auch für das Folgejahr, unabhängig davon, dass die auf das Jahr umgerechnete Steuerschuld in 2006 weniger als EUR 6.136,- betrug (EUR 2.000,- × 12/5 = EUR 4.800,-).

Für das Jahr 2008 wird das Kalendervierteljahr zum maßgeblichen Voranmeldungszeitraum, da die Steuerschuld in 2007 weniger als EUR 6.136,– beträgt.

Rechtsgrundlage: § 18 Abs. 2 UStG.

Beispiel 164: Abgabe der Umsatzsteuer-Voranmeldungen

Der Unternehmer U, der keinen Antrag auf Dauerfristverlängerung gestellt hat, gibt die Umsatzsteuer-Voranmeldung für den Monat April 2008 am 19. Mai 2008 ab. Der Voranmeldung beigefügt ist ein Verrechnungsscheck über den angemeldeten und geschuldeten Steuerbetrag.

Im Jahr 2003 wären im vorliegenden Fall aufgrund der dort gültigen Schonfristen keine Säumnis- oder Verspätungszuschläge festzusetzen gewesen. Ab 1.1.2004 ist jedoch die 5-tägige Abgabeschonfrist weggefallen und die Zahlungsschonfrist wurde auf 3 Tage verkürzt. Letzter Tag für eine fristgemäße Abgabe der Voranmeldung wäre im vorliegenden Fall der 13. Mai 2008 (da der 10. Mai ein Samstag und der 11. und 12. Mai 2008 ein Sonn- bzw. Feiertag ist) gewesen. Die Zahlung hätte spätestens am 16. Mai 2008 eingehen müssen. Bei Scheckzahlungen ist zu beachten, dass nach § 224 Abs. 2 Nr. 1 AO die Zahlung erst drei Tage nach Eingang des Schecks als entrichtet gilt.

Rechtsgrundlage: § 18 Abs. 1 UStG; §§ 152, 240 AO;
Anwendungserlass zu § 152 AO.

Beispiel 165: Dauerfristverlängerung und Sondervorauszahlung

Der Unternehmer U war bereits in 2007 zur monatlichen Abgabe der Voranmeldungen verpflichtet. Da sich die Umsatzsteuerschuld, die für 2007 berechnet und angemeldet wurde, auf EUR 11.111,– beläuft, ist für 2008 wiederum ein monatlicher Abgabeturnus beizubehalten. Um wie bisher in den Genuss der Dauerfristverlängerung zu kommen, hat U zum 10.02.2008 einen Antrag auf Dauerfristverlängerung zu stellen und eine Sondervorauszahlung zu entrichten, die sich wie folgt berechnet:

EUR 11.111,– : 11 = EUR 1.010,– (gerundet).

Rechtsgrundlage: §§ 46–48 UStDV; Abschnitt 228 UStR.

Beispiel 166: Dauerfristverlängerung im Folgejahr der Existenzgründung

Der Existenzgründer E nahm seine Geschäftstätigkeit im Mai 2007 auf. Für das Jahr 2007 ergibt sich eine Steuerschuld von EUR 888,–. Da auch für das auf das Gründungsjahr folgende Kalenderjahr der Voranmeldungszeitraum zwingend der Kalendermonat ist, ergibt sich für E bei Beantragung der Dauerfristverlängerung für 2008 die Pflicht zur Entrichtung einer Sondervorauszahlung. Bei der Berechnung der Sondervorauszahlung ist zu berücksichtigen, dass die gewerbliche Tätigkeit des E nur in einem Teil des Jahres 2008 bestanden hatte. Die der Steuerschuld entsprechende Jahressumme beträgt 12/8 von EUR 888,– (= EUR 1.332,–). Somit errechnet sich die Sondervorauszahlung für 2008 wie folgt:

EUR 1.332,– : 11 = EUR 121,– (gerundet).

Rechtsgrundlage: § 18 Abs. 2 UStG; §§ 46–48 UStDV;
Abschnitt 228 UStR.

Beispiel 167: Erklärungspflichten in der Umsatzsteuererklärung

Der Architekt A mit Sitz in Kehl/Rhein war in 2007 ausschließlich für französische Auftraggeber tätig. Die Aufträge beschränkten sich auf die Planung und Baubetreuung von in Frankreich gelegenen Gebäuden. Die von A in 2007 ausgeführten Umsätze sind allesamt in Deutschland nicht-steuerbar. Dennoch sind A, beispielsweise für allgemeine Verwaltungsaufwendungen Vorsteuerbeträge in Rechnung gestellt worden. Diese sind abziehbar, da sie für im Ausland ausgeführte Umsätze verwendet wurden, die bei Ausführung im Inland steuerpflichtig gewesen wären. In der für 2007 abzugebenden Umsatzsteuererklärung hat A neben den abziehbaren Vorsteuern auch die nichtsteuerbaren Umsätze (in Zeile 58, Ziffer 205 der Anlage UR) anzugeben.

Rechtsgrundlage: § 3a Abs. 2 Nr. 1 UStG; Abschnitt 34 Abs. 7 UStR
§ 15 Abs. 2 Nr. 2 UStG; § 18 Abs. 3 UStG.

Beispiel 168: Beförderungseinzelbesteuerung

Eine kroatische Busreisegruppe besucht im März 2008 Berlin. Beim Grenzübertritt wird von der Zollstelle die Steuer für jeden einzelnen steuerpflichtigen Umsatz (jede Fahrstrecke) berechnet und durch Steuerbescheid festgesetzt. Dieser Steuerbescheid ist vom Busfahrer als Nachweis mitzuführen. Da die in Deutschland zurückgelegte Fahrstrecke insgesamt 1.850 km beträgt und 30 Fahrgäste befördert werden, errechnet sich die von der Zollstelle erhobene Umsatzsteuer wie folgt:

EUR 0,0443 × 1.850 km × 30 = EUR 2.458,65 × 19% = EUR 467,14

Rechtsgrundlage: § 10 Abs. 6, § 18 Abs. 5 UStG; § 25 UStDV; Abschnitte 159, 221 UStR.

Beispiel 169: Steuerschuldnerschaft bei Leistungen an einen Arzt

Ein Arzt aus Konstanz lässt sich verschiedene Elektroinstallationsarbeiten in seiner Praxis und in seiner Privatwohnung durch den Schweizer Elektromeister S durchführen. Die Werklieferung des S ist in Deutschland steuerbar und steuerpflichtig. Da es sich bei dem Leistungsempfänger um einen Unternehmer handelt, ist das Reverse-Charge-Verfahren durchzuführen, das heißt, der Arzt schuldet die auf die Leistung des Elektromeisters entfallende Umsatzsteuer. Dies gilt sowohl für die in der Praxis als auch für die in der Privatwohnung des Arztes durchgeführten Elektroinstallationen. Ein Vorsteuerabzug kommt nicht in Betracht, da der Arzt lediglich steuerfreie Leistungen ausführt, die den Vorsteuerabzug ausschließen.

Rechtsgrundlage: § 13b Abs. 1 Nr. 1 UStG; Abschnitt 182a UStR.

Beispiel 170: Entstehung der nach § 13b UStG geschuldeten Umsatzsteuer

Der Augenarzt Dr. A lässt sich vom belgischen Bauunternehmer B im März 2008 die Hofeinfahrt zu seinem Privathaus in Aachen pflastern. Dr. A, der in geringfügigem Umfang mit der Lieferung von Kontaktlinsen steuerpflichtige Leistungen ausführt, nimmt hierfür die Kleinunternehmer-Regelung in Anspruch. Die Rechnungsstellung durch B erfolgt mit Datum 23.05.2008.

Obwohl Dr. A unter die Kleinunternehmer-Regelung fällt und obwohl die Werklieferung für den nicht-unternehmerischen Bereich ausgeführt wurde, schuldet er nach § 13 b UStG die auf die Leistung des B entfallende Umsatzsteuer.

Die Steuer entsteht mit Rechnungserteilung (23.05.2008), spätestens jedoch mit Ablauf des auf die Ausführung der Leistung folgenden Monats, somit im April 2008. Voranmeldungszeitraum ist im vorliegenden Fall das Kalendervierteljahr (Grundsatz nach § 18 Abs. 2 Satz 1 UStG), so dass Dr. A die Steuer bis zum 10.07.2008 beim zuständigen Finanzamt anzumelden und abzuführen hat. Ein Vorsteuerabzug scheidet wegen der Verwendung für nicht-unternehmerische Zwecke aus.

Rechtsgrundlage: § 13b UStG; Abschnitt 182a Abs. 32 UStR.

Beispiel 171: Steuerschuldnerschaft bei Veräußerung sicherungsübereigneter Gegenstände

Die Bank BA hat ein Darlehen an den Unternehmer UN vergeben, das durch Sicherungsübereignung eines betrieblichen Kraftfahrzeuges besichert ist. Da UN seinen Verpflichtungen aus dem Darlehen nicht nachkommt, verwertet die Bank das sicherungsübereignete Fahrzeug durch Verkauf an den Privatmann PR. Es liegen zwei Lieferungen vor: zwischen UN und BA und zwischen BA und PR. Für die Lieferung von UN an BA schuldet Letztere als Sicherungsnehmer die Umsatzsteuer. BA hat den Umsatz in seiner USt-Voranmeldung anzugeben.

Rechtsgrundlage: § 13b Abs. 1 Nr. 2 UStG; Abschnitt 182a Abs. 2 UStR.

Beispiel 172: Anwendung des Vorsteuer-Vergütungsverfahrens

Der Elektroinstallateur L aus Echternach (Luxemburg) führt im Auftrag des Heizungsbau-Unternehmers D aus Trier an einem Privathaus in Kordel (D) Installationsarbeiten aus. L verwendet dabei Materialien, die er von einem deutschen Lieferanten bezieht und direkt auf die Baustelle nach Kordel bringen lässt. Der Leistungsort der vorliegenden Werklieferung ist der Ort, an dem das fertige Werk übergeben wird; mithin ist der Umsatz des L in Deutschland steuerbar. Da L als im Ausland ansässiger Unternehmer für den Unternehmer D tätig wird, geht die Steuerschuldnerschaft für die Leistung des L auf D über. Die Materiallieferungen sind, da die Ware im Inland verbleibt, in Deutschland steuerpflichtig. L kann sich die Vorsteuer im Wege des Vorsteuer-Vergütungsverfahrens erstatten lassen.

Wäre L hingegen direkt für den Nichtunternehmer und Eigentümer des Wohnhauses in Kordel tätig geworden, so wäre die Anwendung des Reverse-Charge-Verfahrens ausgeschlossen. Der in Deutschland steuerpflichtige Umsatz hätte somit von L im Regelbesteuerungsverfahren erklärt werden müssen. Ebenso wären die entstandenen Vorsteuern anzumelden gewesen. Die Anwendung des Vorsteuer-Vergütungsverfahrens wäre in diesem Fall ausgeschlossen.

Rechtsgrundlage: § 18 Abs. 9 UStG; §§ 59–61 UStDV; Abschnitt 240 UStR.

Beispiel 173: Vorsteuer-Vergütung an einen Transportunternehmer

Der Transportunternehmer U aus Zürich/Schweiz führt Warenbeförderungen zwischen der Schweiz und Deutschland aus. In Deutschland werden mit Ausnahme der nach § 4 Nr. 3 UStG steuerfreien Beförderungsleistungen keine steuerbaren Umsätze bewirkt. Im 1. Quartal des Jahres 2008 sind U folgende Vorsteuerbeträge in Rechnung gestellt worden:

Kraftstoffe:	EUR 226,23
Reparaturkosten LKW	EUR 122,–
Übernachtungskosten	EUR 101,–
Verpflegungsmehraufwand	EUR 12,–
	EUR 461,23

Da im Falle der Schweiz die Gegenseitigkeit gegeben ist (nichtgegeben ist sie beispielsweise bei Russland oder der Türkei), kann U die Erstattung von Vorsteuern im Vergütungsverfahren beantragen. Von der Vergütung ausgeschlossen sind Vorsteuern auf Kraftstoffe. Der vergütungsfähige Betrag für Januar bis März 2008 beläuft sich somit auf EUR 235,–. Da die in § 61 Abs. 2 UStDV gesetzte Grenze für im Drittlandsgebiet ansässige Unternehmer (EUR 500,–) unterschritten ist, ist der Vergütungsantrag nicht für einen Dreimonatszeitraum, sondern für das Kalenderjahr 2008 insgesamt zu stellen. Der Antrag auf

Vorsteuervergütung hat bis zum 30.06.2009 dem Bundeszentralamt für Steuern vorzuliegen.

Rechtsgrundlage: § 18 Abs. 9 UStG; §§ 59–61 UStDV; Abschnitt 241 UStR; BMF-Schreiben vom 13.02.2002; BStBl. I 2002, S. 270.

Beispiel 174: Kleinunternehmer

Der Angestellte A restauriert in seiner Freizeit Möbel und verkauft sie auf Flohmärkten. Er erzielt hiermit Umsätze von jährlich EUR 10.000,– bis EUR 15.000,–. Da eine selbstständige, nachhaltige Tätigkeit mit Einnahmeerzielungsabsicht vorliegt, ist umsatzsteuerlich Unternehmereigenschaft gegeben. Da er jedoch die Umsatzgrenze von EUR 17.500,– nicht überschreitet, wird Umsatzsteuer nicht erhoben. A hat somit keine Umsatzsteuer abzuführen.

Rechtsgrundlage: § 19 Abs. 1 UStG; Abschnitt 246 UStR.

Beispiel 175: Arzt mit schriftstellerischer Nebentätigkeit

Der selbstständige HNO-Arzt Dr. H veröffentlich gelegentlich wissenschaftliche Arbeiten in Fachzeitschriften. Da die aus der schriftstellerischen Tätigkeit erzielten Einnahmen die Kleinunternehmer-Grenze von EUR 17.500,– nicht übersteigen und er ansonsten nur steuerbefreite Umsätze aus heilberuflicher Tätigkeit ausführt, kann er die Kleinunternehmer-Regelung in Anspruch nehmen. In diesem Fall hat er darauf zu achten, dass die vom Verlag erteilten Honorar-Gutschriften keine Umsatzsteuer enthalten. Der Umsatzsteuer-Ausweis in Honorar-Gutschriften bedeutet zwar keine Option zur Regelbesteuerung, da diese nur wirksam gegenüber dem Finanzamt erklärt werden kann. Er hat aber zur Folge, dass die in der Gutschrift ausgewiesene Umsatzsteuer vom Kleinunternehmer geschuldet wird, vom Leistungsempfänger allerdings nicht als Vorsteuer abgezogen werden kann.

Rechtsgrundlage: § 19 Abs. 1–3 UStG; Abschnitt 246–247, 251 UStR.

Beispiel 176: Kleinunternehmereigenschaft bei schwankenden Umsätzen

Der Musikstudent M aus München tritt gelegentlich als Pianist bei verschiedenen Veranstaltungen auf oder wird bei Einspielungen am Keyboard für einen Musikproduzenten tätig. In den vergangenen Jahren hatte M aus diesen Tätigkeiten folgende Einnahmen:

2004: EUR 15.000,–
2005: EUR 33.000,–
2006: EUR 14.000,–
2007: EUR 22.000,–.

Für seine Leistungen hat M in diesen Jahren in keinem Fall Umsatzsteuer in Rechnung gestellt. Für 2005 wird keine Umsatzsteuer erhoben, da der Gesamtumsatz in 2004 unter EUR 17.500,– lag und der voraussichtliche Umsatz für das laufende Jahr – wie auch in den übrigen Jahren unter der Grenze von EUR 50.000,– blieb. Dagegen sind die in 2006 erzielten Umsätze der Umsatzsteuer zu unterwerfen, da der Gesamtumsatz im Jahr davor über der Kleinunternehmer-Grenze lag. Die Tatsache, dass mit dem Gesamtumsatz in 2006 die Grenze (EUR 17.500,–) wieder unterschritten wurde, spielt für die Besteuerung in 2006 keine Rolle, hat jedoch zur Folge, dass für die in 2007 erzielten Umsätze keine Umsatzsteuer erhoben wird.

Rechtsgrundlage: § 19 Abs. 1 UStG; Abschnitt 246 UStR.

Beispiel 177: Übergang von der Besteuerung als Kleinunternehmer zur Regelbesteuerung

Die Sängerin S tritt seit 1.1.2005 bei Chansonabenden auf verschiedenen Kleinkunstbühnen auf. Sie bringt ihr Kabarett- und Chansonprogramm für verschiedene Veranstalter in der Region zur Aufführung. Die aus dieser Tätigkeit erzielten Umsätze betrugen nach Zeitpunkt der Aufführung und nach Zeitpunkt der Zahlung:

Umsatz im Jahr nach	*Leistungszeitpunkt*	*Zahlungszeitpunkt*
2005	EUR 18.000,–	EUR 17.200,–
2006	EUR 20.000,–	EUR 17.600,–
2007	EUR 22.000,–	EUR 21.000,–

Da hinsichtlich der Umsatzgrenze für Kleinunternehmer einzig die Summe der vereinnahmten Entgelte maßgebend ist, wird die Regelbe-

178 D. Praktische Beispiele

steuerung erst ab 2007 wirksam, da der diesbezügliche Vorjahresumsatz (2007: EUR 17.600,–) die Umsatzgrenze von EUR 17.500,– überschreitet.

Kriterium dafür welche Umsätze unter die Regelbesteuerung bzw. unter die Kleinunternehmer-Regelung fallen, ist dagegen der Leistungszeitpunkt. Für die zum 31.12.2006 bestehenden Forderungen in Höhe von EUR 3.200,–, die erst in 2007 vereinnahmt werden, wird somit keine Umsatzsteuer erhoben. Erfolgt die Besteuerung nach vereinbarten Entgelten, so errechnet sich die Steuerschuld für 2007 aus den in 2007 erbrachten Umsätzen, somit aus EUR 22.000,–. Wird die Besteuerung nach vereinnahmten Entgelten (Ist-Besteuerung) gewählt, so ist die Steuerschuld für 2007 aus den in 2007 vereinnahmten steuerpflichtigen Umsätzen herauszurechnen, somit aus EUR 21.000,– ./. EUR 3.200,–, also aus EUR 17.800,–.

Rechtsgrundlage: § 19 Abs. 1 und 3 UStG; Abschnitte 246, 253 UStR.

Beispiel 178: Option eines Kleinunternehmers zur Regelbesteuerung

Der kaufmännische Angestellte K aus Köln betreibt nebenberuflich auf selbstständiger Basis eine Handelsvertretung für ein Industrieunternehmen. Die jährlichen Umsätze aus dieser Nebentätigkeit schwanken zwischen EUR 8.000,– und EUR 14.000,–. Da K ansonsten keine unternehmerische Tätigkeit ausübt, ist die Kleinunternehmergrenze nicht überschritten. Um jedoch für die ihm entstehenden Büro-, Reise- und Kraftfahrzeugkosten in den Genuss des Vorsteuerabzugs zu gelangen, optiert K zur Regelbesteuerung. Dem Industrieunternehmen, das die Provisionszahlungen mittels Gutschrift abrechnet, teilt K mit, dass er der Umsatzbesteuerung unterliegt. Damit die Option jedoch steuerlich wirksam wird, bedarf es einer formlosen Erklärung gegenüber dem Finanzamt. Dieser Voraussetzung kommt K durch Abgabe von Umsatzsteuer-Voranmeldungen nach.

Rechtsgrundlage: § 19 Abs. 2 UStG; Abschnitt 247 UStR

Beispiel 179: Besteuerung eines Landwirts nach Durchschnittssätzen

Der Spargelbauer S aus Schwetzingen hat aus Verkäufen am Wochenmarkt in 2007 insgesamt EUR 27.000,– an Einnahmen erzielt. Für verschiedene, für die landwirtschaftliche Tätigkeit in Anspruch genommene Leistungen hat er insgesamt EUR 1.200,– an Umsatzsteuer in Rechnung gestellt bekommen. Bei der Besteuerung nach Durchschnittssätzen entsteht bei S nach dem in 2007 gültigen Steuersatz von 10,7% als Umsatzsteuerschuld:

EUR 27.000,– : 1,107 = EUR 24.390,24 × 10,7% = EUR 2.609,76.

In derselben Höhe kann er bei Besteuerung nach Durchschnittssätzen Vorsteuerbeträge geltend machen, auch wenn die tatsächlichen Vorsteuerbeträge wesentlich darunter liegen.

Rechtsgrundlage: § 24 Abs. 1 und 2 UStG; Abschnitt 264 UStR.

Beispiel 180: Ausfuhrlieferung eines Landwirts

Der nach Durchschnittssätzen besteuerte Landwirt L aus Lindau verkauft junges Gemüse aus eigenem Anbau im August 2007 an einen Großhändler G mit Sitz in der Schweiz. L bringt die Ware selbst in die Schweiz.

Die Steuerbefreiung für Ausfuhrlieferungen ist bei der Durchschnittbesteuerung nicht anzuwenden. L stellt daher 10,7% pauschale Umsatzsteuer in Rechnung und zieht gleichzeitig 10,7% pauschale Vorsteuer ab. G kann die ihm in Rechnung gestellte Umsatzsteuer, gegebenenfalls im Wege des Vorsteuervergütungs-Verfahrens, geltend machen.

Rechtsgrundlage: § 24 Abs. 1 S. 2 UStG, Abschnitt 267 UStR.

Beispiel 181: Differenzbesteuerung eines Gebrauchtwagenhändlers

Der Gebrauchtwagenhändler G aus Saarbrücken verkauft einer Studentin einen 14 Jahre alten Gebrauchtwagen, den er zuvor von einem französischen Privatmann erworben hatte. Die Voraussetzungen für die Anwendung der Differenzbesteuerung sind erfüllt: Es wird ein Gebrauchtgegenstand weiterveräußert, G handelt gewerbsmäßig mit Gebrauchtwagen, er konnte beim Kauf keine Vorsteuer abziehen und der Gegenstand wurde im Gemeinschaftsgebiet erworben.

Rechtsgrundlage: § 25a Abs. 1 UStG; Abschnitt 276a UStR.

Beispiel 182: Differenzbesteuerung bei Erwerb von einem Kleinunternehmer

Die halbtags beschäftigte Sekretärin S aus Stuttgart betreibt nebenbei einen kleinen Antiquitätenhandel. Da dieser nur geringfügigen Umfang besitzt und sie auch nicht zur Regelbesteuerung optiert hat, hat sie Kleinunternehmerstatus. Wegen Umzugs in eine andere Stadt gibt sie ihren Antiquitätenhandel auf und verkauft ihre gesamten Bestände an den Antiquitätenhändler A, ebenfalls aus Stuttgart. Für die von S erworbenen Gegenstände kann A die Differenzbesteuerung anwenden, da er beim Erwerb keine Möglichkeit des Vorsteuerabzugs hatte und er auch die übrigen Voraussetzungen hierfür erfüllt.

Rechtsgrundlage: § 25a Abs. 1 UStG; Abschnitt 276a Abs. 5 UStR.

Beispiel 183: Anwendung der Differenzbesteuerung bei Verkauf eines Gemäldes

Der Künstler K aus Köln verkauft im Januar 2008 eines seiner Gemälde für EUR 5.000,- zuzüglich 7% Umsatzsteuer, also EUR 5.350,- an den Kunsthändler D aus Düsseldorf. Dieser verkauft das Gemälde weiter an den Münchener Kunsthändler M für EUR 6.000,-, der für EUR 7.500,- einen privaten Käufer findet.

Der Kunsthändler D ist zur Anwendung der Differenzbesteuerung beim Weiterverkauf an M berechtigt, obwohl bei der Lieferung an ihn Umsatzsteuer berechnet wurde. Voraussetzung ist aber, dass er hierfür optiert. Wählt D die Differenzbesteuerung, so entsteht ihm folgende Umsatzsteuer-Zahllast: Aus der Differenz zwischen Einkaufs- und Verkaufspreis von EUR 650,- (EUR 6.000,- ./. EUR 5.350,-) hat er den Regelsteuersatz von 19% herauszurechnen. Es ergibt sich eine Umsatzsteuer-Schuld von EUR 103,78. Würde er die Regelbesteuerung anwenden, würde er EUR 392,52 Umsatzsteuer (7% Umsatzsteuer herausgerechnet aus dem Verkaufspreis von EUR 6.000,-) schulden, könnte aber gleichzeitig den Vorsteuerabzug von EUR 350,- geltend machen, so dass sich eine Zahllast von EUR 42,52 ergibt.

D wählt daher die Regelbesteuerung. Diese Möglichkeit besteht für ihn auch, wenn er zur Differenzbesteuerung beim Erwerb von mit Umsatzsteuer belasteten Kunstgegenständen optiert hat, da er für jeden einzelnen Umsatz auf die Differenzbesteuerung verzichten kann.

Für den Kunsthändler M ist eine Option zur Differenzbesteuerung nicht möglich, da er den Gegenstand somit umsatzsteuerbelastet von einem Wiederverkäufer erworben hat. Hätte D die Differenzbesteuerung angewendet, hätte dieser Weg auch für M offengestanden. Da ihm jedoch der Vorsteuerabzug möglich ist, führt die Anwendung der Regelbesteuerung für M ohnehin zu günstigeren Ergebnissen. Aus dem Verkaufspreis von EUR 7.500,– hat er also die Umsatzsteuer (ermäßigter Steuersatz) herauszurechnen (EUR 490,65). Die von D in Rechnung gestellte Vorsteuer von EUR 392,52 kann er abziehen. Es ergibt sich somit für M eine Zahllast von EUR 98,13.

Rechtsgrundlage: § 25a Abs. 2 Nr. 2, Abs. 8 UStG, Abschnitt 276 Abs. 6 UStR.

Beispiel 184: Verkauf eines Gebrauchtwagens als Hilfsgeschäft

Der Handelsvertreter H aus Hamburg hat einen Gebrauchtwagen von einem Privatmann in den Niederlanden zum Preis von EUR 12.000,– erworben. Der Wagen wird nahezu ausschließlich unternehmerisch genutzt. Nach einem halben Jahr verkauft er den Wagen zum Liebhaberpreis von EUR 15.000,– an einen Privatmann. H möchte die Differenzbesteuerung anwenden. Es liegen zwar die übrigen Voraussetzungen hierfür vor (Verkauf eines im Gemeinschaftsgebiet ohne Vorsteuerabzugsmöglichkeit erworbenen Gebrauchtgegenstandes), die Anwendung der Differenzbesteuerung scheitert jedoch daran, dass der Handelsvertreter nicht gewerbsmäßig mit Kraftfahrzeugen handelt. Der Verkauf des zum Unternehmensvermögen gehörenden Fahrzeugs stellt für ihn daher lediglich ein Hilfsgeschäft dar. Der Umsatz bemisst sich demnach nach den allgemeinen Vorschriften des § 10 UStG nach dem Entgelt. H hat aus dem Fahrzeugverkauf 19/119 aus EUR 15.000,– an das Finanzamt abzuführen.

Rechtsgrundlage: § 25a Abs. 1 Nr. 1 UStG

D. Praktische Beispiele

Beispiel 185: Unentgeltliche Wertabgabe und Differenzbesteuerung

Der Antiquitätenhändler A aus Augsburg erwirbt ein altes Möbelstück aus einem privaten Nachlass zum Preis von EUR 500,–. Er beauftragt den Unternehmer U, das Möbelstück zu restaurieren, und bekommt dafür EUR 150,– zuzüglich Umsatzsteuer in Rechnung gestellt. Da sich das Möbelstück danach 2 Jahre nicht verkaufen lässt, entschließt er sich, es seiner Frau zum Geschenk zu machen.

Die unentgeltliche Wertabgabe ist im vorliegenden Fall nicht steuerbar, da beim Erwerb keine Berechtigung zum Vorsteuerabzug bestand. Die Aufwendungen für die Restauration des Möbelstücks sind nicht als Bestandteil zu werten, da das Möbelstück seine körperliche oder wirtschaftliche Eigenart nicht verliert. Somit ist kein steuerbarer Umsatz gegeben, die Frage nach der Anwendung der Differenzbesteuerung stellt sich nicht.

Rechtsgrundlage: § 3 Abs. 1b UStG; § 25a UStG;
EuGH-Urteil vom 17.05.2001 Rs. C-322/99 u.
C-323/99 (UR 2001, 293)

Beispiel 186: Ermittlung der Bemessungsgrundlage nach der Gesamtdifferenz

Der Einzelhändler E aus Emden betreibt ein Second-Hand-Geschäft mit Schallplatten und CDs. Diese kauft er sämtlich von Privatleuten ein. Er entscheidet sich, die Differenzbesteuerung nach der Gesamtdifferenz anzuwenden.

Seine Aufzeichnungen ergeben folgende Jahressummen für Einkäufe und Verkäufe:

Einkäufe: 2005: EUR 25.000,–   Verkäufe: 2005: EUR 20.000,–
         2006: EUR 27.000,–   2006: EUR 35.000,–
         2007: EUR 25.000,–   2007: EUR 40.000,–

Es ergeben sich folgende Gesamtdifferenzen:

    2005: ./. EUR 5.000,–
    2006: EUR 8.000,–
    2007: EUR 15.000,–

Für 2007 wird die Bemessungsgrundlage mit Null festgesetzt. Ein Vortrag der negativen Gesamtdifferenz auf die Folgejahre ist nicht möglich. Somit hat E die Umsatzsteuer aus den folgenden Beträgen herauszurechnen und abzuführen: für 2006 aus EUR 8.000,–, für 2007 aus EUR 15.000,–.

Rechtsgrundlage: § 25a Abs. 4 UStG; Abschnitt 276a Abs. 12–14 UStR.

Beispiel 187: Incentive-Reise

Der Angestellte A erhält als Belohnung für seine 25-jährige verdienstvolle Tätigkeit vom Unternehmer U aus München eine Kreuzfahrt zu den norwegischen Fjorden und nach Spitzbergen. Die Pauschalreise, die U vom Reiseveranstalter R mit Sitz in Oslo erwirbt, umfasst neben dem Aufenthalt und der Verpflegung an Bord auch die An- und Rückreise per Bus von München nach Hamburg.

Da es sich bei der Incentive-Reise um eine unternehmerische Verwendung handelt, hat der Reiseveranstalter R die allgemeinen Vorschriften anzuwenden. Das bedeutet, dass er für die im Inland steuerpflichtige Beförderungsleistung von München nach Hamburg und retour unabhängig davon steuerpflichtig wird, ob er die Beförderung selbst durchführt oder hiermit einen Busunternehmer beauftragt. Bei der Besteuerung als Reiseleistung gemäß § 25 UStG (Voraussetzung: alle Reiseleistungen werden als Vorleistungen bezogen) wären sämtliche Leistungen des R nicht steuerbar am Sitzort des R in Oslo ausgeführt worden. Da jedoch eine Behandlung nach § 25 UStG wegen der unternehmerischen Verwendung ausscheidet, wird R mit der in Deutschland ausgeführten Beförderungsleistung steuerpflichtig.

Die Leistung des U an seinen Arbeitnehmer, für die kein besonderes Entgelt berechnet wird, ist als Reiseleistung nach § 25 UStG zu behandeln. Sie wird einheitlich in München ausgeführt, die Bemessungsgrundlage ist jedoch Null, da U mit dieser Reise keine (positive) Marge erzielt.

Rechtsgrundlage: § 25 Abs. 1 und 3 UStG; Abschnitt 272 Abs. 2 UStR.

Beispiel 188: Gemischte Reiseleistungen im Inland

Der Reiseveranstalter A aus Mannheim bietet eine dreitägige Fahrt nach Würzburg an. Im Reisepreis enthalten sind die Busbeförderung, Halbpension in einem Hotel und die Durchführung verschiedener Be-

188 D. Praktische Beispiele

sichtigungen inklusive der Eintrittsgelder. Die Beförderung führt A mit eigenen Fahrzeugen durch. Der Preis für die dreitägige Fahrt, an der 40 Personen teilnehmen, beträgt EUR 250,– pro Person. Dem Reiseveranstalter entstehen folgende Kosten: für die Unterbringung und Verpflegung im Hotel EUR 5.000,–, für die selbstständige Reiseführerin in Würzburg EUR 400,– sowie für die Eintrittsgelder EUR 600,–.

Bei der von A angebotenen Leistung handelt es sich um eine gemischte Reiseleistung, da mit der Busbeförderung eigene Leistungen ausgeführt werden. Es hat somit eine Aufteilung zu erfolgen in den Teil der Leistung, der als Reiseleistung nach § 25 UStG der Margenbesteuerung unterliegt, und den Teil der Leistung, der nach den allgemeinen Regeln zu besteuern ist. Hierzu ist zunächst der Wert der Reisevorleistungen dem Wert der Eigenleistungen gegenüberzustellen. Hieraus ist der Umsatzanteil zu errechnen, der auf die Reiseleistungen bzw. auf die Eigenleistungen entfällt.

Im vorliegenden Beispiel sind an Reisevorleistungen entstanden:

Unterkunft und Verpflegung	EUR 5.000,–
Reiseführerin	EUR 400,–
Eintrittsgelder	EUR 600,–
	EUR 6.000,–

An Eigenleistungen wurden erbracht:
Busbeförderung   EUR 2.000,–

Somit ergibt sich ein Umsatzanteil von 75% für die Reisevorleistungen, von 25% für die Eigenleistungen. 75% des Umsatzes von insgesamt EUR 10.000,– (40 x 250,–) entfallen somit auf eine Reiseleistung im Sinne von § 25 UStG. Die restlichen 25% sind als Erlöse aus der Personenbeförderungsleistung anzusehen.

Die Bemessungsgrundlage für die Reiseleistung errechnet sich wie folgt:

75% a/EUR 10.000,–	EUR 7.500,–
./. Reisevorleistungen	EUR 6.000,–
	EUR 1.500,–
./. herauszurechnende Umsatzsteuer 19/119	EUR 239,50
Nettoumsatz nach § 25 UStG	EUR 1.260,50

Die Beförderungsleistung des A ist in vollem Umfang im Inland steuerpflichtig und unterliegt dem allgemeinen Steuersatz. Der hierauf entfallende Nettoumsatz ermittelt sich wie folgt:

I. Praktische Beispiele zum Allgemeinen Teil **189–190**

25% a/EUR 10.000,–	EUR 2.500,–
./. herauszurechnende Umsatzsteuer 19/119	EUR 399,16
Nettoumsatz	EUR 2.100,84

Da im vorliegenden Fall die gesamten Eigenleistungen im Inland steuerpflichtig sind und dem allgemeinen Steuersatz unterliegen, führt eine Änderung in der Bewertung der Eigenleistungen nicht zu einem abweichenden steuerpflichtigen Gesamtumsatz. In anderen Fallgestaltungen kommt der Bewertung der Eigenleistungen entscheidende Bedeutung zu.

Rechtsgrundlage: § 25 Abs. 1 und 3 UStG; Abschnitt 274 Abs. 2 UStR.

Beispiel 189: Steuerfreie Reiseleistung im Drittlandsgebiet

Der Reiseveranstalter D aus Dortmund bietet eine Pauschalreise nach Gran Canaria an. Der Flug ist im Preis nicht inbegriffen. Die mit dem Pauschalpreis abgegoltenen Reiseleistungen werden allesamt von in Gran Canaria ansässigen Unternehmern erbracht, stellen also für D Reisevorleistungen dar.

Da Gran Canaria zum Drittlandsgebiet rechnet, werden sämtliche Reisevorleistungen außerhalb des Gemeinschaftsgebietes bewirkt. Die Reiseleistung des D ist also insgesamt steuerfrei.

Rechtsgrundlage: § 25 Abs. 2 UStG; Abschnitt 273 Abs. 1 UStR.

Beispiel 190: Steuerfreiheit einer Reiseleistung bei Reisen in das Drittlandsgebiet

Der Reiseveranstalter R mit Sitz in Stuttgart bietet eine Flugreise nach New York an. Neben dem Flug ab Frankfurt sind im Reisepreis Übernachtung und Frühstück sowie verschiedene Besichtigungen eingeschlossen. Diese Leistungen werden allesamt nicht vom Reiseveranstalter selbst, sondern von anderen Unternehmern ausgeführt, stellen also Reisevorleistungen dar. Für den Flug von Frankfurt nach New York wendet R EUR 20.000,– auf, die übrigen in den U.S.A. bewirkten Reisevorleistungen belaufen sich auf EUR 25.000,–. Als Entgelt für Pauschalreise vereinnahmt R EUR 50.000,–.

Da der Reiseveranstalter die Vereinfachungsregel für Flugreisen (Abschnitt 273 Abs. 4 UStR) nicht in Anspruch nimmt, ist für den Flug

191 D. Praktische Beispiele

von Frankfurt nach New York eine Aufteilung der Streckenanteile vorzunehmen. Hiernach entfallen 10% der Beförderung auf Gemeinschaftsgebiet, die restlichen 90% auf Drittlandsgebiet. R hat nach § 25 UStG folgende steuerpflichtige Leistung erbracht:

Die von R erzielte Marge errechnet sich wie folgt:

Erlöse:	EUR 50.000,–
./. Reisevorleistungen	EUR 45.000,–
Marge:	EUR 5.000,–

Der steuerfreie Teil der Marge errechnet sich aus dem Anteil der im Drittlandsgebiet bewirkten Reisevorleistungen:

Flugkosten: 90% a/EUR 20.000,–	EUR 18.000,–
Sonstige Reisevorleistungen	EUR 25.000,–
Reisevorleistungen im Drittlandsgebiet	EUR 43.000,–

Der steuerfreie Anteil beläuft sich demnach auf 43.000,–/45.000,– = 95,56%.

Demnach sind EUR 4.778,– (95,56% a/EUR 5.000,–) der von R erzielten Marge steuerfrei. Die restlichen EUR 222,– sind steuerpflichtig. Die hierauf entfallende Umsatzsteuer ist herauszurechnen: 222,– : 1,19 × 19% = EUR 35,45.

Rechtsgrundlage: § 25 Abs. 2 UStG; Abschnitt 273 Abs. 1 und 3; 274 Abs. 3 UStR.

Beispiel 191: Bemessungsgrundlage bei gemischten Reiseleistungen

Der Reiseveranstalter R mit Sitz in München führt eine Busreise durch, die durch Österreich und die Schweiz führt. Mit der Durchführung der Busreise beauftragt er einen Busunternehmer aus München. In der Pauschalreise mit enthalten sind die teils in Österreich, teils in der Schweiz entstehenden Hotelkosten, die für R sämtlich Reisevorleistungen darstellen. Die Reisegruppe wird betreut von zwei bei R angestellten Reiseleitern.

Im Einzelnen entstehen dem Reiseveranstalter folgende Kosten für die von ihm in Anspruch genommenen Reisevorleistungen:

Busbeförderung	EUR 2.500,–
Unterkunft und Verpflegung	EUR 6.500,–
Reisevorleistungen, gesamt:	EUR 9.000,–

I. Praktische Beispiele zum Allgemeinen Teil **191**

Von der Busbeförderung entfallen 60% auf die Beförderung im Gemeinschaftsgebiet, die restlichen 40% auf die Beförderung in der Schweiz. Die Kosten für Unterkunft und Verpflegung entfallen je zur Hälfte auf Österreich und die Schweiz.

Als Eigenleistung erbringt Reiseveranstalter die Betreuung der Reiseteilnehmer durch die beiden Reiseführer. Als Wert der Eigenleistung sind EUR 1.000,– anzusetzen. Der Reiseveranstalter erzielt mit der Busreise insgesamt einen Erlös von EUR 11.000,–.

Bei der hier vorliegenden gemischten Reiseleistung ist zunächst herauszurechnen, welcher Anteil des Erlöses auf die nach § 25 UStG zu besteuernden Reiseleistungen entfällt. Hierzu werden Reisevorleistungen und Eigenleistungen ins Verhältnis gesetzt. Für die Eigenleistung entfällt ein Anteil von 10% a/EUR 11.000,– = EUR 1.100,–. Dieser Bruttobetrag ist nach den allgemeinen Vorschriften der Besteuerung zu unterwerfen. Die zugrunde liegende Leistung, Reiseleitung und Betreuung der Reiseteilnehmer, stellt eine sonstige Leistung dar, die nach § 3a Abs. 1 UStG am Sitzort des Unternehmers, somit in München erbracht wird. Sie ist somit in vollem Umfang steuerpflichtig.

Für die Reiseleistungen im Sinne von § 25 UStG ergibt sich ein Anteil von 90% a/EUR 11.000,– = EUR 9.900,–. Die von R erzielte Marge beläuft sich demnach auf EUR 900,–.

Die Marge ist nur insoweit steuerpflichtig, als die Reisevorleistungen im Gemeinschaftsgebiet bewirkt werden. Dazu sind folgende Reisevorleistungen zu rechnen:

60% der Kosten der Busbeförderung:
   60% a/EUR 2.500,–   EUR 1.500,–
50% der Hotelkosten:
   50% a/EUR 6.500,–   EUR 3.250,–
Summe der im Gemeinschaftsgebiet
   bewirkten Vorleistungen: EUR 4.750,–

Somit entfallen 4.750,–/9.000,– = 52,78% der Reisevorleistungen auf das Gemeinschaftsgebiet. Entsprechend bemisst sich der Anteil der steuerpflichtigen Marge.

Die steuerpflichtige Bruttobetrag nach § 25 UStG beläuft sich somit auf:

52,78% a/EUR 900,– = EUR 475,02.

Rechtsgrundlage: § 25 Abs. 1–3 UStG; Abschnitt 274 UStR.

192 D. Praktische Beispiele

Beispiel 192: Ermittlung der Bemessungsgrundlage (Marge) für die insgesamt in einem Besteuerungszeitraum durchgeführten Reiseleistungen

Gemäß der Vereinfachungsregel des § 25 Abs. 3 Satz 3 UStG kann der Reiseunternehmer auf die gesonderte Ermittlung der Marge für jede einzelne von ihm bewirkte Reiseleistung verzichten und lediglich eine Marge für die gesamten in einem Kalenderjahr durchgeführten Reiseleistungen ermitteln. Von dieser Vereinfachungsregel macht der Reiseveranstalter R aus Regensburg Gebrauch. Er hat folgende Beträge für das Kalenderjahr auf einzelnen Buchhaltungskonten erfasst:

Bruttoerlöse aus Reiseleistungen:	EUR 1.700.000,–
Eigenleistungen: Angestellte Reiseleiter	EUR 200.000,–
Reisevorleistungen:	
Busbeförderungen im Gemeinschaftsgebiet	EUR 250.000,–
Busbeförderungen im Drittlandsgebiet	EUR 50.000,–
Flüge über Gemeinschaftsgebiet:	EUR 100.000,–
Flüge über Drittlandsgebiet:	EUR 150.000,–
Unterkunft und Verpflegung im Gemeinschaftsgebiet	EUR 350.000,–
Unterkunft und Verpflegung im Drittlandsgebiet	EUR 400.000,–
Summe der Reisevorleistungen	EUR 1.300.000,–

Zunächst sind die Umsätze auszusondern, die auf Eigenleistungen entfallen. Der Anteil der Eigenleistungen beläuft sich im vorliegenden Fall auf 200 TEUR/1500 TEUR (200 TEUR und 1300 TEUR), also 13,33 %. Somit entfallen 13,33 % a/EUR 1.700.000,– = 226.610,– auf vom Unternehmer erbrachte Eigenleistungen. Die Leistungen der Reiseleiter sind nach § 3a Abs. 1 UStG am Sitzort des leistenden Unternehmers steuerbar. Sie sind also in vollem Umfang in Deutschland steuerpflichtig.

Die restlichen 86,67 % des Bruttoumsatzes entfallen auf Reiseleistungen im Sinne von § 25 UStG. Die Marge errechnet sich wie folgt:

Bruttoumsatz: 86,67 % a/EUR 1.700.000,– =	EUR 1.473.390,–
./. Reisevorleistungen	EUR 1.300.000,–
Marge:	EUR 173.390,–

Von den Reisevorleistungen wurden 53,85 % (700.000,– / 1.300.000,–) im Gemeinschaftsgebiet bewirkt. Die restlichen 46,15 % entfallen auf das Drittlandsgebiet. Somit teilt sich die Marge wie folgt auf:

Steuerpflichtige Marge: 53,85% a/EUR 173.390,- EUR 93.370,52
Steuerfreie Marge: 46,15% a/EUR 173.390,- EUR 80.019,48
EUR 173.390, −

Aus der steuerpflichtigen Marge ist die Umsatzsteuer herauszurechnen.

Rechtsgrundlage: § 25 Abs. 1–3 UStG; Abschnitt 274 UStR.

II. Praktische Beispiele zu innergemeinschaftlichen Umsätzen

1. Allgemeines

Beispiel 193: Lieferung von den Kanarischen Inseln nach Deutschland

Der Unternehmer U aus Las Palmas/Gran Canaria liefert einem Großhändler mit Sitz in Bremen eine Schiffsladung Tomaten. Da Gran Canaria nicht zum Gemeinschaftsgebiet rechnet, handelt es sich um eine Lieferung aus dem Drittlandsgebiet, die der Einfuhrumsatzsteuer unterliegt.

Rechtsgrundlage: § 1 Abs. 1 Nr. 4 i.V.m. Abs. 2a UStG; Abschnitt 13a UStR.

Beispiel 194: Innergemeinschaftliche Lieferung in einen Freihafen

Der Kaufmann Hansen aus Hamburg bestellt Heizöl aus britischer Produktion vom Londoner Unternehmer Lloyd. Die Lieferung erfolgt von London in den Freihafen von Hamburg, wo Hansen das Heizöl bis zum Weiterverkauf lagert. Lloyd hat seine britische, Hansen seine deutsche USt-IdNr. angegeben. Für Lloyd liegt eine steuerfreie innergemeinschaftliche Lieferung vor, da der Freihafen von Hamburg aus Gemeinschaftssicht zum deutschen Inland rechnet, somit eine Lieferung von einem in ein anderes EU-Mitgliedsland erfolgt ist. Aus deutscher Sicht zählt der Freihafen nicht zum Inland.

Rechtsgrundlage: § 1 Abs. 1 Nr. 5 i.V.m. § 1 Abs. 2 UStG.

2. Innergemeinschaftlicher Erwerb

Beispiel 195: Innergemeinschaftlicher Erwerb

Eine Modeboutique in München erwirbt unter Angabe ihrer deutschen USt-IdNr. Damenmäntel bei einem französischen Großhändler in Lyon. Für die Münchener Modeboutique liegt ein innergemeinschaftlicher Erwerb vor.

Rechtsgrundlage: § 1a UStG; Abschnitt 15a UStR; Art. 2 Abs. 1b, Art. 20 MWStSystRL.

Beispiel 196: Warenbewegung zwischen EU-Mitgliedstaaten

Der Unternehmer A aus Augsburg erwirbt von einem Bürogeräte-Hersteller in Florenz Schreib- und Rechenmaschinen für seine Zweigniederlassung in Bologna. Die Geräte werden direkt nach Bologna geliefert. Obwohl A mit seiner deutschen USt-IdNr. auftritt, liegt kein innergemeinschaftlicher Erwerb vor, da die Ware nicht in ein anderes EU-Mitgliedsland gelangt ist.

Rechtsgrundlage: § 1a Abs. 1 Nr. 1 UStG; Abschnitt 15a Abs. 1 UStR; Art. 20 MWStSystRL.

Beispiel 197: Untergang der Ware auf dem Transport in ein anderes Mitgliedsland

Der Kaufmann Hansen aus Hamburg ordert eine Schiffsladung Rohwolle beim Großhändler Lloyd mit Sitz in London. Auf dem Transport nach Hamburg gerät das Schiff in schweres Unwetter und sinkt mitsamt der Ladung in der Nordsee. Laut getroffener Vereinbarung trägt Hansen das Transportrisiko. Da im vorliegenden Fall die erworbene Ware das Inland nicht erreicht, ist der Tatbestand des innergemeinschaftlichen Erwerbs nicht erfüllt. Dies hat zur Folge, dass die Steuerbefreiung für innergemeinschaftliche Lieferungen nicht anzuwenden ist. Es liegt also eine in Großbritannien steuerpflichtige Lieferung vor. Die zu zahlende Umsatzsteuer muss sich Hansen im Wege des Vorsteuervergütungs-Verfahrens erstatten lassen.

Rechtsgrundlage: § 1a Abs. 1 Nr. 1 UStG; Abschnitt 15a Abs. 1 UStR; Art. 2 Abs. 1b), Art. 20 MWStSystRL.

Beispiel 198: Lieferer aus dem Drittlandsgebiet

Der Unternehmer Chang mit Sitz in Schanghai liefert Elektrogeräte an den deutschen Unternehmer D aus Düsseldorf. In Rotterdam, wo Chang ein Auslieferungslager unterhält, wird die aus China kommende Ware zum freien Verkehr abgefertigt. Chang verwendet seine niederländische, D seine deutsche USt-IdNr. Somit bewirkt Chang in den Niederlanden eine steuerpflichtige Einfuhr und eine steuerfreie innergemeinschaftliche Lieferung. Für D liegt ein steuerpflichtiger innergemeinschaftlicher Erwerb vor. Würden die gelieferten Elektrogeräte erst in Deutschland zum freien Verkehr abgefertigt, wäre in Deutschland eine Einfuhr zu versteuern.

Rechtsgrundlage: § 1a Abs. 1 Nr. 1 UStG; Abschnitt 15a Abs. 1
Satz 4 UStR
Art. 2 Abs. 1 b), Art. 20 MWStSystRL.

Beispiel 199: Erwerb eines Gegenstandes aus einem anderen EU-Mitgliedsland durch einen Nicht-Unternehmer

Der Beamte F aus Flensburg kauft in einem dänischen Möbelhaus Einrichtungsgegenstände, die er selbst von Dänemark nach Deutschland bringt. Da es sich bei F um einen Nichtunternehmer handelt, ist ein steuerpflichtiger innergemeinschaftlicher Erwerb in Deutschland und damit zusammenhängend eine steuerfreie innergemeinschaftliche Lieferung aus Dänemark nicht möglich. Die Lieferung an F ist in Dänemark steuerpflichtig.

Rechtsgrundlage: § 1a Abs. 1 Nr. 2 UStG; Art. 2 Abs. 1 b),
Art. 20 MWStSystRL.

Beispiel 200: Kleinunternehmer-Status des Lieferers und innergemeinschaftlicher Erwerb

Ein Arzt kauft verschiedene Einrichtungsgegenstände und Geräte für seine neueröffnete Praxis in Frankfurt. Zum Teil bezieht er das Inventar aus anderen EG-Ländern: aus den Niederlanden erwirbt er Geräte für EUR 10.000,–, aus Frankreich Einrichtungsgegenstände und Mobiliar für EUR 9.000,–. Er überschreitet somit in der Summe die Erwerbsschwelle von EUR 12.500,–. Demgemäß liegt ein steuerpflichtiger innergemeinschaftlichen Erwerb vor. Unter dem Mobiliar, das aus

201 D. Praktische Beispiele

Frankreich bezogen wird, befindet sich ein Möbelstück, das sich der Arzt direkt von einer kleinen Schreinerwerkstatt anfertigen lässt. Da der französische Schreiner ohne Angabe der USt-IdNr. und ohne Ausweis der französischen Umsatzsteuer liefert, geht der Arzt davon aus, dass es sich bei dem Schreiner um einen Kleinunternehmer handelt. Er versteuert daher für das zum Preis von EUR 1.000,- erworbene Möbelstück keinen innergemeinschaftlichen Erwerb. Wie sich im Nachhinein anlässlich einer Betriebsprüfung herausstellt, ist der französische Schreiner kein Kleinunternehmer, er hat den Umsatz als innergemeinschaftliche Lieferung steuerfrei gelassen. Der Arzt genießt in diesem Fall keinen Vertrauensschutz, er muss den innergemeinschaftlichen Erwerb nachträglich versteuern. Da der Arzt nur steuerfreie Umsätze ausführt, ist die zu zahlende Erwerbsteuer in Höhe von 19 % a/EUR 1.000,- = EUR 190,- nicht als Vorsteuer abzugsfähig.

Rechtsgrundlage: § 1a Abs. 1 Nr. 3 UStG;
Art. 2 Abs. 1 b,i MWStSystRL.

Beispiel 201: Zweimalige Besteuerung bei Zusammentreffen von steuerpflichtiger Lieferung und steuerpflichtigem innergemeinschaftlichen Erwerb

Der Heizungsbauer D1 aus Trier installiert für den Unternehmer L an dessen Firmensitz in Luxemburg eine Heizungsanlage. Die Heizkessel lässt D1 vom Hersteller D2 direkt nach Luxemburg liefern. Die beteiligten Unternehmer verwenden jeweils die USt-IdNr. ihres Herkunftslandes.

Die Voraussetzungen für ein Reihengeschäft sind im vorliegenden Fall nicht erfüllt, da der Gegenstand der Lieferung zwischen D2 und D1 (Heizkessel) und zwischen D1 und L (Heizungsanlage im Ganzen) nicht derselbe ist. Das bedeutet, dass es sich im vorliegenden Fall um eine einfache grenzüberschreitende Lieferung von D2 an D1 handelt. Die Steuerbefreiung als innergemeinschaftliche Lieferung scheidet aus, da D1 als Erwerber mit seiner deutschen USt-IdNr. auftritt und es mithin an der Erwerbsbesteuerung in einem anderen EU-Mitgliedstaat mangelt. Für D2 wird dennoch ein innergemeinschaftlicher Erwerb verwirklicht, da die Voraussetzungen hierfür erfüllt sind: D2 ist Abnehmer einer grenzüberschreitenden Lieferung zwischen zwei EU-Mitgliedstaaten, Lieferer und Abnehmer sind regelbesteuerte Unternehmer. Somit erhält D2 von D1 Umsatzsteuer in Rechnung gestellt,

II. Innergemeinschaftliche Umsätze **202–204**

hat jedoch gleichzeitig in Deutschland als dem Herkunftsland seiner USt-IdNr. einen innergemeinschaftlichen Erwerb zu versteuern.

Rechtsgrundlage: § 4 Nr. 1 b) i.V.m. § 6 a Abs. 1 Nr. 3 UStG; Art. 138 MWStSystRL
Innergemeinschaftlicher Erwerb: § 1 a Abs. 1 UStG; Art. 2 Abs. 1 b MWStSystRL.

Beispiel 202: Ort des innergemeinschaftlichen Erwerbs

Ein Stahlgroßhändler B aus Belgien erwirbt unter Angabe seiner belgischen USt-IdNr. von einem deutschen Stahlproduzenten D Rohstahl. Der Rohstahl wird von D an die Betriebsstätte des B in Frankreich geliefert. B hat in Belgien einen innergemeinschaftlichen Erwerb zu versteuern, da er unter Angabe seiner belgischen USt-IdNr. bestellt hat. Weist er später nach, dass der Erwerb in Frankreich besteuert wurde, entfällt die Steuerbarkeit in Belgien.

Rechtsgrundlage: § 3 d UStG; Art. 40, 41 MWStSystRL.

Beispiel 203: Steuerpflichtiger Erwerb im Zollfreigebiet

Das Hamburger Hafenamt erwirbt für sein Dienstgebäude im Freihafen Heizöl von einem britischen Lieferanten. Hier liegt ein steuerpflichtiger innergemeinschaftlicher Erwerb durch das Hafenamt vor. Der Erwerb gilt als im Inland erbracht. Der britische Lieferant hat eine steuerfreie innergemeinschaftliche Lieferung bewirkt.

Rechtsgrundlage: § 1 Abs. 3 Satz 1 Nr. 1, Satz 2 i.V.m. § 1 a UStG.

Beispiel 204: Unternehmensinternes Verbringen als innergemeinschaftlicher Erwerb

Ein Hersteller von Computer-Monitoren mit Sitz in Paris unterhält eine Betriebsstätte in Belgien, die für die Produktion der Bildröhren zuständig ist. Die Bildröhren gelangen zur Endmontage nach Frankreich. Es liegt der Tatbestand des innergemeinschaftlichen Verbringens vor. Somit ist in Frankreich ein innergemeinschaftlicher Erwerb zu versteuern. Der Unternehmer ist also gleichzeitig Lieferer (in Belgien) und Erwerber (in Frankreich).

Rechtsgrundlage: § 1 a Abs. 2 UStG; Abschnitt 15 b UStR; Art. 23 MWStSystRL.

205–207 D. Praktische Beispiele

Beispiel 205: Innergemeinschaftliche Lieferung und innergemeinschaftlicher Erwerb beim unternehmensinternen Verbringen

Der Automobilzulieferer A mit Sitz in Aachen bringt Teile, die in der Betriebsstätte des A in Valencia/Spanien produziert werden, zur Endfertigung nach Aachen. Der Tatbestand des innergemeinschaftlichen Verbringens ist erfüllt. A bewirkt an seiner spanischen Betriebsstätte eine innergemeinschaftliche Lieferung, die nach spanischem Umsatzsteuerrecht anzumelden ist. Gleichzeitig ist in Deutschland ein innergemeinschaftlicher Erwerb zu versteuern. Bemessungsgrundlage für steuerfreie Lieferung und innergemeinschaftlichen Erwerb sind die in der spanischen Produktionsstätte entstandenen Selbstkosten.
Rechtsgrundlage: §§ 1b, 6a UStG; Abschnitt 15b UStR; Art. 23 MWStSystRL.

Beispiel 206: Vorübergehende, befristete Verwendung

Eine Porzellanmanufaktur in Deutschland unterhält eine Zweigniederlassung (Betriebsstätte) in Mailand, die für den Vertrieb des Porzellans auf dem italienischen Markt zuständig ist. Für eine in Mailand stattfindende Haushaltswarenmesse werden Ausstellungsstücke und verschiedene Ausrüstungsgegenstände für den Messestand von Deutschland nach Mailand verbracht. Da die verbrachten Gegenständen nur vorübergehend im anderen EU-Mitgliedstaat verwendet werden und danach wieder zum Ausgangsort zurückgelangen, liegt kein innergemeinschaftliches Verbringen vor.
Rechtsgrundlage: § 1a Abs. 2 UStG; Abschnitt 15b Abs. 12 UStG; Art. 23 MWStSystRL.

Beispiel 207: Befristete oder der Art nach vorübergehende Verwendung

Ein Bauunternehmer aus München erhält einen Bauauftrag in Wien. Er befördert zwei Baukräne an die Baustelle, einen zur eigenen Verwendung, den anderen zwecks Vermietung an einen ansässigen Unternehmer. Nach 3 Jahren ist der Bau abgeschlossen, die Kräne werden wieder nach München gebracht. Im Fall der eigenen Verwendung liegt eine befristete Verwendung des Gegenstandes vor. Mit Ablauf der 24-

II. Innergemeinschaftliche Umsätze **208–210**

Monate-Frist ist für den Bauunternehmer aus München der Tatbestand der innergemeinschaftlichen Verbringung gegeben. Er muss in Österreich einen innergemeinschaftlichen Erwerb versteuern. Im Fall der Vermietung des Baukrans ist die Verwendung ihrer Art nach vorübergehend. Eine innergemeinschaftliche Verbringung liegt hier nicht vor.
Rechtsgrundlage: § 1a Abs. 2 UStG; Abschnitt 15b Abs. 11, 12 UStR.

Beispiel 208: Innergemeinschaftlicher Erwerb neuer Fahrzeuge

Privatmann Meier aus Karlsruhe erwirbt von seiner Cousine, die in Paris lebt, ein Motorrad, das vor 10 Monaten zugelassen wurde und das einen Kilometerstand von 4.500 km aufweist. Das Motorrad gilt als neues Fahrzeug, da es weniger als 6.000 km Fahrleistung aufweist. Herr Meier muss einen innergemeinschaftlichen Erwerb versteuern.
Rechtsgrundlage: § 1b UStG; Abschnitt 15c UStR; Art. 2 Abs. 1b, ii, i.V.m. Abs. 2 MWStSystRL.

Beispiel 209: Erwerb eines Sportflugzeugs

Der Arzt Dr. D aus Düsseldorf erwirbt von einem befreundeten Arzt F aus Lyon/Frankreich ein Sportflugzeug für private Zwecke. F hatte das einmotorige Flugzeug erst im Vormonat erworben, gesundheitliche Probleme zwingen ihn jetzt zum Verkauf. Da es sich hier um den innergemeinschaftlichen Erwerb eines neuen Fahrzeugs handelt, muss Dr. D 19% Umsatzsteuer auf den Kaufpreis beim für ihn zuständigen Finanzamt anmelden und abführen.
Rechtsgrundlage: § 1b UStG; Art. 2 Abs. 1b, ii i.V.m. Abs. 2 MWStSystRL.

Beispiel 210: Deutscher Winzer erwirbt Holzfässer in Frankreich

Ein Winzer aus Freinsheim/Pfalz, der nach Durchschnittssätzen besteuert wird, erwirbt eine Ladung Holzfässer, die er zum Barriqueausbau seiner Weine verwenden möchte, von einem Hersteller in Frankreich zum Preis von netto EUR 4.000,–. Da der Winzer ansonsten keine Lieferungen aus dem übrigen Gemeinschaftsgebiet bezieht,

211-212 D. Praktische Beispiele

überschreitet er die Erwerbsschwelle nicht. Der Hersteller überschreitet die Lieferschwelle nach Deutschland (EUR 100.000,–) nicht. Somit ist der Umsatz in Frankreich steuerbar und steuerpflichtig. Es ergibt sich eine Umsatzsteuer in Höhe von 19,6% von EUR 4.000,–, somit EUR 784,–. Bei Option des Winzers zur Erwerbsbesteuerung würden 19% von EUR 4.000,–, also EUR 760,– Umsatzsteuer als Steuer auf den innergemeinschaftlichen Erwerb anfallen.

Rechtsgrundlage: § 4 Nr. 1b i.V.m. § 6a Abs. 1 Nr. 3 UStG
Erwerbsbesteuerung: § 1a Abs. 3 Nr. 1c und
Nr. 2 UStG; Art. 3 MWStSystRL.

Beispiel 211: Unternehmer mit ausschließlich steuerfreien Umsätzen

Ein Arzt für Orthopädie, der nur steuerfreie Umsätze ausführt, erwirbt ein Röntgengerät für netto EUR 60.000,– von einem dänischen Hersteller, der das Röntgengerät mit eigenem LKW anliefert. Da die Erwerbsschwelle überschritten wird, ist für ihn zwingend die Erwerbsbesteuerung durchzuführen. Der Arzt kann die Lieferung steuerfrei aus Dänemark beziehen und zahlt in Deutschland 19% Umsatzsteuer auf den innergemeinschaftlichen Erwerb. Die gezahlte Umsatzsteuer kann, da nur vorsteuerschädliche Umsätze getätigt werden, nicht als Vorsteuer geltend gemacht werden.

Rechtsgrundlage: § 1a Abs. 3 Nr. 1a und Nr. 2 UStG;
Abschnitt 15a UStR; Art. 3 MWStSystRL.

Beispiel 212: Optionsrecht bezüglich der Erwerbsschwelle

Ein HNO-Arzt, der nur in geringfügigem Umfang umsatzsteuerpflichtige, gutachterliche Leistungen erbringt, und hierfür die Kleinunternehmer-Regelung anwendet, erwirbt ein medizinisches Gerät aus Dänemark für netto EUR 10.000,–. Ansonsten werden keine Waren aus dem Ausland bezogen. Da die Erwerbsschwelle für den Halb-Unternehmer nicht überschritten ist, unterliegt der Arzt nicht der Erwerbsbesteuerung. Der Umsatz wäre somit in Dänemark steuerbar und steuerpflichtig. Somit müssten 25% oder EUR 2.500,– dänische Umsatzsteuer gezahlt werden. Auf Anraten seines Steuerberaters erklärt der Arzt gegenüber dem zuständigen Finanzamt den Verzicht auf die Anwendung der Erwerbsschwellen-Regelung. Er führt 19% oder EUR 1.900,– an das

II. Innergemeinschaftliche Umsätze **213–214**

Finanzamt ab. Der Umsatz kann somit vom dänischen Hersteller als steuerfreie innergemeinschaftliche Lieferung behandelt werden.
Rechtsgrundlage: § 1a Abs. 4 UStG; Abschnitt 15a Abs. 2 UStR; Art. 3 MWStSystRL.

Beispiel 213: Dauer der Erwerbsbesteuerung bei Überschreiten der Erwerbsschwelle

Der Turnverein 1866 e.V. aus Mannheim erwirbt in 2005 Sportgeräte im Wert von netto EUR 20.000,– von einem Hersteller in Dänemark. In den Jahren 2006 und 2007 werden vom gleichen Hersteller weitere Sportgeräte angeschafft. Der Nettowert der Lieferungen liegt in 2006 bei EUR 5.000,–, in 2007 bei EUR 12.000,–. Weitere Erwerbe aus anderen EU-Mitgliedsländern sind für den Turnverein in diesen Jahren nicht zu verzeichnen. Durch Überschreiten der Erwerbsschwelle wird der Turnverein in 2005 erwerbssteuerpflichtig. Er hat die fällige Umsatzsteuer in Höhe von 16% aus EUR 20.000,– = EUR 3.200,– an das zuständige Finanzamt abzuführen. Der Hersteller in Dänemark kann die Sportgeräte steuerfrei als innergemeinschaftliche Lieferung in Rechnung stellen. Für 2006 unterliegt der Turnverein ebenfalls zwingend der Erwerbsbesteuerung, da im Vorjahr die Erwerbsschwelle überschritten wurde. Dagegen ist der Erwerb in 2007 grundsätzlich nicht steuerpflichtig, da die Erwerbe sowohl im vorangegangenen als auch im laufenden Jahr unter der Erwerbsschwelle liegen. Der Turnverein kann jedoch zur Erwerbsbesteuerung optieren, um so in den Genuss der gegenüber der dänischen wesentlich geringeren deutschen Umsatzsteuer zu gelangen. Da die hierzu notwendige Erklärung gegenüber dem zuständigen deutschen Finanzamt an keine Form gebunden ist, genügt die Abgabe einer entsprechenden Umsatzsteuer-Voranmeldung bzw. -Erklärung. Wird die Option erklärt, so ist der Turnverein hieran auch für das Folgejahr gebunden.
Rechtsgrundlage: § 1a Abs. 4 UStG; Abschnitt 15a Abs. 2 UStR.

Beispiel 214: Erwerbsbesteuerung bei Kreditinstituten

Eine Bank tätigt neben steuerfreien Kreditumsätzen auch steuerpflichtige Umsätze aus der Vermietung von Schließfächern. Hier ist die Erwerbsbesteuerung zwingend. Ein Überschreiten der Erwerbsschwelle ist nicht erforderlich.
Rechtsgrundlage: § 1a UStG; Abschnitt 15a Abs. 2 UStR.

215-217 D. Praktische Beispiele

Beispiel 215: Unternehmer mit steuerpflichtigen Umsätzen und Erwerbsschwelle

Ein Augenarzt, der in seiner Praxis lediglich steuerfreie Umsätze ausführt, besitzt ein Wohn- und Geschäftshaus, in dessen Erdgeschoss sich ein Ladengeschäft befindet, das er steuerpflichtig vermietet. Er bestellt ein medizinisches Gerät für seine Praxis von einem niederländischen Hersteller zum Preis von EUR 5.000,–. Obwohl die Erwerbsschwelle nicht überschritten ist, hat der Augenarzt einen steuerpflichtigen innergemeinschaftlichen Erwerb bewirkt, da er als Unternehmer auch steuerpflichtige Umsätze bewirkt. Nach dem Grundsatz der Unternehmenseinheit sind alle unternehmerischen Aktivitäten als ein einziges Unternehmen zu betrachten.

Rechtsgrundlage: § 1a UStG; Abschnitt 15a Abs. 2 UStR.

Beispiel 216: Innergemeinschaftlicher Erwerb einer juristischen Person des Privatrechts

Der Gesangverein Liederkranz e.V. erwirbt im Mai 2007 in Wien ein Klavier zum Preis von umgerechnet EUR 10.000,– netto. Als eingetragener Verein besitzt der Gesangverein den Status einer juristischen Person des privaten Rechts und ist somit für den nicht-unternehmerischen Bereich als Halb-Unternehmer zu behandeln. Um die österreichische Umsatzsteuer in Höhe von 20% oder EUR 2.000,– zu sparen, verzichtet der Gesangverein auf die Anwendung der Erwerbsschwelle. Er beantragt die Erteilung einer USt-IdNr., unter deren Angabe das Klavier steuerfrei aus Österreich geliefert wird. Den Verzicht auf die Anwendung der Erwerbsschwelle teilt der Gesangverein dem zuständigen Finanzamt mit. Der Erwerb ist somit in Deutschland steuerpflichtig – der Gesangverein muss EUR 1.900,– (19% a/EUR 10.000,–) an das Finanzamt abführen, da die Möglichkeit des Vorsteuerabzugs nicht besteht.

Rechtsgrundlage: § 1a Abs. 1 Nr. 2b und Abs. 3, 4 UStG; Abschnitt 15a Abs. 2 UStR.

Beispiel 217: Nicht-unternehmerischer Erwerb aus einem anderen Mitgliedsland

Der Textilhändler T aus Dresden macht seiner Frau anlässlich der Silberhochzeit ein Geschenk. Er erwirbt einen Pelzmantel von einem ita-

lienischen Hersteller. Da der Pelzmantel für nicht-unternehmerische Zwecke erworben wird, liegt kein innergemeinschaftlicher Erwerb vor. Der Umsatz ist in Italien steuerbar und steuerpflichtig.
Rechtsgrundlage: § 1a Abs. 1 Nr. 2 UStG.

Beispiel 218: Innergemeinschaftlicher Erwerb im Rahmen einer Betriebsverlegung

Der Krankengymnast K aus Linz/Österreich zieht mit seiner Krankengymnastik-Praxis nach Regensburg. Er bringt im Rahmen der Betriebsverlegung Geräte und Einrichtungsgegenstände für die Praxis im Wert von etwa EUR 40.000,– mit nach Deutschland.

Im vorliegenden Fall ist der Tatbestand des innergemeinschaftlichen Erwerbs erfüllt. Es handelt sich um ein innergemeinschaftliches Verbringen von Gegenständen zur nicht nur vorübergehenden Verwendung. K führt zwar ausschließlich steuerfreie Umsätze aus, die zum Ausschluss vom Vorsteuerabzug führen. Da er jedoch die Erwerbsschwelle von EUR 12.500,– überschreitet, ist der innergemeinschaftliche Erwerb steuerbar. Da Letzterer jedoch im Rahmen einer Betriebsverlegung ins Inland erfolgt, ist die Möglichkeit der Steuerbefreiung nach § 4b i.V.m. § 5 UStG zu prüfen. Die Verbringung von Einrichtungsgegenständen im Rahmen einer Betriebsverlegung ist grundsätzlich sowohl für die Einfuhr aus dem Drittlandsgebiet als auch für innergemeinschaftliche Warenbewegungen steuerfrei. Die Steuerbefreiung gilt allerdings nur, wenn die betreffenden Gegenstände nicht für Umsätze verwendet werden, die den Vorsteuerabzug ausschließen. Somit scheidet die Steuerbefreiung im vorliegenden Fall aus. K hat einen steuerpflichtigen innergemeinschaftlichen Erwerb bewirkt.

Rechtsgrundlage: § 4b Nr. 3 UStG i.V.m. § 5 Abs. 2 UStG und § 2 EUStBV.

Beispiel 219: Steuerbefreiung des innergemeinschaftlichen Erwerbs

Der Unternehmer U aus Berlin erwirbt von einem französischen Unternehmer eine Maschine, die er von Berlin aus an seinen Kunden in Moskau weiterliefert. U bewirkt eine in Deutschland steuerbare, aber als Ausfuhrlieferung steuerfreie Lieferung. Wegen der Zweckbestimmung für einen steuerfreien, den Vorsteuerabzug ermöglichenden Umsatz ist der von U gleichzeitig bewirkte innergemeinschaftliche Erwerb steuerfrei.

Rechtsgrundlage: § 4b Nr. 4 UStG; Abschnitt 127a Abs. 3 UStR.

Beispiel 220: Bemessungsgrundlage beim innergemeinschaftlichen Erwerb

Der in München ansässige Einzelhändler M erwirbt unter Angabe seiner USt-IdNr. von einem französischen Großhändler mit Sitz in Lyon 1200 Flaschen Beaujolais Primeur. Die Rechnungsstellung für die Lieferung am 20. November 2007 erfolgt am 18. Dezember. Am 2. Januar 2008 bezahlt M die Rechnung in Höhe von EUR 2.500,– unter Abzug von 2% Skonto (EUR 50,–). Für diese Lieferung einer verbrauchsteuerpflichtigen Ware (Wein) fällt in Deutschland keine Verbrauchsteuer an. Die Bemessungsgrundlage für die Lieferung beträgt zunächst EUR 2.500,–. Sie erfährt dann im Januar des Folgejahres eine Minderung von EUR 50,–. Soweit M der Sollversteuerung unterliegt, ist in der Umsatzsteuer-Voranmeldung für Dezember 2007 ein innergemeinschaftlicher Erwerb in Höhe von EUR 2.500,– zu versteuern (mit gleichzeitigem Vorsteuerabzug). In der Voranmeldung für Januar 2008 hat M einen negativen innergemeinschaftlichen Erwerb von EUR 50,– anzumelden.

Rechtsgrundlage: § 10 UStG; Abschnitte 149, 151 UStR.

Beispiel 221: Steuersatz bei Erwerbsbesteuerung

Ein deutscher Verlag mit Sitz in Köln erteilt unter Angabe seiner deutschen USt-IdNr. einer belgischen Druckerei den Auftrag, ein Fachbuch und einen Werbekatalog zu drucken. Die Druckerei liefert steuerfrei, der Verlag hat in Deutschland einen innergemeinschaftlichen Erwerb zu versteuern. Dabei unterliegt der Druck des Fachbuches dem ermäßigten Steuersatz, der Druck des Werbekatalogs dem Regelsteuersatz. Somit wird ein innergemeinschaftlicher Erwerb teils zum ermäßigten, teils zum Regelsteuersatz bewirkt.

Rechtsgrundlage: § 12 UStG; Nr. 49 der Anlage 2 zum UStG.

Beispiel 222: Aufteilung der Erwerbssteuer bei gemischten Umsätzen

Ein Krankengymnast betreibt neben seiner krankengymnastischen Tätigkeit ein Fitness-Studio. Von einem Hersteller in Wien erwirbt er unter Angabe seiner USt-IdNr. ein Sportgerät, dass sowohl für die Krankengymnastik als auch für das Fitnesscenter eingesetzt wird. Der Krankengymnast unterliegt der Erwerbsbesteuerung, da er auch steuerpflichtige Umsätze ausführt (Fitness-Studio) und nicht unter die Kleinunternehmer-Regelung fällt (die jährlichen Umsätze aus dem Fitnesscenter übersteigen EUR 17.500,–). Der Vorsteuerabzug für die Steuer auf den innergemeinschaftlichen Erwerb ist nur anteilig möglich, da der erworbene Gegenstand nur zum Teil für Umsätze verwendet wird, die zum Vorsteuerabzug berechtigen. Als Kriterium für die Aufteilung der Vorsteuer kann das Umsatzverhältnis herangezogen werden. Beträgt der Umsatzanteil des Fitness-Studios beispielsweise 30%, so können 30% der geschuldeten Erwerbssteuer als Vorsteuer geltend gemacht werden.

Rechtsgrundlage: § 15 Abs. 4 UStG; Abschnitte 207, 208 UStR.

Beispiel 223: Steuerentstehung beim innergemeinschaftlichen Erwerb

Das Schuhmodegeschäft S aus Stuttgart erwirbt auf einer Messe in Paris Herren- und Damenschuhe von einem französischen Hersteller. Die Zahlung erfolgt bei Bestellung in Paris am 25. März, die Lieferung erfolgt am 15. April durch eine vom Hersteller beauftragte Spedition. Eine Rechnung über eine steuerfreie innergemeinschaftliche Lieferung erhält S trotz wiederholter Mahnung nicht ausgestellt. Der innergemeinschaftliche Erwerb ist grundsätzlich für den Monat der Lieferung – also im April – anzumelden. Da die Rechnungsstellung zu diesem Zeitpunkt noch nicht erfolgt ist, hat S die Erwerbssteuer erst im Folgemonat anzumelden. Eine weitere Verzögerung der Steueranmeldung ist nicht gerechtfertigt, auch wenn dem S keine Rechnung des Lieferanten vorliegt.

Rechtsgrundlage: § 13 Abs. 1 Nr. 6 UStG.

224–226 D. Praktische Beispiele

Beispiel 224: Entstehung von Erwerbssteuer und Vorsteuerabzug

Der Lebensmitteleinzelhändler L aus Leipzig bestellt 3 Kisten Champagner von einem französischen Hersteller. Für die Lieferung ist Vorauszahlung vereinbart, die L nach der vom Hersteller gestellten Vorausrechnung am 26.03.2007 leistet. Die Lieferung der Ware erfolgt am 06.04.2007. Der Vorsteuerabzug für die Erwerbssteuer ist nicht schon – wie ansonsten möglich – bei Zahlung und Vorliegen der Rechnung zulässig, sondern erst zum Zeitpunkt der Lieferung am 06.04.2007. Erst zu diesem Zeitpunkt liegt ein innergemeinschaftlicher Erwerb vor. Das Recht auf Vorsteuerabzug entsteht gleichzeitig mit der Erwerbssteuer.

Rechtsgrundlage: §§ 1a, 13 Abs. 1 Nr. 6 UStG; Abschnitt 15a UStR.

3. Innergemeinschaftliche Lieferumsätze

Beispiel 225: Abgrenzung innergemeinschaftliche Lieferung – Ausfuhrlieferung

Ein Elektronikunternehmen mit Sitz in Nürnberg liefert Spezialmessgeräte an einen griechischen Unternehmer. Mit der Beförderung der Messgeräte wird ein Speditionsunternehmen beauftragt. Während des Transports gehen die Messgeräte auf dem Transit durch Kroatien verloren. Da das Transportrisiko laut Vereinbarung der Abnehmer zu tragen hatte, und die Lieferung mit Übergabe an das Transportunternehmen als ausgeführt gilt (§ 3 Abs. 6 UStG), stellt sich die Frage nach der umsatzsteuerlichen Behandlung. Obwohl die Ware im Drittlandsgebiet untergeht, kommt eine Ausfuhrlieferung nicht in Frage, da die Ware bestimmungsgemäß in das übrige Gemeinschaftsgebiet geliefert werden sollte. Es kommt die Steuerbefreiung als innergemeinschaftliche Lieferung in Betracht, wenn die übrigen Voraussetzungen erfüllt werden können.

Rechtsgrundlage: § 3 Abs. 6 UStG; §§ 6, 6a UStG.

Beispiel 226: Lieferort bei Lieferung im Anschluss an eine Einfuhr

Der kanadische Industrielle K liefert Kupferbleche an den Industriebetrieb D in Duisburg. Der Transport erfolgt per Schiff über Rotterdam,

II. Innergemeinschaftliche Umsätze **227–228**

wo die Ware auf ein Binnenschiff umgeladen wird. Die Abfertigung zum freien Verkehr erfolgt in Rotterdam. Es ist vereinbart, dass K die Einfuhrumsatzsteuer schuldet.

Die Bestimmung des Ortes der Lieferung bestimmt sich aus deutscher bzw. niederländischer Sicht in Abhängigkeit davon, wer Schuldner der Einfuhrumsatzsteuer ist. Da im vorliegenden Fall K als Schuldner vorgesehen ist, wird die Lieferung des K in Rotterdam bewirkt. K schuldet niederländische Einfuhrumsatzsteuer und bewirkt in den Niederlanden eine steuerfreie innergemeinschaftliche Lieferung, soweit die Voraussetzungen hierfür nachgewiesen werden können.

Rechtsgrundlage: § 3 Abs. 8 UStG; Abschnitt 31 UStR.

Beispiel 227: Schuldnerschaft der Einfuhrumsatzsteuer und Ort der Lieferung

Der kanadische Industrielle K liefert wie im vorherigen Fall an den Industriebetrieb D in Duisburg, die Ware wird allerdings erst in Deutschland zum freien Verkehr abgefertigt.

Ist K als Schuldner der Einfuhrumsatzsteuer vorgesehen, so gilt die Lieferung des K als in Deutschland erbracht. Er hat demnach eine steuerpflichtige Inlandslieferung anzumelden und kann die von ihm gezahlte Einfuhrumsatzsteuer als Vorsteuer absetzen.

Ist hingegen vereinbart, dass D Schuldner der Einfuhrumsatzsteuer ist, so wird die Lieferung des K in Kanada erbracht. Sie ist daher im Gemeinschaftsgebiet nicht steuerbar. D kann die entrichtete deutsche Einfuhrumsatzsteuer als Vorsteuer geltend machen.

Rechtsgrundlage: § 3 Abs. 8 UStG; Abschnitt 31 UStR.

Beispiel 228: Innergemeinschaftliche Lieferung durch Drittlandsgebiet

Der italienische Unternehmer I liefert Brillengestelle an den Optiker D aus Dortmund. Mit dem Transport beauftragt I einen Spediteur, der die Ware über die Schweiz nach Dortmund bringt. D hatte unter Angabe seiner deutschen USt-IdNr. bestellt. Da I als regelbesteuerter Unternehmer liefert, sind die Voraussetzungen für eine steuerfreie innergemeinschaftliche Lieferung erfüllt. Die Tatsache, dass die Ware vor dem anderen EU-Mitgliedsland Drittlandsgebiet (Schweiz) passiert, ist

für die umsatzsteuerliche Beurteilung des Sachverhalts unerheblich. D hat einen steuerpflichtigen innergemeinschaftlichen Erwerb bewirkt. Die von ihm geschuldete Umsatzsteuer wird er in voller Höhe als Vorsteuer geltend machen können, da er im Regelfall keine steuerfreien Umsätze ausführen wird, die den Vorsteuerabzug ausschließen.
Rechtsgrundlage: § 6a i.V.m. § 1a UStG; Abschnitt 15a UStR; Art. 138 MWStSystRL.

Beispiel 229: Lieferungen eines pauschalversteuernden Landwirts an einen Erwerber aus einem anderen Mitgliedstaat

Das französische Unternehmen F mit Sitz in Metz, tätig in der Nahrungsmittelbranche, erwirbt im Juni 2008 vom deutschen Landwirt D aus Bad Dürkheim/Pfalz Kartoffeln zur Weiterverarbeitung. Der Landwirt D unterliegt der Pauschalversteuerung. In seiner Rechnung an F weist D die pauschale Umsatzsteuer von 10,7% aus. Für F liegt ein in Frankreich steuerpflichtiger innergemeinschaftlicher Erwerb vor. Die geschuldete Umsatzsteuer kann gleichzeitig als Vorsteuer abgesetzt werden. Obwohl ein steuerpflichtiger innergemeinschaftlicher Erwerb vorliegt, besteht für die Lieferung des Landwirts keine Steuerbefreiung. Der Umsatz ist also mit der pauschalen Umsatzsteuer in Deutschland steuerpflichtig. F kann sich die deutsche Umsatzsteuer durch das Vorsteuer-Vergütungsverfahren beim Bundeszentralamt für Steuern in Bonn erstatten lassen.
Rechtsgrundlage: § 24 Abs. 1 Satz 2 UStG; Abschnitt 267 UStR.

Beispiel 230: Cross-Border-Leasing

Eine in München ansässige Leasinggesellschaft verleast Spezialmaschinen an einen Maschinenbaubetrieb mit Sitz in Budapest/Ungarn. Der Leasingvertrag enthält eine Kaufoption, mit der der Leasingnehmer die Maschinen mit Ende der Vertragslaufzeit, die der betriebsgewöhnlichen Nutzungsdauer entspricht, durch Zahlung des Restwertes in Höhe einer Monatsrate erwerben kann. Nach Auffassung der deutschen Finanzverwaltung ist der Leasinggegenstand einkommensteuerlich dem Leasingnehmer zuzurechnen, so dass umsatzsteuerlich eine Lieferung zu Vertragsbeginn unterstellt wird. Die Lieferung wird am Ort des Beginns der Beförderung oder Versendung, somit in Deutsch-

II. Innergemeinschaftliche Umsätze **231**

land erbracht. Es kommt die Steuerbefreiung als innergemeinschaftliche Lieferung in Frage. Diese scheitert jedoch daran, dass nach ungarischem Recht, das dem europäischen Recht folgt, keine Lieferung und damit auch kein innergemeinschaftlicher Erwerb vorliegt. Nach europäischem Recht ist eine Lieferung nur dann gegeben, wenn der Leasingvertrag so ausgestaltet ist, dass nach Ende der Laufzeit des Vertrages der Leasinggegenstand „automatisch" Eigentum des Leasingnehmers wird. Da im vorliegenden Fall lediglich eine Kaufoption vorgesehen ist, ist der Leasingvertrag nach Europarecht nicht als Lieferung, sondern als sonstige Leistung einzustufen. Dies bedeutet, dass in Ungarn kein steuerbarer innergemeinschaftlicher Erwerb verwirklicht wird. Dagegen wird in Ungarn eine steuerbare und steuerpflichtige sonstige Leistung erbracht. Der Leasingvertrag ist als Vermietung von beweglichen Wirtschaftsgütern (Katalogleistung gemäß Art. 56 Buchst. g) MwStSystRL) am Ort des Leistungsempfängers, in Ungarn, steuerbar. Somit kommt es zu einer Doppelbesteuerung der Leistung aus dem Leasingvertrag.

Rechtsgrundlage: § 4 Nr. 1 b i.V. m. § 6 a Abs. 1 Nr. 3 UStG; Art. 138 Abs. 1 MwStSystRL;
Leasing als Lieferung: Abschnitt 25 Abs. 4 UStR; Art. 14 Abs. 2 Buchst. b MwStSystRL.

Beispiel 231: Verkauf von Waren auf einem Wochenmarkt im anderen EU-Mitgliedstaat

Der französische Händler F verkauft Obst und Gemüse auf dem Wochenmarkt in Freiburg, die er von französischen Landwirten eingekauft hat. F unterliegt der Regelbesteuerung und verfügt über eine französische USt-IdNr. Da die Abnehmer beim Beginn der Beförderung der Waren nach Deutschland noch nicht feststehen, liegt der Ort der Lieferungen an dem Ort, an dem den Abnehmern die Verfügungsmacht über die Ware verschafft wird, somit in Deutschland. F erbringt somit einen in Deutschland steuerbaren und steuerpflichtigen Umsatz.

In Frankreich wird allerdings auch ein steuerbarer Umsatz bewirkt, da die Beförderung der Ware von Frankreich nach Deutschland als unternehmensinternes innergemeinschaftliches Verbringen gilt. Das innergemeinschaftliche Verbringen ist in Frankreich steuerfrei, in Deutschland ist ein innergemeinschaftlicher Erwerb zu versteuern. F hat sich also in Deutschland steuerlich registrieren zu lassen und hat sowohl seine Inlandsumsätze als auch den aus dem Verbringungstatbestand resultierenden innergemeinschaftlichen Erwerb zu versteuern. Für die Ware, die F nicht verkauft und wieder nach Frankreich zurücknimmt, liegt kein innergemeinschaftliches Verbringen vor, da insoweit nur eine vorübergehende Verwendung gegeben ist.

Rechtsgrundlage: §§ 1a, 3 Abs. 6, 7 UStG; Abschnitt 15b Abs. 6 UStR.

Beispiel 232: Lieferung von Dekorationsmaterial an einen Messe-Aussteller

Der italienische Unternehmer I aus Mailand liefert einem deutschen Aussteller D auf einer Mailänder Industriemesse verschiedenes Dekorationsmaterial für den Messestand, welches D unter Angabe seiner USt-IdNr. bestellt hatte. Das Dekorationsmaterial wird nach Ende der Mailänder Messe nicht mehr benutzt.

Eine innergemeinschaftliche Lieferung liegt somit mangels Beförderung oder Versendung in ein anderes Mitgliedsland nicht vor. Die Lieferung ist in Italien steuerbar und steuerpflichtig. Soweit D nicht in Italien unter das Regelbesteuerungs-Verfahren fällt (etwa wegen Ausführung steuerpflichtiger Umsätze in Italien), müsste die von D entrichtete italienische Vorsteuer im Wege des Vorsteuer-Vergütungsverfahrens zurückgefordert werden.

Rechtsgrundlage: § 1a UStG; Abschnitt 15a UStR.

Beispiel 233: Vertrauensschutz bei fehlender grenzüberschreitender Beförderung

Der französische Unternehmer F mit Sitz in Colmar erwirbt in einem Einrichtungshaus in Offenburg Büromöbel. Er verwendet seine französische USt-IdNr. und versichert auf dem Lieferschein, die Ware nach Frankreich zu befördern. Er erhält daraufhin die Büromöbel steuerfrei geliefert. Wie sich herausstellt, hat F die Möbel allerdings zur Einrichtung seiner Zweigniederlassung in Offenburg verwendet, so dass die Steuerbefreiung als innergemeinschaftliche Lieferung nicht gerechtfertigt war. In diesem Fall besteht für das Einrichtungshaus Vertrauensschutz – die Umsatzsteuer schuldet der Abnehmer F.

Rechtsgrundlage: § 6a Abs. 4 UStG.

Beispiel 234: Vertrauensschutz bei Falschangaben des Abnehmers

Der französische Unternehmer F erwirbt unter Angabe seiner französischen USt-IdNr. einen Personal-Computer beim Händler D in Karlsruhe. Entgegen seiner Angaben verwendet er den PC nicht für betriebliche Zwecke, sondern schenkt ihn sogleich seinem Neffen. D hatte die Richtigkeit der USt-IdNr. beim Bundeszentralamt für Steuern nachprüfen lassen und ist auch seinen Nachweispflichten vollständig nachgekommen. Obgleich eine steuerfreie innergemeinschaftliche Lieferung nicht vorliegt, da der erworbene Gegenstand für nicht-unternehmerische Zwecke verwendet wird, besteht für D Vertrauensschutz. Er darf also weiterhin die Steuerfreiheit des Umsatzes beanspruchen, auch wenn sich herausgestellt hat, dass der Abnehmer falsche Angaben gemacht hat. Die Umsatzsteuer für die steuerpflichtige Lieferung schuldet der Abnehmer F dem deutschen Fiskus.

Rechtsgrundlage: § 6a Abs. 4 UStG.

Beispiel 235: Innergemeinschaftliche Lieferung bei Abhollieferung

Der portugiesische Handelsvertreter P aus Lissabon erwirbt in einem Fachmarkt M in Mannheim einen Kopierer und ein Faxgerät, welche er für seine unternehmerische Tätigkeit zu verwenden beabsichtigt. Um sich den Aufwand des Vorsteuervergütungs-Verfahrens zu ersparen, möchte P die erworbenen Geräte als innergemeinschaftliche Lieferung steuerfrei geliefert bekommen. Der Erfüllung seiner Nachweis- und Sorgfaltspflichten kommt M wie folgt nach: Er lässt sich von P dessen USt-IdNr. geben und überprüft deren Richtigkeit durch Telefonanruf beim Bundeszentralamt für Steuern, welches M daraufhin eine schriftliche Bestätigung zukommen lässt. Zusätzlich lässt sich M von P schriftlich auf dem Rechnungs-Doppel bestätigen, dass die Geräte nach Portugal verbracht werden. M kann somit die Steuerfreiheit für innergemeinschaftliche Lieferungen in Anspruch nehmen.

Rechtsgrundlage: § 6a UStG.

Beispiel 236: Erwerbsbesteuerung bei verbrauchsteuerpflichtigen Waren

Der Augenarzt A aus Augsburg, der ausschließlich steuerfreie Umsätze ausführt, feiert 25-jähriges Betriebsjubiläum. Er bestellt zu diesem Zweck von einem französischen Händler F mit Sitz in Paris eine Kiste Champagner. Da es sich um eine verbrauchsteuerpflichtige Ware handelt, hat der Augenarzt als Halb-Unternehmer auch ohne Überschreiten der Erwerbsschwelle einen innergemeinschaftlichen Erwerb zu versteuern. F bewirkt eine steuerfreie innergemeinschaftliche Lieferung an A.

Rechtsgrundlage: § 1a Abs. 5 UStG; Abschnitt 15a Abs. 2 UStR.

Beispiel 237: Lieferung an Abnehmer ohne USt-IdNr.

Der regelbesteuerte Pferdehändler P aus Paderborn verkauft ein Reitpferd zum Preis von EUR 150.000,- an den französischen Privatmann F. F ist nicht unternehmerisch tätig und verfügt über keine USt-IdNr. Eine steuerfreie innergemeinschaftliche Lieferung scheidet demnach wegen fehlender USt-IdNr. des Abnehmers aus. Somit wäre der Umsatz grundsätzlich in Deutschland steuerbar und steuerpflichtig. Allerdings wird mit der Lieferung die französische Lieferschwelle von EUR 100.000,- überschritten. Die Steuerpflicht verlagert sich demnach in das Bestimmungsland Frankreich, soweit ein Versandhandelsgeschäft vorliegt. Wird das Reitpferd also von P an F befördert oder versendet, so wird der Umsatz in Frankreich steuerpflichtig. P hat sich in diesem Fall in Frankreich steuerlich registrieren zu lassen. Wird das Reitpferd hingegen von F abgeholt, so bleibt der Umsatz in Deutschland steuerbar und mit dem ermäßigten Steuersatz steuerpflichtig.

Rechtsgrundlage: § 6a Abs. 1 Nr. 3 UStG; § 3c UStG; Abschnitt 42j UStR.

Beispiel 238: Nachweispflichten bei innergemeinschaftlichen Lieferungen

Der Elektronik-Großhändler E mit Sitz in Essen hat eine Bestellung über Elektronik-Bauteile von dem belgischen Elektromontagebetrieb B aus Brüssel erhalten. B hat in seiner Bestellung seine belgische

USt-IdNr. angegeben. E liefert per Post an die Brüsseler Adresse des B. Seinen Nachweispflichten bei dieser steuerfreien innergemeinschaftlichen Lieferung kommt E wie folgt nach: Er schreibt eine Rechnung, die neben den üblichen Angaben die belgische USt-IdNr. des B, sowie seine deutsche USt-IdNr. enthält. Er stellt die Rechnung ohne Umsatzsteuer mit dem Zusatz „steuerfreie innergemeinschaftliche Lieferung" aus. Zur Rechnung heftet er als Nachweis für den Transport in ein anderes EU-Mitgliedsland den Lieferschein, der die belgische Lieferanschrift enthält, sowie den Posteinlieferungsschein.

Rechtsgrundlage: Nachweis: § 6a Abs. 3 UStG; §§ 17a, 17c UStDV;
Rechnungsstellung: § 14a UStG;
Abschnitt 190a UStR.

Beispiel 239: Rechtsfolgen fehlender Nachweise

Ein Verlag für schöngeistige Literatur mit Sitz in Stuttgart liefert Gedichtbände an einen Grossisten in Wien zur Distribution in Österreich. In der Rechnung an den österreichischen Großhändler ist keine Umsatzsteuer ausgewiesen, es findet sich der Vermerk „steuerfreie innergemeinschaftliche Lieferung". Die USt-IdNr. des Abnehmers ist jedoch nicht aufgeführt. Ist die USt-IdNr. des Abnehmers nicht zu ermitteln, so ist die Steuerfreiheit als innergemeinschaftliche Lieferung zu versagen, da die Nachweispflichten nicht vollständig erfüllt sind.

Rechtsgrundlage: § 6a Abs. 3 UStG; § 14a Abs. 2 UStG;
§ 17c Abs. 1 UStDV; Abschnitt 190a UStR.

4. Sondertatbestände bei Lieferungen im Binnenmarkt

4.1 Innergemeinschaftliche Reihengeschäfte

Beispiel 240: Viergliedriges innergemeinschaftliches Reihengeschäft

Der Autohändler August A. aus Augsburg bestellt für eine Werbeveranstaltung 1000 Modellautos beim örtlichen Spielwarenhändler Dieter D. Dieser gibt die Bestellung an einen Großhändler Lloyd L. mit Sitz in London weiter, der die Sonderanfertigung bei einem Herstellerbetrieb Mark M. in Manchester fertigen lässt. Lloyd lässt die Modellau-

241 D. Praktische Beispiele

tos von einer Spedition bei Mark abholen und direkt an den Autohändler August verschicken. Grundsätzlich ist als Versendungslieferung im vorliegenden Fall die Lieferung von Mark an Lloyd anzusehen. Mark könnte somit eine innergemeinschaftliche Lieferung bewirken. Eine Voraussetzung, der Transport in ein anderes Mitgliedsland, ist zwar erfüllt. Da Lloyd seine britische USt-IdNr. angegeben hat, unterliegt der Umsatz jedoch nicht der Erwerbsbesteuerung in einem anderen Mitgliedsland, so dass es an einer anderen Voraussetzung mangelt. Eine steuerfreie innergemeinschaftliche Lieferung ist daher nicht gegeben. Die Folge ist, dass grundsätzlich Mark in Großbritannien eine Inlandslieferung bewirkt, die übrigen Lieferanten, Lloyd und Dieter liefern steuerpflichtig in Deutschland.

Um die Abwicklung etwas zu erleichtern, besteht jedoch die Möglichkeit, die Versendungslieferung auf die Lieferung von Lloyd an Dieter zu verlagern. Hierzu hat Lloyd gegenüber Mark nachzuweisen, dass er die Modellautos selbst im Rahmen eines innergemeinschaftlichen Reihengeschäfts als Lieferer versendet hat. Wird in dieser Weise verfahren, so hat Mark – wie bisher – einen in Großbritannien steuerpflichtigen Umsatz zu versteuern. Lloyd führt eine innergemeinschaftliche Lieferung an Dieter aus. Dieter hat einen innergemeinschaftlichen Erwerb und eine steuerpflichtige Lieferung zu versteuern.

Rechtsgrundlage: Ort der Lieferung: § 3 Abs. 6 und 7 UStG; Abschnitt 31a Abs. 5ff. UStR.

Beispiel 241: Innergemeinschaftliches Reihengeschäft mit vier Beteiligten aus vier EU-Mitgliedstaaten

Der Konzertpianist I aus Verona/Italien bestellt unter Angabe seiner USt-IdNr. einen Konzertflügel bei einem Klavierhändler Ö in Wien. Da Ö den betreffenden Flügel nicht vorrätig hat, gibt er seinem befreundeten Kollegen D in München den Auftrag, den betreffenden Flügel zu beschaffen. D wird bei einem Händler F in Avignon/Frankreich fündig. Er beauftragt F, den Flügel direkt an den Konzertpianisten I nach Verona auszuliefern. Diesem Auftrag kommt F mittels eigenem LKW nach. Die vier Beteiligten treten jeweils mit einer USt-IdNr. ihres Herkunftslandes auf. Die Rechnungsstellung erfolgt von F an D, von D an Ö und von Ö an I.

Da F den Konzertflügel als erster Lieferer befördert, gilt seine Lieferung als bewegte Lieferung. Da er in ein anderes Mitgliedsland liefert

II. Innergemeinschaftliche Umsätze **241**

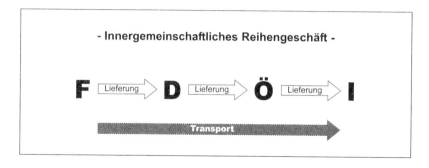

und die USt-IdNr. aus einem anderen Mitgliedstaat stammt, kann er die Steuerbefreiung für innergemeinschaftliche Lieferungen in Anspruch nehmen. Keine Rolle spielt, dass Bestimmungsland der Ware und Herkunftsland der USt-IdNr. seines Abnehmers voneinander abweichen. Sein Abnehmer D verwirklicht einen innergemeinschaftlichen Erwerb in Deutschland (Herkunftsland der USt-IdNr.) und eine in Italien steuerpflichtige Lieferung. Da er sich in Italien damit steuerlich registrieren lassen muss, könnte er auch unter Angabe seiner italienischen USt-IdNr. auftreten. Auch Ö bewirkt einen in Italien steuerpflichtigen Umsatz. Er unterliegt in Italien der Regelbesteuerung und kann die von D in Rechnung gestellte italienische Umsatzsteuer als Vorsteuer geltend machen.

I bekommt italienische Umsatzsteuer in Rechnung gestellt, die gegebenenfalls als Vorsteuer abzugsfähig ist.

Im vorliegenden Fall könnte die verwaltungsmäßige Handhabung vereinfacht werden, würde ein Händler in der Reihe lediglich als Vermittler auftreten. Erbrächte D beispielsweise nur eine Vermittlungsleistung gegenüber Ö, erhielte er also von Ö eine Provision für die Vermittlung des Lieferanten, wäre das Reihengeschäft lediglich auf drei Beteiligte beschränkt – es könnte die Vereinfachungsregelung des innergemeinschaftlichen Dreiecksgeschäfts angewandt werden. Die Vermittlungsleistung des D an Ö wäre dann am Ort der Lieferung des Ö – im vorliegenden Fall: Verona/Italien – bewirkt worden. Da es sich jedoch um eine Vermittlung von innergemeinschaftlichen Leistungen handelt, verlagert sich der Ort der Vermittlungsleistung in das Herkunftsland der USt-IdNr. des Leistungsempfängers – im vorliegenden Fall: nach Österreich. D würde also in Österreich eine steuerbare und steuerpflichtige Vermittlungsleistung erbringen. Da es sich hierbei jedoch um eine sonstige Leistung handelt, verlagert sich die Steuerschuldner-

242 D. Praktische Beispiele

schaft auf den Leistungsempfänger Ö. Somit müsste sich D nicht in Österreich umsatzsteuerlich registrieren lassen.

Rechtsgrundlage: Ort der Lieferung: § 3 Abs. 6 und 7 UStG;
Abschnitt 31a UStR
Vermittlungsleistung: § 3a Abs. 2 Nr. 4 UStG.

Beispiel 242: Gestaltungsmöglichkeiten bei innergemeinschaftlichem Reihengeschäft

Ein Fliesenleger D2 aus Nürnberg bestellt bei einem ebenfalls in Nürnberg ansässigen Baustoff-Großhandel D1 für Bodenbelagsarbeiten an einem Neubau 100qm Carrara-Marmor-Platten. D1 ordert den Marmor seinerseits bei einem in Carrara/Italien ansässigen Händler I. D1 holt den Marmor mit eigenem LKW bei I ab und liefert ihn direkt zur Baustelle, an der D2 arbeitet.

Da im vorliegenden Fall der mittlere Unternehmer die Beförderung übernimmt, kommen als bewegte Lieferung sowohl die erste, als auch die zweite Lieferung in der Reihe in Frage. Grundsätzlich gilt als bewegte Lieferung die Lieferung an den mittleren Unternehmer, also die Lieferung von I an D1. Wenn D1 allerdings gegenüber I selbst als Lieferer auftritt, verschiebt sich die bewegte Lieferung auf die Lieferung von D1 an D2.

Gilt die erste Lieferung von I an D1 als bewegte Lieferung, so bewirkt I eine steuerfreie innergemeinschaftliche Lieferung. D1 verwirklicht einen innergemeinschaftlichen Erwerb sowie eine in Deutschland steuerpflichtige Inlandslieferung. D2 bekommt von D1 deutsche Umsatzsteuer in Rechnung gestellt, die er als Vorsteuer abziehen kann. Ein innergemeinschaftlicher Erwerb ist von D2 nicht zu versteuern.

Tritt D1 demgegenüber als Lieferer auf und wird die zweite Lieferung als bewegte Lieferung behandelt, so erhöht sich der bürokratische Aufwand gegenüber der ersten Lösung beträchtlich. Da nun als ruhende Lieferung die Lieferung des I an D1 gilt, hat I italienische Umsatzsteuer in Rechnung zu stellen. D1 erbringt einen in Italien steuerbaren, aber als innergemeinschaftliche Lieferung steuerfreien Umsatz. Er hat sich daher in Italien steuerlich registrieren zu lassen und kann auf diesem Wege die berechnete italienische Umsatzsteuer geltend machen. D2 bewirkt einen innergemeinschaftlichen Erwerb in Deutschland.

Rechtsgrundlage: Ort der Lieferung: § 3 Abs. 6 und 7 UStG;
Abschnitt 31a UStR.

II. Innergemeinschaftliche Umsätze **243**

Beispiel 243: Transportklauseln beim innergemeinschaftlichen Reihengeschäft

Das Industrieunternehmen D2 mit Sitz in Mannheim bestellt für seine Tochtergesellschaft F mit Sitz in Bordeaux/Frankreich einen Gabelstapler bei dem Hersteller D1 in Stuttgart. D2 beauftragt eine Spedition mit dem Transport des Gabelstaplers von Stuttgart nach Bordeaux. D1 und D2 verwenden ihre deutsche, F seine französische USt-IdNr. D2 hat mit seinem Lieferanten D1 die Lieferkondition EXW (Ex Works = Ab Werk), mit seinem Kunden F die Lieferkondition DDP (Delivered Duty Paid = Geliefert verzollt = Frei Haus) vereinbart.

Für D1 liegt unabhängig von den Lieferkonditionen eine in Deutschland steuerpflichtige Lieferung vor, da sein Abnehmer D2 mit deutscher USt-IdNr. auftritt, und somit eine Voraussetzung für die innergemeinschaftliche Lieferung, die Besteuerung des Erwerbs in einem anderen Mitgliedstaat, nicht gegeben ist. Er erstellt also eine Rechnung mit gesondert ausgewiesener deutscher Umsatzsteuer.

D2 macht durch die Lieferkonditionen klar, dass er die Kosten für den Transport übernimmt. D2 ist somit als mittlerer Unternehmer für den Transport zuständig und kann wählen, welche Lieferung als bewegte Lieferung zu behandeln ist. Grundsätzlich wäre dies die Lieferung an ihn (D1 an D2). Teilt er dem D1 mit, dass er selbst als Lieferer den Transport ausführt, so kann D2 die Steuerbefreiung als innergemeinschaftliche Lieferung in Anspruch nehmen. Die Voraussetzungen hierfür liegen vor, da D2 nachweisen kann, dass die Ware in ein anderes Mitgliedsland versendet wurde (mittels der Frachtpapiere der von ihm beauftragten Spedition) und dass ein in einem anderen EU-Mitgliedsland steuerpflichtiger innergemeinschaftlicher Erwerb vorliegt (über die ihm vorliegende USt-IdNr. des F).

Ein innergemeinschaftliches Verbringen liegt im vorliegenden Fall auch dann nicht vor, wenn D2 mit seiner Tochtergesellschaft F in einem Organschaftsverhältnis steht. Die umsatzsteuerlichen Wirkungen der Organschaft sind auf das Inland beschränkt, so dass bei Warenbewegungen zwischen Organträger und Organgesellschaft in einem anderen Mitgliedstaat kein Verbringungstatbestand, sondern eine Lieferung gegeben ist.

Rechtsgrundlage: Ort der Lieferung: § 3 Abs. 6 und 7 UStG; Abschnitt 31a UStR.

Beispiel 244: Innergemeinschaftliches Reihengeschäft unter Beteiligung eines Drittlandsunternehmers

Das Warenhaus D1 aus Berlin bestellt DVD-Player beim Großhändler D2 in Hamburg, der diese beim japanischen Unternehmer J in Rotterdam abholt und direkt an D1 liefert. J liefert an D2 unter Angabe seiner niederländischen USt-IdNr., D1 und D2 treten jeweils mit ihrer deutschen USt-IdNr. auf. Da D2 dem J gegenüber nicht als Lieferer in Erscheinung tritt, wird die bewegte Lieferung dem Umsatzgeschäft zwischen J und D2 zugeordnet. J erbringt einen in den Niederlanden steuerbaren, aber als innergemeinschaftliche Lieferung steuerfreien Umsatz. J hat diesen gegenüber den in den Niederlanden zuständigen Finanzbehörden zu erklären. D2 hat einen innergemeinschaftlichen Erwerb in Deutschland zu versteuern. Seine Lieferung an D1 ist als ruhende Lieferung in Deutschland steuerbar und steuerpflichtig. D1 bewirkt keinen innergemeinschaftlichen Erwerb.

Rechtsgrundlage: Ort der Lieferung: § 3 Abs. 6 und 7 UStG; Abschnitt 31 a UStR.

Beispiel 245: Drittlandsunternehmer ohne USt-IdNr. als Beteiligter an einem innergemeinschaftlichem Reihengeschäft

Die Druckerei D aus Ulm bestellt 10 Paletten Hochglanzpapier beim Schweizer Großhändler S in Zürich. Dieser gibt die Bestellung weiter an den Hersteller Ö aus Österreich. Ö beauftragt einen Spediteur, der die Ware direkt von Österreich nach Deutschland ausliefert. D hat seine deutsche, Ö seine österreichische USt-IdNr. verwendet. S verfügt über keine USt-IdNr.

Da Ö den Transport veranlasst hat, wird seiner Lieferung die Versendungslieferung zugeordnet. Die Steuerbefreiung als innergemeinschaftliche Lieferung scheitert jedoch daran, dass S nicht über eine USt-IdNr. verfügt. Ö muss daher dem S österreichische Umsatzsteuer in Rechnung stellen. S erbringt einen in Deutschland steuerbaren und steuerpflichtigen innergemeinschaftlichen Erwerb sowie eine in Deutschland als ruhende Lieferung steuerpflichtige Inlandslieferung. S hat daher dem D deutsche Umsatzsteuer in Rechnung zu stellen. Er hat sich daher in Deutschland steuerlich registrieren zu lassen. Soweit er dem nachkommt und sich eine deutsche USt-IdNr. erteilen lässt,

II. Innergemeinschaftliche Umsätze 246

könnte die Lieferung von Ö an S als innergemeinschaftliche Lieferung steuerfrei gelassen werden. Ö könnte die Rechnung bei Vorliegen der USt-IdNr. entsprechend berichtigen.

Rechtsgrundlage: Ort der Lieferung: § 3 Abs. 6 und 7 UStG; Abschnitt 31a UStR.

Beispiel 246: Reihengeschäft im Zusammenhang mit einer Ausfuhr ins Drittlandsgebiet

Das Maschinenbau-Unternehmen D in Stuttgart erhält einen Auftrag von einem chinesischen Industrieunternehmen C. D lässt die georderte Werkzeugmaschine von seiner spanischen Tochtergesellschaft SP in Barcelona produzieren. Die Versendung der Maschine nach China erfolgt über eine von SP beauftragte Spedition. D tritt mit seiner deutschen, SP mit seiner spanischen USt-IdNr. auf.

Die bewegte Lieferung ist der ersten Lieferung – von SP an D – zuzuordnen. SP erbringt somit einen in Spanien steuerbaren, aber als Ausfuhrlieferung steuerfreien Umsatz. Die Angabe der USt-IdNr. durch D ändert nichts an diesem Tatbestand. Die Lieferung des D wird als ruhende Lieferung in China erbracht. Sie ist im Gemeinschaftsgebiet nicht steuerbar.

Hätte D den Auftrag für den Transport gegeben und hätte D seiner Tochtergesellschaft SP seine Eigenschaft als Lieferer nachgewiesen, so würde die zweite Lieferung in der Reihe, von D an C als bewegte Lieferung gelten. D würde dann einen in Spanien steuerbaren aber als Ausfuhrlieferung steuerfreien Umsatz erbringen. Er müsste sich daher in Spanien steuerlich registrieren lassen.

Rechtsgrundlage: Ort der Lieferung: § 3 Abs. 6 und 7 UStG; Abschnitt 31a UStR.

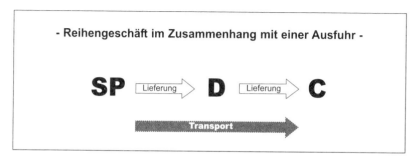

Beispiel 247: Reihengeschäft im Zusammenhang mit Einfuhr aus dem Drittlandsgebiet

Die deutsche Einzelhandelskette D mit Sitz in Leipzig bestellt Textilien bei einem Großhändler F in Paris. F lässt die Textilien vom Schweizer Fabrikanten S fertigen und weist diesen an, die Ware direkt an D zu versenden. D und F verwenden die USt-IdNr. ihres Herkunftslandes. S ist in der EU umsatzsteuerlich nicht registriert. S und F liefern mit Transportklausel DDU (Delivered Duty Unpaid), das heißt, sie übernehmen die Transportkosten, nicht jedoch die Einfuhrumsatzsteuer.

Als bewegte Lieferung ist die erste Lieferung in der Reihe anzusehen, da S als erster Lieferer für den Transport verantwortlich zeichnet. S erbringt daher eine steuerfreie Ausfuhrlieferung. Für die Besteuerung der Einfuhr ist D als Schuldner der Einfuhrumsatzsteuer zuständig. Er kann diese als Vorsteuer abziehen. F erbringt einen als ruhende Lieferung in Deutschland steuerbaren Umsatz. Diese Lieferung ist nach § 4 Nr. 4b UStG steuerfrei, da die Lieferung des F der Einfuhr, der Abfertigung zum freien Verkehr vorausgeht. Für die Steuerfreiheit ist Voraussetzung, dass F nachweisen kann, dass sein Nachfolgeunternehmer D die Textilien zum freien Verkehr abfertigt. Kann er diesen Nachweis nicht erbringen, hat er die Lieferung an D als steuerpflichtig zu behandeln. D könnte in diesem Fall neben der geschuldeten Einfuhrumsatzsteuer auch die von F geschuldete Umsatzsteuer als Vorsteuer geltend machen.

Rechtsgrundlage: Ort der Lieferung: § 3 Abs. 6, 7 UStG;
§ 4 Nr. 4b UStG; Abschnitt 31a Abs. 16 UStR.

Beispiel 248: Viergliedriges Reihengeschäft bei Einfuhr aus dem Drittlandsgebiet

Der österreichische Unternehmer Ö bestellt Computerbauteile bei einem Händler D aus Frankfurt. D ordert die Computerbauteile beim Importeur I aus Hamburg, der die Ware von einem Hersteller H aus Hongkong bezieht. I lässt die Computerbauteile über Rotterdam einführen und veranlasst den Weitertransport an Ö. Ö und D treten mit der USt-IdNr. ihres Herkunftslandes auf. I gibt seine niederländische USt-IdNr. an. Die Abfertigung zum freien Verkehr erfolgt in Rotterdam durch I als Schuldner der Einfuhrumsatzsteuer.

II. Innergemeinschaftliche Umsätze 248

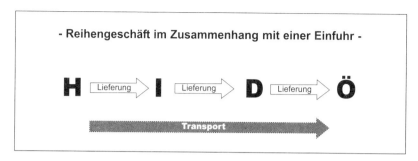

Die Lieferung von H ist nach den in Hongkong gültigen Regelungen zu beurteilen. I bewirkt eine in den Niederlanden steuerpflichtige Einfuhr. Soweit der für den Transport zuständige I gegenüber dem H nicht als Lieferer in Erscheinung tritt, gilt als bewegte Lieferung die erste Lieferung in der Reihe (H an I). Die übrigen Lieferungen sind dann als ruhende Lieferungen anzusehen, die am Zielort der Lieferung, in Österreich erbracht werden.

Würde I dagegen gegenüber H selbst als Lieferer auftreten und damit die bewegte Lieferung der zweiten Lieferung, I an D, zuordnen, käme die Verlagerung des Lieferortes nach § 3 Abs. 8 UStG zum Tragen. Sofern I als Schuldner der Einfuhrumsatzsteuer die Ware in den Niederlanden zum freien Verkehr abfertigt, wird die Lieferung des I in den Niederlanden bewirkt. Für die bewegte Lieferung des I an D kann die Steuerbefreiung als innergemeinschaftliche Lieferung in Anspruch genommen werden. D bewirkt einen innergemeinschaftlichen Erwerb, der grundsätzlich im Herkunftsland seiner USt-IdNr. zu versteuern ist, sofern D nicht nachweist, dass er den innergemeinschaftlichen Erwerb im Bestimmungsland, somit in Österreich versteuert hat. Die Lieferung des D an Ö wird als ruhende Lieferung in Österreich erbracht. Somit hat sich D in Österreich umsatzsteuerlich registrieren zu lassen.

Hätten H und I die Lieferung der Ware an das Lager des I in Rotterdam vereinbart, wäre die Lieferung des H mit der Ankunft der Ware in Rotterdam abgeschlossen. Zwischen I, D und Ö bestünde dann ein Reihengeschäft, für das die Vereinfachungsregelung des innergemeinschaftlichen Dreiecksgeschäfts Anwendung fände, womit der Fall wesentlich unproblematischer gelöst wäre.

Rechtsgrundlage: Ort der Lieferung: § 3 Abs. 6, 7 und 8 UStG; Abschnitt 31 a Abs. 14 bis 16 UStR.

249 D. Praktische Beispiele

Beispiel 249: Beteiligung eines Nichtunternehmers an einem innergemeinschaftlichen Reihengeschäft

Der französische Privatmann F kauft beim Möbelhaus D in Mannheim Einrichtungsgegenstände für sein Einfamilienhaus in Straßburg. D bestellt die Möbel beim Hersteller S in Schweden. Der Hersteller S lässt die Möbel durch eine Spedition direkt von Schweden nach Frankreich transportieren. D und S treten mit der USt-IdNr. ihres Herkunftslandes auf.

Da S die Ware versendet, ist seiner Lieferung die Versendungslieferung zuzuordnen. Er erbringt also im vorliegenden Fall eine steuerfreie innergemeinschaftliche Lieferung. Ort der Lieferung des D an F ist der Ort, an dem die Versendung endet, also Straßburg. D bewirkt eine in Frankreich steuerpflichtige Lieferung. Dabei spielt keine Rolle, ob die Lieferschwelle von D überschritten wird. Des Weiteren bewirkt D einen innergemeinschaftlichen Erwerb, der sowohl in Frankreich als auch in Deutschland steuerbar ist. Solange D nicht die Besteuerung in Frankreich nachweist, ist der innergemeinschaftliche Erwerb aufgrund der Angabe der deutschen USt-IdNr. in Deutschland steuerpflichtig.

Wäre im vorliegenden Fall die bewegte Lieferung der zweiten Lieferung in der Reihe zuzuordnen, so würde S einen in Schweden steuerpflichtigen Umsatz bewirken. Die Lieferung des D würde in Schweden erbracht. Sie wäre steuerpflichtig, da die Steuerbefreiung als innergemeinschaftliche Lieferung wegen fehlender USt-IdNr. des Abnehmers F ausscheidet. Die Steuerpflicht würde sich möglicherweise von Schweden nach Frankreich verlagern, soweit nach den Grundsätzen der Versandhandelsgeschäfte die Lieferschwelle nach Frankreich von D überschritten würde.

Rechtsgrundlage: Ort der Lieferung: § 3 Abs. 6 und 7 UStG;
  Abschnitt 31a UStR
  Versandhandelsregelung: § 3c UStG.

II. Innergemeinschaftliche Umsätze **250–252**

4.2 Innergemeinschaftliches Dreiecksgeschäft

Beispiel 250: Innergemeinschaftliches Dreiecksgeschäft: Halbunternehmer als letzter Abnehmer

Der Internist I aus Idar-Oberstein bestellt ein Ultraschallgerät beim Händler F. aus Metz/F. Dieser beauftragt den Hersteller B aus Brüssel, das Ultraschallgerät direkt an I auszuliefern. B lässt die Beförderung von einer belgischen Spedition ausführen.

Obwohl der Internist I als letzter Abnehmer lediglich vorsteuerschädliche steuerfreie Umsätze ausführt, ist die Vereinfachungsregel für innergemeinschaftliche Dreiecksgeschäfte anzuwenden, soweit I über eine USt-IdNr. verfügt.

Rechtsgrundlage: § 25b Abs. 1 UStG; Abschnitt 276b UStR.

Beispiel 251: Juristische Person des öffentlichen Rechts als Endabnehmer im innergemeinschaftlichen Dreiecksgeschäft

Das Land Mecklenburg-Vorpommern bestellt für Zwecke der Verkehrsüberwachung Radargeräte beim niederländischen Unternehmer NL. Dieser lässt die Geräte beim Elektronikunternehmen E in Edinburgh anfertigen und beauftragt E, die Geräte direkt nach Mecklenburg zu liefern. NL verwendet seiner niederländische, E seine britischen USt-IdNr. Obwohl das Land Mecklenburg-Vorpommern im Rahmen seiner hoheitlichen Aufgaben und somit nicht-unternehmerisch tätig wird, verfügt es als juristische Person des öffentlichen Rechts über Halb-Unternehmer-Eigenschaft. Es wird seine deutsche USt-IdNr. angeben, so dass die Voraussetzungen für ein innergemeinschaftliches Dreiecksgeschäft vorliegen.

Rechtsgrundlage: § 25b Abs. 1 UStG; Abschnitt 276b Abs. 2 UStR.

Beispiel 252: Voraussetzungen des innergemeinschaftlichen Dreiecksgeschäfts: 3 Unternehmer – 3 USt-IdNrn. aus 3 EU-Mitgliedstaaten

Die drei Unternehmer G, V und L sind Beteiligte an einem Reihengeschäft, das durch Beförderung eines Präzisions-Messinstruments von L an G erfüllt wird. Die Unternehmer V aus Villingen und L aus Lu-

253 D. Praktische Beispiele

xemburg verwenden USt-IdNrn. ihrer Herkunftsländer. Der griechische Unternehmer G als letzter Abnehmer tritt mit seiner deutschen USt-IdNr. auf. Da die drei Unternehmer nicht mit USt-IdNrn. aus drei verschiedenen EU-Mitgliedstaaten operieren, scheidet die Anwendung des innergemeinschaftlichen Dreiecksgeschäfts aus. Der Sachverhalt ist als gewöhnliches innergemeinschaftliches Reihengeschäft zu behandeln.

Rechtsgrundlage: § 25b Abs. 1 UStG; Abschnitt 276b UStR.

Beispiel 253: Innergemeinschaftliches Dreiecksgeschäft

Das britische Industrieunternehmen GB bestellt unter Angabe seiner britischen USt-IdNr. eine Werkzeugmaschine beim Maschinenbauunternehmen D in Düsseldorf. D bezieht die Maschine mit deutscher USt-IdNr. vom Hersteller I in Italien. I erteilt einer Spedition den Auftrag zum Transport der Maschine an GB.

I bewirkt einen in Italien steuerbaren, aber als innergemeinschaftliche Lieferung steuerfreien Umsatz. In seiner Rechnung an D weist er auf die Steuerfreiheit hin und gibt sowohl seine italienische USt-IdNr. als auch die USt-IdNr. des D an.

D bewirkt einen innergemeinschaftlichen Erwerb, der grundsätzlich am Zielort der Lieferung – in Großbritannien steuerbar ist. Da D jedoch seine deutsche USt-IdNr. verwendet, wird der innergemeinschaftliche Erwerb in Deutschland bewirkt. Im Rahmen des innergemeinschaftlichen Dreiecksgeschäfts gilt dieser Erwerb als besteuert, so dass D keine Erwerbsbesteuerung durchzuführen hat. Weiterhin führt D einen als ruhende Lieferung in Großbritannien steuerbaren und steuerpflichtigen Umsatz aus. Nach den Regeln des innergemeinschaftlichen Dreiecksgeschäfts geht jedoch die Steuerschuld für diesen Umsatz an den Abnehmer GB über. D hat lediglich in seiner Umsatzsteuer-Voranmeldung anzugeben, dass er einen Umsatz im Rahmen eines innergemeinschaftlichen Dreiecksgeschäftes bewirkt habe. D stellt an GB eine Rechnung ohne gesonderten Umsatzsteuerausweis, in der er auf das Vorliegen eines innergemeinschaftlichen Dreiecksgeschäfts und die daraus resultierende Steuerschuld des GB hinweist.

GB führt die auf den von D in Rechnung gestellten Nettobetrag entfallende Umsatzsteuer ab und macht sie gleichzeitig als Vorsteuer geltend.

Rechtsgrundlage: § 25b UStG; Abschnitt 276b UStR.

4.3 Innergemeinschaftliche Werklieferungen

Beispiel 254: Abgrenzung Werklieferung – Werkleistung

Das Maschinenbauunternehmen S mit Sitz in Stuttgart führt für den belgischen Unternehmer A aus Amsterdam Wartungsarbeiten an einer CNC-Maschine durch. Bei den in Amsterdam durchgeführten Arbeiten werden von S

a) als Materialien lediglich Schmierstoffe eingesetzt;
b) einzelne Steuerungselemente ausgetauscht.

Da im Fall a) lediglich Nebenstoffe verwendet werden, ist der betreffende Umsatz als Werkleistung zu beurteilen. Diese sonstige Leistung wird als Arbeit an einem beweglichen körperlichen Gegenstand am Ort der Tätigkeit erbracht, somit in Amsterdam. A schuldet für den in den Niederlanden steuerlich nicht registrierten S nach dem Reverse-Charge-Verfahren die Umsatzsteuer in den Niederlanden.

Im Fall b) werden vom leistenden Unternehmer S auch Hauptstoffe verwendet, so dass der Tatbestand der Werklieferung erfüllt ist. Ort der Werklieferung ist der Ort, an dem die Beförderung oder Versendung des fertigen Gegenstandes beginnt (§ 3 Abs. 6 UStG), oder soweit keine Beförderung oder Versendung des fertigen Gegenstandes stattfindet, der Ort an dem die Verfügungsmacht über den Gegenstand verschafft wird (§ 3 Abs. 7 UStG). Im vorliegenden Fall wird das fertige Werk erst am Zielort, in Amsterdam erstellt, so dass § 3 Abs. 7 anzuwenden ist, der Umsatz somit in Amsterdam erbracht wird. Die Werklieferung ist also ebenfalls in den Niederlanden steuerbar und steuerpflichtig. Nach niederländischem Recht geht auch hier die Steuerschuldnerschaft auf den Leistungsempfänger A über. Im vorliegenden Fall ergibt sich kein Unterschied in der steuerlichen Handhabung von Werkleistung und Werklieferung; in anderen EU-Mitgliedsländern bestehen jedoch teilweise abweichende Regelungen zum Besteuerungsverfahren.

Rechtsgrundlage: Ort der Werkleistung: § 3a Abs. 2 Nr. 3c) UStG;
Abschnitt 36 Abs. 6 UStR;
Werklieferung: § 3 Abs. 4 und 7 UStG;
Abschnitt 27 UStR.

255–257   D. Praktische Beispiele

Beispiel 255: Werklieferungen einer Kfz-Werkstatt

Die Kfz-Werkstatt K aus Kirchheimbolanden führt einen Reifenwechsel an einem LKW der niederländischen Spedition NL aus. K führt eine in Deutschland steuerbare Werklieferung aus. Da der LKW danach in das übrige Gemeinschaftsgebiet gelangt, ist die Steuerbefreiung als innergemeinschaftliche Lieferung möglich. Voraussetzung ist, dass K das Vorliegen der Voraussetzungen nachweisen kann. Hierzu hat er die niederländische USt-IdNr. des Leistungsempfängers aufzuzeichnen und sich von NL die Versicherung geben zu lassen, dass der LKW ins übrige Gemeinschaftsgebiet befördert wird.

Rechtsgrundlage: § 3 Abs. 4 und 6 UStG; § 4 Nr. 1 b i.V.m. § 6a UStG.

Beispiel 256: Werkleistung einer Kfz-Werkstatt

Für den französischen Handelsvertreter F überprüft die Kfz-Werkstatt K aus Kirchheimbolanden die Bremsanlage, ohne jedoch Mängel festzustellen. Die Werkleistung des K wird grundsätzlich am Ort der Tätigkeit erbracht. Verwendet F jedoch gegenüber K seine französische USt-IdNr., so verlagert sich der Leistungsort nach Frankreich. K erbringt in diesem Fall einen in Deutschland nicht-steuerbaren Umsatz. In der Rechnung an F ist somit keine Umsatzsteuer auszuweisen. Die Steuerschuld für den in Frankreich steuerbaren Umsatz geht auf F über.

Rechtsgrundlage: § 3a Abs. 2 Nr. 3c UStG; Abschnitt 36 UStR.

Beispiel 257: Bauleistungen als innergemeinschaftliche Werklieferungen

Der portugiesische Bauunternehmer P wird vom Bauunternehmer B aus Berlin mit Verputzarbeiten an einem von B für eine Wohnungsbaugesellschaft errichteten Gebäude beauftragt. Die hierzu notwendigen Materialien bezieht P von einem Berliner Baustofflieferanten.

Die Leistung des P stellt eine Werklieferung dar, da P selbstbeschaffte Hauptstoffe verwendet. Ort der Werklieferung ist der Ort, an dem die Verfügungsmacht verschafft wird, somit Berlin. Da es sich bei P um einen im Ausland ansässigen Unternehmer handelt, geht die Steuerschuldnerschaft auf B über. P hat die vom Baustofflieferanten in

Rechnung gestellte Umsatzsteuer im Wege des Vorsteuer-Vergütungsverfahrens zurückzufordern.

Rechtsgrundlage: § 3 Abs. 4 und 7 UStG; Abschnitt 27 UStR.

Beispiel 258: Bauleistungen an eine Gemeinde in einen anderen EU-Mitgliedstaat

Der Unternehmer D, Dachdeckermeister in Passau, erhält von einer österreichischen Gemeinde nahe Linz den Auftrag, das Dach eines Verwaltungsgebäudes neu zu decken. Die Dachziegel bestellt D beim Lieferanten L in Passau, den er anweist, das Material direkt an die Baustelle in der österreichischen Gemeinde zu liefern. Verschiedenes anderes Material besorgt sich D bei Lieferanten in Österreich.

D erbringt eine Werklieferung, die am Ort der Fertigstellung und Übergabe, somit in Österreich steuerbar und steuerpflichtig ist. Um in den Genuss des Vorsteuerabzugs für die in Österreich besorgten Materialien zu gelangen, hat sich D in Österreich umsatzsteuerlich registrieren zu lassen. Eine gleichzeitige Anwendung des Reverse-Charge-Verfahrens und des Vorsteuer-Vergütungsverfahrens wie in Deutschland ist nach österreichischem Recht nicht möglich.

L erbringt eine in Deutschland steuerpflichtige Lieferung, soweit D mit seiner deutschen USt-IdNr. auftritt. Für D sind hingegen die Voraussetzungen für einen innergemeinschaftlichen Erwerb in Österreich erfüllt. Unterliegt D in Österreich der Regelbesteuerung und verwendet er gegenüber L seine österreichische USt-IdNr., kann L die Steuerbefreiung als innergemeinschaftliche Lieferung in Anspruch nehmen.

Rechtsgrundlage: § 3 Abs. 4 und 7 UStG; Abschnitt 27 UStR
Innergemeinschaftliche Lieferung: § 6a Abs. 1 Nr. 3 UStG.

Beispiel 259: Innergemeinschaftliche Werklieferung

Die Elektromontagefirma E aus Essen baut für das niederländische Industrieunternehmen NL elektronische Steuerungen für dessen Fertigungsanlage in Eindhoven. Die Arbeiten werden in der Hauptsache in Eindhoven ausgeführt. Elektronische Bauteile, Kabel und sonstiges Material bezieht E von deutschen Lieferanten und bringt es zur Baustelle nach Eindhoven. E verfügt über eine deutsche, NL über eine niederländische USt-IdNr.

260 D. Praktische Beispiele

Im vorliegenden Fall wird eine Werklieferung erbracht. Ort der Werklieferung ist der Ort, an dem die fertige elektronische Steuerung übergeben wird. Die Werklieferung wird somit in den Niederlanden ausgeführt. Eine Vorverlegung des Ortes der Lieferung auf den Beginn der Beförderung kommt nicht in Frage, da aus Deutschland nicht das fertige Werk, sondern lediglich das Material geliefert wird. Steuerschuldner für die in den Niederlanden steuerbare Werklieferung ist NL. E hat eine Rechnung ohne gesonderten Umsatzsteuerausweis zu stellen. In Deutschland hat E keinen steuerbaren Umsatz erbracht. Der Tatbestand des innergemeinschaftlichen Verbringens ist nicht erfüllt, da das Material zwecks Durchführung einer Werklieferung in das andere Mitgliedsland verbracht wird.

Rechtsgrundlage: § 3 Abs. 4 und 7 UStG; Abschnitt 27 UStR
Innergemeinschaftl. Verbringen: § 1a Abs. 2 UStG; Abschnitt 15b Abs. 10 UStR.

Beispiel 260: Steuerfreie innergemeinschaftliche Werklieferung

Weiterhin bekommt die Elektromontagefirma E aus Essen den Auftrag, für das niederländische Industrieunternehmen NL einen Schaltschrank zu fertigen. Der Schaltschrank wird von E in seiner Werkstatt in Essen konstruiert und angefertigt und in betriebsbereitem Zustand nach Eindhoven an NL geliefert. Die von E ausgeführten Anschlussarbeiten werden nach Stundensätzen abgerechnet. Die von E erbrachte Werklieferung wird in Essen bewirkt, dem Ort, an dem die Beförderung des fertigen Werks beginnt. E führt eine steuerfreie innergemeinschaftliche Lieferung aus, soweit die entsprechenden Nachweispflichten (insbesondere Beförderungsnachweis, Angabe beider USt-IdNrn. auf der Rechnung) erfüllt werden. NL bewirkt einen in den Niederlanden steuerpflichtigen innergemeinschaftlichen Erwerb. Hinsichtlich der Anschlussarbeiten handelt es sich um eine sonstige Leistung, die am Ort der Tätigkeit, in den Niederlanden, erbracht wird. Hierfür geht die Steuerschuldnerschaft auf NL über.

Rechtsgrundlage: § 3 Abs. 6 UStG; § 4 Nr. 1b UStG i.V.m. § 6a UStG.

II. Innergemeinschaftliche Umsätze **261–263**

Beispiel 261: Ort der Lieferung bei Lieferung von fertigen Werken

Der Baumaschinenhersteller S im spanischen San Sebastian liefert einen Baukran an die Bauunternehmung D in Dresden. Zum Zwecke des leichteren Transports wird der Baukran in drei Teile zerlegt und nach Dresden befördert. Am Zielort in Dresden wird der Baukran von S wieder zusammengebaut.

Die vorliegende Werklieferung wird am Abgangsort in San Sebastian erbracht, da der Baukran bereits betriebsfertig war und die abschließende Montage in Dresden insoweit keinen Einfluss auf die Bestimmung des Lieferorts hat. Für die Lieferung des S ist somit die Steuerbefreiung als innergemeinschaftliche Lieferung möglich.

Rechtsgrundlage: § 3 Abs. 6 UStG; § 4 Nr. 1 b UStG i.V.m. § 6 a UStG.

Beispiel 262: Ort der Lieferung bei Einfügung einzelner Maschinen in eine Produktionsanlage

Der Maschinenbaubetrieb M aus Manchester liefert dem Automobilzulieferer A mit Sitz in Eisenach eine Stanzmaschine, die von Monteuren des M in die Produktionsanlage des A integriert wird. Fundamentierung und Anschluss an das elektronische Steuerungssystem führt M durch. Da die von M gelieferte Maschine in einen Satz bereits vorhandener Maschinen eingefügt wird, ist als Ort der Werklieferung der Ort der Fertigstellung, mithin Eisenach anzusehen. Für die Werklieferung des M scheidet somit die Steuerbefreiung als innergemeinschaftliche Lieferung aus. Die Steuerschuldnerschaft für den von M bewirkten Umsatz geht auf A über.

Rechtsgrundlage: § 3 Abs. 6 UStG; Abschnitt 30 Abs. 4 UStR.

Beispiel 263: Innergemeinschaftliche Werklieferung an eine Privatperson

Das Heizungsbau-Unternehmen K aus Karlsruhe erneuert die Heizungsanlage des im elsässischen Soufflenheim gelegenen Wochenendhauses des im Ruhestand befindlichen Elektromeisters E. Die von K erbrachte Leistung ist als Werklieferung zu beurteilen. Sie wird am Ort der Übergabe des fertigen Werkes, in Soufflenheim, erbracht. Da es sich beim Leistungsempfänger um eine Privatperson handelt, scheidet die Anwendung des Reverse-Charge-Verfahrens aus. K muss sich über einen Fiskalvertreter in Frankreich steuerlich registrieren lassen.

Rechtsgrundlage: § 3 Abs. 4 und 6 UStG; Abschnitt 27 UStR

4.4 Versandhandelsgeschäfte

Beispiel 264: Versandhandelsgeschäft bei Lieferung ins Drittlandsgebiet

Der Bankdirektor F aus Frankfurt/Main beauftragt privat eine schottische Brennerei, eine Flasche eines sehr alten schottischen Whiskys an einen befreundeten Bankdirektor in Zürich zu senden. Da es sich um die Lieferung einer verbrauchsteuerpflichtigen Ware handelt, kann auch ohne Überschreiten der Lieferschwelle ein Versandhandelsgeschäft vorliegen mit Verlagerung der Steuerpflicht ins Bestimmungsland. Obwohl auch die übrigen Voraussetzungen für ein Versandhandelsgeschäft vorliegen (Versendung durch den Unternehmer, Leistungsempfänger ist Nicht-Unternehmer), findet die Versandhandelsregelung keine Anwendung, da die Lieferung nicht in ein anderes Mitgliedsland erfolgt. Die Tatsache, dass bei der Versendung der Ware andere EU-Mitgliedsländer durchquert werden, spielt bei der Beurteilung der Frage keine Rolle. Wäre die Lieferung dagegen zunächst nach Frankfurt gegangen, hätte die schottische Brennerei den Umsatz in Deutschland zu versteuern.

Rechtsgrundlage: § 3c Abs. 1 und Abs. 5 UStG.

Beispiel 265: Kein Versandhandelsgeschäft bei Abhollieferung

Der deutsche Versandhändler D erhält einen Auftrag zur Lieferung eines Fernsehers von einem österreichischen Privatkunden Ö. D, der die Lieferschwelle nach Österreich überschritten hat, vereinbart mit Ö, dass dieser den Fernseher bei der Zweigniederlassung des D in Passau abholt. Da die Beförderung oder Versendung nicht von D ausgeführt wird, gilt die Lieferung als in Deutschland und nicht in Österreich ausgeführt.

Rechtsgrundlage: § 3c Abs. 1 UStG.

II. Innergemeinschaftliche Umsätze **266–268**

Beispiel 266: Zweigniederlassung eines dänischen Autohändlers in Flensburg

Der dänische Autohändler DK eröffnet in Flensburg eine Zweigniederlassung, um dort sein Gebrauchtwagengeschäft abzuwickeln. Die in Flensburg verkauften Gebrauchtwagen (keine Neufahrzeuge), unterliegen auch für dänische Privatkunden nur dem niedrigeren deutschen Umsatzsteuersatz, soweit die Privatkunden die Fahrzeuge selbst abholen.

Rechtsgrundlage: § 3c Abs. 1 UStG.

Beispiel 267: Versandhandelslieferung an pauschalbesteuerten Landwirt

Der pauschalbesteuerte Landwirt L aus Oberbayern kauft bei dem österreichischen Händler Ö eine Melkmaschine, die Letzterer selbst anliefert. Da L nicht die Erwerbsschwelle überschritten oder zur Erwerbsbesteuerung optiert hat, liegt kein innergemeinschaftlicher Erwerb vor. Überschreitet Ö jedoch mit gleichartigen Umsätzen eines Jahres die deutsche Lieferschwelle oder verzichtet er auf die Anwendung der Lieferschwelle, so hat Ö den Umsatz in Deutschland zu versteuern.

Rechtsgrundlage: § 3c Abs. 2 Nr. 2c) i.V.m. Abs. 3 und 4 UStG.

Beispiel 268: Option zur Versandhandelsregelung

Der Unternehmer U aus Flensburg erwirbt ein Sofa für seine Privatwohnung bei einem Möbelhaus in Dänemark. Da die Erwerbsbesteuerung wegen der Verwendung für nichtunternehmerische Zwecke ausscheidet, ist eine steuerfreie Lieferung für das Möbelhaus nicht möglich. Obwohl die Lieferschwelle nach Deutschland nicht überschritten wird, besteht für das Möbelhaus die Möglichkeit, die Lieferung zum günstigeren deutschen Steuersatz abzurechnen. Voraussetzung hierfür ist, dass das Möbelhaus für den Transport nach Deutschland zuständig ist. Ist dies der Fall, kann das Möbelhaus auf die Anwendung der Lieferschwelle verzichten und die Besteuerung in Deutschland vornehmen.

Rechtsgrundlage: § 3c Abs. 3 und 4 UStG; Abschnitt 42j UStR.

269–270 D. Praktische Beispiele

Beispiel 269: Versandhandelslieferung von verbrauchssteuerpflichtigen Waren

Der deutsche Heizölvertrieb D mit Sitz in Saarbrücken liefert Heizöl an einen französischen Privathaushalt F. Es handelt sich um ein Versandhandelsgeschäft, da D das Heizöl selbst anliefert. Da es sich um die Lieferung einer verbrauchsteuerpflichtigen Ware handelt, hat D unabhängig vom Überschreiten einer Lieferschwelle die Besteuerung in Frankreich vorzunehmen. Seine Lieferung an F unterliegt der französischen Umsatzsteuer. Er hat sich also in Frankreich über einen Fiskalvertreter steuerlich registrieren zu lassen.

Rechtsgrundlage: § 3c Abs. 5 UStG.

Beispiel 270: Überschreiten der Lieferschwelle bei Versandhandelsgeschäften

Der Versandhandel für Büroartikel D mit Sitz in Stuttgart hat im Vorjahr folgende Netto-Umsätze an Privatkunden (Abnehmer ohne USt-IdNr.) in anderen EU-Mitgliedstaaten verzeichnet und wird mit folgenden Umsätzen für das laufende Jahr erreichen:

Umsätze an Privatkunden im Mitgliedsland	Lieferschwelle EUR	Umsatz Vorjahr EUR	Umsatz lfd. Jahr EUR
Belgien	35.000,–	45.000,–	48.000,–
Dänemark	ca. 35.000,–	32.000,–	33.000,–
Frankreich	100.000,–	90.000,–	120.000,–
Italien	27.888,67	17.777,77	28.888,88
Österreich	100.000,–	115.000,–	99.000,–

Die Umsätze im laufenden Jahr sind wie folgt zu behandeln: Da in Belgien und Österreich im Vorjahr die Lieferschwelle überschritten wurde, ist für diese Länder die Versandhandelsregelung anzuwenden, d.h. im laufenden Jahr sind die Umsätze an Abnehmer ohne USt-IdNr. im jeweiligen Bestimmungsland der Lieferung zu versteuern. Keine Rolle spielt, ob die Lieferschwelle im laufenden Jahr wieder unterschritten wird, wie beispielsweise bei den Lieferungen nach Österreich der Fall.

II. Innergemeinschaftliche Umsätze **271**

In den übrigen Ländern gilt bis zum tatsächlichen Überschreiten der Lieferschwelle im Laufe des Jahres die Vermutung, dass die Lieferschwelle nicht überschritten wird. Die Umsätze unterliegen daher im Ursprungsland der Besteuerung. Wird die Lieferschwelle überschritten, so ist der nächste Umsatz im Bestimmungsland zu besteuern. Wird beispielsweise durch den letzten Verkauf am 31.10. des laufenden Jahres die Lieferschwelle nach Frankreich durchbrochen, gelten alle Umsätze nach Frankreich ab 1.11. als im Bestimmungsland erbracht. Wird dagegen erst mit dem letzten Umsatz des Jahres (EUR 1.111,11) die Lieferschwelle nach Italien überschritten, bleiben die gesamten Versandhandelslieferungen nach Italien im laufenden Jahr im Ursprungsland, in Deutschland steuerpflichtig.

Rechtsgrundlage: § 3c Abs. 3 und 4 UStG; Abschnitt 42j Abs. 3 UStR.

Beispiel 271: Der Versandhandelsregelung unterliegende Umsätze: Abgrenzungsprobleme bei Werklieferungen

Der Möbelschreiner D mit Sitz in Freiburg arbeitet unter anderem auch für französische Kunden. Neben kompletten Raumausstattungen mit Parkettböden, Holzdecken und Einbauschränken übernimmt D auch Einzelanfertigungen von Möbelstücken. D führt somit Werklieferungen aus, die zum Teil als Montagelieferungen zu bezeichnen sind. Die Montagelieferung zeichnet sich dadurch aus, dass der Gegenstand des Werkvertrags erst am Ort der Übergabe oder Abnahme fertiggestellt wird. Bei der Montagelieferung gilt als Ort der Werklieferung der Ort, an dem die Übergabe oder Abnahme stattfindet, nicht der Ort, an dem die Beförderung oder Versendung (der Materialien) beginnt.

Im vorliegenden Fall sind die Raumausstattungen, die Werklieferungen von Decken, Böden oder Einbauschränken als Montagelieferungen anzusehen. Die Einzelanfertigung von Möbeln wird dagegen grundsätzlich dort erbracht, wo die Beförderung oder Versendung des fertigen Möbelstücks beginnt, somit in Freiburg.

Die Netto-Umsätze des D an französische Kunden ohne USt-IdNr. teilen sich wie folgt auf:

Raumausstattungen: EUR 90.000,–
Einzelanfertigungen von Möbelstücken: EUR 20.000,–

272   D. Praktische Beispiele

Die Lieferschwelle für Frankreich beläuft sich auf EUR 100.000,–. Würde man die Umsätze zusammenrechnen, wäre die Lieferschwelle überschritten und die Umsätze wären damit insgesamt in Frankreich steuerpflichtig. Im Falle der Raumausstattungen liegt jedoch kein Versandhandelsgeschäft vor, da der Gegenstand der Lieferung nicht von einem EU-Mitgliedsland in ein anderes gelangt. Der Gegenstand der Lieferung entsteht erst im Bestimmungsland. Somit sind die Umsätze aus Raumausstattungen nicht heranzuziehen, soweit es um das Überschreiten der Lieferschwelle geht. Sie werden als Montagelieferungen in Frankreich erbracht und sind dort steuerpflichtig.

Als Umsatz aus Versandhandelsgeschäften nach Frankreich verbleibt lediglich ein Betrag von EUR 20.000,– aus der Einzelanfertigung von Möbelstücken. Die Lieferschwelle ist somit nicht überschritten. Die Umsätze sind daher in Deutschland steuerpflichtig.

Rechtsgrundlage: § 3c Abs. 1, 3 und 4 UStG.

Beispiel 272: Überschreiten der Lieferschwelle im Laufe eines Jahres

Der Unternehmer U mit Sitz in Flensburg verzeichnete im vergangenen Jahr einen Netto-Umsatz aus Versandhandelsgeschäften an Privatkunden in Österreich in Höhe von EUR 90.000,–. Im laufenden Jahr wurde die für Österreich geltende Lieferschwelle von EUR 100.000,– erstmals überschritten, und zwar mit einer Lieferung am 11.11. von netto EUR 350,– an einen Privatkunden in Wien. Für das kommende Jahr werden zurückgehende Umsätze und ein Unterschreiten der Lieferschwelle nach Österreich erwartet.

Für die Umsätze des Vorjahres war die Versandhandelsregelung nicht anzuwenden. Ein Verzicht auf die Anwendung der Lieferschwelle wurde nicht ausgesprochen, da ansonsten die Umsätze mit dem höheren österreichischen Umsatzsteuersatz belastet worden wären. Im laufenden Jahr wird die Lieferschwelle überschritten. Die Versandhandelsregelung ist ab dem Zeitpunkt des Überschreitens anzuwenden. Für den Umsatz, der zum Überschreiten der Lieferschwelle führt, findet noch keine Verlagerung des Lieferungsortes statt. Alle späteren Lieferungen im Laufe des Jahres unterliegen der Umsatzbesteuerung in Österreich. Für das kommende Jahr sind die Umsätze ebenfalls in Österreich der Besteuerung zu unterwerfen, da hier der Vorjahresumsatz die Lieferschwelle überschritten hatte. Das tatsächliche Unterschreiten der Lieferschwelle im kommenden Jahr würde sich erst im darauffolgenden Jahr auswirken.

Rechtsgrundlage: § 3c Abs. 3 UStG, BT-Drucksache 14/1514 und 14/1655.

Beispiel 273: Lieferschwelle und Optionsrecht bei Montagelieferungen

Der französische Hersteller von Klimaanlagen F mit Sitz in Metz bietet neben dem kompletten Einbau von Klimaanlagen auch die Lieferung von (mobilen) Klimageräten an. Er hat im vergangenen Jahr folgende Umsätze an Privathaushalte in Deutschland ausgeführt:

Einbau von Klimaanlagen: EUR 150.000,–
Lieferung von Klimageräten: EUR 50.000,–

Für das laufende Jahr werden Umsätze in der gleichen Größenordnung erwartet. Beim Einbau der Klimaanlagen handelt es sich um Montagelieferungen, die am Ort des Einbaus erbracht werden, somit in Deutschland. Diese Montagelieferungen fallen nicht unter die Versandhandelsregelung, da sie ohnehin im Bestimmungsland zu besteuern sind. Sie sind daher bei der Frage, ob ein Überschreiten der Lieferschwelle vorliegt, nicht zu berücksichtigen. Somit wird von F die Lieferschwelle nach Deutschland (EUR 100.000,–) nicht überschritten. Es bleibt ihm jedoch die Möglichkeit, auf die Anwendung der Lieferschwelle zu verzichten. Die Ausübung der Option ist sowohl gegenüber den zuständigen französischen Finanzbehörden als auch gegenüber dem für französische Unternehmer zuständigen Finanzamt Kehl zu erklären.

Rechtsgrundlage: § 3c Abs. 1, 3 und 4 UStG; Abschnitt 42j Abs. 1 und 3 UStR.

Beispiel 274: Lieferschwelle und Optionsrecht bei Lieferung von teilweise verbrauchsteuerpflichtigen Waren

Der Versandhändler Ö mit Sitz in Wien vertreibt Wein und verschiedene Delikatessen, unter anderem auch an Privatkunden in Deutschland. Seine Netto-Umsätze an Abnehmer in Deutschland ohne USt-IdNr. teilten sich im Vorjahr wie folgt auf:

275 D. Praktische Beispiele

Verbrauchsteuerpflichtige Waren: EUR 70.000,–
Sonstige Waren EUR 50.000,–

Rechnet man die Umsätze zusammen, so wäre die deutsche Lieferschwelle von EUR 100.000,– überschritten. Die Lieferung der verbrauchsteuerpflichtigen Waren zählt jedoch hinsichtlich der Lieferschwelle nicht mit. Sie ist ohnehin im Bestimmungsland der Besteuerung zu unterwerfen. Ö hat sich somit in Deutschland umsatzsteuerlich registrieren zu lassen.

Für die übrigen Waren ist die Lieferschwelle nach Deutschland nicht überschritten. Es besteht jedoch die Möglichkeit, zur Besteuerung der Umsätze in Deutschland zu optieren, um die günstigeren deutschen Umsatzsteuersätze in Anspruch zu nehmen. Die Option wäre gegenüber dem zuständigen Finanzamt in Deutschland zu erklären, in diesem Fall gegenüber dem Finanzamt München II.

Rechtsgrundlage: § 3c Abs. 3–5 UStG.

Beispiel 275: Buchversand in verschiedene europäische Länder

Ein Verlag in Göttingen versendet Bücher an private Abnehmer in verschiedenen europäischen Ländern. Im vergangenen Jahr wurden folgende Umsätze erzielt, die auch für das laufende Jahr erwartet werden:

	Umsätze (in EUR)	*Steuersatz für Bücher*
Frankreich	70.000,–	5,5%
Großbritannien	45.000,–	0,0%
Italien	15.000,–	4,0%
Österreich	85.000,–	10,0%
	240.000,–	

In keinem der Abnehmerländer wurde somit die Lieferschwelle überschritten. Die Umsätze sind, da die Steuerfreiheit als innergemeinschaftliche Lieferung ausscheidet, grundsätzlich in Deutschland steuerpflichtig. Es besteht jedoch die Möglichkeit, auf Wegfall der Lieferschwelle und damit auf Besteuerung im Bestimmungsland zu optieren. Die Option kann für jedes EU-Mitgliedsland gesondert ausgesprochen werden. Im vorliegenden Fall könnte das für die Abnehmerländer Frankreich, Großbritannien und Italien von Vorteil sein.

Rechtsgrundlage: § 3c Abs. 1, 3 und 4 UStG; Abschnitt 42j Abs. 1 und 3 UStR.

II. Innergemeinschaftliche Umsätze **276–277**

Beispiel 276: Optionsrecht bei Versandhandelsgeschäften – Keine Beschränkung auf bestimmte Warengruppen

Ein Zeitungsverlag mit Sitz in Frankfurt/Main vertreibt neben Zeitungen auch diverse Fachbücher. Mit Lieferungen an Privatkunden in Dänemark wurden im Vorjahr folgende Netto-Umsätze erzielt:

Zeitungen: EUR 20.000,– (ca. 150.000 DKK)
Fachbücher: EUR 5.000,– (ca. 37.000 DKK)

Die bei 280.000 DKK liegende Lieferschwelle für Dänemark wurde im Vorjahr somit nicht überschritten. Dies gilt auch für das laufende Jahr.

Es stellt sich die Frage, ob vom Optionsrecht Gebrauch gemacht werden soll, da für Zeitungen in Dänemark ein Nullsteuersatz besteht. Zu beachten ist, dass im Falle eines Verzichts auf Anwendung der Lieferschwelle sämtliche Versandhandelsgeschäfte des betreffenden Jahres nach Dänemark im Bestimmungsland zu versteuern wären. Eine Begrenzung der Option auf bestimmte Warengruppen ist nicht möglich. Bei der Versteuerung in Deutschland würden 7% a/EUR 25.000,–, also EUR 1.750,– an Umsatzsteuer anfallen. Bei Ausübung des Optionsrechts und der Versteuerung in Dänemark blieben die Zeitungslieferungen steuerfrei, für die Lieferung der Fachbücher wären 25% a/ EUR 5.000,–, also EUR 1.250,– an dänischer Umsatzsteuer zu zahlen. Somit wäre der Verzicht auf Anwendung der Lieferschwelle vorteilhaft, wenn man von den Kosten der steuerlichen Registrierung in Dänemark absieht.

Rechtsgrundlage: § 3c Abs. 4 UStG.

Beispiel 277: Versandhandelslieferung: Besteuerung über Fiskalvertreter

Der Getränkehändler P aus Passau beliefert auf Bestellung auch Privatkunden in Österreich. Da er die Lieferungen mit eigenem LKW ausführt, liegt eine Versandhandelslieferung vor. Die Umsätze des vergangenen Jahres an die österreichische Privatkundschaft beliefen sich auf EUR 35.000,–. Hiervon entfielen EUR 20.000,– auf die Lieferung alkoholischer Getränke. Da bei Lieferung verbrauchsteuerpflichtiger Waren unabhängig von einer Lieferschwelle die Besteuerung im Be-

278-279   D. Praktische Beispiele

stimmungsland vorzunehmen ist, ist die Lieferung alkoholischer Getränke in Österreich zu versteuern. Für die übrigen Lieferungen ist die Lieferschwelle nicht überschritten, so dass es P freigestellt ist, wo er die Besteuerung vornimmt.

Um seinen steuerlichen Pflichten in Österreich nachzukommen, hat sich P über einen Fiskalvertreter steuerlich registrieren zu lassen. Als solche sind in Österreich zugelassen: Rechtsanwälte, Notare, Spediteure und andere solvente Unternehmer. Der Fiskalvertreter hat für P Umsatzsteuererklärungen abzugeben; die Abgabe einer Zusammenfassenden Meldung entfällt im vorliegenden Fall.

Rechtsgrundlage: § 3c UStG; §§ 22a – 22e UStG.

4.5 Lieferung verbrauchsteuerpflichtiger Waren

Beispiel 278: Verbrauchsteuerpflichtige Waren

Eine Wohnungsbaugesellschaft in München, die ausschließlich steuerfrei zu Wohnzwecken vermietet, bezieht Espresso-Kaffee von einem Händler in Mailand zur kostenlosen Abgabe an das Personal. Der Bezug des Kaffees unterliegt der Verbrauchsbesteuerung (Kaffeesteuer) in Deutschland. Umsatzsteuerlich wird Kaffee jedoch nicht als verbrauchsteuerpflichtige Ware behandelt, so dass die Wohnungsbaugesellschaft nicht zur Erwerbsbesteuerung verpflichtet ist, soweit nicht die Erwerbsschwelle überschritten wird.

Rechtsgrundlage: § 1a Abs. 5 UStG.

Beispiel 279: Durchführung der Verbrauchsbesteuerung

Der Weinhändler H aus Hofheim am Taunus möchte spanischen Sekt von einem Händler in Vilafranca del Penedes beziehen. Um die Steueraussetzung im innergemeinschaftlichen Versandverfahren in Anspruch nehmen zu können, hat er beim zuständigen Hauptzollamt in Frankfurt am Main einen Antrag auf Zulassung als berechtigter Empfänger zu stellen. Dem Antrag sind Beschreibungen und Skizzen des zur Verfügung stehenden Lagerraums (des Steuerlagers) beizufügen. Wird dem Antrag entsprochen, so erhält H eine Verbrauchssteuernummer, mit der er gegenüber seinem spanischen Lieferanten auftreten kann. Bei Erhalt der Lieferung sind Art und Umfang der bezogenen verbrauchssteuerpflichtigen Waren in einem Belegheft aufzuzeichnen.

II. Innergemeinschaftliche Umsätze **280–282**

Am 10. des Folgemonats ist eine Steuererklärung beim Hauptzollamt einzureichen und der Steuerbetrag zu entrichten.
Gleichzeitig mit der Verbrauchsteuer entsteht die Umsatzsteuer auf den innergemeinschaftlichen Erwerb.
Rechtsgrundlage: SchaumwZwStG; § 1 a UStG.

Beispiel 280: Lieferung verbrauchsteuerpflichtiger Waren im Rahmen eines Versandhandelsgeschäfts

Der Weinhändler D aus Bad Dürkheim liefert per Post eine Kiste einer Riesling Spätlese an einen treuen Kunden im spanischen Valencia. Da der spanische Abnehmer den Wein nicht für unternehmerische Zwecke verwendet, wird kein steuerpflichtiger innergemeinschaftlicher Erwerb bewirkt. Der Umsatz des D bleibt steuerpflichtig. Aufgrund der Versandhandelsregelung wird der Lieferort nach Spanien verlegt. D muss sich also in Spanien steuerlich registrieren lassen und spanische Umsatzsteuer abführen.
Rechtsgrundlage: § 1 a Abs. 1 UStG; § 3 c UStG.

Beispiel 281: Abhollieferung von Zigaretten an Privatpersonen

Der Student S aus Stuttgart bringt aus seinem Spanienurlaub 3 Stangen Zigaretten mit, von denen er 2 Stangen an Freunde verkauft. Wegen fehlender Nachhaltigkeit ist in dem Weiterverkauf der Zigaretten keine unternehmerische Betätigung zu sehen. Die Abhollieferung verbrauchsteuerpflichtiger Waren an Nicht-Unternehmer bleibt somit im Ursprungsland Spanien steuerpflichtig.
Rechtsgrundlage: §§ 1, 1 a UStG.

Beispiel 282: Lieferung verbrauchsteuerpflichtiger Waren an Nicht-Unternehmer durch Abholung

Der Steuerberater S aus Schwetzingen kauft für seine Geburtstagsfeier 12 Flaschen eines Côte du Rhône Villages bei einem Weinhändler in Avignon. S beauftragt einen Paketdienst mit der Abholung des Rotweins.

283-285   D. Praktische Beispiele

Da die Ware für nicht-unternehmerische Zwecke erworben wird, kommt die Erwerbsbesteuerung nicht in Betracht. Möglich wäre jedoch, dass sich der Lieferort wegen der Versandhandelsregelung nach Deutschland verlagert. Dies ist im vorliegenden Fall jedoch ausgeschlossen, da der Paketdienst von S beauftragt wurde, somit also eine Abhollieferung vorliegt. Der Umsatz ist in Frankreich steuerpflichtig.

Rechtsgrundlage: § 1a UStG; § 3c UStG; Abschnitt 42j UStR.

Beispiel 283: Privatperson tankt Benzin in Luxemburg

Der Beamte B aus Trier fährt zum Tanken nach Luxemburg. Einschließlich der mitgeführten Ersatzkanister tankt er 100 Liter Benzin. Da es sich um eine Abhollieferung an eine Privatperson handelt, kommt die Versandhandelsregelung nicht zur Anwendung. Es bleibt bei der Besteuerung im Ursprungsland.

Rechtsgrundlage: § 3 Abs. 6 UStG; § 3c Abs. 1 UStG.

Beispiel 284: Kauf verbrauchsteuerpflichtiger Waren durch einen regelbesteuerten Unternehmer

Der selbstständige Rechtsanwalt S aus Saarbrücken bestellt beim französischen Unternehmer F Heizöl zur Beheizung der Büroräume. Das Heizöl wird von F in Saarbrücken angeliefert. Es handelt sich um die Lieferung einer verbrauchsteuerpflichtigen Ware, für die Mineralölsteuer in Deutschland abzuführen ist. Umsatzsteuerlich bestehen im vorliegenden Fall keine Besonderheiten, da die Lieferung an einen regelbesteuerten Unternehmer erfolgt. F kann somit die Steuerbefreiung für innergemeinschaftliche Lieferungen in Anspruch nehmen, S hat einen innergemeinschaftlichen Erwerb zu versteuern.

Rechtsgrundlage: § 1a UStG; Abschnitt 15a UStR; § 6a UStG.

Beispiel 285: Kauf verbrauchsteuerpflichtiger Waren durch einen Halb-Unternehmer

Die Versicherungsgesellschaft V aus Frankfurt/Main, die ausschließlich steuerfreie Umsätze bewirkt, erwirbt zur Ausrichtung des 50-jährigen Betriebsjubiläums 50 Flaschen Champagner vom Händler F aus Paris.

II. Innergemeinschaftliche Umsätze **286–287**

Da bei der Lieferung verbrauchsteuerpflichtiger Waren aus einem anderen EU-Mitgliedsland an einen Halb-Unternehmer unabhängig von einer Erwerbsschwelle der Tatbestand des innergemeinschaftlichen Erwerbs gegeben ist, hat V die Erwerbsbesteuerung durchzuführen. Er hat die hierauf entfallende Umsatzsteuer an das zuständige Finanzamt abzuführen. Die Möglichkeit des Vorsteuerabzugs besteht nicht. F kann bei Vorliegen der entsprechenden Nachweise (insbesondere USt-IdNr. des V) steuerfrei liefern.

Rechtsgrundlage: § 1a Abs. 5 UStG; Abschnitt 15a UStR.

Beispiel 286: Lieferung eines pauschal besteuerten Landwirts an einen privaten Abnehmer

Der Winzer W aus Neustadt/Weinstraße liefert 10 Kisten Wein an einen privaten Abnehmer im elsässischen Wissembourg. Die Auslieferung führt W, der der Besteuerung nach Durchschnittsätzen unterliegt, selbst aus. Da es sich im vorliegenden Fall um eine Versandhandelslieferung handelt, verlagert sich der Ort der Lieferung ins Bestimmungsland Frankreich. Somit ist die Lieferung zu den französischen Umsatzsteuersätzen steuerpflichtig. W hat sich in Frankreich steuerlich registrieren zu lassen.

Würde der Abnehmer den Wein hingegen bei W abholen, verbliebe es bei der Besteuerung nach Durchschnittssätzen in Deutschland.

Rechtsgrundlage: § 3c Abs. 1 und 5 UStG; Abschnitt 42j UStR.

Beispiel 287: Lieferung eines pauschal besteuerten Landwirts an einen Unternehmer

Der Einzelhändler F aus Haguenau im Elsass bestellt 50 Kisten Wein unter Angabe seiner französischen USt-IdNr. beim genannten Winzer W aus Neustadt/Weinstraße. W liefert die Ware mit eigenem Fahrzeug aus. Da es sich bei W um einen pauschal besteuerten Landwirt handelt, scheidet die Steuerbefreiung als innergemeinschaftliche Lieferung aus. Unabhängig davon bewirkt F in Frankreich einen steuerpflichtigen innergemeinschaftlichen Erwerb. Die von W in Rechnung gestellte pauschale Umsatzsteuer kann sich F im Wege des Vorsteuer-Vergütungsverfahrens beim Bundeszentralamt für Steuern erstatten lassen.

Rechtsgrundlage: § 23 UStG; Ort der Lieferung: § 3 Abs. 6 UStG
   Vorsteuer-Vergütungsverfahren: § 18 Abs. 9 UStG;
   §§ 59–61 UStDV.

288–289 D. Praktische Beispiele

Beispiel 288: Innergemeinschaftlicher Erwerb verbrauchsteuerpflichtiger Waren von einem pauschalbesteuerten Landwirt

Auf seiner Einkaufstour in der Toskana erwirbt der Einzelhändler D aus Dresden Chianti von verschiedenen kleinen Weingütern. Letztere unterliegen der Pauschalbesteuerung in Italien. D bewirkt in Deutschland einen innergemeinschaftlichen Erwerb. Er hat die fällige Umsatzsteuer auf den innergemeinschaftlichen Erwerb anzumelden, kann diese jedoch gleichzeitig als Vorsteuer absetzen.

Eine Vergütung italienischer Umsatzsteuer entfällt im vorliegenden Fall, da die landwirtschaftlichen Betriebe in Italien für Wein keine Umsatzsteuer zu berechnen haben.

Rechtsgrundlage: § 1a Abs. 1 UStG; Abschnitt 15a UStR.

4.6 Lieferung von Neufahrzeugen

Beispiel 289: Begriff des Neufahrzeugs

Der Angestellte A aus Jena erwirbt bei einem Gebrauchtwagenhändler in Amsterdam einen PKW, der vor 18 Monaten zugelassen wurde und einen Kilometerstand von 5.500 km aufweist. A bleibt noch einige Tage in den Niederlanden. Beim Grenzübertritt nach Deutschland hat sich der Kilometerstand auf 6.200 km erhöht.

Da für den Begriff des Neufahrzeugs der Kilometerstand beim Verkauf entscheidend ist, erfüllt der von A erworbene PKW ein Kriterium des Neufahrzeugs (Kilometerstand höchstens 6.000 km). Unerheblich ist, dass das andere Kriterium (Erstzulassung vor höchstens 6 Monaten) nicht erfüllt ist.

A hat also in Deutschland einen innergemeinschaftlichen Erwerb zu versteuern. Der niederländische Gebrauchtwagenhändler kann steuerfrei liefern.

Rechtsgrundlage: § 1b UStG; Abschnitt 15c UStR.

II. Innergemeinschaftliche Umsätze **290–291**

Beispiel 290: Lieferung eines Neufahrzeugs an einen Unternehmer

Der Bauunternehmer B aus Bordeaux erwirbt im Mai 2007 unter Angabe seiner französischen USt-IdNr. einen Betonmischer bei einem Baumaschinenhändler in Berlin. Der Betonmischer weist einen Kilometerstand von 4.500 km auf und wurde im März 2007 erstmals zugelassen. B verwendet den Betonmischer zunächst für etwa 2 Jahre an einer Betriebsstätte in Berlin, bevor er ihn nach Abschluss der Arbeiten nach Frankreich befördert.

Der Betonmischer erfüllt die entsprechenden Voraussetzungen eines Neufahrzeuges. Allerdings sind die Voraussetzungen für eine innergemeinschaftliche Lieferung nicht gegeben, da der Betonmischer zunächst an die Baustelle in Berlin gelangt, so dass der erforderliche Nachweis für den Transport nicht erbracht werden kann. Der Umsatz ist daher in Deutschland steuerpflichtig.

Wird der Betonmischer nach Ende der Arbeiten in Berlin nach Frankreich gebracht, ist der Tatbestand des innergemeinschaftlichen Verbringens erfüllt.

Rechtsgrundlage: § 1b UStG; Abschnitt 15c UStR
Innergemeinschaftliche Lieferung: § 6a UStG;
§ 17a UStDV
Innergemeinschaftliches Verbringen: § 1a Abs. 2
UStG; Abschnitt 15b UStR.

Beispiel 291: Lieferung eines Neufahrzeuges an einen Abnehmer mit USt-IdNr.

Der selbstständige Handelsvertreter H aus Hannover erwirbt unter Angabe seiner deutschen USt-IdNr. einen PKW beim Autohändler I in Turin. Es handelt sich um ein Neufahrzeug, da der PKW bisher noch nicht zugelassen war.

Der Autohändler I kann das Fahrzeug steuerfrei liefern. H verwirklicht in Deutschland einen steuerpflichtigen innergemeinschaftlichen Erwerb. Die von I auszustellende Rechnung hat neben den allgemeinen für eine Rechnung verbindlichen Angaben die eigene USt-IdNr. und die des Abnehmers H sowie einen Hinweis auf die steuerfreie innergemeinschaftliche Lieferung zu enthalten. H hat den innergemeinschaftlichen Erwerb in seiner Umsatzsteuer-Voranmeldung anzugeben.

Rechtsgrundlage: §§ 1a, 6a UStG; Abschnitt 15a UStR.

Beispiel 292: Lieferung eines Neufahrzeuges an einen Abnehmer ohne USt-IdNr.

Der Autohändler A aus Amsterdam liefert an den Bankangestellten B aus Brandenburg ein Wohnmobil, das vor 10 Monaten erstmals zugelassen wurde und einen Kilometerstand an 3.500 km aufweist. Da das Wohnmobil die Kriterien eines Neufahrzeuges erfüllt, ist für A im vorliegenden Fall der Tatbestand einer innergemeinschaftlichen Lieferung gegeben. Er hat in der Rechnung an A neben den üblichen Angaben den Kilometerstand und das Datum der Erstzulassung des Fahrzeugs anzugeben.

B unterliegt in Deutschland dem Verfahren der Fahrzeugeinzelbesteuerung. Er hat innerhalb von 10 Tagen nachdem der innergemeinschaftliche Erwerb bewirkt wurde, eine Steuererklärung auf dem entsprechenden amtlichen Vordruck an das zuständige Finanzamt abzugeben und die Umsatzsteuer auf den innergemeinschaftlichen Erwerb abzuführen.

Rechtsgrundlage: §§ 1b, 6a UStG; § 17c Abs. 4 UStDV; Abschnitt 15c UStR.

Beispiel 293: Lieferung eines neuen Fahrzeugs zwischen zwei Privatleuten aus verschiedenen EU-Mitgliedsländern

Der Angestellte A aus Aachen verkauft am 12.05.2008 seinen 50er Motorroller zum Preis von EUR 1.500,– an den Studenten S aus dem belgischen Lüttich. Der Motorroller weist einen Kilometerstand von 2.000 km auf und wurde von A am 13.06.2007 von einem Händler zum Preis von EUR 2.000,– zuzüglich EUR 380,– Umsatzsteuer erworben und am selben Tag erstmals zugelassen.

Im vorliegenden Fall wird der Tatbestand der innergemeinschaftlichen Lieferung und des innergemeinschaftlichen Erwerbs eines Neufahrzeugs erfüllt. Für die Lieferung des Motorrollers gilt A als Unternehmer. Den Verkauf an S kann A als innergemeinschaftliche Lieferung steuerfrei ausführen. Die innergemeinschaftliche Lieferung hat A in einer Umsatzsteuer-Voranmeldung für den Monat Mai 2008 anzugeben. Er ist berechtigt, die beim Kauf gezahlte und in einer Rechnung gesondert ausgewiesene Umsatzsteuer in der Voranmeldung geltend zu machen, jedoch maximal bis zu dem Umsatzsteuerbetrag, der auf den Verkaufspreis entfallen würde. Im vorliegenden Fall könnte er somit 19% aus EUR 1.500,–, also EUR 285,00 an Vorsteuern geltend machen.

S hat in Belgien einen innergemeinschaftlichen Erwerb zu versteuern und 21% aus EUR 1.500,– = EUR 315,– an die dortige Finanzbehörde abzuführen.

Rechtsgrundlage: Innergemeinschaftliche Lieferung: §§ 2a, 6a UStG;
Innergemeinschaftlicher Erwerb: § 1b UStG; Abschnitt 15c UStR;
Vorsteuerabzug: § 15 Abs. 4a UStG.

Beispiel 294: Lieferung eines Neufahrzeugs im Zusammenhang mit einer Einfuhr

Der Maurergeselle und leidenschaftliche Motorradfahrer M aus Mannheim bestellt ein Motorrad beim US-amerikanischen Hersteller H. Die Sonderanfertigung wird von H aus den U.S.A. nach Rotterdam gebracht, dort zum freien Verkehr abgefertigt und direkt an M in Mannheim ausgeliefert. Es ist vereinbart, dass H die Verzollung und sämtliche Transportkosten übernimmt (Lieferklausel: DDP – Delivered Duty Paid – Geliefert verzollt).

H bewirkt somit eine in den Niederlanden steuerbare Einfuhr. Ort der Lieferung des H ist nach europäischem Recht Rotterdam, da H als Lieferer Schuldner der Einfuhrumsatzsteuer ist und die Lieferung somit an dem Ort als erbracht gilt, an dem die Ware zum freien Verkehr abgefertigt wird. Da es sich um die Lieferung eines Neufahrzeuges handelt, führt H, obwohl der Abnehmer M Nicht-Unternehmer ist, eine innergemeinschaftliche Lieferung von den Niederlanden nach Deutschland aus. Er hat in der Rechnung an M auf die Steuerfreiheit als innergemeinschaftliche Lieferung hinzuweisen und Motorradtyp, Kilometerstand und evtl. Erstzulassung anzugeben. H hat sich in den Niederlanden steuerlich registrieren zu lassen und die steuerfreie innergemeinschaftliche Lieferung anzumelden. Einfuhrumsatzsteuer fällt nicht an, da die Einfuhr wegen der Verwendung für eine innergemeinschaftliche Lieferung steuerbefreit ist.

M bewirkt in Deutschland einen steuerbaren und steuerpflichtigen innergemeinschaftlichen Erwerb und hat die Erwerbsteuer an das zuständige Finanzamt abzuführen.

Rechtsgrundlage: §§ 1b, 6a UStG; § 17c Abs. 4 UStDV;
Abschnitt 15c UStR
Ort der Lieferung des H: § 3 Abs. 8 UStG.

Beispiel 295: Fahrzeugeinzelbesteuerung

Der Beamte B aus Buxtehude erwirbt am 14.05.2008 ein Neufahrzeug bei einem dänischen Autohändler. Letzterer liefert steuerfrei und erteilt B eine Rechnung mit den in § 17c Abs. 4 UStDV geforderten Angaben.

B ist verpflichtet, bis zum 26.05.2008 eine Umsatzsteuererklärung für die Fahrzeugeinzelbesteuerung bei dem für die Einkommensbesteuerung des Erwerbers zuständigen Finanzamts abzugeben. In dem hierzu bestehenden Formular (Vordruck USt 1 B) sind neben persönlichen Daten des Erwerbers und des Lieferers Angaben zum erworbenen Neufahrzeug zu machen. Daneben ist die Bemessungsgrundlage und die hierauf entfallende Umsatzsteuer anzugeben. Letztere ist mit Abgabe der Umsatzsteuererklärung zur Zahlung fällig.

Kommt B seinen steuerlichen Verpflichtungen nicht nach, wird die Erwerbsteuer vom Wohnsitzfinanzamt festgesetzt. Dies geschieht beispielsweise nach Eintreffen der Kontrollmitteilung der Zulassungsstelle. Bei verspäteter Abgabe der Steuererklärung steht dem Finanzamt neben der Festsetzung von Zwangsmitteln die Erhebung von Verspätungszuschlägen offen. Bei verspäteter Zahlung der Umsatzsteuer ist das Finanzamt zur Festsetzung von Säumniszuschlägen verpflichtet.

Rechtsgrundlage: § 16 Abs. 5a UStG; § 18 Abs. 5a UStG;
Abschnitt 221a UStR.

4.7 Lieferungen in Zollfreigebieten

Beispiel 296: Steuerbare Lieferung in einem Freihafen

Der Unternehmer U unterhält mehrere Zigarettenautomaten im Freihafen von Hamburg. Die Lieferung der Zigaretten an Hafenarbeiter, Touristen, etc. stellt einen im Inland steuerbaren Umsatz dar. Die Liefe-

rungen gelten als im Inland erbracht, da die Zigaretten zum nicht-unternehmerischen Verbrauch im Zollfreigebiet bestimmt sind.
Rechtsgrundlage: § 1 Abs. 3 UStG; Abschnitt 14 UStR.

Beispiel 297: Lieferung einer Ware aus einem Freihafen in ein anderes EU-Mitgliedsland

Der Kaufmann E aus Emden liefert im Freihafen befindliche Industriegüter an den Unternehmer R nach Rotterdam. R tritt mit seiner niederländischen USt-IdNr. auf. Der Umsatz ist in Deutschland – da im Zollfreigebiet ausgeführt – nicht steuerbar. R hat in den Niederlanden einen innergemeinschaftlichen Erwerb zu versteuern, da aus niederländischer Sicht die Lieferung von einem EU-Mitgliedsland in ein anderes erfolgte.
Rechtsgrundlage: § 1 Abs. 2 UStG; Abschnitt 13 UStR.

Beispiel 298: Doppelbelastung mit Einfuhrumsatzsteuer und Erwerbssteuer

Der Orthopäde Dr. O aus Odense/Dänemark erwirbt ein Röntgengerät für seine Praxis beim Hamburger Freihafenunternehmer D zum Preis von EUR 40.000,–. Dr. O, der ausschließlich steuerfreie Umsätze ausführt, beauftragt eine Spedition, die das Gerät im Freihafen von Hamburg abholt und nach Odense bringt. Gemäß Vereinbarung hat Dr. O für die Transportkosten und die Verzollung aufzukommen.

Der Unternehmer D erbringt einen im Freihafen ausgeführten und damit nicht-steuerbaren Umsatz. Dr. O bewirkt eine steuerbare und auch steuerpflichtige Einfuhr. Eine Steuerbefreiung der Einfuhr kommt nicht in Betracht, da Dr. O keine innergemeinschaftliche Lieferung ausführt. In Dänemark bewirkt Dr. O einen steuerpflichtigen innergemeinschaftlichen Erwerb, da die Erwerbsschwelle (80.000 DKK, also etwa EUR 10.750,–) überschritten wird. Nach dänischem Recht wurde eine Lieferung von einem EU-Mitgliedsland in ein anderes durchgeführt. Somit wird von Dr. O sowohl deutsche Einfuhrumsatzsteuer als auch dänische Erwerbssteuer erhoben. Da ein Vorsteuerabzug ausgeschlossen ist, handelt es sich um eine echte Doppelbelastung!

Rechtsgrundlage: Einfuhr: § 1 Abs. 1 Nr. 4 i.V.m. Abs. 2 UStG;
§ 5 Abs. 1 Nr. 3 UStG
Innergemeinschaftlicher Erwerb: § 1a Abs. 3 UStG.

D. Praktische Beispiele

Beispiel 299: Vermeidung einer Doppelbelastung mit Einfuhrumsatzsteuer und Erwerbssteuer

Wird bei sonst gegenüber dem vorangegangenen Beispiel unverändertem Sachverhalt zwischen D und Dr. O vereinbart, dass D die Einfuhrumsatzsteuer schulden soll, so lässt sich die beschriebene Doppelbelastung vermeiden:

In diesem Fall verschiebt sich der Ort der Lieferung des D gemäß § 3 Abs. 8 UStG ins Inland, da der Lieferer D vereinbarungsgemäß Schuldner der Einfuhrumsatzsteuer ist. D bewirkt somit eine im Inland steuerbare Lieferung, für die er die Steuerbefreiung für innergemeinschaftliche Lieferungen in Anspruch nehmen kann, da der Abnehmer Dr. O in Dänemark der Erwerbsbesteuerung unterliegt. Die Verwendung für eine innergemeinschaftliche Lieferung hat wiederum die Steuerbefreiung der Einfuhr zur Folge. Somit entsteht in diesem Fall lediglich die Erwerbssteuer in Dänemark.

Rechtsgrundlage: Lieferung: § 1 Abs. 1 Nr. 1 UStG; § 3 Abs. 8 UStG; § 6a UStG
Einfuhr: § 1 Abs. 1 Nr. 4 UStG; § 5 Abs. 1 Nr. 3 UStG
Innergemeinschaftlicher Erwerb: § 1a Abs. 3 UStG.

Beispiel 300: Lieferung aus einem anderen EU-Mitgliedstaat in den Freihafen

Das schwedische Elektronik-Unternehmen S liefert Fernsehgeräte an den Großhändler K mit Sitz im Freihafen von Kiel. Die Fernsehgeräte werden in einem Warenlager des K im Freihafen gelagert und von dort aus weitervertrieben. K hat unter Angabe seiner deutschen USt-IdNr. bestellt.

Die Lieferung des S an K ist als innergemeinschaftliche Lieferung zu behandeln, da aus schwedischer Sicht in ein anderes EU-Mitgliedsland geliefert wird. Der Erwerb der Waren durch K ist nach deutschem Recht zu beurteilen und wird hiernach außerhalb des Inlands bewirkt. Der Erwerb ist demnach nicht steuerbar. Eine Besteuerung mit deutscher (Einfuhr-)Umsatzsteuer findet nur dann statt, wenn K die Fernsehgeräte aus dem Freihafen in das Inland verbringt.

Rechtsgrundlage: Innergemeinschaftlicher Erwerb: § 1 Abs. 1 Nr. 5 i.V.m. Abs. 2 UStG.

Beispiel 301: Innergemeinschaftlicher Erwerb bei Lieferung in den Freihafen

Die Wasserschutzpolizei bestellt für ihr Amtsgebäude im Freihafen von Bremen verschiedene technische Ausrüstungsgegenstände zum Preis von EUR 30.000,- beim Elektronik-Unternehmen L mit Sitz in London. Die Bestellung wird durch Lieferung von Großbritannien in den Freihafen von Bremen erfüllt.

Grundsätzlich ist der im Zollfreigebiet bewirkte innergemeinschaftliche Erwerb nicht steuerbar. Da die erworbenen Gegenstände jedoch zum Gebrauch durch eine juristische Person des öffentlichen Rechts für deren nicht-unternehmerischen Bereich bestimmt sind, gilt der Umsatz als im Inland bewirkt. Da die Erwerbsschwelle überschritten ist, liegt ein im Inland steuerbarer und steuerpflichtiger innergemeinschaftlicher Erwerb vor.

Rechtsgrundlage: § 1a Abs. 3 Nr. 1d und Nr. 2 UStG; Abschnitt 15a UStR.

5. Besteuerung sonstiger Leistungen im Binnenmarkt

5.1 Allgemeines

Beispiel 302: Sonstige Leistungen eines Ingenieurbüros

Das deutsche Industrieunternehmen D mit Sitz in Karlsruhe gibt dem französischen Ingenieurbüro für Heizungs- und Lüftungsbau IF, ansässig in Strasbourg, die Wartung der Heizungsanlage in Auftrag. Weiterhin beauftragt D das Ingenieurbüro, Pläne für eine neue Heizungsanlage zu erstellen. Die Wartung der Heizungsanlage lässt IF von der französischen Heizungsbaufirma HF ausführen. Die Rechnungsstellung an D erfolgt jedoch durch das Ingenieurbüro.

Bei den von IF abgerechneten Leistungen gelten die gleichen Grundsätze. In beiden Fällen handelt es sich um sonstige Leistungen im Zusammenhang mit einem Grundstück, da auch die Ingenieurleistungen (Katalogleistung gemäß § 3a Abs. 4 UStG) sich auf ein Grundstück beziehen, und daher vorrangig nach § 3a Abs. 2 Nr. 1 UStG als Leistungen im Zusammenhang mit einem Grundstück zu behandeln sind. Die Leistungen werden also in beiden Fällen am Belegenheitsort des

303 D. Praktische Beispiele

Grundstücks ausgeführt – somit in Deutschland. Die Steuerschuld für die Leistung des IF geht somit auf D als Leistungsempfänger über. Die Wartungsleistung des HF an IF wird gleichfalls am Belegenheitsort des Grundstücks, in Karlsruhe ausgeführt. Die Leistung des HF an IF ist also nicht in Frankreich, sondern in Deutschland steuerbar. Die Steuerschuld geht nach dem Reverse-Charge-Verfahren, das auch für ausländische Unternehmer als Leistungsempfänger gilt, auf IF über. Somit besteht steuerliche Registrierungspflicht für IF in Deutschland. Die nach § 13b UStG geschuldete Umsatzsteuer kann IF als Vorsteuer geltend machen.

Rechtsgrundlage: § 3a Abs. 2 Nr. 1 UStG; Abschnitt 34 Abs. 1 und 7 UStR
Steuerschuldnerschaft: § 13b UStG.

Beispiel 303: Leistung einer Musikgruppe für eine Rundfunkanstalt

Der Auftritt einer deutschen Trachtenkapelle in Oberbayern wird im Österreichischen Rundfunk übertragen. Die Trachtenkapelle erbringt hiermit zwei verschiedenartige sonstige Leistungen. Zum einen eine künstlerische oder unterhaltende Tätigkeit, die am Tätigkeitsort in Oberbayern erbracht wird. Diese ist somit in Deutschland steuerbar und unterliegt dem Regelsteuersatz. Die zweite Leistung besteht in der Übertragung von Urheberrechten an die Österreichische Rundfunkanstalt. Diese ist am Sitzort des Leistungsempfängers in Österreich steuerbar und steuerpflichtig. Da die Trachtenkapelle jedoch nicht in Österreich ansässig ist und es sich um eine Katalogleistung handelt, hat die Rundfunkanstalt die Steuerschuldnerschaft zu übernehmen. Die von der Trachtenkapelle erstellte Rechnung oder die von der Rundfunkanstalt erteilte Gutschrift darf keine Umsatzsteuer enthalten.

Rechtsgrundlage: Unterhaltende Tätigkeit: § 3a Abs. 2 Nr. 3 UStG;
  Abschnitt 36 UStR
  Übertragung von Rechten: § 3a Abs. 3 i.V.m. Abs. 4 Nr. 1 UStG
  Abschnitte 36 Abs. 3, 39 Abs. 1 und 2 UStR.

II. Innergemeinschaftliche Umsätze **304–306**

Beispiel 304: Leistungen eines Dachdeckers in Frankreich

Der Dachdeckermeister D aus Kehl am Rhein wird vom französischen Unternehmer F aus Strasbourg beauftragt, das Dach des Firmengebäudes in Strasbourg auszubessern. Die hierfür erforderlichen Materialien werden von F gestellt. Bei den von D ausgeführten Dachdeckerarbeiten handelt es sich um eine sonstige Leistung im Zusammenhang mit einem Grundstück. Diese ist am Belegenheitsort in Strasbourg steuerpflichtig. Die Steuerschuldnerschaft geht nach französischem Recht für diese Art der sonstigen Leistung nicht auf den Leistungsempfänger über, so dass D in Frankreich dem allgemeinen Besteuerungsverfahren unterliegt. Er hat in Frankreich einen Fiskalvertreter mit der Erledigung seiner steuerlichen Pflichten zu beauftragen.
Rechtsgrundlage: § 3a Abs. 2 Nr. 1 UStG; Abschnitt 34 Abs. 1 UStR.

5.2 Werkleistungen an beweglichen Gegenständen

Beispiel 305: Wartungsleistung an einer Druckmaschine

Die niederländische Druckerei NL mit Sitz in Maastricht lässt ihre Vierfarben-Druckmaschine vom deutschen Serviceunternehmen D aus Aachen warten. Da keine Ersatzteile einzubauen sind, stellt die Leistung des D eine sonstige Leistung dar, die am Tätigkeitsort steuerbar ist. Es handelt sich jedoch nicht um eine innergemeinschaftliche Lohnveredelung, da der Gegenstand nach Bearbeitung am Tätigkeitsort verbleibt. Die Leistung des D ist somit in den Niederlanden steuerpflichtig. NL kann für diese Leistung in den Niederlanden das Reverse-Charge-Verfahren anwenden, so dass für D die Pflicht zur steuerlichen Registrierung in den Niederlanden entfällt.
Rechtsgrundlage: § 3a Abs. 2 Nr. 3c UStG; Abschnitt 36 Abs. 6 UStR.

Beispiel 306: Erstellung von elektronischen Steuerungen durch einen deutschen Unternehmer in Italien

Der Unternehmer D aus Mannheim erstellt für seinen italienischen Auftraggeber I die elektronische Steuerung für eine Produktionsanlage in Turin. Die hierbei verwendeten Materialien (Elektronikbauteile, Kabel, Messgeräte) werden von I zur Verfügung gestellt. Die Leistung des D stellt eine Werkleistung an beweglichen körperlichen Gegen-

307   D. Praktische Beispiele

ständen dar. Da jedoch die Produktionsanlage nach Beendigung der Arbeiten am Tätigkeitsort verbleibt, ist die Behandlung als innergemeinschaftliche Lohnveredelung ausgeschlossen. Die sonstige Leistung ist in Italien steuerpflichtig. Da in Italien jedoch im vorliegenden Fall das sog. Autofattura-Verfahren (entspricht der früher in Deutschland gültigen Nullregelung) Anwendung finden kann, muss sich D wegen dieser Leistung nicht in Italien steuerlich registrieren lassen.

Rechtsgrundlage: § 3a Abs. 2 Nr. 3c UStG; Abschnitt 36 Abs. 6 UStR.

Beispiel 307: Abgrenzung Lohnveredelung – Sonstige Werkleistung an beweglichen Sachen

Der niederländische Handelsvertreter NL befindet sich gerade auf Geschäftsreise in Deutschland, als er auf eisglatter Fahrbahn einen Unfall erleidet. Nach Rücksprache mit seiner Versicherung beauftragt er den deutschen Gutachter D unter Angabe seiner niederländischen USt-IdNr. mit der Schätzung der Reparaturkosten. Nach Durchführung der Begutachtung kehrt NL wieder in die Niederlande zurück, wo er den Schaden beheben lässt.

Die Leistung des D besteht in einer Begutachtung eines beweglichen körperlichen Gegenstandes, der nach vollzogener Leistung das Inland wieder verlässt – somit liegen die Voraussetzungen einer Lohnveredelung vor. Der Ort der sonstigen Leistung, der grundsätzlich am Tätigkeitsort in Deutschland liegt, verlagert sich somit durch die Angabe der niederländischen USt-IdNr. in die Niederlande. Dort hat NL das Reverse-Charge-Verfahren durchzuführen.

Hätte der Gutachter hingegen Totalschaden festgestellt und das Fahrzeug wäre in Deutschland verblieben, so wäre die Gutachterleistung nicht als innergemeinschaftliche Lohnveredelung zu behandeln. Sie wäre in diesem Fall unabhängig von der Nennung der niederländischen USt-IdNr. in Deutschland steuerpflichtig gewesen. Die von D in Rechnung gestellte Umsatzsteuer hätte sich der in Deutschland nicht steuerlich registrierte NL lediglich im Vorsteuer- Vergütungsverfahren erstatten lassen können.

Rechtsgrundlage: § 3a Abs. 2 Nr. 3c UStG; Abschnitt 36 Abs. 6 UStR.

II. Innergemeinschaftliche Umsätze **308–310**

Beispiel 308: Werkleistung an einen Nichtunternehmer aus einem anderen EU-Mitgliedsland

Der Rentner R aus Rom sendet sein defektes Tonbandgerät an den Hersteller D aus Düsseldorf mit der Bitte um Reparatur. Nach Überprüfung des Gerätes teilt D seinem römischen Kunden mit, dass die entsprechenden Ersatzteile für das 30 Jahre alte Gerät bedauerlicherweise nicht mehr vorrätig seien. D stellt dem R eine Kostenpauschale und die Portokosten für die Rücksendung des Tonbandgerätes in Rechnung. Obwohl das Gerät nach der Begutachtung ins Ausland gelangt, liegen die Voraussetzungen für eine innergemeinschaftliche Lohnveredelung nicht vor, da R nicht über eine USt-IdNr. verfügt. D hat die Leistung in Deutschland zu versteuern.

Rechtsgrundlage: § 3a Abs. 2 Nr. 3c UStG; Abschnitt 36 Abs. 6 UStR.

Beispiel 309: Gerätereparatur als innergemeinschaftliche Lohnveredelung

Der Musikproduzent D aus Dresden schickt seine defekte Bandmaschine an den Hersteller L in London zur Reparatur. L führt eine Reinigung des Gerätes durch und setzt es damit wieder in funktionsfähigen Zustand. D hat seine deutsche USt-IdNr. angegeben. Da das Gerät nach Durchführung der Werkleistung wieder an D zurückgelangt, sind die Voraussetzungen einer innergemeinschaftlichen Lohnveredelung gegeben. Aufgrund der angegebenen USt-IdNr. verlagert sich der Ort der Leistung vom Tätigkeitsort London nach Deutschland. D kann die von ihm nach § 13b UStG geschuldete Umsatzsteuer als Vorsteuer geltend machen.

Rechtsgrundlage: § 3a Abs. 2 Nr. 3c UStG; Abschnitt 36 Abs. 6 UStR.

Beispiel 310: Kleinunternehmer als Auftraggeber einer innergemeinschaftlichen Lohnveredelung

Der Lehrer L aus Flensburg ist nebenberuflich schriftstellerisch tätig. Da er mit seiner schriftstellerischen Tätigkeit die Kleinunternehmer-Grenzen nicht überschreitet, ist er bisher umsatzsteuerlich nicht beim Finanzamt registriert. Er erteilt dem dänischen Unternehmer DK den Auftrag, in seinen Computer eine neue Festplatte einzubauen. Die Festplatte hat L bereits in Deutschland besorgt. Die Leistung des DK besteht in einer Werkleistung an einer beweglichen Sache. Da der

311 D. Praktische Beispiele

Computer nach der Bearbeitung wieder an L in Flensburg gelangt, kommt die Behandlung als innergemeinschaftliche Lohnveredelung in Frage. Sie scheitert jedoch daran, dass L über keine USt-IdNr. verfügt. Somit hat DK die Leistung in Dänemark zu versteuern. Die Möglichkeit, die dänische Umsatzsteuer im Vorsteuer-Vergütungsverfahren zurückzubekommen, besteht für L als Kleinunternehmer nicht.

Da es auch für Kleinunternehmer möglich ist, eine USt-IdNr. zu beantragen, besteht für L die Möglichkeit, die empfangene Leistung zum gegenüber dem dänischen günstigeren deutschen Umsatzsteuersatz besteuern zu lassen. Er hat sich dazu zunächst bei dem für ihn zuständigen Finanzamt steuerlich registrieren zu lassen und kann dann beim Bundeszentralamt für Steuern in Saarlouis die Erteilung einer USt-IdNr. beantragen. Gibt L dem DK seine USt-IdNr. an, so ist die Leistung des DK als innergemeinschaftliche Lohnveredelung zu behandeln. Der Ort der Leistung verlagert sich also nach Deutschland, wo L das Reverse-Charge-Verfahren durchzuführen hat. Die geschuldete Umsatzsteuer kann L jedoch nicht als Vorsteuer geltend machen, da er Kleinunternehmer ist.

Rechtsgrundlage: § 3a Abs. 2 Nr. 3c UStG; Abschnitt 36 Abs. 6 UStR USt-IdNr.: § 27a UStG; Abschnitt 282a UStR.

Beispiel 311: Innergemeinschaftliche Lohnveredelung bei Versendung des Werkes in einen dritten EU-Mitgliedstaat

Das deutsche Industrieunternehmen D aus Dortmund beauftragt den belgischen Unternehmer B aus Brüssel an von D hergestellten Werkstücken Eingravierungen vorzunehmen und die bearbeiteten Werkstücke danach an einen Kunden des D, den französischen Unternehmer F mit Sitz in Paris, zu versenden. Alle Unternehmer treten mit den von ihrem jeweiligen Mitgliedstaat erteilten USt-IdNrn. auf. Es liegen die Voraussetzungen für eine innergemeinschaftliche Lohnveredelung vor. Der Ort der sonstigen Leistung des B verlagert sich vom Tätigkeitsort in Brüssel durch die Angabe der USt-IdNr. nach Deutschland. D schuldet die Umsatzsteuer für den von B erbrachten Umsatz und kann den Vorsteuerabzug hierfür geltend machen.

Schwieriger stellt sich die steuerliche Behandlung der Lieferung des D an F dar, die D von Brüssel ausführen lässt. Ort dieser Lieferung ist der Abgangsort, somit Brüssel. Die innergemeinschaftliche Lieferung des D an F ist somit in Belgien steuerbar. Trotz der Steuerbefreiung besteht für D die Verpflichtung, sich in Belgien steuerlich registrieren zu lassen. Gleichzeitig hat D das innergemeinschaftliche Verbringen des Gegenstandes nach Belgien zu versteuern. Auch hiermit wird D in Belgien, wo ein steuerbarer innergemeinschaftlicher Erwerb bewirkt wird, registrierungspflichtig.

Rechtsgrundlage: Lohnveredelung: § 3a Abs. 2 Nr. 3c UStG;
Abschn. 36 Abs. 6 UStR
Lieferung: § 3 Abs. 6 UStG, § 4 Nr. 1b i.V.m.
§ 6a UStG
Innergemeinschaftliches Verbringen: § 1a Abs. 2
UStG; Abschnitt 15b UStR.

Beispiel 312: Ausfuhrlieferung nach innergemeinschaftlicher Lohnveredelung

Der italienische Textilunternehmer I lässt aus von ihm bereitgestellten Stoffen in Österreich vom Unternehmer Ö Anzüge herstellen. Die fertigen Anzüge gelangen wieder zurück zu I, der die Anzüge daraufhin an einen Abnehmer in Zürich/Schweiz ausliefert. I tritt mit seiner italienischen, Ö mit seiner österreichischen USt-IdNr. auf.

Die Werkleistung des Ö stellt eine innergemeinschaftliche Lohnveredelung dar, weil von Ö keine Hauptstoffe bei der Erstellung der Anzüge verwendet werden, diese nach der vorgenommenen Bearbeitung wieder ins Ausland gelangen und der Leistungsempfänger I die USt-IdNr. eines anderen EU-Mitgliedstaates verwendet hat. Somit verlagert sich der Ort der Leistung nach Italien, wo I für den in Italien nicht registrierten Ö die steuerlichen Pflichten zu erfüllen hat. Dass die Anzüge von I von Italien später ins Drittlandsgebiet geliefert werden, spielt für die Beurteilung der Frage keine Rolle.

Rechtsgrundlage: § 3a Abs. 2 Nr. 3c UStG; Abschnitt 36 Abs. 6 UStR.

Beispiel 313: Lieferung ins Drittlandsgebiet im direkten Anschluss an die Lohnveredelung

Wie im vorangegangenen Fall erhält Ö den Auftrag, von I bereitgestellte Stoffe zu Anzügen zu verarbeiten. Abweichend davon beauftragt I den Ö, die fertigen Anzüge direkt an den Abnehmer in Zürich/Schweiz zu versenden.

D. Praktische Beispiele

In diesem Fall führt Ö eine Lohnveredelung an einem Gegenstand der Ausfuhr durch, für die er die entsprechende Steuerbefreiung in Anspruch nehmen kann. Ort der sonstigen Leistung des Ö ist also Österreich. Die sonstige Leistung ist jedoch als Lohnveredelung an einem Gegenstand der Ausfuhr steuerfrei, so dass Ö dem I keine Umsatzsteuer in Rechnung zu stellen braucht. Für I erübrigt sich die Durchführung des sog. Autofattura-Verfahrens (entspricht Null-Regelung).
Rechtsgrundlage: § 4 Nr. 1a i.V.m. § 7 UStG; Abschnitt 141 UStR.

5.3 Innergemeinschaftliche Beförderungsleistungen

Beispiel 314: Personenbeförderung im Inland durch Unternehmer aus einem anderen EU-Mitgliedsland

Der österreichische Busunternehmer Ö aus Bregenz wird vom Reiseveranstalter R aus Ravensburg mit der Durchführung einer Tagesfahrt am Bodensee beauftragt. Die Busfahrt führt von Lindau über Friedrichshafen nach Konstanz und wieder zurück nach Lindau. Die Beförderung wird ausschließlich in Deutschland ausgeführt und ist deshalb in Deutschland steuerpflichtig. R hat für die Beförderungsleistung des in Österreich ansässigen Ö das Reverse-Charge-Verfahren anzuwenden.
Rechtsgrundlage: § 3b Abs. 1 UStG; Abschnitt 42a Abs. 1 UStR
Reverse-Charge-Verfahren: §13b UStG.

Beispiel 315: Personenbeförderung durch verschiedene EU-Mitgliedsländer

Der Kegelverein Alle Neune e.V. beauftragt den Busunternehmer B aus Dortmund, die Busbeförderung für eine Portugalreise des Vereins zu übernehmen. Die Busfahrt führt von Dortmund über Frankreich, Spanien bis nach Portugal.

Die Beförderungsleistung des B wird – anteilig nach Fahrstrecke – in folgenden Ländern erbracht: Deutschland, Frankreich, Spanien und Portugal. Der Busunternehmer hat die Fahrstrecke aufzuteilen und wird in allen vier Ländern steuerpflichtig. In Deutschland wird er lediglich mit dem deutschen Streckenanteil steuerpflichtig, der übrige

II. Innergemeinschaftliche Umsätze **316**

Anteil ist hier nicht steuerbar. In Frankreich, Spanien und Portugal unterliegt B der Regelbesteuerung, d.h. er hat die auf das jeweilige Land entfallenden Umsätze anzumelden und kann angefallene Vorsteuerbeträge geltend machen. Er hat gegebenenfalls einen Fiskalvertreter mit der Wahrnehmung seiner steuerlichen Pflichten zu beauftragen.

Rechtsgrundlage: § 3b Abs. 1 UStG; Abschnitt 42a Abs. 1 UStR.

Beispiel 316: Abgrenzung Personenbeförderung – Reiseleistung

Der Reiseveranstalter R aus München bietet eine Drei-Städte-Tour Prag-Wien-Budapest an. Für die Beförderung der Reiseteilnehmer von München über Prag, Wien und Budapest zurück nach München engagiert er den Münchener Busunternehmer B. Von der insgesamt zurückgelegten Entfernung von 1.700 km entfallen auf die einzelnen Länder: Deutschland: 350 km, Tschechien: 400 km, Österreich: 550 km und Ungarn: 400 km. R und B haben als Bruttopreis für die Beförderung EUR 3.400,– vereinbart.

Während B eine Beförderungsleistung erbringt, stellt die Leistung des Reiseveranstalters R eine Reiseleistung im Sinne des § 25 UStG dar. Die Beförderungsleistung des B ist im Inland steuerpflichtig, soweit sie dort bewirkt wurde. Somit sind von dem vereinbarten Bruttopreis von EUR 5.100,– anteilig EUR 3.400,– : 1700 km × 350 km, also EUR 700,– in Deutschland steuerpflichtig. Aus diesem Betrag hat B die deutsche Umsatzsteuer herauszurechnen und abzuführen. Mit dem übrigen Teil der Beförderungsleistung wird B anteilig in Tschechien, Österreich und Ungarn steuerpflichtig.

Die Beförderungsleistung des B stellt für R eine Reisevorleistung dar und scheidet somit aus der Bemessungsgrundlage der von R in Deutschland bewirkten Reiseleistung im Sinne von § 25 UStG aus. Die Möglichkeit des Vorsteuerabzugs der von B in Rechnung gestellten Umsatzsteuer besteht für R allerdings nicht.

Rechtsgrundlage: Beförderungsleistung: § 3b Abs. 1 UStG;
 Abschnitt 42a Abs. 1 UStR
 Reiseleistung: § 25 UStG; Abschnitt 274 UStR.

317-318 D. Praktische Beispiele

Beispiel 317: Beförderungsleistungen im Inland eines im Ausland ansässigen Unternehmers für einen Unternehmer

Der österreichische Busunternehmer Ö aus Bregenz führt für den Schweizer Reiseveranstalter S aus Zürich eine Fahrt um den Bodensee durch. Die Beförderungsleistung des Ö ist anteilig in Deutschland steuerpflichtig. Passiert der Reisebus bei der Ein- oder Ausreise die Grenze zur Schweiz, so ist das Verfahren der Beförderungseinzelbesteuerung anzuwenden, da der Bus des Ö nicht in Deutschland zugelassen ist. Führt die Fahrt hingegen lediglich über die deutsch-österreichische Grenze, so unterliegt die Besteuerung dem allgemeinen Verfahren. Letzteres würde bedeuten, dass die Regelbesteuerung durchzuführen ist, soweit nicht das Reverse-Charge-Verfahren Anwendung findet. Da im vorliegenden Fall der Leistungsempfänger Unternehmer ist, schuldet S die auf die sonstige Leistung des B entfallende Umsatzsteuer.

Rechtsgrundlage: Ort der Personenbeförderung: § 3b Abs. 1 UStG
Beförderungseinzelbesteuerung: § 16 Abs. 5 UStG;
Abschn. 221 UStR
Steuerschuldnerschaft: § 13b UStG;
BMF-Schreiben v. 5.12.2001 (BStBl. I, 1013).

Beispiel 318: Güterbeförderung im Inland durch Unternehmer aus einem anderen EU-Mitgliedstaat

Der luxemburgische Beförderungsunternehmer L erhält vom Unternehmer B den Auftrag, eine Ware von Bitburg nach Trier zu transportieren. Er fährt zu diesem Zweck mit seinem LKW aus Luxemburg nach Bitburg an und führt danach die Beförderung durch. Da Abgangsort (Bitburg) und Zielort (Trier) im gleichen EU-Mitgliedsland liegen, ist keine innergemeinschaftliche Beförderung gegeben. L führt somit eine in Deutschland steuerpflichtige sonstige Leistung aus, für welche die Steuerschuldnerschaft auf B übergeht, da L nicht in Deutschland ansässig ist.

Rechtsgrundlage: § 3b Abs. 1 Satz 1 i.V.m. Abs. 3 Satz 1 UStG;
Abschnitte 42a, 42d UStR.

II. Innergemeinschaftliche Umsätze **319–321**

Beispiel 319: Güterbeförderung durch ein anderes EU-Mitgliedsland

Der französische Fuhrunternehmer F erhält vom deutschen Industriebetrieb D mit Sitz in Saarbrücken den Auftrag, Stahlarmierungen von Saarbrücken nach Offenburg zu transportieren. Die Beförderung erfolgt zum Großteil über die französische Autobahn. Da Abgangsort (Saarbrücken) und Zielort (Offenburg) im gleichen EU-Mitgliedsland liegen, sind die Voraussetzungen für eine innergemeinschaftliche Güterbeförderung nicht erfüllt. Die Beförderungsleistung ist demnach nach den allgemeinen Regeln zu behandeln, d.h. es hat eine Aufteilung nach Beförderungsstrecken stattzufinden. Die Beförderungsleistung ist teils in Deutschland, teils in Frankreich steuerpflichtig. Eine Steuerbefreiung scheidet aus, da es sich nicht um eine Beförderung in das oder aus dem Drittlandsgebiet handelt.

Rechtsgrundlage: § 3b Abs. 1 Satz 1 i.V.m. Abs. 3 Satz 1 UStG; Abschnitte 42a, 42d UStR.

Beispiel 320: Innergemeinschaftliche Beförderung in einen deutschen Freihafen

Der schwedische Autohersteller SW beauftragt das dänische Schifffahrtsunternehmen S mit dem Transport von Automobilen von Göteborg in den Freihafen von Kiel. Da der Freihafen aus gemeinschaftsrechtlicher Sicht mit zum deutschen Inland zählt, ist der Tatbestand der innergemeinschaftlichen Güterbeförderung gegeben. Die Leistung des S wird grundsätzlich am Beginn der Beförderung in Schweden erbracht. Zu einer Verlagerung des Leistungsortes kommt es nicht, da SW seine schwedische USt-IdNr. angibt. SW hat für die in Schweden steuerpflichtige Beförderungsleistung das Reverse-Charge-Verfahren durchzuführen.

Rechtsgrundlage: § 3b Abs. 3 UStG; Abschnitt 42d Abs. 3 UStR.

Beispiel 321: Innergemeinschaftliche Beförderung im Anschluss an eine Einfuhr

Der Kaufmann D aus Bremen bezieht Rohkaffee von einem Hersteller in Kolumbien. Der Kaffee wird per Schiff in den Freihafen von Bremen geliefert, in dem D ein Lager unterhält. D erhält eine Bestellung

322 D. Praktische Beispiele

vom österreichischen Kaffeeröster Ö mit Sitz in Wien. Die bestellte Menge wird per LKW nach Wien gebracht. Hiermit beauftragt D den in Bremen ansässigen Spediteur SP, der die Beförderung in eigenem Namen ausführt.

Für die Besteuerung der Güterbeförderung bestehen zwei Möglichkeiten in Abhängigkeit davon, wo die Ware zum freien Verkehr abgefertigt wird:

Erfolgt die Abfertigung zum freien Verkehr in Bremen, so stellt die Beförderung von Bremen nach Wien eine innergemeinschaftliche Güterbeförderung dar, da der Freihafen von Bremen gemeinschaftsrechtlich zum Gebiet der Bundesrepublik Deutschland gehört. Ort der innergemeinschaftlichen Güterbeförderung ist grundsätzlich der Freihafen von Bremen. Würde der österreichische Kaffeeröster eine deutsche USt-IdNr. angeben, käme es zu keiner Verlagerung des Leistungsortes mit der Folge, dass die Beförderungsleistung nicht steuerbar im Freihafen erbracht würde. Verwendet er seine österreichische USt-IdNr. verlagert sich der Leistungsort nach Österreich. Es ist das Reverse-Charge-Verfahren durchzuführen.

Wird die Ware hingegen erst in Österreich zum freien Verkehr abgefertigt, ist die Beförderungsleistung in Deutschland steuerfrei, soweit sie in die Bemessungsgrundlage für die in Österreich zu versteuernde Einfuhr einbezogen wird.

Rechtsgrundlage: § 3b Abs. 3 UStG bzw. § 3b Abs. 1 i.V.m. § 4 Nr. 3 UStG; Abschnitt 42d UStR bzw. Abschnitte 42a und 47 UStR.

Beispiel 322: Innergemeinschaftliche Beförderungsleistung an Privatmann

Der Privatmann P aus Friedrichshafen beauftragt den Schweizer Fuhrunternehmer S mit der Beförderung von Möbeln und Einrichtungsgegenständen aus seinem Haus am Bodensee in ein neues Ferienhaus in Stresa (Italien) am Lago Maggiore. Es handelt sich hierbei um eine innergemeinschaftliche Beförderung, da Abgangsort und Zielort der Beförderung in zwei unterschiedlichen EU-Mitgliedstaaten liegen. Keine Rolle spielt, dass die Beförderung über Drittlandsgebiet (Schweiz) führt. Als Ort der Beförderungsleistung ist Friedrichshafen als Abgangsort der Beförderung anzusehen. Zu einer Verlagerung des Leistungsortes kann es nicht kommen, da der Leistungsempfänger P nicht über eine USt-IdNr. verfügt. Der Schweizer Beförderungsunternehmer muss sich demnach in Deutschland steuerlich registrieren lassen und unterliegt dort dem allgemeinen Besteuerungsverfahren.

Rechtsgrundlage: § 3b Abs. 3 UStG; Abschnitt 42d UStR.

Beispiel 323: Innergemeinschaftliche Güterbeförderung durch Unternehmer aus dem Drittlandsgebiet

Der Schweizer Fuhrunternehmer S führt eine Güterbeförderung für den deutschen Unternehmer D von Konstanz nach Marseille aus. Es handelt sich um eine innergemeinschaftliche Güterbeförderung, da Abgangsort (Konstanz) und Zielort (Marseille) in zwei verschiedenen Mitgliedstaaten liegen. Ort der innergemeinschaftlichen Güterbeförderung ist grundsätzlich Konstanz als Abgangsort. Die mögliche Verlagerung des Leistungsortes scheidet aus, weil D keine USt-IdNr. eines anderen Mitgliedstaates verwendet. S hat somit eine in Deutschland steuerpflichtige sonstige Leistung erbracht. Da er im Ausland ansässig ist, hat D als Unternehmer das Reverse-Charge-Verfahren durchzuführen.

Rechtsgrundlage: § 3b Abs. 3 UStG; Abschnitt 42d UStR
Steuerschuldnerschaft: § 13b UStG;
Abschnitt 182a UStR.

Beispiel 324: Besorgung einer innergemeinschaftlichen Beförderungsleistung

Der deutsche Spediteur SP mit Sitz in Köln erhält vom ebenfalls in Köln ansässigen Maschinenbauunternehmen D den Auftrag, die Beförderung von Maschinenteilen von einem Partnerunternehmen in Portugal zu besorgen. SP beauftragt den spanischen Fuhrunternehmer ES mit der Durchführung der Beförderung. D und SP verwenden jeweils ihre deutsche USt-IdNr.

Die Besorgungsleistung des SP ist genauso zu behandeln wie die zugrunde liegende Beförderungsleistung des ES. Da es sich um eine innergemeinschaftliche Güterbeförderung handelt, liegt der Leistungsort grundsätzlich dort, wo die Beförderung beginnt – somit in Portugal. Da SP jedoch gegenüber dem Fuhrunternehmer ES seine deutsche USt-IdNr. verwendet, verlagert sich der Leistungsort nach Deutschland. Die Steuerschuldnerschaft für die in Deutschland steuerpflichtige Güterbeförderung verlagert sich auf den Leistungsempfänger SP.

D. Praktische Beispiele

Die Besorgungsleistung des SP an D wird nach den gleichen Grundsätzen behandelt wie die zugrunde liegende Beförderungsleistung, d.h. Leistungsort ist grundsätzlich Portugal, wegen Verwendung der deutschen USt-IdNr. durch D jedoch Deutschland. Die Besorgungsleistung des SP ist in Deutschland steuerpflichtig. Somit hat SP dem D Umsatzsteuer in Rechnung zu stellen.

Rechtsgrundlage: § 3b Abs. 3 UStG; Abschnitte 42d, 42i UStR
Steuerschuldnerschaft: § 13b UStG;
Abschnitt 182a UStR.

Beispiel 325: Vorlauf zu einer innergemeinschaftlichen Güterbeförderung

Der Fuhrunternehmer F aus Mannheim erhält vom Spediteur SP mit Sitz in Strasbourg den Auftrag, Kies in den Mannheimer Hafen zu transportieren. Wie SP dem F nachweist, wird der Kies nachfolgend per Schiff von Mannheim nach Strasbourg transportiert.

Die Beförderungsleistung des F wird zwar ausschließlich im Inland erbracht, ist jedoch als Vorlauf zu einer innergemeinschaftlichen Güterbeförderung anzusehen. Als Leistungsort ist demnach grundsätzlich der Ort anzusehen, an dem die Beförderung beginnt. Da SP seine französische USt-IdNr. angegeben hat, verlagert sich der Leistungsort jedoch nach Frankreich. F hat somit dem SP keine Umsatzsteuer in Rechnung zu stellen. Für die in Frankreich steuerpflichtige Beförderungsleistung des F hat SP das Reverse-Charge-Verfahren durchzuführen.

Rechtsgrundlage: § 3b Abs. 3 Satz 3 UStG; Abschnitt 42e UStR.

Beispiel 326: Nachlauf zu einer innergemeinschaftlichen Güterbeförderung

Der niederländische Spediteur NL wird vom griechischen Großhändler G beauftragt, Olivenöl von Athen zu einer Zweigniederlassung des G in Düsseldorf zu transportieren. Der Transport erfolgt per Luftfracht von Athen nach Düsseldorf. Mit der Beförderung vom Flughafen zur Zweigniederlassung des G wird der Düsseldorfer Fuhrunternehmer D von NL beauftragt. G hat seine griechische, NL seine niederländische USt-IdNr. angegeben.

II. Innergemeinschaftliche Umsätze **327**

Die Leistung des NL wird als innergemeinschaftliche Güterbeförderung grundsätzlich an dem Ort erbracht, an dem die Beförderung beginnt, also in Athen. Da der Leistungsempfänger G seine griechische USt-IdNr. verwendet, kommt es zu keiner Verlagerung des Leistungsortes. G hat das Reverse-Charge-Verfahren durchzuführen.

Die Leistung des D an NL stellt eine Güterbeförderung dar, die auf eine innergemeinschaftliche Beförderung folgt. Soweit D die entsprechenden Nachweise von NL erhält, kann er seine Beförderungsleistung als innergemeinschaftliche Güterbeförderung behandeln. Diese wird grundsätzlich in Griechenland, wo die Beförderung beginnt, steuerpflichtig. Da NL als Leistungsempfänger jedoch seine niederländische USt-IdNr. angegeben hat, verlagert sich der Leistungsort in die Niederlande. NL hat dort das Reverse-Charge-Verfahren durchzuführen.

Rechtsgrundlage: § 3b Abs. 3 Satz 3 UStG; Abschnitt 42e UStR.

Beispiel 327: Lagerung als Nebenleistung zu einer Güterbeförderung

Der englische Unternehmer E verlegt seinen Firmensitz von London nach Frankfurt/Main. Er beauftragt die in den Niederlanden ansässige Spedition NL mit dem Transport von Einrichtungsgegenständen und Akten von London nach Frankfurt. Bis zur Fertigstellung der neuen Büroräume übernimmt die Spedition die Lagerung in Frankfurt. E tritt mit seiner britischen USt-IdNr. auf.

Da NL die erbrachten Leistungen zusammen abrechnet, ist die Lagerung der Gegenstände als Nebenleistung zu der von NL erbrachten innergemeinschaftlichen Güterbeförderung anzusehen. Diese wird dem Grundsatz entsprechend am Beginn der Beförderung in London ausgeführt, da es zu einer Verlagerung des Leistungsortes durch Angabe der USt-IdNr. eines anderen Mitgliedslandes nicht kommt. E hat somit für die Leistung des NL insgesamt das Reverse-Charge-Verfahren durchzuführen.

Rechtsgrundlage: § 3b Abs. 3 UStG; Abschnitt 42f Abs. 1 UStR.

Beispiel 328: Lagerung als sonstige Leistung im Zusammenhang mit einer innergemeinschaftlichen Güterbeförderung

Wie im vorigen Beispiel wird die niederländische Spedition NL vom Unternehmer E mit der Beförderung von Gegenständen von London nach Frankfurt und der vorübergehenden Einlagerung in Frankfurt beauftragt. NL gibt jedoch seinerseits die Lagerung der Gegenstände einem Frankfurter Unternehmen F in Auftrag.

Die Leistung des NL an E ist wie bereits dargestellt zu behandeln. Die von F an NL erbrachte sonstige Leistung ist grundsätzlich am Tätigkeitsort des F in Frankfurt steuerpflichtig. Da NL seine niederländische USt-IdNr. angibt und dem F nachweist, dass es sich um eine sonstige Leistung im Rahmen einer innergemeinschaftlichen Güterbeförderung handelt, verlagert sich der Ort der Leistung des F in die Niederlande. F hat somit keine Umsatzsteuer in Rechnung zu stellen. Die Besteuerung erfolgt in den Niederlanden, wo NL das Reverse-Charge-Verfahren durchzuführen hat.

Rechtsgrundlage: § 3b Abs. 2 und 4 UStG; Abschnitt 42f UStR.

Beispiel 329: Entladen als sonstige Leistung im Zusammenhang mit einer innergemeinschaftlichen Güterbeförderung

Der französische Fuhrunternehmer F wird vom französischen Maschinenbauunternehmen M mit der Durchführung eines Schwertransports von Metz nach Saarbrücken beauftragt. Das Entladen der Maschine gibt M dem in Saarbrücken ansässigen Autokrandienst D in Auftrag. M verwendet in beiden Fällen seine französische USt-IdNr.

Die Beförderungsleistung des F wird als innergemeinschaftliche Güterbeförderung am Abgangsort in Metz bewirkt. Sie ist dort steuerpflichtig, da es zu keiner Verlagerung des Leistungsortes kommt (M gibt seine französische USt-IdNr. an). Es findet das allgemeine Besteuerungsverfahren Anwendung.

Die Leistung des D stellt eine sonstige Leistung im Zusammenhang mit einer innergemeinschaftlichen Güterbeförderung dar. Liefert M dem D die hierfür notwendigen Nachweise, so verlagert sich der Leistungsort von Saarbrücken nach Frankreich, wo M die Steuerschuldnerschaft für D zu übernehmen hat.

Rechtsgrundlage: Beförderungsleistung: § 3b Abs. 3 UStG; Abschnitt 42d UStR
Entladen: § 3b Abs. 2 und 4 UStG; Abschnitt 42f UStR.

5.4 Vermittlungsleistungen

Beispiel 330: Vermittlung einer Werbeleistung

Die Werbeagentur D in Düsseldorf vermittelt dem Film- und Videoproduktionsstudio L in London den Auftrag eines Arzneimittelherstellers A mit Sitz in Aachen zur Produktion eines Fernsehspots. L rechnet direkt mit A ab, die Werbeagentur D erhält von L eine Provisionszahlung von EUR 2.000,–, über die L eine entsprechende Gutschrift erteilt. Die von L erbrachte Leistung besteht in der Überlassung der Sendebänder. Eine Übertragung der urheberrechtlich geschützten Filmmusik, die von L für den Fernsehspot produziert wurde, findet nicht statt, da sich L die entsprechenden Rechte vorbehält.

Die von L somit erbrachte Werbeleistung wird als sog. Katalogleistung am Ort des Leistungsempfängers ausgeführt, somit in Aachen. Eine Verlagerung des Leistungsortes findet nicht statt, auch wenn A nicht mit seiner deutschen, sondern mit einer ihm von einem anderen Mitgliedstaat erteilten USt-IdNr. auftreten würde. Die Vermittlungsleistung, die D erbracht hat, wird dort erbracht, wo der Empfänger der Vermittlungsleistung sein Unternehmen betreibt, somit in Großbritannien. Zu diesem Ergebnis kommt man unabhängig davon, ob man die Leistung der Werbeagentur als Werbeleistung (§ 3a Abs. 4 Nr. 2 UStG) oder als Vermittlung einer Werbeleistung ansieht (§ 3a Abs. 4 Nr. 10 UStG). L hat in Großbritannien das Reverse-Charge-Verfahren anzuwenden.

Rechtsgrundlage: § 3a Abs. 3 i.V.m. Abs. 4 Nr. 2 UStG; Abschnitt 39 Abs. 3, 4 UStR.

331–332   D. Praktische Beispiele

Beispiel 331: Vermittlung einer Beförderungsleistung für einen Nichtunternehmer

Der Bankangestellte A aus Frankfurt/Main nimmt eine neue Arbeitsstelle in London an. Er beauftragt den deutschen Spediteur D, ihm den Transport seiner Möbel von Frankfurt nach London zu vermitteln. Der Spediteur rechnet lediglich die Vermittlungsleistung mit A ab. Der Transport erfolgt per LKW nach Hamburg, dann weiter per Fähre und per LKW bis zur neuen Wohnung des A in London.

Die Vermittlungsleistung wird grundsätzlich an dem Ort erbracht, an dem der zugrunde liegende Umsatz bewirkt wird, somit würde sich der Ort der Leistung nach dem Ort der innergemeinschaftlichen Güterbeförderung bestimmen. Für die Vermittlung innergemeinschaftlicher Beförderungen besteht allerdings die Sonderregelung, dass diese grundsätzlich an dem Ort erbracht wird, an dem die Beförderung beginnt, somit in Frankfurt. Eine Verlagerung des Leistungsortes findet nicht statt, da der Leistungsempfänger A nicht über eine USt-IdNr. verfügt. Die Vermittlungsleistung ist somit in vollem Umfang in Deutschland steuerbar und steuerpflichtig.

Hätte D dagegen für A die Güterbeförderung in die U.S.A. (ins Drittlandsgebiet) vermittelt, wäre die Leistung des D nach § 4 Nr. 5 UStG insgesamt steuerfrei geblieben.

Rechtsgrundlage: § 3b Abs. 5 UStG; Abschnitt 42g UStR.

Beispiel 332: Vermittlung einer innergemeinschaftlichen Güterbeförderung

Das schwedische Möbelhaus SW beauftragt eine dänische Spedition mit Sitz in Kopenhagen, den Warentransport von Stockholm zur Zweigniederlassung nach Rostock zu vermitteln. SW tritt mit seiner deutschen USt-IdNr. auf.

Die Vermittlung einer innergemeinschaftlichen Güterbeförderung wird grundsätzlich dort ausgeführt, wo die Beförderung des Gegenstandes beginnt, somit in Schweden. Da der Leistungsempfänger der Vermittlungsleistung jedoch mit seiner deutschen USt-IdNr. auftritt, verlagert sich der Leistungsort nach Deutschland. SW schuldet dort die Umsatzsteuer für die Vermittlungsleistung der dänischen Spedition.

Rechtsgrundlage: § 3b Abs. 5 i.V.m. Abs. 3 S. 2 UStG, Abschnitt 42g UStR.

Beispiel 333: Vermittlungsleistung an einen Privatmann aus einem anderen EU-Mitgliedstaat

Der Grundstücksmakler ES aus Barcelona vermittelt den Kauf eines Ferienhauses an der Costa Brava für ein deutsches Rentnerehepaar. Die Vermittlungsleistung des ES ist als Leistung im Zusammenhang mit einem Grundstück am Belegenheitsort des Grundstücks, somit in Spanien steuerpflichtig.

Zu einer Verlagerung des Leistungsortes kann es nicht kommen, da es sich bei den Leistungsempfängern um Privatleute handelt, die nicht über eine USt-IdNr. verfügen.

Die Vermittlung des Grundstückskaufs wäre ebenso in Spanien steuerpflichtig gewesen, wenn er von einem deutschen Maklerbüro ausgeführt worden wäre. Dieses hätte sich dann in Spanien steuerlich registrieren zu lassen.

Rechtsgrundlage: § 3a Abs. 2 Nr. 1 UStG; Abschnitt 34 Abs. 6 UStR.

Beispiel 334: Vermittlung einer Grundstücksvermietung

Der deutsche Elektroinstallateur E aus Essen hält sich zu Montagearbeiten in Valencia/Spanien auf. Für die Durchführung der Montage in Spanien mietet er für drei Monate einen Teil einer Lagerhalle an. Mit der Vermittlung dieser Vermietung hatte er den in Valencia ansässigen Makler SP beauftragt. Die Leistung des SP stellt die Vermittlung einer sonstigen Leistung im Zusammenhang mit einem Grundstück dar. Sie ist somit grundsätzlich am Belegenheitsort des Grundstücks in Spanien steuerpflichtig. Da D jedoch den Auftrag unter Angabe seiner deutschen USt-IdNr. erteilt hat, verlagert sich der Leistungsort nach Deutschland. Für die Leistung des SP schuldet D deutsche Umsatzsteuer, die er gleichzeitig als Vorsteuer geltend machen kann.

Rechtsgrundlage: § 3a Abs. 2 Nr. 4 i.V.m. Abs. 2 Nr. 1 UStG; Abschnitt 34 Abs. 6 UStR.

Beispiel 335: Vermittlungsleistung einer Künstleragentur

Eine Künstleragentur mit Sitz in Hamburg vermittelt einem Sänger ein Gastspiel in Mailand. Die Vermittlungsleistung wird als Vermittlung einer künstlerischen, unterhaltenden Leistung grundsätzlich dort ausgeführt, wo der vermittelte Umsatz ausgeführt wird, d.h. am Tätigkeitsort in Italien. Verwendet jedoch der Leistungsempfänger der Vermittlungsleistung (Sänger) die USt-IdNr. eines anderen Mitgliedstaates, verlagert sich der Ort der Vermittlungsleistung dorthin.

Rechtsgrundlage: § 3a Abs. 2 Nr. 4 i.V.m. Abs. 2 Nr. 3 UStG.

Beispiel 336: Vermittlungsleistung eines Bauunternehmers

Der Bauunternehmer B aus Bonn vermittelt dem Abbruchunternehmer A aus Aachen einen Auftrag zum Abbruch eines Gebäudes in Brüssel. Die Leistung des A stellt eine sonstige Leistung im Zusammenhang mit einem Grundstück dar. Die Vermittlungsleistung, die B für A erbracht hat, ist somit grundsätzlich in Belgien steuerpflichtig. Da A jedoch seine deutsche USt-IdNr. angibt, verlagert sich der Ort der Vermittlungsleistung nach Deutschland. Es kann das allgemeine Besteuerungsverfahren angewendet werden.

Rechtsgrundlage: § 3a Abs. 2 Nr. 4 i.V.m. § 3a Abs. 2 Nr. 1c UStG; Abschnitt 34 Abs. 7 UStR.

Beispiel 337: Vermittlungsleistungen eines Handelsvertreters

Der Handelsvertreter H aus Herne vermittelt die Lieferung von Heizkesseln

a) für den schwedischen Hersteller S an die Heizungsbaufirma D in Duisburg,

b) für den schwedischen Hersteller S an den Kleinunternehmer B in Belgien,

c) für die Heizungsbaufirma F mit Sitz in Paris.

In Fall a) führt H eine Vermittlungsleistung für eine innergemeinschaftliche Lieferung an den Hersteller S aus. Die innergemeinschaftliche Lieferung wird in Schweden ausgeführt (Beginn der Versendung). Da die USt-IdNr. des Leistungsempfängers (Hersteller S) ebenfalls aus Schweden stammt, kommt es zu keiner Verlagerung des Leistungsortes. Die Vermittlungsleistung wird in Schweden ausgeführt.

Im Fall b) wird ein in Schweden steuerpflichtiger Umsatz vermittelt. Die Steuerbefreiung als innergemeinschaftliche Lieferung scheidet aus, da der Empfänger Kleinunternehmer ist und nicht die Erwerbsschwelle überschritten oder zur Erwerbsbesteuerung optiert hat. Ort der Vermittlungsleistung ist demnach Schweden. Wird vom schwedischen Hersteller S allerdings die Lieferschwelle überschritten oder hat S für den Wegfall der Lieferschwelle optiert, so liegt eine Versandhandelslieferung vor und der Lieferort verlagert sich nach Belgien. S wird also in Belgien steuerpflichtig. Die Vermittlungsleistung gilt ebenfalls grundsätzlich als in Belgien ausgeführt. Durch Angabe seiner schwedischen USt-IdNr. kann S jedoch den Leistungsort nach Schweden verlagern.

Im Fall c) vermittelt H für die französische Heizungsbaufirma F einen innergemeinschaftlichen Erwerb, der in Frankreich steuerbar und steuerpflichtig ist. Somit wird die Vermittlungsleistung in Frankreich bewirkt. Da die USt-IdNr. des Leistungsempfängers ebenfalls aus Frankreich stammt, kommt es zu keiner Verlagerung des Leistungsortes. Für die Vermittlungsleistung hat F das Reverse-Charge-Verfahren anzuwenden.

Rechtsgrundlage: Ort der Vermittlungsleistungen: § 3a Abs. 2 Nr. 4 UStG
Ort der innergemeinschaftlichen Lieferung: § 3 Abs. 6 UStG
Ort der Versandhandelslieferung: § 3c UStG
Ort des innergemeinschaftlichen Erwerbs: § 3d UStG.

6. Besteuerungsverfahren bei innergemeinschaftlichen Umsätzen

Beispiel 338: Antrag auf Erteilung einer USt-IdNr.

Die Druckerei D aus Duisburg, die bisher nur für inländische Kunden tätig geworden ist, erhält einen Auftrag vom französischen Spülmittelproduzenten F zum Druck von Werbeprospekten, die zur Verteilung auf dem belgischen Markt bestimmt sind. F hat seine französische USt-IdNr. angegeben; D verfügt bisher über keine USt-IdNr. Um die Steuerbefreiung als innergemeinschaftliche Lieferung in Anspruch nehmen zu können, hat D beim Bundeszentralamt für Steuern in Saarlouis (Adresse im Anhang) die Erteilung einer USt-IdNr. zu beantragen.

Rechtsgrundlage: § 6a UStG; § 14a Abs. 1 UStG; § 27a UStG; Abschnitt 282a UStR.

Beispiel 339: Erteilung einer USt-IdNr. an einen Unternehmer mit ausschließlich steuerfreien Umsätzen

Ein privates Kammerorchester aus Köln, das ausschließlich nach § 4 Nr. 20 UStG steuerfreie Umsätze ausführt, erwirbt einen Konzertflügel bei einem Hersteller in Großbritannien zum Preis von umgerechnet EUR 50.000,–. Da die Erwerbsschwelle überschritten ist, bewirkt das Kammerorchester einen steuerpflichtigen innergemeinschaftlichen Erwerb. Um für die Lieferung des britischen Herstellers die Steuerbefreiung in Anspruch nehmen zu können, hat das Kammerorchester eine deutsche USt-IdNr. anzugeben. Um eine solche zu erhalten, ist zunächst die steuerliche Registrierung beim zuständigen Finanzamt durchzuführen (Abgabe der Umsatzsteuer-Voranmeldung für den innergemeinschaftlichen Erwerb) und danach beim Bundeszentralamt für Steuern in Saarlouis ein Antrag auf Erteilung einer USt-IdNr. zu stellen.

Rechtsgrundlage: § 27a UStG; Abschnitt 282a UStR.

Beispiel 340: Erteilung von USt-IdNrn. an Organgesellschaften

Eine Einzelhandelskette verfügt über insgesamt 17 Baumärkte in Deutschland. Die einzelnen Baumärkte sind als Kapitalgesellschaften rechtlich selbstständig und bilden als Organgesellschaften zusammen mit dem Organträger mit Sitz in Hamburg eine umsatzsteuerliche Organschaft. Die zum Teil aus anderen EU-Mitgliedstaaten stammenden Lieferungen werden teils über den Organträger, teils über die einzelnen Organgesellschaften abgewickelt. Obwohl die Organschaft umsatzsteuerlich unter einer Steuernummer beim Finanzamt Hamburg geführt wird, können beim Bundeszentralamt für Steuern im vorliegenden Fall maximal 18 USt.-IdNrn. beantragt werden.

Rechtsgrundlage: § 27a UStG; Abschnitt 282a Abs. 3 UStR.

Beispiel 341: Abgabe von Zusammenfassenden Meldungen durch pauschalbesteuerte Landwirte

Der Landwirt L aus Haßloch/Pfalz liefert Kartoffeln an den Großhändler F mit Sitz in Wissembourg/Elsass. L unterliegt der Besteuerung nach Durchschnittssätzen. Die Lieferung des L ist nach § 24

II. Innergemeinschaftliche Umsätze **342**

Abs. 1 Satz 2 UStG nicht steuerbefreit, unterliegt also der Pauschalbesteuerung. Dennoch ist L zur Abgabe einer Zusammenfassenden Meldung verpflichtet, in der er die an F ausgeführten Umsätze zusammen mit der französischen USt-IdNr. des F anzugeben hat. Da für L keine Pflicht zur Abgabe von Umsatzsteuer-Voranmeldungen besteht, ist die Zusammenfassende Meldung lediglich kalenderjährlich zum 10. Januar des Folgejahres abzugeben.

Rechtsgrundlage: § 18a UStG; Abschnitte 245a Abs. 4, 245b UStR.

Beispiel 342: Angaben in der Zusammenfassenden Meldung

Der Maschinenbauer M aus Mülheim/Ruhr führt neben Lieferungen von Werkzeugmaschinen auch Wartungsarbeiten aus. Im ersten Vierteljahr 2008 hat er folgende Umsätze an Unternehmer in anderen EU-Mitgliedstaaten ausgeführt:

USt.-IdNr.	Umsatz, netto (EUR)	Art der ausgeführten Leistung
FR1234567xxxx	125.000	Lieferung Maschine Typ XL215
FR1234567xxxx	4.000	Wartungsleistung in Frankreich
NL1234567xxxxx	249.000	Lieferung Maschine Typ XS990
PT1234567xx	5.000	Wartungsleistung in Portugal
GB1234567xxxxx	199.000	Lieferung Maschine Typ XS777 an GB1234567xx im Rahmen eines i.g. Dreiecksgeschäfts (Endabnehmer in Irland)
SP1234567xx	4.000	Lieferung eines Ersatzteils, Einbau übernimmt der Kunde
IT1234567xxxx	12.500	Reparatur einer Maschine, Austausch von Verschleißteilen
SP1234567xx	179.000	Lieferung Maschine Typ XL770

343 D. Praktische Beispiele

In der Zusammenfassenden Meldung sind folgende Angaben zu machen:

USt.-IdNr.	Summe der Bemessungsgrundlagen	Hinweis auf Dreiecksgeschäfte
FR 1234567xxxx	125000	–
NL 1234567xxxxx	249000	–
SP 1234567xx	183000	–
GB 1234567xxxxx	199000	–

Der Hinweis auf das Bestehen eines Dreiecksgeschäftes entfällt auch im Falle der Lieferung an Kunden in Großbritannien, da M hier als erster Lieferer am Dreiecksgeschäft teilnimmt. Seine Lieferung wird als gewöhnliche innergemeinschaftliche Lieferung behandelt. Der Hinweis ist nur von Unternehmern zu geben, die als mittlere Unternehmer am Dreiecksgeschäft teilhaben.
Rechtsgrundlage: §§ 18a, 18b UStG; Abschnitt 245a, 245b UStR.

Beispiel 343: Anwendung der Fiskalvertreter-Regelung

Der französische Großhändler L mit Sitz in Lyon erwirbt im Freihafen von Bremen eine Schiffsladung Rohkaffee von einem Hersteller in Kolumbien. Die Ware wird von L in Bremen zum freien Verkehr abgefertigt und an die Kaffeerösterei W aus Wien geliefert.

L bewirkt bei Abfertigung zum freien Verkehr eine in Deutschland steuerbare Einfuhr. Da L Schuldner der Einfuhrumsatzsteuer ist, verlagert sich gemäß § 3 Abs. 8 UStG der Ort der Lieferung des L aus dem Zollfreigebiet in das Inland. Die Lieferung ist also in Deutschland steuerbar, aber als innergemeinschaftliche Lieferung steuerbefreit. Da L somit im Anschluss an die Einfuhr eine steuerfreie innergemeinschaftliche Lieferung erbringt, ist die Einfuhr steuerfrei. Somit hat L (zumindest bei dieser Lieferung) weder steuerpflichtige Umsätze bewirkt noch Vorsteuer zu beanspruchen. Er ist daher berechtigt, einen Fiskalvertreter mit der Wahrnehmung seiner steuerlichen (Melde-)Pflichten in Deutschland zu beauftragen.
Rechtsgrundlage: § 22a UStG.

Beispiel 344: Keine Fiskalvertretung bei anfallenden Vorsteuerbeträgen

Der niederländische Spediteur NL mit Sitz in Rotterdam führt für das Industrieunternehmen BO eine Güterbeförderung von Bochum nach Kiew/Ukraine durch. Er mietet zu diesem Zweck einen Trailer (Auflieger) von der Spedition DO mit Sitz in Dortmund.

Die Güterbeförderung ist als Beförderungsleistung im Zusammenhang mit einer Ausfuhr nach § 4 Nr. 3 UStG steuerfrei (soweit sie mit ihrem inländischen Streckenanteil steuerbar ist).

Die Trailermiete ist als Miete eines Beförderungsmittels an dem Ort steuerbar, wo der leistende Unternehmer seinen Sitz hat (§ 3a Abs. 1 UStG), somit in Dortmund. DO hat somit dem NL Umsatzsteuer in Rechnung zu stellen.

Da NL die deutsche Umsatzsteuer als Vorsteuer geltend machen will, scheidet die Anwendung der Fiskalvertreter-Regelung aus. Die angefallenen Vorsteuerbeträge können im Rahmen des Vorsteuervergütungs-Verfahrens zurückerstattet werden.

Rechtsgrundlage: Fiskalvertretung: § 22a UStG
Vorsteuer-Vergütungsverfahren: § 59 UStDV

Beispiel 345: Fiskalvertretung bei fehlender Vorsteuerabzugsmöglichkeit

Der Transportunternehmer CH aus Basel/Schweiz befördert im Auftrag des in Freiburg ansässigen Großhändlers FR Schwarzwälder Kuckucksuhren, die für den Export in die U.S.A. bestimmt sind, von Freiburg in den Freihafen von Hamburg. Für den Transport mit dem eigenen LKW fallen Kraftstoffkosten in Höhe von EUR 150,- zuzüglich EUR 28,50 Umsatzsteuer an.

Da CH als im Drittlandsgebiet ansässiger Unternehmer im Rahmen des Vorsteuer-Vergütungsverfahrens keine Vorsteuer aus Kraftstoffkosten erstattet werden und das Regelbesteuerungsverfahren ausscheidet, da lediglich steuerfreie Umsätze nach § 4 Nr. 3 UStG im Inland bewirkt werden, hat CH seiner steuerlichen Registrierungspflicht durch Bestellung eines Fiskalvertreters zu genügen.

Rechtsgrundlage: Fiskalvertretung: § 22a UStG
Vorsteuer-Vergütungsverfahren: § 18 Abs. 9 Satz 7 UStG; § 59 UStDV

346-347 D. Praktische Beispiele

Beispiel 346: Durchführung der Fiskalvertretung

Der Steuerberater Hans Hanssen (HH) aus Hamburg hat die Fiskalvertretung für folgende zwei Unternehmer übernommen:
a) für den österreichischen Importeur und Zwischenhändler ÖS mit Sitz in Linz, der Elektronikteile mit Herkunft Hongkong über den Hafen Hamburg importiert, dort zum freien Verkehr abfertigt und an verschiedene Großhändler in Österreich ausliefert;
b) für den dänischen Kaufmann DK aus Kolding, der für verschiedene dänische Großhändler Südfrüchte im Hafen von Hamburg einkauft und nach Dänemark liefert.

Beide Unternehmer bewirken in Deutschland ausschließlich steuerfreie Umsätze, Vorsteuerbeträge fallen nicht an. Sie können deshalb ihre steuerlichen Pflichten in Deutschland durch einen Fiskalvertreter wahrnehmen lassen.

Für die beiden Unternehmer ÖS und DK hat der Steuerberater HH unter einer einheitlichen Steuernummer und USt-IdNr. jährlich Umsatzsteuererklärungen und Zusammenfassende Meldungen abzugeben. In der Umsatzsteuererklärung hat HH die steuerfreien innergemeinschaftlichen Lieferungen der beiden Unternehmer als Gesamtbetrag anzumelden. In der Zusammenfassenden Meldung sind die innergemeinschaftlichen Lieferungen eines Kalenderjahres aufsummiert nach den USt.-IdNrn. der jeweiligen Abnehmer anzugeben.

In den von HH zu führenden Aufzeichnungen sind die Umsätze der beiden Unternehmer getrennt zu halten. Er hat diese Unterlagen zusammen mit den Belegen (insbesondere Rechnungs-Doppel und Nachweis über die innergemeinschaftliche Warenbewegung) entsprechend den allgemeinen Vorschriften aufzubewahren.

Für die Leistung des HH fällt keine inländische Umsatzsteuer an, da die sonstige Leistung des HH nach § 3a Abs. 3 i.V.m. Abs. 4 Nr. 2 UStG am Ort des Leistungsempfängers erbracht wird.

Rechtsgrundlage: §§ 22a – 22d UStG.

Beispiel 347: Karussellgeschäft

Der in Italien ansässige IT liefert Schmuckgegenstände zum Preis von EUR 50.000,– an den in Köln ansässigen D1, der seinerseits an D2 (Hamburg) zum Preis von EUR 40.000,– zuzüglich Umsatzsteuer

II. Innergemeinschaftliche Umsätze 347

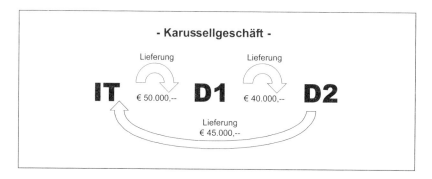

weiterliefert. D2 veräußert den Schmuck an IT zum Preis von EUR 45.000,–. Die Lieferung des IT an D1 wird als innergemeinschaftliche Lieferung steuerfrei belassen. D1 gibt keine Umsatzsteuer-Anmeldungen ab. D2 macht die Vorsteuer aus der Lieferung des D1 geltend und meldet eine steuerfreie innergemeinschaftliche Lieferung an. Die Warenbewegung beginnt danach erneut.

Die Betrugsfirma D1 führt weder die Umsatzsteuer auf den innergemeinschaftlichen Erwerb noch die in der Rechnung an D2 ausgewiesene Umsatzsteuer ab. D2 macht die Umsatzsteuer aus der Rechnung von D1 als Vorsteuer geltend. D2 haftet für die von D1 hinterzogene Steuer, sofern er davon Kenntnis hatte, dass D1 die Umsatzsteuer nicht abzuführen beabsichtigt.

D1 verwirklicht den Tatbestand des § 26 b UStG, bei gewerbsmäßigem oder bandenmäßigem Handeln den Tatbestand des § 26 c UStG. Daneben ist der Tatbestand der Steuerhinterziehung (§ 370 AO) bzw. der gewerbsmäßigen Steuerhinterziehung (§ 370a AO) erfüllt.

Rechtsgrundlage: §§ 25 d, 26 b und 26 c UStG.

E. Anhang

E. Anhang

I. Umsatzsteuer-Voranmeldung

E. Anhang

		Bemessungsgrundlage		Steuer EUR	Ct
44	Steuernummer:				
45	Übertrag				
46	**Umsätze, für die als Leistungsempfänger die**	Bemessungsgrundlage ohne Umsatzsteuer			
47	**Steuer nach § 13b Abs. 2 UStG geschuldet wird**	volle EUR	Ct		
48	Leistungen eines im Ausland ansässigen Unternehmers (§ 13b Abs. 1 Satz 1 Nr. 1 und 5 UStG)	52		53	
49	Lieferungen sicherungsübereigneter Gegenstände und Umsätze, die unter das GrEStG fallen (§ 13b Abs. 1 Satz 1 Nr. 2 und 3 UStG)	73		74	
50	Bauleistungen eines im Inland ansässigen Unternehmers (§ 13b Abs. 1 Satz 1 Nr. 4 UStG)	84		85	
51					
52	Steuer infolge Wechsels der Besteuerungsform sowie Nachsteuer auf versteuerte Anzahlungen u. ä. wegen Steuersatzänderung			65	
53	**Umsatzsteuer**				
54	**Abziehbare Vorsteuerbeträge**				
55	Vorsteuerbeträge aus Rechnungen von anderen Unternehmern (§ 15 Abs. 1 Satz 1 Nr. 1 UStG), aus Leistungen im Sinne des § 13a Abs. 1 Nr. 6 UStG (§ 15 Abs. 1 Satz 1 Nr. 5 UStG) und aus innergemeinschaftlichen Dreiecksgeschäften (§ 25b Abs. 5 UStG)			66	
56	Vorsteuerbeträge aus dem innergemeinschaftlichen Erwerb von Gegenständen (§ 15 Abs. 1 Nr. 3 UStG)			61	
57	Entrichtete Einfuhrumsatzsteuer (§ 15 Abs. 1 Satz 1 Nr. 2 UStG)			62	
58	Vorsteuerbeträge aus Leistungen im Sinne des § 13b Abs. 1 UStG (§ 15 Abs. 1 Satz 1 Nr. 4 UStG)			67	
59	Vorsteuerbeträge, die nach allgemeinen Durchschnittssätzen berechnet sind (§§ 23 und 23a UStG)			63	
60	Berichtigung des Vorsteuerabzugs (§ 15a UStG)			64	
61	Vorsteuerabzug für innergemeinschaftliche Lieferungen neuer Fahrzeuge außerhalb eines Unternehmens (§ 2a UStG) sowie von Kleinunternehmern im Sinne des § 19 Abs. 1 UStG (§ 15 Abs. 4a UStG)			59	
62	Verbleibender Betrag				
63	**Andere Steuerbeträge**				
64	In Rechnungen unrichtig oder unberechtigt ausgewiesene Steuerbeträge (§ 14c UStG) sowie Steuerbeträge, die nach § 4 Nr. 4a Satz 1 Buchst. a Satz 2, § 6a Abs. 4 Satz 2, § 17 Abs. 1 Satz 6 oder § 25b Abs. 2 UStG geschuldet werden			69	
65	**Umsatzsteuer-Vorauszahlung/Überschuss**				
66	Anrechnung (Abzug) der festgesetzten Sondervorauszahlung für Dauerfristverlängerung (nur auszufüllen in der letzten Voranmeldung des Besteuerungszeitraums, in der Regel Dezember)			39	
67	Verbleibende **Umsatzsteuer-Vorauszahlung** .... (bitte in jedem Fall ausfüllen)			83	
68	Verbleibender **Überschuss** - bitte dem Betrag ein Minuszeichen voranstellen -				

II. Sonstige Angaben und Unterschrift

70	Ein Erstattungsbetrag wird auf das dem Finanzamt benannte Konto überwiesen, soweit der Betrag nicht mit Steuerschulden verrechnet wird.
71	
72	**Verrechnung** des Erstattungsbetrags erwünscht / Erstattungsbetrag **ist abgetreten** (falls ja, bitte eine „1" eintragen) — 29
73	Geben Sie bitte die Verrechnungswünsche auf einem besonderen Blatt an oder auf dem beim Finanzamt erhältlichen Vordruck „Verrechnungsantrag".
74	Die **Einzugsermächtigung** wird ausnahmsweise (z.B. wegen Verrechnungswünschen) für diesen Voranmeldungszeitraum **widerrufen** (falls ja, bitte eine „1" eintragen) — 26
75	Ein ggf. verbleibender Restbetrag ist gesondert zu entrichten.
76	Hinweis nach den Vorschriften der Datenschutzgesetze: Die mit der Steueranmeldung angeforderten Daten werden auf Grund der §§ 149 ff. der Abgabenordnung und der §§ 18, 18b des Umsatzsteuergesetzes erhoben. — nur vom Finanzamt auszufüllen —
77	Die Angabe der Telefonnummern und der E-Mail-Adressen ist freiwillig. 11 / 19
78	Bei der Anfertigung dieser Steueranmeldung hat mitgewirkt: 12
79	(Name, Anschrift, Telefon, E-Mail-Adresse)
	Bearbeitungshinweis
	1. Die aufgeführten Daten sind mit Hilfe des geprüften und genehmigten Programms sowie ggf. unter Berücksichtigung der gespeicherten Daten maschinell zu verarbeiten.
	2. Die weitere Bearbeitung richtet sich nach den Ergebnissen der maschinellen Verarbeitung.
	Datum, Namenszeichen
	Kontrollzahl und/oder Datenerfassungsvermerk
86	Datum, Unterschrift

E. Anhang

II. Umsatzsteuererklärung

2007

– Bitte weiße Felder ausfüllen oder ☒ ankreuzen, Anleitung beachten –

Eingangsstempel

Zeile						
1	An das Finanzamt					
2	Fallart	Steuernummer	Unterfallart	Jahr	Vorgang	Sachbereich
3	11		50	07	1	99 11

Umsatzsteuererklärung — 121

Berichtigte Steuererklärung (falls ja, bitte eine „1" eintragen) — 110

A. Allgemeine Angaben

- Zeile 8: Name des Unternehmers / ggf. abweichender Firmenname
- Zeile 9: Art des Unternehmens
- Zeile 10: Straße, Haus-Nr.
- Zeile 11: PLZ, Ort
- Zeile 12: E-Mail-Adresse / Telefon
- Zeile 13: Dauer der Unternehmereigenschaft (nur ausfüllen, falls nicht vom 1. Januar bis zum 31. Dezember 2007) — vom Tag Monat / bis zum Tag Monat
- Zeile 14: 1. Zeitraum — 200
- Zeile 15: 2. Zeitraum — 201
- Zeile 17: Die Abschlusszahlung ist binnen einem Monat nach der Abgabe der Steuererklärung zu entrichten (§ 18 Abs. 4 UStG). Ein Erstattungsbetrag wird auf das Finanzamt benannte Konto überwiesen, soweit der Betrag nicht mit Steuerschulden verrechnet wird.
- Zeile 18: Verrechnung des Erstattungsbetrages erwünscht / Erstattungsbetrag ist abgetreten (falls ja, bitte eine „1" eintragen) — 129
- Zeile 19: Geben Sie bitte die Verrechnungswünsche auf einem besonderen Blatt an oder auf dem beim Finanzamt erhältlichen Vordruck „Verrechnungsantrag".
- Zeile 20: Ein Umsatzsteuerbescheid ergeht nur, wenn von Ihrer Berechnung der Umsatzsteuer abgewichen wird.
- Zeile 21: Hinweis nach den Vorschriften der Datenschutzgesetze: Die mit der Steuererklärung angeforderten Daten werden auf Grund der §§ 149 ff. der Abgabenordnung sowie der §§ 18, 18b des Umsatzsteuergesetzes erhoben. Die Angabe der Telefonnummer und der E-Mail-Adresse ist freiwillig.

B. Angaben zur Besteuerung der Kleinunternehmer (§ 19 Abs. 1 UStG)

- Zeile 23: Die Zeilen 24 und 25 sind nur auszufüllen, wenn der Umsatz 2006 (zuzüglich Steuer) nicht mehr als 17 500 € betragen hat und auf die Anwendung des § 19 Abs. 1 UStG nicht verzichtet worden ist.

Betrag volle EUR

- Zeile 24: Umsatz im Kalenderjahr 2006 — 238
- Zeile 25: Umsatz im Kalenderjahr 2007 — 239

(Berechnung nach § 19 Abs. 1 und 3 UStG)

Unterschrift

- Zeile 26: Ich habe dieser Steuererklärung die Anlage UR
- Zeile 27: ☐ beigefügt.
- Zeile 28: ☐ nicht beigefügt, weil ich darin keine Angaben zu machen hatte.
- Zeile 30: Datum, eigenhändige Unterschrift des Unternehmers

Bei der Anfertigung dieser Steuererklärung einschließlich der Anlagen hat mitgewirkt:

USt 2 A – Umsatzsteuererklärung 2007 –

& E. Anhang

– 2 –

Steuernummer:

Zeile	C. Steuerpflichtige Lieferungen, sonstige Leistungen und unentgeltliche Wertabgaben	Bemessungsgrundlage ohne Umsatzsteuer volle EUR		Steuer EUR	Ct
31					
32					
33	**Umsätze zum allgemeinen Steuersatz** Lieferungen und sonstige Leistungen .... zu 19 %	177			
	Unentgeltliche Wertabgaben				
34	a) Lieferungen nach § 3 Abs. 1b UStG .... zu 19 %	178			
35	b) Sonstige Leistungen nach § 3 Abs. 9a UStG .. zu 19 %	179			
36	**Umsätze zum ermäßigten Steuersatz** Lieferungen und sonstige Leistungen .... zu 7 %	275			
	Unentgeltliche Wertabgaben				
37	a) Lieferungen nach § 3 Abs. 1b UStG .... zu 7 %	195			
38	b) Sonstige Leistungen nach § 3 Abs. 9a UStG ... zu 7 %	196			
39					
40					
41					
42	Umsätze zu anderen Steuersätzen	155		156	
43					
44					
45					
46	**Umsätze land- und forstwirtschaftlicher Betriebe nach § 24 UStG**				
47	a) Lieferungen in das übrige Gemeinschaftsgebiet an Abnehmer **mit USt-IdNr.**	777			
48	b) Steuerpflichtige Lieferungen (einschließlich unentgeltlicher Wertabgaben) von **Sägewerkserzeugnissen**, die in der Anlage 2 zum UStG nicht aufgeführt sind ...	255		256	
49 50	c) Steuerpflichtige Umsätze (einschließlich unentgeltlicher Wertabgaben) von **Getränken**, die in der Anlage 2 zum UStG nicht aufgeführt sind, sowie von **alkoholischen Flüssigkeiten** (z.B. Wein)............... zu 8,3%	344			
51	Umsätze zu anderen Steuersätzen	257		258	
52	d) Übrige steuerpflichtige Umsätze land- und forstwirtschaftlicher Betriebe, für die keine Steuer zu entrichten ist ...	361			
53					
54					
55 56	**Steuer infolge Wechsels der Besteuerungsform:** Nachsteuer/Anrechnung der Steuer, die auf bereits versteuerte Anzahlungen entfällt (im Falle der **Anrechnung** bitte auch Zeile 57 ausfüllen)..........................			317	
57	Betrag der Anzahlungen, für die die anzurechnende Steuer in Zeile 56 angegeben worden ist	367			
58	Nachsteuer auf versteuerte Anzahlungen u.ä. wegen **Steuersatzänderung**			319	
59					
60	Summe .... (zu übertragen in Zeile 92)				

E. Anhang

Steuernummer:

D. Abziehbare Vorsteuerbeträge
(ohne die Berichtigung nach § 15a UStG)

Zeile		Steuer EUR	Ct
61			
62	Vorsteuerbeträge aus Rechnungen von anderen Unternehmern (§ 15 Abs. 1 Satz 1 Nr. 1 UStG) ...	320	
63	Vorsteuerbeträge aus innergemeinschaftlichen Erwerben von Gegenständen (§ 15 Abs. 1 Satz 1 Nr. 3 UStG)	761	
64	Entrichtete Einfuhrumsatzsteuer (§ 15 Abs. 1 Satz 1 Nr. 2 UStG)	762	
65	Vorsteuerabzug für die Steuer, die der Abnehmer als Auslagerer nach § 13a Abs. 1 Nr. 6 UStG schuldet (§ 15 Abs. 1 Satz 1 Nr. 5 UStG)	466	
66	Vorsteuerbeträge aus Leistungen im Sinne des § 13b Abs. 1 UStG (§ 15 Abs. 1 Satz 1 Nr. 4 UStG)	467	
67	Vorsteuerbeträge, die nach den allgemeinen Durchschnittssätzen berechnet sind (§ 23 UStG) ...	333	
68	Vorsteuerbeträge nach dem Durchschnittssatz für bestimmte Körperschaften, Personenvereinigungen und Vermögensmassen (§ 23a UStG)	334	
69	Vorsteuerabzug für innergemeinschaftliche Lieferungen **neuer Fahrzeuge** außerhalb eines Unternehmens (§ 2a UStG) sowie von Kleinunternehmern im Sinne des § 19 Abs. 1 UStG (§ 15 Abs. 4a UStG)	759	
70	Vorsteuerbeträge aus innergemeinschaftlichen Dreiecksgeschäften (§ 25b Abs. 5 UStG)	760	
71	Summe (zu übertragen in Zeile 99)		

E. Berichtigung des Vorsteuerabzugs (§ 15a UStG)

Zeile			
72	Sind im Kalenderjahr 2007 **Grundstücke, Grundstücksteile, Gebäude** oder **Gebäudeteile**, für die Vorsteuer abgezogen worden ist, erstmals tatsächlich verwendet worden? Falls ja, bitte eine „1" eintragen	370	
73	(Geben Sie bitte auf besonderem Blatt für jedes Grundstück oder Gebäude gesondert an: Lage, Zeitpunkt der erstmaligen tatsächlichen Verwendung, Art und Umfang der Verwendung im Erstjahr, insgesamt angefallene Vorsteuer, in den Vorjahren - Investitionsphase -		
74	bereits abgezogene Vorsteuer)		
75	Haben sich im Jahr 2007 die für den ursprünglichen Vorsteuerabzug maßgebenden Verhältnisse geändert bei		
76	1. **Grundstücken, Grundstücksteilen, Gebäuden** oder **Gebäudeteilen**, die innerhalb der letzten 10 Jahre erstmals tatsächlich und **nicht nur einmalig** zur Ausführung von Umsätzen verwendet worden sind? Falls ja, bitte eine „1" eintragen	371	
77	2. **anderen Wirtschaftsgütern und sonstigen Leistungen**, die innerhalb der letzten 5 Jahre erstmals tatsächlich und **nicht nur einmalig** zur Ausführung von Umsätzen verwendet worden sind? Falls ja, bitte eine „1" eintragen	372	
78	3. Wirtschaftsgütern und sonstigen Leistungen, die **nur einmalig** zur Ausführung von Umsätzen verwendet worden sind? Falls ja, bitte eine „1" eintragen	369	
79	Die Verhältnisse, die ursprünglich für die Beurteilung des Vorsteuerabzugs maßgebend waren, haben sich seitdem geändert durch		
80	☐ Veräußerung ☐ Lieferung i.S. des § 3 Abs. 1b UStG ☐ Wechsel der Besteuerungsform, § 15a Abs. 7 UStG		
81	☐ Nutzungsänderung, und zwar		
82	☐ Übergang von steuerpflichtiger zu steuerfreier Vermietung oder umgekehrt bzw. Änderung des Verwendungsschlüssels bei gemischt genutzten Grundstücken (insbesondere bei Mieterwechsel)		
83	☐ steuerfreie Vermietung bisher eigengewerblich genutzter Räume oder umgekehrt; Übergang von einer Vermietung für NATO- oder ähnliche Zwecke zu einer nach § 4 Nr. 12 UStG steuerfreien Vermietung		
84	☐		

Zeile	Vorsteuerberichtigungsbeträge	nachträglich abziehbar EUR	Ct	zurückzuzahlen EUR	Ct
85					
86	zu 1. (Grundstücke usw., § 15a Abs. 1 Satz 2 UStG)				
87	zu 2. (andere Wirtschaftsgüter usw., § 15a Abs. 1 Satz 1 UStG)				
88	zu 3. (Wirtschaftsgüter usw., § 15a Abs. 2 UStG)				
89	Summe	357		359	
90		zu übertragen in Zeile 100		zu übertragen in Zeile 97	

E. Anhang

– 4 –

Steuernummer:

Zeile	F. Berechnung der zu entrichtenden Umsatzsteuer	Steuer EUR	Ct
91			
92	Umsatzsteuer auf steuerpflichtige Lieferungen, sonstige Leistungen und unentgeltliche Wertabgaben .... (aus Zeile 60)		
93	**Umsatzsteuer auf innergemeinschaftliche Erwerbe** .... (aus Zeile 13 der Anlage UR)		
94	Umsatzsteuer, die vom letzten Abnehmer im innergemeinschaftlichen Dreiecksgeschäft geschuldet wird (§ 25b Abs. 2 UStG) .... (aus Zeile 20 der Anlage UR)		
95	Umsatzsteuer, die vom Leistungsempfänger geschuldet wird (§ 13b Abs. 2 UStG) .... (aus Zeile 27 der Anlage UR)		
96	Umsatzsteuer, die vom Abnehmer als Auslagerer geschuldet wird (§ 13a Abs. 1 Nr. 6 UStG) .... (aus Zeile 30 der Anlage UR)		
97	Vorsteuerbeträge, die auf Grund des § 15a UStG zurückzuzahlen sind .... (aus Zeile 89)		
98	Zwischensumme		
99	**Abziehbare Vorsteuerbeträge** .... (aus Zeile 71)		
100	Vorsteuerbeträge, die auf Grund des § 15a UStG nachträglich abziehbar sind .... (aus Zeile 89)		
101	Verbleibender Betrag		
102	In Rechnungen unrichtig oder unberechtigt ausgewiesene Steuerbeträge (§ 14c UStG) sowie Steuerbeträge, die nach § 6a Abs. 4 Satz 2 UStG geschuldet werden	318	
103	Steuerbeträge, die nach § 17 Abs. 1 Satz 6 UStG geschuldet werden	331	
104	Steuer-, Vorsteuer- und Kürzungsbeträge, die auf frühere Besteuerungszeiträume entfallen (nur für Kleinunternehmer, die § 19 Abs. 1 UStG anwenden)	391	
105	**Umsatzsteuer Überschuss** - bitte dem Betrag ein Minuszeichen voranstellen -		
106	Anrechenbare Beträge .... (aus Zeile 21 der Anlage UN)		
107	**Verbleibende Umsatzsteuer** (bitte in jedem Fall ausfüllen) **Verbleibender Überschuss** – bitte dem Betrag ein Minuszeichen voranstellen –	816	
108	Vorauszahlungssoll 2007 (einschließlich Sondervorauszahlung)		
109	**Noch an die Finanzkasse zu entrichten** - Abschlusszahlung - **(bitte in jedem Fall ausfüllen)** **Erstattungsanspruch** – bitte dem Betrag ein Minuszeichen voranstellen –	820	
110			
111			
112			
113			
114	**Bearbeitungshinweis**		
115	1. Die aufgeführten Daten sind mit Hilfe des geprüften und genehmigten Programms sowie ggf. unter Berücksichtigung der gespeicherten Daten maschinell zu verarbeiten.		
116	2. Die weitere Bearbeitung richtet sich nach den Ergebnissen der maschinellen Verarbeitung.		
117			
118		Kontrollzahl und/oder Datenerfassungsvermerk	
119			
120			

E. Anhang

III. Anlage UR zur Umsatzsteuererklärung

2007

– Bitte weiße Felder ausfüllen oder ⊠ ankreuzen, Anleitung beachten –

Zeile				
1	Steuernummer			
2	Unternehmer			
3				
4			Sachbereich	
5	**Anlage UR zur Umsatzsteuererklärung**		99	11

A. Innergemeinschaftliche Erwerbe

Zeile		Bemessungsgrundlage ohne Umsatzsteuer volle EUR	Steuer EUR	Ct
6				
7	Steuerfreie innergemeinschaftliche Erwerbe nach § 4b UStG	791		
8	Steuerpflichtige innergemeinschaftliche Erwerbe (§ 1a UStG)			
9	zum Steuersatz von 19 %..........	781		
10	zum Steuersatz von 7 %..........	793		
11	zu anderen Steuersätzen	798	799	
12	neuer Fahrzeuge von Lieferern ohne USt-IdNr. zum allgemeinen Steuersatz (§ 1b UStG)..........	794	796	
13	Summe .... (zu übertragen in Zeile 93 der Steuererklärung)			

B. Innergemeinschaftliche Dreiecksgeschäfte (§ 25b UStG)

Zeile		Bemessungsgrundlage ohne Umsatzsteuer volle EUR	Steuer EUR	Ct
14				
15	Lieferungen des ersten Abnehmers	742		
16	Lieferungen, für die der letzte Abnehmer die Umsatzsteuer schuldet			
17	zum Steuersatz von 19 %..........	751		
18	zum Steuersatz von 7 %..........	746		
19	zu anderen Steuersätzen	747	748	
20	Summe .... (zu übertragen in Zeile 94 der Steuererklärung)			

C. Leistungsempfänger als Steuerschuldner (§ 13b UStG)

Zeile		Bemessungsgrundlage ohne Umsatzsteuer volle EUR	Steuer EUR	Ct
21				
22	Werklieferungen und sonstige Leistungen eines im Ausland ansässigen Unternehmers (§ 13b Abs. 1 Satz 1 Nr. 1 UStG)	871	872	
23	Lieferungen sicherungsübereigneter Gegenstände (§ 13b Abs. 1 Satz 1 Nr. 2 UStG)..........	873	874	
24	Umsätze, die unter das Grunderwerbsteuergesetz fallen (§ 13b Abs. 1 Satz 1 Nr. 3 UStG)..........	875	876	
25	Bauleistungen eines im Inland ansässigen Unternehmers (§ 13b Abs. 1 Satz 1 Nr. 4 UStG)..........	877	878	
26	Lieferungen von Gas und Elektrizität eines im Ausland ansässigen Unternehmers (§ 13b Abs. 1 Satz 1 Nr. 5 UStG)..........	883	884	
27	Summe .... (zu übertragen in Zeile 95 der Steuererklärung)			

D. Auslagerer als Steuerschuldner (§ 13a Abs. 1 Nr. 6 UStG)

Zeile		Bemessungsgrundlage ohne Umsatzsteuer volle EUR	Steuer EUR	Ct
28				
29	Lieferungen, die der Auslagerung vorangegangen sind (§ 4 Nr. 4a Satz 1 Buchst. a Satz 2 UStG)..........	852	853	
30	Summe .... (zu übertragen in Zeile 96 der Steuererklärung)			

Anlage UR – zur Umsatzsteuererklärung 2007 **USt 2 A –**

E. Anhang

– 2 –

Steuernummer:

Zeile	E. Steuerfreie Lieferungen, sonstige Leistungen und unentgeltliche Wertabgaben		Bemessungsgrundlage ohne Umsatzsteuer volle EUR
31			
32	**Steuerfreie Umsätze mit Vorsteuerabzug**		
	a) **Innergemeinschaftliche Lieferungen** (§ 4 Nr. 1 Buchst. b UStG)		
33	an Abnehmer **mit** USt-IdNr.	741	
34	neuer Fahrzeuge an Abnehmer **ohne** USt-IdNr.	744	
35	neuer Fahrzeuge außerhalb eines Unternehmens (§ 2a UStG)	749	
36	Summe der Zeilen 33 bis 35		
37	b) **Weitere steuerfreie Umsätze mit Vorsteuerabzug** (z. B. nach § 4 Nr. 1 Buchst. a, 2 bis 7 UStG)		
38	**Ausfuhrlieferungen** und Lohnveredelungen an Gegenständen der Ausfuhr (§ 4 Nr. 1 Buchst. a UStG)		
39	Umsätze nach § ____ UStG		
40	Umsätze im Sinne des Offshore-Steuerabkommens, des Zusatzabkommens zum NATO-Truppenstatut und des Ergänzungsabkommens zum Protokoll über die NATO-Hauptquartiere		
41	Reiseleistungen nach § 25 Abs. 2 UStG		
42	Summe der Zeilen 38 bis 41	237	
43	**Steuerfreie Umsätze ohne Vorsteuerabzug**		
	a) **nicht zum Gesamtumsatz** (§ 19 Abs. 3 UStG) gehörend		
44	nach § 4 Nr. 12 UStG (Vermietung und Verpachtung von Grundstücken usw.)	286	
45	nach § 4 Nr. ____ UStG	287	
46	Summe der Zeilen 44 und 45		
47	b) **zum Gesamtumsatz** (§ 19 Abs. 3 UStG) gehörend		
48	nach § 4 Nr. ____ UStG		
49	nach § ____ UStG		
50	Summe der Zeilen 48 und 49	240	
51	**F. Ergänzende Angaben zu Umsätzen**		
52	Umsätze, die auf Grund eines Verzichts auf Steuerbefreiung (§ 9 UStG) als steuerpflichtig behandelt worden sind		
53	Steuerpflichtige Umsätze im Sinne des § 13b Abs. 1 Satz 1 Nr. 2 bis 4 UStG eines im Inland ansässigen Unternehmers, für die der Leistungsempfänger die Umsatzsteuer schuldet	209	
54	**Beförderungs- und Versendungslieferungen** in das übrige Gemeinschaftsgebiet (§ 3c UStG)		
55	a) in Abschnitt C der Steuererklärung (Hauptvordruck USt 2 A) enthalten	208	
56	b) in anderen EU-Mitgliedstaaten zu versteuern	206	
57	Innergemeinschaftliche Güterbeförderungsleistungen und damit zusammenhängende sonstige Leistungen, die im übrigen Gemeinschaftsgebiet steuerbar sind (§ 3b Abs. 3 bis 6 UStG)	207	
58	Nicht steuerbare Umsätze (Leistungsort nicht im Inland)	205	
59	In den Zeilen 56 bis 58 enthaltene Umsätze, die nach § 15 Abs. 2 und 3 UStG den Vorsteuerabzug ausschließen	204	
60	Grenzüberschreitende Personenbeförderungen im Luftverkehr (§ 26 Abs. 3 UStG)		

E. Anhang

IV. Zusammenfassende Meldung

Umsatzsteuer-Identifikationsnummer (USt-IdNr.) Bitte 9 Ziffern eintragen
01 DE 999000009

Bundeszentralamt für Steuern
- Dienstsitz Saarlouis -
66738 Saarlouis

Zusammenfassende Meldung
über innergemeinschaftliche Warenlieferungen
und innergemeinschaftliche Dreiecksgeschäfte

Meldezeitraum
vgl. Textziffer III.1 und III.2 der Anleitung

02 1. Quartal   2008

Angaben zum Unternehmen (Art, Anschrift, Telefon, E-Mail)

Name
Manfred Mustermann
Art des Unternehmens
Strasse	Hausnummer
Musterstraße	1
Postleitzahl und Ort
12345 Musterhausen
Telefon
E-Mail-Adresse

Berichtigung
(falls ja, bitte ankreuzen)

03 ☐

Ich versichere, die Angaben in dieser Zusammenfassenden Meldung (ZM) wahrheitsgemäß nach bestem Wissen und Gewissen gemacht zu haben.

Hinweis:

Wer vorsätzlich oder leichtfertig entgegen seinen Verpflichtungen gem. § 18 a Umsatzsteuergesetz (UStG) eine Zusammenfassende Meldung nicht, nicht richtig, nicht vollständig oder nicht rechtzeitig abgibt oder nicht bzw. nicht rechtzeitig berichtigt, handelt ordnungswidrig. Die Ordnungswidrigkeit kann mit einer Geldbuße bis zu fünftausend Euro geahndet werden (§ 26a UStG).

Teilnehmernummer gem. § 6 StDüV (elektronische Übermittlung)

Bei der Anfertigung der ZM hat mitgewirkt:

Name
Art des Mitwirkenden (Steuerberater, Wirtschaftsprüfer etc.)
Strasse	Hausnummer
Postleitzahl und Ort
Telefon
E-Mail-Adresse

Datum und Unterschrift des Unternehmers bei Abgabe der ZM in Papierform

Hinweis nach den Vorschriften der Datenschutzgesetze:
Die mit der Zusammenfassenden Meldung angeforderten Daten werden aufgrund der §§ 149 ff Abgabenordnung (AO) und § 18 a UStG erhoben.
Die Angaben der Telefonnummern und E-Mail-Adressen sind freiwillig.

010001 v.1.1

E. Anhang

Einlagebogen 1 von 1

Einlagebogen
zur Zusammenfassenden Meldung für den Meldezeitraum

Umsatzsteuer-Identifikationsnummer

| 01 | DE 999000009 |

| 02 | 1. Quartal 2008

Berichtigung

| 03 | |

Meldung der Warenlieferungen (§ 18a Abs. 4 Nr. 1 u. 2 UStG) vom Inland in das übrige Gemeinschaftsgebiet und der Lieferungen i.S.d. § 25 b Abs. 2 UStG im Rahmen innergemeinschaftlicher Dreiecksgeschäfte

Zeile	Länder-kennzeichen	1 **USt-IdNr.** des Erwerbers/ Unternehmers in einem anderen Mitgliedstaat	2 Summe der Bemessungsgrundlagen volle EUR	Ct	3 Hinweis auf Dreiecksgeschäfte (falls Ja, bitte anhaken)
1	AT	U12345678	1		

E. Anhang

V. Pauschbeträge für den Eigenverbrauch (Sachentnahmen)

Für bestimmte Branchen sind Pauschbeträge für unentgeltliche Wertabgaben festgelegt. Ab 01.01.2008 gelten folgende Jahreswerte pro Person ohne Umsatzsteuer (Nettowerte):

Gewerbezweig	zu 7% in Euro	zu 19% in Euro	insgesamt in Euro
Bäckerei	790,–	401,–	1191,–
Fleischerei	627,–	940,–	1567,–
Gast- und Speisewirtschaften – mit Abgabe von kalten Speisen – mit Abgabe von kalten und warmen Speisen	752,– 1040,–	1128,– 1855,–	1880,– 2895,–
Getränkeeinzelhandel	0,–	339,–	339,–
Café und Konditorei	802,–	690,–	1492,–
Milch, Milcherzeugnisse, Fettwaren und Eier, Einzelhandel	477,–	63,–	540,–
Nahrungs- und Genussmittel verschiedener Art, Einzelhandel	1090,–	527,–	1617,–
Obst, Gemüse, Südfrüchte und Kartoffeln, Einzelhandel	251,–	188,–	439,–

E. Anhang

VI. Umsatzsteuersätze in den EU-Mitgliedstaaten

Steuersätze in v. H. (Stand: 1.1.2008)

EU-Mitgliedstaat	Normalsatz	ermäßigter Satz	Nullsatz
Belgien	21	6; 12	ja
Bulgarien	20	7	–
Dänemark	25	–	ja
Deutschland	19	7	–
Estland	18	5	–
Finnland	22	8; 17	ja
Frankreich	19,6	2,1; 5,5	–
Griechenland	19	4,5; 9	–
Irland	21	4,8; 13,5	ja
Italien	20	4; 10	ja
Lettland	18	5	–
Litauen	18	5; 9	–
Luxemburg	15	3; 6; 12	–
Niederlande	19	6	–
Malta	18	5	ja
Österreich	20	10; 12	–
Polen	22	3; 7	ja
Portugal	21	5; 12	–
Rumänien	19	9	–
Schweden	25	6; 12	ja
Slowakei	19	10	–
Slowenien	20	8,5	–
Spanien	16	4; 7	–
Tschechien	19	5	–
Ungarn	20	5	–
Vereinigtes Königreich	17,5	5	ja
Zypern	15	5; 8	ja

E. Anhang

VII. Erwerbs-/Lieferschwellen in den EU-Mitgliedstaaten

EU-Mitgliedstaat	Erwerbsschwelle	Lieferschwelle
Belgien	11.200,– Euro	35.000,– Euro
Bulgarien	20.000 BGN (ca. 10.200,– Euro)	70.000 BGN (ca. 35.800,– Euro)
Dänemark	80.000,– DKK (ca. 10.700,– Euro)	280.000,– DKK (ca. 37.600,– Euro)
Deutschland	12.500,– Euro	100.000,– Euro
Estland	160.000 EEK (ca. 10.200,– Euro)	550.000 EEK (ca. 35.200,– Euro)
Finnland	10.000,– Euro	35.000,– Euro
Frankreich	10.000,– Euro	100.000,– Euro
Griechenland	10.000,– Euro	35.000,– Euro
Irland	41.000,– Euro	35.000,– Euro
Italien	8.263,31 Euro	27.888,67 Euro
Lettland	7.000 LVL (ca. 10.000,– Euro)	24.000 LVL (ca. 34.400,– Euro)
Litauen	35.000 LTL (ca. 10.100,– Euro)	125.000 LTL (ca. 36.200,– Euro)
Luxemburg	10.000,– Euro	100.000,– Euro
Niederlande	10.000,– Euro	100.000,– Euro
Malta	10.000,– Euro	35.000,– Euro
Österreich	11.000,– Euro	100.000,– Euro
Polen	50.000 PLN (ca. 14.000,– Euro)	160.000 PLN (ca. 44.700,– Euro)
Portugal	10.000,– Euro	35.000,– Euro
Rumänien	33.800 RON (ca. 9.300,– Euro)	118.000 RON (ca. 32.300,– Euro)

EU-Mitgliedstaat	Erwerbsschwelle	Lieferschwelle
Schweden	90.000,– SEK (ca. 9.600,– Euro)	320.000,– SEK (ca. 34.100,– Euro)
Slowakei	420.000 SKK (ca.12.700,– Euro)	1.500.000 SKK (ca. 45.300,– Euro)
Slowenien	10.000,– Euro	35.000,– Euro
Spanien	10.000,– Euro	35.000,– Euro
Tschechien	326.000 CZK (ca. 12.800,– Euro)	1.000.000 CZK (ca. 39.400,– Euro)
Ungarn	2.500.000 HUF (ca. 9.500,– Euro)	8.800.000 HUF (ca. 33.600,– Euro)
Vereinigtes Königreich	64.000,– GBP (ca. 85.200,– Euro)	70.000,– GBP (ca. 93.200,– Euro)
Zypern	10.251,– Euro	35.000,– Euro

VIII. Erteilung einer deutschen USt.-IdNr. Nachfragen zu ausländischen USt.-IdNrn.

Die hierfür zuständige Behörde ist:

Bundeszentralamt für Steuern
Dienstsitz Saarlouis
Ahornweg 1–3
66740 Saarlouis
Telefon: 0228/406-1222
Telefax: 0228/406-3801, -3753
Internet: www.bzst.de

E. Anhang

IX. Erstattung deutscher Umsatzsteuer im Wege des Vorsteuer-Vergütungsverfahrens

Die hierfür zuständige Behörde ist:

Bundeszentralamt für Steuern
Dienstsitz Schwedt
Passower Chaussee 3b
16303 Schwedt/Oder
Telefon: 0228/406-0
Telefax: 0228/406-4722

X. Vorsteuer-Vergütungsverfahren – Zuständige Behörden in anderen EU-Mitgliedstaaten

Belgien
Bureau Central de TVA
Pour Assujettis Etrangers
Departement Remboursements
Tour Sablon 24ieme etage
Rue J. Stevens 7
1000 Bruxelles
BELGIUM
Tel.: 0032-2 552-59 33 4
Fax: 0032-2 552-55 41
www.minfin.fgov.be

Bulgarien
Territorial Directorate of NRA
Sofia-City
21 Axakov str.
BG 1000 Sofia
BULGARIA
Tel.: +359 2 9859 3843
Fax: +359 2 986 4810
www.minfin.bg

Dänemark
Skattecenter Tønder
8/13 momsdirektiv
Toldbodvej 8
DK-6330 Padborg
DENMARK
Tel.: +45 74 12 73 00

Fax: +45 74 42 28 09
www.toldskat.dk

Estland
Maksu- ja Tolliamet
(Estonian Tax and Custome Board)
Endla 8
15177 Tallinn
ESTONIA
Tel.: +372 693 4973
 +372 693 4256
Fax: +372 693 4111,-4611
www.emta.ee

Finnland
Uudenmaan verovirasto
NYLANDS SKATTEVERK
P.O.Box 34
Fl 00052 Vero
FINNLAND/SUOMI
Tel.: +358 9 731 120
Fax: +358 9 7311 4392
www.vero.fi

Frankreich
Direction des Résidents à l'Etranger
et des services généraux
Service de remboursement de TVA
des assujettis étrangers

10, Rue du Centre
TSA 60015
F-93465 NOISY LE GRAND
CEDEX
France
Tel.: +33 (0) 1 57 33 84 00
Fax: +33 (0) 1 57 33 84 77
www.impots.gouv.fr

Griechenland
Ministry of Economic Affairs and Finance
Directorate-General for Taxation
Directorate 14 – VAT
Sina 2-4
GR-10672 Athen
GREECE
Tel.: +30210 3647203 5
Fax: +30210 364413
www.gsis.gov.gr

Großbritannien und Nordirland
HM Customs and Excise
VAT Overseas Repayments
8th/13th Directive
Custom House
PO Box 34
Londonderry
Northern Ireland BT 48 7AE
UNITED KINGDOM
Tel.: +44 (0) 2871 376200
Fax: +44 (0) 2871 372520
www.hmrc.gov.uk

Irland
Strategic Planning Division
VAT Repayment (Unregistered) Section
3rd Floor
River House
Charlottes Quay
Limerick
IRELAND
Tel.: +353 61 122799
Fax: 353-61 402125
www.revenue.ie

Italien
Agenzia delle Entrate – Centro Operativo di Pescara
Via Rio Sparto 21
I-65129 Pescara
ITALY
Tel.: 0039 85-5771 2359/2318/2380
Fax: 0039 85-577 2325
www.agenziaentrate.it

Lettland
Large Taxpayer Board of the State Revenue Service
1 Jeruzalemes Str.
LV-1010 Riga
LATVIA
Tel.: +371 70 28 803
Fax: +371 70 28 814
www.vid.gov.lv

Litauen
Vilnius County State Tax Inspectorate
Sermuksniu Str. 4
LT – 01509 Vilnius
LITHUANIA
Tel.: +370 5261 6635
Fax: +370 5268 7689
www.vmi.lt

Luxemburg
Administration de l'Enregistrement et des Domaines
Bureau d'imposition XI
67–69, Rue Verte
BP 31
L-2010 Luxembourg
LUXEMBOURG
Tel.: +352 44 90 51
Fax: +352 29 11 93
www.aed.public.lu

Malta
Commissioner of VAT
VAT Department
Centre Point Building
TáParis Road

E. Anhang

Birkirkarar BKR 13
MALTE
Tel.: +356 21 499 230
Fax: +356 21 499 365
www.vat.gov.mt

Niederlande
Belastingdienst/Limburg/Kantoor
Buitenland
Postbus 2865
6401 DJ Heerlen
NEDERLAND
Tel.: +31 55 585 385
Fax: +31 45 577 9634
www.belastingdienst.nl

Nordirland
siehe Großbritannien

Österreich
Finanzamt Graz-Stadt
Referat für ausländische
Unternehmer
Conrad von Hötzendorfstr. 14–18
A-8018 Graz
AUSTRIA
Tel.: +43 316 88 10
Fax: +43 316 81 04 08
www.bmf.gv.at

Polen
Drugi Urzad Skarbowy – Warzsawa
Strodmiescie
02–013 Warszawa-Sródmiescie
ul Lindleya 14
POLAND
Tel.: +48 22 62 17 249
Fax: +48 22 625 5006
www.izba-skarbowa.waw.pl

Portugal
Direcçâo-Geral das Contibuiçoes e
Impostos
Serviço de Administraço do IVA
Avenida Joâo XXI, 76
P – 1049–065 Lissabon
Portugal

Tel.: +351 21 761 00 00
Fax: +351 21 793 65 08
www.dgci.min-financas.pt

Schweden
Skatteverket
Utlandsenheten
SE-205 31 Malmö
Schweden
Tel.: +46 270 734 00
Fax: +46 (0) 40-14 62 03
www.skatteverket.se

Slowakische Republik
Tax Office 1 Bratislava
Radlinskeho 37
P.O.Box 89
SK-81789 Bratislava 15
SLOVAKIA
Tel.: +421 2 5737–8118, -8119
Fax: +421 2 5244 2181
www.drsr.sk/wps/portal

Slowenien
Tax Administration of the Republik
of Slovenia
Ljubljana Tax Office
p.o.Box 107
Sl – 1001 Ljubljana
SLOVENIA
Dunajska cesta 22, Ljubljana
Tel.: +386 1 474-42-61
Fax: +386 1 474-42-60
Internet: www.durs.gov.si

Spanien
Delegación Especial de Madrid
Seccion de Regimenes
Especiales
c/Guzman el Bueno 139
Planta 1
E-28071 Madrid
SPAIN
Tel.: +341 582 67 39
Fax: +341 582 6757
www.aeat.es

Tschechische Republik
Financni urad pro Prahu 1
FÚ pro Praha 1
Stepanska 28
CZ- 11233 Praha 1
CZECH REPUBLIK
Tel.: +420 2 2404 3011
Fax: +420 2 2404 3198
www.cds.mfcr.cz

Ungarn
APEH Eszak-budapesti Igazgatosaga
Külfödiek Ügyeit Inezö Föosztaly
Postafiók 39
H-1387 BUDAPEST, Pf.45
HUNGARIA
Tel.: +361 320 98 94
Fax: +361 239 50 51
www.apeh.hu

Zypern
Deppartement of Customs & Excise
VAT Service
Corner M. Karaoli & Gr. Afxentiou,
1096, Nicosia
Tel.: +357 22 601765
Fax: +357 22 660484
www.mof.gov.cy/ce

XI. Auskunftsstellen zur Umsatzbesteuerung in anderen EU-Mitgliedstaaten

Informationen zur Umsatzbesteuerung in den einzelnen EU-Mitgliedsstaaten finden sich auf der Internet-Seite der Europäischen Union unter:

www.ec.europa.eu/taxation_customs/taxation/vat/traders/vat-community/index_de.htm

Kurzinformationen zum Umsatzsteuerrecht der einzelnen Mitgliedsstaaten und die Adresse der jeweiligen Informationsstellen finden sich auch auf der Internetseite des Bundeszentralamts für Steuern (www.bzst.de) unter der Rubrik Umsatzsteuer, Unterpunkt Inland/Ausland. Hier findet sich das „Merkblatt Umsatzsteuer im In- und Ausland".

Auf eine Wiedergabe der auf den genannten Internetseiten dargestellten Informationen wird aus Gründen der besseren Aktualität verzichtet.

Sachregister

Abholfall
- Ausfuhr 50, 199, 259
- innergemeinschaftliche Lieferung 151, 155, 349
- Reihengeschäft 22, 155, 240
- und Versandhandelsgeschäft 159, 368 f.
- verbrauchsteuerpflichtige Waren 164, 377 f.

Altenheime 62
Anlagenverkäufe 9, 61, 228, 266 f., 323
Anzahlungen 95 f., 107 f., 190 f., 289 f.
Arbeitgebersachleistungen *siehe unter Leistungen an Arbeitnehmer*
Arbeitsgemeinschaft (Arge) 4, 235
Arbeitszimmer 292 f.
Arzt
- Erwerbsbesteuerung 139 f., 338 f.
- Gutachterliche Tätigkeit 60 f., 266
- Hilfsgeschäfte 61, 66, 266 f.
- Kleinunternehmer 116 f., 318
- Nebentätigkeit 61, 318
- Steuerbefreiung 60 ff., 266 f.
- Steuerschuldnerschaft 205 f., 315 f.

Aufbewahrungspflicht 93, 188
Aufmerksamkeiten 41
Aufteilung, Vorsteuerbeträge 102 f., 206, 303 ff., 343
Aufzeichnungspflichten 185 ff.
- Ausfuhr 50 ff., 198 ff., 259
- Beförderungsleistungen 36, 221 f.
- Differenzbesteuerung 123, 197 f.
- Fiskalvertreter 181 f., 412
- innergemeinschaftliche Lieferung 146 ff., 209 f., 350 f.

- innergemeinschaftliches Dreiecksgeschäft 155 f., 214 ff.
- innergemeinschaftliches Reihengeschäft 212 ff.
- Landwirte 118
- Lohnveredelung 56, 202 f., 259
- Reiseleistungen 127, 325 ff.

Ausbildungsmaßnahmen 65 f.
Ausfuhr
- Aufzeichnung und Abrechnung 50 ff., 198 ff., 259
- Beförderungsleistungen 54, 261
- bei Organschaft 11, 230
- Rechnung 199, 297
- Reihengeschäft 22 f., 200 ff., 239 ff.
- Steuerbefreiung 48 ff., 198 ff., 259, 357
- Vorsteuerabzug 48 f., 102, 302 f.

Ausfuhrbescheinigung, einer Spedition 200
Ausfuhrnachweis 50 f., 199 f.
Ausländische Abnehmer 50, 259
Ausländischer Unternehmer 112 f.
- allgemeines Besteuerungsverfahren 205 f., 316 f.
- Fiskalvertreter 180 f., 410 ff.
- Steuerschuldnerschaft 111 ff., 172 ff., 302 f., 373 ff.
- Vorsteuer-Vergütung 115 f., 303 f.

Auslagen 74, 276
Auslagerung 55, 261 f.
Ausland 130 f.
Ausschluss vom Vorsteuerabzug 98 ff.
Ausstellungen 30, 46, 112, 336
Auszubildende 63, 65

Bankgeschäfte
- Ort der Leistung 32, 270 f.

Sachregister

- Option zur Steuerpflicht 68 f., 270 f.
- Sicherungsübereignung 17 f., 237, 316
- Steuerfreiheit 57 f., 263
- Vorsteuerabzug 102, 271, 303

Baraufgabe, tauschähnlicher Umsatz 228, 243, 273 f.

Bauleistungen
- Abrechnung 187 ff., 289 f.
- Ort der Leistung 24, 30, 241 f., 364 f.
- und Steuerbefreiung 59, 263 f.
- Steuerschuldnerschaft 111, 113 f., 191 ff.
- Vorsteuerabzug für 101 f., 263 f.
- Werklieferung 24, 187 ff., 241 f., 364 f.

Bauten auf fremden Grund und Boden 59, 264 f.

Beförderungseinzelbesteuerung 110 f., 172, 315, 396
- Steuerschuldnerschaft 112
- Vorsteuer-Vergütungsverfahren 115

Beförderungsleistungen
- Ausfuhr 54, 203 f., 261
- Besorgung 28, 36 f., 399 f.
- Besteuerungsverfahren 110 f., 172, 315, 317 f.
- Einfuhr 54, 203 f., 260 f.
- Güterbeförderung 35 ff., 54, 171 ff., 203 f.
- innergemeinschaftlich 171 ff., 221 f., 394 ff.
- Krankenbeförderung 63, 172
- Nebenleistungen 54, 174 f., 237, 289, 401
- Ort der 35 ff., 171 ff., 249 ff., 394 ff.
- Personenbeförderung 36 f., 85 f., 171 ff., 245 ff., 288 f., 394 ff.
- Reiseleistungen 124 f., 250, 325, 395

- Steuerbefreiung 54, 63, 172, 203 f., 260 f.
- Steuersatz 85 f., 288
- Vermittlung 36 f., 174, 404 f.

Beförderungsmittel, Vermietung 32, 34, 247 f., 411

Beiträge 14 f., 234 f.

Beladen 174 f.

Belegnachweis 50 ff., 150 f.

Beköstigung 65 f., 78, 281 f.

Bemessungsgrundlage 71 ff., 272 ff.
- Änderung 79 f., 143, 284, 342
- Differenzbesteuerung 122 f., 324 f.
- Einfuhr 71, 261
- Entgelt 71 ff., 272 ff.
- innergemeinschaftlicher Erwerb 143, 342
- innergemeinschaftliches Verbringen 71, 74, 138
- Reiseleistungen 126, 328 ff.
- Tausch 72, 273 f.
- unentgeltliche Wertabgabe 71, 74 ff., 276 ff.

Beratung, technische oder wirtschaftliche 32 f., 204 f.

Berichtigung des Vorsteuerabzugs 103 ff., 307 ff.

Berichtigungszeitraum 104 ff., 305 ff.

Besorgungsleistung 28, 36 f., 399 f.

Besteuerung
- nach Durchschnittssätzen 118 f., 321
- nach vereinbarten Entgelten (Soll-) 107 f., 187
- nach vereinnahmten Entgelten 108, 311 f.

Besteuerungsverfahren 107 ff., 178 ff., 311 ff., 407 ff.
- Beförderungseinzelbesteuerung 110 f., 172, 315, 396
- Differenzbesteuerung 119 ff., 197 f., 321 ff.

435

Sachregister

- Fahrzeugeinzelbesteuerung 134, 166, 382 ff.
- innergemeinschaftliche Umsätze 178 ff., 208 ff., 407 ff.
- Regelbesteuerung 107 ff., 185 ff., 311 ff.
- Reiseleistungen 123 ff., 325 ff.
- Steuerschuldnerschaft 111 ff., 191 ff., 315 f.
- Vorsteuer-Vergütungsverfahren 115 f., 316 ff.

Bestimmungslandprinzip 129 f.
Betriebsaufspaltung 12, 230 f.
Betriebsausgaben, nicht-abzugsfähige 98 ff., 299 f.
Betriebsveräußerung 46 f., 257 f.
Betriebsveranstaltung 41
Betriebsvermögen, private Nutzung *siehe unter Unentgeltliche Wertabgabe*
Betriebsvorrichtungen 30, 58 f., 265
Bewirtungsaufwendungen 99, 299 f.
Bindungsfrist
- Differenzbesteuerung 121
- Erwerbsbesteuerung, Option 140, 339
- Kleinunternehmer 118
- Versandhandelslieferung, Option 161

Binnenschifffahrt 37, 85 f., 288 f.
Blinde 63, 68
Bücher 81, 284, 374 f.
Buchnachweis
- Ausfuhrlieferung 50 f., 199 f., 259
- innergemeinschaftliche Lieferung 150 f., 209 f., 350 f.
- innergemeinschaftliche Lohnveredelung 171, 220 f.
- Lohnveredelung, Ausfuhr 52, 202, 259

Bundeszentralamt für Steuern 178 f., 317 f., 407 ff., 429

Campingplatz 60
Computerprogramm 26, 33, 35, 84, 287 f.
Cross-Border-Leasing 18, 146, 346 f.

Datenverarbeitung 32 f.
Dauerfristverlängerung 109, 313 f.
Dauerleistungen 87, 93 f.
Dienstleistungskommission 28, 244
Dienstwohnung 78, 281
Differenzbesteuerung 119 ff., 157 f., 321 f.
- Bemessungsgrundlage 122 f., 324 f.
- Gebrauchtgegenstände 120 f., 321 ff.
- Rechnung 120, 198, 322 f.
- Wiederverkäufer 121 f., 323
Dreiecksgeschäft, innergemeinschaftliches 154 ff., 214 ff., 361 ff.; *siehe auch unter innergemeinschaftliches Dreiecksgeschäft*
Drittlandsgebiet 130 f., 331
Duldungsleistung 5, 16, 236
Durchfuhr 37, 45, 54
Durchlaufende Posten 73 f., 275 f.
Durchschnittssätze
- Landwirtschaft 118 f., 321
- Vorsteuerabzug 107, 311

E-Commerce 35, 182, 248 f.
EDV-Programm 26, 33, 35, 84, 287 f.
Ehrenamtliche Tätigkeit 66
Eigentumsvorbehalt 17
Eigenverbrauch *siehe unter Unentgeltliche Wertabgabe*
Einfuhr 44 ff., 257
- Beförderungsleistungen 54, 203 f., 260 f.
- Bemessungsgrundlage 71, 261
- Lieferungen im Anschluss an eine 21, 23, 238, 241

Sachregister

- Nicht-Unternehmer 44
- Steuerbarkeit 3, 44 f., 257
- Steuerbefreiungen 45 f., 383

Einfuhrumsatzsteuer
- Schuldner 21, 23, 238, 241
- Vorsteuerabzug 89, 385

Einkaufskommission 21, 28
Einnahmeerzielungsabsicht 4
Eintrittsgelder 65, 245, 285
Einzeldifferenz 122 f., 321 ff.
Elektrizität 19, 32, 111
Elektronische Dienstleistungen 35, 182, 248 f.
ELSTER 109
Endabrechnung 95 f., 190 f., 289 f.
Entgelt 71 ff., 272 ff.
- Änderung des 79 f., 143, 284, 342
- Tausch 13, 72, 273 f.
- Zuschuss 73, 274 f.

Entgeltsminderung 79 f.
Entladen 174 f., 402 f.
Entnahme *siehe unter Unentgeltliche Wertabgabe*
Entstehung der Steuerschuld *siehe unter Steuerentstehung*
Essenslieferungen *siehe auch unter Speisen*
- an Arbeitnehmer 78, 281 f.
- Steuersatz 26 ff., 81, 243 f.

Erwerb, innergemeinschaftlicher *siehe unter innergemeinschaftlicher Erwerb*
Erwerbsschwelle 135, 139 ff., 337 ff., 428 f.
EU-Mitgliedsstaaten 131

Factoring 57 f.
Fährbetrieb 37, 249 f.
Fahrausweise 95
Fahrten zwischen Wohnung und Arbeitsstätte 76 ff., 193 ff., 278 ff.
Fahrtenbuchregelung 77, 79, 278 f., 283 f.

Fahrzeuge
- Kraftfahrzeugnutzung 43, 76 ff., 193 ff., 278 ff.
- Luftfahrzeug 139, 337
- neue 139, 165 f., 337, 380 ff.
- Veräußerung 9, 61, 197 f., 266 f.
- Wasserfahrzeug 52 f., 139

Fahrzeugeinzelbesteuerung 134, 166, 382 ff.
Familienheimfahrten 77, 79, 280 ff.
Ferienwohnung 124, 244
Filme 83
Finanzielle Eingliederung 9 f., 229 ff.
Finanzumsätze
- Ort der Leistung 32, 270 f.
- Option zur Steuerpflicht 68 f., 270 f.
- Steuerfreiheit 57 f., 263

Firmenwagen 76 ff., 193 ff., 278 ff.
Fiskalvertreter 180 ff., 410 ff.
Forderungsabtretung 57 f.
Forstwirte *siehe unter Land- und Forstwirte*
Freihafen 130 f.
- Ausland 3, 130 ff.
- innergemeinschaftliche Beförderung 173, 397 f.
- innergemeinschaftliche Lieferumsätze 166 ff., 384 ff.
- steuerpflichtige Umsätze im 167 f., 384 ff.

Freizeiteinrichtungen, Jugendhilfe 65 f.
Frist *siehe auch unter Bindungsfrist*
- befristete Verwendung 138, 336
- Dauerfristverlängerung 109, 313 f.
- Schonfrist 109, 313
- Steuererklärung, Voranmeldung 109 f.
- Vorsteuer-Vergütungsverfahren 116

Futtermittel 81

Sachregister

Garagenvermietung 60
Garantieleistung 13, 233 f.
Gas und Elektrizität 19, 32, 111
Gaststätte
– Kantine 281 f.
– Lieferung/sonstige Leistung 26 ff., 243 f.
– Steuersatz 27, 81, 243 f.
– Unentgeltliche Wertabgabe 75, 426
Gebäude, Vorsteuerberichtigung 103 ff., 195 ff., 305 ff.
Gebrauchtgegenstände 120 f., 321 ff.
Gebrauchtwagen
– Differenzbesteuerung 120, 321 ff.
– steuerfreies Hilfsgeschäft 61, 66, 266 f.
– Unentgeltliche Wertabgabe 40, 254
– Veräußerung 9, 323
Gefälligkeitsrechnungen 97, 298
Gegenleistung
– Beiträge 14 f., 234 f.
– Schadensersatz 13 f., 232 f.
– Uneinbringlichkeit 13, 232
– Zuschuss 73, 274 f.
Gehaltslieferung 25, 243
Geld- und Kreditumsätze
– Option zur Steuerpflicht 68 f., 270 f.
– Steuerbefreiung 57 f., 263
Geldspielautomaten 57
Gemeinnützige Zwecke 9, 63 f., 66, 84, 228, 269
Gemeinschaftsgebiet 131
Gerichtskosten 276
Gesamtumsatz 116 f., 319
Geschäftsführungsleistung 15
Geschäftsveräußerung 46 f., 257 f.
Geschenke 42, 98 f.
Gesellschafterleistungen 14 f., 235 f.
Gestellung von Personal 32, 66

Getränke
– Arbeitnehmer 41
– Steuersatz 81
– verbrauchsteuerpflichtige Waren 162, 376
gewerbliche Tätigkeit 4
gewerbsmäßige Händler 121 f., 323; *siehe auch unter Differenzbesteuerung, Wiederverkäufer*
Gold 45, 66, 142
Grunderwerbssteuer 58 f., 111, 263 f.
Grundstück
– Begriff 59, 264 f.
– sonstige Leistungen 30, 244 f.
– Zwangsversteigerung 58, 69, 271
Grundstücksmakler 30, 176, 244 f., 405
Grundstücksveräußerung
– Geschäftsveräußerung 46 f., 257 f.
– Option zur Steuerpflicht 69 f., 271
– Steuerfreiheit 58 f., 263 ff.
– Vorsteuerberichtigung 105 f., 307 f.
Grundstücksvermietung
– Besteuerung 4 f., 30
– Option zur Steuerpflicht 70, 272
– Steuerfreiheit 59 f., 264 f.
– Vorsteueraufteilung 102 f., 303 f.
– Vorsteuerberichtigung 104 ff., 305 f., 309
Güterbeförderung
– bei Ausfuhr 54, 203 f., 261
– bei Einfuhr 54, 203 f., 260 f.
– innergemeinschaftliche 171 ff., 221 f., 396 ff.
– Nebenleistungen 54, 174 f., 401
– Ort der 35 ff., 171 ff., 396 ff.
Gutachten, ärztliche 60 f., 266
Gutachtertätigkeit 31, 34, 246, 390
Gutschrift als Rechnung 94 f., 295 ff.

Sachregister

Halb-Unternehmer
- Begriff 139 f.
- innergemeinschaftliche Lieferumsätze 132 f., 149 f., 350
- innergemeinschaftlicher Erwerb 132 f., 139 ff., 337 ff.
- USt.-IdNr. 178 f., 408
- verbrauchsteuerpflichtige Waren 164 f., 378 ff.
- Versandhandelslieferungen an 159, 369

Handelsvertreter 177, 222 f., 406 f.
Heilbäder 85
Heilberufliche Tätigkeit 60 f., 266 f.
Hilfsgeschäfte 9, 61, 66, 228, 266 f., 323
Holding 11
Hotel 60, 275

Identifikationsnummer *siehe Umsatzsteuer-Identifikationsnummer*
Imbiss 27
Incentive-Reise 124, 325
Ingenieurleistungen 30, 32 f., 204 f.
Inkassobüro 57 f.
Inland 3, 130 f.
Innengesellschaft 4, 225
Innenumsatz 8 f.
- bei Organschaft 10 f., 230
- Rechnungen über 98

innergemeinschaftliche Güterbeförderung 171 ff., 221 f., 396 ff.

innergemeinschaftliche Lieferung
- Halb-Unternehmer 132 f., 149 f., 350
- Kleinunternehmer 145, 333 f.
- Landwirt 145, 346
- Nachweispflichten 147 ff., 209 f., 350 f.
- Neufahrzeuge 165 f., 219 f., 380 ff.
- Ort der 145, 344 ff.
- Rechnung 150, 209, 350 f.
- Reihengeschäft 151 ff., 212 ff., 351 ff.
- Steuerfreiheit 144 ff., 344 ff.
- Vertrauensschutzregelung 147 ff., 348 f.
- Vorsteuerabzug 49, 101 f.

innergemeinschaftlicher Erwerb
- Bemessungsgrundlage 143, 342
- Erwerbsschwelle 133, 139 ff., 337 ff., 428 f.
- Halb-Unternehmer 132 f., 139 ff., 337 ff.
- Kleinunternehmer 135 f., 139 f., 338 f.
- Landwirt 139 f., 337 f.
- Neufahrzeuge 138 f., 337
- Ort des 136 f., 335
- Steuerbefreiung 142 f., 341 f.
- Voraussetzungen 134 ff., 332 ff.
- Vorsteuerabzug 89, 143 f., 343

innergemeinschaftliches Dreiecksgeschäft
- Aufzeichnungen 155 f., 214 ff.
- Rechnung 155 f., 215 f.
- Voraussetzungen 154 ff., 361 ff.
- Zusammenfassende Meldung 180, 215, 217, 409 f.

innergemeinschaftliches Verbringen
- Aufzeichnungen 210 f.
- befristete Verwendung 138, 336
- Betriebsverlegung 341
- innergemeinschaftliche Lieferung 146, 347 f.
- innergemeinschaftlicher Erwerb 137 f., 335 ff.
- Organschaft 355
- pro-forma-Rechnung 211
- Voraussetzungen 137 f., 335 ff.
- vorübergehende Verwendung 138, 336 f.
- Werklieferung 158, 365 f.

Insolvenz 10, 80, 183, 232, 270
Internetleistung 35, 182, 248 f.
Ist-Besteuerung 108, 311 f.

439

Sachregister

Journalisten 83 f.
Jugendherbergen 65
Jugendliche 65 f.
Juristische Personen
- des öffentlichen Rechts 112, 139, 141, 361, 387
- des privaten Rechts 10, 139 ff., 340

Kantinenbetrieb 281 f.
Katalogleistungen 32 ff., 247 ff.
Kfz-Nutzung *siehe unter Kraftfahrzeugnutzung*
Kino 83 f.
Kiosk 27, 238
Kleinbetragsrechnungen 94, 187, 295
Kleinunternehmer 116 ff., 318 ff.
- Gesamtumsatz 116 f., 319
- Halb-Unternehmer 139, 338 f.
- innergemeinschaftliche Lieferumsätze 145, 333 f.
- innergemeinschaftlicher Erwerb 135 f., 139 f., 338 f.
- Option zur Regelbesteuerung 117 f., 320
- Steuerausweis 97, 116, 296 f.
- USt.-IdNr. 178 f.
- verbrauchsteuerpflichtige Waren 164 f.
- Vorsteuerabzug 90, 116 ff.
- Zusammenfassende Meldung 179 f.
Know-how 32
Körperschaften des öffentlichen Rechts 141, 361; *siehe auch unter juristische Personen*
Kommissionsgeschäft 21 f., 238
Konnossement 21, 237 f., 259
Konventionalstrafe 13, 233
Konzertveranstalter 64, 245, 268
Kost und Logis 78, 281
Kraftfahrzeugnutzung
- durch Arbeitnehmer 78 f., 152 f., 282 ff.
- durch Unternehmer 76 f., 193 f., 278 ff.
- Vorsteuerkürzung, 50 %ige 100 f., 300 f.
Krankengymnasten 60, 289, 341
Krankenhäuser 62
Kreditgewährung
- Nebenleistung 57, 263
- Ort der Leistung 32, 270 f.
- Option zur Steuerpflicht 68 f., 270 f.
- Steuerfreiheit 57, 263
Kulturelle Leistungen 30 f., 64 f., 82 f., 268
Künstler 30, 64, 82 f., 247, 268
Kureinrichtungen 85

Labor- und Apparategemeinschaft 62
Land- und Forstwirte
- Ausfuhrlieferung 119, 321
- Durchschnittssätze 118 f., 321
- Halb-Unternehmer 139 f., 210 f.
- innergemeinschaftliche Lieferung 145, 346
- innergemeinschaftlicher Erwerb 139 f., 337 f.
- USt-IdNr. 178 f.
- verbrauchsteuerpflichtige Waren 164 f., 379 f.
- Versandhandelslieferung 159, 369
- Zusammenfassende Meldung 179, 408 f.
Lagerhalter 56, 261 f.
Leasing 17 f., 34, 146, 346 f.
Leistung 15 f., 232 ff.
Leistungen an Arbeitnehmer
- Aufmerksamkeit 41
- Auszubildende 65
- Kfz-Gestellung 78 f., 193 f., 282 ff.
- Kost und Logis 78, 281
- Mahlzeiten 78, 281 f.
Leistungsaustausch 12 ff., 232 ff.

Sachregister

Leistungskommission 28, 244
Leistungsort 18 f., 29 ff., 237 f., 244 ff.
Lieferschein 147, 189, 202, 259
Lieferschwelle 159 ff., 369 ff., 428 f.
Lieferung 15 ff.
- Abgrenzung zur sonstigen Leistung 25 ff., 243 f.
- nach Einfuhr 21, 23, 238, 241
- Ort der 18 ff., 237 ff.
- Reihengeschäft 22 ff., 238 ff.
- verbrauchsteuerpflichtige Waren 162 ff., 376 ff.
- Versandhandelslieferung 158 ff., 368 ff.
- Werklieferung 24 f., 156 f., 241 f., 363 ff.
Lohnveredelung
- an Gegenständen der Ausfuhr 52, 202 f., 259
- innergemeinschaftliche 169 ff., 220 f., 389 ff.
Luftfahrt
- Einfuhr von Luftfahrzeugen 45
- neue Fahrzeuge 139, 337
- Reiseleistung 126
- Steuerbefreiungen 53, 56

Mahlzeiten 78, 281 f.
Mahnkosten 14
Makler
- Grundstücks- 30, 176, 244 f., 405
- Schiffs- 53
- Versicherungs- 58, 189 f., 304 f.
Marge 119 f., 126, 326 ff.
Margenbesteuerung
- Differenzbesteuerung 119 f.
- Reiseleistungen 123, 126, 326 ff.
Materialbeistellung 25
Mehraufwendungen für Verpflegung 99 f., 300
Mehrwertsteuersystemrichtlinie 1
Meldezeitraum 179, 408 f.

Mindestbemessungsgrundlage 74, 276, 282
Mineralöl 162, 378
Mitgliedsbeiträge 14 f., 234 f.
Montagelieferung 157, 223 f., 371 f.
Motorflugzeug 139, 337
Museum 64, 82
Musiker 82, 268, 285 f.

Nachhaltigkeit 5 f., 225 f.
Nachschau, Umsatzsteuer- 128
Nachweis
- Ausfuhr 50 f., 199 f.
- innergemeinschaftliche Lieferung 147 ff., 209 f., 350 f.
Nebenleistungen 81
- Beförderungsleistung 54, 174 f., 237, 289, 401
- Kreditgewährung 57, 263
- Schwimmbad 85
- Theater 64, 268
Nebentätigkeit 61, 318, 320
Neufahrzeuge
- Begriff 139
- innergemeinschaftliche Lieferung 165 f., 219 f., 380 ff.
- innergemeinschaftlicher Erwerb 138 f., 337
Nicht-abzugsfähige Betriebsausgaben 98 ff., 299 f.
Nicht-Unternehmer
- Begriff 4, 132 f., 227
- Einfuhr 44
- innergemeinschaftlicher Erwerb 132 f., 135 f., 333
- Neufahrzeuge 138 f., 165 f., 382 ff.
- Rechnung 93, 97 f., 166, 295 f., 383
- verbrauchsteuerpflichtige Waren 163 f., 377 f.
- Versandhandelsgeschäft 158 ff., 368 ff.
Nullregelung 111, 390

441

Sachregister

Nutzungsänderung 104 f., 306 f., 310

Öffentliche Zuschüsse 73, 274 f.
Öffentlichen Rechts
- Körperschaften des 141, 361; *siehe auch unter juristische Personen*
Option
- Erwerbsschwelle 140, 337 ff.
- Finanzumsätze 68 f., 270 f.
- Kleinunternehmer 117 f., 320
- Lieferschwelle 161, 369, 373 ff.
- Steuerbefreiungen 67 ff., 270 ff.
- Vermietungsumsätze 68, 70, 270, 272
Orchester 64, 82, 408
Organ, menschliches 45, 142
Organgesellschaft 9 ff., 228 ff.
Organisatorische Eingliederung 9 f., 229 ff.
Organschaft 9 ff., 228 ff.
- innergemeinschaftliches Verbringen 355
- Rechnungen, Steuerausweis 98
- USt.-IdNr. 179, 408
- Zusammenfassende Meldung 179
Organträger 9 ff., 228 ff.
Ort der Lieferung 18 ff., 237 ff.
- Reihengeschäft 22 ff., 238 ff.
- Versandhandelslieferung 158 ff., 368 ff.
- Werklieferung 24, 156 f., 241, 364 ff.
Ort der sonstigen Leistung 29 ff., 244 ff.
Ort der Vermittlungsleistung 38, 175 ff., 251 f., 403 ff.

Patente 32 f.; *siehe auch unter Urheberrechte*
Pauschbeträge, Sachentnahmen 75, 277, 426
Pauschbeträge, Vorsteuerabzug 100

Personenbeförderung 36 f., 85 f., 171 ff., 249 ff., 288 f., 394 ff.
Personalgestellung 32, 66
Pkw-Nutzung *siehe unter Kraftfahrzeugnutzung*
Preisnachlassgutschein 72, 273
Private Nutzung von Unternehmensvermögen *siehe unter Unentgeltliche Wertabgabe*
Privatmann *siehe unter Nicht-Unternehmer*
Pro-forma-Rechnung 207
Programme (Computer-/EDV-) 26, 33, 35, 84, 287 f.
Prothetikleistungen 61, 82, 285

Rabatt 72, 79 f.
Rechnung 92 ff., 294 ff.
- Angaben 92 ff., 185 f., 294 f.
- Aufzeichnung und Abrechnung 185 ff.
- Berichtigung 97 f., 297 ff.
- Fahrausweis 95
- Gutschrift als 94 f., 295 ff.
- innergemeinschaftliche Lieferungen 150, 209, 350 f.
- Kleinbetrags- 94, 187, 295
- steuerfreie Lieferungen 93, 189, 198, 202, 209
- Steuernummer 92 f., 186
- unberechtigter Steuerausweis 97 f., 298 f.
- unrichtiger Steuerausweis 96 f., 297 f.
Regelbesteuerung 107 ff., 311 ff.
Regelsteuersatz 80, 427
Reihengeschäft
- Aufzeichnung und Abrechnung 200 ff.
- bei Ausfuhr 200 ff., 239 ff., 357 f.
- bei Einfuhr 23, 241, 358 ff.
- innergemeinschaftliche Lieferung 151 ff., 212 ff., 351 ff.
- innergemeinschaftliches Dreiecksgeschäft 154 ff., 214 ff., 361 ff.

Sachregister

- Ort der Lieferung 22 ff., 238 ff.
Reisebüro 56, 124 f.
Reisekosten 99 f., 300
Reiseleistungen
- Aufzeichnungen 127, 325 ff.
- Bemessungsgrundlage 126, 328 ff.
- Besteuerungsverfahren 123 ff., 325 ff.
- Ort 124
- Steuerbefreiung 125 f., 327 ff.
- Vorsteuerabzug 126 f.
Repräsentationsaufwendungen 98 f.
Reverse-Charge-Verfahren 111 ff., 172 ff., 302 f., 373 ff.; *siehe auch unter Steuerschuldnerschaft*
Rundfunk- und Fernsehdienstleistungen 32

Sachbezüge, Arbeitnehmer 40 ff., 78 f., 254 f., 281 ff.
Säumniszuschläge 109, 313
Sauna 85
Schadensersatz 13 f., 232 f.
Scheinbestandteile 59, 264 f.
Scheinselbstständigkeit 6, 226, 293 f.
Scheinunternehmen 148
Schiffe 20, 52 f., 139, 237
Schlussrechnung 95 f., 190 f., 289 f.
Schonfrist 109, 313
Schwimmbad 85, 288
Seeling-Urteil 91, 291 f.
Seeschifffahrt 52 f., 260
Selbstständigkeit 6 f., 9, 226 f.
Sicherungsübereignung 17 f., 113, 237, 316
Skonto 72, 79 f., 284, 342
Software 26, 33, 35, 84, 287 f.
Soll-Besteuerung 107 f., 187
Sondervorauszahlung 109, 313 f.
Sonstige Leistung
- Begriff 15 f., 25 ff., 236, 243 f.
- innergemeinschaftliche 168 ff., 220 ff., 387 ff.

- Ort 29 ff., 244 ff.
Speisen, Abgabe von Speisen 26 ff., 78, 81, 243 f., 281 f.
Spielautomaten 57
Sportanlage 14, 41, 265
Steuerausweis, in Rechnungen
- überhöhter 96, 297 f.
- unberechtigter 97 f., 298 f.
- unrichtiger 96 f., 297 f.
- zu niedriger 96 f.
Steuerbarkeit 3 ff., 225 ff.
Steuerbefreiungen
- Einfuhr 45 f., 383
- innergemeinschaftlicher Erwerb 142 f., 341 f.
- Reiseleistung 125 f., 327 ff.
- Verzicht auf 67 ff., 270 ff.
- Vorsteuerabzug 102, 302 ff.
Steuerentstehung 107 f., 311 f.
- innergemeinschaftlicher Erwerb 144, 343 f.
- nach § 13 b geschuldete Steuer 113, 315 f.
Steuersatz 80 ff., 284 ff., 427
- Änderung 86 ff., 289 f.
- Durchschnittsätze, Vorsteuerabzug 107, 311
- ermäßigter 80 ff., 284 ff., 427
Steuerschuldnerschaft
- Aufzeichnung und Abrechnung 191 ff., 205 ff.
- bei innergemeinschaftlichen Umsätzen 172 ff., 394 ff.
- Verfahren, allgemein 111 ff., 315 f.
- Zwangsversteigerung 271
Stille Gesellschaft 4, 225
Strohmann 7
Stromlieferung 19, 32, 111

Tabakwaren 162 f.
Tausch 13, 72, 273 f.
Teilbetriebsveräußerung 46, 257
Teilleistungen 86 f., 289 f.
Telekommunikationsleistungen 34 f., 248 f.

443

Sachregister

Theater 64, 82, 268
Tierarzt 60
Tierzucht 81 f.
Transitverkehr 37, 45, 54
Trinkgeld 72, 272 f.

Übernachtungskosten 99 f.
Umfang des Unternehmens 8 f., 227 f.
Umsatzsteuererklärung 110, 314
Umsatzsteuer-Identifikationsnummer (USt-IdNr.)
– Erteilung einer 178 f., 407 f., 429
– innergemeinschaftliche Lieferungen 145 ff., 345 ff.
– Organgesellschaft 179, 408
– sonstige Leistungen 168 ff., 391 ff.
Umsatzsteuerlager 54 ff., 261 f.
Umsatzsteuer-Nachschau 128
Umsatzsteuer-Voranmeldung 108 f., 312 f., 416 ff.
Umwandlungen 46 f.
Umzugskosten 99 f.
Unberechtigter Steuerausweis 97 f., 298 f.
Uneinbringlichkeit 80, 232
Unentgeltliche Wertabgaben
– Bemessungsgrundlage 71, 74 ff., 276 ff.
– Entnahme von Gegenständen 39 ff., 75, 254, 277
– Entnahme von sonstigen Leistungen 43 f., 75 ff., 255 ff., 277 ff.
– Kraftfahrzeugnutzung 76 ff., 193 f., 278 ff.
– Ort der 29, 39, 254
– Steuerbefreiungen 43, 255 f.
– Verwendung von Unternehmensvermögen 43, 75 ff., 255 f., 277 ff.
Unfallschaden 40, 254
Unrichtiger Steuerausweis 96 f., 297 f.

Unterhaltende Leistungen 30
Unternehmen 8 f., 227 f.
Unternehmenseinheit 9
Unternehmensinternes Verbringen
 siehe unter innergemeinschaftliches Verbringen
Unternehmensvermögen
– Umfang 9 f., 228
– Zuordnung von Gegenständen 89 ff., 290 ff.
Unternehmer 4 ff., 225 ff.,
Urheberrechte 32 f., 82 ff., 247, 286 ff.
Ursprungslandprinzip 129 f.

Veranlagungsverfahren 107 ff., 312 ff.; *siehe auch unter Besteuerungsverfahren*
Veranlagungszeitraum 107
Verbrauchsteuer 162 f., 376 f.
Verbrauchsteuerpflichtige Waren 162 ff., 376 ff.
Verbringen, innergemeinschaftliches 137 f., 146, 210 f., 335 ff., 347 f.; *siehe auch unter innergemeinschaftliches Verbringen*
Verein
– gemeinnützig 9, 84, 228, 269
– innergemeinschaftliche Umsätze 339 f.
Vereinbartes Entgelt 107 f., 187
Vereinnahmtes Entgelt 108, 311 f.
Vergütungsverfahren *siehe unter Vorsteuer-Vergütungs-Verfahren*
Verkaufskommission 21, 28, 238
Vermietung
– Beförderungsmittel 32, 34, 247 f., 411
– beweglicher Gegenstände 32, 34, 247 f.
– Garagen- 60
– Grundstücks- 30, 59 f., 264 f.
– Option zur Steuerpflicht 70, 272
– Ort der 30
– Vorsteueraufteilung 102 f., 303 f.

444

Sachregister

- Vorsteuerberichtigung 104 ff., 305 f., 309
Vermittlungsleistungen
- Aufzeichnung und Abrechnung 189 f., 222 f.
- Beförderungsleistungen 36 f., 174, 404 f.
- Begriff 21 f., 36 f.
- Grundstücke 30, 176, 244 f., 405
- innergemeinschaftliche 175 ff., 403 ff.
- Ort der 38, 175 ff., 251 f., 403 ff.
- Steuerbefreiung 56, 262
- Versicherungen 58, 189 f., 304 f.
Vermögensverwaltung 4
Verpflegungsmehraufwand 99 f., 300
Versandhandelslieferung
- Abhollieferung 159, 368
- Aufzeichnung und Abrechnung 217 ff.
- Besteuerungsverfahren 158 ff., 368 ff.
- Lieferschwelle 159 ff., 369 ff., 428 f.
- Option 161, 369, 373 ff.
- Ort der 158 ff., 368 ff.
Versicherungsmakler 58, 189 f., 304 f.
Verspätungszuschlag 109, 313
Vertragsstrafe 13, 233
Vertrauensschutz
- innergemeinschaftliche Lieferung 147 ff., 348 f.
- innergemeinschaftlicher Erwerb 136, 334
Verwendung, befristet 138, 336
Verwendung, vorübergehende 138, 336 f.
Volkshochschule 64 f.
Vorsteuerabzug 88 ff., 290 ff.
- Ausschluss 98 ff.
- Durchschnittssätze 107, 311
- Einfuhrumsatzsteuer 89, 385

- Erwerbsteuer 89, 143 f., 343
- Kürzung, 50%ige 100 f., 300 f.
- Rechnung 92 ff., 294 ff.
- Reisekosten 99 f., 300
- Verwendung, schädliche 101 f., 303 ff.
Vorsteueraufteilung 102 f., 303 ff.
Vorsteuerberichtigung
- Änderung der Verhältnisse 103 ff., 305 ff.
- Berichtigungsverfahren 106 f., 195 ff., 305 ff.
- Berichtigungszeitraum 104 ff., 305 ff.
- Geschäftsveräußerung 47, 258
- Veräußerung 105, 307 f.
Vorsteuer-Vergütungsverfahren 115 f., 316 ff.
Vortragstätigkeit 61, 246, 286

Warenkredit 57
Wasserfahrzeuge 52 f., 139
Werbeagentur 33, 251 f., 403
Werkleistung
- Aufzeichnung und Abrechnung 204 f.
- Begriff 24 f., 156, 241 f., 363
- innergemeinschaftliche 169 ff., 389 ff.
- Lohnveredelung 52, 169 ff., 202 f., 220 f., 259, 389 ff.
- Ort der 29 ff., 161 ff.
- Steuerschuldnerschaft 111 f., 168 f.
- Vorsteuerabzug 101 f., 302
Werklieferung
- Aufzeichnung und Abrechnung 205 ff., 223 f.
- Begriff 24 f., 156, 241, 363 ff.
- innergemeinschaftliche 156 ff., 223 f., 363 ff.
- Montagelieferung 157, 223 f.
- Ort der 24, 156 f., 241, 364 ff.
- Steuersatzänderung 86 f., 289 f.

445

Sachregister

- Steuerschuldnerschaft 111 f., 157 f.
- Vorsteuerabzug 101 f., 302
- Vorsteuer-Vergütung 316 f.

Wirtschaftliche Eingliederung 9 f., 229 ff.

Wissenschaftliche Leistungen 31 f., 64 f., 246

Wohlfahrtsverbände 63

Zahnarzt 60 f., 82, 267, 285
Zahntechniker 82, 285
Zollfreigebiet 3, 130 f., 167 f., 384 ff.
Zusammenfassende Meldung 179 f., 408 ff.
Zuschüsse 72 f., 274 f.
Zwangsversteigerung 58, 69, 271
Zweckbetrieb 84

Gebündeltes Praxiswissen!

INHALT

- Alle wesentlichen kapitalmarktrechtlichen Compliance-Themen in einem Buch: Meldepflichten von Aktionären, Publizität von Unternehmensinformationen, Insiderhandel und Marktmanipulation.
- Hochaktuell durch Berücksichtigung der neuesten Gesetzgebung, z.B. des Bilanzrechtsmodernisierungsgesetzes (BilMoG).
- Von erfahrenen Praktikern für die Praxis aufbereitet.
- Enthält zahlreiche Checklisten und Muster.

AUTOREN

- Dr. **Thorsten Kuthe** und Dr. **Mirko Sickinger**, LL.M., sind Anwälte bei der Sozietät Heuking Kühn Lüer Wojtek in der Niederlassung Köln. Dr. **Susanne Rückert** ist Gründungspartnerin von ARQIS Rechtsanwälte, Düsseldorf. Die drei Herausgeber sind schwerpunktmäßig im Aktien- und Kapitalmarktrecht tätig.

ZIELGRUPPEN

- Rechtsanwälte, Investor-Relations-Manager, Vorstände und Aufsichtsräte, Rechtsabteilungen von Unternehmen, Investmentbanken und Universitäten.

BB-Handbuch, 2., überarbeitete und erweiterte Auflage 2008, ca. 515 Seiten, Geb. € 119,–. ISBN: 978-3-8005-1493-9

Verlag Recht und Wirtschaft
Frankfurt am Main
www.ruw.de
wagner@betriebs-berater.de

Unverzichtbar!

INHALT

- Etabliertes und in dieser Form konkurrenzloses Werk zum Vertragshändlervertrag (Vorauflage hrsg. von *Stumpf/Jaletzke/Schultze*).
- Umfassende Bearbeitung des Themas – vom anwendbaren Recht über Formerfordernisse und Vertragsgegenstand, Rechte und Pflichten der Parteien, Vergütung, Sicherheiten, Kündigung, Ausgleichsanspruch, prozessuale Fragen etc. bis hin zu Auslandsrechten.
- Berücksichtigung der Neuerungen im deutschen und europäischen Kartellrecht einschließlich der einschlägigen Gruppenfreistellungsverordnungen.
- Prägnante Lösungen für die Vertragsgestaltung mit weiterführenden Hinweisen.

AUTOREN

- Die Autoren sind alle als Rechtsanwälte bei Baker & McKenzie tätig, RA Dr. **Jörg-Martin Schultze**, LL.M., und RA **Carsten Dau**, LL.M., im Frankfurter Büro sowie RA Dr. **Ulf Wauschkuhn** und RA **Katharina Spenner**, LL.M., in München.

ZIELGRUPPEN

- Rechtsanwälte und Unternehmen (Rechtsabteilung, Management, Vertrieb).

BB-Handbuch, 4., völlig neu bearbeitete und erweiterte Auflage 2008, XXII, 352 Seiten, Geb. € 129,–. ISBN: 978-3-8005-1443-4

Verlag Recht und Wirtschaft
Frankfurt am Main

www.ruw.de
wagner@betriebs-berater.de